Gotthold Borchert

Die Borcherts

… und immer wieder ‚Gotthold'

NOEL-Verlag

Originalausgabe
November 2020

NOEL-Verlag GmbH
Achstraße 28
82386 Oberhausen/Obb.

www.noel-verlag.de
info@noel-verlag.de

Die Deutsche Bibliothek verzeichnet diese Publikation in der Deutschen Nationalbibliografie, Frankfurt; ebenso in der Bayerischen Staatsbibliothek in München.

Das Werk, einschließlich aller Abbildungen, ist urheberrechtlich geschützt. Jede Verwertung außerhalb der Grenzen des Urheberrechtsschutzgesetzes ist ohne Zustimmung des Verlages und des Autors unzulässig und strafbar.
Das gilt besonders für Vervielfältigungen, Übersetzungen, Mikroverfilmungen und die Einspeicherung und Bearbeitung in elektronischen Systemen.
Der Autor übernimmt alleine die Verantwortung für den Inhalt seines Werkes und versichert, dass sämtliche aufgeführte Namen keine persönlichkeitsrelevanten Probleme nach sich ziehen.

Fotos:	Harry Münch, Bendorf
Covergestaltung:	© NOEL-Verlag
Autor:	Gotthold Borchert III.

1. Auflage
Printed in Germany
ISBN 978-3-96753-028-5

Meinen beiden Söhnen …

Joachim Gotthold Thomas Borchert
Alexander Gotthold Stefan Borchert

Ihnen sage ich meinen herzlichen Dank,
denn gemeinsam haben sie die Veröffentlichung
dieses Buches großzügig unterstützt
und den Druck ermöglicht.

Bendorf, im Oktober 2020
Gotthold Borchert III.

Die Protagonisten
im Spektrum der Erzählungen:

Dr. Gotthold Borchert
Philosoph, Schriftsteller, Journalist
Mein Großvater

Geboren 1887 in Berlin, gestorben 1951 in Bendorf am Rhein.
‚Ein Mann im Widerstand zur Hitler-Diktatur'.
Er sollte 1945 in den letzten Kriegstagen von der ‚Gestapo' (Geheime Staatspolizei) in Bendorf hingerichtet werden.
Der Befehl dazu konnte glücklicherweise nicht mehr vollstreckt werden, weil die schnelle und fast widerstandslose Eroberung und somit Befreiung der Stadt Bendorf durch amerikanische Soldaten alle verantwortlichen NS-Schergen zur hastigen und feigen Flucht veranlasste. (Der Vollstreckungsbefehl liegt vor).

Gotthold Borchert
Kunstmaler und Grafiker sowie Fremdsprachenkorrespondent
und Dolmetscher ... der Sohn des Philosophen ...
und mein Vater

Geboren 1912 in Berlin, gestorben 1976 in Bendorf am Rhein.
‚Mitgründer des Berufsverbandes Bildender-Künstler des Bundeslandes Rheinland-Pfalz'. Angestellter Dolmetscher der französischen Besatzungsmacht in Koblenz, von 1949 bis 1957.
Als Kunstmaler schuf er eine Vielzahl an Landschaftsbildern der Heimatregion Mittelrhein, z. B. Federzeichnungen, Aquarelle und Ölgemälde, Letztere meist in pastoser Spachteltechnik gestaltet.
Verschiedene Werke seiner Schaffensperioden befinden sich im Besitz sowohl der Landesregierung in Mainz, als auch des damaligen Bundespräsidialamtes, es hatte seinerzeit seinen Sitz in Bonn.
Seine Malerei und sein Esprit im Wandel der Kunstszene in der zweiten Hälfte der Fünfziger Jahre des 20. Jahrhunderts.

Gotthold Borchert, der Dritte,
geboren 1942 in Bendorf am Rhein …
der Enkel des ‚Philosophen' und Sohn des Malers

In Erinnerung und Vielfalt zurück in eine fast vergessene Zeit,
in eine gewonnene Zeit.

… und als selbsternannter ‚Zeitreisender', denn als solcher greife ich tief hinein in die prallgefüllte Truhe meiner Erinnerungsschätze aus einer turbulenten Epoche und poliere manch ‚Verblasstes' liebevoll wieder auf, um erneut ihre einstige humane Wertigkeit darzustellen und um sie ins ‚Heute' zu integrieren.

Ich verspüre einen inneren Drang in mir und ich sehe mich, von einem inneren, gleichwohl positiven Gefühl heraus getrieben, als der, im moderierenden Stil schreibende Erzähler und Verfasser der Geschichten, die aus all den erlebten Ereignissen und der diversen Episoden im Wandel der Jahrzehnte erzählenswert geworden sind.

Um von ihnen authentisch zu berichten, sattele ich meinen persönlichen ‚Pegasus', jenes geflügelte Dichterross, um vornehmlich aus der zweiten Hälfte des zwanzigsten Jahrhunderts meine Erkenntnisse schreibend, aber bildhaft, festzuhalten.

Damit man weiß, wer ich ehemals war und wer ich im ‚Jetzt, im Heute' bin, richte ich gerne den imaginären Scheinwerfer auf die Bühne meines illustren und komödienhaften Lebenstheaters.

Ich war in den Jahren von 1966 bis 2014 ein selbstständiger Dekorateur, Werbefachmann, Unternehmer und Firmeninhaber. Mein Werbestudio war in meiner Heimatstadt Bendorf ansässig. Schwerpunktmäßig bearbeitete mein Gestalter-

Team und ich alle Branchen des Einzelhandels. Ideenreiche und kreative Schauwerbung war unser Metier. Die visuelle Kommunikation unser täglich Brot.
Als Werbetexter mit eigener Werbespotproduktion bediente ich namhafte Handelsriesen und gab ihnen Klang und Stimme. (Rewe-Gruppe sowie über dreißig Jahre div. Globus SB-Warenhäuser)
Parallel zu diesen Sparten verdingte ich mich als Werbe-Sprecher beim Hörfunk (RPR-Studio Koblenz) und gleichzeitig Moderator in der TV-Sendung ‚Messefenster', von 1987 bis 1990 für den AVM-Medienpool in Frankfurt am Main (im Privatsenderbereich diverser Medienanstalten).
Für den ersten regionalen Fernsehsender der Mittelrheinregion, den Kanal 10 in Koblenz, produzierte ich als Redakteur verschiedene TV-Beiträge, u.a. (Landes-Presseball Mainz, Einweihung des neu geschaffenen Reiterstandbildes des Kaiser Wilhelm Denkmals am Deutschen Eck) in den Jahren von 1980 bis 1992. Dieser Privatsender wurde später vom heutigen Sender TV-Mittelrhein übernommen.

Einen wesentlichen Teil meines individuellen Seins bestimmte aber der rheinische Humor, denn viele Jahrzehnte dauerte meine fantasievolle Reise durch die Welt des Frohsinns und der ausgelassenen Heiterkeit.
Der erste Strahl des Bühnenlichts traf mich schon in meiner frühesten Jugend und ebnete mir den heimatverbundenen, humorvollen Weg, auf den ich aufbrach, um traditionsverbundenes Brauchtum zu pflegen und meine Mitmenschen zu erfreuen. Anfangs zelebrierte ich, zum Beginn der ‚Fünften Jahreszeit im Rheinland', dem Karneval, themenorientierte, spaßige Büttenvorträge, die ich mit Begeisterung zu präsentieren verstand.
Später dann, als Dekorateur, zauberten meine Karnevalsfreunde und ich die herrlich bunten Saal- und Bühnendekorationen als faszinierende Illusionen ins jeweilige ‚Narren-Paradies der guten Laune', stets zur Erbauung unserer illustren, feierfreudigen und kostümierten Gästeschar.
In jeder neuen Kampagne unserer KUK, der Kirmes- und Karnevals- Gesellschaft von 1930, im Volksmund auch die ‚Große Bendorfer Karnevalsgesellschaft' genannt, war es immer wieder ein Ereignis, unsere kleine, überschaubare Alltagswelt ganz groß erscheinen zu lassen.
Mir war es vergönnt, nach etlichen Zyklen des aktiven Schaffens im karnevalistischen Brauchtum, das ich mit ideenreichem Mittun zu bereichern verstand, das Vertrauen meiner getreuen Freunde des Humors und der Leichtigkeit des Seins, geschenkt zu bekommen, um als deren Präsident über zwei Jahrzehnte hinweg, das große ‚Bendorfer-Sitzungs-Narrenschiff' in jene heile und schillernde Welt zu steuern, hinein ins Reich der Fantasie, ins verzaubernde Traumland des Regenbogens. Dorthin, wo all die schillernde Farbigkeit des hellstrahlenden Narrenhimmels die stete Faszination des glücklichen Augenblicks hervorzauberte und für viele Stunden der ausgelassenen Freude alle grauen Alltagssorgen unserer zahlreichen Gäste vergessen ließ.

Mit diesen wunderschönen Erinnerungen in meiner Gedankenwelt führe ich meine 1978 begonnenen Erzählungen fort, schreibe weiter und genieße meine nunmehr gewonnene Zeit – jetzt im bunten Herbst des Lebens.

Gedanken
Wie Blüten gehen Gedanken auf,
Hundert an jedem Tag.
Lass blühen! Lass dem Ding den Lauf!
Frag nicht nach dem Ertrag!

Eine wundervolle Leitlinie
des Dichters … Hermann Hesse

Der Moderator …

Die Bezeichnung ‚Moderator' trifft möglicherweise auch auf mich als starkem Vergleich zu, weil das ‚Ausgleichen', zeit meines beruflichen wie auch privaten Lebens, die dynamisch und festgespannte Triebfeder meines Handelns in allen Daseinsphasen und auch themenübergreifend, darstellte.
So informierte ich meine geschätzten Mitmenschen gerne und auf anschauliche Weise, stellte Verbindungen bildhaft dar, rückte Vor- und Nachteile in ihre korrekte Reihenfolge ein, schenkte auch ab und an gewünschten Kommentaren den nötigen Esprit sowie den moderaten, sonoren Klang, und ich vermittelte mit Respekt und Herzblut bei ‚Pro- und Contra'-Präsentationen unter den jeweiligen Akteuren.
So erkenne ich mich heute selbst, im goldenen Herbst meines Lebens, als der erzählende und niederschreibende Moderator.
Viel Freude beim ‚hörenden Lesen'!

‚Nimm Dein Schicksal in Deine eigenen Hände'

Diese Weisheit offenbarte mir einst mein Vater, er wurde damals von mir des Öfteren auch respektvoll ‚Alter Herr' genannt, er offenbarte mir also diese Weisheit. Er gab sie mir, als eine von vielen weiteren guten Ratschlägen, eben bei einem unserer zahlreichen, individuellen ‚Vater-Sohn-Gespräche'.
Ich tat wie mir geheißen und ich folgte, voller innerer Überzeugung, seinem weisen, aufmunternden und mutigen Hinweis.

‚Die Selbstständigkeit',

im weitesten Sinne betrachtet, hat sie meine gelebten Jahrzehnte auf wundersame Weise geleitet, und sie hat, meinen teils abenteuerlichen Weg durchs Dasein, treu begleitet.

Die ‚Selbstständigkeit des Denkens',

hat mir gezeigt, wie wertvoll die Würde eines jeden Menschen ist und was sie im inneren Kern der selbst zu verantwortenden Gefühle bedeutet.
Die Würde als Inbegriff allen menschlichen ‚Seins' hat mich außerdem gelehrt, immer einen Vorschuss an Achtung jedermann entgegenzubringen, gleich, in welcher Form er sein Dasein lebt.

Die ‚Selbstständigkeit der Gefühle',

der gelebten Empathie in den verschiedensten Spielarten, genau dieses Gespür birgt die enorm starke Kraft in sich, die richtige, die sich gut anfühlende Herzenswärme zu entfalten, die eine enge Verbundenheit mit Mensch und Heimat auf angenehme Weise ein Leben lang verknüpft.

Im verbindenden Ineinanderfließen meiner einzelnen Lebensabschnitte und deren Ereignissen, entwickelte ich meine ureigene Philosophie auf die Sicht der realen Welt.
Im Durcheilen der Zeit verfestigte sich meine positive Denkweise, wohl auch aus dem Grund, weil einige Persönlichkeiten in meiner Jugendphase mit ihren Lebensleitsätzen mein Denken lenkend beeinflussten.
Namen als Gedankenpuzzles ...
der Arzt von Afrika, der großartige Doktor Albert Schweitzer, aber auch der ‚Buddhas Lehre' verkündende Dalai Lama ...
Sie waren einfach da, meine ‚Protagonisten der praktizierten Menschlichkeit', sie waren da für die körperlich oder seelisch leidenden Menschen, sie lebten und sie widmeten ihre Arbeit in uneigennütziger Weise den Bedürftigen, und sie gaben Trost und Hoffnung denen, deren Not am größten war. Und sie gaben ihren Mitmenschen durch ihr Wirken ihre verlorene Würde zurück.
‚Gut, dass uns solche Persönlichkeiten von Gottes Gnaden geschenkt wurden, solch fantastische Menschen, die der ganzen Welt den richtigen Weg aufzeigten' ... solcherart waren wohl meine Gedanken, die ich in meinem Innern verankerte.
Ich sagte es schon und ich wiederhole es gerne:
„Sie waren meine großen Vorbilder. Zum Beispiel Dr. Albert Schweitzer, einst als der Arzt der Armen von Lambarene, einem Dorf in Afrika, der durch seine uneigennützige Hilfe weltweit bekannt und verehrt wurde. Aber auch der Dalai Lama, als das von den Kommunisten Chinas vertriebe Oberhaupt der Tibeter.
Er erhielt 1989 den Friedensnobelpreis. Seinen ihm eigenen Humor dokumentierte er mit folgender Feststellung, als er sich einmal selbst als einen ‚kommunistischen Buddhisten' bezeichnete. Beiden wertvollen Menschen zolle ich meinen höchsten Respekt.

Ehrfurcht vor allem Leben,

eine von Dr. Albert Schweitzers Leitlinien ... und als meine zukunftsweisende Geisteshaltung von eminenter Bedeutung, will ich mir den Appell des Dalai Lama zu eigen machen:

Zum Überleben der Menschheit
ist das Bewusstsein des Gemeinsamen wichtiger,
als das ständige Hervorheben des Trennenden.

Ich brauchte die gelebten Erfahrungen aller Ereignisse und die damit verflochtene, unendliche Vielzahl der Informationen, um mir meine heutige, für mich wertvolle Philosophie, zu erschaffen:

‚Möge die große Schöpfung,
die ewige und allgegenwärtige Energie
des unendlichen Universums, auch für uns Erdenbürger
stets die bestimmende Kraft sein und bleiben,
die uns in Frieden und Freiheit
mit Mut und Menschlichkeit segnet'.

Der verbale Radikalismus!

Man schrieb das Jahr 1989.
Der Wille zur Freiheit von fast unzähligen DDR-Bürgern lebte in ihrem Inneren und führte in jenem Schicksalsjahr zu der einzigartigen, friedlichen Revolution im Machtbereich der ehemaligen Deutschen Demokratischen Republik.
‚Wir sind das Volk!' So lautete der schallende, laute Ruf aus hunderttausend Kehlen, einst während der abendlichen Montags-Demonstrationen in Leipzig.
Dieser starke Ruf nach Freiheit ließ sich, seitens der sozialistisch kommunistischen Staatsgewalt nicht mehr unterdrücken, denn dieser Ruf der tausendfachen lauten Stimmen verschaffte sich länderübergreifend Gehör und erreichte somit eine Symbolkraft, die, wie geistiger Sprengstoff wirkend, in der Folge das verankerte und fest zementierte sozialistische ‚Mauer-Gefängnis' für alle kommenden Zeiten in Stücke zerriss.
Dieser friedliche, unüberhörbare Chor der friedlich protestierenden Bürger mit ihrem durchdringenden Freiheitsruf traf sich mehrheitlich in der Nikolai-Kirche in Leipzig. Dieses Gotteshaus war auch stets der Ausgangspunkt der zahlreichen Montagsdemonstrationen, an deren Beginn jeweils die Aussprachen und Friedensandachten standen.
Dieser ‚Wir sind das Volk'-Chor, der sich aus der Protestbewegung heraus immer wieder bildete, entwickelte eine solch dynamische und mehrtausendfache Stimmengewalt, die zu einer solidarischen, grenzüberschreitenden und durchdringenden Kraft wurde, die symbolisch betrachtet, durchaus vergleichbar war mit der göttlichen Urgewalt jener Trompeten von Jericho, deren zerstörender Schall alle festen Mauern restlos zum Einsturz brachte.
Aus ‚Wir sind das Volk' wurde etwas später, also nach Öffnung der trennenden Grenze, als neuem und durchaus treffendem Leitsatz, eben den beginnenden, demokratischen Entwicklungen folgend, der verbindende Begriff:

‚Wir sind ein Volk'

Unsere, durch Mut und Standfestigkeit im Freiheitswillen erlangte ‚Deutsche Wiedervereinigung', sie wurde beharrlich und friedlich, speziell aber in der Zeit des beginnenden Niedergangs der ehemaligen DDR, verfolgt und von fast allen Bürgern des ehemaligen sozialistischen deutschen Staates, landauf, landab solidarisch und friedfertig mit Stolz errungen.

‚Jetzt wächst zusammen, was zusammengehört'

Dieser historische Satz des Friedenskanzlers Willy Brandt, er klingt bis heute in mir nach, diese fundamentale Feststellung des Wegbereiters zur nationalen Einheit, (Brandts 1969-70 begonnene, visionäre Ostpolitik) zeigte unserer Gesamtgesellschaft den richtigen Weg.

Mag auch in unserem Miteinander, an dieser oder jener Stellschraube, noch ein feinfühliges Nachjustieren im gegenseitigen Verstehen gegeben sein, so lebt doch generell und voller Zuversicht unsere ‚Gemeinschaft' seit der glücklichen Wiedervereinigung anno 1990 in unser aller Herzen, und wir spüren voll Freude ihre pochende Kraft voller Dankbarkeit.

Der verbale Radikalismus der europäischen Rechtspopulisten. Gefahr und Herausforderung!

FREIE BÜRGER = FREIES DENKEN – die Antwort:

Freie Bürger, die dem Humanismus nahestehen, die in ihrem Glauben leben und handeln, sie erkennen die mahnenden Zeichen, die ein verbaler Radikalismus rechtsnationaler Populisten in den Köpfen leichtgläubiger Menschen hervorrufen kann.

Die Verrohung unserer Sprache zeigt sich in neuerer Zeit auf teils widerwärtige Art und in rassistischer, radikaler Wortwahl. Mit Abscheu schaue ich auf die scheußlichen Bestrebungen der oft auch gewaltbereiten Gegner unserer demokratischen Grundordnung, die in ihren Hassreden und verbalen Schmäh-Attacken eine andere, rassistische Republik anstreben.

Der politische Inhalt der meisten Reden ist oftmals rechtsradikal eingefärbt und die üblen Rädelsführer dieser Demonstrationen und Kundgebungen sind in ihrer Vorgehensweise fern von jeder Menschlichkeit.

Falsche Darstellungen, Verunglimpfungen und dreiste Lügen werden immer öfter mit persönlichen Beschimpfungen der übelsten Art gegen unsere Politiker und Staatsorgane gezielt und lautstark in die Welt geschrien. Ehemals rechtschaffene Mitbürger sollen durch diese Agitationen zu radikalen Demokratiegegnern werden.

Der normale, freundliche Umgangston unter gesitteten Bürgern sollte eine stets praktizierte Selbstverständlichkeit sein, die in allen Lebenssituationen die Oberhand behalten sollte.

‚Wutmensch'… eine Wortschöpfung, die sich leider in unseren Sprachschatz und somit in unser Denken eingeschlichen und auch festgesetzt hat, dieses Unwort ‚Wutmensch' dient den Pegida-Anhängern als willkommener Begriff, um lautstark Unwahrheiten zu verbreiten. Dieser negative Begriff ‚Wutmensch', der das hohle Denkschema dieser verführten Minderheit bedient und dadurch den Rechtspopulisten in Scharen in die Arme treibt. Würden diese Schreihälse wieder ‚Zuhören' entdecken und die wirkliche Wahrheit erkennen, dann wären sie keine Gefahr mehr für unseren Frieden und für unsere Demokratie.

Leider ist der wachsende Rechts-Populismus real existierende Größe und bedeutet weiterhin eine Gefahr für die schweigende Mehrheit in unserer Gesellschaft, und er gewinnt europaweit weitere Anhänger!

Menschen, die unsere freiheitliche Grundordnung schätzen und gegen gezielt agierende Feinde verteidigen haben ein gesundes Weltbild und sie leben nach den Gesetzen ihres Glaubens und der Menschlichkeit.

Auch die Mitbürger, die den Humanismus zu ihrem Leitbild gewählt haben, die sich im Fühlen und in ihrem Handeln nach ihm ausrichten und auch praktizieren, sie verfolgen das respektvolle Miteinander in einer individuellen Lebensweise.

Ihre Gedanken sind frei und von Toleranz geprägt, denn sie setzen diesen Gedanken auch stets moralische Grenzen, die niemals andere verletzen sollen.

Auch altruistisch handelnde Mitmenschen fügen sich, jenseits dogmatischer Linien, feinfühlig in unsere gesunde, wohltuende und verbindende Gemeinschaft ein. All denen, die so wertebetont leben, ist eines wichtig: ‚Die Menschenwürde'!

Wir alle stehen im politischen Denken und erfreulicherweise auch länderübergreifend in unserem Europa als demokratische Mehrheit dicht beieinander. Aber leider sehen wir das Phänomen des radikalen Rassismus und dass sich dieses Übel europaweit, und nicht nur in den osteuropäischen Ländern, kontinuierlich vermehrt.

Durch rassistische und ausgrenzende Hassreden der international agierenden Rechtspopulisten wird eine radikale Gesellschaft angestrebt, die den demokratischen und friedlichen Grundregeln des völkerverbindenden Miteinanders den Kampf angesagt hat.

Das zerstörerische Gedankengut hat seine Grundlage im Nationalsozialismus des mörderischen Hitler-Regimes und ist in seiner Entstehungsphase zunächst noch national ausgerichtet und bedeutet Engstirnigkeit und Fanatismus.

Die strikte Ablehnung unserer demokratischen Grundordnung, die den Menschen in allen Lebensbereichen Frieden und Freiheit garantiert, ist in den Köpfen der Rechtspopulisten als Kampfziel fest verankert, und es bedeutet, immer auch die physische Unterdrückung und die geistige Knebelung aller Andersdenkender.

Wie schlimm sich eine, schon von Beginn an verfolgte, geistige Unterdrückung der Menschen in unserer Vergangenheit ausgewirkt hat, das sollten wir ‚Heutigen' noch alle wissen, denn wir haben hoffentlich unsere eigene verbrecherische Hitler-Diktatur, mit allen schrecklichen Gräueltaten und millionenfachem Massenmord, abschreckend in unserer Erinnerung behalten.

Eines haben die europäischen Protagonisten des Rechtspopulismus unisono zu ihrem Programm erhoben:

Das Ausgrenzen und das Verunglimpfen der zahlreichen Migranten, und der vielen Kriegsflüchtlinge aus den Krisengebieten Syriens, des Irak und Afghanistans, dieses Ausgrenzen zeigt uns eine dreiste, perfide und systematische Hetze der erklärten Feinde unserer Demokratie. Sie agiert gegen jegliches solidarische Handeln unserer Bundesregierung auf unflätige Weise.

Weil aber die verantwortlichen Politiker der Koalition von CDU und SPD grundsätzlich die persönliche Religionsfreiheit aller Gläubigen ebenso garantiert, wie die

friedlichen Lebensgewohnheiten der unterschiedlichsten Schutz- und Hilfesuchenden. Auch die FDP, die Grünen aber auch die Linken vertreten mit Mehrheit diese richtige, menschenfreundliche Linie.
Ungarns Staatschef ‚Viktor Orban' vertritt eine rechtsradikale, ausländerfeindliche Politik und regiert mit Unterdrückungsgesetzen, die mit unseren europäischen, vor allem aber mit demokratischen Verhaltensweisen nur wenig zu tun haben. Leider teilen die meisten Ungarn seine rechten Regierungsziele, denn Viktor Orban herrscht zum wiederholten Mal mit einer deutlichen, absoluten Mehrheit und verkörpert eine Abschottungspolitik, die unseren europäischen Wertekodex total negiert, - schlimmer noch, er stellt sich ostentativ auf die Seite der Europazweifler. Und nicht nur gegen die Argumente dieser Zweifler muss die Mehrheit im Europaparlament Paroli bieten.
Einige osteuropäische Mitgliedsstaaten agieren teils mit egoistischen, rechtsnationalen Gesetzen, allen voran zeigen sich Polens Regierungspräsident und seine von ihm eingesetzte Regierungschefin als harte Verfechterin ihrer eigenen Vorteile.
Darüber hinaus ziehen sie leider, eben durch ihre enge Zusammenarbeit untereinander, zielstrebig ein unheilvolles Auseinanderbrechen der bestehenden Europäischen Union in ihr Kalkül.
Ihr egozentrisches Handeln ist zu verurteilen. Unsere Europäische Union ist der einzige Garant von Frieden und Freiheit!

‚Marine le Pen' mit ihrer nationalen Engstirnigkeit will Frankreich aus der Europäischen Union führen. ‚Geert Wilders' in Holland, er zückt ebenfalls die antieuropäische und fremdenfeindliche Unterdrückungskarte in diesem verwerflichen Pokerspiel der Populisten. Der verwirrte Brite ‚Boris Johnson' treibt als neuer Premierminister Englands, mit dem umstrittenen, bedingungslosen und gefährlichen Brexit, das Königreich aus der Europäischen Union.
Österreichs populäre FPÖ komplettiert zwar etwas verhalten dieses europafeindliche, internationale ‚Spiel' der rechten Bewegungen und sie macht aus ihrer kritischen Ansicht keinen Hehl.
Die AFD, die ‚Alternative für Deutschland', ich persönlich sehe sie unter anderem als europafeindlich an, und ihr Erscheinungsbild ist in Teilen durchsetzt von nationalistischem Vokabular der übelsten Art.
Ich empfinde ihren Zuspruch in unserer Bevölkerung als beschämend, und gleichzeitig bedaure ich die starken Wahlergebnisse, die den Einzug dieser populistischen AFD in den Deutschen Bundestag katapultierte. Auch in den Parlamenten der meisten Bundesländer sitzen ihre Abgeordneten.
Die politischen Erfolge dieser neuen Partei unterstützen zu meinem größten Bedauern natürlich die anderen rechten Bewegungen und Parteien in Europa. All diese nationalistischen Gruppierungen, zum Beispiel die der Niederlande, Frankreichs, Österreichs und leider nun auch in Italien. Diese unheilvollen Gruppierungen vereint die radikale Ablehnung der völkerverbindenden Europäischen

Union der siebenundzwanzig Mitgliedsstaaten.

Dazu gesellt sich bei einigen Agitatoren der Europagegner eine gezielte eingesetzte Art von Hass in das funktionierende System des Miteinanders dieser großen Gemeinschaft und in das Handeln der verantwortlichen Unionsstaaten. Dieser Hass floriert auch weiterhin in unserer Bundesrepublik flächendeckend, denn die rechte AFD argumentiert meistens hart an der Grenze des Erlaubten, denn gerade deren Artikulationen zu den verschiedensten politischen Themen spotten jeder Beschreibung, und ihre sprachlichen Entgleisungen bedürfen keines weiteren Kommentars.

Die Übereinstimmung all dieser Besserwisser der AFD (Alternative für Deutschland) liegt jedoch im Vernebeln oder Negieren aller aktuellen Fragen unserer Gesellschaft.

Praktische Antworten und Problemlösungsvorschläge sind von keiner Seite dieser Rechtspopulisten zu erwarten. Das Verächtlichmachen und das Verunglimpfen demokratischer Denkweisen ziehen sich wie ein roter Faden sowohl durch ihre parlamentarischen Reden wie auch durch ihre Kundgebungen, die lediglich durch die unerträgliche Lautstärke Aufmerksamkeit erlangen.

Diese engstirnigen Denkschemata, vermischt mit gezielten Verfälschungen und in Verbindung gebracht mit speziellen Beschimpfungen der Menschen mit Migrationshintergrund, diese verwerflichen Taktiken sind ihr Gebot der Zeit.

Und diese gezielten und niederträchtigen Angriffe des AFD-Vorsitzenden Alexander Gaulands, zerstören bewusst das politische Klima und entbehren jeden Funken von Anstand. Seine Angriffe auf Flüchtlinge und weitere Minderheitsgruppen oder auf einzelne Persönlichkeiten unserer Gesellschaft, all diese Diffamierungen, wie zum Beispiel seine rassistische und diskriminierende Äußerung auf …

Jerome Boateng, unseren, in Berlin geborenen, deutschen Fußballnationalspieler mit farbigem Migrationshintergrund, mit dem er, Gauland, nicht Wohnung an Wohnung leben wollte. Diese Denkweise ist als verwerflich zu brandmarken und gilt für mein Empfinden als gezielt geschürter Fremdenhass. Dieser radikale Ausspruch ist ein eklatanter Beweis einer fanatischen, unmenschlichen Denkweise. Dazu passt eine weitere, bewusst formulierte Attacke des AFD-Vorsitzenden, um gezielt menschliche Gefühle zu verletzen.

Dem Sinn nach zitiere ich die Geschichtsklitterung der Gauland-Aussage: „In der tausendjährigen, erfolgreichen Historie Deutschlands ist Adolf Hitler und das Handeln der Nazis … nur ein Vogelschiss der Geschichte!"

Ich habe niemals zuvor solch eine verkommene Wortwahl vernommen.

Welches abartige, kranke Hirn nährt diese Welle des Hasses? Zu solchen Menschen, die sich zu ähnlich gearteten Verbalattacken schon zu anderen Zeiten haben hinreißen lassen, haben die Menschen in meiner Jugendzeit treffend bemerkt: „Dieser Mensch hat keine Ehre im Leib!"

Jeder Mensch hat ein Gewissen und jeder Mensch kann aus seinem religiösen oder ethischen Gefühl heraus zwischen ‚Gut und Böse' unterscheiden. Jeder Mensch spürt auch beim Klang der Sprache, vor allem aber beim Inhalt des Gesagten, was richtig und was falsch ist.

Wir müssen auf unsere innere Stimme hören, dann verstehen wir sofort, welch schlimmer Geist die Hetzer treibt. Aber all diese antieuropäischen Nationalpopulisten haben noch eine andere, viel gefährlichere Triebfeder in ihrem dumpfen Hirn – den zerstörerischen Fanatismus!

Der Fanatismus ist generell der Feind einer jeden humanen Gemeinschaft, gleich in welcher satanischen Spielart er sich zu erkennen gibt.

Fanatismus

Zum allzeit relevanten Thema FANATISMUS hatte mein Großvater, Dr. Gotthold Borchert, Journalist und Philosoph, (1887-1951) seine eigene und individuelle Sicht auf das unheilvolle, verbrecherische Geschehen der mörderischen Hitler-Diktatur.

Einst, im Jahre 1946, brachte er zu diesem brisanten Thema seine Erkenntnisse und Analysen auf sehr deutliche Weise zu Papier.

Er wählte dazu die Form der kritischen Leitartikel, die damals allesamt von verschiedenen deutschen Tageszeitungen gedruckt wurden.

Per glücklichem Zufall fand ich einige seidenpapierdünne, vergilbte Schreibmaschinen-Durchschläge der interessantesten Texte aus jener Zeit, in einer uralten, verstaubten und abgewetzten Mappe aus dickem, aber brüchigem Faserkarton.

Den Hauch der gedruckten Historie – Gutenberg sei Dank – ihn erlebte ich nach meiner, für mich unendlich wertvollen Schriften-Entdeckung so hautnah, eben als ich bei meinem weiteren Durchstöbern der Handschriften meines Großvaters, auch einige, ebenfalls arg vergilbte Originale dieser nunmehr über siebzig Jahre alten Tageszeitungen, in meinen, vor Neugier zitternden Händen hielt.

Nur schwach erinnerte ich mich an die fettgedruckten Kopfzeilen der gefundenen Titelseiten: ‚Rheinischer Merkur, 24. April 1946 und 17. Mai 1946' sowie ‚Neuer Mainzer Anzeiger, Samstag, 3. August 1946'. Soweit ich mich erinnern kann, hat auch die Rhein-Zeitung in Koblenz in besagter Zeit die verschiedenen Artikel meines Großvaters veröffentlicht. ‚Raum für alle hat die Erde', dieser Titel liegt ebenfalls in meinen Händen, und ich glaube, mich zu erinnern, dass ich selbigen in jener vergangenen Epoche voller Stolz gelesen habe.

Welch ein literarischer Schatz
liegt in deinen Händen?

Diese Frage schoss blitzartig durch mein Hirn und beschäftigte mein Denken. Und ich sprach zu mir selbst, wie ich es oft tat, wenn interessante Ereignisse meine

wachen Augenblicke plötzlich kreuzten: „Hey, du Glückspilz", sagte ich voller Freude wohl auch vernehmlich hörbar zu mir selbst, „was machst du mit all dem wertvollen geistigen Erbe deines Opas?"
Während ich lesend in Großvaters damalige Geisteswelt eintauchte, kam ich zu dem Entschluss, dass ich das ‚Entdeckte' vor dem endgültigen ‚Vergessenwerden' retten muss.
Dieses ‚Muss' entwickelte sich in einen wohltuenden, liebevollen Zwang und riss mich aus dem emsigen ‚Niederschreiben' der abenteuerlichen Biografie meines Vaters, dem begnadeten Kunstmaler, abrupt heraus.
Von Herzen gern gebe ich meinem, von mir schon als Junge hochverehrten Großvater, Dr. Gotthold Borchert, mit seinen brillanten, zeitkritischen Leitartikeln aus jener Nachkriegszeit, aber auf meine Weise ein neues Forum, um all sein Geschriebenes vor dem Vergessen zu bewahren, – denn das Vergessen ist der zweite Tod.

Abschrift:

Leitartikel ‚Fanatismus'
verfasst anno 1946,
von Dr. Gotthold Borchert (1887-1951),
seinerzeit wohnhaft in Bendorf am Rhein,
im sogenannten ‚Goethe-Haus',
Untere Vallendarerstraße 19

„Fanatismus" …,
die Abschrift vom Originaltext des Verfassers …
Dr. Gotthold Borchert von 1946

Über dem, im Jahre 1945 abgeschlossenen dunkelsten Kapitel deutscher Geschichte, steht das verhängnisvolle Wort ‚Fanatismus'.
Politischer Fanatismus hat durch Terror und Rassenwahn Deutschland in die furchtbarste Katastrophe der Geschichte gestürzt.
Wie war eine solche Geistesverwirrung möglich, fragt man sich, und was bedeutet im Grunde jene Seelenverfassung, die wir Fanatismus nennen. Die Beantwortung beider Fragen, die hier versucht werden soll, dürfte zu heilsamer Selbstkritik veranlassen und etwa vorhandene Illusionen ausrotten helfen.
Geschichtliche und psychologische Erfahrung zeigt, dass die menschliche Seele, gleich im Körper wechselnden Zuständen, Störungen und Erkrankungen unterworfen ist, die sich von Einzelerscheinungen zu Massenerscheinungen von historischer Bedeutung ausweiten können.
Tiefe Depressionszustände können durch höchste seelische Kraftentfaltung abgelöst werden, und auf Zeiten starker Gefühle und Willensantriebe können Perio-

den der Resignation, der Sentimentalität und Willenserschlaffung folgen. Solche Störungen stellen besonders gewisse teilseelische Zustände dar, die in der Grundlage der Menschen und Völker wie in Schicksalsschlägen, geistigen, sozialen und wirtschaftlichen Bedrängnissen wurzeln können.

Langunterdrückte Triebe und Gefühle können in nervösen Erregungszuständen mit Urgewalt hervorbrechen und alle anderen psychischen Funktionen verdrängen. So entsteht jene bekannteste teilseelische Erscheinung, die wir Fanatismus nennen und deren Wesen Nietzsche im fünften Buch seiner ‚Fröhlichen Wissenschaft' kurz und klar umrissen hat als die einzige Willensstärke, zu der auch die Schwachen und Unsicheren gebracht werden können, als eine Art Hypnose des ganzen sinnlich-intellektuellen Systems zugunsten der überreichen Ernährung (Hypertrophie) eines einzelnen Gesichts- und Gefühlspunktes, der nunmehr dominiert.

Charakteristisch ist für das Wesen des Fanatismus die weitgehende Verdrängung normaler psychischer Funktionen, seien es Triebe, Gefühle, Vorstellungen, Überlegungen und die Beschränkung der seelischen Aktivität auf einen einzelnen ‚Gesichts- und Gefühlswert', etwa auf das Verlangen nach Geltung und Macht, nach einem besseren Leben, nach einem Glücks- oder Seligkeitszustand.

Der Wille nach diesem Ziel ist bei dem Fanatiker so stark, dass die ganze Welt gegenüber dem erwarteten Glück in das Nichts versinkt. Der Fanatiker sieht nicht mehr die Wirklichkeit, sondern nur noch seine Idee, sein Wunschbild und den Weg, der zu dem inbrünstig begehrten Zustande führt, und den er durch alle Hindernisse hindurch bis zu Ende geht.

Er setzt sich daher über die Vernunft, über Leid und Schmerz hinweg und oft genug über alle Bindungen durch Recht, Moral, Kultur, Volk und Familie.

Unter den verschiedenen Seelenverfassungen, in denen sich die alte Sehnsucht der Menschen nach dem ‚wahren Glück' offenbart, ist der Fanatismus wohl diejenige, deren geschichtliche Wirkungen als religiöse und politische Massenbewegungen besonders tiefgreifend waren.

Der Fanatismus ist von unglaublicher suggestiver Kraft. Niemand wirbt leidenschaftlicher als der Fanatiker, dem sein Willensziel als das einzige erscheint, das die Menschen glücklich macht. Besonders in Zeiten seelischen Tiefstandes findet der Fanatismus unter bedrückenden und am Leben leidenden Menschen eine willige Anhängerschaft, die sich von seiner Propaganda nur allzu gern für eine neue Heilsbotschaft, für ein neues beglückendes Willensziel, sei es irdisch oder überirdisch, begeistern lässt.

Gleich einer Flamme, die zeitweilig zu verlöschen scheint, aber jederzeit wieder hell auflodern kann, brennt der Fanatismus in der Seele jeder Religion.

Von den orgiastischen Kulten des antiken Orients, von der jüdischen Prophetie, von Buddhismus, Christentum und Islam bis hin zu den mittelalterlichen Flagellanten, den Inquisitoren, Hussiten, Wiedertäufern und Puritanern hat der kollektive und religiöse Fanatismus, der im Märtyrertum seinen höchsten Ausdruck fand, den Weg der Menschheit auf der Suche nach dem ‚wahren Glück' schicksalhaft bestimmt.

Immer, wenn geistige und materielle Nöte und damit seelische Depressionen die Menschen bedrückten, war der Fanatismus die Triebkraft zum Umschlag der Stimmung zur religiösen und politischen Revolution. Wo er einmal Boden gefasst hat, wächst er unwiderstehlich wie eine Lawine und reißt alle mit sich fort.

Von den Gracchen im alten Rom, (Gracchen = römische Volkstribune, sie forderten Sozialreformen) bis hin zu Robespierre, Lenin und Hitler, ist noch jede politische Revolution von Fanatikern gemacht worden, die unzufriedenen und bedrückten Menschen ein besseres Leben, einen irdischen Glückszustand verhießen und durch die Magie des prophetischen Wortes die Massen zu ungeahnter Willensstärke emporrissen.

Die Französische Revolution von 1789 und die russische von 1917 sind Musterbeispiele eines politischen Fanatismus, der seine Ideen mit ungeheuren Blutopfern durchsetzte und neue politische und soziale Epochen einleitete. Wie ganz anders waren dagegen die Auswirkungen des politischen Fanatismus in Deutschland.

Mit der nationalsozialistischen Bewegung ist der Begriff Fanatismus von Anfang an verbunden gewesen. Fanatismus hat das ‚Dritte Reich' geschaffen und wieder zerstört.

Fanatismus war es, was Hitlers Propaganda den Deutschen tagtäglich als einziges Mittel zur Rettung predigte. Aber wer hatte nicht das Gefühl, dass hier etwas dem deutschen Wesen durchaus Fremdes gepredigt wurde? Und doch, wie viele wurden trotzdem von den Fanatikern des Nazismus derart hypnotisiert, dass sie die wahre Seele ihres Volkes verleugneten. Wie kam es dazu?

Versetzen wir uns in die Zeit nach dem Ersten Weltkrieg zurück, so finden wir, dass sich das deutsche Volk damals größtenteils in einer seelischen Depression befand, die durch die geistige, soziale und wirtschaftliche Not, infolge des Kriegsverlustes, verursacht war. Reaktionäre und Militaristen fanden in der politischen Zerrissenheit wie in der wirtschaftlichen Notlage der Massen ein dankbares Tätigkeitsfeld für eine skrupellose Demagogie, wobei zuletzt die nationalsozialistischen Fanatiker durch ihre Brutalität das Übergewicht erlangten.

Mit dem Auftreten dieser Fanatiker, das durch die Ideologie Nietzsches vom ‚Willen zur Macht' und durch die Lehre Stefan Georges (dt. Dichter 1868-1933) vom ‚Neuen Reich' vorbereitet worden war, verwandelte sich die Depression weiter Volkskreise durch die beispiellose Propaganda der Partei und ihren Appell an die Masseninstinkte allmählich in einen nervösen Erregungszustand, der sich von Jahr zu Jahr steigerte, je schwächer die Abwehr der ohnmächtigen republikanischen Regierungen wurde.

Durch Wort und Schrift wurden die Massen tagtäglich mit denkbar einfachen, meist törichten und unwahren, aber zündenden Schlagworten auf ein einziges Willensziel hingelenkt: auf das ‚Dritte Reich', das allen Deutschen für alle Zeiten Arbeit und Brot, Wohlstand und Ansehen sichern sollte.

Das wurde täglich mit fanatischer Beharrlichkeit in die Köpfe der Millionen hineingehämmert, bis es dort festsaß und wirkte, d. h. jeden Sinn für Recht und Moral sowie alle vernünftigen Gedanken zugunsten einer einzigen Vorstellung und eines einzigen brennenden Wunsches nach dem Glück des ‚Dritten Reiches' erstickte. Das Meisterstück dieser Propaganda war aber die Ausnützung der deutschen Religiosität für die kommende Diktatur.

Ein neuer Mythos von Blut und Rasse, der viele Gemüter gefangennahm, sollte den Diktator als den von der Vorsehung gesandten Retter der deutschen Rasse feiern. Legendenbildung, Märtyrerverehrung, mystische Symbole und Kulte bezeichneten den fanatisch-religiösen Charakter der neuen Lehre. Nichts ist wohl charakteristischer für die durch den Fanatismus geschaffene Geistesverwirrung als die Tatsache, dass man in den Kreisen seiner Anhänger Hitler für einen Gottgesandten hielt, dessen Macht keine Grenze gesetzt war.

So ergriff der Fanatismus immer weitere Massen. Eine völlige politische Trunkenheit bemächtigte sich schließlich weitester Volkskreise und der Fanatismus wurde zu einer wilden Orgie des Terrors der Fäuste und Knüppel.

Bei der Beobachtung nationalsozialistischer Massenveranstaltungen hatte man geradezu das unheimliche Gefühl, unter Besessenen zu sein, die zu allem fähig waren. Hier feierte der Fanatismus seine größten Triumphe. So kam es zu einer Massensuggestion, wie man sie in Deutschland nie zuvor erlebt hatte.

Die Fanatiker jubelten: ‚Der Führer hat immer recht'! Der kollektive Fanatismus hatte die Vernunft besiegt. Das Satyrspiel begann.

Wer das Geburtsjahr des ‚Dritten Reiches' mit seinen Parteifesten, Aufmärschen, Judenhetzen und Massenverhaftungen als vernünftig denkender Mensch miterlebt hat, war entsetzt über die Geistesverfassung weiter Volkskreise, die glaubten, mit dem ‚Dritten Reich' das versprochene Paradies gefunden zu haben, und ein so übersteigertes Selbstgefühl, ja, eine geradezu lächerliche Anmaßung an den Tag legten, wie sie nur der Fanatismus und die Illusion erzeugen.

Stellen wir die Wirklichkeit neben die Illusion und blicken zurück in die Zeit vor 1933! Das deutsche Volk war durch den Weltkrieg verarmt. Die schwere Weltwirtschaftskrise von 1930 musste daher Deutschland besonders hart treffen. Aber wie die Weltwirtschaft noch jede Krise überwunden hat, so war auch diese zu überstehen und auf die Dauer gesehen, war unsere Lage entfernt nicht so trostlos, wie es Hitler gerne hinstellte. Im Gegenteil!

Deutsches Land und deutsche Städte waren damals nicht vom Kriege zerstört. Heute, wo Deutschland ein einziges Trümmerfeld geworden ist, kommt es uns erst ins Bewusstsein, wie reich wir im Grunde damals noch waren.

Deshalb konnte niemand damals ernstlich daran zweifeln, dass das deutsche Volk durch Intelligenz, Energie, Arbeit und Sparsamkeit wieder in die Höhe kommen würde. Aber dazu brauchte man politische Einsicht und Einigkeit, dazu gehörte Zeit und Geduld, dazu benötigte man viele Jahre harter Arbeit.

Da rückte die Predigt vom ‚Dritten Reich' das ‚Heil' in unmittelbare Nähe. Warum sollte man jahrzehntelang arbeiten, wenn man durch das ‚Dritte Reich' schneller zu Wohlstand und Ansehen kommen konnte? Der Diktator war der große Zauberer, der die Patentlösung in der Tasche hatte:
Sein Programm, das die Auferstehung Deutschlands zum tausendjährigen Reich, zu Ruhm, der Macht und Blüte schlagartig herbeiführen sollte. Wozu man sonst wohl Jahrzehnte benötigt hätte, das sollte nun in wenigen Jahren geschafft werden, denn noch bei Lebzeiten des Propheten sollte sich das Wunder verwirklichen.
Und dann kam das ‚Wirtschaftswunder' in Gestalt einer geradezu fantastischen militärischen Aufrüstung mittels einer ebenso fantastischen Verschuldung und man hatte wieder Arbeit und Brot in Hülle und Fülle.
Aber wer machte sich im Volke eigene Gedanken über das ‚Wirtschaftswunder', wer sah in ihm den drohenden Krieg? Geblendet durch die Scheinblüte des ‚Dritten Reiches', betört durch die Sirenenklänge machtgieriger Demagogen, geschmeichelt durch die sozialen Geschenke Hitlers an das Volk, militärisch zum Kadavergehorsam erzogen oder durch Terror eingeschüchtert, wurden die Massen zu blinden Werkzeugen in den Händen ehrgeiziger Gewaltmenschen, die in einem wahnwitzigen Machtrausch auf das Ziel zusteuerten, das ihr Werk krönen sollte: Auf den Raubkrieg, der Ruhm, Reichtum und Macht des Hitlerreiches für ein Jahrtausend begründen und ihm die Herrschaft über Europa sichern sollte, wie es Hitler schon 1924 in seiner Kampfschrift angekündigt hatte.
Dass Hitler und seine Anhänger fest davon überzeugt waren, diesen fantastischen Plan, der die Weltmächte und Deutschland zu erbitterten und unversöhnlichen Feinden machen musste, durchführen zu können, zeigt, welcher Verblendung der Fanatismus fähig ist. In Hitler und seiner Gefolgschaft hat sich der Fanatismus bis zur letzten Konsequenz ausgewirkt.
Von einem hemmungslosen Drang nach Geltung und Macht besessen, von der Not und Hoffnung der Massen zur Diktatur emporgetragen, von seiner Umgebung würdelos umschmeichelt, von den Massen wie ein Gott verehrt, fühlte sich Hitler immer gottähnlicher. Umjubelt von dem Ruf fanatisierter Massen: „Führer befiehl, wir folgen Dir", wuchs dieser Mann immer mehr in den Glauben an seine Unfehlbarkeit hinein.
In krankhafter Übersteigerung des Willens und der Fantasie betonte er immer wieder empathisch, dass das Wort ‚unmöglich' für ihn nicht existierte. Hieß das nicht wie ein Gott sprechen? Aber mit diesem kleinen Wort ging er mit dem ‚Dritten Reich' zugrunde.
Adolf Hitler, dieser Fanatiker, übte durch seinen übersteigerten Willen auf seine Mitarbeiter einen geradezu hypnotischen Einfluss aus, der sie zu gefügigen Werkzeugen seiner utopischen Herrschaftspläne machte. Und diese Pläne waren utopisch, sie mussten an der rauen Wirklichkeit zerbrechen, an der ungeheuren moralischen und materiellen Überlegenheit der Weltmächte, die Hitler in unglaublicher Blindheit vollkommen unterschätzte.

In seinem fanatischen Machtrausch verlor er, vor allem in der zweiten entscheidenden Phase des Krieges, immer mehr den Blick für die Wirklichkeit und klammerte sich eigensinnig bis zuletzt nur an Illusionen. So riss er das ganze deutsche Volk mit unglaublichem Zynismus mit in den Abgrund.
Aber noch verhängnisvoller als seine Verkennung der Wirklichkeit war seine und seiner Anhänger bewusste Nichtachtung aller ideellen und moralischen Werte der Kulturmenschheit. Und wenn der Fanatismus seinem Wesen nach stets zur Verleugnung von Vernunft, Recht und Moral neigt, so hat der Fanatismus Hitlers und seiner Anhänger in dieser Hinsicht alle in der Geschichte des Fanatismus verzeichneten Gräuel und Unmenschlichkeiten in grausigster Weise überboten.

Auch den letzten Absatz des vergilbten Textes, den mein Großvater wohl selbst durchstrichen hat, auch ihn möchte ich festhalten, denn für mein Empfinden gehört er zum Inhalt dazu:
Schwer hat es das deutsche Volk gebüßt, dass es sich von verbrecherischen Fanatikern betören ließ und sich dadurch außerhalb der Kulturwelt stellte. Wenn es aber nunmehr, nachdem die Wahnideen des Fanatismus und der Macht wie ein böser Traum, ja Spuk, gewichen sind, wir den Anschluss an die abendländische Kulturgemeinschaft und damit die Lebensmöglichkeit wiedergewinnen wollen, so bedarf es einer völligen geistigen Erneuerung, wie sie kaum je ein Volk vollzogen hat.

Und diese Erneuerung ist nur dann möglich, wenn wir uns von ganzer Seele und durch Taten zu den politischen und ethischen Grundideen der modernen Kulturwelt bekennen: zur Demokratie und zum Humanismus, zum Glauben an die Menschen und an die Menschlichkeit.

Zeitwandern …

Erlebte Geschichte im Bann der ‚Bildenden Kunst' aus hautnaher Betrachtung festzuhalten, ist im Blick auf meinen Vater, dem Kunstmaler Gotthold Borchert, mein innigster Wunsch.

Die gelebte Malerei meines ‚Alten Herrn' war so enorm facettenreich und von ‚seiner Zeit' geprägt, dass ich damals wie auch heute, fast unter liebevollem Zwang zur Feder greifen muss. Das wundersame und bunte Leben seiner Bendorfer Schaffensperiode, mit allen Höhen und Tiefen, dieses Geschehen ist die bindende Klammer, welche die einzelnen Episoden umspannt.

Der lange Gedankenweg zurück in jene Zeit der familiären Besinnung und des feinfühligen Miteinanders, er erinnert mich unwillkürlich, die folgende Metapher sei mir erlaubt, an die Irrfahrten des Odysseus, – denn so irre verlief, aber eben auf ganz andere Weise, gleichwohl vergleichbar mit jenem griechischen König von

Ithaka, mein eigenes Suchspiel um Glück und Zufriedenheit zu finden.
Bis der Tod euch scheidet … ja, diesen christlichen Treueschwur erfüllten sich meine Eltern. Im Abstand von exakt drei Jahren waren sie wiederum vereint, vereint im Jenseits von Zeit und Raum, im hellen Licht der unbekannten anderen Seite und als immerwährender Sternenstaub im Nahbereich meines Herzens.
In einer Phase des Alleinseins und des suchenden Nachdenkens und des ‚sich in Freude Erinnerns', in diesem Denkprozess fasste ich den Mut und sammelte erste Energie, um das Erlebte in bunten Bildern festzuhalten. In dieser Zeit meines Schreibbeginns lebte ich noch in den historischen Räumen der ‚Bel Etage' meines damaligen Zuhauses, dem historischen ‚Goethe-Haus', wie die Bendorfer Mitbürger dieses Remy'sche Barock-Gebäude gerne nannten.
Zu allen Zeiten besaß ich ‚meinen' Schreibtisch, ein pompöses Erbstück meiner geliebten Mutter, welches sie vorausschauend aus dem alten Mobiliar ‚ihrer Notarkammer' requirierte, da es sonst der Entsorgung zugeführt worden wäre.
Das geschah am Ende ihrer Kammertätigkeit als Chefsekretärin. Die Notarkammer Rheinland-Pfalz zog nämlich in ihr neues, in Eigenregie gebautes und modernes Domizil, in die Koblenzer Südstadt, in die Hohenzollernstraße.
Weil die alte, gediegen wirkende und in Muttis Augen auch wertvolle Einrichtung des Büros auf dem Sperrmüll entsorgt werden sollte, bat sie ihren sympathischen Chef, Herrn Dr. Jungbluth, ihr das repräsentative aber nicht mehr genehme Mobiliar zu überlassen.
Mein Mutterherz dachte natürlich an mein, aus ganz einfachen Möbeln bestehendes Büromobiliar und sah die im Ebenholzbeizton aufwendig gestalteten Prachtstücke in unserem Hause bestens aufgehoben. Auf diesem Wege kam ich in den Besitz meines handgefertigten, übergroßen Schreibtisch-Prachtwerks.
Mein neuer, hochherrschaftlicher Schreibplatz war als meisterhaft gearbeitetes Solitärstück eine Augenweide, denn der seltene Ebenholzfarbton wirkte edel, und diese seltene Holzlasur hatte trotz ihrer wuchtigen, dunklen Beizwirkung einen ganz besonderen Charme.
Durch die gefällige Form der fast kreisrunden Seiten saß ich, eingerahmt inmitten der großzügigen Arbeitsfläche und aufgefangen von meiner eigenen Welt der guten Gedanken, in jeder freien Minute schreibend an jenem Wohlfühlplatz.
Die angestrebte Geborgenheit bescherte mir stets die bequeme Sitzgemütlichkeit, die der neu erstandene und aufwendig gepolsterte Chefsessel bereithielt, sodass ich oft stundenlang an meinem Rückzugsort verweilte, um in dieser Oase des Denkens und Erinnerns meine wohltuende Ruhe und Entspannung zu finden.
Von vielen Büchern und Fachjournalen, die sich rechts und links von meiner Schreibunterlage angesammelt hatten, fühlte ich mich von ihnen rundum umarmt. So war es auch kein Wunder, dass ich meist zu später Stunde den liebevollen Kuss der Muse spürte, der mich beflügelte, der mich ausgiebig der beredten Vergangenheit preisgab und der mich den Lebenshauch des einstmals Geschehenen atmen ließ.

So verstärkt geschehen im Laufe des Jahres 1980.

In der Retrospektive betrachtet, war wohl der Umstand der inneren Einsamkeit der Auslöser zu diesem Tun.

Meine Ehe war gescheitert, Scheidung, die geliebte Tochter gezwungenermaßen im Internat, beide Eltern gestorben; – das waren quälende Verlustängste, von deren Existenz ich bis dato keine Ahnung hatte und somit auch keinerlei an diesbezüglichen Erfahrungen sammeln konnte.

Dazu gesellten sich ungelöste Finanzsorgen, die ebenfalls meine gewohnte Lust zu leben enorm dämpfte. Auch die wenigen guten Freunde, die ich zu dieser Zeit noch an meiner Seite wusste, sie konnten mir, auch nach dem Genuss etlicher Bierchen mit Obstlern, kaum meine Grundtraurigkeit mindern.

Ich besann mich auf die nachhaltigen Gespräche mit meinem ‚Alten Herrn', der mich ja zu seinen Lebzeiten oftmals gerne und heftig zu kritisieren verstand.

Meistens hatte er dazu auch allen Grund, denn mein andauernder Kampf um Werbeaufträge und deren Abwicklungen veränderte unter Umständen, die ich nicht oder nur bedingt zu verantworten hatte, meine gewohnte Souveränität.

So gab mir mein geschätzter alter Herr in seiner ihm eigenen theatralischen Sprache, unter anderen Weisheiten, folgenden Rat:

„Mein lieber Sohn, merke Dir ein für alle Mal: Geld und Reichtümer, nach denen Du zu streben scheinst, das sind hohle Besitztümer und auf Dauer nicht viel wert. Besinne Dich auf die inneren Werte, die alle Menschen besitzen, erkenne diese und handele danach. Das wahre Glück steckt in Dir selbst. Suche es, den Geist und den Verstand dazu hast Du!"

Und genau hier, in dem Moment des stummen Vater-Sohn-Gesprächs und im hautnahen Bewusstsein seiner gut gemeinten Worte, genau hier holte mich die Wertigkeit meines Vaters Rat wieder zurück. Zurück die Zeit, in der ich Fragen stellen konnte. Denn es war ja jene glückliche Zeit, in der ich von ihm und meiner geliebten Mutter Antworten fürs Leben in Vielfalt bekam, und diese Antworten, sie alle waren und sind mein wahrer Reichtum.

Die grauen Nebelschwaden und die ständige Dunkelheit meines damaligen Seelentiefs verwandelten sich schlagartig in eine wohltuende, helle Welt, die meine Gedanken wieder ins positive Wahrnehmen der Realität schickten.

Mein Schreibtisch war zum Quell meiner geistigen Erneuerung geworden. Er diente mir fortan als Kraftgeber und avancierte zum Rastplatz für meine guten Gefühle. Er diente mir auch als Forum für jene lieben Zeitgenossen, die als Sternenstaub die unbekannte, die andere, helle Seite schon erreicht hatten.

Die Vorausgegangenen, sie alle existieren für mich in virtueller Form, sie leben spürbar in meinen Gedanken. In meiner lebensbejahenden Philosophie füllen sie alle die unzerstörbare innere Welt der Herzen und die der Erinnerungen, sie sind beheimatet eben in unserer heilen Welt der weiten Gedanken.

Im Banne meines alten Schreibtisches und dem ab und an auftauchenden Zauber der Erinnerungen gefangen, formen sich in meinem Andenken Episoden der

Einmaligkeit, Momente des Glücks, aber auch der Trauer.
Sie alle kehren, in den geschätzten Stunden meiner Ruhe, wie Filme vor meinem geistigen Auge überdeutlich und voller Farbigkeit spontan zurück und lassen mich Geschehnisse von Einst neu erleben.
Also schreibe ich sie auf. Es sind dies auch die verschiedensten Begebenheiten, die mir manchmal auch auf zufällige Weise begegnet sind, so treten sie als neue bereichernde Impulse auf, die sich in das Geschehen des Vergangenen auf wundersame Art, mystisch fast, in das Gesamtbild meiner Erzählungen einfügen lassen.
Das Bild der persönlichen ‚Geschichte' wird farbiger mit jedem ‚geschriebenen Pinselstrich'!
Derart gewinnt so mancher Zeitzeuge und so manche Episode an Bedeutung und ideellem Wert. Und beide ergänzen sich harmonisch und sie stärken ihre eigene und individuelle Ausdruckskraft enorm.

Mein Credo lautet heute und auch in Zukunft:

„In Erinnerung und Vielfalt zurück in eine fast vergessene Zeit, in eine gewonnene Zeit!"

Gotthold Borchert – Kunstmaler in Bendorf am Rhein,
geboren am 22. März 1912 in Berlin,
gestorben am 1. Mai 1976 in Bendorf

Den sonnigen ersten Maifeiertag des Jahres 1976 erlebte mein Vater Gotthold Borchert nicht mehr zur Gänze, denn gegen elf Uhr morgens starb er friedlich und von meiner Mutter und mir behutsam und liebevoll begleitet, nach vielen Jahren teils qualvollen Leidens.

Um seinen inhaltsreichen Lebensweg zu zeichnen und vor dem Dunkel des Vergessens zu bewahren, will ich heute, im Jahre 1978 beginnen, aus dem reichen Künstlerleben meines Vaters zu erzählen.

Das Typische an seinem Wesen, das seine ureigene Persönlichkeit trefflich charakterisiert, möchte ich deutlich schildern und als authentisches Erinnerungsdokument für seine Nachkommen und auch für seine vielen Freunde, die allesamt seinen künstlerisch-kreativen Schaffensdrang interessiert begleiteten, festhalten.

Ihnen könnte dieses ‚variantenreiche Dokument' stets zur Hand sein und als würdige Gedankenplattform dienen, um an die gemeinsamen und menschlich so wertvollen Geschehnisse nachhaltig zu erinnern.

Vielleicht wird diese umfangreiche Sammlung der Erzählungen, aber auch als ein dauerhaft geistiges Archiv, Geltung finden, um – quasi als ein behüteter Hort seiner Lebensphilosophie – die von ihm erhoffte, gedankenverbindende Existenz dauerhaft zu festigen.

Er selbst aber wollte, dass nichts außer seinen malerischen Werken für die ‚Nachwelt' von ihm erhalten bleiben sollte. „Meine Bilder sprechen ihre eigene Sprache." So lautete sein künstlerisches Credo.

Dennoch halte ich es, als sein Sohn und Erbe seiner Ideale sowie seiner zukunftsweisenden Denkanstöße und seiner mir verbliebenen Bildersammlung für historisch richtig, seinen ungewöhnlichen Daseinsweg vornehmlich ihm, als bekanntem ‚Landschaftsmaler der Mittelrhein-Region', wie gesagt, vor dem Dunkel des ‚Vergessen-Werdens' zu bewahren und den Versuch zu starten, dieses kulturell reiche und von der Malerei bestimmte Leben, in wesentlichen Fragmenten des Zeitgeschehens exakt nachzuerleben, zu schildern und aufzuschreiben.

Als Grundlage dazu dient mir der große Schatz meiner Erinnerungen, die ich alle mit Freuden in meinem bunten, weiten und gespeicherten Gedankenparadies bereithalte, um – wann immer ich Lust und Laune verspüre – mich einzelnen der geschenkten Gedankenpretiosen zu widmen. Derart beflügelt begebe ich mich immer wieder gerne an meinen bequemen Schreibplatz, um den Zauber der illustren Vergangenheit und deren besonderen Begebenheiten zu erzählen.

Sein teils auch abenteuerliches Leben und künstlerisches Wirken in den einzelnen Phasen seiner Zeit sowie seine kritischen Denkweisen, sie sind untrennbar mit der großen Liebe zu seiner Margarete, meiner Mutter verbunden, denn ihre tiefe Liebe und ihr grenzenloses Vertrauen waren das starke Fundament, welches für beide eine lebenslange Zufriedenheit bedeutete.

In allen Lebenslagen gingen sie als glückliches Ehepaar in fester Treue und liebevollem Miteinander durch alle Höhen und Tiefen der jeweiligen Zyklen.

Muttis liebevolles Verständnis für Vatis Malerei und eben auch für sein ‚Anderssein' in jeder Beziehung, beide Faktoren stärkten zusätzlich ihre wundervolle Zeit.

Vati forderte stets unmissverständlich von ihr die ehrlichen und kritischen Betrachtungen und die dazugehörenden, spontanen Kommentare – übrigens an allen seinen ‚neu geschaffenen Werken'.

Muttis erbetene, persönliche Urteile waren Vatis wichtigstes Korrektiv ... und dazu gehörte die vollständige Bandbreite seines kreativen Repertoires, wie Bleistiftskizzen, Federzeichnungen in schwarz-weiß oder Sepiatusche, Tempera und Aquarellbilder sowie vordergründig die mit dynamischer Spachtel und sattem Pinsel geschaffenen und charaktervollen Ölgemälde. Alle diese Werke schufen allein durch ihre reine Existenz sein gefühlt lustvolles und vitales ‚Lebenselixier', dessen Wirkung aber ausschließlich seiner kreativen, künstlerischen Schaffenskraft diente.

Muttis immer vorhandenes Verständnis und ihre Beurteilung für alle Bilder seiner ‚Malbesessenheit' – oder besser gesagt, seiner Mal-‚Sucht', dieses Verstehen und ihre Worte waren von eminenter Wichtigkeit für ihn. Die persönliche Wertung des geschauten Werkes war für meinen geschätzten alten Herrn wohl gleichzusetzen mit dem jeweiligen Fachurteil eines anerkannten Kunstsachverständigen. Muttis Aussagen und Beurteilungen, also ihre jeweils von Vati erbetene Bewertungen seiner individuellen ‚Schöpfungen', sie hatten für ihn eine sehr hohe Wertigkeit und gehörten zu seinem unstillbaren Malwillen und zu seiner Persönlichkeit.

Er spürte tief in seinem inneren Empfinden diese verbindende Kraft, die seine geliebte Grete ihm immer wieder schenkte, und er wertete diesen Quell der guten Gefühle stets als dynamischen Energieschub für seinen künstlerischen Schaffensdrang.

Er genoss dieses stimulierende Hochgefühl in all seinen Malperioden sicherlich auch als vitalisierenden Impuls, seines, von Farben, Skizzenblöcken, Malpapieren und Leinwänden, nebst allen dazugehörenden Malutensilien geprägten Alltags.

Er fühlte diese Begabung, dieses kreative Maltalent deutlich in seinem inneren Denken, und er deutete dieses Gefühl als ein geschenktes Phänomen des Glücks. Vielleicht wertete Vati sein künstlerisches Talent aber auch als einen Wink des Schicksals, der seinen künstlerischen Lebensweg aufzeigte und bestimmte.

Eigentlich sollte mein ‚Alter Herr', wie ich meinen Vater, in jener Zeit meiner frühesten Jugend auch gerne mal nannte und stets zu seiner Freude auch anredete, nach seiner Gymnasiumzeit in Essen an der Ruhr ja studieren.

Auf eigenen Wunsch hin absolvierte er eine kaufmännische Lehre im renommierten, jüdischen Textilhaus Gustav Blum, im Zentrum der Revierhauptstadt.

Als Einzelhandelskaufmann ausgebildet, ging er aber eigene Wege und widerstand

dem Willen meiner Großeltern, ein Universitäts-Studium anzustreben.
Zu dieser Zeit der dreißiger Jahre war sein Vater, seines Zeichens Dr. Gotthold Borchert, als Personalchef bei dem Großunternehmen Friedrich Krupp, in Essen angestellt und wohnte mit seiner Familie standesgemäß, wie man es damals nannte, im eigenen Haus im Essener Stadtteil Bredeney und fühlte sich mit seiner Frau Hedwig und seinen beiden Söhnen, Gotthold und Joachim, sicherlich zu der ‚gehobenen Gesellschaft' der Ruhrmetropole zugehörig.

Doch wie gesagt, Vati widerstand den geforderten Wünschen seiner geschätzten Eltern und machte alles anders. Er wählte einen anderen Weg und ging auf demselben auch zielstrebend voran.

Das Geschilderte erfuhr ich in vielen Gesprächen mit meinem ‚Alten Herrn', als er vor Zeiten – ich war noch ein kleiner Junge – mir seine eigenen Jugenderinnerungen beredt schilderte und mir seine Lebensvision veranschaulichte.

Mit Pinsel und Farbe hinein ins bunte Leben

Schon auf der ‚Penne', so nannte man im Volksmund landläufig das Schulsystem ‚Gymnasium'; – in jener Gymnasiumzeit also, eben auf der ‚Penne' in Essen an der Ruhr, tat sich Vati durch sein eigenes künstlerisches und auch seltenes, ja sicherlich auch ungewöhnliches Maltalent hervor.

Zeichnen in der Freiheit der göttlichen Natur, Skizzieren des gewählten Motives, das feine Ausmalen mit lasierenden Wasserfarben – das waren meines Vaters liebste Freizeit-Beschäftigungen zu damaliger Zeit.

Das immerwährende Suchen nach der vollendeten Darstellung fand wohl damals seinen Anfang und in keiner seiner späteren Phasen ein Ende. Sein Fachlehrer, seines Zeichens ‚Studienrat' und ‚Kunsterzieher' trug den Namen ‚König'; – ‚Nomen es Omen'. Dieser pädagogisch äußerst fähige Lehrer der schönen Künste lud seinen begabten Schüler Gotthold oftmals in sein Privat-Atelier ein, um in diesem inszenierten und intensiven ‚Kunstschaffen' gezielt kreative Impulse bei seinem Schüler zu wecken. Aus diesem Grunde glaube ich heute, dass ich in diesen einstigen ‚königlichen Atelierbesuchen' meines geschätzten Vaters, auch den Schlüssel zu seinem wegweisenden Geheimnis, eben Kunstmaler zu werden, entdeckt und somit entschlüsselt zu haben.

Engagierte Lehrer, gleich in welchem Schulsystem sie ihrer Verantwortung zur motivierenden Ausbildung dienen, diese Pädagogen können mit ihrer Menschlichkeit, mit ihrem Verständnis und auch Geduld, eine gezielt hoffnungsvolle, wegweisende und gute Richtung für alle ‚Anvertrauten und Willigen' aufzeigen und lehren. Außerdem können diese lehrenden Persönlichkeiten im Idealfall auch eine ausgewogene, ethische Geisteshaltung vermitteln und somit als Vorbilder gelten. Darüber hinaus können sie im Idealfall ausgesuchte Maßstäbe setzen, die allemal für die gesamte Gesellschaft im würdevollen Miteinander von großem Nutzen sein können.

Abenteuer auf Befehl ... oder die erzwungene Freizeit

Das Einberufungsamt des nationalsozialistischen ‚Reichs-Arbeitsdienstes in der damaligen Hitler-Diktatur' rief per einheitlichem postalischem Stellungsbefehl alle jungen, tauglichen und belastbaren männlichen Jugendlichen der deutschen Nation ein, um ihnen im vormilitärischen Drill den gewollten Schliff zum späteren Pflicht-Eintritt in die Wehrmacht zu verpassen.

Auch für meinen Vater begann unwiderruflich seine abenteuerliche Zeit im ‚Reichsarbeitsdienst'. Unmittelbar vor Vatis Dienstantritt hatte sein Vater mahnende Worte an ihn gerichtet, die er mir ebenfalls in seinen Erzählungen eindrucksvoll schilderte:

„Der Reichsarbeitsdienst ist nichts anderes als die Vorstufe zur Mobilmachung der Wehrmacht und diese paramilitärische Institution dient ausschließlich zur Vorbereitung zum geplanten Vernichtungskrieg der Nazis, mein Sohn! Deine Zwangsrekrutierung ist allein Adolf Hitlers abscheulichem Machtwillen zuzuschreiben." So ähnlich mögen meines Großvaters Anmerkungen dem Sinn nach wohl gewesen sein. Und nach Vatis Erzählungen fuhr sein furchtloser Erzeuger belehrend fort: „Behalte Deine Ruhe, beherrsche Deine, sicher auch mal starke, aufkommende Wut, füge Dich auch stets den Anordnungen und den teils auch irrwitzigen Befehlen der jeweiligen Vorgesetzten.

Und wenn sie Dich ungerecht behandeln, erniedrigen oder anbrüllen, dann besinne Dich auf Deine Gedanken, denn Deine innere Freiheit, mein Sohn, die kann Dir kein Unteroffizier oder Wachtmeister zerstören. Aber leider sind das alles Begebenheiten, die immer zum Militär und Kasernenleben dazugehören. Was auch kommen mag, nimm es sportlich – Du hast Deinen freien Geist."

Während ich mich momentan an jene eindrucksvollen Worte meines Großvaters erinnere, sehe ich ihn vor mir, den schlanken Mann mit dem Bürstenhaarschnitt und den markanten Falten zu beiden Seiten seiner leicht gebogenen Nase, auf der der damals gern getragene Kneifer klemmte. ‚Kneifer', das war die bügellose Sehhilfe, die nach heutigem Empfinden zumeist den Protagonisten der lehrenden Zunft zugerechnet wurde, oder die zumindest in der Welt des Geistes beheimatet war. Aber meine visuellen Vorstellungen beziehen sich auf das Erscheinungsbild meines verehrten Großvaters der Endvierziger Jahre, denn es gab ja leider keinerlei Fotos aus der Vergangenheit meiner Familie. Alle persönlichen Habseligkeiten, vor allem Fotos und Unterlagen, gingen in jener Brandbombennacht in Essen an der Ruhr, verloren, diese wertvollen, weil persönlichen Erinnerungspretiosen, wurden allesamt ein Raub des flammenden Infernos.

So blieb mir aus den Wirren und dem Wust der Ereignisse unserer Familiengeschichte aus jener Zeit des ‚Dritten Reiches', einzig das gesprochene Wort meiner Lieben. Ich erlebte und erlebe bis heute meinen gesammelten, geistigen Reichtum, eben mein ererbtes und überaus wertvollstes Gut, – denn ich besitze mit großer Freude im Herzen mein lebendiges Erinnerungsvermögen, das diese verbalen Schätze und die Würde der menschlichen Handlungsweisen in ihrer Gänze zu speichern verstand.

‚Spatenträger', so nannte man sie im Umgangsdeutsch auch, die aus allen Landen zusammengewürfelten Arbeitsdienst-Rekruten, die zu vormilitärischen Kasernendasein gezwungenen jungen Männer.

Die Gemeinde Zwiesel liegt tief im Bayerischen Wald. Die kleine romantische, ruhige Waldgemeinde war also meines Vaters Standort für die nächsten zwölf Monate.

Aus Vaters Skizzenbuch … Der Bayerische Wald, Federzeichnung
Seine Zeit beim Reichs-Arbeitsdienst, Mitte der ‚Dreißiger Jahre'

Vati gefiel das stramme, von Disziplin und Härte geprägte und auch laute Kasernenleben zu keiner Zeit in jenen dreißiger Jahren, doch mit dem ihm eigenen Humor und einer gehörigen Portion an gereifter Menschenkenntnis und Raffinesse gelang es ihm ziemlich rasch, seine polternden Vorgesetzten in Uniform zu akzeptieren und für sich einzunehmen.

Reichs-Arbeitsdienst ca. 1936
Aus Vaters Skizzenbuch, Motive aus dem Bayerischen Wald
Federzeichnung

So erreichte er mit seiner sympathischen Schlauheit und ererbtem Fingerspitzengefühl eine ‚Extraportion' an freier Zeit. Er konnte alsbald ausgiebig in diesem so herrlichen, urwüchsigen und üppig bewaldeten Gebiet, in dem sich hohe Berge und tiefe, verwunschene Täler auf harmonische Weise ineinander verflechten, seiner künstlerischen Berufung folgen und die entdeckten, romantischen Motive als zeichnerische Momentaufnahmen dokumentieren.

Die vielen Naturskizzen der Besonderheiten des romantischen Bayerischen Waldes, die Vati in seinen Skizzenblöcken eifrig sammelte, übertrug er alsdann in seiner Kasernenstube auf stärkere Papieruntergründe, wobei er nicht nur mit Tusche arbeitete, sondern oftmals auch die ausdrucksstarke Holzkohle verwendete, die ihm mit ihren Möglichkeiten der weichen Wischtechnik neue Möglichkeiten schuf.

Exakt diese besondere Art der Bearbeitung zeigte meist auch in einem wirkungsvollen Schwarzweißbild, mit atmosphärischer Tiefenwirkung, die magische Besonderheit und deren weiche Wirkung.

Die Federzeichnungen und Holzkohlebilder gefielen jedem Betrachter auf Anhieb, weshalb mein alter Herr listigerweise, die teils auch während der Dienstzeit gefertigten Werke, gerne als begehrte und sehr willkomme ‚Bestechungsgeschenke' für seine strengen Vorgesetzten bereithielt.

Er erfreute seine Ausbilder durch seine stets begehrten Bildgeschenke, und er veranlasste sie zu einer großzügigeren Handhabung bei der Beschaffung der stets begehrten Ausgangs- oder Urlaubsscheine.

Er nutzte seine vermehrte Freizeit und zeichnete bei seinen vielen, ausgedehnten und teils auch abenteuerlichen Waldwanderungen alles, was seine Augen erspähten und sein Künstlerherz erfreute.

Seine Bleistift-, Kohle und vor allem die starken, schwarzen oder sepiabraunen, markanten Tuschfederzeichnungen erfreuten alle seine hohen Herren im Arbeitsdienst. Seine ‚Kunstwerke' waren, wie erwähnt, äußerst beliebt.

Sein Lohn für seine Zeichenkunst?

Ich erwähnte es, sein Lohn war das Wertvollste, was der Mensch besitzt, sein Lohn war Zeit, Zeit für sich und seine Wanderungen durch Gottes freie Natur.

Ich glaube, dass Vati damals mit sich und der Welt im Einklang lebte und sein Dasein in ausgeglichener Zufriedenheit genoss.

Immer wieder erzählte mir mein ‚Alter Herr' die humorvollsten Erlebnisse, denen ich damals mit eifrigem Interesse und auch mit erregender Neugier lauschte.

Insgeheim beneidete ich ihn wohl.

Er aber hatte ja die Gewissheit, dass er nach seinem Einsatz an der Spatenfront im tiefsten Bayerischen Wald, wieder in sein geliebtes Essen zu seiner Familie zurückkehren würde.

Seine ‚gezeichneten, künstlerischen Hinterlassenschaften', die typischen Heimatzeichnungen, sie alle schmückten auf dekorative Art viele Wohnungen in den bayerischen Häusern und erfreuten bestimmt für lange Zeiträume das jeweilige

Wohnambiente der Bediensteten.

Das Lob für seine Zeichnungen und die Bewunderung für sein Können durch die meist ortsansässigen Arbeitsdienst-Vorgesetzten, diese Worte klangen sicher noch in Vatis Ohren, als er längst schon wieder in seinem geliebten und heimatlichen Ruhrgebiet, in seinem ‚Kohlenpott' lebte.

Ja, ‚Kohlenpott', so nannte man landläufig, aber meist auch liebevoll diese Ruhrgebietsregion, deren Reichtum das ‚Schwarze Gold', tief in der Erde, die energiereiche Steinkohle, war, die dadurch die Existenz der vielen Zechenanlagen des Kohlebergbaues sicherte, und auf diese Weise das Eisenhüttenwesen mit den stahlkochenden Hochöfen in steigendem Maße beeinflusste.

Seinerzeit schuf die aufstrebende Dynamik der Industrialisierung mit besagten Hochöfen, unzähligen Kaminen, Schloten und Essen der Stahlkocher und Metaller, die allesamt ihre rußigen, schwarzen Verbrennungsrückstände in Form von Rauch und Abgasen in den Himmel bliesen. So entstand diese typische schmutzige und grau-schwarze Landschaft an der Ruhr.

Dieses ‚Kohlen-Pott-Gesicht' wurde aber gleichwohl von den Menschen sehr geschätzt und mit berechtigtem Stolz auch angenommen, denn die Familien der Bergleute und all der anderen Werktätigen der Eisen- und Stahlproduktion hatten gerade dieser ehemaligen Zukunftstechnologie ihr gesichertes und gutes Auskommen zu verdanken.

Vatis bester Freund war der feinsinnige und liebenswerte Helmut König, ein junger Mann, der an der renommierten Essener Folkwang-Schule studierte und mehrere Kulturseminare inklusive der Schauspielkunst belegt hatte.

Er sollte, neben seiner Freundschaft zu meinem Vater, auch sein glückliches Lebensschicksal vorbereiten, denn bei einem gemeinsamen Abendtreffen stellte dieser nette Freund Helmut meinem ‚Alten – Herrn' ... seine liebreizende Cousine, die bildhübsche und ebenso anmutige Margarete Mündemann, vor.

Vatis diesbezügliche und warmherzige Schilderung des ersten Kennenlernens mit seiner ‚Grete', wie er sie später zärtlich nannte, hatte mich emotional sehr berührt. Dass dieses, für mich so wertvolle Wissen meines irdischen Ursprungs, sich fast zwanghaft in meinem Denken für alle Zeiten verankerte, eben dieses Speichern des Beginns ihrer lebenslangen, großen Liebe, dies geschah beim Zuhören so gefühlvoll, wie ich es bis dahin nie zuvor erleben durfte.

„Alles, mein Sohn, aber auch rein alles, was ich vom ersten Augenblick von Deiner Mutter wahrnahm, hatte mir gefallen. Ihr mädchenhafter Charme, ihre rehbraunen, warmherzigen Augen, waren damals fest in meinem Augenpaar so tief versunken, dass ich glaubte, ich könnte nie mehr mit Schauen aufhören. Diese wunderschönen, wirklich rehbraunen Augen meiner geliebten ‚Dete-Maus', sie hatten mich in ihren faszinierenden Bann gezogen und mich für immer auf überaus wohltuende Weise gefesselt."

Dete-Maus, auch dieses allerliebsten Kosenamens bediente sich Vati im Überschwang seiner wohl nie versiegenden Liebesgefühle.

„Deiner Mutter ausdrucksstarke Augen", schwärmte er weiter, „sie brennen noch heute, nach so vielen Jahren, einen Liebessiegel nach dem anderen und immer von Neuem in mein klopfendes Herz."

In dieser Art waren Vatis Liebesberichte wohl über den ersten ‚Rendezvous-Treff' mit seiner verehrten Grete gewesen und natürlich freute ich mich über die Kraft seiner Formulierungen, denn ich spürte die Wertigkeit seiner großen Liebe, die er so freimütig zum Ausdruck brachte.

Helmut König … Vatis Jugend- und vor allem Schicksalsfreund, er hätte eigentlich ‚Amor' heißen müssen, denn dieses freundlichen Liebesgottes Zauberpfeile, sie trafen die Liebenden mitten in ihre Herzen, um ihnen lebenslang eine harmonische Seelen-Verbindung zu schenken, die ich mit dem wundervollen Begriff ‚wahres Glück' gerne in Einklang bringen möchte.

Im Deutschland der Dreißiger Jahre florierte das gesamte Wirtschaftsgeschehen, denn das Forcieren der Produktionen auf allen relevanten Ebenen diente vor allen Dingen der mächtigen Aufrüstung, denn des Diktators Politik zeigte, für denkende Zeitgenossen jedenfalls deutlich erkennbar, exakt in die Richtung, die den Kriegsbeginn zur Folge haben musste.

Das frisch verliebte Paar genoss die Zeit ihrer Verlobung und schmiedete rosarote Zukunftspläne, die aber zunächst keine direkte Auswirkung auf ihren Lebensstil hatten. Trotz des sich immer deutlicher abzeichnenden, drohenden Krieges, heiratete Vati seine Grete. Gleichklang ihrer innigen Gefühle, wählten sie als Symbol ihrer Liebe den Wonnemonat Mai aus.

Man schrieb das Schicksalsjahr 1939.

Ihre Flitterwochen genossen sie in ihrem Liebesrausch mit allen Sinnen und im Überschwang ihrer aufregenden Gefühlswelt, wohltuend prickelnd und voller tanzender, bunter Schmetterlinge im Bauch, hautnah und anhaltend. Sie spürten und lebten ihr Glück in trauter Harmonie auf ihrer Hochzeitsreise, die sie ins Landschaftsparadies des Voralpenlandes, ins traumhaft schöne bayerische Allgäu führte.

Heute noch klingen mir meiner Mutter schwärmerische Worte in meinen Ohren, als sie mir, in einem unserer mannigfaltigen, intensiven Zweiergespräche, die prägnanten und wahrhaft einmaligen Sehenswürdigkeiten dieser zweifellos zauberhaften, alpenländischen Ferienregion, beredt zu schildern verstand.

Schloss Neuschwanstein, die berühmte Barock-Wieskirch bei Steingaden, das heimelige Füssen, die herrlich-grün-saftigen Wiesen im sanften, bayerischen Hügelland, die klaren Seen, die markante Silhouette der nahen Alpengipfel, – „alles, mein lieber Sohnemann, alles hat uns so gut gefallen, dass ich noch heute, wie eben jetzt, wo ich Dir davon erzähle, wieder in die Begeisterung zurückgleite, die Deinen Vater und mich beim damaligen Erleben so enorm beeindruckt hatte. Wir waren überglücklich."

Verliebt, verlobt, verheiratet …, beim dritten Wort angelangt, beginnt immer ein neuer Abschnitt eines jeden gemeinsamen Lebensweges. Dieser neue Abschnitt verlangt auch von einem angehenden Künstler, als solcher fühlte sich mein Vater in jener Zeit, die Einsicht einer spürbaren Einengung seiner ureigenen Vita, dass gerade eine junge Ehe auch eine gewisse finanzielle Grundlage als Fundament braucht. So arbeitete mein ‚Alter Herr', seinen Fähigkeiten entsprechend, in zunächst wechselnden Anstellungen als Kaufmann, als Verkäufer und auch als Versicherungsagent. Durch diese Tätigkeit, die seinem eloquenten Sprachschatz durchaus entsprach, verschlug es das junge Paar im Laufe des Jahres 1939 nach Koblenz, in die Stadt des Zusammenflusses von Vater Rhein und Mutter Mosel.

Für eine kurze Übergangszeit bewohnten sie eine kleine, möblierte Wohnung in der Koblenzer Kurfürstenstraße, denn eine, ihren Wohnwünschen angepasste Wohnung zu finden, war auch zu dieser Zeit recht schwierig.

Johann Wolfgang von Goethe … für die Welt ein Universal-Genie …
doch für unsere ihre kleine ‚Borchert-Familien-Welt' bedeutete dieser große Name Goethe … ihr Schicksal, er ist das Synonym für glückliche Zeiten, in stetem Wechselspiel der Ereignisse auf den Bühnenbrettern ihrer heilen Welt, aber immer im Dunstkreis der Bildenden Kunst.

Eine Portion an Glück hatte sich wohl in ihren Manteltaschen versteckt, als sie sich, als Wohnungssuchende im Herzen von Bendorf, im herrschaftlichen evangelischen Pfarrhaus, einem Anwesen im Barockstil, zur ersehnten Vorstellung einfanden.
Die Adresse des Pfarrhauses lautete damals: ‚Langenmarktstraße', Nummer 19. (Nach dem Kriegsende bekam diese Straße ihre einstige Bezeichnung ‚Untere Vallendarer Straße', löblicherweise wieder zurück.)
Dieses, einst wohl prächtige Barock-Bauwerk, es spiegelte in seinem optischen Zustand unverkennbar den historischen Charme einer längst vergangenen Epoche wider, jedoch minderten die Spuren der Vergangenheit und der Zahn der Zeit den ehemaligen Glanz des imposanten Ensembles. Dieses große Pfarrhaus besaß im zweiten Obergeschoss eine Mansardenwohnung mit Küche, Diele, Bad und vier kleinen Zimmern, die aber eher als ‚Zimmerchen' bezeichnet werden sollten, zumal noch einige von innen schräge Wände das Raumangebot optisch etwas einengten.
„Das sind ja keine Räume oder Zimmer, das sind ja Löcher", sagte meine Mutter mit einem geflüsterten, ironischen Unterton ins Ohr meines Vaters. Ihre Enttäuschung über die reale Zimmergröße brachte sie deutlich zum Ausdruck.
„Aber mein Gretchen", beschwichtigte Vati seine traurige, junge Angetraute, „Du glaubst ja gar nicht, wie gemütlich wir das alles hier herrichten können."

Das Stammhaus der Remy-Dynastie in Bendorf am Rhein,
erbaut 1747/48
ehemaliges evang. Pfarrhaus, im Volksmund auch ‚Goethe-Haus' genannt
Eigentümerin des Anwesens: Frau Gaby Geißler-Stahl

Während er so mit ihr sprach, zeigte er mit seiner ihm eigenen, gestenreichen Körpersprache und unter Einsatz seiner beiden Arme auf die überbreiten, weißen Fensterbänke und setzte seinen Redeschwall mit einer wissenden Begeisterung seiner kreativen Wohnvisionen fort: „Gretelein, liebste Dete-Maus, hübsche Pflanzen auf den Fensterbänken, ein Bild hier, ein Bild dort, passende Kleinmöbel … und da an die Wand stellen wir einen Bücherschrank mit Glasscheiben hin. Außerdem dekoriere ich Dir wunderschöne Gardinen als Fensterkleider, – ich bin einfach begeistert, Liebste Du wirst es erleben!"
„Wenn Du es so sagst und es so siehst", seufzte Mutti leicht, und ihre Mimik nahm wieder eine optimistische Ausstrahlung an.
„Ich will Dir Glauben schenken, weißt Du, mein lieber Gatte, jetzt bin ich auch Deiner Meinung, das alles wird urgemütlich hier!"
Diese geschilderte, liebevolle und auch durchaus positive Ehe-Szene geschah in ständiger Anwesenheit des Hausbesitzers, des honorigen, evangelischen Pfarrers, des edlen Herrn Ernst-Eberhard von Claer.
Er war eine asketisch wirkende Respektsperson und trug einen gepflegten, silberweißen, kurz gestutzten Kinn-Spitzbart. Diese seltene Form des Gesichtsschmucks aber, der sein markantes Gesicht dezent betonte und seiner Persönlichkeit eine unübersehbare, noble Würde verlieh.
Seine gertenschlanke, männliche Figur betonte seine Gesamtstatur und seine auf-

rechte Haltung unterstrich seinen pastoralen, würdevollen Auftritt. Er trug, seinem frommen Stand entsprechend, einen eleganten, tiefschwarzen, einreihigen Tuchanzug. Er war verwitwet und somit alleiniger Besitzer und Hausherr dieses ehrwürdigen Remy-Gebäudes mit der großen, angegliederten Parkanlage, die eine, in ihrer Art wohl einmalige und daher sehr beeindruckende Kastanienallee dominierte.

Ihr Baumabstand war aber von seinem einstmaligen Schöpfer sicherlich bewusst sehr gering gewählt, um zum späteren Zeitpunkt ein regendichtes, naturgrünes Blätterdach als Schutz für die lustwandelnden Parkgäste bieten zu können, denn inmitten dieser Kastanienallee verlief in paralleler Ausrichtung ein breiter Gehweg, der mit behauenen, gefälligen Natursteinplatten angelegt worden war.

Als Krönung des prächtigen, aber gänzlich verwilderten Gartenareals wuchsen wohl seit etwa zwei Jahrhunderten drei mächtige Platanen, sozusagen als ‚Natur-Riesen' gen Himmel, die so imposant in Erscheinung traten, da sie in ihrer optischen Wucht alle von Menschen geschaffenen Bauwerke in ihrer näheren Umgebung, wie beispielsweise die evangelische untere Kirche, gleich neben dem Pfarrhaus gelegen, weit überragten.

Den inneren Bereich des durchaus luxuriös gestalteten Pfarrhauses, dieses, in der Tat großdimensionierte Anwesen, diesen Teil dominierte das breite Eichen-Treppenhaus. Die dekorativen und zugleich wuchtigen Eichenholzstempel trugen die geschwungenen Handläufe und erzeugten eine aufwärtsstrebende optische Leichtigkeit, die der Schnitzkunst der alten Holzbildhauer alle Aufmerksamkeit ließ. Denn diese, der Wirkung wegen eng gesetzten Eichen-Stempel, sie bestachen allesamt durch eine meisterhafte Schnitzkunst.

Zarte, in variantenreichen sowie fächerartigen Blattmotiven kunstvoll und aus vollem Holz herausgearbeitet, zeigten die Holzbildhauer von damals ihr großes Können.

Der in einem satten, schwach glänzenden, dunklen Braunton gehaltene Treppengesamtkomplex, er zeigte sicherlich bewusst einen aristokratischen Stil, der das imposante Interieur der Empfangshalle im Parterre sowie die zwei Etagen äußerst eindrucksvoll präsentierte.

Des Weiteren betonten weiße Stuckzierleisten an Decken und Wänden die ganze Pracht einer längst vergangenen Epoche, in der die Erbauer dieses Komplexes, die Familien Remy, im 18., 19. und auch noch im 20. Jahrhundert lebten.

Diese Remy-Dynastie hat über viele Jahrzehnte Bendorfs frühe Industrialisierung maßgeblich geschaffen und wurde auf ihrem Weg durch die jüngere Wirtschaftsgeschichte im neunzehnten Jahrhundert im Erz-Bergbau sowie im Eisen-Hüttenwesen weltbekannt, denn sie waren die Pioniere der beginnenden und weltweiten Industrieentwicklung.

Pfarrer Ernst-Eberhard von Claer hatte, wie schon erwähnt, von seiner verstorbenen Ehefrau, einer geborenen Remy, das Anwesen geerbt und schaute nun, nach der erlebten Wohnraum-Szene meiner Eltern, mit strengem Blick durch die beiden Augengläser seines ‚Kneifers', wie man damals diese bügellose Sehhilfe, die auf die Nase geklemmt wurde, nannte. Er schaute also meine beiden Eltern an und sagte zu ihnen gewandt: „Schön, dass Sie, Herr und Frau Borchert evangelisch sind, das passt ja schließlich auch zu meinem Haus, dem evangelischen Pfarrhaus." Der anschließend ausgehandelte Mietvertrag war in beiderseitigem Einverständnis letztendlich nur noch eine reine Formsache, und so konnte der Gemeindepfarrer meine Eltern als Bendorfer Neubürger willkommen heißen.

Der Gesamteindruck des Gebäudes wird wohl meinen Eltern sehr genehm gewesen sein. Drei kleine Mansardenwohnräume, teils mit Schrägwänden an den Außenseiten, ein schmaler, diese Zimmer vom Schlafraum der Eltern trennender Flur schaffte eine gefühlte Weite in der Wohnung. Die geräumige Küche mit winziger, angegliederter Speisekammer rundete das Raumangebot ab.

Das war also ab sofort das neue Zuhause, das aber durch die harmonische Lebensphilosophie meiner Eltern und deren gemütlicher Einrichtungskunst, und hier übertreibe ich in keiner Weise meine Schilderung, zur urgemütlichen, geliebten und auch lebenslangen ‚Heimstatt der Borcherts in Bendorf' wurde.

Diese neue Elternwohnung wurde, wie auch der bauliche Gesamtkomplex als Ganzes zum Mythos, sogar zum Schicksal-Anwesen von drei ‚Borchert-Generationen'.

Doch das ist wiederum eine andere Geschichte, die im Wandel der Zeit ihre eigene in die Zukunft weisende Dynamik zu entwickeln begann.

Mein ‚Alter Herr' gab seinem neuen Heim, nach der kompletten Einrichtungsphase, den klangvollen Doppelnamen:

‚meine Insel der Gemütlichkeit' und ‚meine Oase der Behaglichkeit'.

Der allerkleinste Balkeneckraum hatte bei Vati die größte Beachtung gefunden, denn dort richtete er sich sein Malatelier akribisch und liebevoll durchdacht ein und schuf sich so seinen eigenen Raum für seine kreativen und künstlerischen Exkursionen in seine magische Geheimwelt der bildhaften Formen und der schier unbegrenzten, faszinierenden Farbenvielfalt.

Seine so gewonnene Ruhe und auch seine innere Zufriedenheit darüber zeigte er den ‚Seinen' zu jeder Zeit freudig an und ließ sie auch deutlich an seiner künstlerisch erstarkten und praktizierten Lebensphilosophie teilhaben.

Dreiviertel Neugier –
‚oder der netten Menschen Wissensdurst'

Spätere gute Freunde meiner Eltern wussten vom allerersten Besuch des fremden, jungen Paares im sympathischen Flecken Bendorf, anlässlich ihrer Wohnungssuche, eine humorvolle Geschichte zu erzählen. Wie das in einer Kleinstadt üblich zu sein scheint, war man auch in Bendorf immer recht neugierig.

Mein Vater hatte, zeit seines Lebens, eine sehr schlanke Figur, ja, er erschien oft dem jeweiligen Betrachter fast schon als dünne Männergestalt. Er trug just an diesem ersten Besuchstag bei ihrem gemeinsamen Besuch in Bendorf eine flache Baskenmütze, diese hatte er etwas schräg und lässig in die Stirn gezogen, sicherlich um der extravaganten Kopfbedeckung ein ‚Mehr' an französischem Aussehen zu verleihen. Dazu passte natürlich auch sein Nasenreiter, der obligatorische ‚Kneifer', diese modebedingte Sehhilfe, wie ich sie schon im Zusammenhang mit Pfarrer von Claer erwähnte. Diese außergewöhnlichen Utensilien, die wohl für damalige Bendorfer Verhältnisse mehr als gewöhnungsbedürftig waren, unterstrichen, ja sie betonten seine markanten Gesichtszüge bestimmt enorm und zogen so, als Gesamterscheinung wirkend, sicherlich die neugierigen Blicke der Einheimischen magisch an.

Hand in Hand mit seiner Angetrauten schlenderte er in seiner ihm eigenen Art, sich zu bewegen, mit seinen typischen, weit ausholenden Schritten und immer leicht wippendem Oberkörper, durch die Untere Bachstraße, schnurstracks in Richtung des evangelischen Pfarrhauses.

Dieses Paar musste auf einige Bewohner und Beobachter der Szene in der Bachstraße, Ecke Untere Vallendarer Straße, wohl befremdend gewirkt haben, denn als sie die beiden Fremden zum allgemeinen Erstaunen auch noch ins ‚Goethe-Haus' eintreten sahen, stand für die neugierigen Zeitzeugen in diesem Moment unumwunden fest:

„Häste gesiehn, dat es bstämmt dä neue Vikar von dem aale Pastuur. Un sein Frau hät dä och dobei, isch soon der et leewer Mann, on en Wohnung krein die zwei och im Goethe-Haus, isch sohn der et jo, owe em zweite Stock es noch wat leer, isch mään en Wohung. Dat sieht mer jo, do hänge jo kän Gardiene an de Fenstere, un die Fensterscheiwe sin ooch ganz drekkisch, dat sieht mer sugar von heionne... un dat em vornehme Goethehaus!!!"

Diese urig klingende Mundartsprache habe ich mit und durch meine vielen Freude in meiner Kindheit lernen können, und ich habe mich auch zeitlebens ihrer immer gerne bedient, wenn ich im Kreise von Freunden und Gleichgesinnten mein Leben genoss. Aber auch bei den diversen Heimatfesten, bei denen ich gerne als Moderator mitwirkte, konnte ich unserer lokalen Sprache oftmals die Ehre geben. Ich will jene rätselhaften Klänge, Wortschöpfungen sowie die platten Bemerkungen, die sicherlich im heimatlichen Sprachgebrauch als verständlich erscheinen und damals genau so – oder aber eben so ähnlich – humorvoll vorgetragen wurden, gerne verständlich machen.

Den Wortlaut der Geschehnisse kenne ich aus diversen, späteren Erzählungen meiner vielen Freunde und Bekannten.

Das ‚Bendorfer Platt', diese Heimatsprache war zu jener Zeit in aller Munde, zumeist aber pflegten die ‚Ur-Bendorfer', so nannte man die dortselbst geborenen Einheimischen und diese rheinischen Frohnaturen, diese aufgeschlossenen Menschen, unterhielten sich ständig in ihrer Mundart. Fast überall vernahm man den eigentümlichen Klang dieser melodischen Verständigungsart. Und sie hat ihren ganz besonderen Reiz, denn durch den ganz eigenen, verbindlichen Tonfall, der von großer Sympathie zur rheinischen Heimat zeugt und der die Herzen der Mitmenschen so wohltuend berührt.

Der Wortlaut der Zeitzeugen von 1939 zu Bendorf am Rhein:
„Hast du gesehen, das ist bestimmt der neue Vikar von dem alten Pastor. Und seine Frau hat er auch dabei. Ich sage es dir, lieber Mann, und eine Wohnung kriegen die zwei auch im Goethe-Haus, denn oben im zweiten Stock ist noch etwas leer, … ich meine eine Wohnung, das sieht man ja, da hängen ja keine Gardinen. und die Fensterscheiben sind auch dreckig, das sieht man sogar von hier unten. Und sowas im Goethehaus!!!"

Ja, genau mit dieser Bezeichnung versahen die heimatverbundenen Menschen liebevoll das imposante evangelische Pfarrhaus auch, – sie hatten diesem Barockgebäude den wohlklingenden Namen gegeben, sicherlich wegen der beeindruckenden, aus weißem Marmor kunstvoll gestalteten Gedenktafel, – die hoch an der Fassade und exakt über der imposanten Freitreppe als Blickfang dominierte.
Sie zeigte in vergoldeten Lettern und in klassischer, edler römischer Antiqua-Schrift, die bedeutende historische Inschrift:

‚In diesem Hause weilte
G O E T H E
mit L a v a t e r, am 18. Juli 1774'

Mit vermeintlich wissenden Blicken nickten die mittlerweile zahlreichen, umherstehenden, neugierig-interessierten Frauen und Männer ihrer ‚Liesel Schnorbus' zu, die als selbsternannte Wortführerin agierte, und die in breitestem Bendorfer Platt und auch lautstark die von mir zitierten und auch übersetzten Worte dereinst in die Menge der Schauenden rief.
Viele Jahre später, als meine Eltern längst schon fast zu echten ‚Bendorfern' geworden waren, erfuhren sie durch diese Liesel Schnorbus, die mit ihrer alten Mutter ein kleines, aber feines Kolonialwarengeschäft in der nahen Bachstraße betrieb, von ihrem ersten Eindruck, den Mutti und Vati auf die Anwohner der unteren Bachstraße gemacht hatten.
Mutti und Vati hatten natürlich im Nachhinein ihre helle Freude an dieser illustren, humorvollen Anekdote, die auch in späteren Unterhaltungsrunden im Kreise der vielen neugewonnenen Freunde stets für ausgelassene Heiterkeit sorgte.
Am 8. Januar anno 1942 wurde ich gesund und munter, allerdings per routiniertem Geburtszangen-Einsatz vom angesehenen Dr. Renzel, assistiert von der erfahrenen, routinierten Hebamme, der Frau Oebel, im nahen Sankt-Josef-Krankenhaus in Bendorf, mit meinem kräftigen und lauten Protestschrei auf unsere schöne Welt geholt, und war somit wunschgemäß für alle Beteiligten, als Stammhalter willkommen.
Meine deutliche Ähnlichkeit mit meinem Erzeuger sowie auch mit meinem Großvater, wohl aber sicherlich auch der Tatsache geschuldet, dass ich ein Junge war, bescherte mir den traditionellen Borchert-Vornamen ‚Gotthold'. Nomen es Omen – die alten Römer lassen grüßen.

Ich war mit diesem, zugegebenermaßen sehr seltenen und fromm klingenden Rufnamen nun der dritte männliche Stammhalter in direkter Reihenfolge derer mit ‚Gotthold' als Vornamen.
Das alles geschah im verheerenden Kriegswinter 1942, der mit Hiobsbotschaften des Allfrontenkrieges behaftet war und die von allen Kriegsschauplätzen das Heimatterritorium Deutschlands erreichten und von den ‚Wissenden' als Zeichen des beginnenden und unaufhaltsamen Niedergangs des verbrecherischen ‚Dritten Reiches' gewertet wurden.
In der Folgezeit glaubten nur noch engstirnige Fanatiker an die Unfehlbarkeit des selbsternannten ‚Führers Adolf Hitler' und an die Unbesiegbarkeit der deutschen Soldaten und der Kriegsmaschinerie.
Dieser permanenten Propaganda der Unfehlbarkeit des NS-Regimes waren die Menschen fast hilflos ausgeliefert, denn die Staatspresse sowie der Staatsrundfunk unterlagen der strengsten Zensur der Hitler-Diktatur.
Der immer wieder gepredigte Nationalsozialismus wurde von Anfang an zur einzigen gültigen Doktrin erhoben und den Menschen über die gleichgeschalteten Printmedien sowie den NS-Rundfunk täglich eingetrichtert, und somit war eine kritische Berichterstattung in Presse und Rundfunk nicht mehr erlaubt. Alle ande-

ren Parteien waren längst schon vom NS-Staat verboten worden, und deren Mitglieder wurden rigoros verfolgt und oft auch von der Gestapo (Geheime Staatspolizei) verhaftet und eingekerkert.

Die allermeisten Menschen jüdischen Glaubens wurden im Deutschen Reich und in den beherrschten Nachbarländern systematisch festgenommen, brutal misshandelt und anschließend in die zahlreichen Vernichtungslager deportiert.

Aber auch Völker der Sinti und Roma wurden gnadenlos verfolgt und ebenfalls in die Konzentrationslager verbracht. Auch den zahlreichen Menschen, die psychisch oder physisch mit Behinderungen zu kämpfen hatten, wurde aus widerwärtigen und niederträchtigen Beweggründen Gewalt angetan. Aber auch die Volksgenossen, so nannte man damals die Bürger, auch die Volksgenossen, die auch nur am Hitlerregime die leisesten Zweifel hegten, sie wurden zum Teil von Hitlerfanatikern denunziert und sodann von der SS und der Gestapo ausnahmslos und rigoros verfolgt, verhaftet, gefoltert und eingekerkert.

Sie wurden schlimmstenfalls als Staatsfeinde deklariert und in Gefängnisse und oder Konzentrationslager gesperrt und oftmals ermordet. Alle erlassenen nationalsozialistischen Gesetze und die zahllosen, meist auch menschenverachtenden und verbrecherischen Befehle wurden von den verantwortlichen Regimeschergen brutal umgesetzt.

Leider waren die Massen der ‚Volksgenossen', so verblendet von Hitlers Wahnvorstellungen, dass die wenigsten Menschen, trotz der unübersehbaren Warnsignale, das drohende Unheil des Unterganges des Dritten Reiches nicht erkennen konnten oder wollten.

Als die Kriegswirren das gesamte Deutsche Reich erfassten und die alliierten Bomberflotten eine unvorstellbare, brutale Zerstörung des Lebensraumes der Menschen in Deutschland praktizierten, erreichten die verbündeten Gegner in ihrer Gesamtheit dadurch nicht nur die siegbringende Lufthoheit der Alliierten, sondern sie dokumentierten darüber hinaus auch überdeutlich, dass dem wahnwitzigen Verbrecher Adolf Hitler mit seinem irren ‚Weltherrschaftsanspruch' und dem millionenfachen Völkermord unbedingt Einhalt geboten werden musste.

Das Hitler-Deutschland musste schnellstmöglich zur Aufgabe aller Kriegshandlungen gezwungen werden.

Das Leben als Geschenk ...

Als amerikanische und englische Bomber flächendeckend viele Städte und Dörfer in Deutschland zerstörten, und die alles vernichtenden Brandbomben, den Tod und unendliches Leid über die Menschen brachten, traf dieses Inferno auch die Großstadt Essen an der Ruhr mit allen Industrieanlagen und Wohngebieten.

Sowohl Vatis Eltern als auch Muttis verwitwete Mutter lebten in Essen in der gleichen Straße und in unmittelbarer Nachbarschaft. Sie retteten, nach einer zerstörerischen, nächtlichen Angriffswelle der alliierten Bomberstaffeln buchstäblich nur ihr nacktes Leben. Ihre Häuser wurden ein Raub der Flammen. Ihr Überleben war ein göttliches Geschenk.

‚Ausgebombt', das war der Begriff für die armen Menschen, die durch das Kriegsgeschehen all ihr Hab und Gut verloren hatten.

Sie besaßen, wenn sie Glück hatten und überlebten, meist nur das Wenige, was sie am Leibe trugen.

Völlig mittellos fanden meine drei Großeltern bei uns in Bendorf, in der kleinen Mansardenwohnung des Pfarrhauses bei meinen Eltern ihr neues, enges Zuhause. In einem kleinen, aber glücklicherweise möblierten und leerstehenden Raum, der ebenfalls im zweiten Obergeschoss gleich neben unserer Wohnung lag, zogen Oma Hedwig und Opa Gotthold ein. Meine herzensgute Oma ‚Lina' und ich wurden in Vatis Atelier einquartiert, ganz zu seinem Leidwesen wegen seiner nun noch mehr begrenzteren, malerischen Schaffenskraft.

„Ach weißt Du, meine geliebte Grete, jetzt male ich eben da, wo ich noch ein Stückchen Platz finde, Du kennst doch den treffenden Spruch, ‚Not macht erfinderisch', außerdem ist unser urgemütliches Heim jetzt, wo unsere Eltern so viel Not zu ertragen hatten, noch viel wertvoller anzusehen, denn wir haben alle zusammen ein schützendes Dach über'm Kopf, und wir sollten unserem wohlmeinenden und gnädigen Schicksal von Herzen dankbar sein!"

Dies war die Antwort, die mir Mutti dem Sinn nach erzählte, als ich sie in späterer Zeit nach den äußerst beengten Zuständen bezüglich des Zusammenlebens der Borchert-Großfamilie in der Mansardenwohnung fragte. Ich vernahm Vatis Worte durch Muttis Botschaft mit Freude, denn meines alten Herrn ausgeprägter, familiärer Gemeinschaftssinn hatte mich ein weiteres Mal stark beeindruckt.

Während Vatis Bruder Achim von Kriegsbeginn an als ausgebildeter Wehrmachtsoffizier an verschiedenen Kriegsfronten seinen Kampfauftrag zu erfüllen hatte, verstand es mein Vater listigerweise, seine Sprach-Talente und eloquenten Rede-Fähigkeiten unter den damaligen Machthabern des ‚Dritten Reiches' für seine persönlichen Interessen einzusetzen.

Durchdrungen von seiner pazifistischen Grundeinstellung und getragen von seinem vorhandenen, schauspielerischen Können spielte er die Rolle seiner allgemeinen, nicht wehrtüchtigen Verfassung so glaubwürdig, dass seine Kriegsuntauglichkeit von den prüfenden Ärzten bestätigt wurde.

Er wurde trotzdem zum Dienst bei der Wehrmacht verpflichtet, doch nur zur ‚besonderen Verwendung'. In seinem Fall beförderte man ihn zum Sonderführer in einen militärischen Dolmetscherbereich in einem speziellen Amt in Wiesbaden. Sicherlich hatten seine guten Englisch- und Französisch-Kenntnisse ihm diese Chance beschert.

Das Übersetzen von Sprache zu Sprache war nun sein Metier, denn die in Gefangenschaft geratenen ‚Feinde' und die ‚Fremdarbeiter' wurden eingehend befragt, mein Vater hatte zu übersetzen.

Auch in dieser militärischen NS-Dienststelle fand er in kurzer Zeit Verständnis und auch Anerkennung als brauchbarer Mann, der in seiner Freizeit so schön zeichnen konnte. Die militärischen Vorgesetzten entdeckten seine künstlerische und schöpferische Kunst, die Vati in den beliebten Rheinlandschaftsmotiven zeichnerisch darstellte.

Die in Tusche und Holzkohle geschaffenen Bilder verschenkte mein ‚Alter Herr' freudig und gezielt an seine Vorgesetzten, einst im Reichs-Arbeitsdienst im Bayerischen Wald, nun am schönen Rhein.

So erfreuten sich auch diese Wiesbadener ‚Höhergestellten' seiner Werke und im dankbaren Gegenzug erhielt der junge Familienvater Freizeit für seine geliebten Seelen im nahen Bendorf, denn die Verbindung Wiesbaden HBF-Bendorf war per Eilzug fast im Stundentakt zu bewältigen.

Vati hatte zu allen Zeiten, neben seiner Berufung zur malerischen Kunstszene, ein zweites großes Interesse, nämlich die faszinierende Welt der Fremdsprachen, wobei Englisch und vor allem Französisch zu seinen Favoriten zählte.

In jener Wiesbadener Dolmetschertätigkeit partizipierte mein alter Herr natürlich auch von den vorgeschriebenen, dienstlichen Fremdsprachen – Weiterbildungsseminaren, an deren Ende immer auch Prüfungen zu bestehen waren.

Wer meinen Vater kannte, der konnte auch nachvollziehen, mit welcher Zähigkeit und mit welchem ‚Lernwillen' er alle Aufgaben bravourös zu meistern verstand.

„Wissen ist Macht!"

Dieser starke Spruch war immer einer seiner ehernen Leitsätze gewesen. Stets war er davon überzeugt, dass ein gefestigter und starker Charakter, in Verbindung mit menschlicher Geistesgröße, zur Bildung eines ausgewogenen Denkens und zu einer universellen Weltanschauung dazugehört.

Sein angestrebter Durchbruch zum kreativen, gestalterischen Schaffen mit eigener Note, er konnte nur auf diesem Wege auch gelingen.

Immer wieder vermochte er es, mir seine sozial geprägte Sicht im Miteinander der Völker aufzuzeigen und mich zum aktiven Nachdenken zu bewegen.

In meinen jungen Jahren hörte ich all dies wohl, allein mir fehlte dazu noch die Einsicht, und auch seinen Weitblick auf die weitere Entwicklung unseres wunderbaren Blauen Planeten konnte ich erst viele Jahre später erkennen und dann auch zu meiner eigenen Philosophie umwandeln.

Wo ein Wille ist, da ist auch ein Weg!

Zurück in jenen Zeitraum des zu Ende gehenden Zweiten Weltkrieges. Die Not wurde immer größer und merklich spürbarer, sodass auch eine gewisse Kreativität zur täglichen Lebenserhaltung dringend geboten war.

Ich weiß aus den vielen authentischen Schilderungen unserer oftmaligen Abendgespräche mit meinem geschätzten alten Herrn, dass er aus seinem Herzen zu keiner Zeit eine Mördergrube gemacht hatte.

Die NS-Größen, also die Hitler-Fanatiker, die auch das unumschränkte Sagen in

Bendorf hatten und somit die allgewaltige Befehlsmacht gnadenlos ausüben konnten, sie führten schwarze Listen, auf denen die Bürger aufgeschrieben waren, die kritische Äußerungen zu Hitler und seinem Regime verlauten ließen. Das ‚Denunzieren' und die ‚üble Nachrede' gehörten leider auch zum täglichen Leben dazu.

Zum großen Glück meiner Eltern wurde mein Vater von einem ihm wohlgesonnenen ‚Nazi' frühzeitig gewarnt und auf einen bevorstehenden Haftbefehl aufmerksam gemacht, der ihm zumindest die Verhaftung mit anschließender Einkerkerung eingebracht hätte.

Wieder war Vatis schützende Kreativität gefragt, denn im Aufbieten der allerletzten deutschen Verteidigungskräfte, wie der aus Greisen, blutjungen Männern und verletzten Frontkriegern bestehende ‚Volkssturm' und den von den Nazis menschenverachtend aufgehetzten ‚Kindersoldaten der Hitlerjugend', an diesen verzweifelten Anstrengungen konnte jeder Sehende erahnen, dass die Tage des verbrecherischen Diktators und seines Mörder-Regimes gezählt waren.

Doch noch hatten die Nazis im Bendorfer Rathaus das Heft des Handelns in ihren Händen und erließen weitere verbrecherische Anordnungen und Befehle. In größter Eile packte Vati seinen Rucksack, vor allem mit überlebenswichtigen Dingen, und machte sich auf den Weg, um der braunen, fanatisierten geheimen Staatspolizei und den SS- Schergen zu entfliehen.

Er marschierte auf seiner Flucht nur im Schutz der Nacht durch Wälder und Felder, überquerte die Lahn bei Bad Ems, und es gelang ihm, die allgegenwärtigen Straßenkontrollen der Militärpolizei zu meiden, um nicht doch noch aufgegriffen zu werden.

Er hatte seinen Fluchtweg in vorgeplante Etappen gegliedert, um die Gewähr zu haben, dass er auch an seinem Ziel im nahen Taunus ankommen konnte. Ich weiß nur von Vatis ‚Hörensagen', dass er in einem Heuschober, einer Feldscheune, nahe der kleinen Taunusortschaft Mielen, sein vorübergehendes Versteck gefunden hatte.

Das ganze abenteuerliche Geschehen um Vatis Flucht in den nahen Taunus, es müsste sich im Zeitraum Ende Februar, März oder Anfang April 1945 abgespielt haben. Opa Daddy und Vati hörten täglich den Sender aus London, dessen Abhören bei Todesstrafe verboten war, doch deswegen wusste mein alter Herr ja auch von der militärischen Lage und der Tatsache, dass die Truppen der US-Armee überall am Rhein auf ihrem siegreichen Vormarsch waren. So konnte er seine Flucht kalkulieren und mit der Befreiung der Heimat rechnen. Leider habe ich dieses Geschehen nicht genauer hinterfragt.

Er kehrte, nachdem die siegreichen Befreier, die Soldaten der US-Armee, die Sicherheit auch in Bendorf wieder garantierten, abgemagert aber überglücklich in den Schoß der ‚Großfamilie', völlig erschöpft, aber voller Hoffnung auf bessere Zeiten, wohlbehalten zurück.

Alsdann erfuhr er von Mutti, dass auch sein Vater, der Zeit seines Lebens ein überzeugter Sozialdemokrat und erklärter Gegner der allgegenwärtigen Hitler-Diktatur war, von der ‚Gestapo', also der Geheimen Staatspolizei, verhaftet und liquidiert werden sollte.

Doch der siegreiche Vormarsch der alliierten Militärmaschinerie erfasste so zügig auch die Bendorfer Heimatregion, dass jene stadtbekannten Nazi-Größen und Täter der begangenen, brutalen Verbrechen, Hals über Kopf und feige das Weite suchten.

Viele authentische Dokumente konnten glücklicherweise von den fanatischen ‚Hitler-Treuen' in der Hast der Ereignisse nicht mehr vernichtet werden. Die eingesetzte französische Militärverwaltung stellte die noch vorhandenen Dokumente sicher und übergab sie viele Jahre später an die neuen deutschen Zivilverwaltungen zurück. Der ‚Hinrichtungsbefehl durch Gas', ausgestellt am 27. Februar 1945 trägt die neunundzwanzig Namen bekannter und unbescholtener Bendorfer Bürger und beweist so eindeutig, dass Folter sowie verbrecherische Morde durch das Verhalten der SS und der GESTAPO jeden Unschuldigen hätte treffen können.

Eine Kopie dieses Hinrichtungsbefehls der neunundzwanzig aufrichtigen Persönlichkeiten, auf dem auch der Name ‚Dr. Gotthold Borchert', im Hause von Claer stand, wurde mir erst in meinem Erwachsenenalter überreicht.

Der hochangesehene Dietrich Schabow, ein loyaler und langedienender CDU-Stadtverordneter trug zur gewissenhaften und gründlichen Aufklärung der NS-Geschichte von Bendorf federführend bei.

Durch ihn erfuhr ich erst nach dem Tode meiner Eltern von der Brisanz jener unsäglichen Diktatur in meiner Geburts- und Heimatstadt und den damit verbundenen persönlichen Schicksalen einzelner Mitbürger, die ich zum Teil zu meinem Bekanntenkreis zählen konnte.

Ich kannte sowohl einige der Verfolgten jener Zeit, aber auch die ehemaligen Nazis waren mir nicht nur namentlich wohl bekannt.

Einige dieser ehemaligen Bendorfer Hitler-Aktionisten, die das heimatliche Alltagsgeschehen aller Bürger bis ins kleinste Detail hinein strengstens kontrollierten, überwachten und folglich auch mitbestimmten, die ihre ideologischen Parteirichtlinien exakt befolgten und den Menschen in allen Bereichen punktgenaue Verhaltensweisen und Befehle diktierten.

Einige dieser Heimat-Protagonisten des unerträglichen NS-Überwachungsstaates, zu dem sich unser damaliges Hitler-Deutschland gezwungenermaßen entwickelt hatte, zählten später, in der Ära des neuen Wirtschaftswunders unserer noch jungen Bundesrepublik, auch zu meinem flüchtigen Bekanntenkreis.

Nach ihrer ‚Entnazifizierung', so bezeichnete man seinerzeit nach dem Zweiten Weltkrieg das ‚Vergessen und Vergeben', quasi als Abschluss ihrer etwaigen Verfehlungen in der NS-Zeit. Danach lebten sie wieder unbehelligt und meist auch ungeniert ihr einstiges, gewohntes, gesellschaftliches Leben, – denn Einsicht und Bedauern bestimmen den Wandel des Denkens und des folgenden Handelns.

Das differenzierte Betrachten …

Aber zu einigen der Letztgenannten pflegte ich im täglichen Umgang mit ihnen, rein gefühlsmäßig, vielleicht auch intuitiv nur noch ein sehr zurückhaltendes, ja teils auch ablehnendes Kommunizieren, denn meine erhaltenen Kenntnisse ihrer jüngsten Vergangenheit hatten meinem politischen Denken ein differenzierteres Bild im Blick auf ‚Recht und Ordnung' offenbart.

Im Laufe meiner weiteren Persönlichkeitsfindung und in meinem demokratischen Verhaltenskodex konnte ich auf die vielen Vater-Sohn-Gespräche im Geiste mit Genugtuung zurückgreifen, denn durch sie wurde mein Gerechtigkeitssinn im Abwägen von ‚Richtig und Falsch' enorm gestärkt.

„Danke Vati", Du hast mir mit Deiner Geduld und Deinem, mir so anschaulich vermitteltem Allgemeinwissen, den Weg in eine lebensbejahende Zukunft aufgezeigt, eben auch mit den heilsamen Lehren, die uns allen die Vergangenheit erklärte und sie uns unmissverständlich und auch schmerzhaft offenbarte.

Als ich meiner, damals sich im ‚Backfischalter' befindenden Tochter Claudia, den mir bekannten jüngsten, geschichtlichen Sachverhalt erzählte und ihr den Todesbefehl mit dem Namen meines Großvaters zeigte, war sie zunächst erschüttert über die durchlebte Zeit der Angst in unserer Familie.

So verharrte sie eine geraume Weile in schweigendem Nachdenken, und das kaum sichtbare Wiegen ihres Kopfes deutete mir an, wie sehr sie das soeben vernommene Wissen innerlich ergriffen hatte.

Plötzlich formierten sich ihre Gedanken und sie überfiel mich mit einem emotionalen Redefluss, den ich bis heute noch so wohltuend im Ohr höre: „Papa, weißt Du was, wir alle können unheimlich stolz sein, ja stolz auf meinen Opa und meinen Uropa … vom Widerstand gegen Hitler hab' ich ja schon in der Schule einiges erfahren, doch dass es das, ich meine das ‚Gegen Hitler Sein', auch bei uns in unserer engsten Familie gab, – ja Papa, das macht mich richtig stolz!"

„Diese Tatsache liebste Claudia, sie ist im 2006 erschienenen Buch des Autors Peter Wacker unter dem Titel

‚Bendorf und seine Bewohner, gestern – heute',

ausführlich dargestellt und sie ist mit beweisenden Dokumenten der historischen Wahrheit für die Nachwelt wieder sichtbar geworden, sodass in spe jeder Interessierte, ich will es bildhaft beschreiben, aus einer nie versiegenden, sprudelnden Quelle der Heimathistorie sein Wissen schöpfen kann."

Nach dieser Ausführung meinerseits wartete ich noch eine geraume Weile, um deren Resonanz zu vernehmen. Als ich in ihrem Blick ein Zeichen der Zustimmung entdeckte und ein leichtes Kopfnicken dies zu bestätigen schien, fuhr ich in leisem, aber leicht belehrendem Tonfall fort: „Dieses prägnante, literarisch so wertvolle Werk überzeugt durch seinen umfassenden, in Epochen eingeteilten und zeitlich stimmigen, geschichtlichen Inhalt ebenso klar, wie die leicht zu verstehende Sprache, derer sich der allseits geschätzte Theologe und Heimat-Historiker Peter Wacker so genial und gekonnt bediente."

Das Leben und die Kraft …

Doch nun kehre ich zu meinen Kindheitserinnerungen zurück. Ich widme mich intensiv aber auch dankbar der damals miterlebten und dringend gebotenen Kreativität meiner Eltern und zum genialen Einfallsreichtum des menschlichen Geistes, der unser Überleben in den Jahren der Entbehrungen sicherte.

Diese Fähigkeiten meiner Eltern und ihrer ganzen Generation waren lebenswichtig, um die Hungerjahre zu überstehen. Ihre Beschaffungsideen auf allen Gebieten wurden von Einzelnen oder auch von gleichgesinnten Gruppen gebündelt und in aktive Handlungen umgesetzt, die auch oft die Gesetze und Verbote missachten mussten, um das nackte Überleben der notleidenden Menschen in der schweren Nachkriegszeit erst zu ermöglichen.

Das Wort ‚Organisieren' machte im allgemeinen Sprachgebrauch vielerorts die Runde und es wurde als Erklärung für das Umgehen von Recht und Gesetz genannt. Dieser milde Begriff ‚Organisieren' entsprach dem damaligen Geschehen exakt und er hatte verständlicherweise die menschliche Entschuldigung der Verfehlungen gleich miteingebaut.

Unser weiter Weg aus dem Dilemma …

Nach dem Zusammenbruch des menschenverachtenden Hitler-Regimes sowie die bedingungslose Kapitulation des ehemaligen Deutschen Reiches am 8. Mai 1945, erlebten große Teile der leidenden Menschen als Ereignisse der willkommenen Befreiung Europas. Aber schon recht bald nach dem herbeigesehnten Kriegsende begann die entbehrungsreiche, sogenannte Nachkriegszeit.

Es folgten die Jahre der unfassbaren Not, des Elends und des anhaltenden Hungers aller Bevölkerungskreise. Deutschland lag zur Gänze zerstört darnieder und bestand nur noch aus einer riesigen Trümmerwüste, wobei meist nur noch Mauerreste von einstigen Häusern kündeten.

Dörfer und Städte waren meist nur noch als Fragmente vorhanden. In diesen Steinskeletten richteten sich die Überlebenden, der Not folgend und in Eile, mit noch verwendbaren Trümmerbaustoffen Behelfsunterkünfte her, um überhaupt eine Bleibe zu haben.

Elend, Hunger und Not waren im untergegangenen Deutschen Reich die Ursachen der weitverbreiteten Entbehrungen, die alle Schichten unseres Volkes gleichermaßen quälten.

„Wir Borcherts hier in Bendorf am Rhein haben es etwas besser als die armen Mitbürger anderswo, wie man gerne so sagt", mein alter Herr machte eine vielsagende Gesprächspause, sicherlich um die Reaktion seiner versammelten Groß-Familie abzuwarten, um sodann gestenreich und in bedächtiger Wortwahl weitere, wichtige Erklärungen zu formulieren: „Betrachten wir doch einmal unsere eigene Situation, meine Lieben, wir leben alle zusammen hier in unserer Wohnung und glücklicherweise in einem fast unzerstörten Gebäude. Wir, ich meine damit alle Bewohner dieses Pfarrhauses, wir alle hatten das Glück nach dem eindringlichen Bombenalarm der heulenden Sirenen … hier unten …", bei diesem Wort deutete Vati mit beiden ausgestreckten Zeigefingern vehement in Richtung Keller und hielt dabei einen Moment inne, um seiner Rede Nachdruck zu verleihen, „… also in unserem, von der Stadt ausgewiesenen und einigermaßen sicheren Luftschutzkeller, nämlich in seinem, tief in der Erde gelegenen, mächtigen Gewölbe, konnten wir unbeschadet das Silvester-Inferno überleben. Dieses alte Bruchsteingemäuer hat uns in seiner gesamten Stabilität und Festigkeit vor Schlimmem bewahrt, denn es trotzte der Zerstörung und überstand den schrecklichen Fliegerangriff der Alliierten.

Das todbringende Bombardement der letzten Silvester-Nacht forderte zahlreiche Menschenleben und legte ganze Straßenzüge in Schutt und Asche.

Glücklicherweise fanden nicht alle Bomben das ausgesuchte Ziel und deswegen blieben auch etliche Häuser und weite Teile unserer Heimatstadt erhalten …"

Mein alter Herr legte wiederum eine kleine Pause ein, um nach einer kurzen Zeit mit nunmehr leiser und gedämpfter Stimme fortzufahren:

„Meine Liebsten, ich weiß, es ist in Eurem Sinn, wenn wir jetzt, in dieser so menschlichen Situation, ganz fest an alle unsere Bendorfer Kriegsopfer, an die armen Kinder, die Frauen und die Männer denken und in Stille für sie beten."

Eigentlich hatte mein Vater so gar nichts Pastorales an sich, denn seine Ansprache erinnerte mich damals schon an den Tonfall von Pfarrer von Claer, der sprach nämlich so ähnlich, außerdem habe ich Vati auch später nicht mehr so fromm redend oder betend erlebt.

Aber es war wohl den erlebten Ereignissen unseres Schicksals geschuldet, dass er sich seinen Liebsten gegenüber derart herzlich und dankbar zeigte. Mich hatte er damals, und ich war erst fünf Jahre alt, gewaltig berührt. Auf diese geschilderte Art hat er mein Denken dermaßen gefordert, dass ich mir dieses Erlebte nicht nur im Kopf, sondern auch im Herz fest verankerte.

„Ja, meine Lieben, danken wir dem Allmächtigen, dass wir zusammen sind und fassen frischen Mut und geben uns die Kraft, die wir brauchen. Ich knüpfe an mein Gespräch von eben an und will Euch jetzt das Machbare in unserer Situation aufzeigen. Wir leben in einer wahrhaft gesegneten Region, denn rings um unser Heimatstädtchen herum finden wir eine Fülle der landwirtschaftlich genutzten Ländereien! Wir finden überall genutzte Äcker, wir finden ausgedehnte Felder, wir kennen die Wälder und nutzen die Wiesen fürs Vieh. Und das Wunderbare daran ist … all das Genannte finden wir in einem zusammenhängenden, überschaubaren und ländlichen Raum. Und das alles, Ihr Lieben, wird ertragreich bewirtschaftet."

Forschend schaute uns Vati der Reihe nach an, lächelte mit einem offen gezeigten Stolz in seiner Mimik in unsere angespannten Gesichter und er zeigte seine Freude

spontan, denn das zustimmende Gemurmel zeigte ihm, dass unser Familiengemisch der Generationen seinen Erläuterungen interessiert zuhörte.
Bevor er jedoch weiterredete, zeigte er wie ein energisch winkender Verkehrsschutzmann in Richtung der beiden geöffneten Fenster, die immer einen unendlich freien Blick auf die naheliegende flache Landschaft der Eifel erlaubten: „Wenn wir hier aus dem Fenster schauen, dann sehen wir dort, jenseits des Rheins, beim genauen Hinschauen, die verschiedenfarbigen, weiten Landwirtschaftsflächen des fruchtbaren Maifeldes. Wir sehen außerdem gegenüber, auf der anderen Rheinseite, die markanten Silhouetten der kleinen Rheindörfer, wie zum Beispiel Sankt Sebastian oder Urmitz. Ganz in ihrer Nähe liegen die Ortschaften Bubenheim, Bassenheim oder Mühlheim-Kärlich.
Aber es gibt dort noch weitere Ortschaften, in denen überwiegend Bauern ihre Höfe haben und auf Äckern Feldfrüchte anbauen und man auf ihren Rheinwiesen Obstbäume der unterschiedlichen Art vorfindet. Gesunde Kirschen, Äpfel, Birnen und Pflaumen ernten die fleißigen Bauersleute in großer Zahl, … ahnt Ihr wo ich in meinen Überlegungen hinsteure? Ganz klar, dort bei den Landwirten können wir um die zum Überleben so wichtigen Kartoffeln bitten und auch nach weiteren Obst- und Gemüsesorten fragen. Auch wenn in der heutigen, so schwierigen Zeit, so kurz nach dem Krieg, die ‚Reichsmark' nicht mehr viel wert ist, so wir können um Hilfe und Unterstützung bitten … und wir können einige unserer noch vorhandenen Wertgegenstände zum Tausch anbieten. Ich denke auch an meine Bilder, auch wenn jetzt beileibe kein Interesse für die Kunst vorhanden ist, wer weiß, vielleicht komme ich als Maler mit dem einen oder anderen Bauersmann doch ins Geschäft?
Kunst gegen Essbares, das wäre es doch!"
Es herrschte nach meines alten Herrn Zukunftsplänen zunächst einige Minuten Stille, eine Zeit des Abwägens und des Nachdenkens, bevor mein Mutterherz ihr Herz in die Hand nahm und ihrerseits mit Nachdruck ihres Liebsten optimistische Visionen aufgriff und mit weiblicher Intuition in wohlgesetzte Worte fasste: „Natürlich wird das alles mühsam werden, doch der uns alle quälende, tägliche Hunger lässt uns keine andere Wahl. Wir haben unsere gesunden Füße und können die Bauersleute abklappern und sie bei ihren Anwesen, den Höfen aufsuchen. Über den Rhein kommen wir mit dem Schiffchen, die Gebrüder Schoor aus Sankt Sebastian fahren mehrmals am Tag hin und her, und so teuer ist so eine Fahrt auch nicht, das weiß ich von unserm Nachbar gegenüber, von Herrn Birnbach."

Ich erinnere mich an all das Erlebte deswegen so genau, weil Mutti und Vati mir immer wieder davon erzählten … und außerdem, weil der Herr Hans Birnbach mein Freund wurde und seine Frau Franziska mir oft ein Bonbon schenkte, denn sie besaßen uns gegenüber die Kohlenhandlung und das Lebensmittelgeschäft, wo es zu der Zeit aber nur wenig zu kaufen gab. Das meiste aber nur gegen die zugeteilten Lebensmittelmarken …

Alle Menschen, die ich in unserer Nachbarschaft so kannte, nannten die beiden, unserem Platt folgend, immer nur … ‚Birnbachs Henns', und ‚Birnbachs Siska'! Auch ich nannte sie, allerdings erst viele Jahre später, freundschaftlich bei diesen nett klingenden Namen. Auch deswegen weiß ich das alles noch und erinnere mich auch gerne an diese unvergessene Zeit, die mir immer nah bleibt.

Ich fasse meine erinnernden Gedanken und mein Wissen von damals zusammen und berichte weiter von unserer gewonnenen Zeit. Bedingt durch das nur noch spärlich vorhandene Zahlungsmittel Geld, die Reichsmark als Währung, die durch die schleichende Inflation der allgegenwärtigen Not immer mehr an Wert verlor und oft nur noch spärlich gestreut war oder auch gänzlich fehlte, besann man sich gezwungenermaßen und vermehrt auf den wertbeständigeren Tauschhandel.

Ich erinnere mich an meines Vaters Zukunftsrede und füge hinzu: „Man besann sich in jener Not auf die Habseligkeiten, die man besaß, eben Wertsachen wie zum Beispiel Schmuck, Fotoapparate oder aber, wie in unserem speziellen Fall, auf Vaters gemalte Kunst, auf seine Bilder, auf Motive der mittelrheinischen Heimat, die zwar in den Augen der meisten Landwirte eher als geringwertig schienen, die aber doch ab und an das Erstehen von ‚Essbarem' ermöglichte."

In grauer Vorzeit nannte man unsere Urahnen, ihrer Tätigkeit wegen, ‚Jäger und Sammler' … und in jener, von mir bildhaft beschriebenen Zeit – ‚Bettler und Tauscher'? Wie man darüber auch denken mochte, das Sprichwort ‚Not macht erfinderisch' erlangte einen hohen Stellenwert im Gedankengut der einstmals so handelnden Schicksalsgenossen, die mit Mühen und anhaltender Zähigkeit die hungrigen ‚Mäuler' ihrer Hungernden mit Essbarem versorgten.

Auch die beliebte Kleintierhaltung in beengten und begrenzten Behausungen wurde als Notwendigkeit praktiziert, so waren Hühner, Kaninchen oder wo es möglich war, auch Ziegen, als eiweißhaltige und natürliche Nahrungsquellen überlebenswichtig geworden.

Der Lebensmittelverkauf über die normale Ladentheke war zudem durch die eng rationierten Lebensmittelmarken mehr als erschwert worden. Denn diese wurden je nach Bedürftigkeitsgrat der Berufe und den Arbeitenden von den Ämtern der Verwaltungen und streng nach einem bestimmten Verteilerschlüssel ausgegeben. Ohne diese zugeteilten Marken war besagter ‚Küchenmeister Schmalhans' stets zu Gast bei allen Notleidenden.

Ich erinnere mich voller Nostalgie an die vielen aufwendigen ‚Hamstertouren' meiner Großeltern und meiner Mutter, eben in die ländlichen Gefilde unserer näheren Umgebung. Auch das Maifeld, als Ausläufer der Vordereifel war ein Ziel der Nahrungsbeschaffung. Nach mühevollem und abenteuerlichem Überqueren des Rheinstromes per schaukelndem Motorboot der Gebrüder Schoor aus Sankt Sebastian als Schiffseigner, erreichten wir Sankt Sebastian, die kleine, überschaubare Bauerngemeinde mit der markanten, alten Kirche in Ufernähe.

Das Gräberfeld des Kirchenfriedhofes umgrenzte das Gotteshaus und war zu jener Zeit von einer mächtigen, hohen Umfassungsmauer eingerahmt. Dieser christliche Gesamtkomplex strahlte eine berührende Ruhe und ehrfürchtige Würde aus.

Vati erkannte auf den ersten Blick den faszinierenden Zauber des Ensembles des heiligen Sankt Sebastianus, der als Namensgeber gleichermaßen der Kirche und auch der Dorfgemeinde vor Zeiten gewählt wurde und ehrte diese Charakteristik auf seine künstlerische Art.

Er bannte die Einmaligkeit dieser Kirche auf Leinwand und schuf im Laufe der Jahre mehrere Ölgemälde dieses Motivs in verschiedenen Farbstellungen, denn die Interessenten seiner Maltechnik wünschten sich immer wieder ‚Sankt Sebastian'.

Sankt Sebastian war für uns damals aber vor allen Dingen das freundliche Dorf mit dem reichen Angebot an allem, was der liebe Gott wachsen lässt und die Menschen nährt.

Federzeichnung St. Sebastian
Vorlage zum Ölbild 1973

Sankt Sebastian am Rhein um 1946
Die Kirche am Ufer
Ölbild 70 x 60 cm
Sammlung Kapferer, Völs-Innsbruck

Gerne erinnere ich mich an die einst so entgegenkommende, nette Hilfsbereitschaft der meisten Bauernfamilien, die das frischeste Gemüse und das vitaminreichste Obst zum fairen Tauschen bereithielten.
Viele Jahre später, also nach der segensreichen Währungsreform, als bei uns wieder allwöchentlich, meist an Donnerstagen, sich das Marktgeschehen als beliebter Brauch etabliert hatte, belieferten sie uns erneut, die durch ihre Hilfsbereitschaft

in jener Nachkriegsnotzeit so geschätzten Bäuerinnen und Bauern aus Sankt Sebastian. Sie beehrten uns als ‚Bendorfer' mit ihren allerbesten Agrarprodukten aus unserer direkten Nachbarregion, jenseits des silbernen Stromes.
Seit meinen Kleinkindertagen und den hautnah erlebten, teils abenteuerlichen Hamstertouren verband mich, vornehmlich mit allen Marktfrauen, eine ehrliche, dankbare und lebendige Freundschaft in menschlicher Würde, denn in meinem Sinn hatte ich diesen wahrhaftigen Ausspruch fest verankert: ‚Und wären nicht die Bauern, so hättest Du kein Brot'!

Jenseits der Legalität?

Im weiteren Verlauf der sogenannten ‚Armen Zeit' besann sich auch mein ‚Alter Herr', der Kunstmaler Gotthold Borchert, auf seine charakterlich angestammte Ausdruckskraft … via Tuschfederzeichnungen und kleineren in Aquarelltechnik im Nass, in Nass-Verlauf gemalten Motive der Rheinromantik. Er sammelte seine Werke und stellte sie in einer handlichen, stabilen Pappkartonmappe zusammen.
„Ja, natürlich liebste Grete, ich als Maler kann auch mit meinem Schaffen für unseren Lebensunterhalt sorgen." Dies sagte er mit einem weichen und liebevollen Unterton in seiner Stimme und voller ehrlicher Überzeugung.
In den ersten Nachkriegsjahren gab es in den meisten größeren Städten die sogenannten ‚Schwarzen Märkte'. So nannte man die Treffpunkte, Standorte und Plätze des Tausches und des geheimen Verkaufs der unterschiedlichsten Kleinhandelsgüter. Alles was man irgendwie zu Geld machen konnte, wechselte von Mensch zu Mensch.
Der Tauschhandel blühte auf und man freute sich über die Gewinnmöglichkeiten, jenseits der Beobachtung des langen Armes der Gesetzeshüter. So bot jeder das an, was zum Tausch vorhanden war. Nun, diese besagten Güter besaßen wir leider nicht. Aber wir besaßen Vaters Talent der Malerei.

Unser besiegtes Vaterland war als Folge des Krieges von den Siegermächten in verschiedene Verwaltungszonen eingeteilt worden. Es gab im Osten Deutschlands die sowjetisch besetzte Zone, es gab die amerikanische, die englische und die französische Zone. Genau so waren die exakten Machtbereiche, sie waren klar bestimmt worden und deren Trennungsgrenzen wurden durch die jeweilige Militärpolizei strengstens kontrolliert.
„Der alte Affe", so nannte mein Vater seinen fellbezogenen und etwas in die Jahre gekommenen leicht ramponierten aber durchaus geräumigen Rucksack. Diesen füllte er mit Mal- und Zeichenutensilien und etwas Essbarem für die lange und beschwerliche Reise nach Frankfurt am Main, dem damaligen Dorado für jegliche ‚Schwarzmarktgeschäfte', auch dem Paradies für Schieber, Schmuggler und Hehler.

Gehöft im Westerwald - Aquarell, gemalt 1947 - auf der Rückseite einer Relieftapete.
Alle seine Aquarelle und Federzeichnungen präsentierte er oft und gerne auf dem Fußboden vor dem Betrachter, aber mit jeweils betonenden Passepartouts, um eine gesteigerte Aufmerksamkeit zu erzielen.
Sammlung Borchert, Bendorf

Die heutige Main-Metropole war aber auch in jener Nachkriegszeit als willkommener Handelsplatz für echte Notleidende von elementarer Bedeutung bei ihrer ständigen Suche nach Essbarem. Eben nach sattmachender, kalorienreicher und auch bezahl- oder tauschbarer Kost, in jedem Fall aber war Jedermann auf der Suche nach lebenswichtigen Nahrungsmitteln.

Das kleine, zusammenklappbare, praktische Stühlchen und die zusammensteckbare, farbverschmierte Staffelei sowie das leinengebundene und abgewetzte Skizzenbuch baumelten, locker mit Lederriemchen befestigt, an jenem ‚Affenrucksack', den Vati mit breiten Tragebändern geschultert hatte. Wohl um menschliche

Gefühle bei den jeweiligen Besatzern, so nannte man die Ordnungsorgane in damaliger Zeit, zu erreichen, nahm er mich ab und zu mit auf die beschwerlichen Tauschreisen, zum Beispiel in die teils zerbombte Mainmetropole Frankfurt. Mit all den geschulterten Aquarellen und den vielen Zeichnungen erreichten wir per Eisenbahn, frühmorgens leicht ermüdet und auch abgespannt, unser Ziel.

Wo Vati die Butter erstanden hatte, wo den Käse oder die Wurst, oder auch das große Brotlaib, das alles weiß ich nicht mehr zu sagen, aber an die Art seines Bilderverkaufs erinnere ich mich noch genau, denn wenn er ein Motiv einem ‚Interessierten' zeigte, legte er es auf den blanken Boden, versah das Bild mit einem passenden hellen Kartonrahmen, einem von ihm zuvor im Atelier zugeschnittenem Passepartout und brachte durch die so begrenzende Umrandung das Dargestellte des jeweiligen Bildes zur vollen und meist beeindruckenden Wirkung.

Das auf diese Weise eingenommene Geld wurde von Vati auch sogleich in für ihn ‚Wertvolleres' umgesetzt. Auch der Pfälzer Tabak und die amerikanischen Armeezigaretten zählten zu seinen begehrten Eintauschobjekten und gehörten als willkommene Luxusausbeute zum wertvollen Inhalt des alten Fellrucksackes.

Das Klappstühlchen, die zusammenschiebbare und auch arg farbverschmierte Staffelei, das große Skizzenbuch, all diese tarnenden Reisebegleiter baumelten am geschulterten Affenrucksack, der jetzt prall gefüllt war, eben mit all den wichtigen Kostbarkeiten, die die Lieben daheim so dringend benötigten.

Vatis, wie immer schräg in die Stirn gezogene Baskenmütze, der streng, aber auch irgendwie lustig wirkende, die Nase reitende bügellose Kneifer als moderne Sehhilfe genutzt, den kleinen, vorwitzigen Knaben an der Hand … all das zusammen ergab sicherlich ein illustres, ja durchaus auch lustiges Bild, welches sich rein vom Aussehen her betrachtet, von den übrigen und meist kinderlosen Schwarzmarktbesuchern wohltuend abhob.

„Pferdefuhrwerk zum Hauptbahnhof", – ich höre noch heute den hessischen Klang der männlichen Stimme des Kutschers dieser sehr wackeligen Fahrgelegenheit, so deutlich in mir, als wäre es erst gestern gewesen.

Vati bugsierte mich mit einem schwungvollen Schub auf die mit Holzbänken bestückte Ladefläche eines großen, von Schutzplanken umgebenen, bäuerlichen Leiterwagens, der aber schon so viele Mitfahrer aufgenommen hatte, sodass der Kutscher nur noch uns beiden ‚Männern' die unbequeme Fahrt zum Hauptbahnhof erlaubte, denn nach Vatis Zustieg klappte er die hintere Planke hoch und verriegelte sie.

„Zurückbleiben, wir sind besetzt", rief er barsch, unangenehm lautstark und unmissverständlich in Richtung der weiteren, noch wartenden Fahrgäste, die diese rigide Absage mit wütenden und lautstarken Protesten quittierten.

„Lami", auch mit diesem komischen Namen sprach mich Vati öfter an, vor allem, wenn er gut Laune hatte. Genau das war jetzt der Fall und jetzt hatte er sogar beste Laune, denn seine ‚Schwarzmarktausbeute' war ja auch wirklich umfassend ausgefallen und den Erfolg des Tauschtages zeigte er durch sein typisches Lächeln, das seine Lippen auf nette Weise umspielte.

„Mein kleiner Lami, wir müssen uns beeilen, der Bummelzug der rechtsrheinisch von Frankfurt nach Köln fährt, der steht auf Gleis 18 und wartet nicht extra auf uns, los lauf schneller."

„Vati, was ist ein Bummelzug?" Diese begründete Frage stellte ich aber im ungünstigen Moment, denn wir stolperten fast über unsere eigenen Füße auf dem unebenen Bahnsteig in Richtung Gleis 18.

Seine Gangart der weit ausholenden und schwingenden Schritte zwang mir sowieso und immer schon eine flotte Trippeltechnik auf, doch seine momentanen Schritte wurden immer schneller und noch ausholender, sodass ich trotz meines eilenden Laufschrittes von seinem zerrenden, festen Handgriff, der meinen rechten Unterarm wie in einem Schraubstock eingespannt hatte und so arg umklammerte, dass ich regelrecht mitgerissen wurde.

Buchstäblich in letzter Sekunde erkletterten wir hastig, aber erleichtert, die drei Eisenstufen ins Innere des Waggons und atmeten erst einmal tief durch, um unser beider Luftnot zu mildern.

Als unendlich beruhigend empfanden wir das schrille und alle anderen Bahnhofsgeräusche übertönende Abfahrtssignal der Trillerpfeife des uniformierten Zugführers, denn sein Pfeifsignal ertönte fast gleichzeitig mit dem metallisch knackenden Ton der laut einrastenden Verriegelung der schweren Waggontüren. Wir fanden ein freies Abteil und ließen uns ermüdet auf die leere Holzbank plumpsen. „Puh, geschafft", rief ich erleichtert und froh, weil ich endlich mal wieder sitzen konnte.

Vati hatte zuvor sein Gepäck und die Malattribute, die er ja als ‚Tarnung für eventuelle Kontrollen' mit auf unsere Reise genommen hatte, in der oberen Netzablage ordentlich verstaut und nahm sich nun in belehrendem Tonfall meiner zuvor gestellten Bummelzugfrage an: „Es gibt verschiedene Arten von Zügen, mein Sohn, den Schnellzug, der fährt auf den Hauptstrecken der Deutschen Reichsbahn und der hält nur in den Bahnhöfen der großen Städte an. Außerdem gibt's die Eilzüge, die aber, im Unterschied zu den D-Zügen, auch in den mittelgroßen Städten anhalten. Ja und dann gibt's die Personenzüge, die nennt man auch ‚Bummelzüge', denn die halten an jedem Bahnhof an, deswegen kommt man mit ihnen nur recht gemächlich an sein Reiseziel."

Ich schaute voller Interesse aus dem Fenster und bewunderte die langsam vor meinen Augen vorbeiziehende rheinische Landschaft. Ich entdeckte den silberfarbenen Rhein mit seinen Ortschaften, Stadtmauern und den mittelalterlichen Burgen, die markant und malerisch in meinem Blickfeld auftauchten und wieder verschwanden, ohne jedoch weitere Fragen zu stellen, denn dazu war ich verständlicherweise zu müde geworden, und außerdem freute ich mich auf unser Zuhause.

Plötzlich hielt unser Bummelzug an. Vati riss mich aus meinen Wachträumen und erklärte mir spontan den Grund der Reiseunterbrechung:

„Hier, in Höhe von Lorch am Mittelrhein befindet sich die amerikanisch-französische Zonengrenze, hier werden wir sicherlich nach unseren Papieren gefragt und kontrolliert. Aber das ist ganz normal mein Sohn, denn wir haben den Krieg verloren und unsere Besatzer wollen immer wissen was wir tun."
Mit dieser Erklärung hatte er mich weiterhin ruhiggestellt.
Nach einer geraumen Weile setzte sich der Zug wieder in Bewegung, wobei mir noch heute, nach so vielen vergangenen Jahrzehnten, der eindringliche Ton des rhythmischen und ganz speziellen Dampfausstoßes des kohlebefeuerten Kessels der Lokomotive beim kraftvollen Anfahren, so angenehm in den Ohren klingt.
Das gleichmäßige Tack-Tack, Tack-Tack, Tack-Tack, der über die Schienen rollenden Räder zeigte, durch die sich wiederholenden Doppeltöne, die sehr verhaltene Geschwindigkeit an, mit der sich unser Zug den heimatlichen Gefilden näherte.
Unsere Vorfreude auf Zuhause wurde jäh gedämpft, denn mit metallisch quietschenden Bremsen ruckte unser Reisezug in schnell aufeinanderfolgenden, kurzen Abständen, bis er im Bahnhof von Niederlahnstein abrupt und unter druckvollem Zischen der Dampfdüsen der Lokomotive zum Stehen kam.
„Was soll denn der Blödsinn, wir sind doch längst im französischen Herrschaftsbereich?", empörte sich mein alter Herr lautstark und befreite sich gleichzeitig mit einer missbilligenden und verärgerten Handbewegung von seiner spontan aufgekommenen Wut.
Ich schaute aus dem uns gegenüberliegenden Fenster des Ganges und entdeckte viele uniformierte Militärpolizisten mit geschulterten, kurzläufigen Maschinenpistolen, die aufgeregt miteinander redeten und gestikulierend die verschiedensten Befehle erteilten. Wem die Befehle galten, das konnte ich aber von meinem Platz aus nicht erkennen.
Aber einen Teil des Bahnsteiges konnte ich gut einsehen, und die taghelle Beleuchtung desselben erlaubte mir, von meinem kindlichen Gefühl her betrachtet, das Geschaute als ‚sehr schlimm' zu werten, denn einige ärmlich erscheinende Mitreisende wurden von den Militärpolizisten mit Waffen bedroht und ins Innere des Bahnhofgebäudes gebracht. Ich war sehr aufgeregt und hatte große Angst, denn das soeben Erlebte konnte ich nicht verstehen.
Die französischen Ordnungskräfte kontrollierten Abteil für Abteil, und draußen wurden weiterhin Reisende in einzelnen Gruppen zusammengedrängt und ebenfalls barsch zum Betreten der Innenräume des grauen Niederlahnsteiner Bahnhofsgebäudes aufgefordert. Vati konnte seine Sorge und auch die aufkommende Angst um uns beide und sicherlich auch um die ergatterten, wertvollen Schwarzmarktschätze kaum unterdrücken, denn ich sah an seiner bleichen Gesichtsfarbe deutlich die große Not, die er verspürte.
Das Brot, die Butter, vielleicht auch der Speck und der Käse, aber auch der Tabak für ‚Opa Daddy', seinen geliebten Vater, und auch seine eigenen vielen Ami-Zigaretten sollten doch in die heiligen Hallen des Goethe-Hauses zu der darben-

den Großfamilie gebracht werden. All diese Gedanken ließen meinen alten Herrn wohl verzweifelt nach einer praktikablen Lösung fieberhaft suchen.
Permanent wurden die hilflosen Mitreisenden in den nahen Nachbarabteilen rüde untersucht und akribisch kontrolliert.
„Mein lieber Sohn, tue mir einen Gefallen, sei absolut still, falte am besten die Hände und gib keinen Mucks von Dir, lass mich nur machen, vielleicht haben wir das Glück auch diesmal auf unserer Seite. Die Militärpolizisten haben ja das Recht zu dem, was sie tun, das Recht ist immer da, wo die Stärkeren herrschen. Bete zum lieben Gott, dass das gutgeht." Seine fast geflüsterten Worte klangen inbrünstig und auch ein wenig beschwörend.
Unsere Abteiltür wurde kurze Zeit später mit einem energischen Ruck aufgerissen und zwei junge Uniformierte mit jeweils umgehängter Maschinenpistole forderten Vati auf, die Gepäckstücke, eben den ‚Fellaffen' und die zwei kleinen Pappkartons aus dem oberen Gepäcknetz zu fischen.
Ich saß also mit meinen vier oder fünf Lebensjahren ganz eng zusammengekauert und mucksmäuschenstill und absolut brav auf meinem Platz, so wie Vati es mir aufgetragen hatte, ich saß also in der Ecke am Fenster und schaute dem vermeintlichen Drama ängstlich zu. Was sich nun aber vor meinen Augen abspielte, das konnte ich beim besten Willen nicht verstehen, denn Vati und die Soldaten sprachen französisch.
Frage – Antwort, Frage – Antwort, dieses ‚Hin-und-Her-Spiel' wiederholte sich mehrmals. Am Beginn dieser Gesprächsrunde klangen die ausgetauschten Worte noch ziemlich laut, doch urplötzlich schwenkte der Wortschwall in wohlklingende Normalität um und die ernsten Gesichtszüge der jungen Soldaten hellten sich zusehends auf, um sich sodann in ein sympathisches Lächeln zu verwandeln. Mit militärischer Ehrbezeugung, dem zackig gezeigten Gruß durch die Berührung mit der rechten offenen Handfläche und dem kurzen Antippen der rechten Stahlhelmkante, verließen die Kontrolleure unser Abteil und Vati ließ sich mit einem offenen, aber verschmitzten Lächeln und sichtlich erleichtert, ja regelrecht befreit, auf die harte Abteilsitzbank plumpsen.
Der fellbezogene, verschlissene Rucksack, der wertvolle ‚Affe' lag zugeschnürt und nicht angetastet in seiner oberen Netzablage.
Irgendwann, aber immer noch nach gefühlten, langen und bangen Minuten, setzte sich unser Bummelzug endlich wieder in Bewegung und wir beide freuten uns innerlich über jede Umdrehung der stählernen Räder der schnaubenden, rauchenden Dampflokomotive, die uns unserem geliebten Heimatstädtchen Bendorf näherbrachten.
Zu nächtlicher Stunde waren wir endlich wieder daheim und erlebten unser ganz persönliches Glücksgefühl im Kreise unserer Lieben so voller Freude, dass mir noch heute, eben im Erinnern an das Geschehene, mein Herz erneut auflebt und fühlbar einen Tick kräftiger schlägt.

Die Bendorfer Kirchen nach dem Bombenangriff Sylvester 1944/45
skizziert Januar 1945
Ölbild 70 x 80 cm – gemalt 1973 - Sammlung Kapferer, Innsbruck

Was war geschehen?
„Also Ihr Lieben, ich habe vor wenigen Stunden den größten Bluff im äußerst gewagten, imaginären Pokerspiel meines Lebens riskiert und …"
Vati unterbrach den Satz, schaute in unsere angespannten Gesichter und genoss, für alle Anwesenden deutlich erkennbar, die fragenden Blicke seiner Lieben, um sodann mit unverhohlenem Stolz und seiner ihm eigenen Stimmgewalt, den unterbrochenen Satz zu vollenden: „… gewonnen, ja welch ein Glück für uns alle, ich habe das Spiel, das auf des Messers Schneide stand, tatsächlich gewonnen, gewonnen, gewonnen!"
Während er so zu uns sprach, war er spontan aus seinem Sessel mit einem Satz aufgesprungen, und sein Zufriedenheit zeigendes Mienenspiel drückte seinen erlebten Triumph ebenso freudig aus, wie auch die Gestik seiner beiden feingliedrigen Künstlerhände, die dieses Hochgefühl der Sinne begleiteten.

Seine beredte, lebensbejahende Körpersprache entsprang einer physischen Dynamik, wie ich sie in dieser Vehemenz zu keinem Zeitpunkt meines quirligen Lebens ein zweites Mal erfahren konnte.
In diese, uns alle erfassende, allgemeine positive Stimmung hinein erzählte unser ‚Held' nun aber ohne eine weitere theatralische Pause einzufügen, den spannenden Verlauf seines imaginären ‚Pokerspiels': „Militärkontrolle in Lahnstein, die beiden französischen Soldaten in unserem Abteil stellten in strenger Befehlsform folgende gezielte Frage: Was haben Sie alles in diesem Rucksack und in den zwei Pappkartons?"
Ihr wisst ja, meine Französischkenntnisse sind recht passabel und deswegen habe ich flüssig und mit gespielter Unschuldsmiene den beiden jungen Militärs geantwortet: „Sehen Sie mich doch an, ich bin ein armer Kunstmaler und ich habe heute mit meinem Söhnchen eine Mal-Tour, eine Exkursion in den Rheingau unternommen, natürlich um neue Zeichnungen und Skizzen zu fertigen, die ich dann später, in meinem kleinen Atelier, zu richtigen bunten Aquarellbildern mache.
Während ich so sprach, deutete ich mit hinweisender Handbewegung auf die Mal-Utensilien, die ich ja am Affen befestigt hatte und die in der oberen Netzablage unseres Abteils gut sichtbar lagerten. So gab ich mich der Hoffnung hin, dass das von mir erklärte Geschehen in den Ohren der Kontrolleure auch glaubwürdig klingen würde. Aber um wirklich sicherzugehen, legte ich nach: ‚Hier in dem alten Skizzenbuch habe ich heute einige schöne und romantische Motive gezeichnet, die die malerischen Rheingau-Weinorte zu bieten haben, ich habe den Binger Mäuseturm und auch die Zoll-Burg, die Pfalz bei Kaub, grob skizziert ... mehr, meine lieben französischen Freunde, habe ich heute nicht erlebt.'
Als aber die beiden Franzosen mich zweifelnd musterten und sich sichtlich unschlüssig waren, was sie mit der Aufzählung der erstandenen ‚Schwarzmarkt-Schätze', die sich ja wahrheitsgemäß im Innern meines prall gefüllten alten Fellrucksackes befanden, anstellen sollten. ‚Also, wenn Sie es ganz genau wissen wollen, ich war mit meinem Jungen auf dem schwarzen Markt in Frankfurt, dem Paradies für Hehler, Schieber und andere zwielichtige Gestalten, dort habe ich jede Menge Butter und Käse erstanden, andere Lebensmittel wie Speck und Schinken ... ja und Tabak und amerikanische Zigaretten, die habe ich auch und bezahlt habe ich das Ganze mit meinen wertvollen Bildern. Sind Sie, verdammt noch mal, jetzt zufrieden?', legte ich nach.
Die zwei Militärs lachten mir ins Gesicht, schauten mich etwas mitleidig an und wünschten uns beiden eine gute Weiterfahrt. Ihr zackiger, kurzer Militärgruß beendete diese abenteuerliche Begegnung.
Ihr könnt mir glauben, ich war verdammt nervös, ich hatte, ganz ehrlich gesagt, die pure Angst im Nacken und gefühlte Schweißperlen der Not auf meiner Stirn, als ich den beiden Militärpolizisten zu antworten hatte und meinem Bluff folgend, mit dem Aufzählen der so mühsam ergatterten ‚Reichtümer' beginnen musste.
Aber meine Lieben, jetzt, wo ich wieder wohlbehalten bei Euch bin, fällt mir spon-

tan eine der Weisheiten ein, die in der Domstadt Köln am Rhein so gerne zitiert wird und auf uns, gerade heute am späten Abend, ganz bestimm zutrifft: ‚*Et es noch emmer joot jegange'!*"

Während Vati so zu uns sprach, lachte er so befreit auf, dass sein Lachen uns alle förmlich ansteckte, und in diese Heiterkeit hinein schickte er auch die Erklärung der Kölner Volksweisheit: „Ja, ja, den Spruch, dieser Kölner Volksweisheit übersetze ich gerne für Euch: ‚Es ist noch immer gut gegangen' – wie wahr, wie wahr."

Eine lange Zeit der Knappheit und auch der persönlichen Not begleitete die Menschen überall in der Trümmerwüste Deutschland, denn eine eigene Produktion von dringend benötigten und überlebenswichtigen Gütern zur Versorgung des Volkes konnte nur in den Regionen begonnen werden, die von der totalen Zerstörung weniger betroffen waren.

Die große Hilfsbereitschaft, die uns die starke Siegernation USA unter ihrem Präsidenten Harry S. Truman entgegenbrachte und der sie begleitende, umfangreiche Marshallplan, diese Maßnahmen linderten durch die großzügigen Lieferungen an Lebensmitteln, Kleidung und allen anderen Gütern des täglichen Bedarfs den täglichen Dauerzustand, der ‚Hunger und Not' hieß und auf lange Zeit. Vor allem die inhaltsreichen, sattmachenden und somit lebensrettenden ‚Care-Pakete', die von privaten US-Wohltätigkeitsorganisationen millionenfach an deutsche Familien gesandt wurden, waren zum Synonym einer völkerverbindenden Menschlichkeit geworden.

Das Gefühl der herzlichen, ehrlichen und aufrichtigen Dankbarkeit, dieses Denken erfasste alle Betroffenen in unserem Land und hatte, auch wegen dieser spontanen Direkthilfe und über die Dauer vieler Jahre hinweg, einen festen Bestand in unseren Herzen.

Unser Blick auf die überaus spendenfreudige Bevölkerung der Vereinigten Staaten von Amerika wurde auch dadurch anhaltend und positiv geprägt.

Meine Lehre aus diesem Überlebensgeschenk der USA an unser Volk: ‚Eine praktizierte, internationale Völker-Freundschaft, die wir für alle Zeiten pflegen und auch praktizieren sollten. Diese müsste eingebunden werden als unser erklärtes Ziel, Verständnis zu zeigen und das Leben Andersdenkender zu achten und zu schützen. Auch gelebte Hilfsbereitschaft unsererseits gehört dazu, denn all diese Tugenden sind zusammengenommen der einzige Garant für ein friedliches und menschliches Miteinander über alle Ländergrenzen hinweg'.

Der allgemeine Mangel der alltäglichen, einst gewohnten Güter erstreckte sich durchgängig auf alle Bedarfsprodukte und zwang so auch meinen Vater permanent zu einem Einfallsreichtum, wie er eben nur in Notzeiten erforderlich ist. So skizzierte, zeichnete, malte er auf den Materialien, die sich im Kauf oder Tausch bei Mitbürgern, vor allem aber auf den ‚Kunterbuntes' anbietenden schwarzen Märkten, auftreiben ließen.

Auf der obersten Stufe seiner Materialien-Rangliste stand die rar gewordene, grob strukturierte, naturbelassene Raufasertapete, die die Pigmente der hochwertigen und teuren Aquarellfarben so genial zur Geltung zu bringen vermochte. Ihr typischer Hoch-Tiefeffekt entstand durch die feinen Holzfasern des grobkörnigen Sägemehls, das ja die Charakteristik der Tapete erst entstehen ließ und schenkte dadurch jedem Werk einen fast mystischen Schimmer, der den miteinander korrespondierenden Farben schmeichelte und auf diese Art jedem Bild den Nimbus des Besonderen gab.

Aber auch die Rückseiten diverser Prägetapeten waren ideale und willkommene Maluntergründe, die sogar für Vatis betont harmonische, weiche und wohl einzigartige Aquarell ‚Nass-in-Nass-Technik' bestens geeignet waren, weil dadurch dem gewünschten Farbenfluss das freie Verlaufen ermöglicht wurde.

Für seine, bei Kunstkennern beliebten Ölfarbengemälde dienten natürlich die weißgrundierten, leinwandbespannten Keilrahmen in den verschiedensten Abmessungen als Maluntergründe, die aber in jener Zeit des allgemeinen Mangels für ihn kaum zur Verfügung standen.

Um diesen Beschaffungsengpass zu umgehen, schuf er seine Werke auf grundierten Hartfaserplatten, die er gerne mal mit variierenden Spachteln und pastos aufgetragenen Ölfarben wuchtig gestaltete, mal aber auch mit weichen Pinseln farbverlaufend komponierte.

So hatte mein alter Herr eine praktikable Alternative zur Hand, eben die preiswerten, leimgepressten Hartfaserplatten. Er hatte diese für sich entdeckt, weil deren geriffelte Rückseiten eine feine quadratische Struktur aufwiesen und er auf derselben eine fachgerechte und dauerhafte Grundierung auftragen konnte.

„Weißt Du Grete, diese verleimten Holzpressplatten sind in ihrem jetzigen Zustand ein totes Material, das arbeitet nicht mehr, im Gegensatz zur Leinwand oder zur Naturholztafel bleibt das Pressholz sehr lange so wie es ist, und auch die Farben behalten noch nach vielen Jahren ihre Leuchtkraft, denn bei dem toten Untergrund meiner Malplatten verzieht sich nichts. Es entstehen auch keine feinen Risse in der Oberfläche der Ölfarben, wie sie im Alterungsprozess anderer Gemälde leider des Öfteren zu beobachten sind. Manchmal hat die Not auch was Gutes."

Mit einer großen Portion an Geduld ausgestattet und mit permanentem Suchen nach Lieferanten für seine benötigten Aquarell-, Tempera- und Ölfarben in Tuben musste er teils weite Beschaffungswege bewältigen.

Er nutzte alle nur denkbaren sowie erschwinglichen Möglichkeiten des steten Farberwerbs aus und ging auch in diesem Bereich völlig neue Wege.

Die Initialzündung zum Start in sein frei gewähltes Leben, sich der Malerei hinzugeben und den Weg der Bildenden Kunst zu verfolgen, das könnte ich für mein Empfinden durchaus mit dem ‚Urknall des Entstehens unseres Universums' vergleichen, denn ich nenne das in meinem Gedächtnis verankerte Wissen um meines Vaters Lern- und Wanderjahre … den intensiven, privaten Kunstunterricht im Atelier des Malers und Kunstpädagogen König, die bürgerliche Kaufmannsaus-

bildung in Essen, der prägende Reichsarbeitsdienst im Bayerischen Wald und natürlich auch der berufsbedingte Umzug an den Mittelrhein.
Diese Folge der Ereignisse formte schon seit seiner Jugendzeit, zunächst eher unbewusst, aber fortwährend, seine innere Wandlung zu einer anderen, individuelleren Geisteshaltung und deren kreativen Ausdrucksformen ... doch fast am Ende seines persönlichen Werdegangs des Entwicklungsprozesses, dann aber urplötzlich und aufrüttelnd, erlebte mein Vater das faszinierende und revolutionäre ‚Wunder der persönlichen Erkenntnis' und durch diese Erfahrung lernte er die für sein Leben so entscheidende Besessenheit, die geniale Kraft und den Zauber der ‚Schönen Künste' kennen.
Vatis freimütiges Erzählen und mein brennendes Interesse an allen seinen Erlebnissen schufen in meinem Innersten das wunderbare Fundament aller seiner Entwicklungsphasen, sodass ich in der komfortablen Lage bin, meine Gedanken zu jedem Zeitpunkt zu befragen.
Die Antwort auf die Fragen konnte und kann ich mir somit immer selbst geben ... durch seinen Lehrer und gymnasialen Förderer, Mentor und genialem Kunstpädagogen, dem Studienrat König des renommierten Essener Gymnasiums, lernte er schon in seiner frühen Jugend, sich selbst zu erkennen und sein künstlerisches Talent anzunehmen, es zu schätzen und zu lieben.
‚Kunst kommt von Können', so sagt man umgangssprachlich, an dieser Erkenntnis lässt sich nicht rütteln, denn sie stimmt in jeder Hinsicht.
Zu meines Vaters Kunstbesessenheit gesellte sich sein übergroßer Wissensdurst auf allen Gebieten dazu. Es ist deshalb von Bedeutung, dass ich seine Studien der Malerei und ihrer Maltechniken erwähne und auf seine eigene Ausbildung hinweise, denn ohne diese Kenntnisse wäre sein Künstlerdasein damals zum Scheitern verurteilt gewesen.
Als wichtiger und universeller Ratgeber diente Vati stets der ‚Doerner', wie er wertschätzend das Werk von Max Doerner nannte.
Dieses umfangreiche Studienbuch beschreibt bis ins kleinste Detail hinein das gesamte Malmaterial und seine Verwendung im Bilde, wie es sein Untertitel treffend schreibt. Es wurde nach den Vorträgen an der Akademie der Bildenden Künste in München, von Professor Toni Roth 1941, als dem damaligen Leiter besagten ‚Doerner-Institutes', neu herausgegeben.
Bei meinem Durchstöbern der unaufgeräumten Atelier-Hinterlassenschaft meines alten Herrn, wozu ich allerdings erst nach einigen Jahren nach seinem Tod die innere Stärke verspürte, sein, von mir fast zur Gedenkstätte hochstilisiertes Atelier zu betreten, fand ich das mir vom Titel her bekannte wissenschaftliche Nachschlagewerk und begann darin zu blättern.
Vatis sympathische Marotte, seinen eigenen Gedanken per Kommentartexten Ausdruck zu verleihen, indem er in seinen Büchern die freien Seitenränder handschriftlich ‚verzierte', diese Verzierungen bestätigten mir die enorme Intensität, mit der er seinen ‚Wegweiser' in die Welt der Bildenden Kunst und deren wissen-

schaftliche Grundlage, nutzte. Die große Zahl seiner Randbemerkungen, in diesem, wie auch in vielen seiner anderen Bücher faszinierte mich immer wieder, denn seine Marotte empfinde ich, wenn ich das einst von ihm per Hand Geschriebene entdecke, als willkommenen, väterlichen Überraschungsbesuch in meiner abenteuerlichen Welt der weiten Gedanken. So lernte Vati aus allen möglichen Materialien, Farbpulvern und Mixturen seine Maluntergründe sowie seine Öl-Farben selbst herzustellen. Kaltgeschlagenes Leinöl war für Vati eine kostbare Rarität und galt für ihn als garantiertes Qualitätsmerkmal der langanhaltenden Farbechtheit und der werterhaltenden Haltbarkeit aller seiner Ölbilder.

Durch die Kriegswirren der Hitler-Ära und seinen abzuleistenden Pflicht-Dolmetscherdienst bei der Wehrmacht war sein Wunsch an einer namhaften Kunstakademie zu studieren, chancenlos geblieben.

Wann immer er Zeit fand, studierte er mit unbändigem Fleiß exakt das, was ihm in seinem ‚Kunst-Universum' wichtig und von Bedeutung war.

Wann immer ich meinen alten Herrn in seinen ‚Mal-Zyklen' im kleinen Atelier über die Schulter schauen durfte, war ich fasziniert und begeistert zugleich von seinen schwungvoll praktizierten Maltechniken und den eleganten Pinsel- oder Spachtelführungen seiner feinnervigen, schlanken Künstlerhände. Das Auge nimmt auf, die Malerhand schafft!

Dorfstraße im Winter - gemalt um 1947
Vatis Inspiration von Maurice VLAMINCK
1876-1958

Meines Vaters, in der ersten Nachkriegszeit geschaffenen Werke, zeigten triste Szenen und Motive der ergreifenden Realität der kriegsgeschädigten heimischen Trümmerwelt. Sie dokumentierten eindringlich, sozusagen als gemalte Zeitzeugen, einen Lebensabschnitt, der sich bildhaft und zwingend in die Seelen der Betrachtenden einbrannte, denn seine in düsteren, teils auch mystisch dynamischen Farbkompositionen gemalten Bilder sprachen allesamt seine eigene, deutliche und dauerhafte Sprache, deren mahnende Aussagen aber gleichwohl auch als hoffnungstragend und zukunftsweisend verstanden werden konnten und auch keinen weiteren Erklärungsbedarf verlangten.

Der große Caspar David Friedrich, der weltbekannte und von meinem Empfinden aus betrachtet, auch der gefühlvollste Maler der Romantik, (1774-1840) schrieb jedem Künstler der malenden Zunft seine wegweisende Erkenntnis ins Stammbuch: ‚Der Maler soll nicht nur malen, was er vor sich sieht, er soll das malen, was er in sich sieht, sieht er also nichts in sich, so lasse er das Malen, was er vor sich sieht.'

‚Im richtigen Sehen' liegt das Geheimnis einer jeden Motiv-Erkennung und aus ihr ergibt sich der fokussierende Blick auf das Wesentliche und zwingt den Maler schon beim Skizzieren entweder zum Reduzieren einzelner Details des ausgewählten Objektes oder auch zum Hinzufügen vielleicht nur minimaler, aber charakteristischer Nuancen, weil nur durch den eigenen künstlerischen Freiraum im Kopf des Malers dem jeweiligen Werk sein Eigenleben geschenkt wird.'

„Um richtig von Dir verstanden zu werden, will ich Dir meine von mir stets angewandte Theorie noch etwas exakter zu schildern versuchen. Gut und richtig sehen – ich meine die Natur, den Menschen und die Dinge bis auf den Grund zu durchdringen – und ehrlich und geschickt wiederzugeben, was man sieht, das halte ich für die Aufgabe eines Malers. Das ‚Innere Sehen', mein Sohn, es findet dann seine Vollendung im Werdegang und im Entstehen des Werkes, eben genau dann, wenn der Künstler seine Seele im Malen offenbart und das so gefühlt Geschaute mit Pinsel und Farbe zu einem langem Leben erweckt."

Oftmals wirkten meines Vaters Erklärungen auf mich richtig professoral und ich stellte mir beim Zuhören einen alten, weißhaarigen Kunstpädagogen mit ebenfalls grauweißem Vollbart vor, der seinen Studenten die endlosen Weiten des unerschöpflichen Kunstuniversums näherzubringen versuchte.

In solchen Situationen konnte ich mir selten ein leichtes Schmunzeln verkneifen, obwohl Vati in seinen Ausführungen so genial dozierte, dass ich all seine vielen ‚väterlichen Vorlesungen' im Hörsaal unserer beengten Mansardenwohnung mit Feuereifer verfolgte und fast jede seiner eloquenten Reden textgenau im Reich meiner Erinnerungen gierig aufnahm und fest verankerte.

Geliebte, fließende, wertvolle Gedanken …

In allen meinen Lebensphasen war und ist genau dieses Erinnern an meinen geliebten ‚Alten Herrn' und sein geistiges Vermächtnis an mich, mein nie versiegender, mentaler Kraftquell, der mir stets vitale Ideale in meiner Gegenwart offenbart und mich nun den bunten Herbst meines Daseins genießen lässt. Und dieser goldene Herbst, den ich im ‚Heute' angekommen, mit meinem geliebten Lebensmenschen Gaby, der wundervollen Frau an meiner Seite stets verinnerliche und in gemeinsam entdeckter gelebter Harmonie Tag für Tag und im Einklang unserer guten Gefühle, von Herzen gerne mit ihr erlebe.

Gabys Esprit und ihre Lebenslust sind für mich die wahren ‚Flügel des Pegasus', meines virtuellen Dichterrosses, auf dessen Rücken ich mich zuweilen emportragen lasse, um mit leichtem Sinn der Gedanken Freiheit unbeschwert zu erahnen.

… und weiter fließen die Erinnerungen

Alle Borcherts der zusammengewürfelten Großfamilie lebten sehr sparsam, denn die zwei geringen Renten von Oma Lina und Opa Daddy deckten nur notdürftig die Kosten unseres gemeinsamen Lebens, zumal sich die geheime Hoffnung auf ein bezahltes Berufsleben für Vati und Mutti nicht erfüllte.

Opa Daddy, als Philosoph und soziale Themen aufgreifender Schriftsteller, verfasste zwar ab und an diverse zeitkritische Leitartikel für verschiedene überregionale Tageszeitungen, doch seine diesbezüglichen Honorare waren zwar immer sehr willkommen, doch garantierten sie nur sporadisch eine Steigerung der familiären Lebensqualität.

‚Müßiggang ist aller Laster Anfang', auch diese Volksweisheit aus Vatis umfangreichen Sprachschatz klingt mir noch nachhaltig im Ohr, denn den Sinn dieses Spruches setzte er in immerwährende und nutzbringende Taten um. So skizzierte er die schönsten Motive seiner Mittelrheinheimat und schuf aus ihnen seine Bilder, die in ihrer Charakteristik der harmonischen Farbenvielfalt seinen ungebrochenen Lebenswillen überdeutlich zeigten.

Viele seiner romantischen Zeichnungen, seiner Aquarelle sowie seiner Ölbilder waren bei Kunstliebhabern auch gerne angenommene und wertvolle Zahlungsmittel des Tausches, denn so manches, was dem einen als geringwertig erschien, war für Vati aber äußerst wertvoll, denn sein Einfallsreichtum beim permanenten Beschaffen an verwertbaren Grundmaterialien für sein Kunstschaffen war nur denen bekannt, die ihn wirklich kannten und verstanden.

So nutzte er die arme, entbehrungsreiche und leere Zeit, denn er malte fast ununterbrochen, geradezu von einer Besessenheit getrieben, als könnte er durch sein unentwegtes Schaffen das triste Leben und seinen Dauergast, der Mangel hieß, zur Hölle schicken.

‚Seine Bildlandschaften sollen die Menschen ansprechen, sie sollen Freude schenken, sie sollen bildlich das Erlebte ausdrücken, sie sollen Stimmungen gefühlvoll hervorzuzaubern …', so dachte Vati zu allen Zeiten, denn das war sein Credo!

Doch alle Bilder dieser Welt brauchen immer einen würdigen und passenden Rahmen, der auf der Bühne der Kunst, im Einklang mit dem Bild, die Hauptrolle überzeugend spielt und jeden einzelnen der interessierten Betrachter in seinen magischen Bann zieht.

Aber es fehlte an allem, es fehlten die Bilderrahmen oder die Bilderrahmenleisten, es fehlten Kartons für die Passepartouts der Aquarelle, es fehlten Glasscheiben, es fehlten Farben, oder Farbpulver … es fehlte einfach ‚Alles'.

Seiner einstigen positiven Vision folgend vollzog sich eben neben der allgemeinen ‚Hamsterei' fürs tägliche Brot, draußen bei den meist wohlgesonnenen Bauern der anderen Rheinseite, in Sankt Sebastian, Bubenheim, Kesselheim und anderswo auch Vaters Suche nach allerlei verwendbaren Werkstoffen.

Koblenz in Trümern 1945
Ich fand Vaters unvollendetes künstlerisches Zeitdokument
in seinem Atelier-Nachlass.

Irgendwie trieb er alles ‚Brauchbare' auf, bastelte Bilderrahmen aus rohen Holzleisten, ritzte und brach Glas, fertigte aus Kartonbögen besagte Passepartouts, und nach unsäglichen Mühen wirkte ein Bild nach dem anderen in der einfachen, aber passenden Pracht, die möglich war, in den allermeisten Fällen wie ein ansprechendes Gesamtwerk, so wie sich Vati es erhofft hatte.

Besonders gefühlvoll abgestimmt waren die feinen Anstriche der selbstgefertigten Rahmen in genau den passenden Farbnuancen, die harmonisch das Bild und die ‚Umrandung' zu einer einheitlichen Komposition erstrahlen ließen.

In jener Zeit fand mein Vater in Hanns Sprung (1884-1948) einen väterlichen Freund und großen Malerkollegen, der ihm sicherlich auch als künstlerischer Lehrermeister und geniales Vorbild, im besten Sinne des Wortes, seinen eigenen Weg zum Erreichen der reifen Ausdruckskraft zeigen konnte.

Hanns Sprung war ein Meister der darstellenden Kunst und Schöpfer bedeutender Bildnisse, wie Landschaften, Stillleben und Porträts. Die Dynamik seiner lebendigen Ausdruckskraft aller seiner Kunstwerke war in allen Motiven so vorherrschend und dominant erlebbar, dass jeder Betrachter fasziniert und begeistert war.

Der große, alte Kunstmaler Hanns Sprung lebte, als seine Heimatstadt Koblenz in Schutt und Asche lag, nur wenige Meter von uns entfernt in einer kleinen Wohnung in der gediegenen Villa des Keramik-Fabrikanten ‚Jonny Witte' an der Ecke der Unteren Vallendarerstraße und der Rheinstraße.

Eine mächtige, teils schon leicht verwitterte Bruchsteinmauer umgab die weiße Villa mit den leuchtend grün gestrichenen Fensterläden rundum. Sie wurde sicherlich wohl vor langer Zeit großzügig errichtet, denn auch der botanisch gekonnt angelegte parkähnliche Garten, der die Witte Villa umschloss, wirkte wirklich etwas mystisch und geheimnisvoll. Dieser Eindruck musste ja entstehen, denn den uralten, teils knorrigen Laubbäumen fehlte die gärtnerische Pflege ebenso, wie den Hecken, Büschen und auch den leicht überwucherten Blumenrabatten. Aber dieser freie Wuchs des naturbelassenen Parks mit den immer gepflegten, breiten Wegen aus feinkörnigem, schneeweißem Kies schenkte dieser einstmals vornehm wirkenden Parkanlage auf charmante Weise die Sympathie des Besonderen im Wandel der Zeit.

Die auf säulenartigen und schmutzig-grau wirkenden Steinpostamenten thronenden hohen, gusseisernen Pflanzschalen zeigten eine durch zerfressenden Rost entstandene Patina, die den Eindruck des Vergänglichen in jedem aufmerksamen Besucher hervorrufen musste.

Mit seinem ‚Freund und Zunftgenossen', so nannte Vati ehrfürchtig den großen, greisen Maler Hanns Sprung, der in der ‚Witte Villa' seine Wohnung und Atelier bezogen hatte. Hanns Sprung erkannte im hohen Alter verstärkt die emotionale Wirkung all der feinen Nuancen der erdigen, schweren Farben, die so wundervolle Wärme und menschliche Nähe ausstrahlten.

In dieser quälenden Zeit der allgemeinen Not rückten die Menschen näher zusammen und man half einander. Mutti und Vati lernten gegen Ende des Krieges den Kunstmaler Hanns Sprung kennen, der schicksalsbedingt nach Bendorf umziehen musste, denn seine Koblenzer Bleibe lag in Trümmern. Meine Eltern verband sogleich eine ‚Jung und Alt' verbindende Herzlichkeit, die von gleichen humanen Wertvorstellungen und menschlicher Lebensart geprägt war, und die so manche Entbehrung erträglicher machte.

Auch die hohe künstlerische Übereinstimmung erreichte bei beiden Protagonisten der impressionistischen Malerei eine Ebene, auf welcher beide viele harmonische Berührungspunkte entdeckten.

Charaktere gleichen Ursprungs, wobei das jeweilige Alter keine Rolle spielt, ziehen sich magisch an, denn bei beiden Malern war die enge Verbindung zu Mutter Natur und gleichbedeutend die tief verwurzelte Liebe zur Heimat zu erkennen, beide Phänomene waren wohl die Triebfeder, die fast schon zwanghafte Suche nach der vollendeten, darstellerischen Form der gewählten Motive. Der große Hanns Sprung und Gotthold Borchert gingen für einige Jahre als Maler gemeinsame Wege, weil sie aufeinandertrafen. Es sollte so sein!

Eines der letzten, ausdrucksstarken und fesselnden Sakral-Werke dieses großen Malers war die fesselnd, dynamische Darstellung des Leidensweges Jesu Christis, geschaffen von ihm als großartiges und geniales Kunstwerk, als Triptychon, einem dreiteiligen Altarbild, aus dem Jahr 1947.

In Sprungs Atelier verfolgten Vati und Mutti die Vollendung dieses historischen ‚Kunstschatzes', denn in seinem zeitintensiven Werdegang standen beide ihrem engen Freund als willkommene Modelle zur Seite.

An beider häufiger Modellsitzungen und die, bei Sprung in der weißen Villa, schon zur Gewohnheit gewordenen Besuche sowie an Sprungs schwungvoll gezeichneten Holzkohle-Skizzenstudien, kann ich mich noch lebhaft erinnern, denn jede Begegnung dort hatte ihr persönliches Fluidum und hatte für mich ihren ganz besonderen Reiz. Ich spürte diesen Reiz deutlich und meine kindliche Wahrnehmung ließ mich seine Einzigartigkeit spüren und nachhaltig erleben … und im Gedächtnis behalten.

Das Wenige, das man an ‚Essbarem', in jener armen Zeit besaß, wurde geteilt. Oft war es, der allgemeinen Knappheit wegen, nur ein Teller Suppe, welchen Mutti dem Freunde brachte und so seinen Dauerhunger stillte. Auch das Organisieren der nötigen Maluntergründe, Farben, Pappen und Mixturen wurde für Hanns Sprung von Vati mitbesorgt.

Bei diesem väterlichen Freund und Mentor lernte mein alter Herr ein ganzes Füllhorn, an für ihn bis dato unbekannten, künstlerischen Fähigkeiten kennen und schätzen. Diese neuen Erkenntnisse setzte mein Vater im eigenen Atelier um und probierte das gelehrte Wissen in der Praxis der angewandten Kunst aus, um es fortan zur künstlerischen Entfaltung reifen zu lassen.

Auch eine unübersehbare bildliche Verwandtschaft in der Ausdrucksweise lässt sich beim Betrachten der Werke beider Künstler zweifelsfrei feststellen.

‚Die Maler Hanns Sprung und Gotthold Borchert'
Beider Freundschaft war zeitlebens eine
‚Wahl- und Seelenverwandtschaft',
eine herzliche Verbindung
auf der hohen Ebene der Bildenden Kunst.

Leider wurde, nach nur wenigen Jahren, diese enge und menschlich so wertvolle Künstlerfreundschaft durch den Tod von Hanns Sprung im Februar des Jahres 1948 beendet.

Ein schwerer Schicksalsschlag traf uns alle, als im August des Jahres 1947 meine geliebte Großmutter Hedwig bei einem tragischen Verkehrsunfall in Bendorf tödlich verletzt wurde. Ein schweres Militärfahrzeug der französischen Besatzungsmacht erfasste meine Oma auf dem damals sehr engen Bürgersteig an der Ecke der Berg- und Siegburger Straße.

Der Unglücksfahrer des Militärfahrzeuges setzte, ohne anzuhalten, seine Fahrt fort, denn er hatte sicherlich von diesem Unglück nichts bemerkt, wie die befragte Dienststelle der Besatzungsmacht in Koblenz verlauten ließ. Auch mein Großvater, ‚Opa Daddy', wie ich ihn immer respektvoll, aber in liebevoller Herzlichkeit, ansprach, litt bis zu seinem frühen Tod im September 1951 unter dem jähen Verlust seiner innig geliebten Frau.

Vati musste sich 1948 einer äußerst gefährlichen Notoperation im Sankt Josefs Krankenhaus in Koblenz-Ehrenbreitstein unterziehen, denn eine lebensbedrohliche Luftnot erzeugte Erstickungsanfälle, die in ihrer Häufigkeit und Schwere zunahmen und zu schnellem Handeln zwangen.

Unseren Hausarzt und langjährigen Freund der Familie, Dr. med. Fritz Lax, praktizierender Arzt in Bendorf-Sayn, hatte Mutti eiligst per Pfarrer von Claers Telefon herbeigerufen. Dieser, als treffsicherer Diagnostiker allseits geschätzte Dr. Fritz Lax lag mit seiner ersten Schnelldiagnose genau richtig, denn er erkannte, dass verzweigte Verwachsungen einer stark vergrößerten und weiter wuchernden Struma-Geschwulst seine Atemwege enorm verengten und dadurch die quälenden Erstickungsanfälle auslösten.

In Medizinerkreisen anerkannter Spezialist für Struma-Operationen war Dr. Künster, Chefarzt der Chirurgie im Sankt Josefs Klinikum in Ehrenbreitstein. Dieser geniale Arzt hatte ein offenes Ohr für das Drängen seines Kollegen Fritz Lax. Umgehend reagierte er und durch seine sofortige Operation rettete er Vati das Leben. Durch die weitfortgeschrittenen und komplizierten Verwachsungen im Kehlkopfbereich musste Dr. Künster gezwungenermaßen auch kleine befallene Teile der Nebenschilddrüsen entfernen.

Diese operationsbedingten Folgebeschwerden in Form von zeitweise auftretender und anhaltender Übelkeit konnte Dr. Künster durch Implantation von ‚Kalbs-Hypophysen' in Vatis Bauchbereich erträglich gestalten. Kalbs-Hypophysen – ich habe deren genaue Wirkungsweise nie ergründen können, obwohl Mutti und Vati

oftmals über sie sprachen.
Auch die verschiedensten Medikamente waren seit Vatis Operation seine ständigen Begleiter, wie zum Beispiel das flüssige AT 10 Medikament in dem kleinen, braunen Fläschchen mit dem weißen Röhrchen-Ausgießer. Dieser, immer wieder verschriebene ‚Gesundheitsspender AT 10', war eine ölige Mixtur, die tropfenweise und mit Wasser vermischt von Vati eingenommen wurde, dieses AT 10 wurde regelrecht zum festen Begriff in unserer Familie und gehörte zu unserem täglichen Sprachgebrauch.
„Hast Du Dein AT 10 genommen, Gotthold?"
„Geliebter Greteschatz, jawohl, hab ich!"
Dieses, der Gesundheit dienende und auch liebevoll geführte Frage- und Antwortspiel meiner Eltern werde ich wohl nie vergessen können, es gehört zum ‚klingenden Stimmen-Erbe' in meinem bunten Gedankenparadies.
Bis ins Jahr 1950 hinein konnte sich Vati, sowohl psychisch wie auch physisch, immer besser erholen und an Lebenslust gewinnen, obwohl seine Stimme seit der geglückten Operation einen leicht heiseren Klang hatte.
„Kinder, mir geht's wieder richtig gut, ich fühl mich pudelwohl."
Diese Erkenntnis teilte er uns allen freudig mit und betonte mit einem gewissen Nachdruck in der Stimme, dass das Prinzip Hoffnung in seinem Wesen wieder die erste Geige spiele, der Wille der Malerei zu dienen, die Oberhand zurückgewonnen hätte.
Dies zeigte auch sein unermüdlicher, fast schon dynamische Formen annehmender Schaffensdrang, den er auch voller Elan an den Tag legte, indem er sich wieder vehement voll und ganz seiner Kunst widmete und Bilder schuf, die eine besondere einfühlsame Stimmung beim Betrachter hervorriefen, weil sie eine künstlerisch, um Nuancen reifere Ausstrahlung zeigten.
Er wandte sich aber auch mit gleicher Energie seiner zweiten Profession zu und vervollkommnete seine Kenntnisse der englischen und vor allem der der französischen Sprache, indem er sich den sprachtypischen Klang der gesprochenen Worte durch das Hören von relevanten Auslandssendern genau anhörte und somit auf lebendige Art die individuellen, authentischen Geschehnisse unseres direkten Nachbarn, zum Beispiel die Themen Frankreichs, verfolgte und auf einprägsame Weise verinnerlichte.
„Ja, mein lieber Sohn, Radiohören geht ins Ohr und bleibt im Kopf."
So ähnlich formulierte es mein alter Herr, der stets wissbegierige, das Leben studierende und Vollkommenheit suchende Protagonist eines Weltbürgers, als ich ihn einmal fragte, warum er so oft die für mich fremden Radiosendungen einschalte: „Aber Papa, Du malst doch Bilder, Du bist doch Kunstmaler, warum tust Du das?"
„Weil die Sprache, das gilt übrigens für alle Sprachen dieser Welt, weil eben jede Sprache ein ganz wertvolles Instrument der Menschen ist, und je besser ein Mensch sie spricht, umso besser ist das Verstehen beim Zuhörer. Natürlich bin

ich Maler, aber ich habe eben auch viele anderen Interessen, ich lese gerne Bücher, ich schreibe auch gerne, zum Beispiel Briefe an meine guten Freunde, ja und ich betone es noch einmal … male leidenschaftlich gerne."
Vati bediente sich einer kleinen Kunstpause und schaute mich nachdenklich an, ja – ich sah ihm an seinem forschenden Blick an, dass er mir noch mehr erklären wollte.
„Nun mein Sohn, ich gebe Dir noch den folgenden Rat, lies, was Dir in die Finger kommt, und … lies es auch teilweise laut, ja Du schaust ungläubig aus der Wäsche, mein Sohn, lies die Texte für Dich laut und mit Betonung, denn dann hörst Du unserer deutschen Sprache wundervollen Klang und lernst auf diese Weise ihren melodischen Zauber kennen.
Ja, mein lieber Filius, indem Du intensiv zuhörst, regelrecht diesem Klang folgst, spürst Du ihn in Dir schwingen, und wenn Du eines schönen Tages unsere Sprache richtig gut beherrschst, dann gewinnst Du auf ganzer Linie."
Vati machte erneut eine seiner bewussten Kunstpausen, zog genüsslich an seiner gebogenen Pfeife und bewegte deren leicht rauchenden Kopf langsam unter seiner Nase hin und her, um den Duft des vollen Tabakaromas zu erschnuppern, bevor er mir, theatralisch wie ein Bühnenschauspieler in Aktion, eben mit vehementem Nachdruck, das folgende Zitat in mein geistiges Stammbuch schrieb: „Im Theater wie im Leben, ist es nicht die Sprache, sondern der Sprecher, der die Bedeutung verleiht." Es waren immer wieder diese besonderen Momente, die mein Alter Herr so trefflich zu zelebrieren verstand, in denen er die wichtigen, erzieherischen Leitlinien vorgab und sie auch stets mit markigen, einprägsamen Worten zu verbinden verstand. Den tieferen Sinn seiner gutgemeinten einstigen Belehrungen hatte ich ja verstanden, doch meine diesbezügliche Anwendung erfolgte meist etwas zeitversetzt, denn das wirkliche Verstehen meinerseits bedurfte noch einer Zeitspanne von etlichen Jahren, in denen ich das Lautlesen und meine damit einhergehenden, intensiven Sprachübungen auch in die segensreiche Tat umsetzte.
Das ‚Abhören' von Auslandssendern war in der schrecklichen Hitler-Diktatur bei Androhung der Todesstrafe strengstens verboten gewesen, doch in den Folgejahren aber war sein neugieriges ‚Abhören' der fremden Sender, eben sein interessiertes Zuhören der internationalen Radiosendungen zu einem glücklichen Gewinn geworden, denn über die gut zu empfangenden Ultra-Kurzwellenfrequenzen Europas vervollkommnete Vati seine Sprachkenntnisse und sein Wissen auf allen Ebenen.
„Was Du mit Deinem Auslandsabhören erreichst, Vati, das kommt mir wie ein Studium vor. Ich wäre froh, wenn ich das auch tun könnte."
Vati lächelte verständnisvoll und erwiderte zustimmend: „Recht hast Du, mein Junge, diese Auslandssender sind ein Gewinn für mich, und dieser Gewinn zählt für mich sogar doppelt, denn beim Hören kann ich bestens motiviert auch noch meine Bilder malen und außerdem nutze ich meine anhaltende Arbeitslosigkeit zu meinem wertvollen Studium."

Der neue Schwung ...

Sich seiner sprachlichen Fähigkeiten bewusst bewarb er sich kurzentschlossen als Dolmetscher bei den Militärchefs der französischen Besatzungsmacht in Koblenz. Diesen wertvollen Tipp zu seiner Bewerbung gab meinem alten Herrn sein Freund Hans Schnorbus, der als Bürobediensteter bei den Besatzern schon längere Zeit eine lukrative Anstellung gefunden hatte und gute Arbeit leistete.
Postwendend erhielt Vati die Zusage zu diesem gut dotierten und interessanten Arbeitsplatz. Das neu geschaffene und großräumige Auskunftsbüro für alle französischen Zivil- und Militärbediensteten befand sich gut sichtbar für die Besucher, markant integriert in der Vorderfront des Koblenzer Hauptbahnhofsgebäudes, direkt links neben den Haupteingangsportalen.
Ein großes Hinweisschild, das im Breitformat die Auskunftsdienste in französischer Sprache signalisierte, diente den vielen ratsuchenden Besatzungssoldaten und Zivilreisenden als weitsichtbare und willkommene Information.
Dieses Auskunftsbüro wurde in ganz kurzer Zeit zu einem starken Magneten, dessen Anziehungskraft vornehmlich den zahlreichen Soldaten der französischen Streitkräfte zugutekam, denen Vati durch seine Übersetzungen, aber vor allem auch durch seine direkten Auskünfte, ihr Leben enorm erleichtern konnte.
Die bilaterale Kommunikation konnte man fast mit einer Einbahnstraße vergleichen, denn die wenigsten Angehörigen der damaligen Militärverwaltung sprachen oder verstanden unsere deutsche Sprache.
Vatis fehlerfreien Reise-Auskünfte und seine fachlich-korrekten Übersetzungen diverser Formalitäten füllten eine bestehende Lücke in der Zusammenarbeit der deutsch-französischen Behörden.
Für seine Tätigkeiten erhielt er des Öfteren auch höchste Anerkennung und Lob. Durch seine eloquente Art der stets persönlichen Beratungen gewann er viele neue Bekanntschaften, manchmal auch Freunde.
Bei seiner täglichen Arbeit gab es auch ab und an ruhigere Phasen, eben Zeiten, in denen nur wenige Auskunftssuchende sein Büro im Koblenzer Hauptbahnhof besuchten.
In diesen Leerlaufintervallen griff er, von höchster französischer Stadtkommandantur großzügig erlaubt, fröhlich zu Stift, Federhalter und Tusche und zauberte seine romantischen ‚Mittelrheinmotive' zeichnerisch so schmissig und eindrucksvoll aufs raue Papier, dass sein markanter Federstrich die Blicke der zufällig zuschauenden Besucher einfing, faszinierte und gleichzeitig auch fesselte, sodass diese oftmals ihren Besitzwunsch äußerten und um den Verkauf der Zeichnung baten.
So fanden manche dieser zeichnerisch festgehaltenen und beliebten Motive der malerischen ‚Schönheit Mittelrheinlandschaft' neue Besitzer, denn die zurückreisenden Soldaten betrachteten diese kleinen ‚Schwarzweiß-Kunstwerke' sicher als eine Art besonderer Andenken ihrer Dienstzeit in Deutschland.

„So finden meine kleinen Zeichnungen ihre neue Heimat in unserem, mit großen Malern so reich gesegneten und kulturell hochstehenden Nachbarland Frankreich."
Derart waren Vatis Worte auf meine Frage bezüglich seiner künstlerischen Nebentätigkeit in seinem Büro im Hauptbahnhof. Seine direkten Vorgesetzten freuten sich über diesen Nebeneffekt seiner allseits geschätzten Dolmetschertätigkeit und ermunterten ihn, sein malerisches Können verstärkt in ihren Dienst zu stellen.
„Am Anfang habe ich ja nur sporadisch mal gezeichnet, eben, um den Leerlauf im Büro auszufüllen. Aber dass meine skizzenhaften Motive ein derart großes Interesse fanden, das war für mich ein kleines Wunder." Mein Alter Herr geriet ins Schwärmen und sprach seine guten Gedanken spontan aus, er zelebrierte sie für mich und machte seine Philosophie zu einer erzieherischen Lehrstunde, die ich mit Eifer registrierte und deren Gedanken sich in meinem Kopf festsetzten.
„Ja, mein Sohn, manchmal entspringen aus einer Laune heraus die verrücktesten Dinge, wie zum Beispiel mein Zeichnen im Auskunftsbüro. Es entstanden diese kleinen Bildchen mit der großen Wirkung …
ich spinne den Gedanken weiter …, und wenn denn meine Zeichnungen in Frankreich angekommen sind, so finden sie sicherlich ihren festen Platz in den Wohnungen der Menschen, und sie bauen auf diese Weise, quasi als meine friedlichen ‚Bildbotschafter', wieder erste menschliche Brücken, die unsere beiden Völker, speziell nach der schlimmen Vergangenheit während Hitlers Nazi-Diktatur, von Neuem wieder einander näherbringen. Die Kunst als versöhnendes Bindeglied, auf anschauliche, sympathische und friedliche Weise."

‚Ein Bild sagt mehr als tausend Worte'

Mit diesem schlauen und allseits bekannten Spruch eröffnete Vati, anlässlich eines unserer vielen ‚Koblenzer Vater-Sohn-Gespräche' in seinen Diensträumen im Hauptbahnhof unsere neuerliche Unterhaltung. Seine an mich gerichteten Belehrungen, die ich wie so oft, neugierig aufnahm, aber manchmal auch nur oberflächlich registrierte, weil mich verständlicherweise seine schmissig gestalteten Federzeichnungen weit mehr interessierten, als seine wohlgemeinten Belehrungen.
Vati hatte aber auch derart werbewirksam seine neuesten Motive geschickt mit passenden, hellgrauen Passepartouts versehen, sodass diese Bilderrahmen aus Plakatkarton den ‚Aha-Effekt' beim Betrachten der ‚gezeichneten Blickfänge' fast immer auslöste. Den freien Flächen der kalkweißen Bürowände nahm Vati die gefühlte Kälte, denn nun vermittelte seine Präsentation den Eindruck einer kleinen, feinen Kunstgalerie.
„Hör zu, mein Sohn, dieses Volkssprichwort ‚Ein Bild sagt mehr als tausend Worte', es passt besonders gut in den Zusammenhang mit der Malerei und zu allen, von Künstlerhand geschaffenen Darstellungen. Der gewählte Stil mag sich in mannigfaltigen Spielarten zeigen, doch seine ganz persönlichen Aussagen der

stummen ‚Bild-Sprache', erzählt virtuos und jederzeit dem Betrachtenden, exakt im Moment des Schauens, stets still und auf geniale Weise, oftmals auch in Form und Farbe, vom individuellen, faszinierenden Zauber des geschauten Motivs."
Als ich das Gehörte mit einem fragenden Gesichtsausdruck auf mich einwirken ließ, war Vati meine diesbezügliche Mimik wohl nicht verborgen geblieben, denn er lächelte verschmitzt, zog leicht seine beiden Augenbrauen nach oben und ergänzte seine Belehrung: „Du Neunmalkluger, natürlich habe ich bewusst Form und ‚Farbe' in meiner Erklärung gesagt, eben weil das Gesagte auf dem Sinn des Spruches basiert. Hier in meinen Büroräumen kann ich ja nur, die vor Ort geschaffenen Schwarz-Weiß-Exponate präsentieren, denn ich will mit meiner zeichnerischen Aktivität ja nicht übertreiben und ich will auch keine schlafenden Hunde wecken. Ich bin ja froh, dass ich in der Ecke dahinten am Tisch neben dem Metallschrank meinen Zeichenplatz einrichten konnte und wann immer ich Leerlauf habe, wie schon gesagt, kreativ arbeiten kann. Ja, und wenn mal viel zu tun ist und mehrere Reisewillige auf einmal mein Büro bevölkern, dann sind die Wartenden froh, dass meine Zeichnungen ihnen auf ihre stumme Art von den Sehenswürdigkeiten unserer Heimat erzählen können."
Meistens besuchte ich Vati nach dem Schulunterricht. Ich besuchte ihn auch gerne, denn die Eindrücke, die mir die fremde Atmosphäre des französischen Auskunftsbüros vermittelte, die beflügelte meine Fantasie und sie steigerte mein Interesse an den typisch- französischen Lebensgewohnheiten.
Ob es der ganz spezielle Duft des schwarzen Tabaks der filterlosen Armeezigaretten war, der mir oftmals in Vatis Büro in der Nase kribbelte ... oder ob es der Anblick der olivgrünen Uniformen der Soldaten war ... oder ob es der angenehme Klang der immer schnell gesprochenen französischen Sprache war, all diese Eindrücke konnte ich damals, in den beginnenden fünfziger Jahren, nicht im Einzelnen beurteilen.
Aber an all das ‚Fremde' hatte ich mich freudig gewöhnt und es zeigte mir im Zusammenspiel der erlebten Szenen eine andere, aber positive Basis, die mir in meinem Blick auf unseren westlichen Nachbarn schärfte und meine Frankreich-Sympathie anhaltend in meinem Gefühl verankerte.
Vatis gut dotiertes Monatsgehalt, das er als Angestellter des französischen Staates erhielt, erlaubte uns ein sorgenfreieres und zufriedeneres Leben.
„Der großzügigen ‚Grande Nation' verdanken wir unseren bescheidenen Wohlstand", sagte mein alter Herr mit leichtem Pathos zu Mutti und nahm sie sichtlich erleichtert in seine Arme.
„Wie soll ich denn das verstehen, Paps, was bedeutet das, ‚Grande Nation'?" Diese spontan und hastig gestellte Frage entsprang meiner puren Neugier.
Vati löste behutsam seine zärtliche Umklammerung, mit der er Mutti an sich gedrückt hatte, ergriff aber dabei Muttis Hände und wandte sich, mit einem fixierenden Blick mir zu, und begann seinen lehrerhaften Monolog: „Dass Du, mein lieber Filius, alles und jedes hinterfragst, das ist total in Ordnung und zeigt mir

Dein ausgeprägtes Interesse an meiner Arbeit als Dolmetscher. Also, den französischen Staat, das Land Frankreich als Ganzes betrachtet, bezeichnet man zum einen wegen seiner geografischen Größe als ‚Grande Nation', aber auch die Ära der Monarchie, die Herrschaft und die große Macht der französischen Könige, vor allem aber auch Napoleons imperiale Geschichte, diese Faktoren ergeben zum anderen den historischen Hintergrund der Namensgebung ‚Grande Nation'. So jedenfalls interpretiere ich diesen Begriff."

Vati ließ die geschichtliche Belehrung auf mich wirken, und als er mein zustimmendes Kopfnicken bemerkte, fuhr er mit Nachdruck in seiner Stimme fort: „Mein lieber Sohn, ‚Grande Nation', dieser stolzen Bezeichnung bedient sich gerne der große Charles de Gaulle, Staatspräsident der Französischen Republik und seines Zeichens tapferer General im Widerstand während des zweiten Weltkriegs und gefeierter Befreier Frankreichs, er erlöste sein Vaterland vom entwürdigenden Joch der deutschen Wehrmacht und befreite mit seinen Soldaten und den mutigen Widerstandskämpfern das von ihr besetzte Paris. Dieser General Charles de Gaulle wurde auch dadurch zum großen Idol des französischen Volkes."

Diese kurze Lehrstunde befriedigte meine Wissbegier und sie bestätigte mein gutes Gefühl in mir, dass ich unsere französischen Besatzer trotzdem als Mitbefreier Europas ansehen konnte.

Ein weiterer Grund meines Respekts vor unseren westlichen Nachbarn war aber auch mein geschätzter Französisch-Unterricht, der als erste gymnasiale Fremdsprache von der Militärverwaltung in Koblenz vorgeschrieben worden war und im gesamten französischen Besatzungsgebiet gelehrt werden musste.

Viele meiner Mitschüler hatten die Weltsprache Englisch favorisiert, doch ich hatte meine helle Freude an der uns ‚aufgezwungenen' französischen Sprache, deren akustischer Klang mit fast melodischer Klarheit ihre akzentuierende Wirkung in meiner Wahrnehmung so vorteilhaft zur Geltung zu bringen verstand …
Und es waren auch unsere angenehmen Vater-Sohn-Gespräche, anlässlich der abendlichen Besuche im luxuriösen, französischen Offizierscasino ‚Croix Rouges', das in unmittelbarer Nähe zum Hauptbahnhof gelegen, als beliebter Feierabendtreffpunkt diente, und so den Militärs der Garnisonsstadt Koblenz, aber auch den Zivilbediensteten der Koblenzer Kommandantur für die Zeit ihrer freien Zeit in der dortigen Gastronomie einen geselligen Aufenthalt bot, das Flair und den Charme ihres Heimatlandes präsentierte und die gewohnte gute Küche Frankreichs genießen ließ. Kulinarischen sowie bacchantischen Annehmlichkeiten konnte man lustvoll frönen.

Mein alter Herr hatte bei seinen direkten Vorgesetzten und ‚Befehlshabern' einen dicken Stein im Brett, wie man es gerne auch ausdrückt, wenn man auf einer Welle der Sympathie schwimmt, wenn man Anerkennung spürbar gezeigt bekommt und wenn das freundliche Lächeln der Mitmenschen das Zusammensein im geselligen Freundeskreis wohltuend erhellt. Dann ist auf diesem Sektor die Welt noch, oder wieder, in Ordnung.

Das ‚Croix Rouges Restaurant' strahlte eine gediegene Behaglichkeit aus und war wohl auch deswegen als familienfreundliche, edle Großgaststätte bei unseren Besatzern so geschätzt, weil der typisch französische Einrichtungsstil das vielleicht vermisste Heimatgefühl vermittelte und sich wohl auch deshalb der allgemeinen Beliebtheit erfreute.

Das umsichtige Bedienungspersonal schenkte allen Gästen eine persönliche Aufmerksamkeit, die die angenehme Atmosphäre wohltuend begleitete. Die Damen und Herren im Service wie auch hinter der Theke, sie zeigte speziell uns Kindern deutlich eine verständnisvolle Toleranz, die vor allem mir, als deutschem Jungen gut gefiel, denn ihre Freundlichkeit kannte schon damals keine trennenden Ländergrenzen.

Vati kannte wirklich ‚Gott und die Welt', wie der Volksmund so trefflich formuliert. Sicherlich hatte seine Dolmetschertätigkeit unter den französischen Verwaltungsbediensteten den Stellenwert einer ‚großen Übersetzungshilfe' erlangt, denn aus vielen Abteilungen der unterschiedlichen Dienststellen wurden Wünsche der verschiedensten Art angemeldet.

Mein alter Herr erfüllte sie alle mit schier unbändiger Freude und einem Diensteifer, der schon an Besessenheit grenzte, auch wenn er oftmals bis weit nach Feierabend arbeiten musste.

Die Dankbarkeitsbekundungen nahm er zufrieden entgegen, aber auch die kleinen, persönlichen Geschenke waren für ihn willkommene Annehmlichkeiten, die er von so manchen zufriedenen Ratsuchenden erfuhr. Die kleinen Geschenke, die er erhielt, wie zum Beispiel ein Päckchen des starken, schwarzen, französischen Kaffees oder die aus naturreinen Tabaken gemixten Armee-Zigaretten, deren Name ‚Troupe' war, und ein Stahlhelm dominierte die Verpackung. Diese netten Gesten der Verbundenheit bereicherten Vatis lange Arbeitstage und sie schenkten ihm eine als angenehm empfundene Ausgeglichenheit.

Die erste Hälfte der fünfziger Jahre konnten wir durch Vatis festem Anstellungsvertrag, welcher mit angemessener Entlohnung versehen war, eben durch die verantwortlichen Organisationsleiter der französischen Standort-Verwaltung in Koblenz wirklich einigermaßen sorgenfrei genießen, denn seine fremdsprachliche Eloquenz und seine Frankreich zugewandte Weltanschauung, diese waren untrennbar mit seinem dynamischen Dolmetscher-Engagement verbunden, und durch diese persönlichen Fähigkeiten war seine Festanstellung auf Dauer gesichert. Zwar fehlte es im Familienkreis nach wie vor noch am Nötigsten, denn der Nachholbedarf im Haushaltsbereich konnte ja nur nach und nach gedeckt werden und beim Lebensmittel-Kaufmann an der Ecke, wie auch beim Bäcker- und Metzgermeister mussten wir ‚anschreiben' lassen, so sagte man bei uns im Städtchen, wenn die erhaltene Ware in einem Schuldenbuch vermerkt wurde und die Bezahlung wegen akutem Geldmangel erst am ‚Ersten', also nach Gehaltsempfang, am ‚Monatsletzten' geleistet wurde. Anfangs war dieser Umstand, der die Direktbezahlung der Lebensmittel manchmal nicht zuließ und man die Schulden aufs Monatsende verschieben musste, meiner geliebten Mutter unendlich peinlich, ja, sie schämte sich geradezu in ihrer Notlage, und sie konnte ihren diesbezüglichen Wesenszug kaum verbergen, denn die sprichwörtliche Schamröte zeigte sich für Liesel Schnorbus, unserer ‚Kauffrau an der Ecke', überdeutlich.

Ihr Sohn Werner war schon seit der Kindergartenzeit mein bester Freund und ständig willkommener Spielkamerad. ‚Die zwei Kerle sind ein Kopf und ein Arsch', so nannte man sehr drastisch aber treffend zwei Freunde, die gemeinsam durch ‚Dick und Dünn' gingen und eine unverbrüchliche Freundschaft pflegten.

„Frau Borchert, ich bitte Sie, wir kennen uns doch schon so lange, Sie haben doch schon während des Krieges bei meiner Mutter eingekauft, machen Sie sich doch wegen des Anschreibens keine Gedanken, ich vertraue Ihnen blind. Außerdem habe ich noch viele weitere Kundinnen, die auch erst am Monatsende oder am Ersten bezahlen können."

Sie sprach zu Mutti in einem mitfühlenden, ruhigen und auch beschwichtigenden Tonfall und dann streckte sie abrupt ihre rechte Hand über den schmalen, gläsernen Aufbau der Ladentheke und sprach in ihrer menschlich-gefühlvollen Stimme weiter: „Liebe Frau Borchert, ich habe Ihre Familie immer geschätzt, unsere Jungs sind dicke Freunde, wie man bei uns so sagt, und ich habe ihren Mann, den Maler, auch wegen seiner Kunst immer bewundert, ja, ich mag Sie, und deswegen biete ich Ihnen in Freundschaft das ‚Du' an, bitte geben Sie mir die Ehre, wenn Sie wollen, ich bin die für Sie die Liesel."

Mutti war perplex, überlegte nicht lange, ergriff die ausgestreckte Hand, drückte und schüttelte sie anhaltend, schaute sie lachend an und mit ihrem angeborenen Charme erwiderte sie: „Aber liebend gern nehme ich Deinen Wunsch der Duzfreundschaft an, liebe Liesel, und ich freue mich, Dich als Freundin zu gewinnen, ich bin Margarete, aber alle mir Nahestehenden sagen nur ‚Grete' zu mir."

Bei dieser schönen Episode stand ich am Obst- und Gemüseregal, das in der Ecke direkt neben der Eingangstür stand und so konnte ich das ‚Schauspiel' von meinem ‚Logenplatz' ausgiebig beobachten und voller Freude verinnerlichen. Liesel Schnorbus hatte Mutti ihren Du-Antrag natürlich in ihrer Mundartsprache, dem ‚Bendorfer-Platt' angetragen, wobei sie aber eine besonders deutliche Betonung wählte, um die Gewissheit zu haben, auch gut verstanden zu werden.

Wenige Tage später waren die drei ‚Schnorbusse', das Ehepaar Hans und Liesel, mit Sohn Werner, meinem Busenfreund, bei uns im Goethehaus zu Gast, und aus diesem gemütlichen Kaffeekränzchen entwickelte sich eine enge, aufrichtige Freundschaft in Freud und Leid, die über alle Schicksalsschläge hinweg, die auch lebenslang ihre Gültigkeit behielt und uns allen ihren hohen, menschlichen Wert erfahren und erkennen ließ.

‚Reich, richtig reich ist der, der gute Freunde an seiner Seite weiß'.

Der lange Weg zum bescheidenen, aber anhaltenden Glück, … oder des Malers allerbesten Jahre

Die fünfziger Jahre waren für uns drei ‚Übriggebliebenen' der ehemaligen Großfamilie, sicherlich in unserem Denken als eine gute Zeitspanne vermerkt worden, obwohl Oma Lina und Opa Daddy 1950 und 1951 friedlich von uns gegangen waren, denn die allgemeine Zukunftshoffnung unseres Volkes, das neue demokratische Lebensgefühl sowie das beginnende ‚Wirtschaftswunder' hatte auch uns erreicht. Eben durch Vatis Dolmetschertätigkeit bei der Koblenzer Besatzungsverwaltung, … aber auch wegen Muttis neuem Job als Sekretärin in dem renommierten Koblenzer Notariat der Partner Dr. Mommer und Dr. von Bülow trug wesentlich zur deutlichen Lebensfreude bei.

Diese neu gewonnene Sicherheit der zwei Gehälter pro Monat bedeutete auch eine gewisse wirtschaftliche Anerkennung sowie eine gefühlte Akzeptanz im gesellschaftlichen, heimischen Bereich.

Wir konnten unsere Dinge des täglichen Bedarfs wieder bar bezahlen und das Armutszeugnis ‚Anschreibenlassen im Schuldenbuch des Kaufmanns', es hatte sein ersehntes Ende gefunden.

Unser Familienzusammenhalt war zu allen Zeiten von intensiver Geschwisterliebe meiner Eltern zu ihren jeweiligen Brüdern geprägt, denn sowohl Muttis älterer Bruder Willi Mündemann aus Frankfurt am Main besuchte uns regelmäßig und unterstützte uns mit willkommenen kleinen, feinen Annehmlichkeiten, als auch Vatis jüngerer Bruder Achim Borchert aus Düsseldorf überraschte seinen ‚Hotz', so nannte er Vati seit ihren gemeinsamen Kindertagen in Berlin, mal mit einem willkommenen Geldschein für Malutensilien, diesen steckte er in offen gezeigter Geberlaune Vati in eine der Seitentaschen seines grauen, farbverschmierten Atelierkittels; mal beschenkte er ihn aber auch mit wertvollen, starken, saugfähigen Bögen des besten Aquarellpapiers aus „Düsseldorfs-Malkasten", dem Dorado für gut betuchte Kreativ-Kunstschaffende und Quell für hochwertige Öl, Tempera und andere wasserlösliche Farben.

„Bruderherz, schön dass Du uns so oft besuchst und mich mit Deiner Großzügigkeit immer wieder überraschst, von Herzen sage ich Dir vielen Dank, mehr noch, Achim, meine Dankbarkeit wird sich anhaltend an Deine Fersen heften und Dich begleiten, wo auch immer Dein Weg Dich hinführen mag."

Mit kräftiger Umarmung und gleichzeitigem herzlichen Schulterklopfen raunte Vati seine gefühlsbetonten Worte in des geschätzten Bruders Ohr, wobei der gewollte, theatralische Unterton stets eine äußerst sympathische Stimmung hervorzauberte.

Mein verehrter Patenonkel Achim hatte in der neu gegründeten Regierung von Nordrhein-Westfalen mit Sitz in Düsseldorf, als ehrenvoller Offizier im Rang eines Hauptmanns der Wehrmacht die Wirren des Untergangs als Kriegsgefangener in England erlebt und wurde Anfang 1946 in die Heimat entlassen. Schon recht bald nach seiner Heimkehr bekam er eine verantwortliche Anstellung im Staatsdienst des neugegründeten Wirtschafts-Ministeriums von Nordrhein-Westfalen zugeteilt, die ihm und seiner jungen Familie ein gutes Einkommen garantierte. Im weiteren Verlauf der positiven Gesamtentwicklung unserer politisch erneuerten Gesellschaft und des sich bei uns im Westen abzeichnenden ‚Deutschen Wirtschaftswunders', kündigte er seinen sicheren Job im Staatsdienst und gründete mit seiner Ehefrau Lieselotte als Kommanditistin eine eigene Handelsgesellschaft, die als ‚Borchert GmbH, Bleche und Eisenhandel' firmierte.

Im renommierten Industriehaus am Düsseldorfer Wehrhahn hatte er ein geräumiges Büro bezogen und führte von dort das Unternehmen.

Seine Baustahl- sowie Beton- und Moniereisenangebote, inklusive zweier eigener Eisen-Biegebetriebe, als begleitender Service für die boomende Betonbautechnik, sorgten im beginnenden Aufschwung der lukrativen fünfziger Jahre, für rasante wirtschaftliche Gewinne.

Diese Entwicklung hatte mein Patenonkel, clever wie er war, mit gutem Gespür für alles Machbare vorausgesehen, wobei sicherlich die guten, regierungsbedingten Querverbindungen nur dem schaden, der sie nicht hat.

Mein anderer, ebenfalls hochgeschätzter Patenonkel Willi, von Mutti voller schwesterlicher Liebe nur ‚mein Brüderchen' genannt, war als Bauingenieur schon seit Beginn seiner Karriere in den dreißiger Jahren des sogenannten ‚Dritten Reiches' bei der Deutschen Reichsbahn als Beamter auf Lebenszeit in Amt und Würden gekommen und lebte mit seiner Ehefrau Mimy, Sohn Günter und der Tochter Ingrid in der Mainmetropole Frankfurt.

Als nunmehr die ehemalige Bezeichnung ‚Deutsche Reichsbahn' ersetzt wurde und zum neuen Namen ‚Deutsche Bundesbahn' umbenannt worden war, wurde Onkel Willi zum Bundesbahn-Abteilungspräsidenten des Hauptwagenamtes in Frankfurt berufen und herrschte mit seinem riesigen Mitarbeiterstab über alle schienengebundenen Waggons bundesweit.

„Mein Brüderchen kommt zu Besuch, mein geliebter Gatte, bitte sieh zu, dass Du bis zum Wochenende unser kleines Esszimmer frei bekommst. Also, wir sollten nicht in der Küche essen müssen, Brüderchen liebt doch so die Gemütlichkeit unserer schrägen Wände." Mutti rief ihre Bitte zur halbgeschlossenen, schmalen Ateliertür mit etwas lauterer Stimme, um sicherzustellen, dass Vati ihre Information auch vernommen hatte.

„Liebste Detemaus, habe verstanden, geht in Ordnung, ich freu mich auch, Dein liebes Brüderchen ist mir doch immer willkommen", antwortete er prompt, aber sein anschließendes, herzliches Lachen klang so erfrischend heiter, doch immer dann, wenn mein alter Herr das Wort ‚Brüderchen' in den Mund nahm, dann hatte diese Verniedlichung stets in dieser Betonung einen leicht ironischen Beiklang, den mein Mutterherz aber meist zufrieden schmunzelnd und kommentarlos hinnahm.

Auch von Onkel Willi wurden wir zu allen Zeiten mit den schon erwähnten kulinarischen Annehmlichkeiten bedacht, denn eine Großstadt wie Frankfurt hat eben mehr als das tägliche Brot zu bieten, und dementsprechend waren auch seine Mitbringsel von Mutti immer von heftiger Freude begleitet.
„Möchtest Du lieber Rinderherzragout oder roten Heringssalat? Oder soll ich zu Sonntag etwa unser Pferdegulasch kochen? In dem Fall müssten wir aber noch vorher nach Sayn zur Pferdemetzgerei Löhr einkaufen gehen! Brüderchen mag diese Gerichte besonders gern und unser Sohn isst sowie so alles, was ich koche, mit Begeisterung. Sag, was möchtest Du, Gotthold?"
Gespannt wartete sie auf die Antwort ihres malenden Künstlers, die auch prompt aus dem kleinen Atelier zurückschallte: „Liebste Grete, am besten alles auf einmal, denn außer meiner speziellen, deftigen Erbsensuppe, die ich die Ehre habe kochen zu dürfen, ist mir alles recht!"
Für Onkel Willi und uns waren seine Besuche gleichermaßen von einer wohltuenden Herzlichkeit geprägt, die wir immer deutlich spürbar erlebten, denn unser ehrliches Interesse an seiner internationalen Tätigkeit beim Aufbau des europäischen Schienenverkehrs war häufig unser Thema. Vor allem seine Schilderungen über die Verhandlungen in Moskau oder Odessa weckten unsere Neugier in besonderem Maße.
Die rasch fortschreitende Entwicklung der internationalen Verbindungen in alle Himmelsrichtungen ‚seiner Bundesbahn' freute ihn sehr, denn die ‚Bahn' war sein Leben und lag ihm im Blut, wie man landläufig sagt, wenn etwas treffend betont werden soll.
Auch sein Vater, August Mündemann, war schon zu Kaiser Wilhelms Zeiten ein eingefleischter ‚Eisenbahner mit Leib und Seele' gewesen und diente als Amtmann der Deutschen Reichsbahn in wechselnden technischen Bereichen.
Die stets entstehende Gemütlichkeit in unserem engen Kreis der Plaudernden brachte verstärkt die starken Familienbande zum Vorschein, die mich emotional tief berührten und mir Onkel Willis und Muttis Geschwister-Verbundenheit aufzeigte, denn mit den geschilderten Kindheits- und Jugenderinnerungen tat sich vor meinem geistigen Auge eine mir unbekannte aber wunderbare Welt der guten Gefühle auf, die ich noch heute so nah in mir fühle, so als säße ich noch mitten unter ihnen.
Ich erinnere mich auch an die vielen meist überfallartigen Besuche von Vatis Bruder Achim, der meistens mit seiner Großfamilie und Hund per ‚dickem Mercedes', so nannte mein alter Herr seines Bruders luxuriösen Reisewagen, anrückte und unsere Insel der Gemütlichkeit mit einem kunterbunten Tohuwabohu der kurzweiligen Art bereicherte.
Diese Besuche waren jederzeit ein willkommenes Abenteuer der besonderen Qualität, denn die Düsseldorfer Borchert-Familie ‚residierte' ausschließlich und ‚hochherrschaftlich' hoch über dem breiten, silberglänzenden Strom, dem alten Vater Rhein, in dem von uns Heimischen als feudal empfundenen ‚Berghotel

Rheinblick', auch gerne ‚Schützenhöhe' genannt, weil direkt neben dem Hotel die Bendorfer Schützengesellschaft von 1844 ihr weitläufiges Domizil mit Schießbahn gefunden hatte.

‚Hochherrschaftlich', … auch diesen Begriff benutzte Vati mit betont ironischem Lächeln gerne, eben wenn er sich, als ‚armer Maler' mit seinem wohlhabenden Bruder und ‚Kapitalisten' unterhielt. Mit ‚Kapitalisten' bezeichnete mein geschätzter alter Herr die Zeitgenossen, die das Gewinnstreben für sich entdeckt hatten und halt dadurch dem ‚schnöden Mammon' dienten.

Das Wesentliche aber war die Tatsache, dass wir, Vati, Mutti und ich, eben zu allen Zeiten Onkel Achims Gäste waren, und er uns seine Großzügigkeit ohne irgendwelche Hintergedanken auch genießen ließ.

Als Erklärung für sein großherziges und nobles Handeln, das er uns entgegenbrachte, waren wohl seine häufigen Genesungsaufenthalte, die als er oftmals Verwundeter in den langen Kriegsjahren bei uns in Bendorf hatte verbringen können und Mutti ihn umsorgen, pflegen und verwöhnen konnte.

Ja, sie konnte seine Verwundungen behandeln, sie konnte ihn pflegen und auch seine Verbände wechseln, denn sie war eine ausgebildete Arzthelferin, denn sie hatte in einer Essener Praxis für Allgemeinmedizin und über mehrere Jahre ihre Erfahrungen sammeln können.

Als ‚hochdekorierter' Frontoffizier, so nannte man in der Hitler-Ära die mit vielen Orden ausgezeichneten Kampf-Soldaten, erfreute er sich in seinen Gesundungsprozessen über die stets liebevolle Aufnahme in seiner Bendorfer Großfamilie, trotz der beengten Wohnsituation in der elterlichen Mansardenwohnung.

Während seiner ‚Heimaturlaube', wie man die durch Verwundungen bedingten Freistellungen vom Kriegsdienst und die Abwesenheit von der Truppe nannte, bedingt durch diese Genesungsfreizeit lernte er so manchen ‚Bendorfer' beim zünftigen Kneipenplausch näher kennen und schätzen.

„Dat es dä Broder vom Moler, dat es och äne von dä Boscherts."

Unser Bendorfer moselfränkischer Dialekt klingt für Außenstehende etwas fremd und bedarf der Übersetzung: „Das ist der Bruder vom Maler, das ist auch einer von den Borcherts."

Unsere lieben Mitbürger in und um Bendorf waren manchmal rau und direkt in ihrer Wesensart, aber wenn man sie etwas besser kennengelernt hatte, dann zeigten sie Herz und boten oftmals ihre Freundschaft auf ehrliche Weise an.

All mein Familien-Hintergrundwissen erlangte ich allein aus Muttis und Vatis erklärenden Erzählungen, die ich immer mit Wissbegier aufnahm und ganz bewusst meinem umfangreichen und geistig stets aktiven Erinnerungsspeicher hinzufügte und sie allesamt als wertvolle Bereicherungen festhielt.

Wir im Dreierbund, Mutti, Vati und ich, wir freuten uns immer diebisch über die liebevollen Zuwendungen meiner beiden Patenonkel, denn ihre Geschenke für uns waren in damaliger Zeit eine wunderbare Bereicherung und bescherten uns jeweils eine willkommene Abwechslung.

Ehrlich gesagt bedeuteten sie für uns auch einen Hauch von einem fremden und außergewöhnlichem Luxus, den wir in unserem Nachkriegs-Alltag in keiner Weise kannten.
„Gotthold mein Liebster, die Zuwendungen unserer Brüder sind für uns ein Gewinn an Lebensqualität und erfüllen teils auch unsere nie ausgesprochenen geheimen Wünsche. Ob wir das jemals werden ausgleichen können?" Sie sagte es leise, fast im Flüsterton und ohne, dass auch nur eine Nuance an Neid in ihrer Stimme zu vernehmen war.
„Müssen wir nicht, jedenfalls nicht in barer Münze, dazu wird es wohl nie kommen, soviel verdiene ich bei unseren französischen Freunden nicht, weder jetzt noch später."
Vati hielt kurz inne, schaute Mutti lange und liebevoll an, fuhr dann aber mit pathetischer Stimmlage fort, indem er gleichzeitig mit hinweisenden Handbewegungen auf seine diversen Bilder zeigte: „Aber liebste Grete, ich habe meine Kunst, ich habe meine Malerei, ich male Bilder, Bilder in vielen Variationen und ich erschaffe Bilder, Werke, die ganz lange Zeiten überdauern werden. Jedes Motiv meines Schaffens ist im Grunde genommen immer ein einmaliges ‚Solitärobjekt'. Liebste Grete, damit kann ich einen Ausgleich schaffen, einen Ausgleich von nicht zu vergleichendem Wert, denn meine geschaffenen Kunstwerke haben alle das unbezahlbare Alleinstellungsmerkmal, quasi so etwas wie ein Gütesiegel."
Sagte es und klatschte in die Hände, und zwar mit einer Dynamik, die Mutti richtiggehend zusammenzucken ließ. Dann setzte er seine Vision des Dankes wohlformuliert fort: „Mimy und Willi haben ihre Bilderwünsche ja schon teilweise geäußert, Brüderchen wird sich freuen, wenn er das große Niederwerth-Ölgemälde von mir bekommt, ja und Schwägerin Mimy liebt das Temperabild ... das Stillleben ... Vase mit Flieder im Fensterausschnitt ... und im Bildhintergrund die Trümmerhäuser, weißt Du noch, liebste Grete, als ich es ihr schenkte?
Ja, und mein Bruderherz in Düsseldorf bekommt die Essener Industrielandschaft, auch in Öl. Außerdem können sie sich weitere Bilder hier bei mir aussuchen."
Mit sich und der Welt zufrieden sein, ja, genau diesen Eindruck vermittelte er Mutti und mir, denn unser verehrter Maler in seinem, mit klebrigen Farben bunt verschmierten, vormals grauen Atelierkittel, hatte soeben für sich und uns, seinen künstlerischen Werteausgleich der ganz besonderen Art verkündet.

Ich halte an dieser Stelle fest, unsere Verwandten und auch unzählige Freunde meiner Eltern, sie alle erhielten von meinem ‚geschätzten Vater', eine mir unbekannte Anzahl an Borchert-Bildern.
Dieses ‚Geschenk-Ritual', so möchte ich seine Geberlaune treffend bezeichnen, – die übrigens zu allen seinen Schaffensphasen ihre praktizierte Gültigkeit behielt – , dieses Ritual war wohl seinem sozialen Gerechtigkeitsdenken zuzuordnen, denn auch die Menschen, die nicht auf der Sonnenseite des Lebens ihr Zuhause gefunden hatten, auch sie sollten sich mit seinen Bildern einige helle und heiterstim-

mende Sonnenstrahlen in ihre vier Wände zaubern können.
„So stifte oder verschenke ich gerne und mit freudigem Herzen so manche Feder-Zeichnung, auch manches Aquarell- oder Ölbild, denn mein Hintergedanke dabei ist der, mein Sohn, dass meine Werke bei allen Schichten meiner Mitbewohner ihr lebenslanges Domizil finden sollen, denn der tiefere Sinn der Kunst liegt auch im tiefen, zwischenmenschlichen Bereich des emotionalen Verstehens, in all ihren charakteristischen und betonenden Ausdrucksformen. Dieser Sinn muss aber für alle Menschen fühlbar und erlebbar sein, und nicht nur einer privilegierten und dadurch begrenzten Zahl an Kunstfreunden."
Vati hatte immer ein ‚Sendungsbewusstsein der bildenden Kunst' in seiner geistigen Mitte verinnerlicht und in seine eigene künstlerische und stets vorausschauende Vision integriert.
„Meine Bilder sollen an den Wänden der Menschenwohnungen hängen und die Betrachter erfreuen, sie sollen erzählen, sie sollen die Menschen lehren, richtig zu sehen, sie sollen auch zur stummen Unterhaltung mit dem Geschauten auffordern. Wenn ich diese, mir selbst gesetzten hohen Kriterien erreiche, dann habe ich für alle Zeiten in meiner eigenen Welt gewonnen. Und wenn ich längst dereinst zu Staub zerfallen sein werde, dann haben meine Werke immer noch ihren Platz inmitten von Menschen, denn glaube mir, mein lieber Sohn, Bilder, richtige von Künstlerhand gestaltete Werke, die werden niemals achtlos weggeworfen. Höchstens von banalen Banausen ohne Hirn und Herz, das gilt in gleichem Maße auch für wertvolle, literarische Werke, für Bücher."
Mein Vater hatte immer dann, wenn er ‚Wichtiges und Lehrreiches' für mein ‚Erwachsenwerden' für zeitgemäß und notwendig erachtete, einen fast mystischen Klang in seiner melodischen Stimme, dessen fesselndem wie auch durchdringendem Zwang zur geistigen Verinnerlichung des Gesagten ich mich niemals erwehren konnte und auch nicht wollte.
Immer war es eine stets wiederkehrende Faszination, die er in meinem Denken hervorrief, die meine gespannte Aufmerksamkeit auf das ‚Dozierte' fokussierte und mich in ihren Bann zog.
Intuitiv begriff ich damals schon die hohe Wertigkeit seines weiten philosophischen Denk-Universums und ich war in jeder dieser ‚Vater-Sohn-Lehr-Situationen', die sich des Öfteren und interessanterweise auch mal themenübergreifend ergaben, jeweils meinem Schöpfer von Herzen dankbar, dass er mich mit der Gottesgabe des lebenslangen und ständigen Lernwillens so wohltuend ausgestattet hatte.
Um der Wahrheit die Ehre zu geben, muss ich aber hinzufügen, dass ich das lebenslange Lernen allerdings auf die Themengebiete zu bündeln verstand, denen ich mich geistig nähern konnte und wollte.
In jene Zeit der Gründung unserer Bundesrepublik Deutschland und der Neuordnung der Bundesländer fiel auch die Planung des Berufsverbandes der Bildenden Künstler in unserem neuen Bundesland Rheinland-Pfalz. Zu den aktiven Künst-

lern der ersten Stunde zählte, wie schon erwähnt, mein Vater.
Viele kreative ‚Kunst-Schaffende' waren als Wegbegleiter und Mitinitiatoren in die Aufbauphase integriert, für die der renommierte Kunstmaler, Professor Hans Altmeier aus Koblenz, federführend die organisatorische Verantwortung trug.
Sicherlich war es für das Gelingen dieses jungen Verbandes von großem Nutzen, dass der erste rheinland-pfälzische Ministerpräsident Peter Altmeier, der Bruder des agilen Kunstprofessors war.
‚Beziehungen schaden dem, der keine hat'. Diesen lapidaren Spruch möchte ich aber als positive Wertung betrachten.
Professor Hans Altmeier war es auch, der die Initiative ergriff und im Verbund mit Gleichgesinnten seine Idee in die Tat umsetzte und öffentlichkeitswirksam die ersten großen Kunstausstellungen unter dem treffenden Titel ‚Form- und Farbe' nicht nur plante und ins Leben rief, sondern auch umsetzte und sie in den großen und hellen Räumen des prächtigen kurfürstlichen Schlosses zu Koblenz aus der Taufe hob.
Dieses Neue Forum der bildenden Kunst war von Anfang an die ideale Bühne der Maler und Bildhauer zum kreativen, manchmal auch philosophischen Gedankenaustausch unter Gleichgesinnten. Diese facettenreiche Ausstellung wurde auch zum beliebten Treffpunkt aller Freunde der ‚Schönen Künste'. Mit dem Zuspruch der vielen interessierten Bewunderer im Rücken etablierte der einflussreiche Kunstprofessor und begnadete Maler Hans Altmeier, diesen würdigen Standort … ‚Kurfürstliches Schloss zu Koblenz' erfreulicherweise für viele Jahre.
Viele Maler und Bildhauer aus Rheinland-Pfalz waren bei diesen umfangreichen, vielseitigen und sehenswerten Präsentationen mit ihren zeitgenössischen Werken durchaus würdig im Fokus der kunstinteressierten Fachwelt vertreten. Die neue Kunstszene wurde von der begleitenden, fachkundigen Presse wohlwollend begutachtet und ihre fachlich fundierten Kritiken zeigten ausgewogene und durchaus positive Berichterstattungen, die ihren Weg in die Zukunft vorzeichnete.
Es entstanden aus diesem ‚Forum der Kunst im Koblenzer Schloss', eben aus diesen faszinierenden Ausstellungen ‚Form und Farbe', und in all den variantenreichen Spielarten des Regenbogen-Spektrums, mit den kunstschaffenden Händen der teilnehmenden, motivierten Protagonisten, ob Kunstmaler oder Bildhauer, auch enge, verständnisvolle und menschliche Verbindungen.
Es entstanden in dieser Phase des Aufblühens der ‚Schönen Künste' auch anhaltende Freundschaften innerhalb der darstellenden, malenden Zunft.
Ähnliche, oftmals auch gleiche Situationen der durchlebten Nazi-Diktatur im ‚Auf und Ab' der individuellen Leidenswege und Notlagen aller Kunstschaffenden, gerade in den entbehrungsreichen Kriegs- und Nachkriegszeiten, fanden auch unterschiedliche Künstlernaturen und deren individuellen Charaktere zusammen. Diese führten oftmals auch zu gewollten, anhaltenden und auch zu gesuchten Seelenverwandtschaften, die allemal gute Gefühle der aufstrebenden Kunstszene spürbar und liebenswert machten.

Dieses Erleben ließ geistige Verwandtschaften entstehen, und es konnte sich eine Eigendynamik entwickeln, die den angestrebten Gemeinschaftssinn regelrecht beflügelte, die einem gemeinsam erkannten, eben einem bedingungslosen ‚Ja' zu einer neuen, generationsunabhängigen Künstlergemeinschaft den Weg bereitete.
Dieses ‚Ja' strebte auch eine gemeinsame, gesunde wirtschaftliche Künstler-Existenz an und verhalf somit auch der malenden Zunft zu einer persönlichen, dauerhaften und positiven Zukunftshoffnung.
Im Laufe der Zeit schlossen sich überall in unserem neuen Bundesland Rheinland-Pfalz aktive Maler, Grafiker und auch Bildhauer in Arbeitsgemeinschaften zusammen. Sie bildeten Künstlerkreise, auch Gilden genannt, auch wurden von so manchem Künstler schwerpunktmäßig Gemeinschaftsateliers der unterschiedlichsten Ausrichtungen gegründet.
Sie dienten aber allesamt nur einem Ziel, der erneuten Stärkung des Kulturguts der großartigen ‚Bildenden Kunst' in all ihren Stilarten, auch die der neuen Avantgarde, einer Künstlergruppe der jungen ‚Wilden', wie man seinerzeit die aufkommende Faszination dieser revolutionären Kunstrichtung leicht humorvoll zu nennen pflegte.
Die Freiheit der Kunst im Allgemeinen betrachtet ist überaus kreativ zu verstehen, sie ist überall grenzenlos und ein immerwährendes Geschenk für den Menschen, der den Sinn für alles ‚Gute, Schöne und Wahre' in sich fühlt und es bewahrt … und sich auch vor der Auseinandersetzung mit Werten nicht scheut.
Das aufkommende Kunstverständnis in weiten Kreisen der westdeutschen Bevölkerung blieb auch den verantwortlichen politischen Regierungen auf Landes- und Bundesebene nicht verborgen. Die Kultur einer Bevölkerung entsteht aus ihrem inneren, menschlichen und erkannten Spannungsfeld der geistigen Talente.
Werden diese politisch gefördert und von den Kunstprotagonisten mit dem Herzen verstanden und werden sie von den ‚Talentierten' alsdann wegweisend gestaltet, präsentiert und vorgelebt, so entstehen dadurch im Laufe der Zeit willkommene Traditionen der kulturellen Art.
In dieser andauernden Entwicklungsphase entsteht in Geist und Seele der Kunstschaffenden der sogenannte Zeitgeschmack, eine neue Richtung in pointierter Darstellungsform, die diese kreative und weitergeführte Kulturszene in ihrer Fülle und in all ihren schöpferischen und facettenreichen Spielarten.
Die große Bühne dieser ‚Kulturszene' zeigt so packende und sensibilisierende, ja visionäre und immer variantenreichere Ausstellungen und Präsentationen, die in ihren farbigsten Darstellungen in Wort, Schrift, Bild und Ton, ihren Zenit anstreben und erreichen sollte, um auf diese Art gezielt die fördernde und fordernde Vorbildfunktion für alle Generationen zu erfüllen.
Das steigende Interesse der Öffentlichkeit an der Bildenden Kunst war zu spüren, doch der Verkauf der Bilder und weiterer Exponate war für Maler und Bildhauer noch recht mühsam. Viele praktische Dinge des täglichen Bedarfs waren eben für die Menschen zu jener Zeit wichtiger, als der Erwerb von ‚Kunst'.

Von den ‚Verantwortlichen' der Regierungen war dieser leidige Umstand erfreulicherweise schnell erkannt worden und bewegte sie zum Handeln, indem sie gezielte Förderprogramme installierten.

Es war ein willkommener Lichtblick für viele Kreative landauf und landab, dass die rheinland-pfälzische Regierung durch ihren unterstützenden Kunstankauf, die meist in ärmlichen Verhältnissen lebenden Künstler, absichern konnten.

Auch die Bundesregierung und das Bundespräsidialamt in der damaligen Bundeshauptstadt Bonn, beide reihten sich in den Kreis der staatlichen Mäzene ein, indem sie offiziell, aber gezielt auf Ausstellungen, wie zum Beispiel der Koblenzer Kunstausstellung ‚Form und Farbe' im Kurfürstlichen Schloss, zeitgenössische Werke ankauften, um die jeweiligen Mainzer- oder Bonner Diensträume kulturell zu beleben und ihnen, durch den belebenden ‚Atem der Kunst', eine Nuance an Wertschätzung den Amtsdienern zu zeigen.

Wenn dann der Postbote an der Tür klingelte und den sehnsuchtsvoll erwarteten Briefumschlag übergab und Vati dann auch noch das staatliche Regierungswappen in dem Absender entdeckte ... ja dann stieg sein Blutdruck enorm, denn er war in dem Moment der Überzeugung nahe, dass der Inhalt des Umschlags, neben dem erwarteten, positiven Anschreiben, auch den wertvollen Scheck enthalten musste.

Aus Kollegenbesuchen, zu denen Vati mich des Öfteren schon mal mitnahm, weiß ich, dass es für einige seiner malenden Zunftgenossen ebenfalls eine große Freude bedeutete, wenn sie ihre Staatsbriefe mit ‚Inhalt' in Händen hielten.

Unser Familienleben wurde zu allen Zeiten vom Künstlertum meines Vaters geprägt. Typisch für meinen ‚Alten Herrn', so nannte ich ihn ja oft voller Achtung immer wieder gerne mal, war in unseren meist abendlichen Gesprächsrunden das Thema Kunst der Dreh- und Angelpunkt. Alles kreiste hauptsächlich um Farben, Vatis Wissen um deren eigene Herstellung und das fachlich korrekte Vorbereiten der Leinwanduntergründe.

Spachteln, Pinsel, Zeichenstifte, Zeichenkohle ... all diese Utensilien konnte ich bei diesen Fachgesprächen näher kennenlernen und anzuwenden versuchen. Auch verlor ich mich anfangs in eigenen Malversuchen. Ich spürte zwar meine Liebe zu Formen und Farben, doch das Talent in meinen Adern war irgendwie anders zusammengesetzt. Vatis Metier, seine große Liebe zur Kunst-Malerei, das war nicht meine Sache. Ich suchte damals schon nach eigenen Wegen im Sektor Gestaltung.

Die geheimen Wünsche von Mutti oder von mir, die allesamt jenseits der Malerei angesiedelt waren, diese wagten wir, für lange Zeit, nicht mehr zu äußern, denn unsere Freude beim Zuhören und Verarbeiten seiner Worte war für ihn eine aufmunternde Art der Anerkennung, und er genoss unser reges Interesse an seinem Tun. In all den vielen Jahren, die wir zusammen in der engen, kleinen, aber urgemütlichen Mansardenwohnung im Goethe-Haus lebten, waren Mutti und ich für Vati die wichtigsten Kritiker seiner zahlreichen Werke. Jedes Aquarell, jede Zeichnung wurde von ihm auf den Boden gelegt, mit einem losen Passepartout versehen, um dem Exponat mehr an Aussage zu verleihen und dessen Wirkung zu dominieren. War dies geschehen, richtete sich Vati auf und schon seine straffe Haltung allein unterstrich seine immer wiederkehrende Frage: „Na liebste Grete, lieber Filius, wie gefällt es Euch, mein neustes Bild?" Gebannt schaute er uns abwechselnd betrachtend an und wartete auf unsere unvermeidliche Diskussion. Ich selbst war in seinen Augen zu euphorisch und zu subjektiv, wie er auch stets verlauten ließ. Ja, und wenn seine ‚Grete' dies und das zwar als gut bezeichnete, die leise Kritik am vor ihr liegenden Werk sprach sie auch kaum aus, war die zaghafte Betonung ihres ‚Lobes' für ihn allerdings schon eine herbe Kritik. Wortlos nahm er Bild und Passepartout auf und verschwand wieder für etliche Stunden in seinem winzigen, kleinen Atelier.

Ich habe keinen Künstler gekannt, – und ich hatte die Ehre, einige von Vatis Zunftgenossen gut zu kennen –, der mit seinen eigenen Kunstwerken so kritisch umging wie mein Vater. Immer suchte er in jedem Motiv nach der optimalen Ausdrucksform.

Unendliche Ruhe verwandte er bei seiner einmaligen Aquarell-Nass-Nass-Technik. Das Motiv zeichnete er mit weichem Bleistift nur hauchdünn und kaum erkennbar nach Vorlagen aus seinem großen und dicken, sehr umfangreichen Skizzenbuch auf das spezielle, enorm saugfähige Aquarellpapier, denn die Bleistiftkonturen durften ja, wie erwähnt, beim fertigen Bild nicht zu sehen sein. Mit einem Naturschwamm, den er in einem Wasserschälchen untertauchte und anschließend den ganzen Schwamminhalt aufs Papier brachte, sorgte er dafür, dass sein zu bearbeitender Untergrund exakt die Konsistenz hatte, die für sein Gefühl richtig war.

„Für die jeweilige Wassermenge gibt's eben kein genormtes Maß, das muss man beim ‚Nass-in-Nass' in den Fingerspitzen haben", – sagte es und fixierte den nassen Maluntergrund mit etlichen, weißen, runden Reißzwecken auf der leicht schrägen Weichholzplatte, deren Oberfläche zum Körper hin abnahm und die am Ende ihrer Kante die Tischplatte berührte.

Je nach seiner Gemütsverfassung und Stimmung, die er nur sehr selten steuern konnte, arbeitete er in den herrlichsten, weichen Mischfarbtönen in seiner unnachahmlichen Perfektion. Mit seinem voluminösen, wertvollen Marderhaarpinsel, der trotz seiner Haarfülle aber an der Pinselspitze ganz dünn zusammenlief und auch hauchdünne Konturen durchaus ermöglichte, trug Vati die gelösten, hochwertigen Farben auf und wartete voller Anspannung auf den beabsichtigten Verlauf der Pigmente. Unaufhaltsam verwirklichte die doppelte Nässe ihr Werk, die des Papier-Untergrundes und die des farbgetränkten Pinsels. Das Aquarell entwickelte sich fließend, wie von Geisterhand gesteuert, aber doch so exakt wie Vati es wollte. Jedes dieser Aquarelle war ein künstlerisches Unikat.

„Ja, mein Sohn, bei diesen ‚Nass-in-Nass-Arbeiten' muss einfach jeder Farbtupfer sitzen und die Farbpigmente müssen so fließen, wie ich es haben will, sonst kann ich die wertvollen Aquarellbögen wegwerfen", erklärte mir Vati in seiner oft oberlehrerhaften Sprechweise.

Wenn Vati seine ‚Nass-in-Nass-Periode' für einen begrenzten Zeitraum ausgewählt hatte, dann durfte ihn bei seinem Schaffensdrang nicht einmal seine ‚Grete' stören. Oftmals hörte er auch bei dieser filigranen Tätigkeit ‚seine' anspruchsvolle, klassische Musik, die ihm als willkommene Stimulanz den seelischen Freiraum öffnete, den er als ‚Herrscher der fließenden Farben' nicht entbehren wollte.

Er wurde schon in seinen jungen Jahren, er erwähnte es schon oft in unseren Vater-Sohn-Unterhaltungen, ein großer Liebhaber der harmonischen Orchester und deren begnadeten Dirigenten, wie zum Beispiel die in ihrer Zeit dominierenden großen Virtuosen des Taktstocks, der unvergessene Wilhelm Furtwängler und später das Genie Herbert von Karajan. Sie forcierten in ihren meisterhaften Aufnahmen die bekanntesten Werke der berühmten Komponisten mit einer emotionalen kraft- und hingebungsvollen Leidenschaft, dass jedermann, der zum Zuhören bereit war, eine Begeisterung in sich spürte, die unvergleichlich schöne Genussmomente erleben ließ.

Mozart, Haydn, Beethoven, – auch die großen russischen Komponisten wie Igor Strawinsky oder Sergej Rachmaninow, – sie alle waren Vatis Favoriten und sie begleiteten ihn im Malatelier mit ihrer einmaligen und immer so traumhaft klingenden Musik beim Entstehen seiner Kompositionen der verzaubernden Farben. Als Bindeglied zwischen der Musik und der Bildenden Kunst verband Vati stets seine malerischen Darstellungen mit dem Begriff ‚Harmonie'.

Mein alter Herr atmete hörbar durch die Nase ein, schaute mich Aufmerksamkeit fordernd an und begann wiederum mit seinem bekannten Ton der Überzeugung seine Fortsetzung des Gesprächs: „Der harmonische Einklang im Ganzen betrachtet, in der Musik und in der Malerei, dieser Einklang besteht im Verstehen der Gedanken im Kopf der Schöpfer und der Objekte, die es zu bearbeiten gilt. Hier das Notenblatt des Komponisten, da die Leinwand des Malers. Beide sind am Anfang nur ‚weiß', – unisono harren sie der künstlerischen Bearbeitung. Hier die Noten – da das Motiv.

Du merkst, mein Sohn, das mit der Harmonie ist nicht so leicht zu verstehen, doch ich weiß, dass Du Deine Wissbegier nicht blocken kannst, also hör weiter zu.

Der jeweilige, geniale Gedankenschöpfer sollte im Idealfall gefühlvoll an sein Werk herangehen und sein Tun sollte immer fließend gleiten und Elemente der unterschiedlichsten Art zueinander führen und er sollte das eigentlich Gegensätzliche auf angenehme Weise und auf Dauer miteinander verbinden.

Schafft er dieses schwierige Ziel, so hat er den gesuchten erstrebten und harmonischen Klang erreicht – der eine in der Bildkomposition, der andere im akustischen Klangvolumen. Betörende Wunderwelt Musik, magische Zauberwelt Malerei, wahrlich eine faszinierende Symbiose im Reich der guten Gefühle!"

Dieser Art oder aber annähernd so ähnlich klangen damals seine lehrreichen, auch teils recht sibyllinisch klingenden Worte, die er mir in professoralem Stil kundtat, aber deren tieferen Sinn ich damals sicherlich nicht auf Anhieb verstand. Trotzdem habe ich mir zu allen Zeiten auch komplizierte Inhalte und Formulierungen meines Vaters bestens merken können; sie alle schlummern in den Weiten meiner grauen Zellen – jedenfalls solange, bis ich sie wieder aufwecke. Ich hab sie im Hirn, ich hab sie im Kopf! Das Wissen des Erlebten bedeutet in meinem eigenen Verständnis … immer ein gutes Gefühl!

Das zweite Programm des damaligen Südwestfunks war meines Vaters auserkorener Spartenkanal, denn dieser strahlte täglich und rund um die Uhr sein äußerst beliebtes und hochanspruchsvolles Rundfunkprogramm der klassischen Musik aus. Der voluminöse Wohlklang der von namhaften Orchestern gespielten Symphonien schenkte meinem ‚Alten Herrn' stets eine angenehme Stimmung, die in seinem Gemüt einen inneren Frieden hervorzauberte und seine Schaffenskraft enorm unterstützte.

Zeichnen und Malen erfordern von jedem Künstler in seinem Zuhause, in seinen ‚vier Wänden', wie Vati unsere gemütliche Mansardenwohnung liebevoll auch oft bezeichnete, zumindest einen kleinen Arbeitsplatz, an dem der Kreative seine Ideen zu Papier oder auf die Leinwand bringen kann.

Natürlich fiebert jeder Maler auch seinem fertigen Bild entgegen.

Er will seinen gedachten Vorstellungen durch klare Formen und passender Farbdynamik Ausdruck verleihen und er will sein gewähltes Motiv ins rechte, ausdrucksstarke ‚Bild' rücken.

Und er will nach der Vollendung seines Werkes dasselbe auch präsentieren, denn mit dem Anschauen durch den Betrachter beginnt ja erst der eigentliche Sinn eines jeden individuell und von geschickter Künstlerhand geschaffenen Solitärobjekts: ‚Die stumme visuelle Kommunikation'.

Diese Zwiesprache mit dem geschauten Kunstwerk als existentem Gesamtkomplex führt oftmals, zwar etwas zeitversetzt, auch zur Persönlichkeit und zum Wesen eines Künstlers. Vielleicht sogar auch in sein ureigenes, geistiges Universum seiner freien Gedanken.

Die ersten intensiven Blicke aufs gezeigte Objekt und das aufkommende gefühlte Wahrnehmen des Exponats, diese emotionale, meist in sich ruhende und schweigende Erstauseinandersetzung, sie ist immer ein großer, die Sinne aufwirbelnder Augenblick, der jedem Kunstfreund das besondere Fluidum von etwas völlig ‚Neuem' vermittelt. Man könnte es gleichwohl auch mit dem spannenden Erlebnis einer gelungenen Theaterpremiere vergleichen.

Solcherart Kunst-Philosophien bewegten meine Gedanken in jener Zeit und formten meine Vorliebe für alles ‚Schöne', was sich mit Geist und Händen gestalten ließ. Diese Vorliebe sollte mein weiteres Leben überaus bereichern, denn die ‚Welt des schönen Scheins' wurde zu meinem beruflichen Aufstieg. Doch das ist eine andere Geschichte.

Vati hatte sein winziges Eckzimmerchen zu seiner ‚Kunst-Werkstatt' umfunktioniert und platzsparend eingerichtet. Mit kleinen Brettern hatte er sich Regale

gebaut, um den benötigten Stauraum zu schaffen, denn all seine Malutensilien verlangten nach griffbereiter und übersichtlicher Ordnung.
Den übriggebliebenen, geringen Freiraum inmitten des Mini-Ateliers füllte die selbstgezimmerte Holzstaffelei mit dem uralten Stuhl aus und war somit der wichtigste Ort für Vatis Ölmalerei.
Ein winziger Rechtecktisch stand an der schrägen Wand direkt unter dem hellen Dachfenster und diente ihm als spärliche Arbeitsfläche fürs aufwendige Mischen der jeweiligen Farbmixturen. Seine ausladende Palette war ideal für die Aufnahme der angerührten Farbpasten. Da Vati die handelsüblichen Malerpaletten zu klein waren, hatte er sich aus rohen Sperrholzplatten mit der Laubsäge seine eigene Großpalette in ergonomischer Formgebung passgenau gesägt. Meines Vaters Atelier war in jeder Beziehung ein Unikat, denn er hatte das ‚Mal-Mobiliar', auch aus Kostengründen, komplett handgefertigt und eingebaut.
„Alles selbstgemacht!" Diese zwei Worte sagte uns Vati mit dem Brustton der Überzeugung und zeigte uns mit einer einladenden Handbewegung, die zum Eintreten ins ‚Allerheiligste' aufforderte, seinen berechtigten Stolz, sein erstes, eigenes Künstleratelier, das so herrlich nach Farben, Ölen und Holz duftete und uns den Zauber eines Künstlers spüren ließ.
„Gotthold, mein Liebster, ich bin unendlich stolz auf Dich und Deine Arbeit!" Mutti umarmte ihn, während sie ihre lobenden Worte sagte. Meines Vaters Schaffensdrang kannte oftmals keine Grenzen, die unser familiäres Zusammenleben betrafen, denn wenn ihn die ‚Malwut' gepackt hatte, dann verließ er nur selten sein selbsternanntes ‚Allerheiligstes'. Mit dieser frommen Bezeichnung titulierte er natürlich seine kleine Kunstwerkstatt, sein Atelier. Er verließ es aber nur, um mit Mutti ein ‚Ettchen' zu rauchen, also eine Zigarette zu qualmen, oder aber auch um eine Kanne seines heißgeliebten, brasilianischen Mate-Tees zu kochen.
Dieses grüne ‚Irgendwas' schmeckte nach allem, nur nicht nach Tee. Ansonsten folgte er seinen intuitiven künstlerischen Eingebungen. Er malte und malte.
Im Laufe der Zeit füllten sich unsere senkrechten Wohnungswände mit Bildern der unterschiedlichsten Motive. Auch der lange Flur, der außerhalb unserer Wohnung lag, zeigte kaum noch freie Wandflächen, denn auch diesen Bereich schmückten Vaters Werke.
Aber auch das pompös wirkende großdimensionierte Treppenhaus des Goethe-Hauses, das sich über die beiden hohen Stockwerke erstreckte, war von unserem Maler zu einer üppig gestalteten Präsentationsfläche seiner gerahmten Kunstobjekte geadelt worden.
Im steten Wechsel seiner zukunftsweisenden Willenskraft zeigten alle hausinternen Freiflächen, quasi als variantenreiche ‚Ausstellung', immer einen zeitnahen Austausch seines besessenen Fleißes ‚Neues' zu schaffen.
Mal dominierten seine Ölgemälde eine Weile das Geschehen der Hausausstellung. Diese zeigten durch die pastos aufgetragenen, plastisch wirkenden Farben auf anschauliche Weise den interessierten Mitbewohnern die Vielseitigkeit seiner

malerischen Fähigkeiten.

Ein anderes Mal erregten die fließenden Farben der ‚Nass-in-Nass' geschaffenen Aquarelle Erstaunen, aber auch die Federzeichnungen und die mit Holzkohle in Wischtechnik gearbeiteten Exponate erzeugten die anerkennende Aufmerksamkeit der stets neugierigen, meist wohlwollenden Betrachter.

Unsere Mitbewohner, wie auch die Pfarrhausbesucher, sie alle freuten sich über die variierenden Motive der in unregelmäßigen Intervallen ausgetauschten bunten Bilder des ‚Künstlers im Goethe-Haus'.

Auch die Tatsache, dass sie Nachbarn des Malers waren, war ihnen sicher nicht unangenehm. Der Bendorfer Volksmund nannte ihn respektvoll: *‚Dä Mooler'*, zu Deutsch, der Maler.

Lediglich ich hatte in meiner Bendorfer Volksschulzeit einige freche Hänseleien zu ertragen, denn ‚Kunstmaler' war in den Augen meiner Mitschüler und in damaliger Zeit kein richtiger Beruf, eben dem Anschein nach nur ‚brotlose Kunst'. Doch, wenn ich meinem alten Herrn meine diesbezüglichen Probleme schilderte, dann pflegte er in seiner ihm eigenen theatralischen Art zu sagen: „Sieh mal, mein Junge, wenn ich selbst längst zu Staub geworden bin", …weiter ließ ich Vati nicht reden, denn mit den Armen fuchtelnd rief ich lauthals: „Vati bitte, hör auf damit, diesen Ausspruch von Dir kenne ich zur Genüge, den könnte ich fast schon auswendig singen, den Sinn von Deiner Weisheit kann hier in unserem Bendorf sowieso kein Mensch verstehen. Woher auch? Die sind alle doof, die wissen gar nicht, was ein Kunstmaler ist und was er tut!"

Der aufgestauten Wut über das Unverständnis meiner damaligen Schulkameraden hatte ich mit meinem Geschrei freien Lauf gelassen. Ich fühlte mich seelisch erleichtert, auch mein Vater fand noch einige verständnisvolle Worte zu meiner weiteren Beruhigung.

Zu allen Zeiten bewunderte ich Vatis große Liebe zu Kunst und seiner Einstellung zur Verantwortung bezüglich der Qualität, sowohl die der Farben und auch die der Grundmaterialien in seiner Malerei.

Auf all seinen schöpferischen, teils verschlungenen Wegen durch den scheinbaren Irrgarten der diversen, komplizierten Techniken und den chemischen Verfahren, folgte er gewissenhaft den wissenschaftlichen Erkenntnissen der Fachwelt und den wegweisenden Lehrbüchern seiner großen Kollegen.

Sie in ihrer Vielfalt galten unisono für ihn als seine Vorbilder, beispielsweise auf dem Gebiet der selbsthergestellten Ölfarben, oder aber als Ratgeber auf dem weiten Feld der Vorbehandlung seiner diversen Maluntergründe und aller notwendigen Gerätschaften der Malerei.

Qualität ohne ‚Wenn und Aber', – das war stets sein Credo. Die lange ‚Lebensdauer', all seiner Werke war sein erstrebtes, unumstößliches Ziel. Dieses honorige Bestreben einzuhalten, war in den ersten Nachkriegsjahren nur sehr selten von ihm zu verfolgen, denn die allgemeine Knappheit an Verbrauchsgütern jeder Art machte auch vor seinen Malerwünschen nicht halt.

Statt der speziellen Aquarellpapiere, die in jener Notzeit und deren mannigfaltigen Entbehrungen einfach nicht erhältlich waren, verwendete Vati die meist hellfarbenen Rückseiten seiner günstig erstandenen geprägten Restrollen diverser Tapeten. Diese Relief- oder Raufaser-Tapetenuntergründe waren für seine Aquarellmalerei von besonderer Bedeutung.

Die typische Oberflächenstruktur dieser Tapetenuntergründe verlieh durch die typischen Hoch-Tief-Effekte der Prägungen und deren Schattenspielen beim Betrachten der Aquarellbilder ihren besonderen Effekt und dadurch ihren unverwechselbaren Reiz.

Durch die erhabenen, unterschiedlich starken Sägemehlkörnungen, die auf jeder Oberfläche der Raufaserrollen in unregelmäßigen Anordnungen klebten, entstanden Licht- und Schattenspiele, die immer auch reflektierende Farbtönungen zeigten, die aber dadurch erst jedem Aquarell – oder jedem mit Temperafarben gemalten Bild – eine einmalige und charakteristische Ausstrahlung verlieh.

Für meines Vaters geliebte Ölmalerei galt die gleiche Misere der damaligen Ressourcenknappheit. Statt das Fehlen der auf speziellen, vierkantigen Holzleistenkeilrahmen gezogenen und gespannten Leinwände zu bejammern, besorgte sich Vati bei seinen gezielten ‚Hamstertouren' durch unsere nähere Heimatregion und bei seinen, ihm meist bekannten und oft auch befreundeten Schreinermeistern, die ‚Rohstoffe', die ihm fehlten.

Er tauschte mit heller Freude und netten Plaudereien seine kleinen, extra für diese Touren geschaffenen Heimatmotive in Form von Federzeichnungen sowie auch Aquarellen, gegen die ganz einfachen, dünnen aber stabil verleimten Pressholzplatten. Diese ließ sie er auf transportable Formate schneiden und schaffte so die Grundlage für das Weitermalen seiner pastosen Ölfarbenbilder.

In seinem kleinen, beengten Atelier bereitete Vati für seine Ölfarbenmalerei die glücklicherweise ‚organisierten' Pressplatten in mehreren Arbeitsgängen die Grundierschichten so akribisch vor, sodass sein letzter Streichvorgang eine dauerhaft weiße und somit ideale Grundlage seiner Maluntergründe garantierte.

Durch sein fundiertes Grundwissen, das er wie schon erwähnt, vornehmlich durch sein fleißiges, auf der Wissenschaft der Farbenchemie basierendem Selbststudium erlangte, war mein alter Herr in der glücklichen Lage, seine pastosen Öl-Malfarben in allen klaren und auch gemischten Tönen selbst herzustellen.

Beste Grundstoffe, wie die diversen, oft auch seltenen Farbpulver, wie auch die speziellen Mal-Öle, sie mixte er zusammen und verrührte beides mit weichen Metallspachteln auf Glasplatten zu einer cremigen Masse, die in ihrer Konsistenz und Intensität exakt seinen Verarbeitungswünschen entsprach.

Seinem eigenen, hohen Qualitätsdenken folgend, entsprachen die selbstbearbeiteten, verschiedenen Maluntergründe seinem geforderten Standard ebenso selbstverständlich, wie die in größeren Mengen angerührten, anspruchsvollen und langlebigen Meisterfarben. Diese Kriterien zusammengenommen erklären die enorm lange ‚Lebensdauer' aller seiner Gemälde.

Ihre unverminderte, brillante Farbintensität zu gewährleisten und über alle Zeiten hinweg zu erhalten, war sein erklärtes Ziel.
Selbst seine frühesten Werke aus den Endvierziger Jahren, sie alle sind noch heute, nach mehr als sieben Jahrzehnten, so farbenstark und klar im Ausdruck, wie zur Zeit ihres Entstehens, und diese Werke schmücken mein heutiges Domizil und sie schenken mir unentwegt Freude …
und sie schenken mir ein Stück aus vergangen Tagen, sie projizieren mir erneut die erlebten vitalen Gespräche, nun aber in virtuellem Zauber. Diese Unterhaltungen nehme ich dankend an, denn sie sind ein Teil meiner ‚gewonnenen Zeit'!
Dieses hohe Qualitätsdenken im Bereich seiner gelebten Kunst war zu Lebzeiten meines ‚Alten Herrn' sein Anspruch und er zeigte mir schon in meiner frühesten Jugend seine Hochachtung vor dem stets allgegenwärtigen ‚schöpferischen Geist im Menschen'!
Eine weitere Episode bei meinem virtuellen ‚Rendezvous mit der Zeit' kann und wird den Wert der Werke in Vaters ideeller Welt der ‚Schönen Künste' unterstreichen.
Hierzu erinnere ich mich nur ungern und immer noch mit einem gewissen Unbehagen und Grummeln im Bauch; und ich sehe sie alle noch vor mir, seine vielen Bilder, die Vati rigoros zerstörte, nur weil er selbst mit ihnen nicht zufrieden war, weil sie seinem hohen Qualitätsanspruch nicht standhielten.
Gleiches galt auch für seine Zeichnungen und Aquarelle, doch bei Nichtgefallen wurden zunächst die Rückseiten der Papiere erneut bearbeitet, sie wurden skizziert, gezeichnet und bemalt, um dann, wenn auch hier das Geschaffene seiner strengen Kritik nicht genügte, zerrissen zu werden.
Ich fühlte immer einen schmerzenden Stich im Herz, wenn ich per Zufall so eine Prozedur miterleben musste. Insgeheim hatte ich eine Stinkwut im Bauch, doch aus Respekt vor Vati unterdrückte ich sie.
Die Ölbilder, die er meist mit wuchtiger Hand und mit pastoser Farbe an jeder Spachtelspitze so eindrucksvoll erarbeitet und geschaffen hatte, diese, in meinem Denken und Fühlen so wunderbaren Bilder, sie wurden in seinen plötzlichen Unzufriedenheitsphasen regelrecht brutal wieder abgekratzt, und zwar mit den Spachteln, mit denen er zuvor die schillernden Farben so kunstvoll ins Bild gesetzt hatte.
Diese damals ab und an wiederkehrenden ‚Kunstvernichtungen' durch des eigenen Schöpfers Hand, schmerzen mich noch heute, denn nicht gleich nach der Fertigstellung der Bilder trat das beschriebene Dilemma ein, nein, erst nachdem sie schon eine geraume Weile in unserer Wohnung oder im Treppenhaus ihren wirkungsvollen und dekorativen Hängeplatz gefunden hatten.
Ich war in meinem Elternhaus zu allen Zeiten glücklich und zufrieden, nahm die positiven wie auch negativen Dinge des Alltags wie sie kamen, bezog des Öfteren mal eine Tracht Prügel von meinem Vater, nämlich immer dann, wenn ich mir die Züchtigung durch mein freches Handeln auch redlich verdient hatte. Natürlich

war mein Mutterherz gegen jegliche Art der Züchtigungsmethoden und verhinderte so den Zeitraum der Bestrafungen.

Ja, ich liebte meinen ‚Alten Herrn' und ich bewunderte ihn, und vor allem hatte ich Respekt vor ihm, und etwaige Frechheiten ihm gegenüber verkniff ich mir meistens, aber nicht immer!

Als ich mich schon in den beginnenden ‚Flegeljahren' befand, bezeichnete Mutti meinen Weg ins Erwachsenwerden liebevoll mit diesem gewöhnungsbedürftigen Begriff. Mit ihrem Verständnis mit diesem, aus der Zeit gefallenen Begriff ‚Flegeljahre' wollte sie wohl sicherlich meine damalige, immer wieder auftretende Aufsässigkeit und meine respektlosen Widerworte abmildern.

„Unser Herr Sohn befindet sich in seiner pubertären Phase, liebste Grete", konstatierte damals mein Erzeuger.

„Der Kerl ist in der Pubertät!" In etwa dieser platten Wortwahl äußerten sich die Väter meiner Bendorfer Freunde. In feinerer Art wusste Mutti die Situation zu beschreiben: „Mein lieber Gotthold, es ist für die jungen Menschen ja auch nicht leicht mit ihren turbulenten Gefühlen fertigzuwerden, denn die Zeit zwischen den Jugendjahren und dem Erwachsensein führt halt zu den aufsässigen Protesten ihrerseits. Übrigens mein Lieber, Verständnis zu zeigen ist allemal besser, als zu harte Strafen zu verhängen."

Vaters Bildervernichtung ging mir gewaltig gegen die Hutschnur und ich machte mir gehörig Luft, denn ich wollte verhindern, dass mir der Papierkragen platzte: „Vati, lass die Scheiße sein, hör auf mit Deiner blöden und blinden Zerstörungswut, bevor Du mit dem brutalen Kunstmord schändlich weitermachst, schenk mir sie doch, die wunderbaren Bilder, denn ich liebe alle Deine tollen Werke!" Hätte ich diese Schimpfkanonade nicht herausgebrüllt, ich wäre wohl geistig explodiert. Mutti, Vati und ich, wir standen während dieser Szene leicht höhenversetzt zusammen und bildeten so fast einen Viertelkreis auf den breiten, schweren, leicht knarrenden, gebohnerten Eichentreppenstufen, inmitten des hohen Stiegenhauses und genau unterhalb des rechteckigen Eingangsportals zum langen, oberen Flur, der den Eingang zu unserer Mansardenwohnung andeutete.

Es herrschte zunächst für eine kurze Zeitspanne eine gespenstische Grabesruhe, ja, man hätte eine Stecknadel fallen hören können.

Vati atmete schwer und er schaute mich mit seinen blau-grauen Augen lange an, bevor er mit bebender, aber starker Stimme zu Mutti und zu mir sprach: „Liebste Grete, auch Du, mein aufsässiger Sohn, hört beide genau zu, ich werde aus meinem Herzen keine Mördergrube machen, … deswegen solltet Ihr Folgendes jetzt und für alle Zukunft zur Kenntnis nehmen. Die Bilder und alles was ich erschaffen habe und noch erschaffen werde, ist einzig und allein mein geistiges Eigentum und mein manuelles Werk, über das nur einer entscheidet, was mit ihm geschehen soll – und das bin ich! Niemand sonst!"

So deutliche und markante Worte hatte ich aus Vaters Mund niemals zuvor vernommen, und deren Sinn hatte sich in meinem Gedächtnis fest eingebrannt. Mutti und ich standen noch menschlich berührt auf den Treppenstufen, und mit langsam gesetzten Schritten folgten wir unserem vorausgegangenen Herrn und Gebieter in die Wohnung.

Vatis Verhalten war auch nach seinem klaren Statement in keiner Weise anders als sonst, denn die pointierten, ironischen Spitzen, die er oft und gerne auf mich abschoss, sie verfehlten selten ihr Ziel. Und das freute mich, denn nach und nach verstand ich wirklich seine Philosophie, die in den Tiefen seiner Seele beheimatet war: „Das ‚Mittelmaß' hatte niemals Bestand in meinem Künstlerleben, denn das Bessere war, ist und bleibt für mich der natürliche Gegner des Guten!"

Der Maler Gotthold Borchert –
Sein Gedankengut und sein starker, unbeugsamer Charakter
sind die Symbole seines unabhängigen, freien Geistes,
oder wie er es selbst so treffend definiert:
„Meinen wahren Reichtum trage ich in mir!"

Ein freier, humanistischer Geist kennt weder Schranken noch trennende Grenzen, derart verstand ich damals seine Aussage und ich habe heute, im Herbst meiner Tage, eine identische Philosophie.
In diesem Denken lebte mein ‚Alter Herr' zeitlebens und frönte genüsslich seinem großen und permanenten Wissensdurst und unsere üppige Bibliothek, sie wuchs und wuchs.
Auch entzog er sich zu keiner Zeit dem quirligen, zwingenden, aufwirbelnden und beeinflussenden Sog des gedanklich stets vorauseilenden, philosophischen Windschattens seines Erziehers und natürlichen Vorbildes – seines überaus geschätzten Vaters.
Vati lebte ganz bewusst und in frei gewählter humanistischer, sozialer und geistiger Übereinstimmung mit seines Vaters umfassender philosophischer Weltanschauung.
Beim Schreiben dieser Episode sehe ich meinen verehrten Großvater und meinen geschätzten Vater als eine Einheit und in lebendiger, vollkommener Klarheit vor meinem geistigen Auge verweilen.
Exakt in dieser virtuellen Szene, in dieser schillernden, verzaubernden und gefühlten ‚Fata Morgana der guten Gefühle', – in ihr erkenne ich schlagartig die wundersame und tief empfundene Wahrnehmung der wertvollen, humanistischen und christlichen Werte unseres zusammenwachsenden Europas, die Werte des Abendlandes.
In meines Großvaters und in Vaters Denken existierte es, ihr eigenes ‚Universum der Humanitas und des Geistes', verbunden mit dem immerwährenden Streben nach Antworten auf alle Fragen des irdischen Seins.
So verfolgen meine beiden, schon seit langer Zeit im ewigen Sternenstaub des Universums vereinten Väter, allein in meiner weiten Gedankenwelt meinen eigenen Weg, und sie weisen mir die Richtung und das Ziel, das beide immer vor Augen hatten: ‚Der Frieden aller Völker'.
Ich jedenfalls sehe und fühle es so in meiner persönlichen, ureigenen Retrospektive, denn auch ich befinde mich augenscheinlich in ihrem Banne fixiert und fühle mich vom starken, aufwirbelnden Sog ihrer stimulierenden Philosophien mitgerissen und eingefangen.

Die schmale, weiße Tür zu Vatis Atelier stand halbgeöffnet im Raum und ihr herausragender Anschlagwinkel war in Muttis Gefühlswelt und in ihrem Ordnungssinn sicherlich ein optischer Störfaktor, denn sie hatte den sonntäglichen Frühstückstisch anmutig eingedeckt, sodass sich im kleinen Esszimmer eine Art

Feiertagsstimmung verbreitete.

Der Duft ihres frischgebrühten Kaffees erfüllte unseren kleinen, offen gestalteten heimeligen Wohnbereich, denn die zwei zur Minidiele führenden Türen wurden ja dieser Gemütlichkeit geopfert; Vati hatte sie auf den Rumpelspeicher über uns verbannt und dort zu dem Sammelsurium des anderen ausgedienten Inventars des Goethe-Hauses gestellt.

Sogar die beiden klitzekleinen, braunen Steingutväschen mit den tiefblauvioletten Frühlingsveilchen, die ich schon in aller Herrgottsfrühe von meinem Spaziergang ins nahe Großbachtal mitgebracht hatte, sie hatten von Mutti ihren dekorativen Platz neben den beiden schon brennenden Schmuckkerzen erhalten und sie zauberten, im Verbund mit der edlen, feinen Leinenstruktur der in zartem Grünton bestickten Monogrammservietten von Mutti und Vati, ein urgemütliches Wohlfühlambiente.

Diese gestaltete Harmonie vermittelte Muttis Liebe zu uns, und der zurückhaltende Glanz ihrer Tischdekoration führte gleichsam zum einfühlsamen Frühstückserlebnis.

Der angenehme, aufsteigende Duft, den das kräftige Aroma des gebrühten Kaffees uns vernehmen ließ, in Verbindung mit dem lieblich-zarten Veilchenduft, beide zusammen zauberten die behaglichen Wohlfühlmomente in unsere Herzen, die unserem sonntäglichen Beisammensein den feinen Hauch des kleinen Glücks offenbarten.

Diese alle Gefühlssinne berührende, schmeichelnde Atmosphäre war sozusagen Muttis feierliches Ritual, ihr ganz persönliches Sonntagsgeschenk an ihre ‚Männer'.

Unsere gemeinsamen Sonntage hatten zu den Zeiten ihrer beider Berufstätigkeit, exakt zu Beginn der fünfziger Jahre, immer den Vorrang vor Muttis eigentlich so geliebten Gewohnheit, dem ausgiebigen Ausschlafen in Morpheus Armen.

Ich genoss Muttis zelebriertes, sonntägliches Gesamtarrangement der guten Stimmung und mein aufkommendes, wohliges ‚Rundumzufriedenheitsgefühl' wirklich mit allen Sinnen und freute mich auf die im Gasherd aufgebackenen Samstagsbrötchen, als die Herrin des Hauses ihre weiche, aber trotzdem treffende, Kritik in Vatis Richtung unüberhörbar schickte: „Sag mal, Du Pascha, Du sitzt da in Deinem bequemen Plüschsessel wie der Schah Reza Pachlevi von Persien, liest wie versunken in Deinem dicken Buch, paffst genüsslich eine Deiner stinkenden, billigen Zigarren oder Stumpen und lässt den lieben Gott einen guten Mann sein."

Mein alter Herr räkelte sich leicht in seinem Sessel-Refugium, klappte mit einem Knalleffekt die beiden dicken Buchdeckel zusammen, räusperte sich heiser, ja fast unhörbar und lächelte seine bessere Hälfte mit einem mitleidheischenden, treuen Blick an …, doch bevor er überhaupt zu einer Antwort ansetzen konnte, schoss Mutti den nächsten, spitzen und auch mit ironischen Unterton versehenen, verbalen Giftpfeil ab: „Hallo mein Freund, Du, mein Herr und Gebieter, wir sind

auch noch da, heute ist Sonntag, schon vergessen? Erhebe Dich, Du schwacher Geist, meinetwegen auch Du Wissensbestie der trivialen Literatur, los, bewege Deine Gehwerkzeuge, wir brauchen Dich hier bei uns am Tisch!"
Vati schlurfte herausfordernd und ostentativ langsamen Schrittes aus seinem verqualmten Wohnzimmer zu uns und wollte es sich im Lehnstuhl vor Kopf des gedeckten Frühstückstisches bequem machen, als Muttis befehlende scharfe Worte sein Unterfangen jäh stoppten und er vor Schreck abrupt und in unnatürlich krummer Haltung innehielt, für einen kurzen Moment jedenfalls so verharrte, um sie alsdann entgeistert und fragenden Blickes anzustarren.
„Gotthold …", seinen sonst so wohlklingenden Vornamen sprach sie so überakzentuiert und vorwurfsvoll aus, dass ich verblüfft und fassungslos darüber, fast das Atmen vergaß.
„Gotthold, Deine Ateliertür steht halboffen und man sieht unwillkürlich Deine seit Tagen herrschende Unordnung in Deinem Allerheiligsten der Kunst, also, dieses dort im Atelier herrschende Chaos bin ich nicht gewohnt von Dir! Seit Tagen schon liest Du nur noch dicke Bücher und malst überhaupt nicht mehr. Was ist nur los mit Dir? Mate-Tee aus nicht gespülten Gläsern trinken, für Deinen Kaffeekonsum gilt das Gleiche, Pfeifentabak mischen, Zigaretten in rauen Mengen inhalieren, Zigarren paffen, deren graue Asche ich auf dem Teppich wiederfinde, all diese Angewohnheiten waren zu Zeiten Deiner Schaffensperioden durchaus angenehme Begleiterscheinungen, die Du zelebriertes.
Aber wie gesagt, seit Tagen, wenn nicht schon seit Wochen, berührst Du keinen Pinsel mehr! Was, mein Lieber, was ist nur los mit Dir? Wo ist Dein Enthusiasmus geblieben, wo Deine Besessenheit zur Malerei mit ihren wundervollen Ausstellungserfolgen?
Mein Liebster, bitte lass mich es doch begreifen, wenn Dich was bedrückt, lass mich doch wissen, wenn Du Probleme hast."
„Dazu kann ich Dir, liebste Grete, vieles erzählen und auch erklären, das will ich liebend gerne tun, denn meine augenblickliche Lethargie im Bezug meiner Malerei ist in jedem Künstlerleben beileibe nichts Außergewöhnliches. Dazu gibt es hunderte an Beispielen aus allen Kunstepochen, aber meist treffende Beispiele viel größerer Genies, solltest Du mich in diese Kategorie übertreibenderweise einzuordnen die Absicht haben."
Vati machte eine kleine Pause und verschloss alsdann schnurstracks und mit lautem Einrasten des Schlosses die halbgeöffnete Ateliertüre, die ja der leidige Auslösefaktor der soeben erlebten mütterlichen Verstimmung war.
Er setzte sich sichtlich erleichtert, ja richtig zufrieden an unseren gepflegt arrangierten und anmutig gedeckten Frühstückstisch, auch seine obligatorischen weichen Eier, zwei Stück an der Zahl, fehlten nicht.
„Lasst uns den Tag genießen, Kinder, das Leben ist zu kurz, um in Missmut zu verweilen, außerdem habe ich einen Bärenhunger!" Mein Alter Herr sprach diese aufmunternden Worte so gefühlvoll und gelassen aus, dass vor allem Muttis wie

auch meine gute Laune sofort wieder zurückkehrte.

Diese wiederhergestellte gute Laune bescherte uns im ‚Dreierbund' ein völlig unbeschwertes, genussvolles, sonntägliches Frühstück in Harmonie, wobei unsere Unterhaltung als Zusammenhaltfaktor die Hauptrolle spielte.

In dieser, wie auch in allen anderen unserer Unterhaltungsrunden, bildeten die Themen der Bildenden Kunst und die der allgemeinen Politik den Mittelpunkt.

Vor allem aber galt der Tenor der sozial angehauchten Bewertung von Vatis Erläuterungen meiner Person, um mein Gerechtigkeitsempfinden zu stärken.

Diese fachlich interessanten und anregenden Diskussionen wurden von ihm auch oft als persönliche Lehrstunden zu meinem Menschwerden zelebriert.

Dass sein sozialdemokratisches Weltbild mit dem seines alten Herrn, meinem Großvater, total übereinstimmte, das lag sicherlich an beider äußerst negativer Erfahrungen, speziell aus der unheilvollen jüngsten deutschen Vergangenheit, der verbrecherischen Hitlerdiktatur mit ihren millionenfachen Morden an Juden, Sinti und Roma, den zahlreichen Euthanasieopfern und den Verbrechen gegen die Menschlichkeit des verheerenden, verbrecherischen Zweiten Weltkrieges.

Ich fühlte mich in meinem geistigen Fassungsvermögen zeitweise überfordert, denn all die realen, historischen Fakten, die mir die engen, persönlichen Informationen meines Vaters offenbarten, diese in Verbindung mit meinen hautnahen, erlebten Kindheitserinnerungen, bildeten eine Art fast undurchschaubarer Nebelwand vor meinem geistigen Auge.

Ich suchte unentwegt nach überschaubarer Gedankenklarheit, denn ich ahnte damals schon, dass nur das Verstehen dieser NS-Zeit meinen Weg ins Leben positiv beeinflussen würde. Und ich spürte, nur ein demokratisches, von Respekt begleitetes Miteinander der ehemaligen Kriegsgegner würde auf Dauer den Waffenstillstand festigen.

Das Durchdringen dieser nebulösen Sperre gelang mir nur durch mein intensives Selbststudium der jüngsten deutschen Geschichte und die des unmenschlichen Nationalsozialismus. Von allen greifbaren Fachbüchern, derer ich teils auch auf Umwegen habhaft werden konnte, bezog ich mit Mühen mein spärliches Detailwissen.

Es waren aber die von mir hartnäckig verfolgten und gezielten Vater-und-Sohn-Gespräche, um die ich meinen geschätzten ‚Alten Herrn' immer wieder bat, die mir die gefühlte Nebelwand im Kopf auflösten.

Seine emotionalen Schilderungen des ‚Gewesenen' und seine Schlussfolgerungen daraus, die er mir vehement erläuterte, diese Belehrungen öffneten mir die Augen. Dass unsere Gespräche auch oftmals von heftigen Diskussionen begleitet wurden, das lag logischerweise an der jeweiligen Betrachtungsweise unserer brisanten Themen, denn die konträren Ansichten die wir vertraten, ja, die uns beide auch quälten, sie sah ich damals im steten ‚Alt-und-Jung'-Diskurs, ich sah sie also im Generationsunterschied begründet.

Unsere geistigen ‚Vater-Sohn-Diskrepanzen' glichen sich, wenn überhaupt, erst in meinem Erwachsenenalter an Vatis Denken an, denn dieses Verstehen bedurfte meinerseits einer langen, geistigen Reifezeit. Toleranz und Respekt vor anderen Ansichten und Meinungen, diese Tugenden musste ich in meiner damaligen Gefühlswelt erst noch vervollkommnen.

Genau an dieser Stelle kommt mir die Altersweisheit des großen amerikanischen Schriftstellers und Abenteurers Ernest Hemingway spontan in den Sinn, die wohl seit Menschengedenken Gültigkeit hat und bis ins Heute hinein zutrifft:

‚Die Jugend ist meist so allwissend, dass sie alles weiß, bis auf eines; dass auch einmal die Alten allwissend waren, bis sie wirklich etwas wussten'.

Ich habe mich immer meinen vielen offenen, teils auch quälenden, Fragen in meinen Gedanken gestellt, ich habe mir virtuell Fragen präsentiert und gleichzeitig ihre Antworten gesucht, Antworten die das ‚Vorgestern' und die auch das ‚Gestern' unseres Vaterlandes betrafen, eben die das ehemals ‚Gewesene' in ein ehrliches und helles Licht zu tauchen vermochten.

Ich war vom Beginn meiner Erzählungen an und über alle Jahrzehnte hinweg auf meiner virtuellen Wanderschaft unterwegs, stets auf der Suche nach unserem gemeinsamen und verbindenden Weg.

Ich war unterwegs auf dem gewählten Pfad meiner erlebten Erinnerungen in schweren Zeiten, aber auch unterwegs auf dessen bequemer Parallelspur, eben dem Pfad der angenehmen Erlebnisse.

Es war der imaginäre Pfad der aufkommenden lebensbejahenden Menschlichkeit, der Pfad der ideellen Werte, auf dem ich aufbrach, um Gleichgesinnte in Gedankenspielen zu treffen, die vielleicht mein Wertegefühl akzeptieren könnten, die auch mein bekennendes ‚Ja' zu unserer Zukunft mittragen könnten, – und die mich auf meiner Suche begleiten würden, auf der Suche nach unserer gelebten, erlebten, nach unserer liebenswerten Zeit, nach … unserer ‚gewonnenen Zeit'.

‚Ich bin …', so schoss es mir blitzartig durch den Kopf und löste dadurch mein Selbstgespräch aus, „… ich bin also wirklich auf der Suche nach unserer ‚gewonnenen Zeit'.

Ich erlebe meine gezielten Recherchen im offenen und weitläufigen, im kunterbunten, aber doch realen Gedankenparadies, sozusagen im grenzenlosen Areal meiner akribisch gespeicherten Erlebnisse aus längst vergangenen Lebenszyklen. Verrückte Welt.

Aber ich genieße auch gleichzeitig dessen teils abenteuerliche Begebenheiten, die ich in manch guter, aber auch mal in weniger angenehmer Art und Weise im Kopf behalten habe, ich erkenne in farbiger Deutlichkeit, ja, wie in einer verfilmten Familiensaga, alles was war und was Bedeutung hatte: Alter Junge, ein bisschen verrückt warst Du ja immer schon'!

Dieses Selbstgespräch vertiefte auf angenehme Weise meine Suche nach gewonnener Zeit, die vor allem in den vielen Stunden des Alleinseins die Regie meines Fühlens führte, ja, die mir auch eindringlich meine zu schreibenden ‚Erzählungen' empfahl.

In dieses Gefühl hinein tauchten ab und an auch faszinierende Episoden spontan auf, von mir vielleicht auch ungewollte und nicht direkt gesuchte Tatsachen offenbarten, die ich aber, auch wenn sie mir mal unbequem erscheinen mochten, erst recht aufgriff, um auch ihnen ihre ehemalige authentische Existenz in meinen Erzählungen zurück zu schenken und zu bewahren.

Die Malerei beherrschte zwar den größten Teil meines Vaters inhaltsreichen Lebens, doch auch das umfangreiche Angebot der internationalen Dichtkunst und das der weitverzweigten, modernen Geisteswissenschaften, mit all den verfassten Werken, dieses mächtige Komplettpaket der schwarzen Buchdruckerzunft war Vatis geistiger Mentor und bewegte seine philosophische Gedankenwelt sowie seinen unstillbaren Wissensdurst in dem unendlich weiten Kosmos der Literaten, Dichter und Denker.

Sie alle waren ihm sicherlich willkommene Freunde im Geiste. Sein bequemer Plüschsessel sorgte für seine wohlige Lesebehaglichkeit und sein schwarzer Tee mit einem Schuss Rum, im weiteren Zusammenspiel mit seinem herrlich duftendem ‚Zigagärchen', Vati erfand gerne humorvolle Verniedlichungen für alles, was er schätzte, bescherten ihm den kleinen Luxus, den er so sehr zu genießen vermochte.

So entfloh er gerne mal der Gegenwart und entschwand unbehelligt für eine geraume Weile in seine heile Welt der weiten Gedanken. Mutti und ich störten unseren in sich versunkenen und sich dem blauen Dunst hingebenden ‚Patriarchen' der schönen Künste nie. Denn auch wir verfolgten unser eigenes Hobby, das ausgedehnte ‚Spielen' im munteren Miteinander. Unser beider heißgeliebtes Spiel der Worte, das Spiel der Pfiffigen, ... es hieß ‚Scrabble'.

Aus vorgegebenen, kleinen Buchstabensteinchen sollte man flott und eben auch kreativ immer aneinanderpassende oder sich ergänzende Wortgebilde schaffen, die aber immer realitätsbezogen zu sein hatten.

Völlig verrückte Spaßwörter, aber auch lustige Wortneuschöpfungen sorgten zwar im spannenden Spielverlauf stets für ausgelassene Heiterkeit und herzerfrischendes Gelächter, doch wurden diese Buchstabengebilde vom jeweiligen aufmerksamen Gegenspieler natürlich nicht akzeptiert.

Dieses tolle ‚Wort-Finde-Spiel' gehörte zur Grundausstattung unserer umfangreichen Schatzkiste der Gesellschaftsspiele. Das ‚Miteinanderspielen' waren unser geliebter Feierabend-Mittelpunkt und gleichzeitig auch der ausgleichende Hort unserer liebevollen Beziehungen.

„Ich finde unsere gemeinsamen Stunden beim Spielen einfach super, Mutti, denn gerade beim Wörtersuchen entstehen ja so wundervolle Gespräche, die unsere familiären Bande weiter festigen'.

Mit diesem Satz unterstrich ich meine Freude, ja Begeisterung. Ich wollte noch ein weiteres Argument meines Wohlfühlgefühls hinzufügen, doch Mutti lächelte mich an und plauderte sichtlich erfreut munter drauf los: „Erinnere Dich, meiner lieber Sohnemann, an unsere abenteuerlichen ‚Mensch-ärgere-dich-nicht-Kämpfe' mit Vati, die waren doch auch immer sehr kurzweilig und anstrengend, weil er nie verlieren wollte.

Ja, und wenn er mal auf der Verliererseite war, dann flogen schon mal die Würfel und Hütchen durchs Zimmer, ... er wurde fuchsteufelswild und wir lachten uns einen Ast." So, oder so ähnlich erlebte ich unseren familiären ‚Dreierbund' im alltäglichen und meist gemütlichen Zusammensein in der kleinen Mansardenbehausung des Goethe-Hauses, meines einstigen Lebensmittelpunktes, der Stätte meiner behüteten Kindheit und auch der meiner turbulenten Jugendzeit.

Dass sich mein Vater wie ein Besessener seiner Malfreude hingab, das war natürlich oftmals der Grund, der zur Verstimmung mit meiner Mutter führte. „Du fehlst mir sehr, mein Liebster, das andauernde Kreuzworträtseln, mit dem ich das Warten auf Dich, mein geliebter Göttergatte, ausfülle, das darf aber nicht zum Dauerzustand werden, hörst Du?"

Mutti rief diese missbilligenden Worte laut in Richtung seines Ateliers, und die halbgeöffnete Tür zu seinem Allerheiligsten, seinem Atelier, garantierte ihr, dass das Gesagte auch in seine Ohren eingedrungen war.

Ich vernahm ein Stuhlrücken, verbunden mit dem Schiebegeräusch der Holzstaffelei im Allerheiligsten, und ich wusste augenblicklich, mein alter Herr würde in Kürze im schmalen Ateliertürrahmen erscheinen.

Er hielt seine ausladende Ölfarben-Palette, die er übervoll, mit den auf ihr haftenden und enggesetzten, buntgemischten, pastosen Farben versehen hatte, in seiner linken, leicht nach vorne zeigenden, abgeknickten Hand.

Im beabsichtigten Zusammenspiel seiner Gestik hatte Vati die rechte Hand ostentativ und in theatralisch anmutender Haltung etwa in Kopfhöhe fixiert, atmete langsam und vernehmbar tief ein, um mit der Kraft seiner Lungen seinem fast beschwörend klingenden Tonfall das Timbre zu geben, das seiner Stimme den sonoren Nachdruck verlieh, der seiner beabsichtigten Erklärung Weisheit und auch Würde geben sollte: „Meine allerliebste Grete, ich habe es Dir schon wiederholt erklärt, und ich sage es Dir heute gerne noch einmal, wenn ich den inneren Willen verspüre, der mich zum Malen treibt, dann ist das so, dann malt es einfach aus mir heraus, dann muss ich arbeiten und meinen künstlerischen Gefühlen freien Lauf lassen. Ich bitte Dich um Dein liebevolles Verständnis für mein Tun, aber meine Besessenheit ist glücklicherweise bei mir ja kein Dauerzustand und sie ebbt auch immer wieder ab.

Meine allerliebste Gefährtin, Du kennst doch jeden Winkel meines Künstlerherzens und daher weißt Du auch, dass ich meine Malerei in Intervallen immerfort weiterentwickele, dass ich auch Zeiten des Experimentierens brauche und das alles zusammengenommen und in Ruhe betrachtet, erklärt auch meine schöpferischen Pausen. Aber wenn ich vor meiner Staffelei sitze und meine Vision des Bildes erlebe und mit der Gewalt der Formen und Farben, mit Pinsel und Spachtel, mich ins ‚Hier und Jetzt' versetze, ja Grete, dann ist das mein einmaliger, schöpferischer Akt, den ich nutzen muss.

Das ist wirklich eine Sache des glücklichen Moments, liebste Grete, denn genau dann erkenne ich, exakt in diesem Freiraum, den natürlichen, den ursprünglichen Charakter des Motivs, dem ich in dieser engen Schaffensphase ihren Solitärstatus verleihen kann und muss.
Der alleinige, der unverwechselbare Ausdruck des geschaffenen Werkes, ob Ölbild oder Aquarell, dieser Ausdruck in Charakteristik und Stil beinhaltet Leben, das Bild hat eine Seele.
Und wenn ich all die genannten Anforderungen, die ich immer an mich selbst stelle, wenn sie alle in meiner Malerei erfüllt habe, dann habe ich das ‚Besondere' geschaffen und ins Blickfeld des jeweiligen Betrachters gerückt.
Erst dann bin ich zufrieden, dann erst, in diesem einen Augenblick, kann ich zu mir sagen, du Bild, du bist ein ‚echter Borchert'.
Denn dann weiß ich, dass meine Energie, meine Intuition, meine Kreativität oben ist, dass ich mich im Zenit dieser Zeitspanne befinde.
Ich muss einfach diese Malperioden erkennen, ich muss sie verstehen und in mir aufnehmen, ja, ich muss die Gunst der Stunde nutzen, ich muss den seltenen Kuss der Muse genießend empfangen; und meistens, mein teures Herz, liebste Grete, in den allermeisten Fällen sind ja auch die erzielten Ergebnisse, die Bilder toll, ich meine wertvoll, und sie altern nur sehr, sehr langsam."
Er schaute uns lange in die Augen und sein Blick hatte etwas Fragendes, etwas an Unsicherheit Erinnerndes im Ausdruck, doch dieser Moment dauerte nur kurze Zeit an, denn das Unsichere und Fragende seines Blickes löste sich schlagartig auf, als Vati unsere offenkundige, ehrliche Bewunderung spürte und unseren spontanen, zeitgleichen und auch kräftigen Applaus vernahm.
In dieser Sekunde hellten sich seine markanten, asketischen Gesichtszüge zusehends auf und eine fühlbare Zufriedenheit strahlte in seinem Gesicht.
Auch in dieser fesselnden, meine Seele anrührenden, vor allem aber für mich äußerst lehrreichen Situation erkannte ich damals die Aura, die diesen Mann, die diesen Kunstmaler, die meinen Vater umgab.
Genau dieser eine Wimpernschlag der wertvollen Erinnerung, dieser wohltuende Hauch meiner ureigenen Familienhistorie, er schenkte mir, für alle Zeiten meines quirligen Lebens, ein Quantum an Freude, eben ein kostbares Teilstück der von mir stets gesuchten … ‚gewonnenen Zeit!'
In Vatis Lebensrhythmus eingebettet waren, neben seinen langanhaltenden Malzyklen, auch die von unterschiedlicher Dauer geprägten Zeiten der Entspannung und Erholung. Seine Heimatliebe und auch seine menschlich freundliche Kontaktfreudigkeit zeichneten ihn aus.
Ausgedehnte Kaffeehausbesuche, aber auch kleine Wanderungen durch Dörfer, Feld, Flur und Wald, die ihn in unsere wunderschöne motivreiche Mittelrheinheimat führten, dieses Zusammenspiel der Wahrnehmungen war für Vati Seelenbalsam und Lebenselixier zugleich, und sie schenkten ihm nicht nur die innere Balance, sondern auch seine quirlige Lebensfreude immer wieder zurück.

Sein Miniskizzenbuch und die Zeichenstifte gehörten zum obligatorischen Inhalt der Taschen seines Cordanzugs. Wahre Künstler haben ein sehendes Herz, sie sind voller freier Gedanken und sie haben ihren Blick geschärft, um alles ‚Schöne' und die ‚Wunder' der göttlichen Schöpfung zur rechten Zeit zu entdecken. Bei meinem Durchstöbern seiner, teils mit wenigen aber markant-schmissigen Strichen festgehaltenen Motive entdeckte ich oft die Faszination unserer rheinischen Wunderwelt, eben aus seinem künstlerischen Blickwinkel heraus, der stets sein ‚richtiges Sehen' so eindrucksvoll dokumentierte.

Wenn ich damals als Jugendlicher, wie auch heute, im Spätherbst meines Lebens, eine seiner, teils leicht ramponierten Skizzenkladden in Händen halte, dann fühlte und fühle ich den pochenden Puls und den klopfenden Herzschlag meiner gewonnenen Zeit. Genau dieser weitere ‚Gewinn meiner Zeit', er berührt meine Seele und zwingt meinen gefühlvollen, fast auch ehrfurchtsvollen Blick auf Vatis skizziertes Erbe.

Und genau dieses Hinschauen zaubert mir, einem Farbbildprojektor gleich, spontan das ehemals Erlebte in meine Gegenwart hinein, sodass ich mit bewunderndem Erstaunen feststelle, dass diese ‚Schwarz-Weiß-Malerei', der mit dynamischer und gekonnter Strichführung gezeichneten Heimatmotive, dass die Skizzen aus jener Nachkriegszeit durchaus etwas an Wunderschönem und überaus Positivem auszudrücken vermögen, weil sie auch allesamt den zarten Hauch alles Vergänglichen spüren lassen, denn wie sagt man so gerne im Volksmund: ‚Erinnerungen sind das einzige Paradies auf Erden, aus dem man niemals vertrieben werden kann!'

Die Auszeiten, die sich Vati von seiner ‚Malbesessenheit' erlaubte, diese Auszeiten waren aber von ihm nur als geistige Ruhephasen bezeichnet worden. Seine Kunst erforderte von ihm einen enormen Energieaufwand, der von Zeit zu Zeit ein Aufladen seiner ‚Batterien' bedingte. So jedenfalls verstand ich damals seine Erklärungen zu diesem Themenkomplex.

Die Ruhepausen verbrachte er stets jenseits seines Ateliers. Diese Auszeiten waren aber auch eine Art von freigewählter Flucht, denn seine Sehnsucht nach dem geschriebenen Wort der Dichter und Denker aus dem unendlichen Kosmos ihrer weiten Gedanken, sie alle faszinierten meinen alten Herrn. Deren Sprachvirtuosität erzwang wohl seinen Rückzug in die Welt seiner unzähligen Bücher.

Viele dieser Bücher hatte er schon erfreulicherweise vor dem Ausbruch des Zweiten Weltkrieges von seinem Vater geerbt.

Natürlich vervollständigte er ständig und speziell nach seinen Interessenslagen und Wünschen geordnet, seinen geliebten Wissensschatz mit dem gezielten Zukauf weiteren Lesestoffs, aber meist aus finanziellen Gründen in preiswert gebundenen einfachen Taschenbuchausgaben.

Diesem ‚Bücherreichtum' schenkte er seine ganze Aufmerksamkeit, denn er hatte aus dem Nachlass eines mir unbekannten Freundes den großen Bücherschrank ersteigert, der die gesamte Stirnseite des Wohnzimmers ausfüllte und fortan, allein schon durch seinen wuchtigen Anblick unserem engen Wohnbereich einen Bibliotheks-Charakter überstülpte.

Die mit feinem, leicht abgeschrägtem Facettenschliff an allen Außenkanten versehenen Glasscheiben dieses Bücherschrankes, die zum Öffnen und Schließen auf kleinen, silbernen Stahlkügelchen in ihren versenkten doppelten Führungsschienen saßen und sich leichtläufig hin- und herrollen ließen, gaben diesem Ebenholz-Koloss, als geräumigem Hort der Weltliteratur, ein wandausfüllendes, imposantes Aussehen und auch gleichzeitigen Schutz vor jeglichen, zerstörerischen ‚Raucherdüften' des Hausherrn.

Die ausgewählten Bücher, die meines Vaters Auszeiten ständig begleiteten, die sein persönliches Literaturstudium stützten und somit logischerweise in seinen ausgedehnten Lesestunden oberste Priorität besaßen, sie alle lagen übereinandergestapelt auf der kniehohen, offenen Freifläche unterhalb der der Bücherreihen. Diese literarischen Buchschätze hortete Vati auch mal kreuz und quer und verhinderte dadurch auch den Blick auf die eigentlich recht ansehnliche polierte und matt glänzende Ebenholzfreifläche, die aber kaum noch als solche erkennbar war. Sicherlich hatte der Möbelschreiner einst beim Tischlern beabsichtigt, dem künftigen Besitzer mit dieser freien Fläche eine individuell zu gestaltende Dekorationsbühne für Skulpturen oder ähnliche Utensilien zu schaffen.

Möglicherweise dachte er aber auch an eine Art raumgebende kleine Ablage, die einem individuellen Blickfang Bühne geben könnte, zum Beispiel, um einer Grünpflanze einen besonderen Ausdruck zu verleihen oder einfach auch jeder anderen blickfangenden Idee den Platz zu schenken, der dem Gesamtbild der Schrankwand gutgetan hätte.

Mutti und mir, aber sicherlich auch dem einstigen Tischlermeister hätte dieser imposante Ebenholzbücherschrank mit ‚kleiner Dekoration' bestimmt besser gefallen.

Für Vati war diese, von ihm gewollt entfremdend genutzte Bücherschrankablage, eben ‚seine literarische Bühne des sichtbaren Wissens', denn dieser kunterbunte Stapel seiner literarischen Auswahl, er besaß für ihn eben gegenwärtig, äußerste Priorität, und genau diese Exemplare des Stapels waren, für sein Gefühl jedenfalls, als ‚genial gehortet' anzusehen, und seinen Wunsch sollten wir, Mutti und ich, eben verständnisvoll akzeptieren.

Für Vatis Kreativität und für sein Empfinden beinhaltete ja Buch für Buch komprimiertes und kompaktes Fachwissen. Und jedes Unikat des ‚Stapelwissens' musste in greifbarer Nähe liegen.

Aber jeglicher Kunst-Bildband, auch jeder spezielle Leitfaden der Ölfarbenmixtechnik, ja jeder erdenkliche und gedruckte Inhalt dieser Werke, einfach jedes Exemplar übte auf Vati einen geradezu suggestiven Reiz aus, der trotz all der sichtbaren Unordnung, die ja dieses Sammelsurium auf besagter Bücherschrankablage hervorrief, dieses optische Chaos war seine wertvolle geistige Schatztruhe.

Mein Mutterherz hatte sich im Laufe ihrer langen und glücklichen Ehezweisam-

keit an die Marotten ihres Göttergatten längst gewöhnt, weshalb diese Wohnzimmerunordnung auch nur äußerst selten zu Dissonanzen der beiden führte.
Mir war Vatis Bücherwirrwarr sowieso sympathisch, denn auch in meinem eigenen Bereich meines engen Zimmerchens herrschte fast immer ein gewolltes Durcheinander, denn mein, als ideenreiches Spielen deklariertes Beschäftigen in meiner vererbten ‚tausendfachen' Kreativität, dieses Tohuwabohu wurde von Mutti augenzwinkernd geduldet.
Ihrer mütterlichen und stets liebevollen Erziehungsaufgabe konnte und wollte sie sich nicht entziehen, weshalb sie in weicher, ja schmeichelnder Stimmlage ihre Frage stellte: „Meinst Du nicht, mein geliebter Sohnemann, Du könntest mal wieder Dein Labyrinth des Minotaurus entwirren und diesem chaotischen Zustand Deines eigenen Reiches, Deines Zimmers also, seinen alten, ursprünglichen Charakter zurückgeben?"
Muttis ironischer Unterton traf mich zwar und erwischte mich auch jedes Mal voll auf den linken Fuß, doch statt brav und verständnisvoll Einsicht und meinen guten Willen zu zeigen, lehnte ich mich innerlich dagegen auf und antwortete jungenhaft keck und außerdem riskierte ich auch noch eine kesse Lippe: „Was heißt hier Chaos, Mutti, bitte bedenk' doch, wenn ich tue was Du von mir verlangst, wenn ich immer nach dem Spielen aufräume, dann verliere ich viel Zeit zum Spielen und außerdem reißt es mich aus meinen Gedanken. Außerdem hat Vati mal gesagt … ‚nur ein kleiner Geist hält Ordnung, ein Genie überblickt das Chaos', das hat er gesagt!"
Mutti schaute mich mit ihren wunderschönen, rehbraunen Augen lange, sehr lange an, um dann mit ihrem charmanten Augenaufschlag und mit ihrer weichen wohlklingenden Stimme zu antworten: „Du bist ein aufmüpfiger, vorlauter Frechdachs, aber Dein Mutterwitz ist entwaffnend, außerdem betonst Du das, was Du sagst, so nett, dass ich Dir in diesem Fall nicht allzu böse sein kann. Der flapsige Spruch mit der Chaoserklärung überzeugt mich zwar auch nicht, aber dass der Spruch von Deinem Vater stammen soll, auch das halte ich für geflunkert, mein Lieber, aber ich lass das jetzt alles mal so stehen. Und nun wasch Dir die Hände und komm zum Abendessen."
Unsere Mahlzeiten waren unisono von anregenden Gesprächen begleitet und schenkten uns ‚Dreien' immer eine behagliche Atmosphäre in unserer gemütlichen Wohnküche.
Das eigentlich fürs Speisen vorgesehene kleine Esszimmer hatte Vati in den meisten Zeiten mit seinen Kunstexponaten requiriert, weil der räumliche Abstand zum Beurteilen seiner zu schaffenden Werke im Miniatelier zu gering war und etwaige Änderungen von ihm nicht erkannt werden konnten.
„Alle Maler dieser Welt sind einzigartig und ihre speziellen Gewohnheiten, Marotten und ihre persönlichen Eigenheiten haben allesamt Parallelitäten aufzuweisen, die ich natürlich auch bei Dir, mein geliebter Göttergatte, immer wieder aufs Neue entdecke.

Aus diesem Grund bin ich bereit, auch auf unser Esszimmer oftmals zu verzichten und in der Küche mit Euch zu essen. Auch an die vielen Kleckereien auf den Böden und an die Farbreste an unseren Möbeln, Tischdecken und Stickkissen habe ich mich gewöhnt. Von den Farbklecksen unserer Teppiche und Brücken will ich gar nicht erzählen. Aber mein Lieber, La Boheme lässt grüßen.
Unser Paradies, unsere Insel der Gemütlichkeit ist halt bunt und in jedem Fall einzigartig. Ein Hoch auf die Individualität des Wohnens, es lebe die Besessenheit der Kunstschaffenden! Und weißt Du, warum ich das tue?"
Mutti hatte ihrer Erklärung mit ihrer betonenden Stimmlage Nachdruck verliehen und wollte auch ansatzlos im begonnenen Text fortfahren, als Vati die gestellte Frage in einer Spontanität beantwortete, die nicht nur mich verblüffte, sondern auch Mutti völlig überraschte.
„Ja, meine liebste Grete, weil Du mich liebst und weil Du meine Kunst so schätzt!"
Mutti nickte leicht, fast unmerklich mit dem Kopf, schaute Vati voller Zärtlichkeit an, schlang liebevoll ihre Arme um seinen schlanken Hals und kraulte mit ihren zarten Fingerspitzen seine glatt anliegenden, aber leicht widerborstigen, langen, dunkelbraunen Haare und bestätigte auf diese hingebungsvolle Zärtlichkeit seine zuvor so vehement vorgetragene Antwort.
Es war eine wundervolle Zeit in unserer Dreierharmonie, eine in jeder Beziehung ‚gewonnene Zeit'! In meinen guten Gedanken kehre ich immer wieder gerne in unser einstiges großes Reich der liebevollen, anheimelnden Atmosphäre zurück.

> Volk und Knecht und Überwinder,
> Sie gesteh'n zu jeder Zeit,
> höchstes Glück der Erdenkinder.
> Sei nur die Persönlichkeit.

Diese Erkenntnis zitierte einst der große Dichterfürst Johann Wolfgang von Goethes aus seiner ‚west-östlichen Gedichtsammlung Divan'.
Ich erinnerte mich augenblicklich an meinen Großvater ... denn all meine lebendig gebliebenen Erinnerungen an meinen verehrten Opa und seiner praktizierten Menschlichkeit fühle ich noch heute so hautnah, weil mich seine Persönlichkeit und seine Liebe zu mir beeindruckte und mich schon als Knabe im Kindesalter faszinierte.
Vielleicht empfand ich aber meine Zuneigung zu ihm auch wegen seiner liebenswerten Wesensart, die mich wohl emotional sehr berührte, die sich mir aber sicherlich noch unbewusst ebenso offenbarte, wie auch seine altruistisch geprägten, solidarischen und sozialen Werte, die seine würdevolle Lebensauffassung bestimmten. Diese Wahrnehmungen tauchen in klaren Bildern vor meinem geistigen Auge auf und sie zeigen mir ‚meinen Opa Daddy', wie ich ihn immer gerne anredete, in seinem wirklich sehr kleinen Zimmer. Ich sehe ihn am engen Schreib-

tisch schreibend sitzen.
Und immer saß er in leicht gebeugter Körperhaltung vor seinen Manuskripten. Oft saß er aber auch nur grübelnd und spürbar in seinen Gedanken regelrecht versunken an seinem Schreibplatz.
Die aufgehäuften, teils schon zerknittert und auch vergilbt erscheinenden Zeitungsstapel umgaben Opa Daddy ebenso, wie auch mehrere ungeordnet abgelegte Bücherbände, die, weil sie übereinandergeschichtet waren, mich unwillkürlich an eine alte, verwitterte Bruchsteinmauer erinnerten.
In einem dieser Bücher sehe ich ihn auch nachdenklich grübeln und Seite um Seite umblättern, wie er es oft praktizierte.
Dann und wann nahm er seinen Holzbleistift zur Hand und schrieb. Erst in heutiger Zeit entdeckte ich per Zufall einige seiner damaligen Manuskripte der noch erhalten gebliebenen Leitartikel, die mein Opa für verschiedene, führende Tageszeitungen (Mainzer Anzeiger, Rheinischer Merkur) in den ersten Nachkriegsjahren verfasste.
Er war ein Philosoph, ein visionärer Denker, ein zeitkritischer Journalist und ein Autor mit universeller und edler Geisteshaltung. So sehe ich ihn in meiner Retrospektive hautnah vor meinem geistigen Auge, transferiert ins ‚Hier und Jetzt' mit gebührender Hochachtung und auch mit Ehrfurcht, meinen verehrten Großvater. Einige der wiederentdeckten Leitartikel ihres Verfassers, Dr. Gotthold Borchert, meines Opas, sie offenbaren mir den wirklichen Blick in seine philosophische Weltanschauung, deren globale Bedeutung gerade in unserer, teils verwirrten Gegenwart so wichtig wäre.
In jeder der vor über siebzig Jahren geschriebenen Zeilen finde ich sein humanes Denken und sein abendländisches, europäisches sowie christliches Menschenbild, umgeben von demokratischen Werten im Zusammenwirken von Wahrhaftigkeit, Menschenwürde und sozialem Miteinander der Völkergemeinschaft.
Sein zielgerichteter Tenor in diesen Leitartikeln war gleichzusetzen mit einem beschwörenden Appell an die menschliche Vernunft.
Geschrieben hatte mein Großvater seine zum zukunftsorientierten Nachdenken auffordernden ‚Weckrufe', in der Mitte des Jahres 1946, also kurz nach dem verheerenden Vernichtungskrieg der Hitlerdiktatur und dem dadurch ausgelösten Weltenbrand. So forderte er eindringlich ein beginnendes Besinnen auf die unauslöschlichen menschlichen Werte, die aber seiner Meinung nach, nur in einem demokratischen Staatsgefüge verwirklicht werden könnten.

>‚Was du ererbt hast von den Vätern,
>erwirb es, um es zu besitzen!'

Diesem weisen Rat werde ich Folge leisten, auch wenn ich nur wenige Überbleibsel von Großvaters reichem Philosophenleben zur Verfügung habe, werde ich den ideellen Wert seines geistigen Erbes erarbeiten und erneut aufleben lassen.

All sein Geschriebenes ist ein wertvoller Schatz der Hoffnung, ein Schatz für unsere Gegenwart und Zukunft, ein Schatz des geistigen Reichtums, der aber mit Bedacht und Feingefühl geborgen werden muss. Ich werde mich auf Schatzsuche begeben. Doch das ist dann eine andere Geschichte.

Meine Gedanken schweifen zurück ins kristallene Farbenspiel des strahlenden Kaleidoskops der besonderen Ereignisse, ins Auf und Ab des Künstlerdaseins meines ‚Alten Herrn'.

Die Literatur in ihrer gesamten Bandbreite war auch für meinen alten Herrn von höchster Priorität, und in den Phasen seiner schöpferischen ‚Kunstpausen' von größter Bedeutung. Er verfolgte mit seinem kosmopolitischen Denken und mit wachem Interesse den deutschen sowie auch den internationalen Büchermarkt, im Besonderen aber dessen diverse Bestseller mit allen Neuerscheinungen seiner Lieblingsautoren.

Vor allem die Werke seiner favorisierten zeitgenössischen Autoren, wie zum Beispiel die aktuellen Titel von Siegfried Lenz oder Günter Grass, von Max Frisch, Heinrich Dürrenmatt oder auch von Heinrich Böll. Vati wollte sie nach deren Ersterscheinen und wenn möglich, alle auf einmal schnellstens kaufen.

Diese Bestseller erregten stets seine ganze Aufmerksamkeit und oftmals wurde er richtig sauer, wenn die neuen, die druckfrischen Exemplare zunächst nur in kompakter, wertvoller Buchbindung und somit auch hochpreisig erschienen waren.

Vati schaute Mutti und mir in diesen Situationen bitterböse in die Augen, wobei er uns ja nicht persönlich angriff, aber er machte sich auf diese Weise mit seinem fixierenden Blick auf uns beide Luft, wie man so sagt, ließ seinem angestauten Ärger auf die ungeliebten, gewinnorientierten Verleger freien Lauf und polterte munter drauf los: „Menschenskind noch mal, das ist doch immer so, diese kapitalistischen Bücherproduzenten jagen ihrem Profit nach und vergessen in ihrer Geldgier die literarisch interessierten Menschen, die aufgrund ihrer geringeren Einkommen sich die teuren, luxuriösen Prachtbände in Leinen oder Leder eben nicht leisten können.

Ganz abgesehen davon ist doch klar, es kommt immer auf den Inhalt der Bücher an und nicht auf die äußere Hülle. Ihr stimmt mir zu, denn ich sehe bei Euch beiden ein zustimmendes Nicken.

Gott sei Dank gibt es ja auch solche Verlage, wie beispielsweise Rowohlt oder Goldmann-Taschenbuch und andere, die zwar zeitversetzt, aber leider auch oft viel später, die meisten Neuerscheinungen nachdrucken. Erst dann sind sie für jedermann und vor allem zu wirklich erschwinglichen, ja günstigen Preisen in den Buchhandlungen erhältlich."

Diese zeitkritischen Werke las er mit einem Eifer, den ich sonst nur bei seinem Kunstschaffen, beim Malen in der Enge seines Ateliers, erlebt hatte.

Allen Themen in Forschung, Wissenschaft und Politik widmete er in seiner Geisteswelt sein uneingeschränktes, persönliches Studium, denn seine Philosophie war damals losgelöst von jeglicher Problematik des wirtschaftlichen Aufbaus unserer noch jungen Bundesrepublik.

Mutti erfüllte ihre Aufgaben als Sekretärin der Geschäftsleitung der neu gegründeten Notarkammer Rheinland-Pfalz, mit Sitz in Koblenz, mit ihrem Herzblut und mit ihrem dynamischen Elan.

Ihre Aufgabengebiete waren so anspruchsvoll, vielseitig und auch neu, dass sie zu jener Zeit allen realen Anforderungen gewachsen war und somit ihren Beitrag beim Aufbau der noch jungen Vereinigung der Notare mit Bravour leisten konnte.

Mutti war zeitlebens mit ‚Leib und Seele' ihrer Notarkammer Koblenz aufs Engste verbunden. Mit den jeweiligen Geschäftsführern verband sie ein uneingeschränktes und enges Vertrauensverhältnis, welches meist auch als durchaus freundschaftlich bezeichnet werden konnte.

Als führungsstarke Protagonisten der Kammer-Aufbaujahre sind mir die ehrwürdigen Notare und Chefs meiner Mutter in guter Erinnerung geblieben, denn durch meine oftmaligen Mutti-Besuche während meiner Gymnasiums- und Lehrzeit in Koblenz, hatte ich die Freude, sie alle kennengelernt zu haben.

Dr. Mommer, Dr. Westenburger, Notar Massing aus Weißenthurm, Dr. Wilfried-Meinhard Gaddum sowie Dr. Jungbluth, beide waren angesehene Bürger der Stadt Neuwied. All diese Persönlichkeiten schätzten auch meinen alten Herrn, den asketischen, charismatischen Kunstmaler und Meister der erdverbundenen, warmen Farben, den Mann, mit seiner, im Malstil unverwechselbaren Darstellungskunst und seinen charakteristischen Landschaftsmotiven der romantischen Mittelrheinregion.

Sie waren fasziniert und schier vernarrt in Vatis Bilder, vernarrt wohl in die Ausdruckskraft, die seine Werke auszeichneten.

Vom zauberhaften Flair der lieblichen Mosel waren sie begeistert, ebenso von der rauen Eifel in ihrem gezeigten Spiel der magischen Farben und auch von der kühlen Atmosphäre des wunderschönen Westerwaldes.

In diesen jeweiligen Heimatparadiesen erkannten sie alle ihre individuelle Gefühlswelt und sicherlich auch ihre Liebe zur Heimat.

Und sie alle erfüllten sich gerne, jede Chefpersönlichkeit auf ihre persönliche Art und im Zeitraum ihrer Kammer-Zugehörigkeit ihrer Geschäftsführerjahre, ihre individuellen, privaten Bilderwünsche.

Mit Freude und wohl auch mit gespannter Neugier besuchten uns Muttis Dienstherren von Mal zu Mal in unseren vier Wänden, in unserer Mansardenwohnung mit Vatis kleinem Atelier, um seine Werke zu schauen, zu bewerten und auch zu erwerben.

Winter im Westerwald
Aquarell – Nass in Nass-Technik –
40 x 50 cm – unsigniert
Sammlung: Borchert, Bendorf

Auch das bessere Kennenlernen unseres, im Dunstkreis eines ungezwungenen, unkonventionell-künstlerischen Stil lebender ‚Dreierbund', er stellte sicherlich manche Fragen in ihr Denken hinein, für deren Beantwortung vornehmlich Mutti auf ihre charmante Art sorgte. Sie zelebrierte unseren Gästen eine harmonische, stimmungsvolle und behagliche Gemütlichkeit, die aber eine verspielte Leichtigkeit zeigte, die zum ‚mit allen Sinnen-Genießen' einlud, indem sie die Kleinen Wohnaccessoires, wie winzige Trockengestecke, Thüringer Räuchermännchen und diverse Kerzen so geschickt arrangierte, sodass sich jeder Betrachter wie ‚seelisch gestreichelt' fühlen konnte. Diese gelungenen Inszenierungen, diese an Literatur und Kunstgesprächen so reichen Begegnungen in stets ungezwungenem Zusammensein, sie hatten allen Beteiligten sicherlich einen nicht zu unterschätzenden, positiven Eindruck beschert.
Bei einer gemeinsamen Teezeremonie oder beim duftenden Kaffeegenuss, beide Freundlichkeiten gestaltete mein Mutterherz auf so ansprechende Weise, dass die

angenehmen Nachmittagsbesuche sich oftmals, zur Freude meiner gastfreundlichen Eltern, bis in die frühen Abendstunden ausdehnten.

Die ‚Borchertschen-Werke', ob es sich um Aquarell- oder Ölbilder handelte, sie hatten durch die alljährlichen Kunstausstellungen ‚Form und Farbe' im Koblenzer Schloss eine positive Aufmerksamkeit hervorgerufen.

Eifel bei Langenfeld - ca. 1965
ÖL 60 x 70 cm
Sammlung Kapferer, Völs-Innsbruck

Auch die permanenten Bilder-Präsentationen im großen Schaufenster der renommierten Kunsthandlung Ferdinand Vollmüller im Herzen der Rhein-Mosel-Stadt, machten Furore und zusammengenommen sicherten sie dadurch meinem alten Herrn, dem Kunstmaler aus dem liebenswerten Rheinstädtchen Bendorf, einen bescheidenen Bekanntheitsgrad, der einen gewissen Funken an persönlichem Stolz durchaus erlaubte.
Diesem Heimat-Effekt war es wohl zu verdanken, dass Vati einen sympathischen Status auch in der Koblenzer Kunstszene erhalten hatte.

Teich im Westerwald - 1971 -
Aquarell – Nass in Nass-Technik
Sammlung: Borchert, Bendorf

Auch aus diesem Grund heraus hatte er, anlässlich seiner sporadischen Notarkammerbesuche bei den Juristen, nicht nur ihr Interesse an der Malerei geweckt, sondern die intensiven Gespräche mit ihm zeigten den Notaren auch Vatis einfühlsame und humanistische Lebensphilosophie.
Diese Zusammenkünfte der interessierten Kunstkenner sorgten für so manchen, lukrativen Bilderverkauf, der uns ab und an unseren ‚warmen Regen' schenkte, wie Mutti den erhaltenen ‚Reichtum' durch unseren privaten Kunsthandel gerne humorvoll nannte.

Die Nürburg in der Eifel - 1969 -
Öl 60 x 70 cm
Sammlung Kapferer, Völs bei Innsbruck

„Wenn zwei Gehälter in einem Topf drin sind, dann ist das mehr als gut, mein liebster Göttergatte, dann ist unser gemeinsames Leben halt doch ein wenig leichter zu gestalten." Mit diesen nüchternen, aber durchaus logischen Worten hatte sie Vati damals ihren Wunsch, wieder tatkräftig mitarbeiten zu wollen, und ihre beabsichtigte Rückkehr ins von ihr sehr geschätzte Berufsleben, begründet.
Außerdem war es ja unser Mitbewohner im Goethe-Haus und Vatis stets willkommener Schachpartner und auch Freund, Dr. Dietrich von Bülow, gewesen, der als einflussreicher Notar in Koblenz eine renommierte Kanzlei führte und Mutti deshalb den wertvollen Tipp zu ihrer Bewerbung geben konnte.

Verbindungen schaden dem, der keine hat ...

Mutti und ‚ihre geschätzte, ja geliebte Notarkammer', – sie diente von 1952 bis 1969 dieser Institution und sie war dort als umsichtige Chefsekretärin äußerst beliebt und galt als ordnender Mittelpunkt für alle Aufgaben.
Es war Muttis ‚Ära'. Diese Ära war für sie ihr persönliches Lebenselixier, denn sie

blühte, im wahrsten Sinne des Wortes, in ihrer täglichen Arbeit auf, wie man so gerne im Volksmund sagt.

Auch für Vati und mich war Muttis Büro in ihrer Notarkammer immer ein beliebter Treffpunkt, ein Hort der fröhlichen Gemeinschaft, und er schenkte uns beiden, ihren zwei einzigen und geliebten Männern, eine wundervolle, eine wahrlich vitale, eine herrliche Zeit der verbundenen Herzen.

Es war unsere Dreierbund-Epoche der mannigfaltigen, der guten und vor allem der menschlichen Beziehungen, ja, der äußerst seltenen Begegnungen der ganz besonderen – der unvergessenen Art.

Dieser weitere wertvolle Erinnerungsschatz reiht sich nahtlos in mein Erinnern ein und lebt fortan wieder auf, und er ist zurückgekehrt, mit Elan zurückgekehrt in mein quirliges, kunterbuntes Paradies der Gefühle und in meine freien, weiten Gedanken, zurückgekehrt als ein erlebtes, goldenes Geschenk der so selten erlebten und daher so wertvollen kleinen Glücksmomente.

Ein ‚Glücksmoment', das ist ein beredter, durchdringender und sich im Kopf einordnender Wink des Schicksals, er ist ein zurückgekehrter Augenblick des einstmals Gewesenen und ein zeitgleich gespürter Wimpernschlag in der Phalanx meiner damals schon gesuchten und spontan erkannten, realen Traumwelt meiner guten Gedanken.

Virtuelle, – aber für mein Empfinden erneut erscheinende Szenen – sind die erfassbaren, in brillanten Farben schillernden Bilder, die ich in diesen Momenten nah und direkt erleben darf und sie als weitere kleine, aber äußerst wertvolle, taktgebende und ineinandergreifende Zahnrädchen im gedachten Uhrwerk der bemessenen Lebenszeit betrachte.

Sie sind eine willkommene Bereicherung meiner guten Gedanken im bunten Spektrum ‚meiner gewonnenen Zeit'.

Die Momente der emotionalen Erlebnisse beinhalten natürlich auch weniger erfreuliche Ereignisse und sie gehören ebenso zu meiner gewonnenen Zeit, denn Höhen und Tiefen sind immer treue Begleiter aller Lebenden.

Im Jahre 1957 musste Vati erneut operiert werden, denn die quälenden Wucherungen im Hals, die den Kehlkopf und die Luftröhre regelrecht umwuchsen, wurden in kürzester Zeit zu einer lebensbedrohlichen Gefahr. Es drohte ihm der Erstickungstod.

„Du musst auf dem allerschnellsten Weg in die Mainzer Universitätsklinik, denn nur dort kann Dir in diesem fortgeschrittenen Zustand geholfen werden. Gotthold, mein Lieber, Widerspruch ist zwecklos, ich werde sofort meine dortigen Kollegen der Hals-Nasen-Ohren-Fachklinik informieren und um einen schnellstmöglichen OP-Termin bitten." Mit diesen Worten stellte uns unser geschätzter Hausarzt und Freund der Familie, Dr. med. Fritz Lax aus Sayn, vor vollendete Tatsachen und sein Drängen auf sofortige Hilfe lag an seiner exakten Diagnose, die Vatis Atembeschwerden als lebensbedrohlich einstufte.

Glücklicherweise war Vatis Bruder Achim zu diesem Zeitpunkt bei uns in Bendorf überraschenderweise aufgetaucht, denn er hatte sich spontan zu einem Kurzbesuch bei uns entschlossen. Er hatte, wie er uns informierte, einen Geschäftstermin im Bundesamt für Wehrtechnik und Beschaffung in Koblenz. So hatte mein verehrter Patenonkel das leidvolle Geschehen bis ins Detail miterlebt.

„Bruderherz, Du brauchst Dir keine Sorgen zu machen, ich fahr' Dich auf dem schnellsten Weg nach Mainz zu den Spezialisten. Grete, pack schnell ein paar Sachen ein, und außerdem es ist am besten, wenn Du, liebste Schwägerin, mit uns gleich mitfährst. Und Du, mein Lieblingsneffe, Du hältst hier die Stellung."

So kannte ich ihn, Vatis burschikosen Bruder Achim, der immer ein Mann der schnellen Entscheidungen war und diese sodann zeitgleich in Taten umsetzte. Uns allen war klar, Vati war in dieser Situation permanent dem Erstickungstode nah.

„Mein über alles geschätzter Schwager, Dich hat uns im rechten Moment das Schicksal geschickt." Diesen Seufzer richtete Mutti an ihren Schwager Achim und in schneller Wortfolge fügte sie hinzu: „Eine göttliche Fügung hätte ich wohl besser sagen müssen, denn das trifft in dieser Notsituation wohl eher zu. Wenn Du nicht mit dem geräumigen Mercedes hier wärest, wer weiß, wie lange wir auf den Krankenwagen hätten warten müssen?"

In der Mainzer Universitätsklinik schufen die Spezialisten, durch eine zeitnah durchgeführte Notoperation des beherzten Ärzteteams der Chirurgie, eine äußerliche Halsöffnung in Höhe des Kehlkopfes.

Mit dem gleichzeitigen inneren Luftröhrenschnitt sowie mit einem Atemschlauch, der von außen in die Luftröhre eingeführt wurde, versorgten sie Vatis Lungenflügel wieder mit dem lebensrettenden Atem.

Dieser äußerst komplizierte und für die Klinik-Operateure wohl auch höchste Kompetenz erfordernde Eingriff in Vatis geschädigtes Atemsystem, vor allem aber der positive Befund der OP, schenkte uns glückliche Momente der Erleichterung, denn diese ‚Mainzer Götter in Weiß', und das sage ich voller Bewunderung und herzlicher Dankbarkeit, dieses Ärzteteam hatte unserem geliebten Familienoberhaupt das Leben gerettet.

Durch die professionellen Ärzte des Mainzer HNO-Klinikums und dem von ihnen geschaffenen neuen und alternativlosen Atemweg, hatten sie Vati nicht nur das Leben gerettet, sondern sie hatten ihm auch einen Teil seiner Lebensqualität zurückgeschenkt.

Dieses empfangene medizinische Geschenk sollte Vati noch viele erlebnisreiche, erfüllende und auch glückliche Jahre bescheren.

Die zuvor noch zu ertragenden langen Krankenhauswochen überstand er aber mit einer Engelsgeduld, obwohl er sich sicherlich in seinem Mehrbettkrankenzimmer oft einsam gefühlt haben musste, denn er hatte ja zu der Zeit noch keine Sprechkanüle erhalten. Eine Unterhaltung mit seinen Zimmergenossen war nicht möglich. Er konnte sich nur mit einem stimmlosen Flüstern mitteilen.

In jener Zeit seines Leidens waren unsere Besuche nur an den Wochenenden möglich, denn mein Schulunterricht und Muttis Berufstätigkeit erlaubten keine besseren Lösungen.

Außerdem glich die Reise von Bendorf nach Mainz und zurück fast einer Expedition ins Unbekannte, denn die von uns zu benutzenden und abwechselnden Verkehrsverbindungen des Jahres 1957, Bus – Zug – Straßenbahn, diese im nervenden Zusammenspiel waren eine nicht nur sehr zeitraubende Angelegenheit, sondern auch deren teure Fahrgelder belasteten den stets nur spärlich ausgestatteten Geldbeutel meiner Eltern enorm.

Die vielen Wochen im Mehrbettkrankenzimmer des Mainzer Klinikums marterten Vati sehr, denn sein operationsbedingter neuer Atemweg, der ihm im wahrsten Sinne des Wortes sein Leben rettete, bedeutete aber den Verlust seiner Stimme.

Somit war für Vati ein beredtes Mittun in Gesprächen mit Mutti und mir zunächst nicht mehr möglich. Mit fordernden Blicken, deutlichen Zeichen und erklärenden Gesten sowie mit Zettelnotizen konnte er sich zwar verständlich machen und auch seine Wünsche andeuten, und doch litt Vati unendliche Qualen, denn das Schicksal seiner ‚Stummheit‘ war für ihn kaum zu ertragen.

Seinen gut dotierten Job als eloquenter, mehrsprachig agierender Chef des Koblenzer Auskunftsbüros im Verwaltungsbereich der französischen Militärkommandantur musste er zwangsläufig aufgeben.

„Im Alter von fünfundvierzig Jahren arbeitslos, krankheitsbedingt zum Invaliden geworden, abgehängt vom pulsierenden Leben, stumm für den Rest meines Daseins, welch grausames Schicksal!" Diese Worte standen in seiner markanten Charakterhandschrift auf dem Papier, welches Vati mir mit einem leeren Ausdruck in seinen Augen quer über den Esszimmertisch hinschob. Ich las den Schrieb und verstand augenblicklich seinen schmerzlichen und um Hilfe rufenden Gemütszustand.

Ich schaute vom Zettel auf, unsere Augen trafen sich, und mehr als tausend Zukunftsfragen standen in seinem Augenpaar geschrieben.

Meinem tiefen, meinem starken Gefühl des Mitleids musste ich ab sofort das Prinzip Hoffnung entgegensetzen, das wusste ich damals schon, mit meinen ‚gerademal‘ fünfzehn Lebensjahren.

Hoffnung, Mut und Zuversicht, diese menschlichen und vor allem auch kraftgebenden Eigenschaften müssen in spe für Vati seine neuen, magischen ‚Zauberworte‘ werden.

In diese Richtung tendierten damals meine emotionalen Gedanken, die ich mir im Kopf zusammenfügte und sie meiner eingeschätzten Wichtigkeit nach einsortierte, bevor ich, zunächst langsam und bedächtig, dann aber meinem quirligen Temperament entsprechend, vehement und mit jugendlichem Eifer forciert meinen motivierten Redeschwall begann: „Deine fürchterliche Krankheit, die verdammten Verwachsungen im Hals, Deine langen Qualen in der Klinik, alles war und ist schlimm. Aber lieber Vati, mein hochgeschätzter und verehrter Alter Herr, Du lebst, Du atmest, Du hast Deinen Verstand beisammen, Du siehst noch alle

Schönheiten unserer einmaligen Welt ... und Du hast Deine Kunst, Du hast die göttliche Gabe der Einmaligkeit in Deiner Malerei gefunden. Du kannst alle Schönheiten der Welt mit Deinen Augen sehen. Du hast Deine filigranen Künstlerhände, die allem Geschaffenen den Solitärstatus schenken können.
Mein Gott Vati, siehst denn Du nicht Deinen ideellen Reichtum? Du musst weiterleben und den Weg gehen, der Dir vorbestimmt ist. Dieser Weg ist noch lange nicht zu Ende, sein Ziel liegt noch weit, weit vor Dir."
Die Pause, die ich diesem Redeschwall folgen ließ, nutzte ich, um meinen alten Herrn zu beobachten. Im Aufleuchten seines Augenpaares entdeckte ich ein freudiges Strahlen, das aber zunächst nicht meinen Mut machenden Ausführungen zu gelten schien, sondern der Tatsache entsprach, dass mein Mutterherz von hinten, für mich also nicht wahrnehmbar, ins Zimmer getreten war, sich zu uns gesellte und sogleich die neue Gesprächsrunde begann. „Ich habe schon einige Minuten im Flur gestanden und ich habe Deine Rede an Deinen Vater in Gänze miterlebt. Das, was Du sagtest, das war schön, das kam von Herzen und ich unterstreiche alles Gesagte mit meinem virtuellen, knallroten Stift, denn anders gewinnen wir unsere Zukunft nicht.
Nur, mein geliebter Göttergatte, darf ich Dich an unser beider Gespräch mit Professor ... Wunderbar ... erinnern, mir fällt im Moment sein Name nicht ein, dieser wunderbare Professor jedenfalls zeigte Dir, ich meine uns, einen möglichen Weg zurück zu einem Großteil Deiner Stimme. Er deutete die Entwicklung zu einer Art Sprechkanüle an, an eine integrierte Ausatmungsklappe, die sich beim Ausatmen leicht verschließt und man wieder gut hörbar sprechen können soll. Wir wissen alle, dass man ja nur beim Ausatmen sprechen kann.
Erinnere Dich, mein Liebster, diese neu entwickelte Sprechkanüle besteht, wie er sagte, aus zwei zusammenhängenden Komponenten, also, der eine Teil, der in die Luftröhre eingeführt wird, der besteht aus stabilem Weichplastikmaterial, und der zweite, der wichtigere Teil, die Sprechmechanik, sie soll aus Silber gefertigt werden. So jedenfalls habe ich die Ausführungen des Professors verstanden.
Ich glaube fest an die Größe und die medizinische Genialität der entwickelnden Ärzteschaft in der Mainzer Universitätsklinik, denn ohne deren Können ständest Du nicht lebendig und in voller Größe vor uns, mein Herzallerliebster!"
Unsere gemeinsam gezeigte Solidarität in seiner prekären Lage und unser fester Glaube an unsere gute Zukunft überzeugten Vati auf eine Weise, die ich nicht für möglich gehalten hätte, denn von diesem Schicksalsgespräch an gewann er seinen Zukunftsmut zurück und stürzte sich wieder in das Reich der ‚schönen Künste', in sein angestammtes Reich der erfüllenden Malerei und als Herrscher über Pinsel, Spachtel und den tausendfachen Farbtönen.
In diese positive Phase unseres Lebens hinein erreichten uns richtig gute Botschaften, die uns das geniale Ärzteteam aus Mainz schickten. Es überstürzten sich die Ereignisse, die allesamt den medizinischen Fortschritt dokumentierten und zum Besuch des HNO-Fachlabors einluden.

Nach mehrmaligen Besuchen dort und den wichtigen Anpassungsfeinheiten der Sprechkanüle war das große Ziel der Zurückgewinnung der Stimme erreicht, und Vati, im Verbund mit den anderen Leidensgenossen, konnte aufatmen und wieder sprechen.

Vatis Stimme war, als Folge der komplizierten Operation, nur noch heiser zu vernehmen und der Sprechklappenmechanismus, der ja ein erneutes Sprechen wieder ermöglichte, konnte ein hörbares Klappgeräusch beim jeweiligen Sprechbeginn leider nicht gänzlich unterdrücken, doch der enorm große Gewinn an zurückerhaltener Lebensqualität aller Betroffenen, dieser Gewinn war einfach überwältigend.

Unser familiärer Dreierbund hatte auch diese Schicksalslage im festen Zusammenhalt gemeistert. Wir waren noch enger zusammengerückt, wie man gern im Volksmund sagt, und die Begleiterscheinungen, die alle ‚Kanülen-Träger' weltweit erdulden müssen, sie sind, jedenfalls für mein Gefühl, als gering anzusehen, denn die zwischenmenschliche Kommunikation untereinander, dieses ‚Miteinanderredenkönnen' hat für mein Empfinden einen viel höheren Stellenwert.

Kulturstrick, dieser flapsige Begriff, beschreibt in unserem rheinischen, eben umgangssprachlichen Gebrauch der Sprache das eher männliche Accessoire, die Krawatte, die in jener Zeit die Männermode auf variable Art beherrschte.

Vati war aber kein Mann, der sich einem Modediktat unterordnete, er kleidete sich individuell und kreierte auf diese Weise seine eigene Modelinie, die nur einen Stoff kannte, den Cord.

In seinen Modevorstellungen passten zu diesen geriffelten und leicht schimmernden, samtartigen Stoffen nur offen getragene Hemdenkragen, also trug mein Alter Herr keine Krawatten.

Durch die Kanüle mit der Sprechmechanik wurde der Blick eines jeden Betrachters stets zwingend auf diese medizinische Hilfe gelenkt, denn genau in der Halskuhle, etwa in Höhe des Kehlkopfes befanden sich auch die Befestigungsbänder, die das wertvolle Mainzer Wunderwerk arretierten. Ein etwaiges Verrutschen der Kanüle hätte sicherlich starke Atembeschwerden hervorgerufen.

„Ich mache aus der Not eine Tugend, liebste Grete." Diese klare Aussage, die uns Vati aus dem Badezimmer zurief, öffnete zugleich aber auch für diverse Fragen Tür und Tor.

„Ich erfinde mich neu, ich schaffe mein eigenes Outfit, wenn Du mich verstehst, liebste Grete? Ich werde ab sofort, auch bei meinen Klamotten, bei meinen Anziehsachen also, umdenken müssen, ja, ich werde eigene Wege gehen."

Mein alter Herr hatte sich trotz seiner gesundheitlichen Widrigkeiten und den sich daraus ergebenden finanziellen Einbußen seinen gesunden Stolz bewahrt und auch seine sympathische Eitelkeit hatte er nicht verloren. Auch seinen teils ironischen Humor hatte Vati lobenswerterweise wiedergefunden.

„Keine Sorge, Ihr Lieben, ich werde mit schicken Schals, mit Kurzschals und

Halstüchern in verschiedenen Mustervariationen, den etwas unschönen Anblick auf die außenliegende Sprechmechanik und deren lästige, aber anders nicht zu lösende Bänderbefestigung, die ja gezwungenermaßen meinen schlanken ‚Schwanenhals' unvorteilhaft umschlingt, auf meine Art dekorativ kaschieren."

„Recht hast Du, mein Lieber, das, was Du da modemäßig machen willst, das ist einfach genial. Die ‚Schlalse', ja wirklich mein Lieber, so lustig nenne ich ab sofort Deine verschiedenen Schallösungen aus Schals und Halstüchern. Also diese Schlalse geben Dir Deine persönliche Sicherheit zurück und sie steigern Dein Selbstwertgefühl. Ich bin mir sicher, dass Du Deine Tücher, ob uni oder gemustert, genau auf Deine Cord-Kombinationen abstimmen wirst. Das sieht gut aus und ist zudem auch noch sehr preiswert."

Mein Mutterherz wartete Vatis zustimmendes Lächeln ab, um humorvoll fortzufahren: „Also mein Lieber, wie ich auf diesen lustig klingenden Begriff „Schlals" gekommen bin, das weiß ich auch nicht, die Wortschöpfung könnte sich aus „Schal und Halstuch" zusammensetzen ... es könnte aber auch anders gewesen sein."

Muttis hoffnungsfrohe Bestätigung seines Vorhabens bereicherte Vatis zukünftige Modevision und sie zeigte ihm auch die Richtigkeit seines Weges, die visuellen Nebenwirkungen seiner sichtbaren Kanülen-Mechanik fremden Blicken zu entziehen.

Mein Alter Herr war ab dieser gelungenen Entscheidung für unsere Bendorfer Mitbürger nur noch ... ‚der Mann mit den Schälchen'.

Vatis zäher und starker Lebenswille sowie seine sprichwörtliche, innere Energie, – dieser positive Verbund an versammelter Kraft, dieser physische Gewinn – sollte ihm noch viele menschliche Freundschaften und somit auch erfüllte Jahre des nunmehr selbstständigen, ungebundenen und des künstlerisch, kreativen Schaffens schenken.

Sein Frührentnerdasein brachte uns natürlich wieder zurück in eine Ära, in der besagter ‚Schmalhans' wieder unser Küchenmeister und treuer Begleiter wurde – so jedenfalls drückte mein Mutterherz unseren erneuten Istzustand lustigerweise aus, doch ich empfand in meinem Denken anders, denn jegliche einfache Kost, die aufgetischt wurde, schmeckte mir sowieso prima, und ich genoss zudem die nun ständige Anwesenheit meines Vaters.

Die Freiheiten, die ich zuvor als ‚Schlüsselkind' von Herzenslust ausleben konnte, die waren vorbei, und Vatis Strenge zeigte sich allenthalben im täglichen Trott.

‚Schlüsselkinder' nannte man die Töchter und Söhne, deren Eltern beide berufstätig waren. ‚Schlüsselkinder' waren auf sich selbst gestellt, deswegen gab man ihnen diesen treffenden Namen, ihren Status im allgemeinen Sprachgebrauch, locker formuliert, im Umgangsdeutsch.

Schularbeiten machen, Einkaufen gehen, Asche runter, Kohlen aus dem Keller holen, Geschirr abwaschen, Wohnung aufräumen ... das waren beispielsweise die geforderten ‚Alltagslasten' der damaligen ‚Schlüsselkindergeneration'.

Das alles empfand ich zwar auch als Belastung und als Einschränkung meiner kindlichen Freiheit, doch eine ‚sturmfreie Bude', die hatte viele Vorteile, denn ohne Aufsicht und Kontrolle konnte man so manches Ding anstellen, was unter den Augen der Eltern wohl kaum möglich gewesen wäre. Jede Zeit hat ihre eigenen Regeln.

„Dein geschätztes Schlüsselkind-Dasein war einmal, und es ist ab sofort für Dich vorbei, mein Sohn. Jetzt weht hier ein anderer Wind, denn jetzt bin ich da. Mit Dir zeihe ich andere Saiten auf, das merke Dir, ein für alle Mal!" Solche, auch andere dieser typischen Sprüche aus Vatis markantem Erziehungssprachschatz werde ich wohl niemals aus meinem Gedächtnis verbannen können, denn noch heute, im Spätherbst meines verrückten Lebens, muss ich vor Heiterkeit lachen, denn auch wegen seiner verquirlten Wortwahl hatte ich seine Tiraden auch damals kaum ernstgenommen.

So manche erzieherische Maßnahme, auch manche verdiente ‚Tracht Prügel', sie erscheinen in der milden Erinnerung meist als unbedeutend und gering, doch als ehemalige Methoden der Erziehung Heranwachsender sind sie schon seit langer Zeit als überholt betrachtet worden.

Und das ist auch gut so! Strenge in der Erziehung – ja, aber körperliche Züchtigung gehört der Vergangenheit an.

Im heutigen gemeinsamen Schwelgen in der Vergangenheit unserer frühen Kindheitsjahre, im erneuten Entdecken der einstmals erlebten, teils auch kuriosen Episoden liegt ein ganz besonderer Reiz und vor allem im ‚Davon-Erzählen' blühen wir auf.

So gilt für unseren illustren Kreis der ‚alten Säcke', wie wir uns im Freundeskreis selbst ironisch nennen, meine ‚weise' Feststellung: „Ja, meine lieben Kumpels, schlimm war es damals schon manchmal, aber geschadet hat es uns nicht."

Die gelebte ‚Altersmilde', die von mir, aber auch von meinen Freunden gerne gezeigt wird, sie wird auch in der Wahrnehmung als allgemein wohlwollend aufgenommen und auch geschätzt, denn sie erscheint ja in ihrer sympathischen Aura als ‚Spiegelbild' der wertvollen und zu verehrenden „Altersweisheit".

Gute Gedanken umgeben mich …

Angekommen im ‚Heute', am gesteckten Ziel meines Lebenstraumes und eingefangen vom goldenen Spätherbst meines erlebnisreichen Lebens, genieße ich in Ruhe den erhabenen Anblick der tiefstehenden Abendsonne, jetzt in meiner glücklichen, in meiner … ‚gewonnenen Zeit'.

Dieses Sternengeschenk ‚Abendsonne', es schickt uns Menschen immerwährend ihre warmen, alles Lebendige durchdringende Strahlen aus dem stets faszinierenden Pulsieren des feurig glühenden Fixsterns. Die Sonnenwinde, die als sogenannte Protuberanzen den sichtbaren Flammenkranz bilden, sie erzeugen so den rotgelben Farbenzauber, der uns die fließende und auch der immerwährenden Ener-

gie so deutlich spüren lässt.
Dieses lebenspendende Wunder ist die unerschöpfliche, die göttliche Kraft des Universums. Sie stärkt Körper und Geist gleichermaßen, und heilend trifft sie auch der Menschen kranke Herzen und Seelen.
‚Diese göttliche Energie verwöhnt auf liebevolle Weise, zart- streichelnden Händen gleich, alle hoffenden und trostsuchenden Menschenkinder', ... etwa in der Art führte ich meine stummen und Mut machenden Selbstgespräche.
Ich habe mir also, angekommen auf der ‚Zielgeraden' meines Lebens und meiner bislang verborgen gehaltenen Erlebniswelt, ein weites Areal meines offenen Gedankenfreiraumes geschenkt, damit das helle Licht des einstmals Erlebten auch ein gerüttelt Maß an Klarheit in die Erzählungen einfließen lässt und somit deren Authentizität aufzeigt.
Ja, ich möchte, dass das einstmals real Geschehene, genau dadurch seinen wahren Wert erneut gewinnt, denn aus der Rückschau gewinnt für mich das ‚Heute' an Kraft und im gelebten ‚Hier und Jetzt' auch den geschätzten, persönlichen Mut für notwendige, positive Zukunftsvisionen.

> Wenn ich heute wüsste,
> dass ich morgen sterben müsste,
> so würde ich trotzdem heute noch einen Baum pflanzen!

Diese Völkerweisheit habe ich seit langer Zeit mit einem guten Gefühl verbunden und in meinem Herzen verankert.
Und ich ging einen weiteren Schritt voran, als schreibender Erzähler, quasi als ‚Suchender einer längst vergessenen Zeit'.
Ich habe das, schon seit langen Jahren ungewollt verschlossen gehaltene Tor zu meinem imaginären Seelenlabyrinth einen Spalt weit geöffnet.
Ja, ich habe somit auch ganz bewusst ein Hineinschauen in das verworrene Areal meines Seelenzustands erlaubt, um gezielt ein Verstehen der ineinandergreifenden, teils auch verwobenen Ereignisse, zu ermöglichen.
In diesem Sinne schildere ich gerne und mit Freude die weiteren Episoden aus dem Lebenskreis des Mannes, der mit seiner Malkunst und seinen vorausschauenden, gesellschaftlichen Wunschvorstellungen und Visionen, seinen, ihn begleitenden ‚Dunstkreis der Gleichgesinnten', stets zu beeindrucken verstand.
Vati betrachtete sich selbst als einen wohlhabenden, als einen reichen Erdenbürger, denn sein ‚Reichtum' basierte, wie er ihn verstand, auf den inneren Werten der alles umfassenden Würde der Menschen sowie der gelebten Nächstenliebe.
Diese altruistische Lebenseinstellung hatte mein Alter Herr von seinem Vater mit Sorgfalt und mit reifem Denken als ideales Erbe übernommen.
In einer überzeugenden Selbstverständlichkeit lebte er in diesem Empfinden und zeigte durch seine eigene Wiedergabe dieser Philosophie in Wort und Tat, anlässlich vieler Begegnungen mit Freunden und guten Bekannten, seine humanis-

tischen Prioritäten im täglichen Miteinander unserer heimatlichen Gemeinschaft. Echte Freunde und viele der malenden ‚Zunftgenossen' begleiteten ihn und seine ‚Grete' über alle Zeiten und Lebenslagen hinweg.
Immer waren es Freundschaften, die auf geistiger Ebene angesiedelt waren, denn materielle Güter waren weder ihnen, noch meinen Eltern, vom Schicksal vergönnt gewesen.
„Das wirkliche, das glückliche Dasein zu leben, meine liebste Grete, das geht auch gänzlich ohne die materiellen Nebensächlichkeiten, das geht auch ohne den schnöden Mammon im Überfluss, denn all das braucht eigentlich kein Mensch! Ein Dach über dem Kopf, etwas Gutes auf dem Tisch, eben Essen und Trinken, dazu das tägliche Auskommen, wie Strom, Wasser, Gas und die Miete, das sollte reichen … und wenn die Liebe mit am Tische sitzt, dann lebt die Zufriedenheit, denn Geld kann man nicht essen, das sagten schon die weisen Häuptlinge der Indianer." Vati sprach diese Sätze mit einer so betont ehrlichen Überzeugung aus, sodass ich innerlich nicht an deren Wahrheitsgehalt zweifelte, obwohl ich mir damals sicherlich auch gerne ein eigenes Fahrrad gewünscht hatte.
Diese ‚Nebensächlichkeit' verdiente ich mir aber in den großen Sommer-Ferien im Bendorfer Bimssteinbetrieb der Firma von Dr. Keetmann, dem Vater meines Tenniskameraden Volker.
Vier lange Ferienwochen schaufelte ich den Bims, – eben die vor über zehntausend Jahren niedergefallene poröse, körnige Flugasche der damals letztmalig tätigen Eifelvulkane –, aus dem hohen Rundsilospeicher in die Zuleitungsrohre zu den verschiedenen Produktionsmaschinen.
Aus diesem vulkanischen, wertvollen Rohstoff, den extrem leichten aber robusten Bimskörnungen, wurde von den Fachleuten der Steinindustrie mit Zement und Kalkzugaben die Grundmasse gemischt und in die Steinformen der Rüttelmaschinen gefüllt.
Mit ohrenbetäubendem Lärm klopften in schneller Folge die stampfenden Hämmer die Steinmischungen in den Formen und erzielten mit dieser Technik die weltweit begehrten Bimssteine in diversen Stärken und unterschiedlichen Größen. Das alles geschah in den Endfünfziger-Jahren und noch in mühevoller Handarbeit der ‚Steine-Klopfer'. So nannte man bei uns im Neuwieder Becken, der Urheimat der Bimssteinindustrie, die kräftigen Arbeiter, die die Rüttelstampfer bedienten.
Mit meinem dort erwirtschafteten ‚Mammon' erstand ich meinen ersehnten Drahtesel, mein selbstverdientes Fahrrad!
Mit diesen ‚bärenstarken Bims-Kollegen' verband mich eine gefühlte Solidarität der Werktätigen, und es entwickelte sich durch weitere Begegnungen mit ihnen auch eine anhaltende Freundschaft. Mit so manchem Theken-Bierchen wurde von uns auch noch in späteren Jahren diese gemeinsame Zeit ordentlich begossen. Mein geliebtes ‚Bendorfer Platt' war bei diesen Zusammenkünften unsere verbindende Sprache.
Die ‚Moddersprooch', die Muttersprache, sie ist im Herzen eine gefühlte Verbin-

dung zu den Mitbürgern und sie ist und bleibt für mich zu jeder Zeit ein Stück meiner geschätzten Heimat und meiner unerschütterlichen Liebe zu ihr.

Gedankensprung

Vatis und Muttis enge Freundschaft zu Hannes Gerke und seiner Frau Herta begann schon im Jahre 1948. Der Name ‚Gerke', er war für meine ‚Kindheit' ein einprägsamer Begriff der Treue geworden, ein Synonym einer anhaltenden, gelebten und lebenslangen echten Freundschaft.

Auch für mein kindliches Empfinden hatte Tante Herta und Onkel Hannes eine so einfühlsame, feine, liebenswerte und menschliche Ausstrahlung, die ich in ihrer Wirkung auf mein Gefühl stets mehr als nur guttuend erlebte.

Dieser Onkel Hannes spielte so herrlich romantisch auf der Klampfe, und er sang so gefühlvolle Lieder, oft auch in englischer Sprache, die sich für mein romantisches Gemüt einfach zauberhaft anhörten.

Die vielen wechselseitigen Besuche brachten, eben neben den interessanten Gesprächen, auch das zünftige, gesellig und urgemütliche Zusammensein mit musikalischer Untermalung mit sich.

Das gemeinsame Singen meiner Eltern zur Klampfe von Onkel Hannes habe ich noch heute in meinen Ohren, und ich spüre noch immer die ausgeprägte Sangeslust der beiden.

Während der unsäglich schlimmen Hitler-Ära lebten Hannes und Herta Gerke in Kanada. Sie hatten in Ablehnung der Naziherrschaft ihrem geschätzten Deutschland frühzeitig den Rücken gekehrt und verbrachten die Zeit der Diktatur in ihrem fernen Asyl, in ihrem Wunschland Kanada, im Distrikt British-Columbia, frei und weit entfernt von der brutalen und menschenverachtenden Verfolgung aller andersdenkenden Menschen.

Ihre strikte Ablehnung gegen jegliche Unfreiheit, Diktatur und Gewaltherrschaft, die Mutti und Vati ja ebenfalls verachteten und einst auch Widerstand geleistet hatten, diese Ablehnung war sicherlich auch ein gewichtiger Grund der gegenseitigen, engen Freundschaft und deren Übereinstimmung mit den menschlichen Werten und ihrer uneingeschränkten umfassenden Würde.

Alle diesbezüglichen weiten und freien Gedanken waren von ihnen als deckungsgleich erkannt und geschätzt worden, und sie bildeten die stabile Basis ihrer unverbrüchlichen, lebenslangen, treuen Verbundenheit.

So waren die Samstagabende angefüllt von abwechselnden Schilderungen des jeweils persönlichen Lebensabschnittes, sowohl diesseits wie auch jenseits des ‚großen Teiches', wie man den Atlantischen Ozean auch gerne bezeichnet.

Ihre anregenden Gespräche beleuchteten oftmals auch stundenlang die unterschiedlichsten Kulturthemen, sie unterhielten sich über die Literatur im Allgemeinen, ebenso besprachen sie Bücher der Klassik wie auch der Moderne.

Das große ‚Spielfeld Malerei' war Vatis angestammter, ja geliebter Unterhaltungs-

bereich und auch die ganze Bandbreite der Kunst in den variierenden Stilrichtungen gehörte zu seinen Favoriten.
Ich musste damals, immer wenn Freundschafts- oder Spielabende angesagt waren, frühzeitiger als sonst üblich, in mein winziges Reich, in mein kuscheliges Eckzimmerchen verschwinden, aber fast immer, verbunden mit der Bitte, zeitig zu Bett zu gehen und keinesfalls zu stören, denn wenn Erwachsene zusammen sein wollen, gehörten kleine Kinder ins Bett. So einfach war das in jener Zeit.
Doch meine Neugier auf all das Genannte war nur allzu groß, und mein Wissensdurst zu all den interessanten Themen war ebenfalls unerschöpflich und meinem kindhaften Empfinden nach zu urteilen, meist unstillbar.
An ein Einschlafen wollte und konnte ich einfach nicht denken, und so saß ich mucksmäuschenstill auf der schmalen Treppenstufe zu Füßen der zwar geschlossenen, aber nur dünnwandigen Wohnzimmertür und lauschte fasziniert den Schilderungen der Erlebnisse der spannenden Abenteuer von Tante Herta und Onkel Hannes Gerke.
Zum besseren Verstehen der für uns fremden Kultur und deren eigener Lebensart griff Onkel Hannes des Öfteren zur Klampfe und sang, wie schon erwähnt, voller Inbrunst diese wundervollen, kanadischen Volkslieder.
Mich ergriff allein schon beim Zuhören eine unergründliche aber deutlich gespürte Melancholie, die mein Fernweh zum so bildhaft wie eindrucksvoll geschilderten Naturparadies Kanada begründete. Es war auch für mich eine gefühlt herrlich schöne Zeit, eine Zeit der Sehnsucht nach allem Unbekannten unseres Erdenrunds.
Meine bewusst empfundene und behütet erlebte Kindheit war voller positiver Eindrücke und sie ließ mich auf wundersame Weise diese Zeiten unserer existierenden Not unbeschadet überstehen.
Die andauernde Nahrungsmittelknappheit in allen Bereichen der Ernährung wurde durch den völligen Zusammenbruch der gesamten Volkswirtschaft ausgelöst. Vor allem in den ersten Nachkriegsjahren von 1945 bis 1948 litten die meisten Menschen in unserem zerstörten Vaterland unter diesen Entbehrungen.
‚Not macht erfinderisch', so sagte man damals überall in unseren Landen und man machte überall Pläne, um nach Lösungen des Problems ‚Hunger' zu suchen. Wie ernst dieses Problem war, das sah man an den vielen abgemagerten Leidensgenossen, denn der Mangel an ‚Essbarem' kannte fast keine Klassenunterschiede.
So entdeckte so mancher Stadtbewohner, dass ‚Mutter Natur', unbeschadet von kriegsbedingten Einflüssen, den heilbringenden Jahreszeiten immerwährend folgt und rund ums Jahr ihre gereiften, gesunden Nahrungsschätze' als Gottesgeschenke für alle bereithält.
Viele der darbenden Menschen, die in den zerstörten Städten unserer Heimat lebten, zog es, der Not gehorchend, in die ländlichen Gefilde zu den Landwirten und Kleinbauern, um auf diesem Wege gesunde, wohlschmeckende, landwirtschaftliche Produkte zu ergattern.

Die fleißigen Bauersleute halfen so, den permanenten Hunger aller Betroffenen zu bekämpfen, und sie steigerten löblicherweise, durch den vermehrten Anbau der begehrten ländlichen Acker- und Feldfrüchte, die Menge der überlebenswichtigen Nahrungsmittel aus Feld und Flur.
Der ‚Landhandel' bescherte in den beschriebenen Jahren so manchem fleißigen Bauern einen anhaltenden, bescheidenen Wohlstand.
So erinnere ich mich immer wieder gerne auch an die herrlichen bunten Herbstzeiten meiner Kinderjahre, als ich mit meinen Kameraden Bendorfs wunderschöne Gemarkung suchend nach ‚Fallobst' durchstöberte, und wir überreife herabgefallene Äpfel und Birnen unter den Bäumen aus dem teils kniehohen Gras aufsammelten und voller Stolz nach Hause schleppten.
Das samtige Apfelmus oder das milde Birnenkompott, das Mutti jeweils aus unserer kostenlosen Ernte zauberte, das schmeckt mir im Erinnern noch immer so einzigartig gut, und ich spüre noch heute das feine, köstliche Naturaroma dieses Fallobstes von damals so intensiv, dass ich eine aufkommende Sehnsucht spüre, ein unstillbares Verlangen nach diesem unverwechselbaren, aber leider auch verlorenen wie unwiederbringlichem Apfel- und Birnengeschmack.

Hannes Gerke ... zurück zur Natur

„Wie wir alle festgestellt haben, macht Not bekanntlich erfinderisch.
Also, ich für meinen Teil, ich folge gerne dieser landläufigen Volksweisheit und sage Euch, auch der heimische Wald hält seine Natur-Geschenke in fast verschwenderischer Fülle bereit.
Liebe Freunde, ich sage Euch, wir sollten zum Beispiel Bucheckern sammeln gehen, denn oben auf der Höhe des Römerturms, in dem dichten Wald hoch über der Stadt, dort wachsen seit Jahrhunderten die mächtigsten Buchen. Jetzt im Herbst sind sie reif und die Zeit der Ernte ist da. Wir sollten die Gunst der Stunde nutzen und uns ans Werk machen!"
Onkel Hannes Worte hatten in unserem Gefühl einen besonderen Reiz hervorgerufen, der von Vati und Mutti auch mit Interesse aufgenommen wurde, doch in ihren Blicken zeigte sich gleichzeitig ein etwas skeptischer Augenaufschlag, der den Sinn nach dem angedachten Tun unverkennbar in Frage stellte.
„Liebe Margret, lieber Gotthold, in dieser entbehrungsreichen Zeit sind Fette und Öle nur sehr selten aufzutreiben, sie sind dazu noch sündhaft teuer und deswegen auch wertvoll. Wir könnten die ölhaltigen kleinen Kapseln zu Hauf sammeln und alsdann die von uns zusammengerafften Bucheckern in Säcken zur Ölmühle nach Weitersburg bringen."
Onkel Hannes machte eine kurze nachdenkliche Pause in seinem Redeschwall und schaute uns mit einem aufmunternden Blick an und dann fuhr er mit fester Stimme in seiner Motivationsrede fort: „Das flüssige Gold des Waldes und Geschenk der allgewaltigen Natur, das urgesunde Öl aus Bucheckern, das ist ein

Gesundbrunnen für Jedermann. Mensch Freunde, auch als ideales Tauschprodukt bietet es sich an. Ich finde diese Idee toll und ich werde auch meine treuen Bienenfreunde ansprechen und sie zum Mittun bewegen. Auch die Brüder Mildenberger werde ich ansprechen, den Friedel und auch den Karl-Gustav, ich glaube, sie werden sicherlich mit von der Partie sein."

Onkel Hannes hatte mit seiner gezielten Ansprache nicht nur Vati und Mutti beeindruckt und in ihrem Denken jedes skeptische Hinterfragen ihrerseits förmlich weggewischt, sondern auch viele andere.

Er hatte mit seiner überzeugenden Wesensart in mir einen zündenden Funken an Abenteuerlust entfacht und meine Freude auf das Ereignis dieser Bucheckern-Ernte riesig anwachsen lassen, sodass ich dessen Beginn kaum abwarten konnte.

Nicht nur die imposante Erscheinung von Onkel Hannes und sein markant geschnittenes Gesicht mit den interessant wirkenden Lebensfalten beeindruckte mein jungenhaftes Nachdenken über diesen weitgereisten Mann, nein, es war auch seine forsche und stets freundliche Art, mit seinen Freunden und Bekannten zu sprechen. Er akzeptierte jeden Menschen so, wie dieser Betreffende eben war.

Aus meinen Gesprächen mit meinem alten Herrn erfuhr ich, dass Onkel Hannes den naturverbundenen Beruf des Gärtners gelernt hatte, dann im Katasteramt zu Koblenz tätig war und er mit seiner Frau Herta der Hitlerdiktatur entfloh und erst nach Kriegsende aus Kanada nach Deutschland zurückkehrte.

Dann arbeitete er als verantwortlicher Gärtner der Stadtverwaltung Bendorf wieder an seiner ‚frischen Luft', wie Onkel Hannes seinen ureigenen Beruf in Gottes freier Natur gerne nannte. Er sorgte auf diese Art für das sympathische Erscheinungsbild, das unsere Heimatstadt Bendorf auszeichnete und die gepflegten Grünlagen zur Geltung brachte.

Er war ein durch und durch naturverbundener, lebensfroher Zeitgenosse, der auch als Imker wertvolle Dienste in Bendorfs Bienenzuchtverein leistete. Außerdem hatte sich Hannes Gerke zu einem kreativen Schöpfer vieler künstlerischer Holz- und Linolschnitte entwickelt, mit denen er seine Freunde gerne bedachte.

Onkel Hannes Bilder zeigten nicht nur eine professionelle Linienführung im Aufbau seiner Kompositionen auf stets eindrucksvolle Weise, sie schufen außerdem auch immer stimmungsvolle Motive aus seiner liebgewonnenen Heimatregion in optisch fesselnder Dynamik.

Seine Fertigkeiten der Schneide- und Drucktechniken ließen charakteristische Werke entstehen, die allesamt als Solitärexponate angesehen werden konnten und die durch ihr harmonisches Zusammenspiel der gebrochenen Farben und Konturierungen zu überzeugen wussten. Mit seinem künstlerischen Willen verfolgte er die Magie der Verschmelzung der unterschiedlichen Werkstoffe auf verbindende, auch auf sinnliche und verzaubernde Art.

Die ureigene Ausstrahlung jedes seiner faszinierenden Bilder erzählte ganz individuell seine ‚Heimatgeschichten' in eigener, eben in visuell fesselnder Sprache und in deren gekonnter, stets individueller Inszenierung im Bezug zur detailgetreuen

Komposition der bildlichen Darstellung.
Die enge Freundschaft zu meinem ‚Alten Herrn', die vielen Dialoge der beiden Kunstbesessenen und Vatis ständige, eindringliche Motivation zur Ausübung seiner ‚Bildenden Kunst' beflügelten Onkel Hannes Schaffensdrang auf seinem kreativen Weg durch die Welt der schönen Künste.

‚Der Erfindungsreichtum in Zeiten der Not' ...

... das war ja das geflügelte Wort jener entbehrungsreichen Epoche, und sein tieferer Sinn motivierte und beflügelte gleichermaßen eine bunte Truppe von Frauen und Männern, die aber alle zum großen Freundeskreis des charismatischen Hannes Gerke zählten.

Auf dem Weg von Bendorfs Innenstadt hinauf zum dichten Bergwald in der Gemarkung des historischen Römerturms, wo ja die mächtigen, uralten Buchen zu finden waren, litt ich vor allem am hohen Tempo der aktiven und zielorientierten Truppe der Bucheckern-Sammelgemeinschaft. Endlos lang kam mir der beschwerliche und stetige Anstieg auf die Höhen der Lohgemarkung hoch über Bendorf vor. Die ausgedehnten Felder und Weideflächen zogen sich nach meinem kindlichen Empfinden endlos hin.
Ich war ganz schön außer Atem, doch weder mein Bitten, das Eiltempo zu verringern, fand das Ohr von Vati, noch mein klägliches Jammern wegen der gefühlten Strapazen konnte eine Milderung meiner Qualen erreichen.
Fest umklammerten jeweils Onkel Hannes und Vatis Hand meine kleinen Hände an den schmächtigen Handgelenken. Aus dieser gefühlten und auch verhassten Schraubstockumklammerung der liebevoll zerrenden ‚Vorbilder', die ja beide Männer eigentlich immer für mich waren, gab es kein Entkommen.
‚Von wegen Vorbilder, das ward ihr einmal! Ich bin euch Sklaventreibern ausgeliefert', so ähnlich werde ich wohl in jener Situation zu mir gesprochen haben. In meinem jungenhaften Denken glaubte ich ja, dass auch ich die höchsten Gipfel der Buchen, am Standort des für mich gefühlt mysteriösen Römerturms, ebenfalls erklettern dürfte.
„Ich werde das Klettern auf die Buchen nicht schaffen, geschweige denn dann noch das kräftige Schütteln der dicken Äste, die ja die reifen Bucheckern tragen. Dazu bin ich nach diesem Gewaltmarsch gar nicht mehr in der Lage. Und Du Mutti, Du brauchst mich auch nicht zu trösten, ich habe mir alles viel schöner vorgestellt, hier im Wald und so."
Ich war richtig wütend, ich war sauer und ich war aufmüpfig und auch beleidigt. Alles, was in meinem Waldumfeld um mich herum auch geschah, all das emsige Hantieren der ‚Erwachsenen' mit den langen Holzleitern oder mit den bunten, ausgefransten Bettlaken, war in diesem Moment meines Ankommens am Römerturm für mein Denken und auch für mein Gefühl unwichtig.
Ich war mit mir und meiner ganzen heilen Welt in eine ungeliebte Unordnung

geraten, die ich aber selbst zu verantworten hatte, denn statt die interessanten Tätigkeiten der emsigen Waldfreunde zu beobachten und mich daran aktiv und auch wissbegierig zu beteiligen, schmollte ich schweigend vor mich hin.
Dieses Schmollen war sicherlich auf meine erlittenen Strapazen des langen Anmarschweges zurückzuführen, so jedenfalls erklärte ich mir meine miese Laune und meine eigene bequeme Sicht auf das gefühlte Problem.
Urplötzlich trat dieses Problem in den Hintergrund meiner Gedanken und das quirlige Wuseln der Freunde von Onkel Hannes, von seiner ‚Bucheckern-Suchgemeinschaft', dieses Wuseln zeigte mir den Sinn ihres Tuns … ich begriff plötzlich, dass das Miteinander immer der Gemeinschaft zu dienen hat und ich verstand: Das ‚Wir' zählt und das ‚Wir' gewinnt.
Die mich plötzlich erfassende Begeisterung verlieh mir augenblicklich eine sportliche Stärke, die wohl von meinem Erfassen des Miterlebten gesteuert war, und die nicht nur von Mutti, Vati und auch von Onkel Hannes mit einem aufmunternden Lächeln quittiert wurde, auch ihr gleichzeitiges, aufmunterndes Kopfnicken verstärkte meinen Tatendrang. Jedoch die Größe, wohl auch die Höhe der Holzleitern, ihre vielen Sprossen und auch die Unebenheiten des welligen Waldbodens hielten mich davon ab, mein angestrebtes Erklettern der Waldriesen auch in die Tat umzusetzen.
Stattdessen reihte ich mich spontan in die eifrige Schar der Bucheckern aufsammelnden Freunde ein und begann mit wachsender Freude die bizarr geformten kleinen Eckern von den ausgebreiteten alten Bettlaken aufzuklauben und in den mitgeführten Körbchen zu sammeln.
Für den stets herabrieselnden ‚Erntesegen' sorgte als Vorkletterer und somit auch mein ebenfalls bewundertes Vorbild, der junge Sportsmann Friedel Mildenberger mit seinen mutigen und total schwindelfreien Kumpanen, die durch ihr kraftvolles Schütteln und Rütteln an den ausladenden Ästen in luftiger Höhe für das Lösen der begehrten Ölkapseln sorgten und auf diesem Wege den wertvollen Ertrag auf willkommene Weise enorm steigerten.
So war die Ausbeute um ein Vielfaches größer und rentabler ausgefallen, als sie es durch das normale Eckern-Lesen im Laub- und Moosboden des Waldes gewesen wäre.
Nach vollbrachter fleißiger Tagesarbeit zeigte sich am späten Nachmittag das Gemeinschaftstun als überaus zufriedenstellend und lohnenswert.
Die von den zahlreichen fleißigen Händen mit den wertvollen Bucheckern prall gefüllten Säcke wurden alsdann auf die kleinen hölzernen Leiterwägelchen verladen und in die besagte Nachbargemeinde Weitersburg gekarrt, um in der dortigen Ölmühle in das begehrte Bucheckernöl getauscht zu werden.
Die gesamte sichtlich erschöpfte, aber überglückliche Sammelgemeinschaft der Gleichgesinnten, sie erlebte Frau wie Mann und Kind nach Onkel Hannes leidenschaftlichen Worten eine Art gefühlten ‚Goldrausch', denn das Öl der Bucheckern bezeichnete er auf unnachahmliche und herzanrührende Art: „Das ist das Gold

des Waldes." Bei seinen Worten lachte er so eindrucksvoll und mitreißend, dass wir alle gespannt auf seine weiteren Ausführungen warteten, die auch nach einer kleinen Pause unsere Anspannung lösten.
„Meine lieben Freunde des Waldes, dieses vorhandene Gold des Waldes haben wir in diesen schweren Zeiten der Entbehrungen und der Not für unser Überleben entdeckt. Wir alle haben diesen Schatz der Natur geborgen, indem wir fest zusammenhaltend, in ideenreicher Handlungsweise vorgingen. Wir haben im engen Schulterschluss und mit eifriger, kameradschaftlicher Energie, aber auch mit männlichem Mut, vor allem mit unserem festen Gemeinsinn dieses Gold der Natur für uns alle nutzbar gemacht.
Dieses urgesunde, dieses Natur-Gold haben wir unserem geliebten Wald abgerungen. Not macht eben erfinderisch!"
Speziell dieses Erlebnis aus meinen Kindertagen, es lebt bis ins Heute hinein in meinem Gedächtnis mit einer intensiv gefühlten Vehemenz, die mir die Gewissheit bestätigt, dass ein Miteinander sich lohnt, dass der menschliche Gemeinsinn die Triebfeder sein kann, die zur gewonnenen und allseits geschätzten Lebensqualität führt.
Gerade die ehrlich empfundene Freude der gesamten ‚Waldfreunde-Gemeinschaft' über ihren Bucheckern-Sammelerfolg, diese dankbare, ehrliche Fröhlichkeit zeigte mir damals auch sehr deutlich ihre fast demütige Achtung und ihre hohe Wertschätzung der göttlichen Schöpfung auf bewundernswerte Weise. Ich schätzte ihre Freude umso mehr, wo doch der jeweilige Anteil des gepressten Öls für jeden einzelnen Beteiligten recht bescheiden war.
Nicht der materielle Gewinn allein bestimmt den Grad der Zufriedenheit im menschlichen Wirken, denn gerade das ideelle Zusammenspiel im verbindenden, sozialen Denken, im inneren Fühlen und im tatkräftigen Handeln, in diesem Zusammenspiel findet man oftmals ungeahnte, freie Kräfte, die es zu entdecken gilt. Diese Stärke ist der wahre Gewinn einer jeden Gemeinschaft.
So deutete ich damals das erlebte und in jeder Beziehung lehrreiche Waldabenteuer, das sich in späteren Jahren erfreulicherweise in meinem Naturempfinden fast verselbstständigte. Auf diese Weise erlebte ich das kameradschaftliche, menschliche Zusammenwirken sehr anschaulich.
Exakt dieses Erlebnis zähle ich zu meinen Grunderfahrungen und zu meinen imaginären Wurzeln meiner lebenslangen Liebe und Verbundenheit zum immerwährenden, lebendigen, ökologischen und stets wiederkehrenden Naturkreislauf.
Im geistigen Zentrum meiner Eltern und deren gepflegten engeren Freundschaften stand aber, quasi als Präambel ein Begriff, den ich damals in seinem Inhalt noch nicht vollständig verstand: ‚Humanismus'.
Die Welt des Geistes, die Welt der Kunst im Allgemeinen, die Welt der sozial geprägten Verantwortung und auch die christliche Weltanschauung – all diese Themen aber konnte ich schon recht gut im Kopf einordnen und auch verstehen, denn die Persönlichkeiten, die seinerzeit zum engen Kreis der ‚Intellektuellen' im

Bendorfer Kulturgeschehen zählten, sie waren durch erweiterte und ständige Gesprächsrunden immer gern gesehene Gäste in der gemütlichen Mansardenwohnung bei uns im altehrwürdigen Goethehaus, dem damaligen evangelischen Pfarrhaus von Claer.

Diesen Bendorfer Protagonisten eines humanen Weltbildes konnte und wollte ich, allein vom Herzgefühl her betrachtet, meine Bewunderung nicht vorenthalten. Ich zollte ihnen meinen Respekt und verband so manchen ihrer Besuche bei uns zuhause stets mit meinen wissbegierigen Allerweltfragen, die auch immer äußerst wohlwollend und umfangreich ihrerseits beantwortet wurden.

Diese vielseitigen, oft auch tiefgründigen Gespräche unter Freunden und geistig Gleichinteressierten, sie entzündeten allesamt eine leuchtend helle Ausstrahlungskraft, deren Schein mich in ihren Bann zog, die mich fesselte und gleichzeitig aber auch enorm faszinierte, die meine immens große Neugier auf das künftige Leben in all seinen reichen Facetten enorm steigerte.

Die tragenden Gedanken ihrer Aussagen und Erklärungen in den Zirkeln der einstigen Kulturschaffenden, sie alle zeigten mir schon in meiner frühesten Jugend eine erstrebenswerte Wertegemeinschaft auf, die damals noch jenseits meines Verstehens angesiedelt war, aber dennoch in meinem Denken ihr Zuhause gefunden hatte.

Das war mein Einstieg in die Ebene des gesunden Geistes, es war genau mein Weg, den ich entdeckte und dem ich gerne folgte, trotz so mancher Mängel und Entbehrungen. Denn es war das quirlige, pulsierende Leben in meinem Elternhaus, im räumlich beengten Umfeld unseres Domizils, welches ich aber zu schätzen lernte.

Denn exakt diese gemütliche Wohlfühlenge der elterlichen Mansardenwohnung zelebrierte auf mystische Weise unmerklich eine Vision von imaginärer Weite in ihren schrägen Wänden, die allen ‚Vorausschauenden' einen schier grenzenlosen Horizont eröffnete und einen grenzenlosen Ausblick in den unendlichen Kosmos der freien Gedankensphären gestattete.

Diese universelle Philosophie meiner geliebten ‚Väter' und ihrer, von mir ebenso geschätzten Freunde im Geiste, sie hatten unisono im meinerseits empfundenen Einklang mit ihrer humanen, den Mitmenschen zugewandten Geisteshaltung, mein eigenes Denkfundament für alle meine Zukunftsideen gesetzt.

Übrigens ... in den geschilderten Zusammenkünften, in diesen zukunftsorientierten Zirkeln der erklärten Menschlichkeit, in ihren fundierten, inhaltsreichen Unterhaltungen entstand oftmals der zündende Funke, der die Diskussionen kreativ entfachte.

Dieser Funke trug einen klangvollen Namen: ‚Goethe', ... Johann Wolfgang von Goethe, die herausragende, universelle Lichtgestalt der deutschen Dichtkunst und sein geniales Drama, sein ‚Faust'..., – doch dieses Wunderwerk, dieses in vollendeter Form und einmaliger Ausdruckskraft gestaltete Sprachkunstwerk, dieses bewegende Unikat der großen Weltliteratur, – ich kannte es damals noch nicht!

Die Bucheckern-Sammelaktion war aber nicht die einzige gute Möglichkeit den Ernährungsproblemen der damaligen ‚schlechten Zeit', wie man landläufig die ersten Nachkriegsjahre nannte, wirksam zu begegnen.
Denn nicht nur der große Freundeskreis von Hannes Gerke nutzte die Freigiebigkeit unserer Mutter Natur gewinnbringend aus, viele weitere Zeitgenossen, ob jung, ob alt, zogen in unsere Bendorfer Gemarkung, in Feld, Wald und Flur, und alle nutzten hoffnungsvoll die goldene Herbstzeit aus, um überreifes Fallobst aufzusammeln, nahrhafte Nüsse zu suchen, tiefschwarze, süße Brombeeren zu pflücken, oder aber auch auf den vielen abgeernteten Kartoffeläckern die verbliebenen, meist winzigen, Knollen aufzuklauben.
Der Einfallsreichtum aller Mitbürger an rettenden und schützenden Überlebensstrategien erfasste alle relevanten Bereiche der menschlichen Existenz, denn Hunger, Wohnraumnot, fehlendes Heizmaterial und Kleidungssorgen, um nur die größten Nöte zu nennen, forderten Kreativität und schnelles Handeln, um den Kampf gegen das tägliche Elend in unserer total zerstörten Heimat erfolgreich bestehen zu können.
Ich erinnere mich noch gut an viele unserer ideenreichen Nachbarn, die Hühner, Kaninchen und Ziegen, aber auch Tauben auf beengtem, allerkleinsten Raum züchteten und somit wiederum Mutter Natur als rettende Lebenspartnerin für Speis und Trank an ihre Seite holten.
Aus den allgegenwärtigen Trümmerruinen, die von unendlich vielen fleißigen Händen beherzt und unermüdlich abgeräumt wurden, besorgten sich gleichzeitig aber auch findige und handwerklich geschickte Zeitgenossen das ‚Baumaterial' für ihre Behausungen, die selbsterschaffenen ‚Behelfsheime'.
Behelfsheime – ja so nannte der Volksmund diese provisorischen, zusammengestückelten Unterkünfte, die überall der Menschen allererste Not linderten und ihnen ‚ein Dach über dem Kopf' bauten.
Diesen bewundernswerten Lebenswillen spürte ich damals auch schon als Kind hautnah, denn die aufkommende Freude, irgendwie das karge Leben wieder in den Griff zu bekommen, sie wurde vom eisernen Willen in eine Kraft umgewandelt, die den Zusammenhalt der Menschen forderte und Zukunftshoffnung schürte. Das neu entstandene Solidaritätsdenken entwickelte sich zum starken Motor des gemeinsamen Handelns.
Dieser Gemeinsinn entwickelte sich wohltuend und in steigendem Maße, glücklicherweise auch anhaltend, zuerst im engsten Familienverbund, dann im kameradschaftlichen Freundeskreis und, dem Wiederaufbaudenken zum Wohle aller folgend, zunächst auch immer öfter in der direkten Nachbarschaft.
Diese Entwicklung setzte sich natürlich in allen Gemeinden, Kreisen und Städten jeder Größe und dauerhaft durch. Die vielen Menschen, die Kriegsflüchtlinge und die unzähligen Heimatvertriebenen aus den ehemaligen Ostgebieten Deutschlands und Europas, sie alle hatten nur ein Ziel …, sie wollten, sie mussten überleben! Für sie alle gab es daher nur einen Weg, nur ein Ziel … die entbehrungs-

reiche und teils mörderische Flucht in den Westen!
Nach unvorstellbaren Qualen und unmenschlichen Strapazen auf ihren endlos anmutenden Trecks, auf ihren verworrenen und unwegsamen Fluchtwegen, erreichten sie, fast völlig mittellos und ausgehungert, oft auch von schweren Krankheiten gezeichnet, das rettende Gebiet der Westalliierten. Sie erreichten den vermeintlich freien Teil unseres besiegten und untergegangenen Vaterlandes.
Sie waren bei ‚uns im Westen' angekommen. Sie mussten einfach aufgenommen und in unserer kargen Lebensmitte integriert werden.

Erlebter Wandel ...

„Um Gottes Willen, wir sind arm wie die Kirchenmäuse, wir haben doch selber nichts zu essen und wir nagen auch hier schon schier am Hungertuch. Wie soll denn das von uns zusätzlich geschafft werden?"
Solcherart ‚Stoßgebete' hörte man zu jener Zeit landauf und landab, wobei die raue Wirklichkeit diese oftmals geäußerten Sorgen bestätigte.
Und doch, das Wunder gelang. Wenn auch die sprichwörtliche ‚Engelsgeduld' als künftige, kluge und wertvolle Weggefährtin alle gefühlt zentnerschweren ‚Steine' auf dem langen und mühsamen Pfad zur hoffnungsvollen Zukunft, erst mutig aus dem Weg räumen musste.
Einheimische und Flüchtlinge wurden im Laufe der Zeit Partner und oft auch Freunde, obwohl das einstmals bei den Ankommenden oft empfundene ‚Fremde', wie auch das anfänglich erlebte ‚Trennende', erst überwunden werden musste. Aber man fand beiderseits den Weg der notwendigen und der menschlichen Verständigung. Denn nach anfänglichen Verstimmungen und auch verständlichen Klagen auf beiden Seiten besann man sich auf die Tugenden ‚Fleiß, Ausdauer und Zielstrebigkeit', die unserem gesamten Volk im guten Sinne und mit Recht seit jeher zugeschrieben wurden.
Vor allem die vielen willensstarken Frauen zeigten durch ihr beherztes Zupacken ein leuchtendes Beispiel der Hoffnung auf bessere Zeiten.
Aus dem mörderischen Krieg oder aus den Gefangenenlagern der Siegermächte heimgekehrte Männer, die oftmals noch an Verwundungen und Unterernährung zu leiden hatten, auch sie reihten sich klaglos ins Aufräumen der Trümmerlandschaften ein. Auch viele Kinder ließen sich nicht vom Mittun abhalten.
So schuftete und buckelte jede bunt zusammengewürfelte ‚Trümmertruppe', generationenübergreifend und unermüdlich, um zunächst die Halden der Schuttberge nach noch ‚Brauchbarem' und somit weiter ‚Verwertbarem' zu sichten.
Bausteine, gleich welcher Art, wurden meist von Frauenhänden mit Hämmern und Meißeln von Mörtelresten befreit und gerade diesen emsigen und kraftraubenden Taten verdankte die holde Weiblichkeit den Ehrentitel ‚Trümmerfrauen'. Dieser Begriff war eine von ehrlicher Bewunderung und herzlicher Dankbarkeit getragene Auszeichnung der allermeisten Mitbürger und galt als allerhöchste

Anerkennung zu damaliger Zeit.

Bis in unsere heutige Gegenwart hinein hat diese Auszeichnung ‚Trümmerfrauen' ihren sehr hohen Stellenwert behalten und hat auch in heutiger Zeit in unserer Gesellschaft Bestand. Sie gilt weiterhin und als ein Symbol der menschlichen Stärke und der sozialen Solidarität. Der allgemeinen Not folgend arbeiteten damals diese solidarischen Schicksalsgemeinschaften ‚Hand in Hand' und im ‚verbindenden Miteinander'. Allen Widrigkeiten bot man mutig die Stirn, denn trotz der ständigen Knappheit an neuwertigen Baumaterialien, schufteten Mann und Frau an dem kräftezehrenden, äußerst mühsamen, aber lohnenden Wiederaufbau unserer geliebten Heimat.

‚Was einer alleine nicht schafft, das schaffen viele'

Diesen Spruch, den Vati einmal zitierte, den habe ich mir schon vor langer Zeit gemerkt, denn diese Weisheit, aus der Mitte des neunzehnten Jahrhunderts, stammt aus dem humanen Geist des Friedrich Willhelm Raiffeisens aus Hamm im Westerwald, dem Erfinder und Verfasser der Idee des heute weltweit erfolgreichen Genossenschaftsgedankens.

In seinem sozial beispielhaften und pragmatischen Handeln bei der unternehmerischen Umsetzung seiner genialen Ideen setzte dieser Friedrich Wilhelm Raiffeisen eine Dynamik in Bewegung, die vor allem den Bauern mit ihren Landwirtschaftsbetrieben eine lohnende Existenz garantierte. Diese Erkenntnis des Erfinders des zukunftsweisenden Genossenschaftsgedankens brachte mich zum Nachdenken, und sogleich begriff ich auch die ganze Tragweite dieser gesellschaftlichen und historischen Veränderung.

Was im ‚Kleinen' begann, begeisterte immer mehr Menschen und motivierte sie zusehends zum solidarischen Handeln auf den verschiedensten Ebenen. Die ausgelösten Aktivitäten erreichten ganz allmählich eine durchgreifende Verbesserung, die die weit verbreitete Not der Industrialisierung erträglicher gestaltete. Es entstand eine menschenverbindende Schicksalsgemeinschaft, die von sozialem Gemeinsinn getragen wurde und bis in unsere Gegenwart Bestand hat.

Mit diesem Gedankenfluss im Hinterkopf skizzierte ich mir mein eigenes vorwärtsschauendes Weltbild, das auf diesen Geschehnissen in der zweiten Hälfte des neunzehnten Jahrhunderts beruhte. Auch die historischen Freiheitsbewegungen jener Zeit um 1848 beeindruckten mein Empfinden sehr und sie schärften meinen Blick auf die beginnende Neubesinnung unseres Volkes.

Mit dem folgenden Vers vom großen Hermann Hesse gelingt mir für mein Empfinden der erneute Sprung in die bewegenden Gründerjahre unserer Bundesrepublik:

> Wie Blüten gehen Gedanken auf, hundert an jedem Tag.
> Lass' blühen! Lass dem Ding den Lauf!
> Frag nicht nach dem Ertrag!

Das kleine, aufkeimende Pflänzchen, das den Namen ‚Prinzip Hoffnung' trug, es wuchs mit jedem neuen Tag, den der Herrgott geschaffen hatte, und beflügelte das emsige Schaffen und den dynamischen Elan der fleißigen Menschen.
Mit der Gründung unserer Bundesrepublik im Jahre 1949 und der beginnenden Regierungsarbeit unter unserem ersten Kanzler, dem altersweisen Dr. Konrad Adenauer von der Christlich Demokratischen Union Deutschlands, der CDU, begann der allgemeine Aufschwung in allen Lebensbereichen.
Die nach dem Ende des zerstörerischen Zweiten Weltkrieges großzügig erhaltene, umfangreiche und äußerst geschätzte Hilfe der Vereinigten Staaten von Amerika (Care-Pakete, Marshallplan), diese guten Taten hatten unserem deutschen Volk, in den Zeiten der allergrößten Not, in der selbst das Allernötigste fehlte, das Überleben gesichert.
Auch diese Tatsache war für mich damals ein deutliches Zeichen der Menschlichkeit und der praktizierten Nächstenliebe des großen amerikanischen Volkes. Diese willkommenen Hilfsaktionen linderten zunächst die allergrößte Not der hungernden Menschen. Exakt diese Hilfe ermunterte zugleich ihre Gedanken im Blick auf künftige und hoffnungsvollere Zeiten.
Der schon erwähnte aufkommende Lebensmut weiter Kreise unserer Bevölkerung, dieser wieder wachsende Elan, wurde enorm gestärkt, vor allem durch die vielen, oftmals gezielten und überaus wertvollen Wirtschaftshilfen, die den beginnenden Wiederaufbau unserer zerstörten Industrieanlagen vehement förderten.
„Mein Gott mein Sohn, ich habe soeben in den Nachrichten eine schreckliche, widerliche und menschenverachtende Entscheidung der Sowjet-Union gehört, sie haben Westberlin völlig abgeriegelt, alle Land- und Wasserwege sind ab sofort geschlossen. Berlin ist eingesperrt. Berlin soll ausgehungert werden!" Opa Daddy hatte Vati total überrascht, als er völlig aufgelöst aus seinem Zimmer in unsere Wohnung gestürmt war und voller Erregung mit aufgestauter Wut seinen Angstgefühlen freien Lauf ließ.
Vati war sichtlich erschrocken.
Er nahm seinen zitternden Vater in die Arme. „Daddy beruhige Dich erst einmal, warte ich lege das Malzeug zur Seite, bitte setz Dich in meinen Sessel." Er schob meinen Opa in seinen bequemen Plüschsessel und kniete sich vor ihn hin, um im tiefen Augenkontakt ein besseres Verstehen zu erreichen.
„Mein Sohn, ich sage Dir, das, was die Sowjets jetzt machen, das ist die Revanche für die Einführung unserer neuen Währung, der Deutschen Mark. Das wird schlimm werden." Meines Großvaters Gesichtsfarbe hatte sich in ein fahles Grau verwandelt, wobei sein Blick seine große Zukunftsangst widerspiegelte. Opa Daddy schwieg und atmete tief und hörbar ein. Auch Vati sagte zunächst nichts. Er ließ eine geraume Weile vergehen, sicherlich, um seine Gedanken zu ordnen.
Mutti und ich saßen schweigend auf dem Sofa und erlebten diese Situation in beunruhigender Weise. Vati legte seine beiden Hände auf die schmalen Knie seines Vaters, tätschelten sie liebevoll und gleichzeitig beruhigend, um nach einer

Weile mit sonorer Stimme seinen Gesprächsfaden wieder aufzunehmen.
„Meine Lieben, nur ruhig Blut", er sah uns abwechselnd an und seine Ansprache klang ernst in unseren Ohren, und der Ton seiner besorgt klingenden Worte forderte von uns eine gesteigerte Aufmerksamkeit.
„Was haben wir nicht alles schon erlebt und durchgemacht, mein lieber Daddy ... und immer ging es irgendwie weiter. Jetzt in dieser endenden Nachkriegszeit kann es passieren, dass die eine oder andere Besatzungsmacht mal die Nerven verliert und durchdreht. Es wird sich zeigen, was wird."
Opa Daddy unterbrach energisch den Redeschwall meines alten Herrn und fuhr seinerseits zum gleichen Thema fort: „Du mein Sohn, Du bist ein sensibler Geist, ein Künstler und Menschenfreund – und wenn ich das sagen darf – Du bist zu blauäugig! Die östlichen Machthaber sind Kommunisten und sie sind undurchschaubar, vor allem aber sind sie unberechenbar, sie sind Stalinisten und sie halten sich nicht an Verträge und Abmachungen. Die UDSSR ist zu allem bereit, dieser machtbesessene Despotenstaat."
Vati hatte große Mühe, seinen alten Herrn zu beruhigen. Im ruhigen Tonfall fuhr Vati beschwichtigend fort: „Sieh mal Vater, der große Gegenpart zu den Russen, das sind die Amerikaner, sie haben die größte Militärmacht der Welt. Diese USA, die vereinigten Staaten von Amerika, sie werden schon eine passende Antwort finden. In jedem Fall wird es eine Antwort sein, eben unterhalb der Schwelle, die zum Krieg führen könnte. Glaub mir, mein lieber Vater, diese Berlin-Blockade nehmen die westlichen Besatzungsmächte nicht einfach so hin. Im Verbund werden sie eine angemessene Aktion starten, und ich vermute, sie werden Mittel und Wege finden um eine Eskalation, eine kriegerische Auseinandersetzung zu vermeiden."
„Ich hoffe, Du hast Recht, mein Sohn." Mit einem tiefen Atemzug entspannte sich meines Großvaters Erregung und die entstandene Stille nutzte mein Mutterherz, um sich ihrerseits zu äußern: „Ich kann nur sagen Vater Gotthold ... und Ihr beiden anderen Gottholde ... keine der anderen Siegermächte hat ein Interesse daran, eine kriegerische Eskalation zu wagen. Eine jede Siegernation wird sich hüten, einen Waffengang zu riskieren, denn dieser würde nach Hiroshima und Nagasaki, nach diesen verheerenden Atombombenabwürfen in Japan das Ende Europas bedeuten, wobei es egal wäre wo die Bombe gezündet würde. Alle beteiligten Militärmachthaber kennen diese Gefahr. Es würde jeden treffen. Jetzt im Juni 49 sieht alles schlimm aus, ich meine, auf politischer Ebene, aber meine Lieben, wir werden auch wieder in ruhigere Fahrwasser kommen, wie man so schön zu sagen pflegt."
Mutti sollte Recht behalten, wie es sich am 2. Mai 1949 zeigte.
Das Vier-Mächte-Abkommen wurde verhandelt, besiegelt und in Kraft gesetzt. Oberflächlich beruhigte sich auch das gestörte Miteinander der Siegermächte.
Erst viele Jahre später konnte ich die Blockade-Auswirkungen besser begreifen. Mein Bild von den Piloten der Luftbrücke war geprägt vom Mut dieser Menschen.

Bei Besatzungen der ‚Rosinen-Bomber' waren für mein kindliches Erkennen der Situation rund um Berlin etwas ‚Großes' ..., der Berlin in seiner ureigenen Art schuf, ja, die treffende Bezeichnung ‚Rosinen-Bomber' ... Dieser sympathische Begriff hatte Symbolcharakter. Ich bewunderte alle Beteiligten dieser menschlichen Großtat und mein Herz schlägt noch heute in dankbarem Gedenken für diese uneigennützigen Helferinnen und Helfer. Diese mutigen Luftbrückenflieger versorgten fast ein Jahr lang die Millionenmetropole Berlin mit allen Gütern des täglichen Lebens.

Als kleiner Junge bewunderte ich die mutigen Piloten und deren Begleiter, wobei ich den Initiator und Befehlshaber dieser militärischen Rettungsflüge der U. S. Air Force besonders verehrte. Mutti hatte mir diese Luftbrücke kindgerecht erklärt und mir auch den Namen des Initiators genannt: Lucius D. Clay ... diesen Namen habe ich bis heute nicht vergessen. Da wir ja in der beengten Wohnung fast immer zusammen waren, hörte ich natürlich auch das Wesentliche der politischen Lage. „Weißt Du, mein Junge, diese ganzen Zusammenhänge kannst Du ja kaum verstehen, deshalb erklärt Dir Vati und ich nur das Geschehen, was Du auch verstehen kannst. Aber Dein Interesse ist wichtig, denn Du wächst ja hinein, in diese neue Zeit. Unsere wechselseitigen Erklärungen helfen Dir dabei, diese neue Zeit auch zu verstehen." In unserem Radio hörte ich im Kreise unserer Wohngemeinschaft, also Oma Lina, Opa Daddy, Vati, Mutti und ich, eine Reportage über die Not in Berlin und die gefährliche Zuspitzung der Ereignisse. Ich fühle auch heute noch den leichten Anflug einer Gänsehaut auf beiden Unterarmen, wenn ich an Ernst Reuter denke, dem ehemaligen Oberbürgermeister von Westberlin (1947-1953), der inmitten von schier unzähligen Demonstranten die heroischen Worte ausrief: „Ihr Völker der Welt, ihr Völker in Amerika, in England, in Frankreich, in Italien! Schaut auf diese Stadt und erkennt, dass ihr diese Stadt und dieses Volk nicht preisgeben dürft und nicht preisgeben könnt!"

Diese historische Beschwörung der Freiheit Berlins und des Deutschen Volkes ging den Menschen regelrecht unter die Haut, und die Hörer dieses Hilferufes werden sie wohl nie vergessen können, denn die ganze menschliche Sorge und die gefühlte Not spürten alle Teilnehmer der Kundgebung überdeutlich. Und dieser Ruf erreichte über die Presse den Hörfunk und die Wochenschauen in den Filmtheatern überall in der westlichen Welt, eine internationale Aufmerksamkeit.

Das Erleben der Spannungen auf vielen Ebenen des gesellschaftlichen Lebens prägte auch das tägliche Miteinander, denn die große Ungewissheit der verschiedensten Ereignisse schürte unbestreitbar eine große Zukunftsangst, die erst im Laufe vieler Jahre abgebaut werden konnte. Zu unser aller Glück gab es die Ausgeglichenheit des Bedrohungspotentials im Osten wie im Westen.

Und dieser Zustand schreckte die Machthaber der beiden Militärblöcke nachhaltig davon ab, eine Bedrohung in eine gefährliche Handlung umzusetzen. Die reale Weitsicht, auch die der nachfolgenden Staatslenker der westlichen Welt, sicherten uns allen eine Zeit des sicheren Lebens in ganz Europa. Doch diesem Erleben von damals folgten viele Jahre der Spannungen und der prekären Herausforderungen in allen Bereichen unseres Lebens.

Fürs Erste aber konnte Vati seine vorausschauenden Visionen der Hoffnung schildern, um auf diesem Weg der Unterhaltung die erlebte Angst etwas abzumildern. Oma Lina und Opa Daddy fühlten sich wieder aufgefangen im beruhigenden Familienleben dreier Generationen.

Vati suchte vermehrt die Zwiegespräche mit seinem Vater um über die politische Lage zu philosophieren und in der Beurteilung der Situationen einen gesunden Denkausgleich herzustellen.

In jener Zeit zeigten sich die Regierungen der USA und deren Administrationen als vorausschauende Förderer Deutschlands und auch Europas, denn es galt ja, den kommunistischen Vormarsch der Sowjet-Union und ihrer verbündeten Ostblockstaaten gezielt Einhalt zu gebieten.

Die uns ‚Westdeutschen', – nach langen und zähen Verhandlungen der Siegermächte –, zukunftsorientiert und großzügig verordnete, ich sage ‚geschenkte Demokratie anno 1949', sie war unsere Sternstunde der Hoffnung im Betrachtungswinkel unserer entbehrungsreichen Vergangenheit, der schlimmen Zeit der durchlebten Nachkriegsjahre.

So konnten alle Bürger der neuen Bundesrepublik Deutschland, im Verbund mit den freien Völkern der westlichen Staaten, diese für ihr Empfinden neue Staatsform Demokratie erfahren und neu erlernen.

Das Fundament dieses Lernprozesses war das ‚neue Grundgesetz', welches unsere Gründermütter und Väter so ausgewogen und liberal schufen, fußend auf den weitreichenden, verbrieften Grundrechten.

Meines Vaters eindringliche Worte habe ich heute noch in akustischer Klarheit im Ohr. „Hier halte ich unsere frisch gedruckte Taschenausgabe des neuen Grundgesetzes in der Hand."

Vati zeigte mir voller Stolz sein Exemplar. Die Wirkung war toll, denn mit den fett gedruckten, schwarz-rot-goldenen Buchstaben versprach der Einband allein schon gänzlich Neues. Auch der, auf dem zusätzlich interessant gestalteten Bundesadler, hatte in der Mitte des Buchdeckels seinen dominierenden Platz gefunden.

„Ich habe den wesentlichen Teil schon gelesen und verinnerlicht. Ich rate Dir, mein Sohn, tue desgleichen und studiere den Inhalt der wichtigsten Artikel. Allem voran aber springt Artikel eins des Grundgesetzes sofort in jedermanns Auge. Die Präambel dieses Grundgesetzes sollte jedem Bundesbürger in Fleisch und Blut übergehen:

Die Würde des Menschen ist unantastbar!

Also, meine Lieben, stellen wir uns auf die Zukunft ein. Ich will nur hoffen, dass die Politiker hier bei uns im Land und auch anderswo keinen Mist bauen!"

Diesen ersten Artikel des neuen Grundgesetzes hatte Vati einst in einer unserer vielen Gesprächsrunden und in einer solch getragenen Tonart gesprochen, dass mir damals eine Gänsehaut über den Rücken gelaufen ist. Er schaute abwechselnd mal von Mutti zu mir und umgekehrt.

Außerdem genoss Vati offensichtlich in seinem inneren Gefühl die historische Tragweite der nunmehr garantierten und verbrieften Freiheiten. So zumindest deutete ich sein zufriedenes und nachdenkliches Lächeln.

„Wir können uns glücklich schätzen, dass wir die vielversprechende Vision einer gerechten und allgemeingültigen sozialen Marktwirtschaft als deutschen Weg zum Erfolg zur Verfügung haben, liebste Grete, vielleicht bekommen wir ja auch ein Stückchen vom zu erwartenden Wohlstandskuchen ab."

So ähnlich klangen Vatis Worte damals wohl zu diesem neuen, hoffnungsfrohen und in die nahe Zukunft weisenden Thema.

„Weißt Du, Grete, wenn die Menschen wieder Geld verdienen, ich meine, wenn sie viel Geld verdienen, dann kauft sicherlich auch der eine oder der andere Mal ein Bild von mir."

Seine sympathisch gelösten Gesichtszüge zeigten eine gefühlte Zufriedenheit, wohl auch mit der politischen Zukunftsperspektive, und seine Blicke streiften die in weichen und fließenden Erdtöne der von ihm gezauberten ‚Nass-in-Nass-Aquarelle', die unsere urgemütliche Mansardenwohnung belebten und auf individuelle Weise auch verschönerten.

Professor Ludwig Erhard, der damalige, erste und auch einzige Wirtschaftsminister der Adenauer-Ära, dieser geniale ‚General Manager' des Wiederaufbaus der ersten Regierung Adenauer, dieses Genie legte den Grundstein für das faszinierende Erfolgsmodell Deutschland der späteren Zeiten, er schuf mit seinem professoralen Allroundwissen und seinen Zukunftsideen die Zauberformel:

‚Soziale Marktwirtschaft'

Professor Ludwig Erhard, diese gewichtige Persönlichkeit mit dem jovialen, fast schon listigem Lächeln und der auf Abbildungen seinerzeit obligatorischen, dicken Zigarre, die er demonstrativ zwischen Zeige- und Mittelfinger haltend bildhaft und öffentlichkeitswirksam präsentierte, symbolisierte auf diese deutliche Weise den angestrebten Wohlstand des beginnenden Wirtschaftswunders; derart abgebildet wurde dieser Wirtschaftsminister damals in den Zeitungen und Kinowochenschauen gerne gezeigt, denn dieser Ludwig Erhard faszinierte mit seiner positiven und fesselnden Aura die überwiegende Mehrheit der Menschen aller Altersstufen.

Dieser Macher setzte seine magische, aber bewiesenermaßen real anwendbare ‚Zauberformel Soziale Marktwirtschaft' ohne Zaudern und mutig in die Tat um und propagierte unentwegt und überall die ausgewogenen Leitlinien seiner umfassenden Reform der deutschen Wirtschaftspolitik.

Diese neue Staatsform „Demokratie"

Sie wurde von den hoffnungsvollen Menschen in unserem aufstrebenden ‚Westdeutschland' freudig begrüßt, und für mein Verstehen und Erleben in dieser Zeit wurde diese Politik, auch von den verantwortlich Handelnden, in den teils neugeschaffenen Bundesländern, tatkräftig unterstützt.

Im Eiltempo verinnerlichten die Verantwortlichen von Staat und Wirtschaft seine Lehren und Vorgaben. Basierend auf dem neu geschaffenen Grundgesetz der Bundesrepublik Deutschland setzten sie unisono und sprichwörtlich ‚Zug um Zug' diese neuen und erfolgversprechenden Wirtschaftsweisheiten um und verknüpften diese richtungsweisend und verbindlich mit der Industrie, mit dem Handel und mit den Dienstleistern.

Unser neues Vaterland, die Bundesrepublik Deutschland, war in der westlichen ‚Wertegemeinschaft der freien und demokratischen Staaten' nicht nur angekommen, es förderte zudem auch aus dem neuen, friedfertigen Denken und aus innerer Überzeugung heraus, die feste Bindung zu diesen Völkern.

Die ‚Wiedergutmachungspolitik' der Adenauer-Ära baute erste tragfähige Brücken zu den ehemaligen Gegnerstaaten, und die geleisteten Reparationen unterstrichen unsere Reue und der finanzielle Teil der Verträge konnte, wenn auch in den meisten Fällen leider nur teilweise, das den Menschen zugefügte Leid durch die fürchterliche Hitlerdiktatur, entschädigen.

Außerdem unterstützten Bund und Länder gleichzeitig die Idee und verbreitete die Vision, die von vielen Staatslenkern der fünfziger Jahre als Fernziel genannt wurde … sie förderten den zündenden Gedanken an ein:

Vereintes Europa der Vaterländer

Von meinem alten Herrn habe ich die Zusammenhänge dieser ‚Idee Europa' auch sofort erklärt bekommen. Er sah als Vision eine vaterländische Lösung vor Augen, denn er war der festen Meinung, dass die Mitgliedsstaaten einer zu schaffenden Europäischen Union, in jedem Fall ihre nationale Unabhängigkeit behalten sollten. Sie sollten jedoch zielstrebig eine friedliche Gemeinschaft der Völker in Europa anstreben.

Ich erzähle von diesen politischen Geschehnissen, weil sie untrennbar mit Vatis Weltbild verbunden waren. Mit dieser Sichtweise auf das Zeitgeschehen erreichte er natürlich so manchen Gleichgesinnten und es bildeten sich die Freundschaften im Geiste, von denen ich ja schon berichtete.

‚Europa der Vaterländer' …

Dieser Begriff war auch als symbolische Klammer gewählt worden, denn in jenen Jahren der neuen Ausrichtung der internationalen West-Politik stellte sich fast zwangsläufig die Kernfrage, wie die Integration der neuen deutschen Demokratie in das Wertebündnis der freien westlichen Welt gelingen könnte.

In manchen relevanten Regierungskreisen der verschiedensten Länder war dieses Thema, teils auch mit sehr zurückhaltender Skepsis, betrachtet worden. Doch die Aussagekraft dieses gewählten Begriffs, die diese verbindende, hochemotionale Idee eines vereinten Europas als Fernziel nannte, wurde zur treibenden Energie vieler verbündeter Länder.

In dieser Energie, die den europäischen Geist ihrer Schöpfer widerspiegelte und darüber hinaus auch deren weitsichtiges Denken in sich vereinte, schlummerten noch weitere, unentdeckte und gesamtgesellschaftlichen Chancen, welche Prosperität, Wohlstand und sogar eine angestrebte Wirtschaftsblüte für den europäischen Kontinent hervorzubringen vermochte.

Über alle Länder- und Staatsgrenzen hinweg begab man sich auf einen politisch-kreativen und zusammenführenden guten Weg.

Das Zusammenfinden der europäischen Völker in Frieden und Freiheit nahm seinen Lauf. Meines alten Herrn Denkprozesse hatten eine friedliche Völkerfreundschaft als Kernpunkt gebildet, um den sich die Gesprächsrunden der Freunde immer wieder drehten.

Die deutsch-französische Aussöhnung und der folgende Freundschaftsvertrag, beide zusammen verbanden beide großen Völker zukunftsweisend, und sie galten ab diesem Zeitpunkt als der Motor einer europäischen Union, wie auch immer deren Antlitz bei Vollendung der Vision wohl aussehen mochte.

„Unser Leben, mein liebster Göttergatte, unser Leben ist spannend, unser Leben …", an dieser Stelle stoppte mein Mutterherz ihren an Vati gerichteten Satz und starrte nachdenklich auf den niedrigen Spieltisch, der mit den quadratischen Schachfigurenfeldern versehen war und die in mattem Schimmer in ihren hellen und dunklen Naturholztönen im warmen Licht der Stehlampe leicht glänzten.

Sie schien sich ihre nächsten, an ihren Göttergatten gerichteten Sätze im Kopf zurechtgelegt zu haben, denn urplötzlich begann sie den angefangenen Satz fortzuführen, aber diesmal mit fesselndem, allegorischem Inhalt: „Unser Leben ist spannend und turbulent zugleich, fast so wie die irre, abenteuerliche Fahrt durch eine schrecklich anmutende Jahrmarktgeisterbahn; ich fühle unser Leben in dem tiefem, nachtschwarzen Tal der menschgemachten, millionenfachen Grausamkeiten, und so schreiten wir, ich will es unbedingt so theatralisch ausdrücken, mein Liebster, geradewegs stolpernd hinein in die ausgedehnten grauen und nasskalten Nebelwände der Ungewissheit.

Die ersehnten richtunggebenden Orientierungspunkte, die uns Wege aus unserem Dilemma weisen könnten, sind nirgendwo zu finden. Auch unsere Seelen erwärmende Sonnenstrahlen, sie sind kaum zu verspüren. Ebenso der, nach gefühlter Ewigkeit erhoffte, Silberstreif am Horizont ist nicht zu erkennen. Ich verliere mich zusehends in einer solch miesen Stimmung, in der eine Grundtraurigkeit unser momentanes Dasein beherrscht."

Vati ergriff Muttis Hände und nach einer geraumen Weile der Stille sprach er mit ernster, aber trotzdem Hoffnung ausstrahlender Betonung zu ihr: „Gretelein, ich

verstehe Deine Schwarzmalerei nicht, denn alle Zeichen unserer Gegenwart deuten auf einen bevorstehenden Zeitenwandel hin. Ja, meine Liebste, wir erleben geradezu einen positiven Schwenk hin zu einer Gesellschaft, die im Miteinander der Völker unsere Zukunft sieht. Ich schenke Dir gerne einen Teil meiner guten Energie. Du wirst es erleben, alles wird gut werden."
Mit seinen innigen Worten hatte Vati in Muttis Gesicht ein sanftes Lächeln hervorgerufen. Er spürte ihre Wärme und nahm sie still in seine Arme.
In so mancher ihrer Plauderstunden, die Mutti und Vati überaus zu schätzen wussten, war ich als Junge und später auch als ‚Halbwüchsiger' gerne Augenzeuge und spitzte meine Ohren, um den Unterhaltungen der beiden auch geistig folgen zu können.
Sicher, so manchen Wortspielen meiner schlagfertigen Vorbilder konnte ich von meinem Wissen und auch vom Denken her betrachtet, kaum oder gar nicht folgen, denn die allermeisten Gespräche und deren Zusammenhänge, gleich in welcher Art sie auch immer Bedeutung hatten, konnte ich leider nur gedanklich im Kopf speichern.
Ich verstand so manchen Gesprächsinhalt erst im Nachhinein, nämlich dann, wenn ich das vernommene Zusatzwissen versuchte zu begreifen.
Aber das vollständige Verstehen geschah in meinem Kopf eben zeitversetzt und leider erst viele Jahre später. Sinnigerweise begriff ich die aussagestarken Passagen ihrer Gesprächsrunden folglich erst in meinem ‚reiferen Erwachsenenalter' und verinnerlichte ihre Denkanstöße und beider, teils philosophisch anmutende Ansichten.
In dieser Retrospektive konnte ich nunmehr die durch die durch elterliche Erziehung erfahrenen Erkenntnisse mit meinem, über lange Jahre erlernten, auch gespeicherten Allgemeinwissen verbinden. Somit konnte ich auch ihre Lebensweisheiten und ihren Lebensstil à la Boheme, mit großer Freude dann und wann ausleben und mit Herz und Seele genüsslich auskosten.
Verstärkt im ‚Heute', fast am Ende meiner oft verschlungenen Wege angekommen, kann ich den erlebnisreichen, aber immer faszinierenden ‚Dschungel meiner Erdentage' wirklich erkennen, – diese weitere Metapher streue ich gerne in meine Schilderungen mit ein, denn, auf diesen ‚Bilderzauber' will ich nur ungern verzichten, eben weil meine Art des Erzählens das Wesentliche seines interessanten Inhalts etwas leichter und auch anschaulicher zu erklären vermag.
Und weil wir im familiären Dreierbund zu allen Zeiten unsere Gespräche schätzten und sie pflegten, aus diesem Grund sind all die Gedankensplitter, die vermehrt in meiner Erinnerung auftauchen so überaus wertvoll. Sie sind immer dann greifbar, wenn ich sowieso in der Gedankenwelt meiner Vergangenheit verweile und die wertvollen Tage in meinem goldenen Lebensherbst mit allen Sinnen genieße.

Das Paradies auf Erden.
‚Das Schöne zieht einen Teil seines Zaubers aus der Vergangenheit'

Besser als Hermann Hesse, den ich auch mit dieser Erkenntnis gerne und treffend zitiere, kann ich meine innere Triebfeder und deren Beweggründe bezüglich meines Erzählens nicht beschreiben. So wie das undurchdringliche Grün eines Urwaldes mannigfaltige Geheimnisse in sich vereint, wie sie beispielsweise die schrillen, tausendfachen und mystischen Laute seiner versteckten Tierwelt verkünden, die meist im Unterholz und im Dickicht des Waldes ihr Zuhause haben. Diese verborgene fremde Tierwelt ist die völlig unbekannte, aber immer faszinierende Seite des immerwährenden, quirligen Lebens auf unserem ‚Blauen Planeten'.

Meine imaginär projizierten Inszenierungen öffnen für mich, im gefühlten Zeitraffereffekt, die ehemals verworrenen Pfade meiner Existenz.

Exakt jetzt, in der göttlichen Ruhe des Alters und im Endrausch des in meinen willkommenen Gedanken erneuten Erlebens meiner anderen, früheren Zeit, erfühle ich den ersehnten goldenen Herbst.

Das wahre ‚Gold meines Herbstes'

Es hat einen Namen: Gabriele. Ich nenne sie aber meist ‚Gaby' und natürlich meist mit weiteren, kreativen und zärtlichen Kosenamen, die Verliebte überall auf der Welt, so innig verbinden.

Verliebt?

Ja, natürlich waren und sind wir anhaltend verliebt, denn auch noch nach mehr als zehn Jahren hat sich diese Liebe sogar gesteigert, denn solange schon gehen wir harmonisch und im Gleichklang der guten Gefühle durch unsere bunte, lebensherbstliche Seelen-Wunderwelt.

An ihrer Seite und Hand in Hand mit ihr, meiner unvergleichlichen, faszinierenden Persönlichkeit Gaby, meines geliebten ‚Lebensmenschen', der edlen ‚Kaiserin meines Herzens', wie ich sie schon damals im heimischen Bendorf am Rhein, gleich bei unserem ersten Wiedersehen nach über vier Jahrzehnten, spontan ansprach, sie erneut kennenlernen durfte – und ... wir beide lebten und leben im ‚Hier und Heute' – und wir sind bei uns im inneren Zentrum der trauten Zweisamkeit angekommen.

Wir leben die uns gewährte Gunst der Glücklichen aus und wir schreiten ‚Schritt für Schritt' im besagten Gleichklang und im Rhythmus des vom Schicksal geschenkten Miteinanders.

Wir gehen durch ‚Dick und Dünn', – ja, ich will das gute Gefühl der Zweisamkeit bewusst mal gerne etwas burschikos formulieren, um den Begriff der empfundenen Freude zu verdeutlichen. Ich tue dies aber stets in respektvoller Achtung und menschlicher Würde, und ich begleite diese Freude im zarten Takt der späten Jahre ... ich verlangsame gefühlt unsere harmonische Zweisamkeit und bewerte sie als eine vom Schicksal geschenkte, vergoldete und verzauberte Ewigkeit, die ich erlebe und tief im Innern erahne und ich zähle sie in meiner Gegenwart zu meiner ‚gewonnenen Zeit', denn sie ist die Zeit der späten, der wirklichen großen Liebe, die in einer so überaus zärtlichen Zuneigung eingebettet ist, wie ich sie zuvor und zu keiner Zeit meiner verrückten, teils wirren ‚Lebensturbulenzen' erfahren durfte.

Wir genießen gemeinsam, meist aber erst am Spätnachmittag, wenn das tägliche ‚Wuseln' des Alltagstrotts im Innenbereich, aber auch außen im herrlichen Grün des Gartens beendet ist, dann genießen wir unsere so wertvolle Zweisamkeit.

Das sind unsere herbeigesehnten, für uns so wichtigen und überaus wertvollen Stunden zwischen ‚Tag und Dunkel', wie wir unisono und humorvoll unsere harmonische ‚Blaue Stunde' auch gerne nennen.

Und wir zelebrieren dieses genießerische Hineingleiten in die geschätzte Dämmerung der ‚Blaue Stunde', dieses Hineinschweben in unsere allabendliche, freie Zeit. Unsere glücklichen und kostbaren Momente der quirligen, meist auch munteren Gespräche, wir leben und kosten sie genüsslich aus.

Unser schäumendes Gerstengetränk, unser gut gekühltes, blondes Bierchen, es prickelt spürbar auf der Zunge und löscht sogleich und wohltuend den ersten Durst.

Dieses herrliche, schäumende Nass in Verbindung mit dem erlesenen Birnenbrand aus Südtirol, der seinen fruchtigen Geist in unsere Nasen steigen lässt, er ist ein Feuerwerk des guten Geschmacks. Dieses erquickende Duo löst augenblicklich unsere Zungen.

Wir setzen uns gemütlich an die rechte Tischecke, aber wegen unserer Unterhaltungen und deren Intensität meist etwas schräg zueinander geneigt und halten intensiv unseren, oft auch gesuchten, aber immer bedeutungsvollen Augenkontakt. Die rechte Ecke des Gartentisches bevorzugen wir beide deshalb, weil uns diese beiden Plätze die Sicht zum Lichterspiel des Brunnens und zu den geschmackvollen, dekorativen Pflanzungen ermöglicht.

Unser Augenkontakt ist so manches Mal ebenso bedeutend in seiner stummen Aussagekraft, wie die gesprochenen Worte. Außerdem stärkt er so angenehm unsere Harmonie und signalisiert auf belebende Weise unser beiderseitiges Verstehen.

Wohl auch aus diesem Grund sind wir innerlich völlig entspannt und räkeln uns in den bequemen Polstern der robusten, urigen Eichen-Naturholzsessel, die, durch ihre dunkle Lasur und ihrem Tirol typischen Landhauscharakter, dieser Terrasse eine äußerst gemütliche Atmosphäre verleihen und zum ausgedehnten Verweilen förmlich auffordern.

Das im Dämmerlicht des scheidenden Tages mystisch leuchtende Farbenspiel des perlend-sprudelnden ‚Fontänen-Brunnens der Liebe', dieses Zwielicht der Unter-

wasserleuchte taucht die wechselnden Szenen der spiegelnden Effekte jeweils in ein warmes, gelbes wie auch rotes Flammenspiel.
Diese gefühlsbetonte Beleuchtung der warmen Farbtöne zaubert ein fesselndes und auch faszinierendes Terrassenambiente, das auf verführerische Weise alle Sinne zart umschmeichelt und wir im Gleichklang unsere Seelen baumeln lassen. Dieses gemeinsame Wohlfühlgefühl empfinden wir als ein wunderbares und immer willkommenes Zusatzgeschenk.

Geplänkel, oftmals auch nur Palim, Palim …

Gabys kulinarische Küchenzauberei setzt dem abendlichen Festival der Sinne die Krone des erlesenen Geschmacks auf, und unsere gelebte Zufriedenheit zeigt sich vor allem bei den vielseitigen, anregenden und interessanten Dialogen, die sich je nach unseren Gemütszuständen, zwischen ernsten Themen und unserem, von uns entdeckten humorvollen ‚Palim-Palim', oder verständlicher ausgedrückt, beim lockeren Geplänkel variantenreich bewegen.
Mit spontaner Freude gestaltete ich diesen Brunnen unserer neuentdeckten Liebe, quasi als Gastgeschenk und Dankeschön, eben anlässlich meines ersten Besuches bei ihr in Völs in Tirol.
Gabys Zuhause ist ein im Landhausstil errichtetes, dominierendes Anwesen mit angegliedertem Terrassenbereich. Der weitläufige, traumhaft schöne und weitläufige Garten schenkt dem romantischen Gesamtanblick einen würdigen Naturrahmen.
In ehrfürchtiger Anlehnung an die fernöstlichen ‚Feng-Shui'-Gestaltungsempfehlungen der fließenden Energie, wählte ich gezielt und gewollt die weichen Rundungen als Gestaltungselemente.
Meine Liebe und meine innere Verbundenheit zu Gaby, meinem verehrten Lebensmenschen, veranlassten mich, einen sympathischen Mittelpunkt der Sinne entwerfen und gleichzeitige eine Augenweide zu schaffen, die einen weichen und harmonisch geschwungen Verlauf des Brunnenarrangements zeigte.
Die ausgewählten, teils auch immergrünen Solitärpflanzen dieses zauberhaften Brunnenareals schmiegten sich in ihrer Vielseitigkeit harmonisch in die geschmackvolle Szene der vorhandenen Terrassenbegrünung ein, wobei auch geschmackvoll ausgesuchte Natursteine optische Akzente setzten, die eindeutig den erlesenen Gestaltungsstil der Hausherrin erkennen ließen.
Dieses dominante ‚Arrangement' der ansprechenden, dekorativen Art zeigte seine belebende Wirkung in der Verbindung zu allen Sinnen.
Zum einen verwöhnte der optische Reiz des Objektes die Augen der Betrachter, zum andern verwöhnten die, von der Wasseroberfläche weich aufgefangenen Tröpfchen des fallenden, fein perlenden Wasserspieles, das Gehör der Anwesenden.
Das leise, fast melodisch klingende Plätschern des perlenden Wassers tauchte

Gabys grünes Außenwohnzimmer, wie ich ihre Terrasse auch gerne nannte, in ein wohlduftendes Naturambiente, das lebendige Behaglichkeit all denen schenkte, die mit allen Sinnen zu genießen vermochten.
Ich gestaltete das Brunnengebilde in versetzter Stein-auf-Stein-Bauweise und ich verzichtete auf jeglichen Mörtel.
Außerdem wählte ich bewusst uralte, teils auch moosüberzogene, handgeformte, extrem raue, rotbraune und hartgebrannte Antiklehmziegel, die als gewollte und sehr willkommene Kontraststeine zur modernen Bautechnik dienten. Exakt auf diese Weise wirkten sie als gelungene, optisch reizvolle Gegenspieler zu den üppigen und überaus vielfarbigen Wuchsformen des natürlichen Terrassengrüns und dessen farbigen Nuancen. Gleichzeitig verlieh ihre Feng Shui-Form, der im geschwungenen Bogen angelegten Terrasse, ihren einzigartigen, äußerst reizvollen und anheimelnden Anblick.

Das genannte Wasserplätschern der speienden Fontäne gilt als akustischer Wohlklang der Naturfrische und es verleitet auf intensive Weise, dass sich ein ‚Verweilen' zu einem zwanghaften Muss entwickeln kann. Man schaut ins Wasser und Lichterspiel – und man träumt und man vergisst Zeit und Raum!
Die gefühlten Schmetterlinge im Bauch, die Verliebte immerwährend empfinden, aber auch mein beflügelnder Rauschzustand der so angenehmen Nähe zu der Kaiserin meines Herzens, all diese wundervollen Regungen schenkten mir die kreativen Inspirationen zum besagten Gestalten unseres ‚Brunnens der Liebe' in Gabys prachtvollem Gartenparadies.
Erst der leichte, nächtliche Windhauch, der bei uns ein leichtes Frösteln auslöste, unterbrach unsere anregenden Unterhaltungen und er zeigte uns an, dass wir der aufkommenden Müdigkeit ein wenig mehr Beachtung schenken sollten.
Schweren Herzens verließen wir ungern und meist zu vorgerückter Stunde, manchmal auch leicht beschwipst, aber immer bei bester Laune, diese urgemütliche Terrasse, unseren allabendlichen Freiluft-Sommersitz, direkt am ausladenden Erker ihres, im landestypischen Tiroler Baustil, errichteten Domizils.
Es ist, wie schon gesagt, ein ansehnliches, schmuckes Landhaus, dem eine Fassadengestaltung in weißem Wellenputz den durchaus rustikalen Charakter verleiht. Die Licht- und Schattenwirkung der matten Oberflächenstruktur strahlt eine Schlichtheit aus, die jeden Besucher begeistert.
Die rundum weit ausladenden, überhängenden rotbraunen Schindeldächer bestechen in ihrer optischen Weitwirkung.
Diese großzügig angelegte Dachform passt mit den zwei mit behauenen Bruchsteinen gemauerten Kaminen und ihrer gebogenen Kupferblechabdeckungen zur Tiroler Baukultur. Darüber hinaus bietet die durchdachte Bauweise speziell zur langen Winterzeit einen wichtigen Schutz vor den üppigen Schneemassen, die Frau Holle zur Winterzeit ab und an auch stärker rieseln lässt.
Unter diesem von mehreren mächtigen Nadelholzbalken majestätisch getragenen

Dach wirken die zwei ausladenden, mit wuchtigen Drechselpfosten und Ornamentbrettern integrierten Holzbalkone, die jeweils mit dekorativem Sommerblumenschmuck liebevoll von der Hausherrin gestaltet werden, auf ganz persönliche Art.

Der weiße Wellenputz im Wechselspiel mit den warmen, braunen Beiztönen der Holzstrukturen bilden eine perfekte Verbindung der gewählten Naturmaterialien, wobei die braunchangierenden Bodenplatten aus gebrochenem Porphyrstein das Anwesen rundum einrahmen und so das geschmackvolle und gelungene Gesamtbild vollenden.

Gabys Haus ist umgeben von einem zauberhaften, ja paradiesisch anmutenden Gartenareal in einem gepflegten, naturgrünen Ensemble des miteinander harmonisch korrespondierenden Baum- und Buschbestandes, welches mit der weichen, geschwungenen Formgebung der grünen Rasenflächen eine Augenweide dieses Traumgartens, darstellt.

Gabys geräumiges Familienanwesen war und ist stets der Hort der unverbrüchlichen Mutterliebe, die sie zu jeder Zeit vorlebte. Ihre Wertvorstellungen des verbindenden Miteinanders lehrte sie ihren drei wohlgeratenen Kindern und zeitversetzt auch ihren fünf quirligen Enkeln.

Unaufdringlich, aber immer in menschlicher Würde, gab sie die Richtlinien des liebevollen Umgangs miteinander preis und überzeugte die ‚Ihren' durch ihr vorgelebtes, tägliches Handeln.

Somit wurde Gabys Haus in jeder Phase des Heranwachsens ihrer Kinder und auch Enkelkinder zu einem erstrebenswerten Zuhause.

Im Innern der ‚festen Mauern' dieses Zuhauses regierte zu allen Zeiten Gabys Liebe zu ihren Liebsten, und mit der Liebe im Bunde lebte die ausgewogene Harmonie. Dieser harmonische Gleichklang war Gaby stets wichtig, denn er schuf den Respekt und die Achtung, die allein im Miteinander der Generationen betrachtet, die höchste Anerkennung erfahren sollte.

Auf diesem guten Weg erklärte sie durch ihr umsichtiges Handeln und ihr fürsorgliches ‚Vorleben der Tugenden', meist ohne große Worte und Belehrungen, ihre eigene Lebensphilosophie zur anhaltenden, beispielhaften und Generationen übergreifenden Gültigkeit.

Unmerklich aber entwickelte sich bei allen Beteiligten der verbindende Familiengeist zum Manifest lebenslanger und enger Verbundenheit.

Diese zauberhafte Oase, dieser Ort der umsorgenden Liebe und der praktizierten Menschlichkeit, er liegt im Ortskern der lebenswerten und gleichwohl vitalen Marktgemeinde Völs in Tirol, in unmittelbarer Nähe der Landeshauptstadt Innsbruck. Dass ich in dieser beschriebenen ‚Oase der gelebten Menschlichkeit' und an der Seite der geliebten ‚Kaiserin meines Herzens' mit allen guten Gefühlen aufgenommen wurde, empfinde ich mit großer Dankbarkeit und Zuneigung, aber auch als innigen Liebesbeweis meines, von mir überaus verehrten ‚Lebensmenschen Gaby'.

Ich befinde mich in einem permanenten Glückszustand, und die ehrliche Liebe, die ich von meiner Gaby empfange, sie verwandelt sich, einem Wunder gleich, augenblicklich in stets neue, steuernde und vorantreibende gute Energie.
Diese vitale Energie durchfließt regelrecht mein Bewusstsein, ja, diese neue Kraft, die ich in mir spüre, beflügelt meine Gedanken und versetzt ihnen positive Schwingungen. Gaby und ich durchwandern voller Lust den bunten Herbst unseres Lebens und dessen inhaltsreiche Tage. Diese Tage will ich voller Überzeugung als ‚golden' bezeichnen, denn diese Tage machen uns glücklich und sie sind von einem ganz eigenen ‚Zauber' umgeben, der uns unsere noch verbleibende Zeit so wohltuend relativiert. Ja, der sie, vom Gefühl her wahrgenommen, auch verlangsamt. Durch diesen Zeitlupeneffekt gewinnt man zusätzliche Genussmomente, die ich stets als Geschenke des Schicksals herzlich willkommen heiße.
So ist dieser ‚Lebensrest' auch angefüllt mit unseren erlebnisreichen, stets wechselnden, Alltagssituationen, deren wirklicher Erlebniswert in der Wahrnehmung versteckt ist, der aber immer gesucht ... und auch gefunden werden muss.
Das Finden und Entdecken dieser Werte sind weitere, wichtige Schlüsselerkenntnisse, ja, es sind virtuelle, zarte Hände, die alle Schönheiten des ‚irdischen Seins' tief in unsere Herzen zu tragen vermögen.

Schön, dass es so ist wie es ist ...

In meiner hiesigen, realen Traumwelt schreibe ich mit Elan und Lebensfreude weiter an meinen Erzählungen. Ich schreibe weiter aus einer vergangenen anderen Zeit, beispielsweise von den interessanten, mannigfaltigen Begegnungen mit Menschen, die das ‚Besondere' umgab.
Und ich erzähle weiter von einer längst vergangenen Ära, von alltäglichen Episoden, die aber durchaus einen prägnanten, teils auch humorvollen Erzählwert besaßen und die ich auf meinem Weg zur ‚gewonnenen Zeit', aus dem Dunkel des Vergessens herausfange und dramaturgisch geschickt ins strahlende Scheinwerferlicht auf die Bühne meines imaginären ‚Schreibtheaters' stelle, und sie zum erneuten, unterhaltsamen Agieren inspiriere.
Die teilweise aus dem Blickfeld der Beachtung gefallenen Momente der menschlichen Lebensweisen fange ich mit Freuden wieder auf und hole die in meinem Erinnerungsschatz verbliebenen Schwänke, Episoden und Aphorismen liebend gern zurück, quasi als mein Geschenk, mein Vermächtnis als ...

‚Zeitreisender und Zeugnisgeber' ...

... einer über sieben Jahrzehnte andauernden Epoche in Deutschland und Europa, in der Frieden und Freiheit unser aller Leben bestimmte.
Von dieser Sichtweise her betrachtet begreife ich unser Leben in Würde und

Freiheit als ein permanentes spannendes Erlebnis und vor allem meine Erinnerung an diese große Epoche, als ein überaus wertvolles, schönes und gnädiges Geschenk der immerwährenden Schöpfung.

Die Urkraft des Erinnerns ist allgegenwärtig und gottlob fester Bestandteil des menschlichen Geistes und somit in jedem ‚Homo sapiens' lebenslang verankert.

Aus der Vergangenheit lernend gestalten wir unsere Gegenwart und im gelebten ‚Hier und Heute' kreieren wir mit hoffnungsvollen Visionen die Zukunft unseres Blauen Planeten.

Dieses ‚Triumvirat', dieses Dreierbündnis, das Gestern, das Heute und das Morgen, diese dreiteilige Verknüpfung der menschlichen Erkenntnis, sie kann für uns als Gesamtgesellschaft der willkommene ‚Glücksbote der Vernunft' bedeuten. Wir alle hätten durch diese Vernunft ein Quantum mehr an unserer wertvollen Zeit, an unserer … ‚gewonnenen Zeit'!

Gerne widme ich mich mit Eifer erneut meinen zurückkehrenden Gedanken, die mir weitere Episoden bildhaft vor Augen führen, die mir unverfälscht das quirlige Leben und den Dunstkreis ‚unseres Malers' zeigen.

Glücklicherweise finden alle Geschehnisse von einst den berühmten und rettenden ‚Faden der Ariadne', jener griechischen Sagengestalt, der Tochter des Minos, dem König von Kreta, diese Ariadne gab schlauerweise ihrem heldenhaften Geliebten Theseus, dem Sohn des Meeresgottes Poseidon, das rettende Garnknäuel. Mit der Fadenfährte dieses Knäuels fand Theseus, nach seinem Sieg gegen das Ungeheuer Minotaurus, das im Mittelpunkt des tödlichen Labyrinths herrschte, mit diesem Faden meisterte er sicher die verschlungenen Irrwege und kehrte unversehrt zu seiner Ariadne zurück.

Ich nehme dankbar mein ‚Garnknäuel des Schicksals' auf und mache mich auf meinen Weg des weiteren Erzählens …

Mein ‚Alter Herr' stand in gemütlicher und auffallend entspannter Körperhaltung am rechten der beiden hellen Fenster in unserem schmalen Wohnzimmer in der zweiten Etage des Goethe-Hauses.

Er schaute nachdenklich in die gegenüberliegenden mächtigen Baumkronen der drei kanadischen Platanen, dieser immens hohen Baumriesen. Sie wurzelten inmitten des verworrenen Wildwuchses des weiträumigen über zweihundertjährigen Parks.

Dieser Park war um 1850 großzügig und imposant angelegt worden und sollte dem noblen, im Barockstil erbauten Stammsitz der Familie Remy, einen würdigen Rahmen im Gesamterscheinungsbild des Areals geben.

Mit der dominierenden prachtvoll und exakt parallel gestalteten, wuchtigen Kastanienallee, die im Sommer als grünes Naturband dem Park im Wechselspiel mit den Platanen, seine unverwechselbare Charakteristik schenkte, konnte man erahnen, welchen Reichtum die weltweit agierende, hochangesehene ‚Remy-Dynastie' durch die Industrialisierung erwirtschaftete.

Der Stammsitz der Remys, das im Stil des Barocks im Jahre 1747 von Wilhelm Remy geschaffene markante Bauwerk wurde, wie gesagt, von der zeitgleich angelegten und weitläufigen Parklandschaft mit integriertem Teehaus sowie Gärtnereigebäude umgeben.
Dieses große, einstmals luxuriöse und gartenarchitektonische Meisterwerk umgab lückenlos eine mehr als zwei Meter hohe und fast meterbreite Bruchsteinmauer. Die als Eingänge dienenden kunstvoll geschmiedeten Eisentore wirkten als pompöse, verschnörkelte Eingangsportale und sie befanden sich genau zu Beginn und am Ende besagter Kastanienallee, die ihren Anfang exakt gegenüber des gusseisernen Geländers der eleganten Freitreppe des Hauses hatte.
Dieses geschwungene, mit verzierenden Ornamenten geschmückte, Gusseisengeländer trug im Innern die kunstvoll gegossenen Initialen des Erbauerehepaares. Den oberen Abschluss der pompösen Gussfreitreppe bildete eine glatte, schwere Eisenplatte, die die Breite des Eingangs bestimmt. Meisterhaft verziert zeigt sich die zweiflügelige Holztür, die mit glänzenden Messingrohren im satt-dunkelgrünen Anstrich eine handwerkliche Glanzleistung darstellt. Das nach oben gebogene Oberlicht wurde aus Holz gestaltet, geweißt, und gibt den Halt für das geschnitzte Ornament des Remy-Wappens, das als besonderer Blickfang dem Gesamtportal seinen feudalen Reiz verleiht.
Den Glanz und den sympathischen Charme dieser Epoche und den des Remy-Besitzes in Bendorf konnte man, trotz des Zerfalls der Gebäude im Park und trotz seines ungepflegten Wildwuchses der einstigen Gartenkultur, mit ein wenig Fantasie noch leicht erkennen und bestaunen.

Vatis Blick und seine Nachdenklichkeit zeigte nur allzu deutlich, dass er sich eine geraume Weile in seinen Träumen verloren hatte, wie auch immer sie ausgesehen hatten.
Über der nahen Vordereifel, die man von den Fenstern aus gut betrachten konnte, hatten sich Haufenwolken aufgetürmt und auch ineinander verschoben, wobei die verlaufenden, hellen und dunklen Grautöne die weißen Wolkenwölbungen kontrastreich begrenzten.
Es wehte ein leicht böiger Wind draußen, denn die zarten Tüllgardinen, die zu beiden Fensterseiten zusammengeschoben waren und ganz dicht an dicht hingen, sie bewegten sich im Rhythmus der Böen und gaben der Statur Vatis am Fenster eine fast schemenhafte Silhouette.
‚So stellt man sich eine Theaterfigur auf einer Bühne vor', dachte ich im Stillen, denn Vatis Rückenansicht erinnerte mich an ein mystisches Theaterspiel oder auch an dramatische Filmszenen.
Die sich auftürmenden Wolkengebilde, die sich über der, der als sehr nah erscheinenden, Eifellandschaft formten und sich zu drohenden Haufenwolken zusammenschoben, sie hatten sich augenblicklich ein tiefes Dunkelgrau angenommen, und sie schufen auf diese Weise ein gespenstisches Zwielicht.

Genau zu diesem gefühlten, unheimlich anmutenden Bild passend, wählte Vati, ohne ja meine Gedankenwahrnehmung zu kennen oder auch nur zu erahnen, einen bühnensprachlichen und ernsten Tonfall an, der mich verwunderte, und dieser ernste Tonfall war gar nicht an mich gerichtet. Er sprach mein Mutterherz an, ohne sich zu ihr zuzuwenden.
„Erinnerst Du Dich, liebste Grete, als wir mit Achim in seinem dicken Mercedes diese wunderschöne Westerwaldtour machten?"
Als er diese Frage an Mutti gewandt, ja fast schon beschwörend betonte, nickte er auch bedächtig und im Zeitlupentempo mit dem Kopf und fuhr fort, ohne dass mein Mutterherz auch nur einen Pieps hätte sagen können: „Ich habe diese Spritztour regelrecht genossen und ich habe mir bei dieser ausgedehnten Fahrt auch unsere etwas weiter entfernten heimatlichen Gefilde eingehen angeschaut.
Liebste Grete, ich war und bin nach wie vor begeistert, begeistert von allem, was ich überall entdeckte, und ich habe Malmotive erlebt und gesehen, die mich ganz gefangennahmen. Grandios sage ich Dir, aber auch Dir hat doch das Ganze gefallen. Oder?"
„Ich habe doch hinten gesessen, von dort war meine Wahrnehmung nicht so gut, ich habe nur wenig mitbekommen."
Muttis Reaktion fiel für meine Begriffe etwas dünn aus, oder besser ausgedrückt, ihr Tonfall hatte einen unverhohlenen, ja fast schon gelangweilten Ausdruck in der Stimme, den sie wohl auch so beabsichtigt hatte. Denn sicherlich konnte sie ihres Gemahls Euphorie bezüglich seines Bruders Spritztour nicht recht einordnen. Deshalb schob sie die berechtigte Frage sogleich hinterher: „Gotthold mein Liebster, Du denkst doch nicht wirklich über den Kauf eines Autos nach? Dazu fehlt uns das nötige Kleingeld. Großes Geld haben wir schon gar keins! Außerdem gibt es bei uns viel wichtigere Dinge, die bei meinen Überlegungen Vorrang haben. Ich wasche immer noch mühsam unsere Wäsche mit der Hand. Einen ‚Multimix', den idealen Küchenhelfer fürs Zerkleinern oder Verrühren, so wie ihn mein Brüderchen für seine Mimy gekauft hat, den hätte ich auch gern."
„Liebste Grete, mein Herz, natürlich weiß ich, dass ein Auto nicht zu bezahlen ist, aber Mobilität ist schon was Feines, ich könnte …"
Weiter kam Vati nicht mit seiner noch geheimen Wunschvorstellung bezüglich seiner Beweglichkeit, denn mein Mutterherz fiel ihm ins Wort und brachte schimpfend ihre Bedenken vor: „Wir lassen bei Ferbers Lebensmittelladen, bei unserer Freundin Liesel Schnorbus, der das Geschäft gehört, im Schuldenbuch anschreiben und bezahlen das Verbrauchte erst dann, wenn unsere Gehälter am Monatsende auf der Sparkasse verbucht sind. Dieser Zustand ist mehr als peinlich für uns, bei Mia Wermelskirchens Bäckerei dito, eben das gleiche Dilemma, mal ehrlich gesagt, wir wursteln uns halt so durch, und Du denkst in dieser Misere an Deine persönliche Mobilität?"
Vati atmete langsam und hörbar ein, schaute Mutti mit ernstem und auch Aufmerksamkeit forderndem Blick lange an; in seinem beredten Blick, der den liebe-

vollen Ausdruck seines graublauen Augenpaares nicht unterdrückte, lag seine ganze visionäre Hoffnung auf eine bessere Zeit.
Dieser Hoffnungsschimmer motivierte ihn sicherlich, und mit seiner ihm angeborenen Überzeugungskraft fuhr er mit den Schilderungen seiner Zukunftsträume vehement fort, und er wählte bei seiner verbalen Präsentation bewusst seine ausgeprägte, fast schon dozierende Sprachweise, die er auch immer professionell anzuwenden verstand: „Genau das, was Du jetzt aufs Tapet gebracht hast, allerliebstes Weib, genau dieser unhaltbare Zustand ist ja auch für mich unerträglich geworden, und exakt aus diesem Grunde will ich Mut beweisen und auch etwas Entscheidendes dagegen tun."
Vatis spontane Entgegnung auf ihre emotionale Beschreibung der negativen Bilanz zum festgestellten ‚Istzustand' unserer augenblicklichen familiären Lebenslage, hatte nun auch Mutti zum einsichtigen Nachdenken veranlasst, und sie signalisierte ihm durch ihr fragendes und Interesse zeigendes Mienenspiel, dass er mit seinen Überlegungen zur Verbesserung unserer Lebensqualität fortfahren solle.
Er erkannte die Gunst der Stunde und mit erleichtertem, fast schon zur Heiterkeit neigenden Gesichtsausdruck hielt Vati vor seiner Hörerschaft, vor seinen ‚beiden Studenten', eben exakt vor Mutti und mir, seine logische und gleichwohl auch lehrreiche ‚Vorlesung' zum Thema ‚neue Wege wagen'.

Im vollbesetzten ‚Auditorium' der winzigen Mansardenwohnung im historischen Goethehaus zu Bendorf, meine ironische Formulierung trifft auf bildhafte Weise die von mir damals wahrgenommene Situation am besten.
Vatis Vorstellungen seiner Ideen, bezüglich der geplanten Mobilität, diese Ideen erhielten auch in Muttis Augen, eben auf Vatis gekonnte Art der positiven Motivation, eine dominante Bedeutung im Hinblick auf unser gemeinsames Ziel der Autobeschaffung!
Eine verbesserte Lebensqualität mit einem realistischen, materiellen Wohlstand war unser gemeinsamer Wunschtraum.
Für das prognostizierte Spiel der künftigen Möglichkeiten wählte unser verehrter ‚Künstler' seine ureigenen, wohlformulierten Satz-Variationen, mit denen er das zusammenhängende Erfolgskonzept eloquent und nachhaltig präsentierte:
„Liebste Grete, mein lieber Filius, ich möchte Euch meine neuen und auch grundlegenden Überlegungen zur Verbesserung unserer persönlichen und somit wichtigen wirtschaftlichen Lebensqualität darlegen.
Ich möchte, ach was … ich will als aktiver und virtuos agierender Experte, der der malenden Zunft einiges an Werten zu bieten hat, ich will an dem wachsenden Interesse einer breiteren Öffentlichkeit an Kunstexponaten in jeder Form partizipieren, ich will deshalb verstärkt auch meine Bilder offerieren.
Denn meine Lieben, der allgemeine Aufschwung ist deutlich spürbar, das beginnende Wirtschaftswunder nach Professor Ehrhards sozialer Lesart ist schon

heute, über zehn Jahre nach Kriegsende, in unserer noch jungen Bundesrepublik angekommen, und es scheint sich dauerhaft zu stabilisieren.
Der ‚Hunger' weiter Kreise nach beständigen ‚Kulturgütern' ist mittlerweile ebenso gestiegen, wie der aller anderen Konsumgüter des täglichen Lebens auch.
Eure Begeisterung, für meine Malerei im impressionistischen Stil und in Verbindung mit meinem variantenreichen Schaffen bestätigt mir, dass ich auf dem richtigen Weg bin. Eure permanente Unterstützung tut mir gut, denn sie motiviert mich dahingehend, dass ich meine Malerei in all ihren kreativen und auch teils eigenwilligen Variationen meiner Arbeiten als mein persönliches Talent erkenne und dass ich Eure Zustimmung erhalte.
Diese Begabung, die mir dankenswerterweise in die Wiege gelegt wurde, sie konnte ich auf dem fachlichen Gebiet per Eigenstudium ausbauen und schlussendlich konnte ich die permanenten Versuche starten, eine gewisse Vollkommenheit anzustreben. Das Lernen hört nie auf, denn alles ist im Wandel, und Talente muss man nutzen.
Diese Begabung, ja, dieses Talent bestimmt meinen, und bestimmte natürlich auch unseren Lebensrhythmus. Dieses Gefühl ist gut. Das spüre ich tief in meinem Inneren. Malerei kann auch gewinnbringend sein!"
Zu keiner Sekunde unseres Zuhörens unterbrachen Mutti und ich Vatis sinnvolle Erläuterungen. Wir schauten ihn mit innerer und aufregender Spannung an, und unsere Blicke verlangten unausgesprochen eine sofortige Weiterführung seiner Ausführungen.
Mein alter Herr schien unser beider Fragen zu spüren, denn mit seinem bekanntverschmitzten Lächeln setzte er seine Überlegungen und Interpretationen in seiner eloquenten Sprachgewalt fort: „Diese Gunst des Schicksals, meine Lieben, sie möchte ich, wie schon erwähnt, verstärkt nutzen und vervollkommnen. Das bisher erreichte Niveau als Maler stimmt mich hoffnungsvoll, denn meine Federzeichnungen, Aquarelle und Ölbilder haben, wie ich es sehe, einige erfreuliche Verkaufserfolge gebracht. Obwohl, das muss ich zugeben, der Erlös derselben noch zu wenig an wirklich messbarem und finanziellem Gewinn gebracht hat.
Geld zu haben ist zwar nicht ‚Alles', doch ‚Alles' ist nichts ohne Geld. Das mag ja banal klingen, aber meine Lieben, an dem Spruch ist was Wahres dran … wie man ihn umgangssprachlich und so lapidar so oft daherredet."
An dieser Stelle seiner ‚Vorlesung' legte mein Erzeuger eine kleine Verschnaufpause ein und sein fragender Gesichtsausdruck animierte uns dazu, noch weitere Fragen zu stellen.
Mit einem Zufriedenheit ausstrahlenden Lächeln schenkte Mutti meines Vaters Ausführungen die wohl von ihm erwartete Zustimmung und auch Anerkennung für seine Grundgedanken der generellen Verbesserung unserer gemeinsamen Existenz.
Sie eröffnete ihrerseits, mit einem Schuss an vernehmbarer, typisch weiblicher Neugier und mit gezielt raffiniertem Hinterfragen seiner Ideen und deren Mach-

barkeit, das begonnene, interessante und nun zum Zwiegespräch avancierte ‚Frage-Antwortspiel'.

Ab diesem Moment hatte ich als Sohn, das spürte ich ganz deutlich, zu diesem aktuellen Thema nichts an relevanten Aktivitäten in meinem jungen Schädel gedanklich parat, was in dieser spannenden Situation auch nur ansatzmäßig überlegenswert gewesen wäre.

Gleichwohl fühlte ich mich aber als enorm wichtige, kleine Persönlichkeit, und ich war auch richtig stolz, denn trotz meiner jungen Lebensjahre durfte ich bei ihnen verweilen und bei dieser Sachlage wurde ich sogar in ihrem Bunde integriert und akzeptiert.

Meine geschätzten Eltern hatten mir schließlich das Bleiberecht zu diesem ‚Vortrag' eingeräumt, sogar in ihrem fast schon heiligen ‚Zweierbund' zugegen zu sein ausdrücklich erlaubt, was aber zu früherer Zeit und in anderen Situationen und in meist ernsten Gesprächsrunden nicht der Fall war, denn, mit dem elterlichen Befehl, ‚ab ins Kinderzimmer, jetzt aber fix', mit dieser derart barschen und unmissverständlichen Aufforderung erhielt ich meinen Marschbefehl Richtung Schlafkammer und ins Reich meiner Träume. Mit diesem Ritus wurde meinem jeweiligen, sicher auch allseits verständlichem Wunsch auch in allen anderen Situationen in der Runde dabei sein zu dürfen, immer der obligatorische Riegel der Aussperrung vorgeschoben. So wurde es früher, aber immer zu meinem Bedauern, von Mutti und Vati, geregelt. Diese Handlungsweise gipfelte dann, in der für mein damaliges Gefühl jedenfalls unangebrachten Ausdrucksweise und in einer mehr als nur abfällig klingenden, rüden Tonart angewandten Spruch: „Das, was wir zu besprechen haben, ist nichts für Kinderohren!"

Es vergingen einige Minuten. Ich schaute zu Vati und dann auch zu Mutti. Dabei konnte ich regelrecht in Muttis Gesichtszügen wie in einem offenen Buch lesen, und ich verstand augenblicklich ihr gezeigtes Mienenspiel. Sie hatte noch einige Bedenken im Kopf, die sie ausgeräumt haben wollte, auch hatte sie unbeantwortete Fragen auf der Zunge … und die musste sie einfach loswerden. Sie legte ihre Bedenken in klärender Offenheit dar, wobei ihre angenehm klingende Stimme von einen festen Klang begleitet wurde, der zum Zuhören aufforderte: „Ich begrüße Deine Grundidee, auch Deine gutgemeinten, sicherlich gereiften Überlegungen zur anhaltenden Verbesserung unseres Lebensstandards. Das alles kann ich gut nachvollziehen. Doch, mein liebster Göttergatte, wie in ‚Dreigottesnamen', wie willst Du denn das Ganze angehen? Wie Bitteschön, bewerkstelligen? Wie willst denn Du, neben Deinem beruflichen Dolmetscherdasein bei den Franzosen in Koblenz, diesen an sich löblichen Weg, wie willst Du ihn beschreiben? Wie, ich betone diese Frage mit Nachdruck, wie bitteschön, wie soll das gehen? Also auf die Antworten bin ich mehr als gespannt! Ich höre!"

Vatis zarte und leicht bläulich schimmernde Adern zu beiden Schläfenseiten füllten sich, wahrscheinlich vor Ungeduld und auch vor Aufregung, spontan und sicherlich auch ungewollt mit einem verstärkten Blutfluss.

Diese, sonst kaum wahrnehmbaren Blutbahnen traten merklich stärker hervor, sie wurden nun noch etwas dunkler, und sie deuteten in Begleitung einiger kleiner Schweißperlen auf der hochgezogenen, faltigen Stirnpartie seinen aufkommenden Unmut über Muttis bohrenden Fragenkomplex an, bevor sein erneuter Redeschwall eine Art Befreiung einleitete: „Es wäre angebracht, wenn Du mich jetzt nicht mehr unterbrichst, wenn Du mir genau zuhörst, liebste Grete, denn, was ich Dir, was ich Euch beiden erklären will, und das wird Euch nicht nur einleuchten, sondern es wird Euch auch beruhigen und Eure Sorgen und Eure Ängstlichkeit ad absurdum führen."

Vatis Mimik kehrte sich, während er zu uns sprach, in eine wissende Freundlichkeit um, denn auch sein Blick verriet eine gewisse Genugtuung, denn seine erfolgversprechende Zukunftsvision kannte ja nur er, und er allein kannte ja auch die positiven Möglichkeiten seiner ausgedachten Strategie.

Mit einem verschmitzten Lächeln, welches sympathisch seine Mundpartie umspielte und uns einen gesunden Optimismus signalisieren sollte, fuhr er fort, seine Version des geplanten Erfolges zu erläutern: „Ihr habt ja meine ehrliche Freude bezüglich der gelegentlich erfolgten Bilderverkäufe miterlebt, Ihr habt auch die Begeisterung der kunstinteressierten Klienten verfolgen können und Ihr habt auch die erzielte Aufbesserung unserer Haushaltskasse miterlebt.

Der jeweilige Erlös hat uns doch so manchen kleinen Wunsch erfüllen lassen. Richtig? Also, was schließt Ihr beiden wachen Geister daraus?"

Mein Mutterherz schaute ihren geliebten Kunstmaler verwundert an, ihr fragender Blick streifte für einen kurzen Moment auch den meinen, um ohne Umschweife, aber mit einem leicht ironischen Unterton, ihre gezielte Antwort in den Raum zu stellen: „Ich denke, dies hier wird eine länger andauernde, erklärende Informationsphase Deinerseits werden. Wir lauschen weiter ... und mein liebster Gemahl, ich werde Dich ab sofort nicht mehr mit zusätzlichen Fragen bombardieren. Unser Kleiner ist, wie Du siehst, sowieso still."

Vati seinerseits ignorierte leicht süffisant lächelnd Muttis liebevoll gemeinte Ironie, ließ gleichzeitig ein leichtes, sonores Räuspern ertönen, sicherlich wollte er mit dessen akustischer Hilfe weiterhin unsere gesteigerte Aufmerksamkeit erhalten, um auf diesem Wege in unserem Innern den gesunden Nährboden vorzubereiten, der nötig war, um seinen weiteren genialen Ideen einen dauerhaften Standort in unseren Köpfen zu garantieren.

Diese listige, damals auch recht geschickt angewandte Raffinesse, sie war ein markanter Wesenszug in Vatis ausgeklügeltem Denkschema.

Doch dieses Schema, wie auch die vielen anderen Besonderheiten im persönlichen Verhalten meines ‚Alten Herrn', sie allesamt erkannte und ergründete ich aber erst viele Jahre später, in meinem reiferen Erwachsenenalter.

Und, wenn ich das teils auch komplizierte ‚Vater-Sohn-Thema' ehrlich und realitätsbezogen betrachte, so muss ich mir eingestehen, dass ich wirklich erst viele Jahre später zu meiner wirklichen und verstehenden Erkenntnis gelangt bin, die

seiner wahren Persönlichkeit gerecht wurde.
Den tiefgreifenden und komplexen Sinn seiner Philosophie habe ich sicherlich erst in meiner heutigen Gegenwart wirklich verstanden.
Meinem bewusst gelebten ‚Traum der Wirklichkeit', ihn konnte ich eben erst in meiner Seelenverwandtschaft mit Gaby zu greifbaren ‚Tag-Träumen' umgestalten und somit auch hautnah erleben.
Dankenswerterweise durfte ich mich bei ihr glücklich und in Frieden in ihrer Oase der Menschlichkeit integrieren. Im ‚Hier und Heute' lebe ich mit ihr in unserem gemeinsamen ‚Wunderland der Harmonie' und wir schenken unserer Zeit ein ‚Mehr' an Leben.
Gaby, als die ‚Kaiserin meines Herzens', sie präsentierte mir mit ihrer Sicht auf die Wertigkeit des Daseins eine neue Phase des Denkens und Fühlens, in unserem anmutigen und von fein dosierten Esprit getragenen Miteinander, in unserem ‚Hier und Jetzt'.
Sinnierend erinnerte ich mich gerne an mehrere unserer stets inhaltsreichen Gespräche mit namenlosen Zufallsbekanntschaften, an unvergessene, illustre Situationen, die sich spontan ereigneten. Und ich dachte in meinem Zufriedenheitsempfinden an folgende schlaue Gedanken …
Im Stadium der erlangten verständnisvollen Zweisamkeit und der daraus resultierenden inneren Ausgeglichenheit sowie der wiedererlangten ruhigen Gelassenheit, – in diesem Verbund der guten Gefühle kommt meist jeder einstmals vom Schicksal negativ gebeutelte und getriebene Mensch seiner eigentlichen hoffnungsvollen und positiven Lebensphilosophie erfreulicherweise wieder entschieden näher.
Mit dieser Erkenntnis vor meinem geistigen Hintergrund überdachte ich all jene zerstörerischen Phasen meiner Vergangenheit akribisch genau. Ich durchlebte in Gedanken die beginnende Retrospektive der schon fast völlig verdrängten und teils auch vergessenen Episoden der Negativgeschehnisse von einst, nun aber in völlig veränderten Zusammenhängen, in einer durchaus positiven Dramaturgie, deren Inhalte ich bislang verdrängt hatte.
Diese neue Dramaturgie fügte ich in mein Denkschema ein und bot somit der erhaltenen Erkenntnis eine neue, eine größere Bühne, die mein verändertes Denken veranlasste, nach anderen, besseren und der Zeit entsprechenden Wegen zu suchen. Mit meiner mir eigenen Zähigkeit erforschte ich vehement mein eigenes Fehlverhalten in früherer Zeit. Ich durchwühlte nun analysierend all jene Negativfakten, die mir meine Trostlosigkeit über Jahre hinweg aufgezwungen hatte.
Zeitübergreifend betrachtete ich das Geschehene, nunmehr aber auch endlich realistisch einschätzend, ich erkannte außerdem meine gefühlte Seelenschieflage klar und deutlich, zog meine logischen Schlüsse aus dieser bitteren Wahrheit.
Außerdem ordnete ich meine ‚Ist-Situation', jetzt aber ohne jegliche Schönfärberei, in meine wiedergewonnene lebensbejahende und gesunde Gedankenwelt ein.
Der einst durchlebten Trostlosigkeit begegnete ich mit neuer Empathie und mit

zurückgewonnener Agilität, die mir mit kreativer Geisteskraft hoffnungsvolle Visionen offenbarte.
Mit meinem neuen Denken und im engen Verbund mit positiver Energie gelang es mir, das gesamte, in sich aber weitgefächerte Spektrum des eigenen, durchlebten ‚Ichs' nunmehr auf ein repariertes, teils aber auch total neugegossenes starkes Fundament zu stellen.

Zwischenspiel und Gedankenbrücken …

An Körper und Geist erneut aufblühend erlebte ich in meiner wundervollen quirligen Welt des Denkens, des Glücks und des freudigen Erinnerns eine dynamische Renaissance des guten Teils meiner intensiven und ereignisreichen Vergangenheit mit all ihren verehrten, das Leben lehrenden und weisen Protagonisten.
Meine gute Zeit in Liebe und im gefühlvollen Miteinander mit Gaby, meinem wundervollen Lebensmenschen, an deren Seite ich das hohe Gut des Glücks wertschätzen und erneut kennenlernen durfte, gelang es mir, auf bislang unbekanntem Weg, die lange Ruhephase meiner einstmals begonnenen Erzählungen zu beenden und freudig und bei bester Laune wieder zu Papier und Schreibstift zu greifen, denn wie sagten wir früher als versierte Werbefachleute:
‚KREATIVITÄT KOMMT AUS DIR SELBST, NIEMAND KANN DIR DABEI HELFEN'.
Mit Gabys bekennender Liebe zu mir und mit ihrer festen Bindung an mich zeigte sie so anmutig und offenherzig all den ‚Ihren' unsere harmonische Zuneigung, sodass ich durch dieses Bekunden zunehmend wieder die besagte Kurve kriegte und auf die Gewinnerstraße des Lebens einbiegen konnte.
Mein großes Glück hat einen klangvollen Namen: ‚Gaby'!
So erhielt ich glücklicherweise durch ihre Tugenden, eben durch ihre reizende Anmut, ihre überzeugende Persönlichkeit sowie durch ihre gewinnende Ausstrahlung der gelebten positiven Lebenseinstellung, wieder meinen inneren Mut zurück.
Vor allem aber mein gefühlter ‚Schrotthaufen', das ehemals vorhanden gewesene, das große ‚Selbstwertgefühl', dieser gefühlte Schrotthaufen verwandelte sich von ihrer ‚Zauberhand' geformt, in ein reales Wertgebilde. Ich erkannte nunmehr mit äußerst klarem Blick den eleganten, breiten Boulevard der Genügsamen und konnte ihn sogar, nunmehr in erlebter Zufriedenheit, betreten.
So verspürte ich meine innere Veränderung, die meinen Blick auf das Wesentliche im Menschsein wieder anhaltend schärfte.
Fehlendes Selbstbewusstsein? Verlorenes Selbstwertgefühl? Was war denn geschehen? Durch diverse, negative, auch arg quälende Schicksalsereignisse und deren zerstörerische Widrigkeiten war diese einst in mir dominierende Stärke, zu einem völlig ramponierten, abgewrackten und verkümmerten ‚Selbstwertgefühl' mit einhergehenden Zukunftsängsten geworden.

Die Details zu diesen kurz skizzierten Negativ-Themen, die zeitweise mein privates Leben und logischerweise auch mein unternehmerisches Handeln auf harte Proben stellten, die mich bis an die Grenze des Erträglichen belasteten und die mich zu kräftezehrenden Überlebenskämpfen zwangen, sie wären eine andere Geschichte.

Meine geliebte Gaby, die verehrte ‚Kaiserin meines Herzens', als liebevoller Kosename klingt auch ‚meine Zauberfee' äußerst gefühlsbetont, sie trat zum richtigen Zeitpunkt in mein Leben.

Aber es ist gleich, welche zärtliche Anrede ich für sie wählte und weiterhin zu wählen beabsichtige, sie alle trafen und sie treffen des ‚Pudels Kern', Goethe lässt grüßen, – ich liebe sie!

In ihrem femininen und anmutigen Zauber, der sie stets wie ein Strahlenkranz umgibt, in diesem, jedwede Erfüllung schenkenden ‚Dunstkreis' der guten Gefühle blühte ich in steigendem Maße auf.

Und ich empfand ihren Lebensmut so herrlich ansteckend und zugleich zukunftsorientiert und motivierend, dass ich ihrem Charme und ihrem vitalisierenden Charisma, in all seinen verführerischen, verwöhnenden Variationen, meine hohe Achtung und mein uneingeschränktes Vertrauen schenkte.

Das war vom ersten Tage unseres gemeinsamen Weges so, das ist so ... und so wird es bleiben.

„Das mein Schatz, das ist eine bestehende Tatsache!"

Exakt das war der bedeutende Satz, den Gaby mit ihrer klangvollen und zugleich anheimelnden Stimme oftmals und mit emotional eingefärbtem Nachdruck in den Raum stellte.

Durch ihr bejahendes, hoffnungsvolles und stets praktiziertes ‚Vorwärtsleben', vor allem aber durch ihre liebevolle Stärke, die sie mir unentwegt vor Augen führte, erkannte ich die wertvolle und uneigennützige Hilfe, durch die ich auf wohltuende Weise meinen verloren Mut und meine Kreativität erneut wiederentdeckte und bewusst erlebte.

Auch das Geheimnis meines mentalen Wandels will ich gerne lüften:

Es liegt unisono in Gabys Charakterstärke und in ihren positiven und mir so vertrauten Wesenszügen, denn diese Kräfte gleichen einem lieblichen Zaubertrank und sie sind mein Lebenselixier.

Von meinem Gefühl her betrachtet, steht die Zeit, die wir zusammen verbringen, immer öfter still, und diese Stille empfinden wir als unsere zusätzlichen Glücksmomente, die wir mit Freuden ausgiebig genießen. Sie alle sind von unendlicher, behaglicher und gefühlter Langlebigkeit geprägt. Ihre enorm starke Energie erlebe ich als eine permanent vorhandene gute Strahlung, die sie mir auf unmerklichen Wegen der zwischenmenschlichen Verbindungen überträgt, die ich vehement fühle und sie fließend in mir aufnehme. Ich träume das Geschilderte nicht, ich erlebte es ... an jedem gewonnenen Tag!

Tagträume ...

Die so wiederentdeckte und erneut gewonnene kosmische Energie schenkte mir, hoffentlich weiter anhaltend, den virtuellen und grandiosen Zauber eines imaginären, rotbunten Farbenspiels im gelebten paradiesischen und zu jeder Zeit faszinierenden ‚Spätherbst meines Daseins', in all seinen harmonischen Nuancen.

So genoss und genieße ich in Würde und innerer Freude meine mir noch bleibenden, aber immer goldenen, Erdentage.

Über dieses ‚Erkennen des Glücks' hinaus bin ich dem Schicksal überaus dankbar und verspüre gleichzeitig den wertvollen Hauch der von mir so geschätzten und verehrten Altersweisheit.

Diese erkannte Weisheit aber betrachte ich als ein weiteres, sehr wertvolles und willkommenes Geschenk meiner gewonnenen Zeit.

Manchmal baue ich ja auch gezielt ‚geistige Brücken' in meine ureigenen Erzählungen ein, um auf diesen überleitenden, schnurgeraden und zielgerichteten Wegstrecken die Orientierung etwas zu erleichtern, die meine ‚Denkvorgänge' auch gezielt durchschaubarer machen sollen und die meine geschilderten Episoden ins rechte Licht zu rücken vermögen.

Oftmals erhielt ich, in meinen hellwachen Stunden des beredten Niederschreibens, in denen ich ja teilweise die einstmals geschehenen, erzählenswerten Episoden aufs Neue erlebte und auch festzuhalten bestrebt war, überraschende und bewegende Impulse.

Diese Impulse hatte ich zu keiner Zeit meines Niederschreibens direkt gesucht, ich hatte sie auch nicht unmittelbar im Sinn, nein, sie ergriffen immer von mir ungewollt, dann aber doch eindringlich von meinem Erinnerungsschatz Besitz, und eine berührende, enge und mein Herz erwärmende Empathie voller schöner Momente flutete mein Denken.

Aus diesen gewonnenen Glücksgefühlen heraus entwickelten sich meine zusätzlichen, erweiterten und ergänzenden Vorlagen der erzählenden Art.

Sie erweckten in meinem Denken den Anschein, als seien sie von mystischen, ja magischen Kräften geschickt worden, um von meinem ausgeprägten Erinnerungsvermögen auf Dauer Besitz zu ergreifen, um alsdann, als ein zwar imaginäres, aber auch als ein überaus wertvolles ‚Zusatzdrehbuch' zu fungieren.

Diese hinzugefügte, magische Vorlage, sie könnte noch pointierter das einstige, interessante und individuelle Gesamtgeschehen vervollständigen.

Bei meinen mentalen Ausflügen auf der Suche nach der zu gewinnenden Zeit und meinen gestarteten variantenreichen, luftigen Ritten auf dem sagenhaften ‚Pegasus', meinem ‚geflügelten Dichterross', wie schon im Altertum die griechische Mythologie dieses Wesen so trefflich beschrieb, sollte ich wohl, dem virtuellen Befehl meiner gespürten, allgegenwärtigen ‚kosmischen Energie' folgend, einen verstärkten Druck meiner Reiter-Sporen anwenden.

Meine straffführenden Reiterhände gehorchtem also dem kosmischen Energiebefehl und sie zogen am Zügel des Zaumzeuges, um Richtung und Ziel aufzuzeigen.

Meinen pressenden, unsanften und beidseitigen Schenkeldruck setzte ich verstärkt an den weichen Flanken des Rosses ein, um dem Aufwärtsstreben mehr Energie zu verleihen.

Diese, den bodenständigen Reitlehren entliehenen Fähigkeiten, sie sollten ja den Flügeln meines gesattelten Dichterrosses mehr Dynamik verleihen.

So erhielt mein geschätztes ‚Fabelwesen', virtuell gefühlt und eingesetzt, auf diese imaginäre, kraftvolle Art des geistigen Drängens einen gesteigerten ‚Zuwachs' und auch ein angestrebtes ‚Mehr' an gewollter und vor allem an stets gesuchter geistiger Flughöhe. Diesen Ausflug ins Reich der Tagträume konnte und wollte ich mir nicht verkneifen.

In diesem wundervollen Augenblick zog es mich mit einem warmen Herzgefühl in meine bewegten Erlebnisse vergangener Tage zurück. In meinen Gedanken entstehen so überaus sympathische Bilder meiner Eltern, dass ich sie erzählend festhalten muss. Mein verehrter alter Herr stand einst vor mir, und ich sah, wie seine Augen mir sein positives Denken signalisierten, ja, ich erlebte Vati wiederholt bei bester Laune und ich entdeckte das angestrengte Sammeln seiner Gedanken fast schon hörbar, denn sein schmales Gesicht, vor allem aber seine Mimik spiegelte mir deutlich seine neu entdeckte Euphorie wider, die er sicherlich tief in seinem Innern empfand.

Meine Eltern – Gotthold II., der Kunstmaler,
und Margarete … die starke Frau an seiner Seite

Mein verehrter ‚Alter Herr' sammelte seine Gedanken für mein Empfinden fast schon hörbar, denn sein Gesichtsausdruck spiegelte deutlich seine neu entdeckte Euphorie wider, die er sicherlich tief in seinem Innern empfand. Er knüpfte sie sicherlich an seine künstlerische Zukunft. Er schaute Mutti und mich abwechselnd an und schickte seine freundlichen Blicke zu uns hin und her, fixierte dann aber seine, immer noch zweifelnde und kritische Angetraute, sein geliebtes Altargeschenk und begann erneut mit seinen erklärenden Ausschweifungen: „Liebste Grete … mein teures Herz, ich werde den allgemeinen Aufschwung in unserem Land ebenfalls nutzen, denn ich spüre, wie meine Kollegen und Zunftgenossen auch, eine Steigerung des kommerziellen Kunstmarktes. Viele ‚Neureiche' schätzen mittlerweile die Werke der Kunstschaffenden, der Maler und Bildhauer, auch hier in unseren Gefilden, in unserer Heimatregion.
Kürzlich führte ich per Zufall ein interessantes Gespräch im Café Besselink in Koblenz, Du weißt ja, den gemütlichen Insider-Treffpunkt, direkt gegenüber von meinem Büro im Hauptbahnhof.
Ich traf also zufällig einen bekannten Galeristen aus Koblenz, Vollmüller, so war sein Name. Vollmüller ist nicht nur Galerist, liebste Grete, er ist auch der etablierte Kunsthändler hier am ganzen Mittelrhein. Dieser Kunstexperte war in Begleitung meines Malerkollegen Phil Dott erschienen.
Phil Dott …, Du kennst ihn ja, das ist doch der renommierte Koblenzer Meister und Schöpfer der vielen künstlerisch gestalteten und meistens mehrfarbigen Fassadengrafiken in Kratztechnik. Diese meist symbolhaften Darstellungen findet man zurzeit an größeren Wandflächen öffentlicher Neubauten. Aber auch an Stirnflächen imposanter Privatvillen präsentieren sich seine kunstvoll-manuell ausgearbeiteten Motive.
Das Faszinierende an diesen eigenwilligen Darstellungen sind natürlich die ausgewählten Motive und deren außergewöhnliche Machart, ich meine natürlich deren ausgereifte Technik.
Phil lässt nämlich immer mehrere farbige Mineralputze flächig und übereinander dünn auftragen und kratzt dann die jeweilig gewünschten Farbflächen, Schicht für Schicht wieder frei, bis sein Fassaden-Kunstwerk vollendet ist und seinen ausdrucksstarken, solitären Charakter auf Dauer dokumentiert."
Vati machte an dieser Stelle eine kurze Pause, wohl, um seine eigentliche Zielrichtung bei Mutti und mir auch durchzusetzen. Dabei dachte er in raffinierter Weise sicherlich an seine insgeheim geplante Mobilität und daran, wie er diese Planung in unser beider Denken positiv positionieren könnte.
Mit seiner eloquenten ‚Einleitungsrede' wähnte sich mein alter Herr auf der Zielgeraden seines Rennens um Muttis Gunst angekommen und folglich beschleunigte seine weiteren Ausführungen: „Vollmüller wandte sich also sehr eindringlich an uns beide und deutete, in beredten Worten, speziell für die heimische Künstlerschaft, eine rosige Zukunft an.
Die Menschen hier bei uns an Rhein und Mosel sagte er, sie lieben ihre Heimat,

sie lieben die Schönheit der Natur, sie schätzen die urtümliche Romantik der Schlösser und Burgen mit den unendlich vielen herrlichen Sehenswürdigkeiten. Phil Dott und ich, wir wunderten uns über seine eigentlich doch schon bekannten Anmerkungen, und dieser Verwunderung entsprach auch unser beider Mienenspiel. Dieser Galerist, seines Zeichens auch Kunsthändler, meine Lieben, er bemerkte natürlich unsere anfängliche Zurückhaltung.

Auch unsere entspannte, relaxte Oberkörperhaltung sprach Bände und lag offensichtlich wohl jenseits einer Zustimmung. Er übersah als Verkaufsprofi und als gewiefter Kunsthändler geflissentlich unsere nachdenklichen Mienen und kam zum Hauptgrund seiner langen, aber auch interessanten Motivationsrede: „Meine Herren, die gewinnbringende Zukunft liegt in den Händen der Kreativen, der Tüchtigen und der Fleißigen.

An der Mittelmosel
Öl – 50 x 60 cm unvollendet
Sammlung: Kapferer, Völs-Innsbruck

Die Marksburg in Braubach - 1971 -
‚die Rückansicht'
Öl – 60 x 70 cm
Sammlung: Kapferer, Völs-Innsbruck

Ich brauche für meine Galerie, für den Handel mit Bildern und Kunstexponaten, ständig ansprechende Grafiken und außergewöhnliche Skulpturen von fähigen Kunstschaffenden. Besonders Ölgemälde verkaufen sich zurzeit ausgesprochen gut.
Ich spreche Sie an, denn ich kenne Ihre Qualität als Maler, ich weiß auch dass Ihre Werke beliebt sind und ich weiß auch, dass die meisten Kunstmaler auch eine Handvoll Hundertmarkscheine zu schätzen wissen. Ich brauche also in Zukunft weitere Künstler, die eine ständige, vertrauensvolle Zusammenarbeit mit mir eingehen wollen und ich suche Maler, die mir markante Motive des Mittelrheinzaubers liefern können, die in ihrem eigenen Stil den gewünschten, aber auch den einmaligen Ausdruck des Wesentlichen treffend erkennen und die das auch schmissig auf Leinwand oder Pressholzplatten verwirklichen können.

Im Übrigen, meine Herren, ich bezahle Sie fair und ich kann bei der notwendigen Beschaffung aller Malutensilien behilflich sein, ich kann auch Ihre Startphase für unsere Zusammenarbeit finanziell absichern.
Noch etwas will ich nicht außer Acht lassen, Herr Dott, Herr Borchert, die von mir gewünschten Bilder sollten, wie ich bereits erwähnte, es sollten also vornehmlich Ölgemälde sein und sie sollten die beliebten und bekannten Motive unserer romantischen, weitläufigen Mittelrheinregion darstellen. Burgen, Schlösser, Stadtansichten, auch Landschaften sind beliebt ... begeben Sie sich auf Motivsuche, skizzieren Sie, legen Sie vor der Natur Aquarellstudien an und schaffen Sie alsdann meine erste Ölbildserie. Alles Weitere wird sich zeigen.
Mein Angebot steht, ich will Sie beide nicht drängen aber ich schätze Sie sehr. Überlegen Sie sich mein Angebot ... von einem können Sie ausgehen, ich bin sehr interessiert."
Der Kunsthändler bezahlte den Kuchen und die verschiedenen Getränke mit großzügiger Geste und wünschte Phil und mir eine gute Zeit.
Als Vollmüller weg war, sprudelte Phil los ...
„Mensch Borchert, ich bin baff, ist ja ein tolles Angebot, nur, ich kann weder Auto noch Motorrad fahren. Aber mein geliebtes Koblenz hat ja so viele herrlichschöne Ecken und Winkel ... die ich per pedes locker erreichen kann, da habe ich ja auch genug Blickwinkel für meine Farbskizzen zur Auswahl. Ich nehme Ferdinand Vollmüllers Offerte gerne an."
Mit dieser ersten zustimmenden Reaktion zeigte Kollege Phil Dott seine Bereitschaft an, sein künstlerisches Schaffen auf Heimatmotive auszuweiten.
„Da bin ich im Gegensatz zu Dir besser dran, mein Freund", entgegnete ich, denn ich habe ja den wertvollen Führerschein vor ein paar Jahren bei unserem netten Mitbewohner, dem Fahrschulbesitzer Werner Hünermann gemacht, ... ja und stell Dir vor, mein geliebter Schatz, in weiser Voraussicht habe ich sogar auch den Schein der Klasse 2 gleich drangehängt. Den braucht man für Motorräder."
Vati griff in seine verschlissene Lederbrieftasche, die er zuvor ostentativ aus der Innentasche seines Cord-Sakkos gezogen hatte und wedelte mit der leicht vergilbten Fahrerlaubnis freudestrahlend vor unseren Nasen herum.
„Motive über Motive werde ich entdecken, eine Fundgrube der unbegrenzten Möglichkeiten tut sich vor mir auf!
Ist doch toll Grete, jetzt hält mich weder Tod noch Teufel auf, ich kauf' mir ein Motorrad und fahre mit Sack und Pack hinaus in unsere rheinischen Gefilde ... Ich skizziere die schönsten Landschaften und romantischsten Winkel, ich hol' sie mir, die Motive als Vorlagen für meine Ölbilder, Aquarelle und Federzeichnungen. Ich werde malen, was das Zeug hält, das verspreche ich Euch. Denn ein Motorrad macht mich mobil und Mobilität ist die Grundlage für mein großes Vorhaben. Ja, Ihr Lieben, dieses zu kaufende Zweirad ist die zwingende Voraussetzung für Ferdinand Vollmüllers geforderte Vielfalt an beliebten Heimatmotiven.
Denn unsere Heimatmotive, in Ölgemälden künstlerisch komponiert, sie sind

äußerst begehrt und gehen weg wie warme Semmel, sagte zumindest Vollmüller."
Vatis gute Laune war auf die Zielgerade eingebogen, die schnurstracks hin zum Zustand der Euphorie führte, und dementsprechend kannte seine Vitalität kaum Grenzen.

„Da ein vierrädriges Gefährt, ein Auto, sei es auch noch so klein, momentan jedenfalls noch jenseits unserer wirtschaftlichen Möglichkeiten liegt, will ich ein gebrauchtes Zweirad anschaffen. Na, wie findet Ihr meine Idee bezüglich der geplanten Anhebung unserer Lebensqualität?"

Seine Physiognomie glich fast dem göttlichen Strahlen des wundervollen, betörenden, allmorgendlichen Sonnenaufgangs, der unsere erwachende Welt in die strahlende Farbigkeit der erhabenen Naturschönheit hineinzaubert.

Vati zeigte seine gute Laune so herzerfrischend ehrlich und überzeugend, dass mein Mutterherz und ich ihn ohne Worte, aber mit weitgeöffneten Augen staunend und zugleich auch mit fragenden Blicken nur still anschauen konnten.

Stumm standen wir im Dreierbund da, inmitten unseres gemütlichen Wohnzimmers, und es herrschte solch eine betretene Stille, dass man eine Stecknadel hätte fallen hören können. Und jeder für sich, also Mutti und meine Wenigkeit, wir ordneten sicherlich das soeben vernommene Planspiel, also Vatis Vision, gedanklich ein, und wir wägten wohl gleichzeitig das ‚Für und Wider' ab.

Mutti zog hörbar, die zum Antworten benötigte Atemluft tief ein, sie setzte zur Erwiderung an, doch ich kam ihr zuvor, indem ich meine beiden Arme, Jubel ausdrückend, blitzschnell zur Zimmerdecke emporreckte und gestenreich die Schweigesekunden dadurch jäh durchbrach.

Mit einem Seufzer ließ Mutti ihre tiefeingeatmete Luft ebenfalls hörbar wieder entweichen und starrte mich mit ihren weitgeöffneten rehbraunen Augen irritiert und wortlos an.

Ich überging meine Zweifel, denn ich wusste ja, dass mein beabsichtigtes Handeln als ungehörig einzustufen war. Trotzdem nutzte ich die begonnene Gelegenheit aus, obwohl ich dabei mein schlechtes Gewissen nicht verdrängen konnte.

Munter drauflos plappernd begann ich, meine erkannten Vorteile und die Chancen meiner zu erwartenden persönlichen Freiheiten in passende Worte zu kleiden und ließ meinen Argumenten vehement freien Lauf: „Also ich finde Deine Ideen toll, einfach super! Du bist ein Maler und Deine Kunst gefällt den Leuten. Der Vollmüller, dieser Galerist, bietet Dir ein klasse Geschäft an, das musst Du, Vati, ich flehe Dich an, das musst Du ausnutzen.

Klar, er will natürlich nur die Bilder von unserer Gegend haben, weil die Kunden das so wollen. Um vor der Natur zu skizzieren, dazu kannst Du ja kaum mit dem Zug fahren, der fährt auf Schienen. Die schönsten Motive sind aber immer weit im Land verstreut und liegen oft auch an nur schwer zu erreichenden Standorten."

Vatis Gesichtsausdruck hatte seine bejahende Mimik behalten und auch Muttis Augen deuteten eine gewisse Zustimmung zu Vatis Plänen an. Ungebremst redete ich weiter: „Und wenn Du eine Maschine kaufst, dann aber bitte eine mit Sozius,

ich meine mit zwei Sitzen, damit mal Mutti und mal ich mit Dir mitfahren können."
Mutti fasste mich mit festem Griff an beiden Handgelenken und drehte mich mit einem liebevollen langsamen Zug zu sich hin, sah mir lächelnd in die Augen und eröffnete ihre fällige und von mir auch erwartete Standpauke: „Peterle, Du raffinierter Schlingel, Du weißt Dich einzuschmeicheln, grade so wie eine Schmusekatze. Du nutzt Deine Chancen schamlos aus, indem Du mir eine Freude am Motoradfahren unterstellst … ein Motorrad auch noch mit zwei Sitzen, ich wohl möglich hinten drauf, eingepfercht in den Soziussitz und das bei meinem Gewicht! Nie im Leben setze ich mich auf so ein Ungetüm, das schwör ich Dir, … auch Dir mein Göttergatte.
Aber, ich will nicht lange herumreden, auch ich sehe in Deinen visionären Zukunftsplänen eine vielversprechende Möglichkeit, die erwiesene Gunst der Stunde zu nutzen. Du musst diese Chance ergreifen und sie umsetzen und Du musst Dein, besser gesagt, unser Glück am Schopfe packen. Mein Plazet, mein Jawort dazu, das gebe ich Dir. Ich sage ja …, wenn Du mir versprichst, in meine Hand hinein versprechen kannst, Liebster, immer recht vorsichtig und vernünftig zu fahren. Unter diesen Bedingungen, in drei Gottes Namen, kauf Dir Dein Motorrad."

Unser geliebter Familienvorstand, unser Künstler, nahm uns spontan in seine schlanken, sehnigen Arme, drückte uns zärtlich an sich und entließ uns erst nach einer gefühlten Ewigkeit aus der festen, aber liebevollen Umklammerung.
Losgelöst von jeglicher Anspannung und mit einer ehrlichen Freude in seiner Stimme legte er Mutti und mir seine feinnervigen, fast zartgliedrigen Künstlerhände mit einem leichten, aber lieb gemeinten Druck auf die Außenseiten unserer Schultern, schob uns ein wenig enger zusammen und sprach sichtlich erleichtert: „Also, liebste Grete, mein lieber Filius, mir ist ein zentnerschwerer Stein von meiner Seele gefallen, Ihr hättet ihn eigentlich plumpsen hören müssen, ich freue mich natürlich, dass Euch mein Vorhaben gefällt, und ich werde mich unverzüglich um den Kauf meines fahrbaren Untersatzes kümmern.
In der Zwischenzeit aber, ich meine bis ich das passende Gefährt gefunden habe, werde ich mich über unsere Mittelrheinheimat, wie man es locker nennt, ‚schlau machen' und auf den illustrierten Tourenkarten vormerken. Die Wege der neuen Erkundungen werde ich via Landkarten suchen und weitere Beschreibungen in Schrift und Bild studieren, damit ich die schönsten Orte und Landschaften gezielt ansteuern kann."
Im erzielten Einvernehmen und in angenehmer Harmonie beendeten wir die Gesprächsrunde in unserem ehernen und festgefügten Dreierbund, jene, von uns als ‚familienhistorisch' eingestuften Stunden der Entscheidungen.
Unsere aufkommende Hoffnung nährte das gemeinsam errungene Zufriedenheitsgefühl enorm, und die herbeigeführte Wende hin zur besseren Lebensqualität

durch Vatis Motorradbeweglichkeit, das war unser naheliegendes Glück, das sich für uns auch greifbar zeigte.
Diese ‚Zweirad-Motorisierung unseres Malers', genau diese Entscheidung führte zur vielversprechenden Veränderung, und sie beflügelte Vatis Elan, denn er sprühte förmlich vor Optimismus.
„Jetzt muss ich schleunigst das passende Gefährt suchen und finden. Rudi Linden aus Engers ist mein Freund und selbst begeisterter Motorradfahrer, er kann mir hilfreich zur Seite stehen, ihn werde ich konsultieren. Aber auch unseren Mitbewohner, meinen alten Fahrlehrer Werner Hünermann, den ich sehr schätze, ihn werde ich ebenfalls zu Rate ziehen."
Mit diesen, für mein Mutterherz und auch für mich vernehmbaren Überlegungen, die Vati wohl unbeabsichtigt und deshalb sehr leise vor sich hin murmelte, offenbarte er uns seine Beschaffungspläne. Voller Enthusiasmus setzte er diese tatkräftig um, und einige Tage später präsentierte er uns voller Besitzerstolz sein pechschwarzes ‚Wunderding', eine 125-er UT.
„Vati, was ist eine UT?"
Ich musste diese Frage stellen, denn ich bewunderte dieses Ungetüm auf zwei Rädern, weil die beiden breiten Sitze in bequemer Schalenform dem Motorrad ein ansprechendes Aussehen gaben, was geradezu zum Mitfahren aufforderte. Der schräg abgeflachte, schmale Gepäckträger war unterhalb des hinteren Sitzes angeschraubt, und er erschien mir als äußerst praktisch konzipiert, weil man ja meistens den Wunsch hat, dies und das auf einer Fahrt auch transportieren zu können. Der breite, ergonomisch geschwungene Lenker mit den nötigen Bedienungselementen gab diesem Motorrad ein angenehmes, ja auch vertrauenerweckendes Aussehen, das geradezu zu einer Fahrt ins Blaue einlud.
Vati sah mir meine Begeisterung an und beantwortete meine Frage mit einer Fröhlichkeit in der Stimme, die mich augenblicklich ebenfalls in eine Jubelstimmung versetzte. Ich träumte in meinen Gedanken, und ich sah mich schon, von Vati gekonnt gesteuert, als Mitfahrer auf dem hinteren Soziussitz postiert, eben im bequemen Schalenpolstersessel schwebend durch die Kurven des nahen Sayntales gleiten, um auf diese außergewöhnliche Weise unseres Herrgotts wundervolle Natur hautnah zu erleben.
In meinem schönen Momenttraum hörten sich Vatis Worte an, als spräche er aus weiter Ferne zu mir: „Also, Ihr Lieben, die Buchstaben ‚UT' bedeuten Untertürkheim, das ist eine kleine Stadt im Schwabenland, in der Nähe von Stuttgart, und dort wurde das Motorrad in einer speziellen Fabrik 1949 gebaut.
Der Hubraum des Motors beträgt nur schwache, aber ausreichende einhundertfünfundzwanzig Kubikzentimeter. Auch die wenigen PS meiner Maschine genügen völlig, denn ich werde sowieso nicht schnell fahren, ich will ja was sehen von der Welt … und das Wesentliche erfüllt mir dieser fahrbare Untersatz."

‚Die Häuser am Brexbach Bendorf/Sayn - 1973 -
Federzeichnung

An dieser Stelle hielt er kurz inne. Er fuhr mit seinen Handflächen fast schon zärtlich über die Rundungen des gewölbten Benzintanks, der in weichen Rundungen unmittelbar vor dem vorderen Schalensitz montiert war. Vati streichelte den Lenker und auch die beiden geformten Schalensitze voller Gefühl. Mit deutlich gezeigtem Besitzerstolz schaute uns Vati an, suchte in unseren Gesichtern nach Reaktionen der Zustimmung, indem er uns interessiert beobachtete, setzte aber gleichzeitig mit weiteren Positivaspekten seine begonnene Rede fort: „Wenn Ihr ‚Zweibeiden', die soeben erlebten Streicheleinheiten meiner Neuerwerbung, dieser fast schon altersschwachen Maschine richtig zu deuten wisst, dann muss Euch klar sein, dass meine übergroße Freude der nunmehr erlangten, ja fast grenzenlosen Mobilität gilt, die ich ab sofort zu nutzen gedenke, indem ich ab heute mit der direkten Motivsuche beginnen werde.

Meine Skizzen, die ich in der Natur vor den mannigfaltigen Landschaftsszenen oder den charakteristischen Objekten fertigen werde, diese ursprünglichen, authentischen und in mir aufgenommenen Eindrücke, sie halte ich per Zeichnungen in meinen Skizzenbüchern fest.

Ich werde schon beim Zeichnen das jeweils Markante des Motivs durch mein inneres Erleben vor Ort betonen und ich werde mit sicherem Gespür alsdann die erlebnisnahen, stimmungsvollen Natur-Farbtöne zu treffen wissen. Aber vor allen Dingen will ich die meisten meiner Zeichnungen mit authentischer Farbgebung versehen. Auf diese Weise male ich mit weichen Pinseln das Geschaute in meinem stabilen Skizzenbuch leicht aus, das geht mit den passenden, ausreißbaren Aquarellpapierbögen und Farben ganz prima.

Jedes zu entdeckende Naturidyll werde ich erfühlen, erleben und zeichnerisch festhalten, jeden romantischen Winkel werde ich suchen und finden, aber auch jeder fesselnden Ansicht unserer herrlichen Mittelrheinheimat werde ich meine ganze künstlerische Aufmerksamkeit widmen. Jetzt habe ich sie ... die schier unbegrenzten Möglichkeiten meines Schaffensdranges!

Liebstes Eheweib, ich bin ganz einfach glücklich, auch kann ich immer einen von Euch auf dem Soziussitz mitnehmen ..., ich meine, wenn Ihr das wollt. Und mit den neuen Skizzen, mit den neuen Motiven, habe ich die Grundlage für einen vermehrten Verkaufserfolg quasi in meiner eigenen Hand! Ist das nicht wundervoll?"

Wir nahmen uns wiederum liebevoll in die Arme, wir freuten uns still und wir dachten wohl im gemeinsamen Denken an eine bessere Zeit. Das Prinzip Hoffnung ... es sollte Gültigkeit erlangen und Wirklichkeit werden.

Ein paar Tage später ...

Neben uns stand Vatis ganzer Stolz, seine Neuerwerbung, sein vielversprechendes Kraftrad, dieses schon in die Jahre gekommene Gefährt wirkte irgendwie edel, es besaß die Aura des Besonderen.

‚Dieses Motorrad passt zu meinem alten Herrn'.
Ja, genau in diesem Sinn dachte ich wohl damals, im Jahr 1956, in meinem stillen Selbstgespräch, während ich interessiert auf die einzelnen Details des, für mein Gefühl, fast antiken Gefährts schaute und gefühlsbetont weiter sinnierte: ‚Eine wahre Augenweide ist Vatis Motorrad wirklich. Wie es so präsent dasteht, im strahlenden Sonnenschein dieses schönen Nachmittages im Wonnemonat Mai, hier in unserem oberen Hinterhofbereich des Goethe-Hauses zu Bendorf, ... wie toll sie wirkt, in ihrem bestens gepflegten Zustand und im handaufpolierten Glanz ihrer zwar betagten, aber dennoch so eindrucksvoll schwarzschimmernden, zweiradtechnischen Schönheit ... die alte 125-er UT, wie Vati sie fortan immer bezeichnet, sein ‚Motorrad-Unikat', vor vielen Jahren konstruiert und gebaut im schwäbischen Städtchen Untertürkheim."
Im oberen Hinterhof, entlang der meterhohen, das Grundstück begrenzenden und mächtigen Bruchsteinmauer, hatte man vor langer Zeit mehrere unterschiedlich große Stallungen aneinandergebaut, die wohl als Ziegen- und Hühnerställe genutzt wurden, die aber nur noch als Unterstellräume für allerlei Gerümpel verwendet wurden.
Der mit Bimssteinen gemauerte Stall wurde von Vati zur ‚Garage' für seine 125-er UT-Maschine ausgewählt, weil die stabilen Mauerwände und die verschließbare Gattertür aus derben Holzlatten mehr an Schutz und Sicherheit boten.
Den Stallungen gegenüberliegend verschloss eine weitere, ebenso mächtige Bruchsteinmauer, aber mit einer integrierten breiten Toreinfahrt, das geräumige Areal des Innenhofes, das einstmals mit dicken, ovalen und kugelförmigen Rheinkieseln und dicht an dicht gepflastert worden war.
Diesen holprigen, versiegelten Innenhof zierte ein uralter dichter Baumbestand, mit Ahorn,- Nuss- und Kirschbäumen. Deren ausladende, teils wuchtig erscheinende Äste, mit ihrem üppigen Blätterwerk, verzauberten jeden Betrachter durch die variierenden Nuancen der Grünfärbung der Natur. Diese Szenerie wirkte überaus wohltuend, denn ihre Natürlichkeit milderte den Anblick des verwitterten Zustands der Stallgebäude und der Bruchsteinmauern.
Das riesige zweiflügelige und uralte Holztor war zum einen direkt an der Wand des Seitentraktes des Goethe-Hauses mit schmiedeeisernen Großscharnieren befestigt und zum anderen an der mächtigen Bruchstein-Schutzmauer. Dieses breite Tor diente als Ein- und Ausfahrt des Anwesens.
Das Öffnen und Schließen der beiden Torflügel jedoch gelang nur mit einiger Mühe, denn ihr Eigengewicht erschwerte jede mögliche Schwenkbewegung nach innen, sowohl nach rechts und auch nach links. Aber auch das Feststellen der geöffneten Torflügel gelang ebenfalls nur mit einiger Mühe, denn das uralte Holz hatte sich zum Teil ins sich verzogen. Diese Mühe des Toröffnens und Schließens nahm mein Vater aber gerne in Kauf, denn sein immenser Freiheitsdrang trieb ihn an regenfreien Tagen unaufhaltsam hinaus in unsere wundervolle, mit sehenswerten Malmotiven gesegnete Mittelrheinregion.

Seine ersten Maltouren brachten ihm eine ergiebige Skizzenausbeute ein, und gleichzeitig lernte er auf diese Weise seine 125-er UT, seine Maschine, professionell zu beherrschen.

Als mein alter Herr sein zweirädriges Gefährt mit großer fahrerischer Sicherheit bewegen konnte, zeigte er mir voller Freude seine Fahrkünste auf den kurvenreichen, meist schmalen Straßen des nahen Westerwaldes.

Ich hatte bequem im hinteren Schalensitz Platz genommen und meinen Allerwertesten ergonomisch in ihm eingebettet, als Vati zunächst noch behutsam und gemächlich sein Gefährt in Bewegung setzte. Schließlich war dieser Ausflug für mich das erste aufregende Zweiraderlebnis.

Natürlich hatte ich Vatis ausführliche theoretische Belehrungen sowie sämtliche Verhaltensregeln verinnerlicht, aufgeschrieben und auswendig gelernt. Vati konnte ganz schön pingelig sein! Bestens vorbereitet musste ich die gründlich gelernten theoretischen Verhaltensregeln nur noch in die Praxis umsetzen.

Vom ersten Moment an genoss ich Vatis routinierte Fahrweise. Besonders bewunderte ich vor allem aber auch seine, auf speziell harmonisches und sicheres Gleiten angelegte Kurventechnik.

Unverzüglich wurde ich durch dieses Können mit dem Kennenlernen der Fliehkräfte und deren fließender Energie konfrontiert, sodass ich auf angenehmste Weise überrascht war und das Motorradfahren mit meinem alten Herrn allezeit als ein Geschenk der Freiheit empfand.

Oh, Du schöner Westerwald ...

„Dass man sich an das dynamisch-harmonische ‚Mitgehen' des eigenen Körpers beim Kurvenfahren erst gewöhnen muss, das ist klar, mein Sohn, und glaube mir, das geht ganz schnell, außerdem machst Du das ganz schnell schon automatisch, ich meine, dann brauchst Du dabei nicht mehr zu überlegen. Das Ganze geht sozusagen in Fleisch und Blut über, wie man das so landläufig zu sagen pflegt."

Diese lockere Erklärung servierte mir mein alter Herr bei einer ausgiebigen Pause in der Gegend von Freilingen im Westerwald. Wir saßen in einem urigen Gastgarten eines Landgasthofs irgendwo, aber gemütlich und vor allem naturnah, an einem Wiesenufer inmitten der wundervollen Ferienregion der bekannten und beliebten waldreichen ‚Westerwälder Seenplatte'.

Ich erinnere mich immer wieder mit Freuden an diesen idyllischen Ort, der mein Naturgefühl so nachhaltig erweckte.

Ich habe die beste Erinnerung an den eindrucksvollen Blick, den ich auf die lebendig wirkende Oberfläche des weitläufigen Sees hatte, wobei dessen unruhiger Wasserspiegel ein zartes und zugleich silbern schimmerndes Kräuseln zeigte. Auch denke ich an die charakteristischen Hell-Dunkelschattierungen der grünen Blätterpracht der mächtigen Wälder, die als lebendige, grüne Kulisse einer kunstvoll gemalten Bühnenrückwand gleich, diesen romantischen Waldsee so überaus vorteilhaft in Szene setzte.

Die gewachsene Naturdichte schuf auf faszinierende Weise, eben im Verbund mit dem tanzenden, silbernen Glänzen der leichten, in sich kräuselnden Wellenbewegungen, ein zauberhaftes Gesamtbild der göttlichen Schöpfung.

Diese überzeugende Komposition der Natur, die im harmonischen Einklang mit den hellen Sonnenstrahlen ein Bild der Vollkommenheit bot, berührte unsere Herzen und sicherlich auch die aller Naturfreunde.

Mein alter Herr war offensichtlich gut gelaunt und auch überwältigt vom wundervollen Anblick der malerischen Seenlandschaft, denn bedächtig schilderte er mir seine Sichtweise auf das vor uns ausgebreitete Bild, wobei seine Sprechweise fast einen mystischen Klang angenommen hatte: „Ja, mein lieber Sohn, solche interessanten Ansichten unserer heimischen Naturschönheiten erlebt man nur, wenn man seine einstige geografische Enge durch Mobilität verlassen kann. Um Deine Augen weit zu öffnen und Dich an das ‚richtige Sehen' heranzuführen, um das zu erreichen, erzähle ich Dir mit meinen Worten, was ich, vor allem wie ich das vor uns liegende Kleinod der göttlichen Natur sehe und erlebe. Kontrastreich und romantisch zugleich wirken auf mich diese Naturschönheiten, die so wundervoll miteinander verbunden sind und mir einen Einblick in den Schöpfungsreichtum schenken.

Zum Beispiel sehe ich vor mir die sich spiegelnde Oberfläche des grünlich schimmernden Sees mit seinen variierenden hell-dunklen Schattierungen, die sich ineinander vermischend und im harmonischen Farbenspiel des leicht vibrierenden Blattwerks der mächtigen Bäume ein grandioses Eigenleben führen ...

Dazu gesellen sich Sonne, Wind und Wolken und kreieren im naturgegebenen wechselnden Miteinander der Elemente einen paradiesischen und fesselnden Zauber, den aber nur jeder wirklich ‚Sehende' hautnah erfahren kann. Ich glaube mein Junge, jetzt verstehst Du, was ich mit dem Begriff ‚richtig Sehen' ausdrücken will."

Ich war von Vatis Formulierungen dermaßen beeindruckt, dass ich mir nicht allein nur seine Vortragskunst verinnerlichte, sondern mir auch seine Art der Bildbeschreibung einprägte. Ich verarbeitete nach dieser väterlichen Lehrstunde das Vernommene und war froh, dass mein alter Herr sein Skizzenbuch quer über den Holztisch zu sich zog, aufschlug und ohne zu zögern das Zeichnen begann. Auf diese Weise schenkte er mir Zeit, vielleicht sogar aus der Überlegung heraus, damit ich die Kunst des ‚richtigen Sehens' ... gleich hier, inmitten des Westerwaldes, am Dreifelder Weiher, zu trainieren beginne.

Mehrere kleine Holzboote lagen in einem gemütlich wirkenden Durcheinander unmittelbar am sandigen Ufer. Teils ragten sie aber auch etwa zu einem Drittel ihrer Bootslänge ins leichte Wellenspiel des Sees hinein. Dieser grandiose Gesamtanblick der vor mir ausgebreiteten Westerwaldlandschaft, er erweckte in mir augenblicklich den Wunsch, mit einem der erspähten Kähne, die ja regelrecht ein-

ladend am Seeufer lagen, natürlich als Fährmann auch selbst rudernd, das friedlich vor mir stillruhende Gewässer zu erkunden.
Dieser Seeblick übte auf mich eine anziehende, faszinierende Kraft aus, denn die üppigen Schilfgürtel des gegenüberliegenden Ufers bewegten sich im leichten Sommerwind fast unmerklich, und doch war es das Schilf, das diesem Stillleben einen Hauch des Lebendigen bot. Auch dessen gefiederte Bewohner sorgten ausgiebig für Bewegung, denn ihr Flügelschlag belebte wohltuend die friedliche Stille des idyllischen Ortes.
Ich weiß nicht mehr wie viel Zeit am Tisch verstrichen war, doch das erlebte Naturschauspiel hatte mich in eine Art Tagtraum versetzt. Vati hatte seine dicke Skizzenmappe zugeklappt und zur Seite geschoben.
Mein alter Herr berührte mich mit leicht tippendem Zeigefinger auf einer meiner Handoberflächen, denn ich hatte meine beiden Hände flach auf dem rot-weiß karierten Leinentischtuch gedankenverloren ausgebreitet und hing stumm meinen Gedanken nach.
Sein zartes Tippen auf meiner Handoberfläche riss mich so zwar sanft, aber dennoch für mich abrupt, aus meiner paradiesisch empfundenen Gedankenwelt.
Er sah mir mit einem fixierenden Blick in die Augen und sprach mit angenehm leiser Stimme, die einem Magier im Scheinwerferkegel auf dunkler Bühne sicherlich zur Ehre gereicht hätte: „Hallo Du Träumer, ich verstehe Dich nur allzu gut, auch ich würde gerne jetzt und hier eine gemeinsame Bootspartie mit Dir machen, das wäre bestimmt eine abenteuerliche Abwechslung, aber leider, leider müssen wir zurück, Vollmüller kommt am frühen Abend zu uns und er will sich meine neuen Bilder anschauen, bitte versteh das."
Aus welchem Grund Vati meinen soeben gedachten Ruderwunsch, einem Hellseher gleich, erahnte, dieses Geheimnis konnte ich weder damals ergründen, noch wüsste ich heute die Antwort. Aber ich wusste eines ganz genau, und das sagte ich ihm auch mit Nachdruck und auch mit Begeisterung in der Stimme: „Unsere gemeinsamen Malexkursionen mit Dir und Deinem tollen Motorrad, Deiner 125-er UT, diese Ausflüge sind für mich eine Wucht in Tüten."
Ich machte eine Pause in meinem Redeschwall, um mir im Kopf die nächsten Sätze zurechtzulegen und redete weiter: „Wirklich Vati, diese Touren sind einfach klasse, denn durch sie lerne auch ich unsere Heimat näher kennen, und deswegen hoffe ich inständig, dass unsere Motorradfahrten, dass sie uns zu weiteren tollen und gemeinsamen Erlebnissen führen werden. Und dass sie uns weiter die Freude bereiten, die für mein Empfinden zu einer schönen Gewohnheit werden soll. Das, Vati, das wünsche ich mir!"

Männer mögen männliche Motorradmode …

Unser geschätztes Familienoberhaupt hatte sich im Laufe seiner Motorradexpeditionen natürlich auch zünftig ausstaffiert. Er trug weiterhin seine bequemen und

von ihm sehr geschätzten Cord-Kombinationen, allerdings waren für diese ‚Skizzen-Such-und-Finde-Fahrten' die neu erworbenen Cord-Knickerbockerhosen zu seinen Favoriten avanciert.
Vati hatte eine Vorliebe für die knapp unter den Kniekehlen endenden Beinabschlüsse der praktischen Knickerbocker entdeckt, weil diese, nach seinen Einschätzungen, speziell für Motorradfreunde erhebliche Vorteile zu bieten hatten.
Seine beiden Füße steckten nicht nur gut verschnürt in halbhohen Stiefeletten, sondern auch im Innenleben in weichen, dicken Wollstrümpfen. Derart warm verpackt schützte das robuste Material auch vor den widrigen Kapriolen der oft wechselnden Wetterbedingungen.
Als Kopfschutz gegen Regen und Wind hatte sich Vati eine hellbraune, handgenähte und enganliegende Lederkappe mit herunterklappbaren Ohrenschützern gekauft.
Der Passgenauigkeit dieser rundgearbeiteten, außergewöhnlichen Kopfbedeckung diente eine markante, auf dem Nasenrücken mittig geteilte Motorradbrille mit Spannriemchenhalterung am Hinterkopf. Auch an robuste wasser- und winddichte Fingerhandschuhe hatte mein alter Herr gedacht.
Auf diese Weise war er gekleidet ... ‚gemustert', – dieses Wort wäre wohl die zutreffendere Bezeichnung für das Gesamterscheinungsbild unseres Zweiradenthusiasten gewesen.
Auf jeden Fall war Vati, der ‚rasender Maler', wie wir und auch einige seiner Freunde ihn des Öfteren scherzhaft bezeichneten, in seiner einmaligen Zweiradmontur und auf seinem leichten Kraftrad thronend, eine sehr auffallende, markante Persönlichkeit.
„Du bist ein Bild für die Götter", rief Mutti spontan und leicht irritiert aus, als sie ihren Gemahl gleich zu Anfang seiner sonderbaren Einkleidungsaktion beobachtete und alsdann auch kritisch beäugte, um das ganze bühnenreife Prozedere mit einem Seufzer lakonisch zu kommentieren: „Das muss wohl alles so sein, denn anders ist es ja nicht."
So versah sie ihre Bemerkung zu Vatis Tun mit einem leicht süffisanten Unterton in ihrer Stimme und begleitete ihre Feststellung mit einem Hauch an spöttischer Ironie in ihrem charmanten Mienenspiel. Ihr rasch einsetzendes und durchaus liebevoll gemeintes Lächeln aber unterstrich sogleich ihre durchaus wohlwollende Zustimmung zu dieser gelungenen Charade. Mutti ließ, allein durch den Zauber ihres bejahenden Lächelns, allen aufkommenden oder beabsichtigten Misstönen nicht den Hauch einer Chance.
Die nunmehr bestehende Mobilität ‚unseres geliebten Malers', sie hatte fortan die Regie seines künstlerischen Schaffens übernommen, wobei in diesem fiktiv geplanten Familienfilm der Borcherts, eben die neuen, vielfachen ‚Außenaufnahmen' dienen sollten, in Form von interessanten, teils auch kolorierten Skizzen.
Auch die naturnahen, emotionalen Erlebnisse formen und bilden den Charakter des Akteurs, sie berühren wohltuend sein Herz und seine Seele.

Der feinfühlige Künstler spürt dieses göttliche Geschenk der Natur in seinem Innern auf geheimnisvolle Weise, ja er lässt das unerklärbare, das persönlich erahnte Wunder zu, und er erhält auf diesem Wege die immerwährende fließende Energie des Erhabenen aus den unendlichen Weiten des Universums.
Diese erlebten ergiebigen und im ‚Draußen' skizzierten Motive und Blickwinkel sind die wertvollen Vorlagen, denn sie sind die Voraussetzung der anstehenden Atelierarbeiten, in den heiligen Hallen des historischen Goethe-Hauses zu Bendorf. Diese von mir bewusst zugespitzte, hochtrabende Formulierung – würde sie denn die Realität beschreiben, dann wäre das im wahrsten Sinne des Wortes fantastisch –, doch diese ‚heiligen Hallen', … sie waren aber leider nur mein eigener Wunschtraum bezüglich meines Vaters Idealvorstellung eines lichtdurchfluteten und geräumigen Künstlerateliers, denn in Wirklichkeit befand sich ja seine winzige Malerwerkstatt, sein geliebtes Atelier, wie ich schon erwähnte, in dem kleinen, schmalen Eckzimmerchen mit den zwei schrägen Wänden und dem mächtigen, diagonal von der Außenecke ins Innere des Raumes führenden Stützbalken in unserer engen, aber urgemütlichen Mansardenwohnung. Wir bewohnten also einen Teil der Grundfläche des zweiten Stockwerks des ehemaligen Stammhauses der angesehenen und bekannten Familie Remy.
Heute im Volksmund oft und gerne ‚Goethe-Haus' genannt, denn am 18. Juli im Jahre 1874 weilte der große deutsche Dichter Johann Wolfgang von Goethe, als willkommener Gast der Familie Wilhelm Remy, in diesem Anwesen, welches zu damaliger Zeit sicherlich als repräsentativer Prachtbau im klassischen Barockstil galt.

Goethe in Bendorf …

Dieses Ereignis galt seinerzeit wohl als signifikant, und es sollte für lange Jahre festgehalten werden, wovon die herausgemeißelten und vergoldeten Buchstaben in römischer Antiquaschrift der edlen Marmortafel über dem Eingangsportal des Hauses erzählen.
Dieses alte, auch schon leicht verwitterte Marmorkunstwerk, das markant in die Frontfassade des Remy-Hauses integriert wurde, es beherrscht mit seiner Wirkung und Informationskraft den Gesamteindruck dieses Ensembles.
Diese steinerne Aussage, die im antiken Stil von einem Steinbildhauer gestaltete Marmortafel, fesselt geradezu als sehenswerter Blickfang jeden Betrachter. Zum einen zwingt dieses wertvolle Steinzeugnis die Blicke auf die dominierende, vierstufige, eiserne Freitreppe des Anwesens, und zum andern lenkt sie den Augenschein auch auf das pompöse, in dunklem Grünfarbton gehaltene zweiflügelige Eingangsportal. Dieser beeindruckende Eingangsbereich besticht auch durch die meisterhaft ausgeführte Bleiverglasung der beiden Türflügel.
Im oberen Teil der beiden Portalseiten beherrschen die davorgesetzten gusseisernen, feinen Ornamente die Blicke der Betrachter, denn diese Gusskunst zeigt eine

in sich verschlungene und verschnörkelte Blätterwerkoptik, die den damaligen Zeitgeschmack stilvoll dokumentiert.

Diese, in bestem Sinn des Wortes von mir gemeinte ‚verschnörkelte Kunstgussarbeit', sie trägt mit spielerischer Leichtigkeit jeweils mittig das harmonisch gestaltete und ebenfalls eisengegossene Familienwappen der Remys. Die polierten Messingarbeiten der aufwendigen Türbeschläge unterstützen stilecht das Gesamtbild.

Es war wohl der historische ‚Goethe Besuch in Bendorf', der den Bekanntheitsgrad des Stammhauses der Remy-Dynastie immens aufwertete.

Wann genau die Marmortafel als Erinnerung an Goethes Besuch montiert wurde, das entzieht sich meiner Kenntnis. Doch ab dem Tag der öffentlichen Wahrnehmung war die sympathische Bezeichnung ‚Goethe-Haus', zumindest bei uns in Bendorf und Umgebung in aller Munde.

Meisterhaft aufgenommene Ansichten entdeckt man in älteren Fotografien des im Barockstil anno 1747 errichteten Anwesens. Auch Detailfotos, zum Beispiel Aufnahmen des Freitreppenaufbaus mit dem markanten Kunstgussgeländer und dem rückwärtigen Eingangsportal, sie findet man zudem zeitübergreifend in speziellen Bildbänden des Rheinlandes mit den historischen Darstellungen der geschützten Baudenkmäler, vornehmlich der Objekte unseres heutigen Landkreises Mayen-Koblenz.

Ich kehre in meinen Erinnerungen zurück zu unserer familiären Wendezeit, denn durch Vatis Motorisierung eröffneten sich für ihn völlig neue Möglichkeiten. Er konnte die romantischsten Winkel der Mittelrheinheimat anfahren, er konnte seiner geliebten Landschaftsmalerei viele neue Impulse geben, denn Eifel, Westerwald, Hunsrück und Taunus waren fortan als lohnende Ziele für seine Motivsuche in greifbare Nähe gerückt.

„Malerherz was willst du mehr?" Mit dieser fröhlich gerufenen Frage, auf die er sicher von Mutti und mir keine Antwort erwartete, breitete Vati seine farbverschmierten Künstlerhände aus und deutete auf das vor uns postierte Ölbild, das er aus seinem Farbenreich, seinem Atelier, zu uns ins ebenfalls von ihm requirierte Esszimmer mitgebracht hatte.

„Ist das nicht fantastisch, dieses Farbenspiel", rief er aus und fuhr fort:

„Schau, liebste Grete, das ist die weitbekannte Reichsburg in Cochem an der traumhaft schönen Mosel, und das ist nur eines der neuen Motive meines letzten Malexkurses. Ich habe die Skizze auf Vollmüllers Leinwand übertragen und zuerst dünn mit Pinsel die Farben angelegt, die ich anschließend mit weicher Spachtel pastos weiter bearbeiten werde. Ich sage Dir, mein teures Weib, ich bin mit Leib und Seele bei der Sache. Alles macht mir so viel Freude, all die neuen Eindrücke, die ich bei meinen Motorradfahrten erlebe, indem ich auf meine Landsleute zugehe und sie für mich gewinne, all diese persönlichen Abenteuer motivieren mich enorm."

Er machte eine kleine Pause und setzte sich für einen Moment zu uns auf das Sofa, nahm einen Schluck Kaffee aus Muttis Tasse und wollte schnell wieder in die Enge seiner Malstätte entfliehen, als Mutti ihn am Arm festhielt und aufmunternd auf ihn einredete: „Halt, stopp mein Freund, so leicht entwischst Du mir nicht. Hör zu, was ich zu sagen habe. Ich freue mich riesig, dass Du durch Dein Motorrad beweglich geworden bist und Du jetzt, eben durch die erlangte Mobilität, fast überall hinfahren kannst.
Ich meine, jetzt kannst Du ganz gezielt all die sehenswerten Orte und all die Schönheiten unseres Landes erreichen, erkunden und mit Deinen eigenen Augen sehen. Du entdeckst unsere Heimat mit Deinem inneren Blick, nimmst das zu Schauende in Dir auf und zeigst dann, im gemalten Bild, das Motiv in Deinem ureigenen Borchert-Malstil, der so manchen Betrachter Deiner Werke anspricht. Ja, und wenn Du fleißig malst, dann kommst Du auch durch die Galerie Vollmüller in Koblenz an zusätzliche Einnahmen, die wir, und ich betone das Wörtchen wir, die wir zusammen mehr als gut gebrauchen können. Dass Du auch ein Mehr an all den Malutensilien kaufen musst, das ist klar, aber wir, unser Sohn und ich, wir sind auch noch da, bitte vergiss das nicht."
Vati hatte mit gutem Gefühl die Aussagen Muttis in sich aufgenommen, denn sein entspannter Gesichtsausdruck zeigte deutlich seine innere Ausgeglichenheit, die er uns in seiner unnachahmlichen Überzeugungskraft offenbarte: „Der alte Vater Rhein hat es mir angetan, ich meine, ich bin von seiner unvergleichlichen Anziehungskraft beeindruckt, denn seine ganze Vielfalt an historischen Bauwerken, an Burgen und Schlössern, zieren dicht an dicht die Berghänge und Felsen des engen und gewundenen Flusslaufes des romantischen Mittelrheintals. Zu seinen beiden Ufern glänzt der silberne Spiegel des Stroms, und man findet die verwinkelten, mittelalterlich geprägten Ortschaften mit ihrem anmutenden Flair der Vergangenheit und dem Charme vergangener Epochen in einer Häufigkeit, die man anderswo kaum zu sehen bekommt."
Mein eloquent erzählender Erzeuger legte eine Verschnaufpause ein und schaute uns erwartungsvoll abwechselnd in die Augen, als suche er in ihnen die ihm genehmen Anmerkungen.
„Mannomann Vati, Du beherrschst nicht nur Deine Malerei ganz toll, Du zelebrierst im wahrsten Sinne des Wortes eine Redequalität, die mich einfach mitreißt und neugierig macht, neugierig auf meine nähere Heimat. Bitte nimm mich doch noch öfter auf Deinen Skizzenfahrten mit!" Ich hatte mit meiner spontanen Wunschäußerung Vatis gute Laune gesteigert und auch den richtigen Moment getroffen, denn er nickte zustimmend mehrmals mit dem Kopf.
Er wollte sogleich wieder das Wort ergreifen, um mit seiner begonnenen Rede fortzufahren, doch Mutti dominierte die augenblickliche Situation, indem sie ihrerseits mein Lob aufgriff und mit einer sensationellen Überraschung unsere Aufmerksamkeit vehement an sich riss, indem sie sich mit fester Stimme an uns wandte: „Wenn Ihr beiden Männer glaubt, dass das Motorradfahren ausschließlich

reine Männersache sei, dann irrt Ihr beiden Euch ganz fürchterlich und Ihr befindet Euch gewaltig auf dem Holzweg.
Ich will und ich werde mit Dir, mein geliebter Gemahl und Göttergatte, ebenfalls auf künftigen Entdeckungsfahrten, mit Dir bestehen. Ich fahre auch mit Dir mit. Und ich dulde keine Widerrede!"
An dieser Stelle unterbrach Mutti ihren Redeschwall für einen kurzen Augenblick und eine energische, hiebartige, einen trennenden Schwerthieb andeutende Geste mit der ausgestreckten, flachen Hand unterstrich ihre Forderungen auf ungewohnt kämpferische Weise.
Ihre wunderschönen dunklen, rehbraunen Augen schauten uns so intensiv, fast durchdringend an, sodass Vati, aber auch ich mit keiner Silbe an Widerspruch auch nur denken konnte. Ein kaum wahrnehmbares Lächeln umspielte ihre Mundwinkel und zeigte Vati und mir an, dass sie noch weitere Informationen für uns im Petto hatte, denn mit klarer Stimme setzte sie ihre Klarstellungen fort: „Ja, ich verspüre eine unbändige Lust in mir, die von Dir, mein lieber Mann, so anschaulich beschriebenen Heimatschönheiten selbst zu erleben.
Ja, ich will den Wind unserer neuen, unserer nunmehr mobilen Zeit hautnah spüren, ich will das Fahrgefühl kennenlernen und es frei und unbeschwert erleben. Ich will die frische Luft der herrlichen Natur tief einatmen und ich will mit meinen eigenen Augen sehen, was Du unter ‚richtigem Sehen' verstehst. Ich will das wirkliche Schauen durch Dich lernen und ich will erfahren wie Dein Künstlerblick selbst Verborgenes entdeckt, und ich will Zeugin sein, wenn Du das scheinbar Unsichtbare mit Deiner Malerei, mit Leinwand, Pinsel, Spachtel und Ölfarben, wenn Du nur erahnt Geschautes, wenn Du dieses Mysterium in Deinem persönlichen Schöpfungsakt im Atelier hervorzauberst und sichtbar machst.
Ich will, wann immer es meine Zeit zulässt, mit Dir, Liebster ... Motorradfahren!"
Mit diesem offenen Bekenntnis zu Vatis Plänen bezüglich seiner Motorradtouren, mit diesem Loblied auf die neue, mobile und somit hinzugewonnene Zeit, die bislang Muttis geheimste Wünsche in sich versteckte, mit diesem Lob offenbarte sie so ehrlich und auf entwaffnende Weise ihre bislang verborgen gebliebenen Freiheitsträume, dass ihre engagiert und liebevoll vorgetragenen Bitten an Vati nur ein klares ‚JA' gerecht werden konnte.
Dessen Wirkung war sich mein alter Herr voll bewusst, und mit einem freudestrahlenden Gesicht rief er lauthals und mit Begeisterung in der Stimme: „Mein geliebtes Weib, Du wunderbare Frau an meiner Seite, Du glaubst ja gar nicht, welch große Freude Du mir machst! Wunderbar! Du beflügelst mein Ego, Du baust mich förmlich auf. Ich habe ja nicht gewagt, Dir das Mitfahren anzubieten. Ich glaubte ja in meiner Einfalt, Du hättest Panik vor dem knatternden Ungetüm mit zwei Reifen! Und wie gern ich mit Dir unser herrliches, unser wunderschönes Land an Rhein und Mosel erkunden werde. Danke auch für Dein Vertrauen in meine Fahrkünste."
‚Unser fester Dreierbund kann ab und zu ganz schön aufregend sein', dachte ich

so im Stillen bei mir, als Vati mit seinen weiteren, lehrreichen Ausführungen mein Interesse an Kunsterkenntnissen erneut zu wecken verstand und ich seiner kunsthistorischen ‚Privat-Vorlesung' weiter lauschte: „Die ursprüngliche Charakteristik des oberen Mittelrheintales zieht Reisende aus aller Welt magisch an, die mit Begeisterung seine einmalige, romantische Schönheit bewundern und genießen wollen. Auch den großen englischen Landschaftsmaler und Vorbereiter des frühen Impressionismus in Europa, William Turner, den ich außerdem wegen seiner Wandlungsfähigkeit in seinem Gesamtkunstschaffen sehr schätze, dieser ‚große William Turner', der übrigens nicht nur unseren Rhein, sondern auch andere Teile Deutschlands intensiv bereiste, die schönsten Motive entdeckte und in verschiedenen, einzigartigen Ölbildern auf Leinwand bannte, zog es an.
Die Kraft seiner Malkünste, seine gefühlvollen Darstellungen der Landschaftsszenen, sie ließen romantische Träume in den Herzen der Betrachter entstehen und sie verzauberten die Menschen, nicht nur in ihrer Zeit."
An dieser Stelle unterbrach mein Erzeuger seine interessanten Ausführungen, als er meine fragenden Blicke erkannte, die ich nicht unterdrücken konnte, weshalb ich meine Blicke auch sofort in Worte fasste:
„Warum ist Dir dieser Turner und seine so romantisch wirkenden Bilder denn so wichtig, dass Du uns alles so ausführlich erzählen musst?"
Vati neigte seinen Kopf langsam etwas zur Seite, schaute uns abwechselnd an und beugte seinen Oberkörper in unsere Richtung, atmete tief durch die Nase ein, sodass dieses hörbare Einatmen wohl die Wichtigkeit seiner weiteren Ausführungen unterstreichen sollte:
„Erstens Ihr Lieben, war Turner der eigentliche Vorreiter des Impressionismus, da teile ich die Einschätzung einiger unserer Kunsthistoriker, denn er setzte die ersten malerischen Impulse in diese Richtung.
Zumindest in einigen seiner Werke ist das unverkennbar, weil er bei seinem Malen in freier Natur das weiche, ineinander oft auch vermischende Farbenspiel des Atmosphärischen vor Augen sah, es verinnerlichte und meisterhaft das vor der Natur Geschaute und das intensiv erlebte Motiv mit seinem sensiblen, fein nuancierten Farbenspiel in seinen einzigartigen Werken umsetzte. Meist schuf er Ölgemälde, die das faszinierende, geheimnisvolle Atmosphärische in unverwechselbarer Malerei wiedergaben."
Vati unterbrach erneut seine Exkursion in die Kunstgeschichte, denn er bemerkte mit seinem ausgeprägten, pädagogischen Feingefühl, dass Mutti und vor allem ich eine Denkpause brauchten, denn seine geballte Information bedurfte unsererseits dringend einer gedanklichen Verarbeitung des Gehörten.
Unser selbst ernannter ‚Dozent' wartete voller Verständnis einige Minuten, damit wir seinen Unterrichtsstoff geistig verarbeiten konnten, bevor er fortfuhr, unser Wissen zu erweitern: „Ich will Euch beileibe nicht mit ausschweifenden Tiraden langweilen, deshalb fasse ich mich kurz und besinne mich auf das Wichtigste, was Ihr aber kennen solltet, um mein, jetzt durch die neue Mobilität auch erweiterte

Künstlerleben besser zu verstehen.
Auch ich will versuchen, eben wie einstmals William Turner, in meiner Malerei das Atmosphärische in der Natur zu ergründen und in meinen Bildern darzustellen.
Etwa ab der zweiten Hälfte des neunzehnten Jahrhunderts waren es so bekannte französische Maler, wie Monet, Renoir, Degas und viele andere mehr, denen der Durchbruch zum Stil des Impressionismus in seiner gewaltigen neuen Farbigkeit bravourös gelang.
Auch mich nennt die hiesige Fachwelt, auch einige Kritiker der Presse, einen Vertreter des Impressionismus. Das ist auch der Grund meiner erweiterten Schilderungen, eben weil ich Euch meine malerische ‚Heimat' in der szenischen Darstellung der eigenen, atmosphärischen Bildkompositionen näherbringen möchte."
Mit meinem jungenhaften Übermut rief ich Vati voller Begeisterung zu:
„Jetzt verstehe ich erst die engeren Zusammenhänge und Deine Verbundenheit mit anderen Malern, gerade den berühmten französischen Impressionisten, zu denen ganz sicher auch Maurice Utrillo gehört, ... bitte mach weiter, ich hör Dir jetzt noch gebannter zu."
Ich hatte meinen alten Herrn in keiner Weise aus seinem Konzept gebracht, denn er schmunzelte verschmitzt und freute sich über meinen entfachten Optimismus: „Gib es zu, Du Schlingel, Du hast sicher wieder in meinen Kunstbüchern herumgestöbert, denn woher sonst würdest Du Utrillos Bilder kennen, aber über ihn unterhalten wir uns gern ein anderes Mal.
Ich bleibe in meinen Erläuterungen für Euch aber logischerweise bei Turner. Er verzauberte seine Freunde und Betrachter seiner Werke natürlich mit seinen mannigfaltigen, naturnahen und mit feinem Strich gemalten Landschaftsbildern aus vielen malerischen Gegenden der Länder unseres Europas. Teils überraschte er aber auch mit den wirklich einmaligen Werken seines Schaffens, die das reale Element eines Bildes teilweise filigran auflösen, um sich mystisch in weichen, leicht verlaufenden und zart vermischenden Farbtönen im atmosphärischen Dunst zu verlieren, aber um sich auf diese Weise in einer nur erahnt sichtbaren Existenz zu zeigen.
Derart meine Lieben, deute ich persönlich, als sein malender Zunftgenosse, aber in meinem Jahrhundert, einen kleinen Teil der großartigen Turner-Gemälde, als beste Beispiele meiner diesbezüglichen Erklärung und nenne stellvertretend, eben als Beispiel das Städtebild Venedig. Ihr findet diese Abbildung, – ich setze eure Neugier mal voraus –, im alten, großformatigen Kunstlexikon mit den einschlägigen Kunstdrucken, dort im Bücherschrank, unten rechts.
Turner lebte, mit diversen Studien- und Reise-Unterbrechungen, von 1775 bis 1851 in seiner Heimatstadt London. Alle seine Bilder, die im Stil der romantischen Malerei unisono Weltgeltung erlangten und in den berühmtesten Galerien der Welt auch heute noch dauerhaft gezeigt werden, sie alle verkünden auf ihre ansprechende Art in ihren ausgewählten Bildelementen das Charakteristische seines

einmaligen Malstils. Seine ansprechenden Darstellungen zeigen uns eine erlebbare Welt der Gefühle, sie zeigen uns das real Geschaute der sichtbaren natürlichen Schönheit unserer universellen Schöpfung.
Ich persönlich aber sehe seine entrückte Art in den Kompositionen, ich erlebe die gefühlvoll dargestellten Szenen, ich sehe sie vertieft und durch seine Künstlerhände auf eine empfindsamere, höhere Ebene transferiert, die aber jeder individuellen Wahrnehmung Raum für Interpretationen lässt."
Mit dieser ausführlichen empfindsamen Erklärung, die eine gehörige Portion des Nachdenkens bei mir im Kopf zwangsläufig hervor- gerufen hatte, war die Ebene der Gegenwart wieder in unseren Dreierbund am Esszimmertisch zurückgekehrt.
Kaffee und Kakao hatte Mutti zwischendurch zubereitet, und so stärkten wir uns für weitere geplante und durchaus interessante Gesprächsrunden.

Der Job als Dolmetscher bei der französischen Kommandantur in Koblenz ließ meinem Vater einen angenehmen Spielraum für seine künstlerischen Ambitionen, da seine Büroanwesenheit im Hauptbahnhof durch die eingeteilten Wechselschichten stets exakt bestimmt wurde. Auf diese Weise war sein Dienst komfortabel geregelt, und so konnte er sich seine Interessensgebiete individuell einteilen und ein Leben nach seinen geschätzten und liebgewonnenen Gewohnheiten führen.
Der blaue Dunst seiner wohlduftenden Zigarre hatte uns mit zarten, grauen Schwaden umhüllt und er gehörte, mit dem obligatorischen Aroma des noch dampfenden Kaffees in der Luft, zu unserem urgemütlichen Fluidum unserer geliebten vier Wände.
Vati bewegte die dicke, leicht süßlich riechende Zigarre in betont langsamen Hin- und-Her-Bewegungen ganz dicht unter seiner Nase, um auf diese Weise ihren Duft noch intensiver und genüsslicher zu spüren und inhalierend zu genießen, als er sich gezielt und demonstrativ zu uns vorbeugte und das kurz unterbrochene Gespräch wieder aufnahm: „Die Ausbeute meiner ‚draußen in der freien Natur' gesammelten neuen Eindrücke und gezeichneten Skizzen, sie bedeuten für mich zunächst eine wertvolle Bereicherung meiner kontinuierlichen, aus der neuen inneren Sicht auf das real Geschaute entstehende Lernen der künstlerischen Weiterentwicklung meiner gesamten Malweise.
Des Weiteren sehe ich ja die steten Fortschritte, die ich mache, ich sehe sie in der Entwicklung meiner stärkeren, charakteristischen Präsenz in meinen Bildern. Und folglich erfahre ich im Verwirklichen der naturnahen Wiedergabe der Motive beim Malen in der Enge meines Ateliers, immer auch die Nähe meiner hautnah geschauten malerischen Naturwelt der tausend Wunder.
Auf diese Art versuche ich Euch zu erklären, weshalb ich meine Nähe und künstlerische Verwandtschaft mit den großen Protagonisten der Epoche der Romantischen Malerei entdeckt habe, beispielsweise mit den großen Kollegen wie eben William Turner aus England oder auch dem deutschen Künstler, Caspar David

Friedrich, meinen Vorbildern und Wegbereitern des Impressionismus.
Darüber hinaus, liebste Grete, mein lieber Sohnemann, entstehen im Zuge der vermehrt gesammelten neuen Bildvorlagen meiner Skizzen und Aquarellstudien in naher Zukunft auch mehr Bilder, denn ich bin mit Leib und Seele Maler."
Er zog mit sinnierenden und leichten gedankliche Abwesenheit andeutenden Blicken, nun zum wiederholten Male an seinem handgerollten brasilianischen Tabakwunder, der dicken kubanischen Zigarre, um bedächtig und nunmehr in vermindertem Tempo seine weiteren Ausführungen zu eröffnen: „In der Tat, bislang bezeichnete der sogenannte Volksmund, das der Kunst dienende Metier, die Malerei explizit gemeint, äußerst verächtlich als ‚brotlose Kunst'. Ja, und uns, im Sinne des Wortes als wahre Bilderschaffenden, bezeichnete so mancher Kulturbanause als ‚brotlose Künstler'. Was ja nichts anderes bedeutet wie ‚arme Schlucker'.
Diesem landläufigen Negativdenken werde ich ab sofort und vehement entgegenwirken, ich werde dieser Herabwürdigung unseres Berufsstandes die Stirn bieten, die Kraft dazu habe ich, sie lebt in mir!
Ich will die beginnende Aufbruch-Stimmung für Euch beide mal im kapitalistischen, neuen deutschen Denken und seinem ihm folgenden Sprachgebrauch drastisch formulieren. Also, meine allerliebste Grete, mein lieber Filius, das klingt dann folgendermaßen: In meinem gewinnorientierten Gesamtproduktionsdenken strebe ich ein Maximum des kreativen Schaffens im heimischen Atelier an, um den Lebensstandard zu steigern und somit einen Zuwachs, also ein Mehr an fühlbarer Lebensqualität, zu generieren. Dadurch verspreche ich mir für uns in künftigen Zeiten auch lukrativere Geschäfte mit und durch den Galeristen Ferdinand Vollmüller, dem, an meinen Bildern interessierten Kunsthändler aus Koblenz. Natürlich will ich auch meinen Bilderverkauf an gut betuchte, oder besser gesagt, an vermögende Privatkunden steigern.
Durch die zahlreichen, eben durch meine Mobilität jetzt möglichen, neu zu entdeckenden Motive aus den Gefilden unserer, an Sehenswürdigkeiten so reichen Heimatregion, wird mir das auch bestimmt gelingen, denn ich erkenne ein vermehrtes Interesse der Menschen am aktuellen, zeitgenössischen Kunstmarkt, vor allem an Exponaten heimischer Maler und Bildhauer. Die zunehmenden Besucherzahlen der diversen Vernissagen und Kunstausstellungen in unserem Land belegen diesen erfreulichen Aufwärtstrend eindeutig.
Auch wir Kunstschaffende können uns am beginnenden ‚Deutschen Wirtschaftswunder' beteiligen und auf diesem Wege durchaus auf eine bessere Existenzsicherung hoffen. Das herbeigewünschte Ende unserer durchlebten langanhaltenden Durststrecke dürfte für uns in greifbare Nähe gerückt sein.

In unserer neuen Familiensituation liegt mir ein allseits bekannter Vers auf der Zunge, den ich Euch nicht vorenthalten will:

> Der Worte sind genug gewechselt,
> lasst uns auch endlich Taten sehn,
> indes ihr Komplimente drechselt,
> könnt etwas Nützliches geschehn!

Ich werde sinnvollerweise dem Rat des weisen Geheimrats und Dichterfürsten Johann Wolfgang von Goethe folgen, so er denn der Urheber des zitierten Vierzeilers war, denn ich werde unverzüglich zu neuen Taten schreiten. Da ich mit dem Zweirad zu ausgewählten Zielen aufbrechen werde, werde ich eben dadurch auch in eine bessere Zukunft fahren!"
Mit diesen humorvollen Anmerkungen und mit dem passenden Goethe-Zitat hatte unser Familienoberhaupt belustigt und amüsiert die ausführliche Gesprächsrunde beendet. Er wirkte auf Mutti und mich innerlich aufgelockert, regelrecht gutgelaunt, denn er zeigte uns, allein schon durch seine stumme Körpersprache, eindeutig seine positive und hoffnungsfrohe Gesamtverfassung.
Unser Zusammenleben verlief nach den klärenden Gesprächen in einem beruhigenden und lebensbejahenden Alltagszyklus.

Hinein ins Vergnügen …

So kam der Tag, als Mutti ihren ‚Motorradmitfahrwunsch' zum Ausdruck brachte. Voller Freude beherzigte mein alter Herr ihren Willen und so standen wir drei Mutigen kurze Zeit später an dem PS-schwachen Zweiradgefährt und ich harrte der Dinge, die da kommen sollten …
Diese Szene steht auch noch heute, nach mehr als sechs vergangenen Jahrzehnten, immer noch überdeutlich und in lebendigen Bildern vor meinem geistigen Auge. Meine einstigen Gefühle vibrieren noch immer in meinen Erinnerungen, und sie lassen ein Verblassen der gespeicherten Bilder in keiner Weise zu.
Ganz im Gegenteil, denn wieder tanzen sie regelrecht einen illustren, bunten Reigen in meiner weiten Gedankenwelt, denn exakt jetzt, im Moment meines Niederschreibens dieser bewegenden Episode übermannen mich meine guten Gefühle erneut.
In der Tat, ich spüre alle meine inneren Regungen von damals wieder fast körperlich, aber im ‚Heute' betrachtet, sicherlich nur imaginär.
Und doch fühle ich wiederum die liebevolle Nähe der damaligen Szene, spüre erneut meine freudige Erregung und auch meinen starkklopfenden Pulsschlag mit der einhergehenden Kurzatmigkeit ebenso real, wie auch die einst deutlich pochende, erhöhte Herzschlagfrequenz.
Von diesem virtuellen Motorraderlebnis meiner Eltern eingefangen, schildere ich den unvergessenen Anblick der beiden, der fest in meinen Gedanken verankert ist

und der so bildhaft im Paradies meiner schönen Erinnerungen seinen angestammten Platz gefunden hat.

Dieser Augenblick, der sogar dominierend und magisch zugleich, die vielen glücklichen Momente in meine Gegenwart zurückzaubert, sie zu neuem Leben erweckt und auf diesem eingeschlagenen Weg zur erbauenden Bereicherung meiner ‚liebgewonnenen Zeit' beiträgt.

Mein geliebtes ‚Motorradduo', also Mutti und Vati als mutige und abenteuerlustige Zweiradenthusiasten zu erleben, davon hatte ich in meinen kühnsten Vorstellungen nicht einmal zu träumen gewagt.

Zu diesem Duo möchte ich etwas zurückhaltend bemerken: Mein alter Herr, rank und schlank, fast dünn von Gestalt, im Cordanzug zünftig gekleidet, wirkte er auf den ersten Blick betrachtet, fast zerbrechlich. Die runde und enganliegende Lederkappe mit Ohrenschutz, diese, im Zusammenspiel mit der gewöhnungsbedürftigen, zweigeteilten Motorradbrille, beide unterstrichen sie seine männlich markanten Gesichtszüge, die Entschlossenheit und auch einen Schuss Mut signalisierten und deswegen keine Zweifel an seinen Zweiradfahrkünsten aufkommen ließen.

Mutti hatte sich, ihrer Meinung nach, an das vermeintliche Aussehen einer Motorradbraut anzupassen versucht. Auch sie sah recht zünftig aus, denn sie trug einen hellen sandfarbenen Trenchcoat mit Gürtel, wobei dessen lange Mantelschöße seitlich die enge, braune, wollene Hose und auch die Sportschuhe fast völlig verdeckten.

Ein knallbuntes Kopftuch hatte sie als Schutz vor Wind und Regen unter ihrem Kinn kunstvoll verknotet. Sie hatte sich außerdem extra fürs gemeinsame Motorradfahren eine dunkle Sonnenbrille mit auffallend großen Gläsern gekauft.

Da saßen sie nun, gewillt, dem tristen Alltag und dem vermeintlichen täglichen Einerlei zu entfliehen, auf der vollgetankten Zweiradmaschine, der 125-er UT und bildeten eine Art Schicksalsgemeinschaft, ein nicht zu übersehendes Paar. Allein schon ihr sportliches Äußeres, ihr mit Sorgfalt zusammengestelltes Modeoutfit entlockte wohl jedem geneigten Betrachter zumindest ein heiteres Schmunzeln, vielleicht sogar ein verstecktes Lächeln.

Im Stillen mal frech gefragt: Erinnerten die beiden etwa an Witzblatt- oder Schießbudenfiguren?

Soweit würde ich mit meiner ernstgemeinten Beurteilung nicht gehen, aber lustig anzusehen war es schon, ich meine das kuriose Bild, das meine Eltern als Akteure, als kurioses ‚Zweirad-Duo' ihren Mitbürgern boten.

Vati saß in aufrechter, fast majestätischer Haltung auf seiner knatternden Maschine. Mit seinen beiden Füßen auf der Erde hielt er leicht schwankend das Gleichgewicht, denn er hatte beide Füße vollflächig und fest zu Boden gedrückt, um auf diese Weise Mutti die Standfestigkeit des zweirädrigen Ungetüms zu demonstrieren, aber auch um den Wunsch der baldigen Abfahrt anzukündigen.

Den Ausdruck ‚Ungetüm auf zwei Rädern' hatte mein Mutterherz im Spaß gesagt, doch für mein Gefühl deutete diese flapsige Bezeichnung zumindest ihren Respekt vor der wackeligen Fahrgelegenheit an und sicherlich auch, um von der Prozedur des etwas beschwerlichen Besteigens des hohen Soziussitzes abzulenken.

Vatis verbale Erklärungen zu dieser schwierigen Besteigung wirkten in jedem Fall erklärend und aufmunternd zugleich.

„Halte Dich mit der linken Hand am Griff des Sitzes fest, richtig so Grete, jetzt setze den linken Fuß auf die ausgeklappte Fußraste, nimm etwas Schwung mit dem rechten Bein und schwinge jetzt mit einer Linksdrehung Deines Körpers …, Deinen Allerwertesten in den bequemen, federnden Schalensitz hinein."

Seine Belehrungen hörte seine Angetraute wohl, doch allein die Koordination der einzelnen Anweisungen erfolgte leider nur arg zeitversetzt. Der Bewegungsablauf verlief auch nur stotternd, eben ruckartig in seiner Durchführung, sodass ich während dieses Vorgangs schiere Angst um Vatis Gleichgewichtsverteilung hatte und mich deswegen um Muttis Gesundheit sorgte. Ich sah beide im Geist schon stürzen …

Doch nach einer gefühlten Ewigkeit saß mein Mutterherz endlich wohlbehalten im bequemen, schalenförmigen Soziussitz und strahlte vor Freude übers ganze Gesicht.

Sie zeigte zugleich aber auch, eben wegen ihres Verhaltens auf dem freiwillig gewählten ‚Ungetüm' eine leichte Ängstlichkeit.

Durch ihre angespannte, ja sogar steife und leicht rückwärtsgebeugte Körperhaltung ihrer ganzen, runden- und gesunden Fraulichkeit, unterstrich sie unterschwellig ihre aufkommende Furcht vor der beginnenden Abenteuerfahrt.

Sie versuchte, durch ihr gekünstelt wirkendes Lachen meine Sorgen auszumerzen, doch es blieb bei dem Versuch, denn meine latente Nervosität blieb mir für die Dauer der elterlichen Spritztour erhalten.

„Wir waren im Nahen Westerwald, mein Sohn", rief Mutti mir leicht schnaufend zu, als sie sich ungelenk und mit Mühe aus dem eigentlich doch bequemen Beifahrersitz erhob und vom ‚Ungetüm' herabstieg. Ich hatte spielend meine Zeit des bangen Wartens im unteren Hof verbracht, denn dort hatte ich mir eine provisorische Sitzecke gebaut.

„Ich bin jedes Mal froh, wenn ich wieder festen Boden unter meinen Füßen habe. Aber alles in allem betrachtet, kann ich nur sagen, es war wunderschön. Allein der Anblick der sattgrünen Wiesen, der Felder und der abwechslungsreichen Nadel- und Laubwälder in unserer allernächsten Umgebung … einfach fantastisch, mein Sohn. Allein schon das Schauen war für mich ein einmaliges Erlebnis."

Wir waren in Grenzau, diesem malerischen Ort, am Ende des oberen Brexbachtals und unterhalb von Höhr-Grenzhausen gelegen. Dort hat Vati auch sogleich die Burg mit dem einzigen dreieckigen Bergfried in Deutschland skizziert, ich sag Dir, es war toll.

Ich war mehr als erstaunt, ja richtig verblüfft, in welch kurzer Zeit Dein Vater die Bleistiftzeichnung vollendet hatte. In den uralten Mauern der rustikalen und ro-

mantischen Gaststätte ‚Alt Grenzau' haben wir eine erzwungene Erfrischungspause eingelegt, weil ich dringend aufs Klo musste, aber die Rast hat uns beiden gutgetan.
Zurück ging es dann über Alsbach, dort hat Vati das Kirchlein skizziert. Weiter ging es dann über Nauort und Stomberg zurück nach Bendorf.
Für mich war dieser erste Ausflug eine reine Freude, eine richtige Bilderbuchfahrt. Auf dem Motorrad zu thronen war für mich zwar ungewohnt und auch dementsprechend anstrengend, aber ich sage Dir, mein Junge, ich habe heute zwar zum ersten Mal auf dem Ungetüm gesessen, aber ganz sicher nicht zum letzten Mal."
Unser stolzer Motorradbesitzer stellte sein Gefährt in einen der staubigen Ställe der halbverfallenen ehemaligen Viehbehausungen im oberen Hinterhof des evangelischen Pfarrhauses ab und rastete mit einem hörbaren Knacken die Lenkersicherung ein. Ich half ihm beim Abdecken der noch warmen Maschine und ließ meiner Neugier freien Lauf: „Mal ehrlich Vati, wie war die Tour mit Mutti?"
Diese Frage konnte ich nicht für mich behalten, denn meine Neugier unterdrückte meinen innerlichen, stets vorhandenen Respekt vor meinem Mutterherz.
Er grinste süffisant und antwortete in einem kumpelhaften und burschikosen Tonfall: „Ehrlich gestanden, ich war eigentlich überrascht, denn ihre anfängliche Angst hatte sie schnell im Griff, auch ihre Steifheit in den Kurven verlor sich mit zunehmender Fahrt, und dann hatte sie den Dreh raus und sie widerstand nicht mehr so sehr den physikalischen Gesetzen der Fliehkraft.
Gleichwohl muss ich konstatieren, dass Du auf Muttis Mut und auch auf ihr Verhalten beim Fahren stolz sein kannst, obwohl sie noch mehr Harmoniegefühl in ihre Körperbewegungen beim Kurvengleiten investieren muss, denn Motorradfahren ist eine Art des Paartanzens, nur eben auf der Straße.
Sicher, in einem Auto würde sich Deine Mutter mit Sicherheit wohler fühlen, aber noch haben wir kein Auto. Aber auch diese Zeit, ich meine die Zeit auf vier Rädern, sie wird bestimmt bald kommen, denn meine Kunst ist bestimmt nicht brotlos, wie so mancher Banause ohne Hirn so daherredet. Meine Bilder sprechen ihre eigene Sprache, sie lassen den Betrachter emotionale Momente erleben, immer vorausgesetzt, er hat ein Herz für diese Art der Sprache.
Mit jedem neuentdeckten Motiv, welches ich bei meinen Maltouren in unserer so variantenreichen Mittelrheinheimat entdecke und erarbeite, gewinne ich auch neue Freunde der Malerei hinzu, eben die Menschen, die meine zeitgenössische Kunst zu schätzen wissen.
Außerdem mein Sohn, und das ist das Allerbeste, ist zu dritt, also mit Mutti und Dir, mit Euch zusammen wäre jeder Ausflug noch schöner und in jedem Fall erlebnisreicher. Ein kleines Auto zu besitzen ist nicht nur mein Traum, das ist mein Ziel."

Dynamik

Vatis Gefühlszustand hatte sich durch seine zukunftsorientierten und mutmachenden Gedankenspiele nicht nur auf positive Art gefestigt, dieses Denken bewirkte in ihm geradezu einen Motivationsschub, der seine Willens- und Schaffenskraft enorm beflügelte.

Er nutzte daher konsequent seine ihm verbleibende freie Zeit, um seine Pläne in die Tat umzusetzen ... er war fortan, um es locker zu formulieren, dauernd unterwegs.

Vati durchstreifte auf seinem Motorrad regelrecht genießerisch fast jeden Winkel unserer näheren Heimat. Er suchte gezielt das Sehenswerte, entdeckte es und skizzierte mit fleißiger Hand und geübtem Malerblick das Geschaute.

Er erntete die neuen ‚Ansichten' zu Hauf und hortete sie in seinen Skizzenmappen und schuf somit, weise vorausschauend, seinen wertvollen, vielfältigen Fundus an kolorierten Vorlagen, Tuschezeichnungen und mannigfaltigen Bleistiftskizzen.

Meine ‚Reichtümer', so nannte mein verehrter alter Herr seine gesammelten Skizzenwerke, die er als Grundstock seiner künftigen Ateliermalerei wertete.

In den gemütlichen Gesprächszirkeln mit den Freunden des Hauses, in denen ich damals zumeist als eifriger Zuhörer zugegen war, hörte ich so manchem philosophischen Gespräch mit Interesse zu und speicherte ihren geistreichen Inhalt im Sammelsurium meiner Gedanken.

Viele Jahre später, manchmal auch erst nach Jahrzehnten, kehrten mit dem erlebnisreichen Erinnern auch Gespräche mit meinem Vater oder meiner Mutter in ihrer Gänze ins Heute zu mir zurück.

Immer dann, wenn ich vor einem seiner Bilder stehe oder wenn mein Blick von meinem Schreibtisch ausgeht und auf ein solches trifft, dann erfahre ich wohltuend wieder ein weiteres Quantum ‚meiner gewonnenen Zeit'.

Das gedankliche Wiederkehren des Inhalts der folgenden Erkenntnis meines Vaters bestimmte richtungsweisend mein Leben in all seiner bunten Vielfalt. Nicht nur beruflich gesehen, sondern auch in meinem privaten ‚Irrgarten' meiner teils verworrenen, manchmal auch abenteuerlichen Wege, leiten mich meiner Eltern Beispiele.

In diesem Gedankenspiel sehe ich Vati in seinem langen, grauen Malerkittel und mit der linken Hand die große, vielfarbig vermischte Palette haltend, in voller Größe und im schmalen Türrahmen seines Ateliers leibhaftig vor mir. In der rechten Hand hält er eine seiner gebogenen, polierten und edlen Hängepfeifen, aus deren Tabakkopf mich ein bläulicher, süßlich duftender Qualm erreicht und mich zum Einatmen dieser angenehmen Versuchung verführt, die ich als sehr angenehm spüre und bewusst meine Lunge mit einem tiefen Atemzug belaste.

Augenblicklich fühle ich mich in jene Zeit seiner begonnenen Zweiradmobilität, exakt ins Jahr 1956, zurückversetzt und ich höre ihn dozieren: „Das Wertvolle meiner gesammelten Skizzen ist nicht das Dargestellte allein, was ihnen Bedeutung

verleiht, es ist der erlebte, einzigartige und vielfarbige Anblick einer Szene inmitten eines geheimnisvollen Naturschauspiels.
Und genau diese eindrucksvolle Bildsequenz zeigt sich meist für den Betrachter nur für eine kurze Zeit, aber stets im nuancenreichen, teils sich vermischenden Licht- und Schattenspiel. Diese kurzlebige Faszination gilt es einzufangen und festzuhalten, sowohl auf dem Zeichenblatt des Malers,-vor allem aber, tief im inneren Feingefühl des ‚Sehenden'.
Gelingt es dem Maler sein inneres Naturgefühl wiederzugeben, auf Leinwand oder Aquarellpapier zu bannen, dann ist er gut. Und wenn er darüber hinaus es schafft, das Erlebte mit seiner Seele zu verbinden, dann hat er Großes geleistet.
Wenn es ihm aber gelingt, diese gefühlte Ganzheit der Schöpfung auch in sein zu malendes Bild einfließen zu lassen, es zu integrieren und zu vollenden, so hat er ein Werk erschaffen, dessen Ausdruck als Spiegelbild der Malkunst in seiner Zeit Geltung erlangt. Dieses Werk wird somit als wertvolles Unikat angesehen werden und es wird wohl niemals seine kulturelle Bedeutung verlieren.
Erst dann, mein Sohn, wenn er dieses Können in seinem Bild vereinigt, erst dann erreicht der Maler die fachliche Anerkennung und auch einen wertvollen Teil der besonderen Bedeutung.
Aber zur künstlerischen Vervollkommnung sollte das Motiv erzählen können, es sollte zur beredten, individuellen Auseinandersetzung mit jedem interessierten Betrachter auffordern.
Diese angestrebte, stumme Unterhaltung, dieses Zwiegespräch, kann aber nur gelingen durch etwas Eigenständiges, was man als die persönliche Handschrift oder auch die eigene Sprache eines Malers bezeichnen kann. Denn, verleiht er dem Bild seine künstlerische Handschrift, vielleicht darüber hinaus noch seine eigene stumme Sprache, dann gewinnt durch sie sein Kunstwerk einen unverwechselbaren Charakter und man erkennt und erlebt das ‚Einmalige' in ihm, ja, man erfasst das Eigenleben des Bildes und man erfühlt seine Seele!"
Unseren Vater-Sohn-Gesprächen lagen zu allen Zeiten fast ausschließlich Kunst- und Kulturthemen als Ausgangsbasis zu Grunde, denn um sie herum kreisen alle seine Interessensgebiete, die er vornehmlich mit seinen engsten Freunden im Geiste und auch ausdauernd zu führen wusste.
Daher war mir Vatis oftmals wiederholte Thematik nur allzu willkommen, vielleicht auch von mir gezielt gefordert worden, weil unsere Unterhaltungen zumeist aus Vatis Monologen bestanden, die er aber immer brillant zu führen verstand. Seine Wortwahl blieb in meinem Gedankenspeicher unauslöschlich haften, weshalb mich ganze Teile seiner weisen Ausführungen durch mein eigenes Leben begleiteten. In meiner heutigen Retrospektive der einstigen Ereignisse erfreue ich mich erneut an seinen Philosophien, eben weil sie für mich oftmals richtungsweisend waren und sie mir vielseitige Denkanstöße offenbarten. Natürlich hatte ich meine eigene Betrachtungsweise auf Vatis Belehrungen und auch auf seine eindringlichen Mahnungen, speziell auf politischer Gesprächsebene.

Eckpunkte mit Zeitzünder ...

Im ‚Jetzt und Hier' angekommen erkenne ich voller Ehrfurcht vor meinem ‚Alten Herrn', dass ich damals, als rebellischer Jugendlicher, aber auch noch im beginnenden Erwachsenenstadium, so manche gesellschaftsrelevante Meinung vehement vertrat und auch störrisch verteidigte, die ich heute im reiferen Lebensherbst als Irrglauben erkennen und revidieren muss.
Es irrt der Mensch, so lang er lebt!
Diesbezüglich tröste ich mich heute mit einem milden, inneren Lächeln an einen zutreffenden Spruch, den Mutti bei passenden Gelegenheiten des Öfteren zum Besten gab: „Besser spät als nie"!
Ich lasse den guten Gefühlen meiner Gedankenwelt weiterhin freien Lauf und habe keinerlei Mühe, mich in die turbulenten fünfziger Jahre zurückzuversetzen.
Ich quälte mich durch meine Zeit als Gymnasiast und somit auch durch den Wust der für mich allzu schwierigen, trockenen, naturwissenschaftlichen Fächer und dessen inhaltsreiche Lehrprogramme.
Ich heimste natürlich auch dementsprechende miese Schulnoten ein und war oft der Verzweiflung nahe, doch diese Talsohle dauerte aber erfreulicherweise immer nur eine kurze Zeit.
Lediglich im Sportbereich, in der Kunsterziehung und in den Sprachfächern fiel mein Lerneifer auf fruchtbaren, gymnasiumreifen Boden. Ich drehte auch eine sogenannte ‚Ehrenrunde', so bezeichnete man im damaligen Schülerjargon das ‚Klebenbleiben', – also ins Verständliche übersetzt, – das Wiederholen einer Klasse.
„Ich bereue gar nichts", ... so lautete mein trotziges Credo seinerzeit, denn schließlich gehörte ich ja, und das meine ich durchaus und selbstkritisch, auch ironisch, als aktives Mitglied zu der angesehenen ‚Theaterspielgruppe und erklärter Kultur-Arbeitsgemeinschaft' des Städtischen Realgymnasiums zu Koblenz.
Sie stand, das sage ich ohne Ironie, sie stand unter der genialen Leitung des jungen Studienassessors Herman Dany. Dieser motivierende Pädagoge stammte aus der Eifelmetropole Mayen, was er auch stets hörbar kundtat, denn ein leichter Unterton des wohlklingenden, melodischen Heimatdialekts schenkte seiner hochdeutschen Sprache einen liebenswerten Charme. Dieser Hermann Dany war für uns Pennäler und Kulturaktivisten ein burschikos wirkendes Vorbild, ein die ‚Jugend' verstehender Pauker sozusagen.
Einen Grund, der die Beliebtheit des jungen Assessors erklärte, möchte ich gerne nennen, wobei ich nur das erzähle, was ich vom damaligen ‚Hörensagen' erfahren hatte.
Als ein waschechter ‚Mayener Jung' wurde der kleine Hermann von einem renommierten Steinbildhauer der dortigen Akademie für Steinkunst entdeckt, der händeringend ein Knabenmodell für seinen zu schaffenden Koblenzer Steinbrunnen suchte.

Als aufgeweckter Junge stand ‚Klein Hermann' also Modell für den Künstler, er diente ihm als menschliche Vorlage seiner wasserspeienden Figur des spuckenden, kackfrechen Koblenzer Schängels. (Schängel = Symbolgestalt eines Koblenzer Knaben) Unser verehrter Pädagoge Herman Dany, einst im Kindesalter entdeckt, er schenkte, so erzählt man jedenfalls allenthalben, er schenkte also sein keckes Aussehen und seine Jungengestalt in dynamischer Haltung dem ‚Schängel', dieser lustig wirkenden, wasserspeienden Figur auf dem hohen Sockel des beliebten Stein-Ensembles am ehrwürdigen Rathaus der Rhein-Mosel-Stadt.

Auch als ‚Touristenmagnet' hat sich der ‚Schängel-Brunnen' einen wohlklingenden Namen gemacht, denn das allseits gern besuchte Wasserspiel-Areal im Herzen der Koblenzer Altstadt steht unter mächtigen Kastanienbäumen, die dem altehrwürdigen Rathaus einen würdigen Anblick verleihen.

Zur Sommerzeit steht der beliebte und in unregelmäßigen Intervallen lustig spuckende Schängel im angenehmen Schatten des dekorativen, fast kuppelförmigen und üppig-grünen Blätterdachs der Kastanienriesen und lässt die Besucher an seiner meist überraschenden Wasserspende teilhaben.

Dieser ideale Standort wurde seinerzeit von den Ratsherren geschickt gewählt, denn die unmittelbare Nähe zum ebenfalls sehenswerten Clemensplatz bereichert diesen Teil der historischen Rhein-Mosel-Metropole.

So spielte ich, unter der Regie unseres Pädagogen, dem Studienassessor Hermann Dany, die Hauptrolle des Damon in Schillers Bürgschaft, wohl auch wegen meiner stets humorvollen, aber meist großen Klappe und sicherlich auch wegen meiner selbstgewählten Rolle als beliebter Klassenclown.

Der Bürgschaft von Schiller folgte das mystische Lustspiel ‚Das Wirtshaus im Spessart'. Und wieder wurde ich von Hermann Dany in diesem Theaterspiel eingesetzt, – sinnigerweise in der Rolle als einer der lustigen Räuber.

Außerdem war ich von meinem malerischen Talent innerlich überzeugt. Von meinem diesbezüglichen Ehrgeiz angetrieben, gestaltete ich mit der Unterstützung von einigen meiner Klassenkameraden und unter der fachlichen Beratung sowie Anleitung unseres verehrten Kunstlehrers, dem beliebten Studienrat Lamprecht. Unsere Bewunderung für diesem Pädagogen lag auch an der hohen Qualität seiner künstlerischen Werke, durch die er auch als anerkannter Kunstmaler einen guten Namen hatte.

Die passenden Kulissenmalereien des Gasthauses und der mystischen Waldkulissen für unser unterhaltsames Lustspiel nahmen regelrecht wilde Formen an, denn die starke Konturierung der Szenen unterstrich dynamisch den Gesamteindruck einer verwunschenen Räuberhöhle. Innerlich lobte ich mich selbst und auch das stumme Selbstgespräch durfte nicht fehlen: ‚Das ist doch fantastisch, in der Aula Theater zu spielen! Die tollen Bühnenbilder geschaffen zu haben, macht mich ganz schön stolz. Aber vor anderen Klassen, den Eltern und dem Lehrerkollegium aufzutreten, das ist das Größte ... bleibt da noch Zeit und Lust auf Mathe, Physik oder Chemie?'

Mit diesen fragwürdigen Gedankenspielen übertönte ich im stummen Selbstgespräch geflissentlich meine permanenten Sorgen bezüglich meiner schlechten Noten in besagten naturwissenschaftlichen Denk-Fächern. Gleichzeitig verspürte ich aber auch meine Vorliebe zur darstellenden Kunst. Ich spürte den Drang zur deutschen Sprache, zum Schauspiel und zur Bühne, diesem faszinierenden Metier. Bühnenzauber! Welche Faszination! Welche Fülle in all ihren Interpretationsmöglichkeiten! Ich dachte an all die vielen und zugleich variantenreichen, ja auch virtuosen Szenen sowie an die spielerischen Darbietungsformen.

Von meinem angeborenen, rheinischen und durchaus auch humorvollen Naturell intuitiv geleitet, schenkte ich, noch ungewollt, meine erhöhte Aufmerksamkeit meinem einstigen ‚Mentor' Hermann Dany, ihm gilt mein inniger und herzlicher Dank. Durch seine gelebte Begeisterung, die er uns als genialer Erzieher auch anhaltend zeigte, mit der er unser kulturelles ‚Mittun' in besagter Theater-Arbeitsgemeinschaft vehement forderte, – vor allem, in dessen praktischer Durchführung mit großem Elan auch enorm förderte, – weil dieser Lehrer so handelte …

entzündete er in mir das lodernde, ja brennende, innere Feuer, welches dem Gemeinwohl dienen will und dem Zauber der einzigartigen ‚Welt der schönen Künste' erliegt. Gleichzeitig reift in dem Zauber des ‚Schönen', ‚Wahren', ‚Guten' die wertvolle Erkenntnis, die die Wertigkeit dieser Geisteswelt pflegt und achtet.

Diese wundervolle Welt des schönen Scheins, die in ihrem eigenen, magischen und auch mystischem Kosmos strahlt, die wohltuende, menschliche Wärme zu schenken vermag und gleichwohl auch helle Leuchtkraft anzufachen versteht, sie lässt so das irdische Dasein ein wenig würdevoller werden. Und diese Welt faszinierte mich schon als Pennäler.

Faszination Kultur, Malerei … Philosophie

Meine große Begeisterung zu Vatis Malerei lebte in mir und mein starkes Interesse an der Bildenden Kunst in ihrem gesamten, großen Spektrum und in ihren Epochen mit ihren Protagonisten, all diese Themen beschäftigten mein Denken und ich vernachlässigte sie in keiner Weise.

Dieses wertvolle Kulturgut hatte ich im Familienverbund sowie im engen Freundeskreis meiner Eltern von Kindesbeinen an vorgelebt bekommen, und mit meinem kindhaften Verstehen hatte ich auch das Gefühl zu dieser Kultur in meinem Gedächtnis gespeichert. Ich habe aber gleichzeitig stets versucht, das Gehörte und Erlebte auch gedanklich zu verarbeiten und mir zu merken.

Dieses geistige Training war zu damaliger Zeit für mich eine glückliche Fügung, denn diese Fähigkeit des ‚Verstehens und Einordnens' hat mich auf vielen verworrenen Wegen meines turbulenten Lebens nicht nur ständig begleitet, sondern diese Fähigkeit hat mir manches Mal geholfen, die richtigen Entscheidungen zu treffen.

„Aber nicht immer, auch das ist eine bestehende Tatsache, mein lieber Gotthold!" So würde mein geliebter Lebensmensch Gaby im schönen Tirol zu mir sagen und ihren Protest einlegen, denn sie hätte das Recht auf ihrer Seite, weil ich natürlich viele Male mit meinem ‚Verstehen und Einordnen' in diversen prekären Situationen jedenfalls, regelrechten Bockmist gebaut hatte ... und meine allerliebste Gaby, ja, sie kannte und sie kennt meine Irrwege, die quälenden Umleitungen sowie auch einige Sackgassen meiner turbulenten Reise durch mein Leben bis ins allerkleinste Detail hinein.

In den vielen anregenden Gesprächen, in denen wir uns plaudernd in unserer ‚Blauen Stunde' zum alltäglichen ‚Abendbierchen' gemütlich zusammensetzten und gegenseitig Lebensgeschichten austauschten, erzählte ich, ohne Scham und Scheu zu spüren, natürlich auch von den Schräglagen und Fehlentscheidungen, die in meiner ferneren Vergangenheit oftmals für Wirbel, Turbulenzen und leider auch für schmerzhafte wirtschaftliche Verluste gesorgt hatten.

Ohne Einschränkungen blätterte ich bei meinen Schilderungen im virtuellen Album meines Lebens Blatt für Blatt um und zeigte meiner geliebten Gaby in bunten Bildern den einstigen Sachverhalt recht anschaulich. Mit meiner Begabung der beredten Sprache dokumentierte ich exakt die Kernpunkte des Gewesenen.

Ganz zu Anfang unserer wundervollen Beziehung zitierte ich aus Dantes ‚Göttlicher Komödie' einen Vierzeiler, den ich mir schon vor langer Zeit eingeprägt hatte, weil er trefflich auf Menschen zielt, die das Besondere umgibt und die ein menschliches Feingefühl in ihrem Wesen tragen.

„Meine liebste Gaby, Kaiserin meines Herzens, ich möchte Dir gerne einen Vers, einen Vierzeiler, aus der großartigen ‚Göttlichen Komödie' von Dante Alighieri vortragen, weil ich spüre, dass ihr tiefer, berührender Sinn, genau auf Deine, von mir verehrte und geschätzte Mutter zutrifft ... und im besonderen Maße auch gleichermaßen auf Dich ...

> ‚Wem das Schicksal für das Leben,
> schenkte ein vollendet Herz,
> dem ward' doppelt Lust gegeben,
> ob in Freude, ob in Schmerz!' ..."

Ich hielt für einen kurzen Moment inne, schaute meiner geliebten Gaby in ihre wundervollen Augen und fuhr mit bewegter Rührung in meiner Stimme fort: „Wenn das Schicksal die große, die bedingungslose Liebe für zwei Menschen bereithält und das Füllhorn des ‚Glücks in Zweisamkeit' so überaus großzügig über ihnen ausleert, ihnen genau den prachtvollen Lebensmenschen schenkt, der hingebungsvoll das Paradies auf Erden zelebriert, dann ist jeder Tag ein besonderer Feiertag ... und liebste Gaby, Du bist für mich diese liebreizende Zauberfee ... und das bedeutet für mich im Bezug meiner Achtung zu Dir und zu Deinen, Dir nahestehenden Kindern und deren wunderbarem Nachwuchs, das wahre Glück der späten Jahre. Dein Lebenskreis ist Liebe.

Toleranz und Höflichkeit, ehrliche Offenheit im ‚Heute'... und auch in allen

kommenden Zeiten. Diese großartigen Tugenden sind in Dir verwurzelt, Du lebst sie und Du vermittelst sie täglich.
Diese feinfühligen und guten Eigenschaften sind das feste Fundament in unserer vertrauten und harmonischen Verbindung. In diesem Sinne wünsche ich uns beiden noch viele schöne Jahre im goldenen Herbst unseres ausgefüllten Lebens."
Diese geschilderte, gefühlsbetonte Szene, sie liegt nun schon viele Jahre hinter uns und unsere Zweisamkeit ist weiterhin ‚unkaputtbar'.
Ich wählte bewusst dieses seltsam klingende Unwort – unkaputtbar –, denn Gabys Mutter Edith erheiterte uns des Öfteren mit diesem illustren Begriff, aber auch mit weiteren ähnlichen kreativ zusammengebastelten kuriosen Wortschöpfungen. Diese einprägsamen, aber immer humorvollen Randbemerkungen, ihre ‚Bonmots' sozusagen, sie waren die Würze ihrer Ausführungen und gleichzeitig aber auch der Charme ihrer lebendigen, liebenswerten Wesensart.
Diese Worte, die einfach im Kopf hängenbleiben und dann, bei ähnlichen, aber heutigen Gesprächssituationen schlagartig wieder im Gedächtnis auftauchen, genau die sind es ja, die von uns beiden auch sofort freudig ausgesprochen werden, denn sie erheitern jede Situation.
Auf diesen virtuellen Wegen erreichen uns immer wieder jene einst erlebten Szenen, die uns erneut schmunzeln lassen.
Sie führen zu einem freudigen ‚Aha-Erlebnis', das uns glückliche Momente schickt und uns Mutter Ediths Nähe so angenehm fühlen lässt.
Ihr Lächeln bereichert unsere harmonische Zweisamkeit und es begleitet unsere guten Gedanken.
Diesen guten Gedanken werde ich gerne weiter folgen und als Chronist und Erzähler fortfahren, meine Erinnerungen in Gabys inspirierender Nähe niederzuschreiben.
Ich halte diese Glücksmomente bewusst fest, weil mich das vertraute Gefühl zu ihr und die stilvolle und wohltuende Atmosphäre ihres gemütlichen Ambientes in ihrem Tiroler Zuhause so herrlich vital erhält.
‚Das Leben geht seltsame Wege', so sagt man manchmal, doch ich empfinde gleichermaßen so, denn durch Gabys beschwörenden Zuspruch motiviert, habe ich zunehmend verstanden, das wertvolle, geistige und künstlerische Vermächtnis meines Vaters vollends zu verstehen und nachhaltig zu verinnerlichen.
Sie gab mir, sicherlich mit voller Absicht und auch mit einigem Nachdruck, den motivierenden Anstoß zum Weiterschreiben. „Das einstmals ‚Geschehene' musst Du in weiteren Episoden festhalten, bitte bereichere Deine Erzählungen aus der Zeit unserer Kindheit und Jugend. Und lass Dir nicht so viel Zeit mit dem Weiterschreiben."
Mein Herzblatt nutzte mit dem Brustton der Überzeugung die entstandene Situation, indem sie bei ihrer gezielten Kurzansprache konsequent den kategorischen Imperativ wählte, denn auch der Klang ihrer angenehmen Stimme hatte in diesem Moment einen etwas befremdenden Befehlston angenommen.

Aber das störte mich in keiner Weise, denn ihr angeborener, weiblicher Charme umschmeichelte mich auf wohltuende Weise und milderte gleichzeitig die befehlende Wirkung ihrer gutgemeinten Aufforderung.

Mein verehrter ‚Alter Herr' hatte ja sein Leben ausschließlich der Kunst gewidmet und sich in seinen jungen Jahren der malenden Zunft zugewandt. Von ihrem magischen Zauber hatte er sich mit Leib und Seele verführen lassen. Er hatte sich mit seinem gespürten Talent dieser realen Traumwelt der Formen und Farben regelrecht verschrieben ... und zielsicher seinen Weg als Kunstmaler eingeschlagen.

Mit dem Wissen von heute, welches ich auch aus meinen stets wiederkehrenden Erinnerungen und über viele Jahre hinweg ansammeln konnte, weiß ich, dass Vati und Mutti eine wunderbare Ehe führten und beider Lebenskultur zu einer zusammengewachsenen Einheit führte. Wobei die Vielseitigkeit der Interessensgebiete deren wahren Wert erkennen ließ.

‚Seine Grete' stand zu allen Zeiten bedingungslos fest an seiner Seite und sie unterstützte mit allen Kräften und liebevoller Hingabe seine ‚Berufung' als Maler. Mit den engen Bindungen zu meinen Eltern, die ich schon zu ihren Lebzeiten mit Herzblut pflegte, erfahre ich auch in meinen heutigen virtuellen Erinnerungszyklen permanent ihre Liebe, die sie mir unentwegt schenkten.

Ich erfahre diese Liebe auch jetzt, hier im Garten meiner geliebten Gaby, auf eine mich berührende und herzerwärmende Weise, die mir hautnah die erhellenden Erkenntnisse des einstmals Erlebten in mein ‚Heute' hinein, so angenehm projizieren.

Auch aus diesem Grund betrachte ich es als meine verpflichtende Aufgabe als Sohn, ihr wertvolles Erbe, vornehmlich ihre vermittelte und gelebte Lebensphilosophie, weiter zu pflegen, nach und nach in meine Gegenwart zu locken und die Erkenntnisse zu dokumentieren.

Über ihre, in meinem Innern gespeicherte Geisteshaltung hinausdenkend achte und bewahre ich den mir verbliebenen, künstlerischen Nachlass meines Vaters, all seine Zeichnungen, Aquarelle und Ölbilder mit Sorgfalt und fachlicher Hingabe, um diese künstlerischen ‚Zeitzeugen in Bildern' der Nachwelt in gutem Zustand zu erhalten und vor dem Verfall zu retten.

Alle Bleistift- oder Federzeichnungen sowie die, in warmen Farbtönen bunt ineinanderfließenden Farben der ‚Nass-in-Nass-Aquarelle', sie allesamt ließ ich in den vergangenen Jahrzehnten mit staubdichten ‚Hinter-Glaseinrahmungen' sichern, um sie vor möglichen Schäden durch Außeneinflüsse zu schützen.

Immer, wenn ich Vati beim Schneiden der Passepartouts oder beim Schreinern und Bemalen der diversen Rahmenkonstruktionen zuschaute, unterhielten wir uns, denn Fragen hatte ich immer.

Diese Einrahmungsarbeiten verlegte unser geschickter Künstler meist ins Esszimmer, denn sein winziges Atelier beherbergte ja seine große Standstaffelei und deshalb fehlte der Platz fürs Werkeln.

Sämtliche Ölgemälde, die sich in meinem Besitz befanden, erhielten ihre Wertstabilität in späteren Jahren durch die wichtige Zwischensicherung per Schutzfilm. Das traf auf die Ölbilder zu, deren pastos aufgetragenen Farben noch nicht zur Gänze durchgetrocknet waren.

Mit dem endgültigen, weichen und elastischen Schlussfirnis-Überzug, der immer dringend geboten ist, mit ihm entstehen ja erst eine brillante Farbechtheit der Werke, ihr faszinierender Seidenglanz der Oberfläche und die werterhaltende lange Lebensdauer.

Woher ich dieses Wissen bezüglich der Werterhaltung von Ölgemälden habe? Diese bohrende, persönliche Frage stellte sich unwillkürlich ... auch für mein Mädchen, meine Tochter Claudia.

„Ich hatte einen guten Lehrmeister, einen sehr guten sogar, nämlich Deinen Opa, den Kunstmaler, liebste Claudia! Und deswegen wirst Du auch eine lebenslange Freude an Deines Großvaters Bildern haben. Du besitzt ja, von mir gewünscht und gewollt, den Löwenanteil seines künstlerischen Vermächtnisses. Bitte, halte Deine Borchert-Kunst- Sammlung in hohen Ehren."

Mit dieser Antwort, die ich meiner Tochter vor etlichen Jahren während einer emotional geführten Unterhaltung in ihrem Zuhause und beim Betrachten einiger ihrer Borchert-Bilder gab, war die Frage geklärt.

Auch mit dieser Situation, die ich gerne kurz schilderte, weise ich freudig auf die nie verstummenden und immer regen Kunstdiskussionen hin, die immer wieder in meinem engeren, interessierten Bekanntenkreis lebendig geführt werden, und in denen sie unisono nach erhellenden Erklärungen meinerseits suchen.

Diese aufkommenden Fragen ausführlich zu beantworten ist meine Passion, besonders dann, wenn Vatis Kunstschaffen als Kernthema die Regie führt.

„Die Vergangenheit ist der Motor, der die Gegenwart bewegt, und die Vergangenheit kann auch als Orientierung dienen und richtungsweisend in die Zukunft führen. Die mentale Kraft meiner stets lebendig gebliebenen Erinnerungen an Mutti und Vati, ihre harmonische, würdevolle Lebensart und ihr philosophisches Gedankengut, all diese ideellen Werte im Bündel zusammengenommen bedeuten mir unendlich viel, dieses wertvolle Bündel geballter Weisheit werde ich auch als meine Richtwerte anwenden und bewusst zu eigen machen, denn diese Tugenden besitzen eine hohe Aussagekraft, und ich werde sie auch weiterhin in meine erneut gewonnene und wahrhaft glückliche Zeit zu integrieren wissen.

Und ich werde die farbigen Episoden unserer, von Vatis Malerei gesteuerter Vergangenheit, in ausgesuchten Sequenzen zeigen und in einzelnen Szenen darstellen, etwa in der Weise, wie sie sich in brillantscharfen Lichtbildern eines sich drehenden Kaleidoskops zufällig, aber stets faszinierend, zusammenfinden.

Derart motiviert schwinge ich mich in meinen Gedanken flugs wieder aufs hohe Pferd der griechischen Mythologie und lasse ich mich von dem sagenumwobenen, geflügelten Dichterross, dem alle Geistesgrenzen sprengenden ‚Pegasus', wieder in die Sphären unserer illustren Vergangenheit emporheben und schaue von er-

höhter, imaginärer Ebene auf die Geschehnisse von damals.
Bei derartigem Schauen vermischt sich aber zuweilen für den Betrachter die Momentzeit, die uns umhüllt, mit der wir eingeengt leben müssen, sie vermischt sich unmerklich mit dem dreidimensionalen Areal, in dem wir agieren, das für unsere Handlungen einen Freiraum in weiten Grenzen bereithält.
Unsere Zeit und unseren Lebensraum nehmen wir als ‚Naturgeschenke' unterbewusst und dankbar an, wir genießen beide Daseinsformen auch ausgiebig, ohne zu wissen oder zu ahnen, wie sie unser Leben bestimmen.
Von unserem Gefühl her gedacht, ist Raum und Zeit miteinander verflochten. In den Augen eines Fragenden sind beide konturenlos. Und doch entsteht im Kopf etwas Unbekanntes, etwas mental Unfassbares ...
Die ‚Raumzeit' oder das Raum-Zeit-Kontinuum, ... denn seit Albert Einsteins Relativitätstheorie erklärt so mancher Denker ‚Raum und Zeit' zu einer Einheit.
Wenn das so ist, was bleibt denn an Gewissheit für uns Nichtphysiker übrig?
Für mein persönliches Empfinden und für mein Denken habe ich die Antwort gefunden: ‚Das geschriebene Wort'!
Es überdauert die Zeit und es sprengt die räumlichen Grenzen!
Der Schreibende hält Erzählenswertes fest, er schenkt den Inhalten treffende Worte, die allein schon durch ihre Existenz eine bleibende Stärke erreichen und somit auch deren Langlebigkeit garantieren.
Das Magische seines Tuns entsteht aber nur durch die Niederschrift seiner Gedanken, die er nach der Fertigstellung der Texte zunächst zum ‚Schlafen' schickt.
Er legt das geschriebene Werk mit einem zufriedenen Lächeln zur Seite, übergibt es seiner Ruhezeit und wartet geduldig auf eine Begegnung von Gedanken und auch entdeckten Seelenverwandtschaften, die aber den passenden ‚Schlüssel' zum Öffnen seiner Gedankenschatztruhe in ihren Händen halten sollten.
Jeder ‚Schlüsselbesitzer' wird nach dem Öffnen der literarischen Schatztruhe zum geneigten Leser und ... als interessierter ‚Entdecker' haucht er dem beiseitegelegten Lesestück neues Leben ein, denn allein schon beim Betrachten, Lesen und Verstehen der entdeckten Worte offenbart sich deren Inhalt augenblicklich und kraftvoll. Auf diese geheimnisvolle Weise formt sich neues Wissen und Erkenntnis.
Die geistige Vitalität des Verfassers kehrt unversehrt ins Heute zurück. Der erneut erweckte Lebensrhythmus ruft ein Staunen hervor und das Herz einer jeden Geschichte beginnt erneut zu pulsieren.
Die Fantasie des Lesenden entwickelt sich rasch und sie wendet sich erfreulicherweise in Richtung Forschergeist, gepaart mit der brennenden Abenteuerlust des Entdeckers und nimmt, wie dieser auch, Inhalt und Geist dankbar in sich auf.
Aber dieses geistige Aufnehmen und Verarbeiten der Niederschriften geschieht meist mit seinem ganz persönlichen Empfinden, seinem ureigenen Gefühl und mit seiner individuellen Deutung.
In diesen Gedankenspielen fühle ich mich eingebettet, spüre meine guten Gefühle

zum einstmals Erlebten und mit dieser Einstellung will ich weiterhin meinen Erzählungen ihren freien Lauf lassen.
Ich eile zurück in unsere turbulente Familienvergangenheit, in die überaus quirlige, farbige Künstlerwelt meines Vaters, meines verehrten alten Herrn, dem ‚Meister der grauen Palette'.
Den genannten Begriff wählte in jener Zeit der Endfünfzigerjahre ein versierter Kulturredakteur und Kunstkenner der angesehenen Koblenzer Rhein-Zeitung, in einem lesenswerten Beitrag zur renommierten Kunstausstellung ‚Form und Farbe' in den lichtdurchfluteten Räumen des imposanten kurfürstlichen Schlosses zu Koblenz.
‚Grau', das ist auch in meinen Augen die Summe aller Farben, doch ich muss dem wohlwollenden Kunstkritiker zustimmen, denn die Fähigkeit mit mannigfaltigen Grau-Nuancen so virtuos und akzentuiert mit pastos verarbeiteten Ölfarben Gemälde zu komponieren, wie Vati es seinerzeit verstand, das zeigten seine präsentierten Exponate jener Ausstellung auf überzeugende Weise.
Diese erkannte ‚Graue Phase' jener Zeit, sie integrierte sich nahtlos und harmonisch in all die weiteren, verschiedenen und durchaus auch farbintensiven Schaffensperioden seines lebenslangen Wirkens.
Er war ständig auf der Suche nach neuen Ausdrucksformen in seiner abwechslungsreichen Malerei. Das praktische Ausprobieren diverser neuer künstlerischer Techniken in der Malerei und damit verbunden auch die neuen zu verwendenden Materialien, also dieses Experimentieren fand zu keiner Zeit ein Ende, obwohl Vati stets zur erhellenden Erkenntnis gelangte, dass sein ureigener Charakter allein seinen erkannten und somit persönlichen Malstil bestimmte.
Darüber hinaus erfreute es ihn stets, dass auch alle seine akribisch ausgewählten Aquarell- und Ölfarben, aber natürlich auch die verwendeten Maluntergründe, die diversen Pinsel und Spachteln allesamt seinen hohen Ansprüchen in vollem Umfang entsprachen.
Aus diesem Grund verfolgte er weiterhin und vor allem auch gezielt sein konservatives Malen, denn seine Prämisse war … nur Qualität setzt sich auf Dauer durch und nur das ‚Besondere' erhebt sich über die Masse des Gewöhnlichen und hat Bestand im Urteil des Betrachters.
Diese Beurteilung Vatis vernahm ich oftmals mit ehrlichem Interesse und mit meinem jugendlichen Wissensdurst, wenn wir im Laufe der vielen Jahre immer mal wieder über das Thema ‚Kunst im Wandel der Zeit' diskutierten.
In diesen unterhaltsamen Lehrstunden meines Privatstudiums in seinem Atelier verwies Vati immer wieder auf berühmte Malerkollegen der verschiedensten Epochen, die aber immer das Außergewöhnliche ihrer Ausdrucksform zum Inhalt hatten.
Mit Eifer betrachtete ich die angesprochenen Motive in den verschiedenen Bildbänden und inhaltsreichen Kunstbüchern, die teils schon recht abgegriffen ausschauten, denn mein alter Herr hatte ein Faible für Bücher aus Antiquariaten.

Erstens betrug der Kaufpreis dieser Bildbände nur einen Bruchteil ihres einstmaligen Wertes, und zweitens, das war wohl der wichtigere Teil von Vatis Fachliteratursuche in Antiquariaten, denn die besondere Atmosphäre in solchen meist älteren Geschäften, sie hatte die Aura eines verlorenen charmanten Glanzes.
Die Faszination dieser alten Bücherstuben begeisterte die Individualisten und sie waren ein gefundenes Dorado für alle Suchenden und Wissbegierigen. Diese Fundgruben des Wissens besaßen unisono eine magische, geheimnisvolle und fast unwiderstehliche Anziehungskraft.
Diese Buchläden zeigten ihre Schätze erst beim zweiten Hinsehen, denn die meist auch schummrigen Räume mit ihren schwachen Lichtquellen forderten geradezu zum Stöbern auf. Die vielen alten Bücher verströmten einen undefinierbaren, sinnlichen Geruch, den ich aber als einen angenehmen, fast verführerischen Duft wertete.
Stapelweise, ungeordnet und auch durcheinander geschichtet, präsentierten sich diese bunten Kunstschätze in gedruckter Form auf den angestaubten Tischen und Ablagen.
In dichte Reihen gedrängt, Buchrücken an Buchrücken, fand der Suchende weitere wertvolle Exemplare der Weltliteratur in instabilen, mannshohen Holzregalen.
Vati und ich, wir nahmen uns die Zeit, das ausgebreitete Wissen auch zu fühlen.
Wir genossen also ausgiebig das geballte Angebot großer Geister der Dichtkunst und das der Künstler von Weltgeltung, eingefangen in den endlosen Seiten der Bücher.
Wir blätterten, wir begutachteten, wir wägten das Für und Wider ab, wir fühlten uns geborgen und umgeben vom jeweiligen Lebenswerk der bedeutendsten Menschen verschiedenster Epochen.
Mein alter Herr zeigte sich mir gegenüber recht aufgeschlossen und von unserem gemeinsamen Erleben in den Kammern der Weltliteratur angenehm berührt, als er sich mir zuwandte und mit wohlklingender Stimme seiner Freude Ausdruck verlieh: „Eine wahre Fundgrube für Individualisten. Ich besuche immer wieder gern mal das eine oder andere Antiquariat, Koblenz hat da ja einige von zu bieten, irgendwas Interessantes finde ich immer, mein Sohn, ja … und Spaß dabei habe ich schließlich auch.
Außerdem sehe ich es Dir an, mein lieber Filius, auch bei Dir habe ich den Eindruck, dass Du ebenfalls beim Stöbern durch die Welt der Literatur mir einen wissbegierigen Eindruck machst und auch offenbarst. War wohl kein Fehler, Dich hierherzuführen, ich meine, Dich in diesen antiken Buchladen mitzunehmen?"
Er schaute mich an, fixierte mit seinem Blick meine Augen und fuhr prägnant fort: „Und das merke Dir, Sohnemann, diese Art der Geschäfte, sie hinterlassen immer ihren besonderen Eindruck, denn das sind keine Allerweltläden, das sind Buchhandlungen, die beherbergen das ganze Wissen des Universums. In diesen Oasen der Bücher lässt man sich Zeit, man sucht, man stöbert und man informiert sich

ausgiebig. Glaube mir, etwas von dem Besuch dort, etwas bleibt immer im Kopf!"
Unsere zahlreichen, gemeinsamen Vater-Sohn-Ausflüge, die er gerne organisierte, begeisterten mich immer wieder. Als gute Beispiele nenne ich unsere Skizzensuch- und Malexkursionen in unsere Mittelrheinheimat. Diese Exkursionen zogen mich stets in ihren Bann.
Die verschiedenen Kollegenbesuche in ihren Werkstätten oder Malateliers faszinierten mich ebenso wie die abwechslungsreichen Ausstellungsbesuche. Diese geplanten und durchgeführten Vater-Sohn-Gemeinsamkeiten hatten für sein erzieherisches Konzept fast immer einen gezielt lehrreichen Grundgedanken.
Durch seine Aktionen und deren geschickter Themenauswahl und seine ausführlichen Interpretationen im Areal der ausgesuchten Ziele, steigerte er ganz bewusst meine jugendliche Neugier und meine ungeteilte Aufmerksamkeit.
Denn wo immer wir uns in rheinischen Landen auch einfanden, immer trafen wir ausschließlich sympathische Menschen und Frohnaturen, beispielsweise bei Vatis Skizzenzeichnen und Aquarellieren in Gottes freier Natur. Wir trafen oftmals mit neugierigen Zeitgenossen zusammen, die das Herz auf der Zunge hatten und sich trauten, auch Fragen stellten.

Der Moselaner ...

Ja, diese wundervollen Rheinländer, denen man eine gehörige Portion an Humor zugesteht, sie ähneln in ihrer Burschikosität und Schlagfertigkeit auch den Moselanern, denn sie verloren in den meisten Begegnungen spontan ihre Scheu vor dem Maler im braunen Cordanzug.
Vor diesem sonderbaren Mann mit der Hängepfeife überwanden sie sogar ihre anfänglichen Hemmungen und wollten von ihm unbedingt erfahren, wie er denn auf die seltsame Idee kam, sich einfach auf sein unbequemes Klappstühlchen zu setzen und mit dem Zeichenblock auf den Knien, seelenruhig vor der Natur zu malen.
Da Vati von Natur aus ein freundlicher, liebenswürdiger, und wenn er wollte und es für angebracht hielt, auch ein humorvoller Mensch war, stand er Rede und Antwort und unterhielt sich mit den teils vorwitzigen, aber interessierten Zuschauenden.
Eine der bunten Unterhaltungen mit illustrem, ja fast bühnenreifem Knalleffekt habe ich noch vollkommen in meinen Erinnerungsschatz gespeichert und in lebendiger Form vor Augen und ... im Ohr:
„Sagen Sie mal, Du Pinselquäler, so nennt man hier bei uns an der Mosel so Leute wie Du einer bist, ich meine ... so Menschen, die bunte Bildchen malen. Mal ehrlich, Du Pinselquäler, ist das eigentlich schwer, ich meine ... das Malen von so bunten Bildern?"
Mein Alter Herr unterbrach seine Tätigkeit, wandte sich mit ruhig ausgeführter halber Oberkörperdrehung zum Fragenden hin und entdeckte einen lustig wirken-

den alten Mann mit spitzbübisch funkelnden Augen und in einfacher, bäuerlicher Kleidung, seitlich links neben sich, musterte lange und stumm seine korpulente Erscheinung im blauen, abgewetzten Leinenarbeitsanzug, die auch an einen typischen Winzer erinnern könnte.
Vati studierte diese freche aber sympathische Type aus Müden an der Mittelmosel, denn dort befanden wir uns am gefundenen Motiv, genauer gesagt, direkt vor dem uralten Kirchenensemble, inmitten der alten Obstbäume, deren Schatten Vati gesucht hatte.
Er betrachtete den Witzbold eingehend und auch sichtlich amüsiert. Mit seinem entwaffnenden Humor, verbunden mit seinem bekannt verschmitzten, leicht ironischen Lächeln erwiderte er genüsslich die gewollt provokante Frage des Moselaners auf verblüffend lässige Weise:
„Guter Mann, wir befinden uns im Weinbauparadies der Mosel, an deren Sonnenhägen die steilen Terrassen den Rebstöcken seit zweitausend Jahren ihren Halt geben und die köstlichen Trauben reifen lassen. Den fleißigen Menschen gelingt es vortrefflich aus den Trauben ehrlichen Rebensaft zu keltern, alsdann zu Wein auszubauen, um dadurch allen Freunden des edlen Rebensaftes eine immer wiederkehrende Freude zu schenken.
Auch ich will Ihnen, mein Freund, reinen Wein einschenken, ich werde der Wahrheit die Ehre geben und Ihnen das Geheimnis der Malerei offenbaren. Nein, mein Freund, das Malen von Bildern ist nicht schwer, es ist sogar kinderleicht!"
Vati hielt einen kurzen Moment inne und schaute dem Moselaner ins Gesicht.
Vatis Verhalten erweckte in mir den Eindruck, als prüfe er die Reaktion des Mannes im blauen Leinenanzug, eben auf seine ausschweifende, lobende Moselrede. Als er jedoch aus dem ungläubigen Gesichtsausdruck die Wirkung seiner Laudatio herauszulesen glaubte, fuhr er mit seiner humorvollen Rede fort: „Das Schöne beim Bildermalen ist immer der Schluss, mein werter Freund, denn wenn das Bild dann seine Wirkung zeigt, dann weiß der Maler sofort, ob sein Werk gelungen ist oder nicht. Wenn ich eben sagte, dass das Malen eines Bildes kinderleicht ist, dann stimmt das auch … hör genau zu … man nimmt den richtigen Maluntergrund, beim Wasserfarbenbild das richtige Papier, beim Ölfarbenbild die richtige Leinwand, in beiden Fällen gilt aber sodann immer das Gleiche, denn jetzt braucht man nur noch den richtigen Pinsel in die richtige Farbe zu tunken und die richtige Stelle auf dem Untergrund zu wählen und zu bemalen und schon ist der erste Schritt zum fertigen Bild ist getan.
Das, mein Freund, das macht man dann immer so weiter, bestimmt mehr als hundertmal, also Pinsel in die Farbe, Farbtupfer auf die richtige Stelle setzen, also Pinsel, Farbe, Tupfer … Pinsel, Farbe, Tupfer … bis die vielen Farbtupfer Gestalt gewinnen und das Bild gemalt ist. So kinderleicht ist das!"
Während Vati die letzten Worte gebetsmühlenartig und unter einem unterdrückten Lachen humorvoll zelebrierte, verfinsterten sich zunächst die Gesichtszüge unseres neugierigen Weinbauers. Mit seinem listig schauenden Augenpaar muster-

te er Vati mit einem undefinierbaren Blick, um urplötzlich und für uns völlig überraschend in ein schallendes Gelächter zu verfallen, um sodann seiner Seele die Freiheit der Erlösung zu gönnen. In perfekter moselfränkischer Sprache fuhr der Ausruf fast überstürzend aus seiner Kehle: *„Dau doller Witz, dau verreckter Moler, dau Pinselquäler, isch glowen, dau hels mich offt Ärmsche, dau duus misch veräppele, isch gloof, dau häs mich ganz schön veraascht!"*
Wir drei lachten im humorvollen Terzett von tief innen heraus, wobei ich Vati den emotionalen Temperamentsausbruch erst einmal ins Normaldeutsch übersetzen musste, denn er beherrschte ja einige Fremdsprachen, doch unseren moselfränkischen Dialekt eben nicht.
Denselben aber sprach ja unser ‚Besucher' spontan und in schneller Folge. Vati sah sich verständlicherweise im kommunikativen Abseits stehen und fühlte sich total ausgegrenzt, weil er in dieser heiklen Situation sein zwischenmenschliches Verstehen vergeblich suchte.
Ich schaute in Vatis Gesicht und bemerkte seinen etwas ratlosen Blick, und deswegen startete ich gleichzeitig mit meiner erklärenden und auch erlösenden Übersetzung: „Du tolle Witzfigur, Du verrückter Maler, Du Pinselquäler, ich glaube, Du nimmst mich auf den Arm, Du veräppelst mich, ich glaube, Du hast mich ganz schön verarscht!"
Ich hatte die Übersetzung kaum beendet, als mein alter Herr sein Lachen verstärkte und seine Arme gestenreich nach beiden Seiten öffnete und sich nun vollends seinem Besucher zuwandte. Dabei zeigte er seine aufkommenden Zweifel an seiner ironischen ‚Erklärung' durch sein Entgegenkommen der betont devoten Gesten seiner Armbewegungen.
„Guter Mann, ich wollte Sie in keiner Weise beleidigen, schon gar nicht verunglimpfen, ich wollte lediglich einen Witz vom Stapel lassen, quasi als verrückter Maler, als Witzbold. Sollte ich Ihr Ehrgefühl verletzt haben, so bitte ich Sie ehrlich um Verzeihung."
Unser Moselaner hatte sein schallendes Lachen in ein mildes Lächeln verwandelt und antwortete, wie zu Anfang, als er die Frage nach dem Schwierigkeitsgrad des Bildermalens stellte, in verständlichem Umgangsdeutsch: „Meine Frage war vielleicht blöd gewählt, aber ehrlich gemeint, das können Sie mir glauben. Ich habe nämlich noch nie einen Maler kennengelernt, geschweige denn, ihm über die Schulter beim Malen zuschauen können. Ich hab' nur gedacht, als ich Sie und Ihren gewitzten Jungen hier in der Wiese vor unserer alten Müdener Kirche entdeckte, die beiden muss ich mir angucken. Lassen Sie sich nicht weiter von mir aufhalten, malen Sie die Kirche fertig. Wenn es Sie nicht stört, ... ich möchte das Bild weiter wachsen sehen."
Vati war über seine Worte sichtlich erleichtert und sagte spontan: „Bitte bleiben Sie, bleiben Sie so lange Sie mögen und schauen Sie mir zu, das nehme ich als Ehre für meine Zunft." Der Mann im ‚Blauen Leinen' rückte etwas näher an Vati auf seinem Klappstühlchen heran und sah zu mir herüber, musterte mich interes-

siert und fragte sodann unverblümt: „Sag' mal, mein Junge, wieso verstehst Du unseren Moseldialekt so gut, dass Du als Dolmetscher mein Moselplatt übersetzen konntest, seid ihr zwei auch von hier?"
„Nein, nein wir sind nicht von hier, guter Mann, wir sind aus Bendorf am Rhein. Aber wenn ich mit meinen Spielkameraden und Freunden zuhause zusammen bin, dann sprechen wir unser Bendorfer Platt fast genauso wie Sie hier in Müden. Und nur in der Betonung höre ich kleinere Abweichungen, und das begreife ich auch nicht so ganz, denn von hier bis nach Bendorf sind es etwa fünfzig Kilometer. Das weiß ich, weil wir mit dem Motorrad hier sind und weil mein Vater mir das gesagt hat."
Ich hatte die zuvor geschilderte Szene und die Dialoge der beiden humorvollen Kontrahenten ja nur als stiller Zuschauer miterlebt und lediglich mit meiner erklärenden Übersetzung für Vati leistete ich meinen geringen Anteil zu dieser interessanten Begegnung.
Dieses Zusammentreffen erfuhr aber durch die Frage des freundlichen Moselaners an mich, eben bezüglich unserer gleichen Mundartsprache, einen weiteren verbindenden Pluspunkt des menschlichen Miteinanders. Die fast identischen Dialekte, die uns einst berührten und die uns doch etwas verwunderten, diese Frage konnte ich aber erst viele Jahre später klären.
Das gesprochene ‚Moselfränkisch' als anerkannte Mundartsprache ist der verbindende Dialekt, dessen Verbreitungsgebiet etwa von Betzdorf im hohen Westerwald in einer gedachten Linie über das von mir geschätzte Bendorf verläuft und entlang der Mosellande bis nach Luxemburg führt.
Diese Volkssprache besitzt ihren eigenen, besonderen Klang, der allerdings für fremde Ohren durchaus etwas gewöhnungsbedürftig sein mag. Ich aber liebe sie, meine Heimatsprache … das ‚Moselfränkische', eben … mein Bendorfer Platt.
Im weiteren Verlauf des Nachmittags wechselten wir im anregenden Dreiergespräch noch viele nette Worte, teils natürlich in unserer ureigenen Heimatsprache, lediglich Vati hörte uns manchmal sehr verwundert zu, denn er verstand ja nicht jedes einzelne Wort des moselfränkischen Jargons.
Bevor wir die Heimreise antraten, notierte sich Vati die Adresse des netten Moselaners auf seinem Skizzenblock und versprach ihm in die Hand hinein, sich zu melden, wenn er das ausgewählte Motiv des ‚Müdener Kirchenensembles', das uns schon bei der Fertigstellung der farbigen Skizze in den Moselwiesen beim Betrachten faszinierte, als Ölbild vollendet hätte.
Auch diese humorvolle und sympathische Moselepisode, gerade sie weitete auf ihre Art meinen Blick auf das Wesentliche im Miteinander der Menschen unserer näheren Heimat. Gleichzeitig schärften diese lockeren Unterhaltungen mein Denken, aber sicherlich auch meine fühlbaren und menschlichen Reaktionen.
Diese verbindenden, gemeinsamen Erlebnisse, die fast immer auch die anschließenden ‚Vater-Sohn-Diskussionen' hervorriefen, sie schärften meinen Blick auf die breit gefächerte Palette der malenden Zunft, denn meines Vaters ureigenes

‚Kunstschaffen' war sein geliebtes und lebenslanges Gestalten im Wunderreich der Farben.
Unsere vielseitigen Motivsuchfahrten kreuz und quer durchs heimische Land waren allesamt durch unsere spannenden Erlebnisse in jeder Hinsicht auch zukunftsweisend und geistig prägend, denn durch die Begegnungen mit den unterschiedlichen Zeitgenossen lernte ich fast spielend den moderaten Umgang mit ihnen.
Für mein jugendliches Empfinden in jenen Jahren spürte ich aber immer einen prickelnden Hauch der Erregung, denn meine Neugier bescherte mir ein unterschwelliges Gänsehautgefühl, welches mir das Erleben von Abenteuern versprach.
Darüber hinaus erhielt ich erfreulicherweise meine lehrreichen und persönlichen Anschauungsunterrichte durch meinen alten Herrn, die er gezielt auswählte und ganz bewusst in die Tat umsetzte.
Die Form ‚Bildungsbesuche', diese Begrifflichkeit hatte sich Vati ausgedacht und folgerichtig besuchten wir im Wechsel und zu verschiedenen Zeiten verschiedene Bildungseinrichtungen, wie beispielsweise interessante Heimatmuseen und alle zeitgenössischen Kunstausstellungen in Stadt und Land.
Auch die themenbezogene und begleitende Fachliteratur in Form von Kunstkatalogen und Biografien wichtiger Persönlichkeiten legte mir mein alter Herr ans Herz, denn eine eigene, kleine Bibliothek sein Eigen zu nennen, das war in seinen Augen ein Muss!
Durch mein Lesestudium der einschlägigen Literatur, zu welchem ich auch so manches Mal durch Mutti und Vati erst gezwungen werden musste, lernte ich erste erhellende Einblicke der schreibenden Zunft kennen.
In Verbindung mit dem empfohlenen Literatur-Lesestoff sah ich aber im Stöbern und Blättern in Vatis Kunstbänden und Bildmappen mein bevorzugtes Interessengebiet. Meine Neugier auf die Werke der anerkannten ‚Großen der Malerei' war verständlicherweise eine Spur größer als mit dem ausgesuchten Bücherstapel, denn das Geschriebene empfand ich teils als fade und auch manchmal auch als langweilig.
Im Gegensatz dazu faszinierten mich in steigendem Maße die Hochglanzfotos der Kunstwerke der internationalen Malerelite, die die verschiedenen Stilrichtungen und deren Epochen so eindrucksvoll dokumentierten. Das Anschauen der ausgewählten Abbildungen aller Epochen aus dem gewaltigen Reich der großen Maler weckte in mir den Wunsch nach einer Art Kreativität, die aber nur am Rande mit der Malerei zu tun haben sollte, denn ich wusste damals schon genau, dass ich zwar künstlerisches Blut in meinen Adern spürte, aber genauso wusste ich, dass mein malerisches Talent, vor allem in dem Bezug auf meines Vater Kunstschaffen, in keiner Weise ausreichte, um in seine großen Fußstapfen zu treten. Auf diese Intensivart lernte ich dankenswerterweise und auf ansprechende, unterhaltsame und zielorientierte Weise das breit gefächerte Spektrum des völker-

verbindenden Kulturgeschehens in seiner ganzen, farbigen und bedeutenden Vielfalt nachhaltig kennen und schätzen.

Mit diesen wohlgemeinten ‚Kultur-Exkursionen' förderte Vati mein Interesse an der immensen Vielseitigkeit der Welt des Geistes und in all ihren virtuosen Sparten und Darstellungen. Wohlüberlegt und sicherlich auch mit pädagogischem Einfühlungsvermögen und liebevoller Geduld wies er mir gezielt den richtigen Weg in ein Leben, in welchem die Vielfalt den Rhythmus des Daseins bestimmen sollte.

Vor allem Mutti war zu keiner Zeit verborgen geblieben, dass ich mich schon seit meinen Kindertagen immer pudelwohl gefühlt hatte, wenn ich mit Papier und Wasserfarben völlig losgelöst, frei und auch unkontrolliert meinen bunten Ideen beim Malen und Basteln freien Lauf lassen konnte. Oftmals sprach mein Mutterherz ihren Maler gefühlvoll und meistens auch humorvoll an: „Der Apfel fällt nicht weit vom Stamm, mein geliebter Göttergatte,- ich könnte auch noch treffender sagen ... wie der Herr, so's Gescherr, – in unserem Fall jedoch meine ich den alten deutschen Spruch aber wirklich rein positiv, mein Lieber, denn ich vergleiche das Talent und den Wissensdurst unseres Sohnes durchaus mit Dir und Deinen Fähigkeiten auf so vielen Gebieten, ... und das tue ich mit großer Freude und immer wieder gern." Diese von mir aufgeschnappten Äußerungen meiner Mutter, aber auch die verschiedenen, anderen ihrer meist treffenden Bemerkungen ähnlichen Wortlauts, sie leben in mir und sie alle habe ich bis zum heutigen Tag in meinen lebhaften Erinnerungen im Gedächtnis behalten.

Mein virtuoser Weg durchs Leben bescherte mir mit ihrer geäußerten Beurteilung und auch mit ihrer Hilfe in späteren Situationen eine lange und wundervolle Berufszeit, in der das Gestalten stets Regie führte. Doch auch das ist wieder eine eigene Geschichte.

Ich hatte sie, im wahrsten Sinne des Wortes, stets ‚griffbereit', eben genau dann, wenn ich für Momente diese schönen Situationen vor meinem geistigen Auge Revue passieren lassen konnte.

Diese einzigartigen prickelnden Momente waren für meine sensiblen Empfindungen zusätzliche und wertvolle Geschenke aus einer zurückliegenden, glücklichen und harmonischen, aber auch einer vorübergehend eingeschlafenen Zeit. Eben der Zeit aus meiner Vergangenheit, die aber einen enormen Reichtum an ausgeprägten, ideellen Denkweisen beinhaltete und mir zeitweise ein glückliches, aber auch ein intensiv geführtes Leben ermöglichte.

Einer Zeit also, die solitäre, kulturelle Höhepunkte zu Hauf zu kreieren vermochte und allein durch deren Existenz unvergessene, oftmals auch prägende Verbindungen im zwischenmenschlichen Miteinander knüpften.

Es waren diese intensiven Erlebnisse, die mir fortan auf manchen meiner Pfade durch den mitunter undefinierbaren, irdischen Irrgarten den rechten Weg zeigten, die mir ehrliche und gangbare Fährten wiesen und die mich in die richtige Spur brachten.

Es waren die ausgewogenen Handlungen derer, die ich einstmals in meinen jungen

Jahren zu Vorbildern emporhob, deren Persönlichkeiten vom Humanismus beseelt waren und die eine soziale Weltanschauung in Haltung und in Würde praktizierten.

Ihre Geisteshaltung hatte von meinem Denken Besitz ergriffen, ohne dass ich darüber meine Lebensfreude und mein Jungsein vergessen hätte. Doch ihre Visionen für die Zukunft unseres Planeten hatte ich mir für mein Ego passend geformt und zurechtgebogen. Ich hatte ihre Philosophien auf meine Denkplattform heruntergeholt, einfacher gemacht, eben ihren Inhalt an meinen Geist angepasst.

Und doch waren sie es, Vatis und Muttis engste Freunde und die verschiedensten gleichgesinnten Kulturschaffenden, die eloquenten Literaturbesessenen und Heimatliteraten, die mich faszinierten, denn diese Menschen bestimmten auf anregende Weise unseren weitgefächerten und farbigen Lebensrhythmus in unserem geschätzten Städtchen Bendorf. Die gemütlichen Zusammenkünfte mit ihnen bereicherten unseren Alltag in den fünfziger und sechziger Jahren auf so angenehme Art.

Auch die Sozial-Christ- und Freidemokraten der Nachkriegszeit gestalteten durch ihr Wirken unsere, teils diskussionsfreudigen Unterhaltungen im Freundeskreis. Diese Protagonisten hatten bei aller Unterschiedlichkeit der Anschauungen aber eins gemeinsam, sie alle zeigten stets Achtung dem Anderen gegenüber, sie zeigten Respekt und sie diskutierten stets in würdevoller Form.

So war es, aus meiner heutigen Sichtweise heraus betrachtet, kein Wunder oder Phänomen, dass mich diese Frauen und Männer jener Zeit, also meine, von mir selbst ausgesuchten und bestimmten Vorbilder, auch nachhaltig beeinflussten.

Sie unterwiesen mich, allein durch ihr vorbildliches Verhalten im menschlichen Umgang miteinander und formten auf diese Weise mein Verständnis, meine Urteilskraft, und sie lenkten ohne ihr Wissen darüber, meine Schritte ins eigene Leben.

Die geschätzten und auch bewunderten Zeitgenossen bewahrten mich durch ihre Vorbildfunktion für mein Denken und Handeln auch vor schweren Fehltritten, denn ich führte vor etwaigen Entscheidungen, mit diesem oder jenem ‚Lehrer' von damals, meine stummen Zwiegespräche im Frage-Antwortspiel, wobei mir auch meist die richtigen Antworten gegeben wurden.

Mit ihrem, mir dereinst gezeigten Feingefühl im Umgang mit Andersdenkenden, leiteten und führten sie mein Denken und Empfinden sicherlich unbewusst in die respektvolle Debattenkultur ein, in der der Begriff ‚Achtung vor dem Andersdenkenden' einen hohen Stellenwert hatte.

Ihre gesellschaftspolitischen Ansichten galten für mein Verstehen als ein Spiegelbild ihrer Zeit, welches ich freiwillig übernahm und es in meine mentale Beurteilung integrierte. Eine politische oder ideologisch indoktrinierende Beeinflussung meines Geistes, dieses Ansinnen hatte aber in keiner Weise in ihrer Absicht gelegen.

Aber ich hatte ab und an das innere gute Bauchgefühl, denn ich war mir der greif-

baren Stärke meiner gewählten Vorbilder sicher und ich vernahm deutlich ihre geistige Haltung der Humanitas und der menschlichen Wärme, als gefühlte Wesensverwandtschaft, denn ich empfand ihr Handeln nachahmenswert.
Das sanfte Erwachen dieser ‚schlafenden Erinnerungen' in ihrer Gesamtheit erfüllt meinen momentanen Wunsch nach der Erkenntnis der ideellen Werte, den die ‚Vorausgegangenen' in so beispielhafter Weise in jenen Anfangsjahren unserer Demokratie, sowohl im Denken wie auch im Handeln, mustergültig vorlebten.
Das ist auch der Grund, weshalb ich das einfühlsame Aufwecken meiner schlafenden Erinnerungen forciere, denn ich empfinde diese menschlichen Vorbilder als demokratische Wegbereiter, und ihr Wirken werte ich für mein Empfinden, als äußerst wichtige und wertvolle Geschenke aus meiner ferneren Vergangenheit, die aber meine bewusst erlebte Lebensfreude förderten und auf diesem Weg meinem abenteuerlichen ‚Erwachsenwerdens' die goldrichtige Richtung gaben.
Diese verehrten Menschen, die ich in meinen Erzählungen mit Tinte und Feder und mit meinem Herzblut sehr sorgsam behandele, sie will ich ins Heute zurückrufen und sie für eine kurze Zeit zu mir einladen, denn mit ihrem visionären Denken von damals, in jenen hoffnungsvollen Fünfziger Jahren gelten sie für mich und speziell für meine Erzählungen als lebendige, wertvolle, bunte und nuancierte Geistesgrößen, die das Gesamtbild meiner Schilderungen enorm bereichern und somit erst vervollkommnen.
Denn mit ihren wertvollen, oft auch philosophischen Sichtweisen, die ich oftmals miterleben durfte, kann ich der Historie meiner illustren Künstlerfamilie, unseres ‚Dreierbundes' auch in Ehrlichkeit gerecht werden. In ihrem Bann, von ihrer geistigen Kraft gefangen, bleibe ich mit ihnen eng verbunden.
Ich erkannte, trotz meiner jungen Jahre, anfangs sicher nur rein gefühlsmäßig, den hohen Stellenwert dieses erlebten Geschehens. Doch im Laufe meines ‚Erwachsenwerdens' verfestigte sich diese Erkenntnis, und sie wurde nach und nach zu meiner eigenen Weltanschauung.
Diese sanfte Revolution meiner inneren Gefühle war wohl die treibende Kraft, die mir meine Niederschriften und Aufzeichnungen in allen meinen Lebensphasen diktierten.
In meinen ruhigen und stillen Stunden kehren sie zurück, die erlebnisreichen Episoden und Situationen von Bedeutung. Ich erlebe in meinen liebgewonnenen Retrospektiven jene glücklichen Stunden des erneuten Entdeckens der wesentlichen Begegnungen mit den Menschen, die einst voller Vitalität ihre visionären Hoffnungen aufzeigten und die unisono persönlichen Mut zur Zukunft forderten.
Allesamt waren die Menschen, von denen ich berichte, überaus kritisch denkende Persönlichkeiten, die unisono von freiem Denken beseelt waren, und die zu allen Zeiten Gegner der vorausgegangenen Gewaltherrschaft des unsäglichen Hitler-Regimes waren ... und die diese Ära glücklicherweise überlebt hatten.
Den mir in die Wiege gelegten, angeborenen Wissensdurst meiner jungen Jahre, ihn kann ich auch heute, im Spätherbst meines Daseins, ebenso wenig zügeln, wie

meine allgegenwärtige Neugier, die mir ebenfalls in all meinen Entwicklungsphasen die Treue hielt.

Diese sympathische Neugier, die mir wie ein Schatten folgte und mir mein Wissen permanent erweiterte, die mir auch gleichzeitig ein menschlich- ausgewogenes Wertegefühl vermittelte, diese Neugier empfinde ich als ein zusätzliches Geschenk des Schicksals.

Weil ich diesem imaginären Gefühl folge, entdecke ich spontan tief in meinem inneren Erinnerungsschatz einen magischen Zauber, der das ‚Vergangene' mit dem ‚Heutigen' so vielsagend verbindet, dass ich diesen virtuellen Zustand ausgiebig und lustvoll in mir aufnehme.

Mein heutiges Verstehen der behutsam zurückgeholten äußerst wertvollen Zeit, ich koste es nunmehr voller Dankbarkeit aus, und mit allen Sinnen meines Seins gebe ich mich dieser gefühlten Seelenverwandtschaft genüsslich hin.

Ich erlebe also erneut diesen wegweisenden Esprit der stets individuell und pragmatisch denkenden und handelnden Protagonisten von einst.

Ich werte sie als große Erlebnisse und als ausgezeichnete Lehrstücke auf gesellschaftlicher Bühne. Außerdem erlebe ich die damaligen Erkenntnisse jetzt ein zweites Mal, allerdings ein Stück intensiver.

Mit vollem Bewusstsein achte ich diese in meiner ‚Jetztzeit, im Hier und Heute', als vorbildliche, vor allem aber als gesellschaftlich aussagestarke Tugenden, die meinen, ehemals von mir selbst ausgewählten starken Frauen und Männern als Vorbildpersönlichkeiten innewohnten, denn ich erkenne heute erneut deren einst gelebte Menschlichkeit.

Auch verfolge ich in meinen Gedanken deren großzügige Toleranz im christlichen Miteinander der verschiedenen Religionen, die sie stets praktizierten. Sie achteten die persönlichen Weltanschauungen der unterschiedlichsten Mitmenschen, auch deren fremde Lebensart, ihre Sitten und Gebräuche.

Ihr beispielhaftes, immer tolerantes Handeln, vornehmlich im Glaubensbereich, – ich meine das friedliche Nebeneinander der Völker –, es hat bis heute in meinem Denken seinen angestammten Platz gefunden und besitzt weiterhin die aktuelle Gültigkeit, die gefühlt fortdauert und hoffnungsvolle Wege in die Zukunft weist.

Auf diese erlebten, anschaulichen Verhaltensweisen schaue ich gerne zurück, erkenne ihre guten Gedanken und erlebe auf diese Weise meine geschätzten, virtuellen Tagträume, die so angenehm, fast verführerisch vor meinen Augen tanzen und mich zum Denken und Philosophieren bewegen … ich erkenne sie als zeitlose, eben allgegenwärtige Propheten und Wegbereiter für meine eigenen zukunftsorientierten Sichtweisen und deren positive Visionen, die ich mit bejahender Lebenslust in meine reale Welt integriere, … in die ‚heile Welt' meiner gewonnenen Zeit.

Hurra, wir leben noch ...

Die Mittfünfziger Jahre waren vom alltäglichen Familientrott bestimmt, denn die Berufstätigkeit meiner Eltern raubte einen großen Teil unserer kostbaren Zeit. Vatis Job bei den Franzosen war dringend geboten, denn die D-Mark-Zeit brachte zwar eine paradiesische Auswahl an Begehrlichkeiten, doch das reine Überleben konnte man nur sichern, wenn man Arbeit hatte.
Wie ich schon erwähnte, fand mein Erzeuger einen anspruchsvollen Arbeitsplatz als Dolmetscher bei der französischen Militärverwaltung im Koblenzer Hauptbahnhofsgebäude. Seine umfangreichen Fremdsprachenkenntnisse waren in Militärkreisen nicht nur sehr gefragt, sie wurden auch von der Kommandantur der französischen Besatzer finanziell angemessen gewürdigt. Und doch fraßen die alltäglichen Lebenshaltungskosten seinen Dolmetscherlohn völlig auf.
Ein glücklicher Zufall ebnete aber meinem Mutterherz die anspruchsvolle Sekretärinnen-Laufbahn in der renommierten Notarkammer zu Koblenz.
Der glückliche Zufall hat auch einen Namen, einen wohlklingenden Namen ... von Bülow, Wolf Dietrich von Bülow, seines Zeichens Notar in Koblenz und Mitbewohner im Goethe-Haus mit Gattin und Töchterchen. Er engagierte kurzentschlossen Mutti als Sekretärin und ihre lebenslange ‚Notarkammerkarriere' hatte begonnen, denn Flexibilität, Umsicht und Menschlichkeit, gepaart mit organisatorischem Talent, diese Fähigkeiten waren gefragt, und diese Pluspunkte besaß mein Mutterherz in vollem Umfang.
Als Mutti und Vati nunmehr zu ‚Doppelverdienern' geworden waren, konnte nun auch bei uns der sanfte Hauch eines bescheidenen Wohlstands angenehm vernommen und gelebt werden.
Und doch waren ihre beiden Monatsgehälter in Windeseile aufgebraucht, weshalb der jeweilige Monats-Erste immer meilenweit entfernt schien. Denn erst an dem ‚Ersten' eines jeden Monats wurden die Gehälter ausgezahlt und keinen Tag früher.
Ja, ein kleines Stück vom Wirtschaftswunderkuchen wollten sich Mutti und Vati auch abschneiden und genießen. Übrigens ... ich aß für mein Leben gern mal eine Rosinenschnecke oder ein Nussteilchen mit der speziellen, leckeren Schokoladenglasur an den drei Ecken dieser Nuss-Mandel-Rarität.
Gerade dieses Genussstückchen war eines der Ziele meiner Naschwünsche. Beim gemeinsamen Einkauf konnte ich dann schon mal Glück haben, und Mutti zeigte ihr warmes Herz beim Bäckermeister Wermelskirchen in der Unteren Vallendarerstraße und sie schenkte mir so ein süßes Teilchen.
Feine Brot- und Backwaren,- ja, mein verführerisches Backwarenparadies lag also nur wenige Schritte vom Goethe-Haus entfernt.
Dieses Paradies des feinen Genusses verzauberte, allein durch seine unmittelbare Nähe zu unserem Wohnhaus, mein Denken und weckte die frisch gebackenen Wünsche, indem die leckersten Hefe- und Plunderteilchen sich zu meinen Favori-

ten verwandelten und zu essbaren, wohlschmeckenden und geheimen Kinderträumen wurden.
Und ab und zu wurde ja auch einer der süßen Träume erfüllt.
Das allgemeine Lebensgefühl in jener Zeit konnte deswegen als Vorteil auf der ‚Habenseite' des Lebens verbucht werden, weil die Menschen insgesamt in die Zukunft gewandt agierten und die ausgesprochen positive Denkweise landauf landab das Zepter schwang.
Denn das Zepter des zupackenden Handelns war es, das die Erfolgsspirale dynamisch in Schwung brachte, ihr den nötigen Drall verpasste und der somit die meisten fleißigen Menschen mitriss.
Die Soziale Marktwirtschaft nach Professor Ludwig Erhard zeigte sich von ihrer sonnigen Seite und der Begriff ‚Wohlstand für Alle' war nunmehr kein Wunschtraum mehr.
Die arbeitenden Bundesbürger erhielten fortan ihren verdienten Lohn pünktlich auf den Tisch des Hauses, sie konnten so individuell wirtschaften, dass sie sich ihre bescheidenen Wünsche nach und nach erfüllen konnten.
Man erlebte sie allenthalben, die wohltuende Anerkennung der Schaffenden aller Wirtschaftsbereiche. Diese Anerkennung wurde ihnen zuteil und beflügelte große Teile unserer Gesellschaft. Sie zeigte sich alsbald als der robuste und starke Motor der neuen Ordnung, unserer Sozialen Marktwirtschaft, die, wie schon erwähnt, vom ersten Wirtschaftsminister, von Professor Ludwig Erhardt, entwickelt und im deutschen Volk verankert wurde.
Der Begriff ‚Soziale Marktwirtschaft' bürgerte sich auch schnell im allgemeinen Sprachgebrauch ein, denn ihr Erfolg schaffte ja den angestrebten ‚Wohlstand für Alle'.
Um der Wahrheit die Ehre zu geben, mit Professor Erhards Wirtschaftspolitik kam erst der Aufschwung in allen Bereichen an, verfestigte sich und ist auch im ‚Heute', mehr denn je, die mitreißende Schwungscheibe der Gesamtwirtschaft.
Ich freue mich über meine Gedankenspiele, die in schöner Regelmäßigkeit von mir Besitz ergreifen. Ich freue mich ebenfalls über die stets wiederkehrenden Erinnerungen aus allen Zyklen meines Lebens.
Ich werte sie als neuentdeckte reiche Schätze meiner im Gedächtnis gespeicherten Vergangenheitsepisoden.
Die, oft unverhofft, aber immer auch mit quicklebendiger Energie verbunden, vor meinem geistigen Auge auftauchen und in ihrer gesamten Vielfalt ihren ‚Erlebnis-Inhalt' eindrucksvoll präsentieren.
Um alsdann, mannigfaltigen, zartfarbigen Fantasieblüten gleich, die auf geheimnisvolle Weise aus dem geträumten ‚Füllhorn der grenzlosen Faszinationen', unaufhaltsam in meine sensible Gefühlswelt hineingestreut werden.
Auf diesen virtuellen Wegen der kreativen Visionen wandere ich in meinen Gedanken weiter und weiter, um das vor vielen Jahren erlebte Geschehen in Erinnerung zu rufen. Ich versuche, das Wesentliche als Essenz des Wissens zu erken-

nen, und ich will dieses gefundene Geschenk und seine innere Energie unbedingt vor dem ‚Vergessen werden' bewahren.
Denn das ehemals alltägliche Handeln der Protagonisten in ihrer Zeit gewinnt für ihre Erben mitunter eine ungeahnte Bedeutung, denn es fördert im ‚Heute', also in der gegenwärtigen Zeit, mit etwas Glück ihr positives Denken und erreicht dadurch eine neue moralische Wertigkeit. Die wiedergewonnene Menschlichkeit erfährt eine neue, gesteigerte Aufmerksamkeit.
Die geistige Freiheit des Autors verbindet auf unterhaltende Weise seine kreative Dichtung mit der einst erlebten Wahrheit. In seinem Verstehen reichen sich beide harmonisch die Hände und schenken im Idealfall der Welt den festen Glauben an anhaltenden Frieden.
Wenn ich hier in Völs im schönen Tirol, in meinem, mit naturbelassenem hellbraunen Fichtenholz urgemütlich gestalteten kleinen Zimmer an meinem Schreibtisch bequem zum Schreiben Platz genommen habe, bin ich umgeben von meinen alten, schwarzen Bücherregalen meines ehemaligen Herrenzimmers in meinem Bendorfer Zuhause, die jetzt auch hier einen Teil von Vatis erlesener, umfangreicher Büchersammlung beherbergen. Und – natürlich von einer Auswahl meiner Lieblingsbilder, eben der in Form und Farbe gestalteten Kunstwerke, die vor vielen Jahren von meinem ‚Alten Herrn' geschaffen wurden und die authentisch meine enge Bendorfer Heimat in unverwechselbarer Charakteristik darstellen. Immer dann, wenn ich in Völs meine herrliche Zeit durchlebe, erfreue ich mich an den Motiven meiner Bendorfer Heimatregion.

„Bücher, Bilder und das große Glück",

spreche ich leise vor mich hin, sinniere eine geraume Weile und widme mich meinen ungewollt entstehenden Gedanken. Denn diese Gedankenspiele nehmen ihren Platz in meinem Denken ein und sie schaffen es, sich mir beim Betrachten meines Spiegelbildes regelrecht aufdrängen.
„Wieso hängt der da, der große Spiegel?"
Halblaut formulierte ich diese Frage an mich selbst. Darüber hinaus konnte ich den Wust, der im Kopf entstehenden nächsten Fragen, nicht kontrollieren, gar unterbinden.
„Wieso hängt da der Spiegel?
„Bist du eitel?"
„Willst du etwa wissen, wie schnell du alterst?"
„Willst du Grimassen schneiden lernen?"
„Dieser dekorative Spiegel", polterte ich ohne Stimme los, „dieser Spiegel da und auch die anderen kleinen Spiegelkacheln rechts und links vom Schreibtisch, sie sind reine und gewollte Gestaltungselemente eines begnadeten, stilsicheren Dekorateurs, damit das für jetzt und immer klar ist!"
Richtig erbost über meine eigenen sinnlosen Fragen schickte ich diese Entgeg-

nung in die Stille meiner stummen Unterhaltung, der Unterhaltung mit mir selbst. Manchmal spinne ich ein wenig, doch wie sagt der Volksmund: „Einsicht ist der erste Weg zur Besserung."!

Ich wäre nicht ich selbst, würde ich meiner offenen Herzens geschilderten Spiegelszene keine hinreichende Erklärung beifügen.

Um der Enge des Raumes mehr Tiefe und Weite zu geben, habe ich seinerzeit eine übergroße Spiegelplatte oberhalb meines ausladenden Schreibareals dekorativ montiert.

Der optische Gesamteindruck dieses Gestaltungstricks war und ist überwältigend, denn dadurch erscheint mein Refugium, mein Rückzugsort im Hause meiner Liebsten viel größer. Außerdem zaubert er ein Flair der besonderen, persönlichen Art in diese vier Wände. Dieses geschaute Spiegelbild vermittelt meine, nunmehr glücklich an Gabys Seite lebend, ausgewogene Lebensharmonie.

Zum einen entsteht der Zauber durch die vielen, teils dekorativen Buchrücken der in Reihen platzierten Dichterwerke, die zum anderen im engen Zusammenspiel mit den warmen Erdfarben in Vatis diversen Öl- und Aquarellbildern, ein gemütliches Harmoniegefühl schenken. Dieses Spiegelbilderlebnis kreiert in den Herzen sensibler Menschen eine Atmosphäre der warmen Wohnlichkeit und eine wohltuende, die Seele umschmeichelnde Gefühlswelt.

Dann, in diesen Momenten genieße oftmals ich im Hause meiner verehrten und geliebten Lebenspartnerin Gaby, den Spätherbst unseres Lebens in glücklicher Zweisamkeit.

Gabys Anwesen liegt am Ortsrand der Marktgemeinde Völs am grünen Inn und unmittelbar zu Füßen des gewaltigen, ausladenden Bergmassivs, der gewaltigen Nordkette, wie man das steil aufragende, den Himmel berührende mächtige Alpengebirge treffenderweise nennt.

Dieses wuchtig anmutende Breitbandpanorama in Fels, dieses Alpenareal, mit den teils schneebedeckten, bizarr gezackten Gipfeln, hier im faszinierenden Tirol, es wurde seinerzeit schon vom Dichterfürsten Johann Wolfgang von Goethe nicht nur per Feder verewigt, sondern auch von ihm erklettert und bestiegen. Noch heute erinnert der, nach dem Dichterfürst genannte ‚Goethe Weg', an seine einst so mutige Bergwanderung.

In der Tat, einer der höchsten Gipfel der Nordkette, das hoch über Tirols bezaubernder Landeshauptstadt Innsbruck gelegene ‚Hafele Kar' war das schweißtreibende Kletterziel des reisefreudigen und sportlichen Dichters. Wenn ich also meinen Gedanken Flügel verleihe und den Gedanken freien Lauf lasse, dann erfasst mich ein Glücksgefühl, das mir eine verstärkte Herztätigkeit beschert, denn die vielen guten Gedanken, die mich meist in meine Vergangenheit zurückschicken, sie erlebe ich hier als ein kleines Wunder.

Die Blaue Stunde

Und dieses Wunder hat mehrere Ursachen. Zum einen sind es die Bilder meines Vaters, die in fließenden, warmen Farben geschaffenen Aquarelle, oder die ausdrucksstarken, pastos gestalteten Ölbilder, die mir allesamt die Freude des steten Anblickes gewähren.

Zum andern erlebe ich mit Gaby eine früher nie gekannte Harmonie der Gedanken, der Wünsche und der guten Gefühle.

Unsere ‚Blaue Stunde', so bezeichnen wir unseren Spätnachmittag, unseren Gedankenaustausch beim prickelnden Sekt, oder – in meinem speziellen Fall – bei schäumendem Biergenuss. Dieses ‚Rendezvous' ist in unser beider Gefühlswelt schon zur wunderschönen Dauereinrichtung geworden.

Egal welcher Beschäftigung wir gerade nachgehen, diese Zeit der Zweisamkeit ist uns eminent wichtig – ja fast schon heilig. Kein Ding, kein Tun ist bei unserem abendlichen ‚Stammtisch zu zweit' unaufschiebbar.

„Morgen, mein Schatz, morgen ist auch noch ein Tag", so klingen oftmals meiner Liebsten zärtliche Worte, zumal dann, wenn ich mich von dieser oder jener Aktivität partout nicht trennen will. Habe ich endlich ihre ultimative, wohlgemeinte Aufforderung zur allabendlichen Plauderei vernommen, dann eile ich mit einer gespielt theatralischen Unschuldsmiene im Gesicht zu ihr an den ‚Stammtisch'.

„Geht doch", quittiert Gaby mit unwiderstehlichem Lächeln und Verständnis meine Unterwerfung der liebevollen Art, nimmt ihr Glas zur Hand und prostet mir zu. In dieser Atmosphäre der guten Gedanken und Gefühle ist es für mich ein leichtes, auch in die Vergangenheit einzutauchen und die Zeiten von einst erneut zu erleben.

Und hier trifft sich unsere wundervolle Liebeszeit der Gegenwart in unseren täglichen ‚Blauen Feierabendstunden' mit unser beider Lebenszeit der früheren Jahre. Und weil wir uns aus ganz früher Zeit an eine bezaubernde Begegnung erinnern, und weil wir durch meine Freundschaft zu ihren Eltern sowieso in schöner Verbundenheit die gefühlsbetonten Erinnerungen in unseren Gesprächen pflegen, haben unsere Plauderstunden den Nimbus des Besonderen.

„Ich liebe unsere gemütliche Zeit, ob im üppigen Grün des Sommers auf der Gartenterrasse oder in der kalten Jahreszeit drinnen im vorwitzigen Erker mit dem herrlichen Panoramablick auf Frau Holles weiße Flockenpracht. Dieses Erleben schenkt mir aber immer den von mir so geschätzten Erzählstoff, den ich oftmals ohne Unterbrechung schreibend verarbeite."

Ein wenig gelebte Geschichte …

Die Fünfziger und Sechziger Jahre sind deswegen für mich von besonderer Bedeutung, weil die Gesamtentwicklung unseres Vaterlandes den Menschen und somit auch uns gute Perspektiven aufzeigte. Gute Perspektiven in allen Lebensbereichen! Aber Geduld war erforderlich, denn eine Entwicklung, gleich in welche Richtung, braucht Zeit.

Nur in der Zurückbetrachtung sieht man so manches Geschehen im Zeitraffertempo, also in schnell aufeinanderfolgenden Szenen. Deren Deutungen und Erkenntnisse sind also im Nachhinein logischerweise schneller erfassbar und zur Anwendung tauglich.

Wenn ich auf diese Weise die Entwicklungen unserer Künstlerfamilie heute zum erneuten Leben erwecke, dann vermische ich in meinen Schilderungen sicherlich das ehemals Gewesene mit meinem subjektiven Gefühlsdenken, wobei sich auch nur selten Negatives finden lässt. So ist glücklicherweise das menschliche Erinnern im Homo Sapiens verankert.

Ich sehe meinen alten Herrn in den meisten Fällen der Episoden malend wirken oder Bücher studierend. So fesselte er, beispielgebend und ohne es direkt zu merken, meine Gefühlswelt und bereitete meinen Weg in die Zukunft vor. Drei Begriffe beherrschten mich und ihre Anziehungskraft könnte man mit der gespürten, gestalterischen Energie in einen Zusammenhang setzen: ‚Wort, Schrift und Bild'.

Es kann so viel geschehen …

„Weißt Du, mein Sohn, Kunst ist angewandte Kultur in vielen Ebenen. Für mein Gefühl gehört die Malerei in die Kategorie der Dichter und Denker. Dichter malen mit Worten, Maler mit Farben. So vielseitig wie der Mensch ist, so vielseitig ist auch das menschliche Spektrum des Kulturgeschehens auf unserem Erdenball. Das Schreiben wie das Malen, beide Tätigkeiten sind wie die Musik – grenzenlos."

Diesem schlauen Satz fügte er, im Laufe seiner väterlichen Erziehung meiner Person, noch zahllose hinzu, die ich aber beileibe nicht alle verstand, vielleicht auch manchmal nicht verstehen wollte. Das, was ich für wichtig erachtete, habe ich mir gemerkt und im Hirn gespeichert.

Mit den Augen und mit den Ohren klauen war mein Verlangen, schon als kleiner Junge verspürte ich diese Lust. Das Schöne daran ist ja, beides ist nicht nur erlaubt, sondern immer empfehlenswert.

Vati hatte sich ganz seiner Malerei hingegeben, und mein Mutterherz unterstützte ihn zu jeder Gelegenheit.

Seine krankheitsbedingte Zwangspause und die mehrfachen Klinikaufenthalte in Mainz hatte er glücklicherweise überlebt. Auch das verminderte Sprachvermögen nahm er an und fügte sich in sein Schicksal. Schließlich konnte er sich ja noch flüsternd mit seinen Menschen unterhalten.

Die forschenden Professoren der renommierten Mainzer Hals-Nasen- Ohren-Universitätsklinik entwickelten eine spezielle und neue Kanülen-Technik für all die Patienten, deren Atmung nur durch einen lebensrettenden Luftröhrenschnitt in Höhe des Kehlkopfes erhalten werden konnte, die aber dadurch auch zunächst ihre Sprache verloren.

Diese totale Revolution in der Kanülen-Anwendung bestand darin, dass beim Ausatmen ein kleines Plättchen in der eingeführten Atemhilfe vorklappte und die ausgeatmete Luft etwas bremste. Ein leises, heiser klingendes Sprechen wurde auf diese Weise wieder ermöglicht.

Den gewöhnungsbedürftigen Anblick der sichtbaren silbern-glänzenden Kanüle im Kehlkopfbereich des Halses mit dem hörbaren Klicken der entwickelten Luftklappe, diesen Anblick verdeckte mein alter Herr geschickt durch das Tragen seiner dezent gemusterten Modeschals.

Viele der Mitbürger in unserem näheren Umfeld nahmen von alledem Geschehen neugierig Kenntnis, und sie machten sich natürlich auch ihren eigenen Reim auf die optischen Veränderungen des Malers.

‚Der Mann mit dem Schälchen', so nannten die Bendorfer Vatis Marotte, ohne jedoch die Ursache zu kennen.

Schon zu Beginn der wunderbaren Entwicklung taufte mein Mutterherz Vatis medizintechnisches Wunderwerk treffenderweise ‚Sprechkanüle'. Durch diese spezielle Technik erhielten Vati und alle betroffenen Leidensgenossen ihre einstmals gewohnte Lebensqualität zurück. Das lange Zeit vermisste gemeinsame Gespräch wurde wieder zum Tagesalltag.

Den Mainzer Spezialisten gehört Dank und Anerkennung für ihre Forschungsarbeit und deren technische Umsetzung.

Diese bahnbrechenden, medizinischen Entwicklungen der Mainzer Professoren am HNO-Universitäts-Klinikum, die ich mit einfachen Worten schilderte, ihre segensreichen Aktivitäten auf diesem Sektor geschahen in den Jahren 1957-1959.

Es liegt ja in der Natur des Geschehens, dass man umgangssprachlich gerne Allgemeinheiten anwendet, wenn man ‚Normales' mit Nachdruck schildern will. ‚Das liegt in der Natur der Dinge' oder ‚Gut Ding will Weile haben', – doch welcher Plattitüde ich mich auch bediene, mit Volkes Weisheit liege ich selten falsch …

Vatis Zurechtfinden nach all den körperlichen Strapazen und den quälend langen Klinikaufenthalten in Mainz vollzog sich überraschend schnell, denn erstaunlicherweise erholte er sich zusehends und seine Energie, die ihn vor seiner schweren Krankheit zeitlebens begleitete, diese Energie kehrte in sein Denken und in seinen Körper vollständig zurück.

Muttis Berufstätigkeit als geachtete Chefsekretärin des jeweiligen geschäftsführenden Notars der Notarkammer Rheinland-Pfalz in Koblenz, dieser verantwortungsvolle Job verlangte von ihr steten Einsatz auf hohem Niveau und die Achtstundentage kosteten sie nicht nur Kraft, sondern auch anhaltende Höchstleistungen.

Ich war zu jener Zeit noch Pennäler am Städtischen Realgymnasium in Koblenz, weshalb ich erst am frühen Nachmittag zuhause bei Vati eintrudelte und ihm zur

Hand gehen konnte.

Mit dieser Situation lernte Vati locker umzugehen, denn mit seiner Aufgabenteilung, die er raffiniert ausheckte, verlor ich leider einen beträchtlichen Teil meiner geliebten Freiheit.

Mit meinen vielen Freunden Fußballspielen, Bäume in Pfarrers Garten erklettern, Rumtoben im nahen Waldgebiet des Großbachtales ... all die vor Vatis Schicksalsschlag praktizierten tollen Abenteuer, sie gehörten nun zu meiner schmerzhaft zu ertragenden realen Gegenwart. Die Wildheit meiner Kindheit ... sie war leider unwiderruflich verloren gegangen, sie war vorbei.

Vati und ich, als Hausmann-Duo, das klappte recht gut. Vati malte und widmete sich seiner Atelierarbeit und ... des Kochens, zumindest an den Wochentagen.

An den Samstagen und den Sonntagen schmeckte das Essen besonders gut, denn Mutti konnte prima kochen. Das Einkaufen der Dinge des täglichen Lebens gehörte ebenso zu meinen Tätigkeiten, wie der Abwasch und ... das Wohnung-Putzen! Und im Winter hieß es diktatorisch ... Asche runter, Kohlen rauf, Ofen füllen! Aber das Anzünden desselben war allerdings meines alten Herrn Hoheitsaufgabe ...

Der anfängliche beißende Qualm verflüchtigte sich aber rasch, wenn man den Luftschieber unterhalb der großen Türklappe zum Brennraum des ausladenden Kohleherdes öffnete. Das tat ich immer dann, wenn Vati mir den Rücken kehrte und ins Atelier entschwand.

Der altertümlich anmutende Herd in der geräumigen Küche, diese, die ganze Wohnung erwärmende zentrale Heizquelle, sie konnte für unser Wohlbehagen an kalten Wintertagen sorgen, weil dieser große Herd mit den rechteckigen Eisenplatten und den eingelassenen, runden Ringen eine enorm starke Hitzestrahlung entwickelte.

Mutti und Vati hatten irgendwann früher einmal, sowohl die Küchen-, Wohn- und Esszimmertür auf den Speicher verbannt, um ihr geliebtes Wohnambiente heller und lichter erscheinen zu lassen. Den Spareffekt durch die ‚Zentralheizung' gab es gratis dazu.

Auch die ‚Aromatisierung', die unsere Nasen umschmeichelte und verwöhnte, sie entstand eben durch die zu riechenden Küchendünste der Essenszubereitung. Diese empfanden wir unisono als äußerst angenehm, denn die entbehrungsreichen Hungerjahre der Nachkriegszeit hatten, vor allem meine Eltern, ja noch in guter Erinnerung.

Ich genoss mit Begeisterung unseren sonntäglichen Küchenduft, ich fand ihn ‚dufte', denn ehrlich gesagt: „Einen Bärenhunger hatte ich damals eigentlich immer."

Und ... just in diesen Momenten meines jetzigen Schreibens ... rieche ich genüsslich die hungermachenden Duftschwaden in der mir so liebgewonnenen Küche meiner Eltern. Vor allem dann, wenn Mutti mit dem Kochlöffel zauberte.

Lang, lang ist's her ...
Eine Köchin von Weltruf ...

Michelle, Gabys reizende Enkeltochter, ein Mädchen voller Liebreiz und warmer Herzensbildung zählt nunmehr achtzehn Lenze und ist eine wunderschöne, junge Frau geworden.
Dieses wundervolle Geschöpf hat vor vielen Jahren, sie mag damals wohl um die zehn Jahre alt gewesen sein, einen Spruch losgelassen, der bis heute ein Schmunzeln bei jedermann hervorruft, der ihn hört.
Sie saß mit ihrer um drei Jahre älteren Cousine Sarah in der heimeligen Eckbank am ovalen Küchentisch, sie schlemmten mit hörbarem Genuss die Reste unseres Abendessens.
Wie des Öfteren hatte die Hausherrin für einige Freunde und mich einen besonderen ‚Schmeck-Happen' zubereitet.
‚Schmeck-Happen', – mit diesem, von Gaby gerne genannten und zugegebenermaßen humorvollen Begriff untertrieb mein Herzblatt ganz gewaltig, denn egal, welches Gericht oder auch Menü sie sich einfallen ließ und lässt, eine jede Gästeschar war und ist immer vollauf begeistert.
Nachdem damals die Gäste uns verlassen hatten, saßen Gaby und ich nach besagtem leckeren Mahl noch gemütlich am großen Familientisch im Erkerzimmer zusammen und tauschten plaudernd noch ein paar Nettigkeiten aus, als uns ein wohliges, gut hörbares und doppelstimmiges ‚Hmm-Hmmm' der kulinarischen Begeisterung aus der angrenzenden Küche erreichte und unsere Ohren umspielte. Gaby und ich, wir schauten beide voller Neugier um die Mauerecke des Durchgangs zur Küche und zum vermeintlichen Ausgangspunkt des begeisterten ‚Hmmmms'. Wir entdeckten gleichzeitig zwei glückliche Gesichter, deren strahlende Augenpaare ein Feuerwerk der guten Laune versprühten und pure Lebensfreude signalisierten.
Gleichzeitig umschlossen beide mit den Händen die Ränder der ratzeputz leergegessenen weißen Teller und ihre Zungen ertasteten voller Begierde die kläglichen Reste von Omas kulinarischen Köstlichkeiten, die noch vor kurzer Zeit die Teller füllten.
Unsere Michelle aber, dieses goldige Wesen, sie ließ ihrer Begeisterung bezüglich des verputzten, leckeren Oma-Essens freien Lauf und fand spontan eine von Herzen kommende Satzschöpfung der ganz besonderen, der unvergessenen, liebevollen Art, die sie uns auch lautstark zurief: „Omi, Omi, die Rouladen, die Soße, die Kroketten und die Preiselbeeren ... alles war superlecker ... ich frage mich ... wie kann ein Mensch nur so gut kochen und nicht berühmt sein?"
Ohne direkt die passenden Worte zu finden, sahen wir uns nur stumm in die Augen, lächelten zufrieden und glücklich und verharrten eine Weile regungslos an Michelles Platz auf der Kücheneckbank, einfach nur aus dem einzigen Grund, eben um in Ruhe der Enkeltochter persönliche Aussage zu werten. Nach einer

Weile zog Gaby ihre Michelle zärtlich zu sich empor und umarmte sie liebevoll. Sie herzte ihre Enkeltochter und strich ihr mit zärtlicher Hand und voller Ergriffenheit über das volle, lange und seidig schimmernde Haar. Nur sehr langsam löste Gaby ihre Umarmung.

Ich aber verankerte das wundervolle Geschehen in meinen weiten, guten Gedanken, und ich pflegte und pflege diese zauberhafte Episode sowie deren berührende Menschlichkeit bis heute.

Und ich werde sie weiter bewahren, denn ich weiß, so manches ist erst im Nachhinein von hohem Wert. Und derjenige, der die interessanten oder charmanten Besonderheiten von Geschichten erkennt, der soll sie mit erneutem Leben füllen und mit Bedacht auch erzählen, er soll sie dem Sinn nach festhalten und wenn möglich, der Welt weitergeben, denn auf diesem Weg schenkt er einer jeden Episode eine andere Zeit.

Dieses fesselnde Gedankenspiel, dieses Geheimnis des menschlichen Seins, mit all seinen Facetten und Verzweigungen, die meistens vom dunklen Schleier des Unbekannten verdeckt wurden, diesen imaginären Schleier konnte ich ab und an aber auch leicht anheben und einen Blick ins Gehirn des Ungewissen werfen. Genau dieses belebende Gedankenspiel war mein immerwährendes Credo.

Es begleitete die teils holprigen Berg- und Talfahrten meiner oftmals verworrenen Lebenswege, meiner Zeiten der zerrissenen Familienbande und der aufgewühlten inneren Gefühle.

Aber auch die negativen Begleiterscheinungen mit all den psychischen sowie materiellen Verlusten und deren Licht- und Schattenseiten lernte ich zu erkennen und zu deuten …

… und mit diesem Wissen und mit der fließenden Zeit im Bunde und mit meinem optimistischen Denken, exakt durch diese Verknüpfungen der besonderen Art entwickelten sich alle einschneidenden aber immer auch lehrreichen Erlebnisse und sorgten auf diese Weise zu meinem ausgewogenen Weltbild.

Diese Ausgewogenheit stärkte im Unterbewusstsein meine guten Gefühle, und im Verlauf der aktiven Jahre, also über mein Leben verteilt betrachtet, sehe ich diese erklärende Erkenntnis klar vor Augen. Und als willkommener Nebeneffekt entsteht im Kopf ein Sortieren der verschiedensten Situationen. Alles wird eine Spur gerechter.

Gleichzeitig fühle ich eine aufkommende Freude im Herzen, denn im ‚Hier und Heute' kann ich ganz in Ruhe die Seele baumeln lassen, und ich erlebe all die gesammelten Erfahrungen in meinem Gedankenschatz als gespeicherte Erinnerungen aus einer anderen Zeit.

Ich erlebe sie als wechselnde, flimmernde Bilder vor meinen Augen und ich genieße gleichzeitig eine Tasse des aromatischen, starken italienischen Kaffees, mal mit köstlichem Eis oder mit anderen Leckereien serviert, die aber allesamt verführerisch gut schmecken.

Mein hiesiges Dasein als ‚Genussmensch', dieses elitäre Bewusstsein schenkt und zelebriert mir meine Gaby, die Kaiserin meines Herzens, in trauter und täglicher Regelmäßigkeit. Stets stilvoll. Wie sollte es auch anders sein?

Die Leichtigkeit des Seins …

Gabys Terrassenambiente wird dominiert von einem perlend silbern sprudelnden Fontänen-Brunnen und dekorativ umgrenzt von herrlich wachsenden Naturpflanzen, die teils an Holzbalken-Pergolen oder Metall-Rank-Gittern besondere Blickfänge bilden.
Der schicke Pavillon mit dem Giebeldach und der hellen Segeltuch-Bespannung schenkt Schatten, beschützt vor Sturm und Wind und lässt einen leichten Sommerregen in überaus angenehmer Stimmung, tropfenfrei und trockenen Fußes genießen. Wenn des Sommers warme Regentropfen mit vielfachem ‚Plipp, Plipp, Plipp, Tap, Tap, Tap', dem virtuosen, leisen Trommelwirbel eines virtuosen Drummers entlocken und ins Ohr der Genießenden dringen, … dann geschieht etwas Faszinierendes, dann kann der ‚Sensible', also der solchermaßen vom Allmächtigen ausgestattete Gefühlsmensch, dann kann dieser tiefenentspannt in angenehme Traumwelten entschweben, ohne jedoch der Gegenwart gänzlich zu entgleiten. Derart gerate ich gerne ins Schwärmen.
Diese erreichte gestalterische Harmonie, diese sympathische Augenweide zeigt unaufdringlich aber kraftvoll den edlen Lebensstil der Hausherrin. Das Tiroler Landhaus, die das Anwesen einrahmende Gartenanlage mit dem präsenten Ambiente der Terrasse, gerade diese Elemente des Ensembles zeigen im Zusammenwirken ein Gesamtkunstwerk gestalterischen Könnens.
Ein idealer Ort, der ein Zusammensein unter Freunden auf herzliche und charmante Weise fordert, ja, der zur Geselligkeit geradezu animiert und frohe Stunden verspricht. Genau dieser Ort wurde recht bald schon zur Oase meiner guten Gefühle. Ich wurde als Gast seinerzeit liebevoll willkommen geheißen und in großer Liebe aufgenommen. Der Herbst meines Lebens wurde ‚golden'!
Nach den langen und stürmischen Irrfahrten durch mein kunterbuntes Leben merkte ich augenblicklich: ‚Hier ist die Aufrichtigkeit und die Ehrlichkeit zuhause'. Ich war endlich angekommen, angekommen in ihrem ‚Reich der Liebe', bei meiner treuen Lebensgefährtin Gaby in Tirol. Unsere ‚Schmetterlinge im Bauch' haben uns den gemeinsamen Weg gezeigt und im gefühlten Paradies zusammengeführt. Hier in Tirol, in ihrem liebenswerten Heim, finde ich, eben durch ihr Verständnis, durch ihre Zuneigung und ehrliche Liebe, die sie mir unentwegt zeigt, erneut den großen, wertvollen Schatz meiner reichen Erinnerungen.
Ich entdecke immer wieder, den in Episoden erlebten, wirklichen und auch vorbildhaften Wert einer vergangenen, aber auch überaus guten Zeit des menschlichen Miteinanders, mit denen mein langes und erfülltes Lebens mich so großzügig bedachte und auch beschenkte.
„Nein, meine liebste Gaby, ich lebe nicht ‚in der Vergangenheit', wie Du des

Öfteren schon mal sagtest, – im Gegenteil, meine Liebste, ich lebe erst bewusst durch die ‚Erfahrungen' aus meiner Vergangenheit, denn mit meinem positiven Denken fühle ich mich in meiner Gegenwart bestens angekommen.
Ich genieße heute mit Dir unser erfülltes, glückliches Leben, denn eines ist mir schon vor längerer Zeit klar geworden … die Generationen, die die Kriegswirren, deren Unheil und Verfolgungen überlebt hatten und darüber hinaus auch die Jahre der Not und Entbehrungen meisterten, sie waren allesamt in ihrer Zeit beispielgebend für uns.
Aber auch wir, als deren Kinder, wir alle zusammen spürten zwar das Besondere am landauf und landab sich verbreitenden Optimismus nach der Währungsreform und der dann rasanten und meistens guten Entwicklung in allen wirtschaftlichen Bereichen. Jedoch das Spüren dieser Entwicklung vollzog sich wohl nur im Unterbewusstsein des Einzelnen, denn dieser Fortschritt und dessen Zusammenhänge konnten wir einst kaum erkennen.
Vor allem wir als Kinder und Heranwachsende im Westteil unseres geteilten Vaterlandes, wir alle kamen Schritt für Schritt in den Genuss der kleinen, feinen Annehmlichkeiten, auch wenn das jeweilige Elternhaus recht unterschiedlich vom Schicksal begünstigt wurde.
Kindergarten Schulzeit, Lehre oder Studium, die unterschiedlichsten Ausbildungen bescherten dem jahrzehntelangen Aufbau die fähigen, arbeitenden Hände der Fleißigen."
Hier machte ich eine Pause, denn während meiner Ausführungen sah ich in Gabys Gesicht ihre eigene Nachdenklichkeit, die ich so schätzte.
Ich hörte in meinem Innern ihre Stimme überdeutlich und auch ihre eigenen, überzeugenden, eben eloquenten Schilderungen aus ihrer erlebten Zeit im Kreise ihrer großen, siebenköpfigen Familie, und diese Schilderungen zeigten mir die Richtigkeit meines heutigen Denkens. Aus ihren Erlebnisberichten greife ich das Wesentliche auf, das den Zusammenhang der Geschichte aufzeigt:

Gabys Eltern waren löblicherweise auf vielen Gebieten des täglichen Lebens von kreativem Ideenreichtum gesegnet und inspiriert, denn es galt ja die Kinderschar der fünf Mädchen sattzukriegen.
Ein Dach über dem Kopf der Rehfeldt-Familie wurde von Vater Benno nach seiner abenteuerlichen und hastigen Flucht 1945 aus ihrer Heimatstadt Stettin nach Bad Harzburg in Niedersachsen nicht nur geplant, sondern auch in Angriff genommen. Aus Trümmerschutt und gesammelten, verwendbaren Materialien zimmerte er mit geschickten Händen eine erste, provisorische, aber eigene kleine Unterkunft.
Pflegeleichte eigene Hühner bildeten neben einigen Ziegen und Hasen die Grundlage zur täglichen Versorgung. Mit einer kleinen Spielzeugmanufaktur setzte der findige Familienvater seinen Einfallsreichtum in die Tat um und sorgte so für ein zwar spärliches, aber willkommenes Einkommen, das das Überleben garantierte.

Eine neue Ära ...

Im Zuge der Gründung unserer neuen Staatsform, der Demokratie, wurde aus dem ehemaligen ‚Deutschen Reich' eine neue Form des Miteinanders, es entstand die ‚Bundesrepublik Deutschland'.
Mit der fast zeitgleich durchgeführten Währungsreform brach eine neue Ära der Hoffnung an.
Mit der Einführung der wertbeständigen, D-Mark setzte eine Dynamik der Schaffenskraft ein, die vielen Mitbürgern eine dauerhafte, berufliche Zukunft versprach.
Gabys Vater, Benno Rehfeldt, ich erkannte in ihm einen typischen und hochintelligenten ‚Selfmademan', der die Zeichen der Zeit blitzschnell erfasste und die sich spontan ergebenden Chancen zu nutzen wusste.
So verschlug es ihn, mit nunmehr angewachsener Familie aus der genialen Notbehausung in Bad Harzburg an den Rhein, nach Bendorf, der kleinen Stadt mit wachsendem Wirtschaftspotential, denn, als angestellter Allroundmanager eines mittelständischen Chemie-Unternehmens verdiente er endlich wieder ‚bare Münze' für den Lebensunterhalt seiner Familie. Er baute auf diese Weise das feste Fundament seines neuen, vielseitigen beruflichen Erfolges.
Auch im privaten Leben mit den ‚Seinen' hatte er allzeit eine glückliche Hand. Ich zeigte damals meine Bewunderung über diese Leistungen und verband sie mit meinem jungenhaften Respekt.
Das quirlige Handeln und die praktizierte Burschikosität dieses, von mir bewunderten Ehepaares, inklusive ihrer mittlerweile fünf bildhübschen Töchter waren ein lebendiges Vorbild des Fleißes.
Gabys Elternhaus beeindruckte mich schon in jungen Jahren so sehr, dass ich zu allen Zeiten meines weiteren Erwachsenwerdens Edith und Benno dankbar zu meinen, zuvor schon bewunderten und ausgewählten Vorbildern dazuzählte.
Mit ihnen entwickelte sich eine enge und menschlich wertvolle Freundschaft, die ich mit Muße pflegte. Viele wundervolle Stunden der harmonischen Geselligkeit folgten.
Mich berührte auf angenehme Weise Ediths und Bennos immer gleichbleibende, sympathische Ausstrahlung, die beide, als leuchtende Signale der Freundlichkeit, ihren Mitmenschen sicherlich auch beabsichtigt sendeten. Genau dadurch erhielten sie als direkte Rückmeldung und zustimmende Antwort der meisten Mitbürgerinnen und Mitbürger eine Welle der Sympathie.
‚So sind wir Rheinländer, wir empfangen neue Gäste mit offenen Armen, herzen sie und vergessen manchmal die Arme zuzumachen, um sie auch festzuhalten'.
„Diese Charaktereigenschaft schreibt man ja uns Rheinländern zu, doch es gibt sie, die berühmten Ausnahmen, und ihr, Benno und Edith, ihr seid eine rühmliche Ausnahme, ihr passt zu uns." Mit dieser bemerkenswerten Erklärung setzte Werner Weiland, ein geschätzter Geschäftspartner, Kegelbruder und gemeinsamer Freund von uns, in geselliger, munterer Runde zutreffend ein deutliches Zeichen

der Zusammengehörigkeit. Denn in Werners Worten spiegelt sich ein Teil der rheinischen Lebensart wider, und diese zeigt deutlich den Charme der rheinischen Seele.

Edith und Benno hatten sich in Bendorf bestens eingelebt und sie hatten beide gleichermaßen unsere kleine heimische Welt im Sturm erobert, denn …

Wie von einer hellen Aura umgeben zeigten sie mit ihrer persönlichen und immer verbindlichen Wesensart eine ehrliche Aufmerksamkeit, die vor allem die Menschen erreichten, denen das offene, freie und gesellschaftliche Miteinander ebenfalls Herzenssache war.

Auch ihre gelebte kameradschaftliche Verbundenheit mit den verschiedensten Menschen, die beide für wertvoll erachteten, diese Tugend war für mein Empfinden ein Symbol des Zusammenlebens, das Zuneigung darbot und menschliche Wärme erzeugte.

„Ja, meine liebste Gaby, alle diese Erfahrungen, die ich über viele Jahre sammeln konnte, die habe ich nicht nur in meinem Wesen verankert und stets als sehr angenehm empfunden, nein, ich habe auch für mein Ego eine Art von Anerkennung und Wertschätzung erfahren."

Automatisch dachte ich wiederum auch an meine Eltern, denn gerade sie waren aus ähnlichem Holz geschnitzt wie Edith und Benno. Ich verharrte einen kurzen Moment in meinen Gedanken, um sodann mit Nachdruck ein neues Thema zu umreißen:

„Eure umfangreiche Rehfeldt-Familien-Saga, meine liebste Gaby, sie wäre sicherlich eine andere, aber auch äußerst interessante und abenteuerliche Geschichte. Aber natürlich, die vielen, deinerseits geschilderten Geschehnisse, sie zeigen einen realistischen Hintergrund voller Spannungen und Abenteuer einer fast vergessenen Zeit.

Und auch sie sollten in Erinnerung behalten werden … eine Überschrift hätte ich auch schon im Kopf … doch die erfährst Du, meine Liebste, später, nämlich dann, wenn die Rehfeldt-Saga durch meine Wenigkeit zum Erzählthema werden sollte."

Die Kaiserin meines Herzens widersprach spontan, aber mit einem liebevollen Blick und mit einem leisen, deutlich ironisch klingenden Unterton: „Mein liebster Schatz, ich hab Dich ganz doll lieb, doch Du bist ein Teufel, denn Du bist so unendlich gemein zu mir, ich will Deinen ausgedachten Buchtitel sofort wissen. Du weißt doch. Ich bin immer so neugierig!"

Meine Gaby schaute mich mitleidheischend an, und mit ihrem treuesten Blick versuchte sie, mein Herz zu erweichen, denn sie hoffte insgeheim auf das Nennen meines etwaigen Titels. Ich hielt ihren Verführungskünsten stand und fuhr mit einer Betonung fort, die Wichtigem Gehör verschafft und einer nachhaltigen Resonanz den Nährboden bereitet: „All den vielen Protagonisten, die ich erleben konnte, deren Lebenswege ich kreuzte, deren Denken und deren Mitmenschlichkeit mich beeindruckten und formten, ihnen danke ich in Ehrfurcht.

Denn sie alle zeigten Wege auf, liebste Gaby, die sich zeitübergreifend, aber gerade im Nachhinein betrachtet, als richtig erwiesen haben und diese Wege einzuschlagen wäre heutzutage wie auch in Zukunft von hohem Nutzen für uns alle.
Mit dieser Erkenntnis im Bunde sollten alle Wissenden der weisen Richtungsempfehlung folgen, denn dieser Weg ist gut!
Und ... wie sagt man so treffend ... der Weg ist das Ziel.
Doch erst heute, im Bunde mit Dir, meine Liebste, im ‚Hier und Jetzt', erkenne ich, wie sicherlich viele andere denkende Mitbürger auch, erst jetzt bergreife ich den riesengroßen und einmaligen Glücksfall der deutschen Geschichte.
Erst heute habe ich den umfassenden Überblick über die durchlebte Epoche meiner Zeit.
Ich verstehe, dass wir, als sogenannte ‚Schicksals-Generationen', in unsere Zeit hineingeboren wurden, hineingeboren in diese wirklich einmalige, in diese große Friedens-Ära im Herzen des Kontinents Europa. Hineingeboren in all unsere segensreichen Lebensjahrzehnte, die uns die göttliche Allmacht bereithielten. Ich will es mal überhöhen und blumig beschreiben, liebste Gaby:
Ein wundervolles und üppiges Füllhorn des wahren Glücks war für uns die Epoche der zweiten Hälfte des zwanzigsten Jahrhunderts ... und auch im neuen Jahrtausend, im ‚Heute' leben wir in Frieden und Freiheit.
Ja, speziell in unseren Lebensjahrzehnten, in denen das ständige Wirken der Menschen beim Wiederaufbau unserer Heimat als Ganzheit zum festen Fundament allen Fortschritts wurde und begleitend unsere demokratische Grundordnung gefestigt wurde, könnte man unsere Generation auch als die ‚Schoßkinder des Glücks' nennen ... denen das Füllhorn die Annehmlichkeiten dieser Zeit in reichem Maße schenkt ... denn durch den entstandenen Gemeinsinn, den sich unser Volk erarbeitete und der es auszeichnete, auch durch dieses Geschehen erhielten wir langsam und Stück für Stück unsere einst verlorene Würde zurück."
Ich beendete meine Ausführungen und bei bester Laune und guter Dinge widmeten wir uns von da an wieder der leichteren Muse.

Auch das Palim Palim hat zwei Seiten ...

In locker leichtem Geplänkel amüsierten wir uns königlich, denn unsere Dialoge hatten allesamt einen humorvollen Hintergrund.
Die Hingabe in unsere harmonische Zweisamkeit schärfte unsere Sinne und schenkte uns ein nachhaltiges Besinnen auf die Freuden im Herbst des Lebens, eingebettet in die Schönheit unserer Tiroler Bergwelt und ... ins Mysterium meiner, unserer gewonnenen, unserer ‚geschenkten Zeit'.
Ein von Herzen kommendes Dankeschön an unser beider Schicksal, das uns glücklicherweise einst zusammenführte, dieses aufkommende, warme Gefühl empfinde ich oftmals in unserer ... ‚Blauen Stunde', auch so nennen wir gerne unser abendliches, entspanntes, aber auch unser prickelndes Ritual der spritzigen

Worte und des wachen Geistes, denn genau in diesem Erleben unserer Zeit, in der Gegenwart, liegt ja die wohltuende Nähe, die Gefühlsmenschen zu schätzen wissen.
Ein freundliches Prosit unsererseits gilt natürlich auch unserer ‚Bühne der guten Gefühle', die in unseren gemütlichen, sommerlichen Abendstunden im Rund der Terrasse ihren virtuellen Standplatz hat und deren Bretter für uns die heile, schöne Welt bedeuteten.
In virtuellen Kostümen begegnen wir uns in illustren Szenen und mit den unterschiedlichsten Rollentexten, die sich aus den Situationen heraus ergeben, spielen wir uns meist humorvolle Themen zu, – und wirklich, Tag für Tag, also beim jeweiligen Beginn der Dämmerstunde, betreten wir sie, unsere virtuelle Bühne des real prickelnden Geplänkels.
In unseren sich unwillkürlich ergebenden Bühnenrollen mit deren Spielszenen lag und liegt eine persönliche Präsenz, die bis heute unsere hohe Lebensqualität immer wieder herbeispielt, und dieses Bühnenspiel lieben, schätzen und pflegen wir mit Dankbarkeit.
Auf dieser imaginären Bühne spielt jeder seinen kreativen Part im jeweiligen Akt … und insgeheim füge ich schmunzelnd hinzu, den Part unserer nicht immer geistreichen Dialoge. Und auf dieser erfolgreichen Spielfläche, unserer erdachten ‚Terrassen-Freilichtbühne', die zwar nur in unseren Köpfen existiert, doch sie verleiht Flügel und enthebt uns so manches Mal aus dem Alltagsgrau der Monotonie, die bei uns aber Seltenheitswert besitzt. Unsere Spielstätte der guten Gedanken, sie war, sie ist und sie bleibt uns auch in spe im psychischen und physisch gesunden Wohlfühlbereich erhalten.
Unsere gemeinsam kreierte ‚Unterhaltungszeremonie der guten Worte' verstehen wir unisono als unser tägliches Lebenselixier für Geist, Herz und Seele.
Und dieser geniale Zaubertrank erfüllt uns mit guten Gedanken in unserer paradiesischen Oase der inneren Ruhe und Gemütlichkeit.
   Seine Kraft werden wir uns, hoffentlich noch eine geraume Weile genüsslich und dankbar zu Gemüte führen.
‚Das grüne Wohnzimmer', auch mit diesem treffenden Lob bezeichne ich voller Bewunderung das edle Ambiente der Terrasse in Gabys Naturtheater, inmitten ihres geschaffenen Gartenparadieses, das den entstehenden ausgewogenen und guten Gedanken die Leichtigkeit des Seins schenkt und dadurch weiterhin jedem lebendigen, wachen Geist den urgesunden Nährboden für bessere Zeiten bereitet.
Mit meinem ausführlich geschilderten ‚Ist-Zustand der Seele' beschreibe ich meine anhaltend gute Laune, die ja aus dem erlebten Wohlgefühl heraus auf Psyche und Physis automatisch übertragen zu werden scheint. Ich erlebe meine geistige Flexibilität voller Freude, und ich nutze die vom Schicksal mir weiterhin geschenkte Zeit. Ich werde mit Elan weiterschreiben, was ich noch für ‚erzählenswert' halte. Der große ideelle Schatz der Erinnerungen erscheint in seiner Masse eindrucksvoll vor meinen Augen und er eröffnet mir wieder neue Blicke auf längst verborgen

geglaubte menschliche Werte, die unsere vorbildlichen ‚Vorausgegangenen', auch teils als Mahnung und Warnung in ihren fast schon beschwörenden Zeitzeichen gezielt an uns ‚Heutige' so eindrucksvoll hinterließen.

‚Memento mori',
– bedenke, dass du sterblich bist …

Und es sind beileibe nicht allein nur meines ‚alten Herrn' gediegene Worte und visionäre Zukunftspläne von einst, die ich deutlich in mir höre, sondern es sind auch die beispielgebenden Handlungen all derer, die in unserem damaligen großen Bekanntenkreis eine interessante Rolle der Zeitgeschichte übernommen hatten.
In unserem ausgesuchten, meist sozialdemokratisch angehauchten ‚Mini-Kosmos' der Gleichgesinnten, in ihm agierten die ‚Genossen' in gedanklichem Gleichschritt.
Sie alle hatten eine humane Welt vor Augen, eine Welt, in der die Gerechtigkeit allen zuteilwerden sollte.
Auch sie erscheinen mir in ihren Handlungen in leibhaftiger Gestalt, aber leider nur schemenhaft, denn ihre markanten Gesichtszüge, die ihre Persönlichkeiten einst dominierten, ihre Gesichter verschwimmen unerklärlicherweise in meiner erneuten Betrachtung.
Außerdem erscheinen mir die ‚Vorausgegangenen' meist sogar ungebeten, ja, in meiner Fantasie lösen sie sich aus ihrem schönen, geheimnisvollen aber auch strahlend hellen ‚Nebelland des Sternenstaubes'.
So empfinde ich und so nenne ich voller Demut das imaginär geschaute ‚Jenseits'… und ehrfürchtig füge ich hinzu: „Für mein Gefühl, für einen Teil meines Glaubens jedenfalls, liegt am Ende eines jeden Lebens der Tod. Mit dem Überschreiten der mystischen Schwelle, die ja erst den unbekannten Weg ins Licht freigibt und der zur ersehnten ‚anderen Seite' führt. Diese andere Seite lebt zeitlebens in uns … und sie ist als immerwährende und unendliche Energie des Universums unvergänglich.
Und fast schon hellseherisch ahne ich, dass meine virtuellen Freunde mich wohl durch ihr Erscheinen hier in meiner Gegenwart, in meinem ‚Hier und Heute' hartnäckig daran erinnern wollen, dass ich ihnen ein Bewahren und Weiterreichen der wahren Werte, auch ihrer Erfahrungen, ihrer weisen Erkenntnisse der Friedfertigkeit, in die Hand versprochen hatte, diese humanistischen Ideale an meine zu erwartenden Kinder und Kindeskinder weiterzugeben.
„Es könnte ja so gewesen sein – oder war es doch anders?"
Die Antwort darauf habe ich sogleich in ein Selbstgespräch verpackt, denn leise und bedächtig beantworte ich bequemerweise die in meinen geheimen Gedanken gestellte Frage.
Geschickt nehme ich mein Versprechen von damals nahtlos wieder auf und führe mein Selbstgespräch weiter, nun aber nicht mehr in leiser Tonart, denn die innere

Genugtuung sollte jetzt und in spe kein Geheimnis mehr sein. Im Brustton der Überzeugung fahre ich fort:
„Ich erfülle ja dieses Versprechen und schreibe das Wahre auf, ja, ich schreibe aus dem Herzen heraus und ich freue mich auf das immer wiederkehrende Erinnern. Ich freue mich auf die im Kopf festgehaltenen Episoden mit ihren begleitenden Lehren.
In diesem Geiste gelingt mir sicherlich mit meinen weiteren Erzählungen eine schöpferische Renaissance der bewegenden Handlungen von einst.
Dieses Gefühl meiner geistigen Kraft, das mir mit jedem spontan wiederkehrenden Erinnern in den Sinn kam, mit dem Erscheinen all der vielen einstigen Künstlerkollegen meines alten Herrn, ihr virtuelles Sein in ihren Szenen, jetzt hier bei mir, das alles spornt mich an, ihr einstiges Wirken und ihre weisen Lehren, deren Adressat unsere Generation zweifelsfrei ist, aufzuschreiben und für künftige Mitmenschen als Lektüre zu fixieren.
Aber auch das Miterleben der aufwühlenden Debatten eines neuen Denkens in Richtung einer demokratischen Neubesinnung durch unsere engeren Freunde, deren Philosophien und Gesprächsrunden, die ich mit Interesse beobachten konnte, diese Diskussionen begeisterten mich damals enorm.

,Was wäre das für ein Ding,
wenn wir ein Auto hätten'!

Diese Frage ließ mich nicht mehr los, nein, ich stellte sie mir immer wieder. Auch mit Mutti sprach ich fast nur noch über den ‚fahrbaren Untersatz mit vier Rädern'. Vati war der Frage ebenfalls auf der Spur, doch war er mit seinen Gedankenspielen schon bei seiner eigenen Machbarkeitsstudie angekommen.
„Ihr Lieben, ich habe mich schon mal bei Auto-Bley in Koblenz-Lützel erkundigt, die haben dort eine Menge an kleinen Autos. Auch preislich sind interessante Angebote dabei. Aber mit fünftausend Mark müssten wir schon rechnen. Die Fünftausend fürs Auto haben wir zwar nicht in bar in der Schublade, doch ich habe eine feste Anstellung mit fixem Monatsgehalt bei der Notarkammer Koblenz, und zwar als Chefsekretärin. Es wär' doch gelacht, wenn wir mit dieser Sicherheit im Rücken keinen Kleinkredit bewilligt bekämen."
Mein Mutterherz hatte eine ausgesprochen gute Laune entwickelt und Vati feuerte unsere Überlegungen weiter an und wandte sich umgehend an seine ‚Grete', die im Geiste schon in lukrativen Geldbeschaffungsgesprächen gefangen schien.
„Also, ich gehe nicht zur Sparkasse, das musst Du machen, liebste Grete, denn in solchen Sachen bin ich nicht zuhause, ich meine, ich kann das nicht, obwohl ja der Chef dort, der Herr Scholz, ein Bild von mir vor einiger Zeit gekauft hat. Verhandele Du mit der Sparkasse Bendorf, mit Herrn Scholz, nee warte mal, verhandele besser mit seinem Stellvertreter, dem Herrn Anheuser, der ist umgänglicher, aber runde Dreitausend als Darlehen werden wir brauchen, Gretelein."

„Du kannst ja richtig betteln, mein geliebter Göttergatte, wenn Du gezielt was erreichen willst. Dann kannst Du auch gekonnt Süßholzraspeln. Natürlich rede ich, egal ob mit Scholz oder mit Anheuser. Die Hauptsache ist doch, wir bekommen das fehlende Geld zu Bedingungen, ich meine Monatsraten, die wir auch bequem bezahlen können."
Vati und Mutti erhielten ohne Probleme und zu günstigen Bedingungen den Kleinkredit.
Und Vati und Mutti erhielten Ihren Kleinwagen, einen hellen, silbergrauen Fiat 500.
Ein knuffiges, geradezu schnuckelig aussehendes Gefährt auf vier schmalen Rädern stand so ansprechend und einladend vor uns, dass unsere Herzen im Gleichklang höherschlugen. Unser Blick fixierte aber auch das luxuriös wirkende Faltdach, das aufgefaltet und aufgerollt hinter der schmalen Rückbank festgeklemmt werden konnte. Dieser serienmäßige Cabriolet-Effekt nahm rein optisch betrachtet, eben durch den freien Blick zum Himmel, einen Teil der gefühlten Enge unseres Kleinautos, wobei die frische Luft als Gratisgeschenk willkommen war. Die kleine Größe des 500-er Fiats, der genannte niedrige Benzinverbrauch und eben das Rolldach ...
All diese Kriterien erfreuten unser Gemüt.
Bei ‚Fiat-Bley' in Koblenz-Lützel hatte also mein alter Herr seinen Autokauf in trockene Tücher gebracht und Mutti und mich vor vollendete Tatsachen gestellt. Fortan kurvte er übend durch unsere heimischen Kreis- und Landstraßen. Seine obligatorische Fahrerlaubnis hatte er schon im Jahre 1950 mit Bravour bestanden. Werner Hünermann, sein damaliger Fahrlehrer, hatte damals für Vati nur lobende Worte parat, denn er brauchte bis zur Führerscheinprüfung nur sieben Fahrstunden inklusive seiner Prüfungsfahrt.
Hünermanns Fahrschulräume befanden sich bequemerweise im Parterre des Goethe-Hauses, dessen Verwaltung zu jener Zeit in Vatis Verantwortung lag und er zu Hünermann ein besonders gutes Verhältnis hatte. Es passte eben alles zusammen.
Die Borcherts waren nun nicht mehr in ihrer Mobilität Wind und Wetter ausgesetzt und konnten, wann immer sie Lust und Laune hatten, all die noch unbekannten Schönheiten der näheren und der ferneren Welt zu dritt erkunden.
Dieser neue, freie und sehnlich herbeigesehnte Lebensstandard unseres festgeschmiedeten, familiären Dreierbundes begann im Frühling des Jahres 1958.
Im selben Jahr beendete ich freiwillig meine holprige Laufbahn als Schüler des Städtischen Realgymnasiums Koblenz und begann meine vielversprechende Lehre im renommierten und größten Textilhaus am Mittelrhein, einem Haus mit sechsundzwanzig großen und aussagestarken Schaufenstern.
Das besagte Mode- und Textilhaus, die Albert Lütke GmbH, im Herzen von Koblenz beheimatet, am Eck Löhrstraße, Ecke Pfuhlgasse gelegen, so signalisierte dieser imposante Winkelbau allein schon durch sein markantes Erscheinungsbild

sowie seiner modernen und ansprechenden Architektur eine Fachkompetenz, die eine dominierende Aufmerksamkeit ausstrahlte, gleichzeitig aber eine exklusive, zurückhaltende Stärke ausdrückte.
Ein gutes Omen?
Die in Liebhaberkreisen geschätzte und beliebte Kunsthandlung und Galerie, die Ferdinand Vollmüller GmbH, befand sich mit ihren Geschäftsräumen und Schaufenstern auch in besagt bester Lage der quirligen und stark frequentierten Löhrstraße, im damaligen Zentrum der Rhein-Moselstadt und … schräg gegenüber zum Textil und Modehaus Lütke.
Aber das ist auch eine andere, eine eigene Geschichte!
Jedem realen ‚Neuentdecken' hier an meinem Schreibplatz und in meinen weiteren Erinnerungen, die mir so umfangreich und dankenswerterweise von der ‚zeitlosen Zeit' geschenkt werden, diese Bereicherung bestätigt mir ein weiteres Mal die Richtigkeit meiner gegenwärtigen Aufzeichnungen.
In diese Phalanx der Humanisten und Denker aus der Epoche des Wandels reihen sich nahtlos in meine Recherchen ein, denn sie dienen einer erforderlichen, ja gebotenen Suche auf meinem Weg zur Wahrheitsfindung in einem vergangenen, aber erlebten Lebensabschnitt.
Dieser Gesamtkomplex der engeren, persönlichen Familiengeschichte sorgt auf seine Weise für eine spannende Spurensuche, vor allem aber entsteht ein akribisches Erkunden des ereignisreichen Seins meiner illustren, liebenswerten Künstlerfamilie, speziell in der erfolgreichen, aber gleichwohl auch geheimnisvollen Ära der zweiten Hälfte des vergangenen Jahrhunderts.
Es war eine stets freier werdende Ära, eine wichtige, aufbauende Zeit der vielen gesellschaftlichen Diskrepanzen, die zugleich Zuspruch und Widerstand im Geiste hervorriefen. Es war die Zeit der Denker … und auch die große Zeit der Macher.
Wir ‚Heutigen', wir sind ihre direkten Universalerben. Ich füge hinzu: „Was du ererbt hast von den Vätern, erwirb es, um es zu besitzen."
Ja, so lautet der griffige Spruch, der mir sofort in meiner gegenwärtigen Reflexion zum komplexen Vergangenheitsgeschehen einfällt.
Im Bewusstsein meiner, über viele Jahrzehnte gesammelten Erfahrungen habe ich den Stand meiner erarbeiteten Altersweisheit erreicht, den ich stets herbeigesehnt hatte.
Jetzt erst kann ich klar erkennen und verstehen, nach welchen, in meinen Augen historischen, aber immer auch aufwühlenden Gesamtgeschehen, ich seit vielen Jahren auf der Suche war.
Ich fühle meine innere, entspannte Zufriedenheit, räkele und strecke mich in meinem bequemen Drehstuhl, rolle ein Stückchen zurück und stelle mir abrupt, laut und deutlich die hypothetische Frage: „Wir Zeitzeugen, wir alle, vom jeweiligen Alter her gesehenen, ineinander verflochtenen Nachkriegsgenerationen, die wir in diese deutsche Aufbauepoche hineingeboren wurden, wir sollten uns heute

glücklich schätzen, diese Zeit gelebt und sie bewusst mitgestaltet zu haben."
Trotz meiner lauten Selbsterklärung, die mir vom Gefühl her recht gut gefällt, erleichterte ich mein Herz jetzt vollkommen und schiebe sofort meine emotionale Weltanschauung in Kurzfassung hinterher: „Teufel noch mal ... eine intelligente Gelassenheit soll unser freundliches Ego prägen und ein ehrliches Lächeln sollte vorherrschen, ein Lächeln, wie es der große Menschenfreund, der Dalai Lama der Welt zeigt, diesen Ausdruck der menschlichen Wärme und der Sympathie sollten auch wir uns merken, denn er könnte, nein, er sollte unser Markenzeichen werden! Den Versuch sollten wir einfach wagen, denn ein Lächeln ist bekanntlich ansteckend und es verändert die Verhaltensweisen der Menschen und vielleicht sogar die Moral. Ja, wir sollten Menschlichkeit im Miteinander pflegen und nicht nur vorleben, sondern durch unser Verhalten aufzeigen, dass gerade wir Alten die Tugenden, die unser freies, demokratisches Zusammenleben so lebenswert machen, mit Toleranz und Respekt gegenüber jedermann zeigen und beherzigen sollten."

Die Zeitreise, zurück in die Zukunft ...

Ich sitze mit Gaby gemütlich auf der Terrasse und wir atmen ganz bewusst und genüsslich die laue, feinwürzig duftende Abendluft in langen und intensiven Atemzügen ein. Diese praktizierten Atemintervalle beim Luftschmecken umschmeicheln unsere Sinne auf eine wohltuende Weise, die wir mit Lust und Wohlbehagen intensiv genießen.
Diese einzigartige Tiroler Abendluft wird von herrlichen Düften unmerklich angereichert, diese klare Landluft besitzt für mein Empfinden ein wundervolles Aroma, ein einzigartig würziges unaufdringliches ‚Naturparfum', eben eines von jener Sorte, wie es nur unsere allumfassende Schöpfung kreieren kann.
Ich spüre den intensiven, leicht harzigen Duft der mächtigen, uns umgebenden Nadelbäume ebenso wie den süßlichen Hauch des blühenden Lavendels und der zahlreichen immergrünen Lorbeerbüsche, die sich in unserer greifbaren Nähe ausdehnen.
Der an die Terrasse angrenzende ziegelsteinrote Backsteinbrunnen mit der perlenden, plätschernden Wasserfontäne, er gibt nicht nur die gesunde Feuchtigkeit zur Luft hinzu, er sorgt auch für ein verwöhnendes, beruhigendes Hörerlebnis.
Unmerklich spüren wir beiden Zufriedenen diese vortreffliche ‚Sauerstoffvariante', die wir bei jedem Atemzug als urgesunde Bereicherung empfinden, die uns bewusst werden lässt, wie schön das Leben sein kann.
Derart im Wohlfühlmodus angekommen und in unserer Harmonie integriert, habe ich ein ausgesprochenes und gutes Gefühl in mir, denn das schlanke Stielglas, in dem unser prickelndes Elixier aus Wien, der charaktervolle ‚Hochriegl Sekt', mit seiner perlenden, trockenen und feinen Note besticht, dieser göttliche Tropfen der guten Laune hat Gaby und mir die Feierabendstimmung geschenkt, die

uns beiden unsere geschätzte ‚Blaue Stunde' mit Leib und Seele erleben lässt.
„Mein lieber Schatz, Du bist im Moment meilenweit im Geiste davongeeilt, ich sehe Dir das an, Du bist zwar da, aber trotzdem nicht hier. Nicht wirklich, meine ich."
Gaby betonte ihre kritisierenden Worte mit dem Unterton der Traurigkeit, denn sie liebte ja unsere anregenden Dialoge. Sie hatte mal wieder den berühmten Nagel auf den Kopf getroffen, denn ich war in meinen Gedanken wirklich längst wieder im Goethehaus mit meinen Eltern vereint, und ich spürte tief in meinem Innern eine Grundzufriedenheit, wie Kinder sie nur im engen Kreis der Eltern fühlen und wahrnehmen können. Ich ließ von meinen Vergangenheitsgedanken los, und augenblicklich war ich wieder in meiner wundervollen Gegenwart bei meiner Liebsten. Tiefbewegt entschuldigte ich mich bei ihr und begann sofort mit einer zeitgemäßen Unterhaltung, die unser beider Kreativität zum Thema hatte.
„Es ist bei mir so, liebste Gaby, immer wenn ich mit Dir zusammen bin, immer wenn ich mich so richtig angenommen, aufgefangen und glücklich fühle, dann habe ich das sympathische Verlangen, meinen Eltern, wie auch deren Freunden von mir zu berichten. Ich will ihnen schildern, wie mein Leben jetzt ist, an Deiner Seite, Du herrliches Weib!"
Mit dieser Erklärung meiner kurzzeitigen, geistigen Abwesenheit war sie zufrieden und eröffnete ihrerseits unser neues Gespräch: „Du hast die Backstein-Umfassungen der Beete so genial gestaltet, Du hast Deinen mitgebrachten Ziegeln einen Schwung verpasst, der unserer Wohnterrasse rundum einen wunderschönen, einen natürlichen Rahmen schenkt. Das halbhohe Mauerwerk, Deiner im Verbund und mörtellos gesetzten Steine, darauf muss man erst mal kommen! Das Ganze, mein Liebster, es besticht durch den einmaligen, antiken Charakter der handgeformten Lehmziegel und natürlich auch durch dessen rötlich braunen Brand.
„Mit Dir zusammen, meine liebste Gaby, mit Dir ist all das Gestalten und Bepflanzen eigentlich ein Kinderspiel, denn bei allem was wir tun, sei es im Innenbereich Deines Hauses oder jetzt im Sommer, hier in Deinem Garten … wir besprechen ja unsere Vorhaben schon im Vorfeld und meistens in unseren beredten Stunden zwischen Tag und Dunkel. Ja, und neben unseren Planungen bleibt ja Gott sei Dank auch noch genügend Spielraum für unser aufregendes, abendliches Geplänkel, das Reden über Gott und die Welt.
Gleiten unsere Gespräche in Richtung der leichten Muse ab oder nehmen sie zur geistigen Erbauung einen humorvollen Verlauf, dann nennst Du, liebste Gaby, Du Kaiserin meines Herzens, dieses Spiel unser … Palim, Palim.
Der von mir verehrte große Künstler, Schauspieler Theaterbesitzer und glänzender Humorist Dieter Hallervorden, er lässt grüßen, denn der Wortschöpfer des witzigen Palim, Palims stammt aus seiner Feder und somit aus seinem Mund."
Das Erinnern, das Erzählen und das Niederschreiben der einstigen Ereignisse, all das geht mir gut von der Hand, wie man umgangssprachlich so sagt und genau

diese Formulierung passt zu meiner gegenwärtig guten und harmonischen Lebensphase der liebevollen Zweisamkeit.
Das von Herzen kommende Verstehen mit meiner geliebten Gaby, meinem großartigen Lebensmenschen, wie ich sie voller innerer Wärme im Gefühl auch gerne nenne, dieses Verstehen versetzt mich in die glückliche Lage, dass ich mit ihr die beste Zeit meines Lebens in vollen Zügen genießen kann.
Sie treibt mich dann und wann zu meinem Schreibtisch hin, sie korrigiert mich in Sequenzen schon beim Denken … und Gaby erinnert mich stets eindringlich an unsere vom Schicksal geschenkte Gegenwart, vor allem aber daran, dass ich meine alten Tage in jeder Sekunde voller Glück und Dankbarkeit erleben und auskosten soll.
Diese Kraft des Lebens spüre ich seit etlichen Jahren jeden Tag aufs Neue, denn der Herbst unseres gemeinsamen Daseins hält wirklich nur ‚Goldene Tage' für uns bereit.
Das Wiedergeben in Wort, Schrift und Bild, das alles Menschliche erfasst, ob es in Höhen oder in Tiefen zu erspüren galt, all das habe ich mir schon vor langer Zeit zum Ziel gesetzt, denn aus unserer Vergangenheit heraus gestalten wir eine liebenswerte Gegenwart, in der es sich zu leben lohnt.
Und es liegt auf der Hand, der vorausschauende, denkende und fortschrittlich agierende Visionär formt nach bestem Wissen und Gewissen die Lebensgrundlagen für die kommenden Generationen.
Er formt und festigt dieses demokratische Fundament auch aus dem überlieferten Erbe der Vergangenheit heraus, indem er die negativen Fehlentwicklungen und Taten der ehemals verantwortlichen Generationen im Orkus der Geschichte wegspült, ihre beispielgebenden und positiven Eigenschaften erkennt und übernimmt.
Es gilt diese Erkenntnisse zu verstehen, sie zu nutzen und zu leben, um in der Gegenwart den richtigen Weg in eine friedliche Zukunft zu gründen, zu festigen und etwaige Stolpersteine aus dem Weg zu räumen.
Mit diesen Überlegungen bin ich in meinen Gedanken wieder in jene für mich segensreiche Zeit zurückgeeilt, um aus ihr meine momentanen guten Gefühle zu erhalten, die ich so angenehm in meiner Jetztzeit spüre.
Ich werde weiterhin mit dem gebotenen Feingefühl meinen schönen Erinnerungen ihr sympathisches Eigenleben entlocken.
Vatis ‚inhaltsreiche' Motivsuchfahrten, die er zunächst mit seinem zweirädrigen Ungetüm der 125er UT absolvierte und später mit dem Cinquecento, dem Fiat 500, sie schenkten ihm nicht nur Freude und Freiheit, sondern auch viele Skizzen und reizvolle Eindrücke auf seiner emsigen Suche.
Dieses knatternde Vehikel auf zwei Rädern und etwas später dann sein Kleinwagen, sie hatten Vati die ganze Welt der zauberhaften und wunderschönen Heimat geöffnet. Mit den zahlreichen Motiven, die ja unsere abwechslungsreiche Mittelrheinregion zu Hauf bietet, legte sich unser Kunstmaler alle seine gesammelten Skizzen zurecht, um nach mehrmaligem Betrachten der Motive genau die

eine Skizze, die seinem momentanen Geschmack entsprach, als geeignete Grundlage für sein zu schaffendes Werk in Öl oder Aquarellfarben zu bestimmen.
Wie gesagt, aus dem Skizzenbuch heraus erarbeitete sich Vati die markantesten Werke, beispielsweise romantische Bauwerke, wie Burgen, Schlösser und Kirchen. Aber auch die stimmungsvollen Naturmotive aus dem Eifelland, dem Hunsrück und besonders dem rauen Westerwald in Bildern festzuhalten, diesen eingefangenen Skizzen farbiges Leben einzuhauchen, genau dieses malerische Können bereicherte sein Schaffen und gehörte unbedingt zu seinem künstlerischen Repertoire.
„Gotthold Borchert, der Landschaftsmaler aus Bendorf", so sagte die Kunstszene, wenn Vati das Ziel von Gesprächen in Fachkreisen war. In diese Rubrik wurde er gezielt gesteckt, wenn man der urteilenden Presse Glauben schenken wollte. Aber es galt auch, seine Bilder in gängiger Größe zu gestalten, sie dem gewünschten Bildformat anzupassen. Ausstellungen und Galerien hatten ihre Richtmaße.
Und so schuf Vati Bild für Bild in seinen Versionen und schenkte all seinen Werken ihren eigenen Charakter. Jeder Pinselstrich, jeder pastose Spachtelauftrag zeigte seine unverwechselbare, malende Handschrift.
Seine robuste Mal-Dynamik, speziell beim Schaffen der Ölbilder faszinierte jeden Betrachter. Seine persönliche ‚Palette' kreierte ein nuancenreiches Spiel der Farben, setzte sie in variierenden Mischtönen ins Bild und verzauberte stimmungsvoll das Geschaute.
Oftmals war das ineinanderfließende und virtuose Farbenspiel auf Leinwand oder Aquarellpapier von seinen sensiblen Gefühlen und Stimmungen bestimmt und nicht selten zeigten die Kompositionen das Spiegelbild seiner Künstlerseele. Auch deren tendenzielle Schwankungen blieben meist nicht verborgen.
Jedes fertiggestellte Werk, ob in Öl oder Aquarell, immer musste zuerst ‚seine Grete' die Arbeiten fair begutachten. War sie von seinem Tun angetan und lobte die geschaffenen Bilder in angepasster Form, dann war unser Künstler zufrieden und guter Dinge.
Erst in diesem Zufriedenheitsgefühl präsentierte er mit Stolz allen unseren Freunden, Besuchern und ‚Neugierigen' seinen neu geschaffenen und angesammelten Bilderreichtum.
Diese Ausbeute war für Vati so wertvoll, dass er die Bilder mit teils selbstgefertigten Rahmen umgab und selbige an den freigeräumten Wänden geschickt arrangierte und die kleineren Bilder fanden ihren Standort auf dem Esstisch, sogar aufrechtstehend montiert.
Alle Aquarelle wurden immer mit einem farblich abgestimmten Passepartout umrahmt und wegen des optimalen Helligkeitseffektes in der Fensternähe auf dem Fußboden gezeigt. Unsere zusammenhängenden Wohn- und Esszimmerräume bildeten oftmals im Kleinformat das beliebte Forum der Bilderschau. Sie war jedes Mal ein Erfolg und unsere Freunde hatten ihre Freude.
Mit viel Elan, mit Feingefühl und Herzblut malte mein alter Herr die Bilder aus

seinem inhaltlich so wertvollen Skizzenbuch heraus. Er schuf die ausdrucksstarken Bilder, die auch das natürliche, fast unsichtbare Flimmern der Luft in sich trugen.
Doch der Tag, an dem sich unser Mäzen, Kunsthändler und Galeriebesitzer Ferdinand Vollmüller aus Koblenz unsere ‚Bilderproduktion' anschaute und manchmal minutenlang vor einem Bild stand, sah man seine offene, bejahende Gemütsverfassung, die für Vati und uns meist eine positive Entscheidung bedeutete ...
Dieser gewiefte Kaufmann hatte immer ein gerolltes und dickes Geldscheinbündel in seiner Hosen- oder Kitteltasche verstaut, denn als raffinierter Geschäftsmann wusste er natürlich, dass der Anblick des Geldes auch einem Menschenfreund, dessen Ebenbild Vati in jeder Beziehung gerecht wurde, manchmal gefällt und geheime Wünsche in greifbare Nähe rückt.
Wie sagt man so schön? ... „Bargeld lacht!"
So machte mein Alter Herr so manches gute Geschäft mit dem geschäftstüchtigen Galeristen aus der Rhein-Moselstadt.
Da Vati ja seit seiner Mainzer Klinikzeit, seit seiner verlorenen Stimme und des permanenten Atmens durch die Halskanüle vorzeitig in die Rente geschickt wurde und diese Frührente dementsprechend mehr als gering war, kam uns natürlich der ‚warme Regen' Vollmüllers mehr als gelegen.
Der warme Regen, ja, so nannte Mutti das Geld aus dem Bilderverkauf. Eine nicht näher bezifferte Summe der Einnahmen wurde von Vati stets requiriert, nie ohne seine stereotype und gestenreich untermauerte Begründung zu nennen: „Liebste Grete, bitte bedenke, Bilder malt man mit Farben, man malt auf Leinwänden und auf Aquarellpapieren, auch Pinsel und die diversen Spachteln verschlingen Unsummen des erhaltenen schönen Zasters, na ... eben des Geldes. Und diesen schnöden Mammon, der so schnöde für mich nicht mehr ist, diesen warmen Regen, meine liebste Grete, erhalten wir von unserem Freund und Mäzenen Ferdinand Vollmüller ... ergo lass mir meinen Anteil, bitte, ich brauche doch die nötigen Materialien aus meinem Fachgeschäft, dem Malkasten in Koblenz, von meinem Freund Zils, Du weißt, der mit den Sonderangeboten, die er mir immer wieder gewährt. Ich will und ich muss weiter frei malen können!"
Er schaute Mutti mit seinem ihm typischen, verschmitzten Lächeln in die Augen und redete munter weiter: „Frag doch mal Deinen Chef, Dr. von Bülow, ob er mich morgen Abend mit seinem Wagen bei Vollmüller vor dem Eingang wieder kurz abholen kann, denn in seinem Lager hinter dem Laden hat er etliche bespannte Leinwände für mich, die hat er extra besorgt, und mit dem Bus wäre das doch ziemlich schwierig, ich meine, der Transport wäre doch mehr als unhandlich. Außerdem sind auch die ganzen Farben, Pulver und die anderen Malmaterialien aus dem Farbkasten Zils mit nach Hause zu nehmen."
Mutti überlegte kurz und antwortete mit einem sich etwas fremd anmutenden Unterton, in dem aber ein durchaus wohlwollender Klang mitschwang, was sich keineswegs befremdlich anhörte: „Ich glaube schon, Gotthold, dass mein Chef

Dir diesen Gefallen ein weiteres Mal tun wird, denn dieser edle Mensch nimmt mich ja, seit ich vor Jahren bei ihm im Notariat wieder als Sekretärin Arbeit gefunden hatte, mit seinem Auto jeden Tag mit nach Koblenz in seine Kanzlei. Richtigerweise füge ich hinzu, mein Liebster, und das weißt Du, er fährt sogar einen kleinen Umweg, er fährt einen Schlenker, eine Art Schleife und lässt mich in der Gerichtsstraße an der Notarkammer aussteigen, bevor er dann erst in seine Kanzlei am Schlossrondell fährt. Er ist nicht nur ein exzellenter Tennisspieler, er ist auch ein perfekter Chef und … ein echter Gentleman."

Obwohl Mutti diese Antwort mit einem leicht bewundernden Klang versehen hatte, war aber ein fragender Unterton unüberhörbar, der sich auch auf in ihren nächsten Bemerkungen fortsetzte: „Aber auch Folgendes will ich noch anmerken, mein Liebster, das Gefühl einer gewissen Abhängigkeit unserem Freund von Bülow gegenüber, dieses dauernde um Gefallen anzusuchen oder zu bitten, das ist für mich, ich meine, das sollte für uns kein Dauerzustand werden. Wir müssen auf eigenen Füßen stehen, besser gesagt, auf eigenen vier Rädern fahren!"

Mein Mutterherz lächelte nach ihren Worten leicht, sah Vati mit ihren rehbraunen Augen liebevoll an und setzte ihre Überlegungen fort: „Wir brauchen über kurz oder lang mit Deinem fahrbaren Untersatz …, lieber Gotthold, … wir brauchen eine Alternative, diese Rückholfahrten solltest Du ab sofort übernehmen, denn dann bin ich unabhängig von ihm und seinen unterschiedlichen Arbeitszeiten."

Ein breites Grinsen zeigte Vatis Sympathie zu diesem Gedankenspiel bezüglich der vollzogenen Um-Motorisierung, vom wackeligen Zweirad auf sichere vier Räder.

„Liebstes Eheweib, der Gedanke an ein Auto faszinierte mich schon eine geraume Weile, ich hatte meinen geheimen Wunsch nicht geäußert, eben weil ich Dich nicht in die Bredouille bringen wollte. Darum bin ich jetzt mehr als nur froh, dass Du auch den Wunsch nach einem familientauglichen Gefährt in unsere Überlegungen mit einbezogen hast.

„Na ja, liebste Grete, mir reicht unser 500er Fiat, einen dicken Schlitten zu fahren, das überlasse ich meinem wohlhabenden Bruderherz Achim, denn als erfolgreicher Unternehmer der Baubranche im mondänen Düsseldorf kann er es sich leisten, einen protzigen Mercedes zu fahren. Das sage ich ohne Neidgefühle, denn Achim schafft ja auch wie ein Irrer. Ich für meinen Teil, ich war mit unserem Kleinwagen völlig zufrieden, denn ein Mehr an Auto brauche weder ich, noch hätten wir als Dreierhaushalt den nötigen Bedarf an einem großen Wagen. Außerdem müssen wir an die finanzielle Seite der Geschichte denken."

Das Schicksal spielte uns in die Karten, wie man oftmals zu günstigen Entwicklungen sagt, wenn sich Positives zusammenfügt und dauerhaft aneinanderreiht.

Muttis regelmäßig erhaltenen Monatsgehälter brachten uns eine willkommene Sicherheit in finanzieller Hinsicht, die es unserem geschätzten Künstler ermöglichte, seinem vitalen Schaffensdrang nachzugeben, ohne dass er von irgendwelchen Störungen oder Hindernissen von außen belästigt wurde.

So konnte er mit gewohnter Dynamik den Freiraum in seinem Atelier nutzen, den er auch stets dankbar annahm. Diese Freiheit setzte unser Künstler sogleich in die Tat um und schuf seine ausdrucksstarken, von seinem persönlichen Charakter geprägten Ölgemälde. Mit Hingabe und Liebe lebte er in seiner Welt der nuancenreichen, naturnahen Farbpalette.

Wenn auch seine bevorzugte Sparte, die Ölmalerei, die vor allem bei vielen seiner eigenen Kunden aus Bendorf und Umgebung eine ausgesprochene Priorität besaß, wenn diese bevorzugte Malerei in Vorabgesprächen Motivwünsche erkennen ließen, dann verfolgte er diese Wünsche.

In diesem gezielt geordneten Schaffensbereich arbeitete mein Alter Herr wie ein Besessener, um sowohl seine Privatkunden zu bedienen, als auch die speziellen Forderungen seines Galeristen Vollmüllers zu erfüllen.

Und Vollmüllers Wünsche waren eben vornehmlich geprägt von den wiederholt nachgefragten Ölbildermotiven mit den beliebten Ansichten unserer wundervollen, romantischen Mittelrheinregion, es waren die Ölgemälde der Heimat.

Wie Vati es schaffte, dieses Riesenmalprogramm mit unserem Familienleben inklusive seines persönlichen Freiraumes unter einen Hut zu bringen, das war und ist mir bis heute ein ungelöstes Rätsel. Wobei er zu keiner Zeit auch die menschlich-kulturellen Interessen seiner Freunde und Gönner aus den Augen verlor.

Und dann gab es ja auch noch den Freundeskreis der gleichgesinnten, begeisterten Kunstschaffenden unserer aufstrebenden Heimatstadt Bendorf. Um deren positive Entwicklung authentisch nachzuzeichnen muss ich die herausragenden Persönlichkeiten von damals skizzieren.

Als den Ersten unter Gleichen nenne ich den zu dieser Zeit noch jungen Bendorfer Maler Friedel Mildenberger, der es meisterhaft verstand, seine Kreativ-Kollegen durch interessante und gemeinschaftliche Arbeitskreise zusammenzuführen und auf diese Art die Freiheit der Bildenden Kunst zu dokumentieren und gleichzeitig den sozialen Gruppenzusammenhalt zu steigern.

Diesem Mann haftete schon in seinen jungen Jahren eine charismatische Aura an, die ihn durch sein Studium begleitete und seinem künstlerischen Talent und seiner charakterstarken Malerei den ureigenen, ausdrucksstarken Malstil schenkte. Zum ‚Professor' avanciert, lebte er zeitlebens mit Begeisterung für seine Malerei, und parallel zu ihr, war er viele Jahre als beliebter Schulleiter in der Westerwaldgemeinde Seifen tätig.

Gerne erwähne ich mit Freude zum Beispiel Hannes Gerke, Vatis besten Freund, den überzeugten Naturliebhaber, den gewissenhaften Imker und der, als ein Mann der Tat, auch ein leidenschaftlicher Jünger der gestaltendenden Kunst wurde, denn er schätzte die Aquarellmalerei, vor allem aber widmete er sich der markanten Holz- und Linolschnitt-Technik. Hannes Gerke beherrschte in seinen späteren Künstlerjahren diesen Weg der Kunst auf virtuose und meisterhafte Weise.

Ich erinnere mich gerne an den vielseitig agierenden Maler Bernhard Blum, der

wie Vati, das ineinanderfließende Farbenspiel in Aquarellen gekonnt zelebrierte. Dieser Bernhard Blum, der mit eigenem Stil und ausgeprägter Farbenmacht sein unverkennbares Charaktermerkmal seinen Werken schenkte und immer wieder neue Bewunderer gewann.
Und natürlich Fritz Lenz, ein Sohn unserer Stadt. Er galt als das Allroundtalent, als Maler mit der Aura eines Alleskönners. Er war in der Heimatregion bekannt und äußerst beliebt als ein fabelhafter Schöpfer und genialer Gestalter der fantastischsten Eventbühnen in der fünften Jahreszeit im Rheinland, in der Karnevalszeit. Jede seine farbenfrohen Schöpfungen war ein Unikat und hätte es verdient, als Zeitzeuge Bestand zu erhalten. Seine wundervollen Malereien markierten als dominierende, romantische Szenen das sympathische Bild unserer Heimatstadt. Sie prägten bis ins Heute hinein als zeitgenössische Bilder bei vielen Menschen das gute Gefühl zu unserer heimischen Welt.
Wie unser vielseitig agierender Fritz Lenz, so waren auch all seine Zunftgenossen allesamt Künstlernaturen, die ihren Stil ebenso gefunden hatten, wie der humorvolle Heimatdichter und Kunstschaffende Ernst Zänkert, seines Zeichens Malermeister des Handwerks, mit eigenem Betrieb in Sayn, und Kunst-Malender aus Freude und Passion.
Sie alle waren Freunde der damals so mannigfaltigen Bendorfer Kulturszene und sie waren auf geistiger Ebene untereinander in aufrichtiger Sympathie verbunden, wobei die meist anwesende und geschätzte Damenwelt diesen beliebten Freundestreffen immer auch einen kulinarischen Leckerbissen zu kreieren wusste.
In ihren Zusammenkünften pflegten diese ‚Wilden der Farben' die Unterhaltung in fachlichen Gesprächen, meist über die neuen Entwicklungen in allen Bereichen der Bildenden Kunst.
Sie arbeiteten in den ‚Work Shops', diesen Ausdruck kannte man damals noch nicht, in diesem miteinander Malen und dem Feilen an ihrer jeweils persönlichen Ausdrucksweise. Speziell in der Technik der Aquarellmalerei wuchsen diese Protagonisten der heimischen Kunstszene teils über sich hinaus.
Es galt ja, das ‚Aquarell-Typische' zu verfolgen und es in all ihren zauberhaften Farbnuancen spielend einzufangen und es in Form mit gelöster Farbe und mit technischem Können zu vollenden. Die Suche nach der eigenen Persönlichkeit in ihren Bildern war ihr Anliegen, ihr Entdecken aber war ihr Ziel.

Vati war in dieser Gemeinschaft nicht nur von allen anerkannt, er war auch der Maler, dessen Nähe seine Malfreunde suchten. Sie bevorzugten die Fachgespräche im kleinen Kreis, die immer wieder nur ein Thema kannten: Form und Farbe ... und Fragen an Vati.
Auch diesen interessierten Freunden und Kunstliebhabern wurde er immer gerecht, denn mit seinem eigenen und unverkennbaren Stil, eben mit dem wunderbaren, dem weichen und fließenden Farbverlauf seiner kreativen Schöpfungen der einmaligen ‚Nass-in-Nass-Aquarelle', verstand es Vati aus den vielen Betrachtern

seiner Bilder, auch den einen oder anderen neuen Freund der Aquarellmalerei zu gewinnen.
Eine mir unbequem erscheinende Frage an meinen alten Herrn hatte ich schon eine geraume Weile im Kopf und ich erkannte mit feinem Fingerspitzengefühl den rechten Zeitpunkt, um sie zu stellen: „Du malst immer die schönsten Landschaftsbilder, aber immer nur Landschaften und wieder Landschaften, oder Du malst Häuser und tolle Burgen an Rhein und Mosel, oder ganz selten mal, ein Stillleben, aber Menschen oder Portraits habe ich bei Dir, ich meine in Deinen Bildern, noch nie gesehen. Magst Du keine Menschen Vati?"
Jetzt war es raus, und ich war erleichtert, denn ich hatte mutig meine brennende Frage formuliert, wartete gespannt auf Vatis Antwort und erwartete gespannt seine Begründung. Er schaute mich mit einem Lächeln an, es war ein geheimnisvolles Lächeln, ein Lächeln, das eine innere Genugtuung widerspiegelte, denn in seinem Mienenspiel erkannte ich, dass er diese Frage wohl schon seit geraumer Weile erwartet hatte.

„Natürlich bin ich ein Menschenfreund, mein Sohn. Hätten wir sonst so viele Freunde und Gleichgesinnte in unserem Bekanntenkreis?"
Mein Alter Herr hatte den tieferen Sinn meiner Frage verstanden, denn er wandte sich ohne Umschweife an Mutti und mich. Er fixierte mich weiterhin mit strengem Blick und begann mit seiner Version über seine Landschaftsmalerei zu philosophieren: „Liebste Grete, mein lieber Filius, wie jeder große Maler, der sich mit der Gegenständlichkeit seiner Kunst identifiziert, wie jeder dieser Kollegen meine volle Aufmerksamkeit, meine Achtung und ehrliche Bewunderung hat, so sehen sie, wie auch ich, eben im genauen Betrachten der göttlichen Natur, immer auch Menschen und deren unterschiedliche Schicksale ins Bild integriert, ohne sie als aktive Personen auch darstellen zu müssen.
Die Menschen, die Du vermisst, mein Sohn, auch deren Schicksale leben in meinen Bildszenen und agieren unsichtbar, und doch erkennt der Betrachter ihre imaginäre Existenz. Unser aller Werden, unser Sein und auch das Vergehen spiegeln sich in meinen Bildern wider. Sie zeigen ihre Wirkung in der Wahrnehmung des sehenden Künstlers und sie bereichern die Fülle seiner sensiblen Seele. So halte ich auch all meine Landschaftsbilder ganz im Sinne der romantischen Landschaftsmalerei eines Caspar David Friedrichs, ihn erwähnte ich früher schon mal in unseren Gesprächen.
Meine Malerei lege ich so an, dass ich das draußen in der Natur erlebte Szenarium in meinem Sinn zuerst einmal innerlich verarbeite. Wenn ich dann meine Vorstellung im Kopf habe, dann gelingen mir auch die Darstellungen der erlebten Stimmungen, dann finde ich mich selbst in meinen Bildern.
Schwerpunktmäßig zeige ich aber auch immer gerne die weichen, ineinanderfließenden Spiegelungen natürlicher und immer zufälliger atmosphärischer Erscheinungen. Und hier im Atelier erlebe ich bei bester Laune das real Geschaute erneut,

zwar zeitversetzt aber erstaunlicherweise doch in allen wundervollen Nuancen. In diesen Schaffensperioden vergesse ich oft Zeit und Raum und ich lebe dann in meinem eigenen Universum.

Meine Bilder verstehe ich als meine eigenen Seelenlandschaften, als der freie und unmittelbare Ausdruck meines menschlichen und künstlerischen Empfindens.

Meine Aquarelle, die ich in der ‚Nass-in-Nass-Technik' arbeitete, sie gehören zu meinen persönlichen Freiheiten, die ich auf die Aquarellfarben im weitesten Sinn übertrage und sie mit dem voluminösen Marderhaar-Weichpinsel beim malerischen Schöpfungsakt zu Papier bringe und zum vorbestimmten Verlaufen veranlasse.

Gleichzeitig achte ich auf das Ineinanderfließen der Farbpigmente auf dem saugfähigen, porösen Spezialpapier, das extra für die Aquarellmalerei im Fachhandel zu haben ist. Ich beobachte genau das Verhalten der kreierten Komposition, um eingreifen zu können, wenn ich es für gegeben erachte.

Es bedarf einer geschickten und sicheren Pinselführung, um korrigierend eine einzigartige Stimmung der Farben im jeweiligen Bild festzuhalten und den Betrachtern Freude für lange Jahre zu gestalten.

Diese Kriterien gilt es für den Künstler anzustreben und in sich aufzunehmen, um sie im inneren Feingefühl zu festigen.

Ist dies annähernd erreicht, liebste Grete, mein lieber Sohnemann, erst dann kommt das handwerkliche Geschick zum Tragen. Dazu gehören zum einen das ständige Üben und natürlich das permanente Anfertigen von Farbproben auf den unterschiedlichsten Papier-Untergründen und vor allem ein starker Wille.

Und genau diese einzigartige Fertigkeit, welche alle genannten Kriterien in sich vereint, die strebe ich für mein Schaffensrepertoire an. Ich habe mich in diese magische Art des Malens verliebt und sie, neben meiner Ölmalerei, zu einer weiteren künstlerischen Variante auserkoren.

Ein langes Grübeln und inneres Suchen nach neuen Wegen in meiner Malerei waren daher unumgänglich, damit ich durch die Kraft meines Verstandes zu einer Art Selbsterkenntnis in meinem künstlerischen Denken gelangen konnte. Und genau diese Erkenntnis öffnete mir die Augen und ich erkannte den tiefen Wunsch in mir, der mich zwang und auch gleichzeitig unumkehrbar verführte, mein, mir von Gott gegebenes Talent richtig einzuschätzen und anzuwenden.

Von meinem bejahenden Denken und meinem emotionalen Fühlen geleitet, entschloss ich mich, die hohe Kunst der ‚Nass-in-Nass-Technik' zu erforschen, per fleißigem Eigenstudium zu erlernen und letztendlich zu beherrschen.

Ein von mir, übrigens auch und meinem Vater bewilligtes und ins Auge gefasstes, angestrebtes Kunststudium war leider wegen der durchlebten Kriegswirren nicht möglich gewesen."

Vati hüstelte leicht und dadurch entstand eine kleine Pause, die Mutti und mir willkommen war, denn auch Zuhören kann ganz schön anstrengend sein. Vatis umfangreiche Erklärungen waren wir mit gebührender Aufmerksamkeit und großem Interesse gefolgt. Das Gehörte hatte ich verinnerlicht und auch im Kopf gespeichert. Jedes seiner Worte habe ich noch heute im Ohr. Mein Detailwissen empfinde ich immer wieder als ein Geschenk des Schicksals und hüte es wie einen kostbaren Schatz. Unsere Aufmerksamkeit war für Vati wie ein Startschuss bei einem Sprintwettkampf, denn er begann erneut mit seiner Rede: „Die Nachkriegszeit brachte Hunger, Not und Elend allen Überlebenden in Deutschlands Trümmerwüste. Auch unsere Familie, Oma Lina und meine Eltern, ja auch wir lernten gezwungenermaßen alle Entbehrungen zu ertragen, sodass die Dir bekannten Hamstertouren vorrangig waren und durch meine Bilder als Tauschobjekte für eine spürbare Linderung des Hungers sorgten.

Das ist der Grund, weshalb ich heute eben als Autodidakt Qualität und Größe auch im Spektrum der ‚Nass-in-Nass-Malerei' erreichen will. Ich meine, ich will das Können, das einer meiner Vorbilder, der große Maler des Nordens, der von mir hochverehrte Emil Nolde, so überaus beeindruckend beherrschte ... und diese Größe versuche ich, natürlich abgewandelt und auf mich zugeschnitten, ebenfalls zu erreichen. Der Weg ist mein Ziel.

Und jetzt beantworte ich Deine Eingangsfrage, mein lieber Filius. Also, ... ich male ausschließlich Landschaften, weil sie so vielseitige Ansichten offenbaren, weil ich in ihnen stets wechselnde Naturszenen erkenne und sie mit meinem Blick im Bild so entstehen lassen kann, wie ich sie erlebe und sehe.

Aus diesem Mix der Gefühle und der verschiedenen psychischen Empfindungen entstehen bei der Verarbeitung des Geschauten genau aus diesem Grunde die einmaligen Stimmungen, die jedes Werk zu einer einmaligen Schöpfung werden lässt.

Das alles sind Eigenschaften, die ich als Künstler in mir vereinen muss. Ich muss auch mit dem Herzen schauen und ich muss das Geschaute in mir aufnehmen und neu erleben. Außerdem muss ich in mir ruhen und mit der Stärke meiner Persönlichkeit will ich meinem Medium ‚Bild' seinen eigenen Charakter geben.

Und ich sehe noch viel mehr in mir, denn schon beim Skizzieren und vor allem beim Malen entdecke ich in meinen Darstellungen meist auch der Menschen Dasein, aber ich zeige im entstehenden Bild ihre Seele, ohne sie selbst abzubilden. Ich weiß, mein Sohn, das ganze Spektrum des künstlerischen Schaffens ist für Dich sicherlich noch schwer zu verstehen, doch mit der Zeit lernst Du die Einflüsse, die auf Dich permanent einströmen, auch richtig einzuordnen.

Du wirst es schon bald erleben, denn ab dem Moment, an dem Du mit Deinem eigenen, verstehenden Einordnen im Kopf beginnst, ab dem Moment schaust Du auch hinter die von mir bewusst aufgebauten und schützenden Kulissen meiner Existenz ... und dann liegen meine individuellen Geheimnisse wie ein geöffnetes Buch offen vor Dir.

Denn im Blick auf das bislang Verdeckte meines ureigenen Egos, mit diesem suchenden Blick wirst Du auch eigene Klarheit im Denken und Fühlen erlangen. Du wirst erkennen, dass sich mein gesamtes Kunstschaffen und das kreative Malen all meiner zeitlos gehaltenen Bilddarstellungen in meiner bisherigen Lebenszeit vereinte und sich somit zur umfassenden Dokumentation meiner künstlerischen Existenz entwickelte.

Meine individuellen und sensiblen Pinsel- und Spachtelzaubereien kreierten im Laufe der langen Jahre viele unterschiedliche Exponate der zeitgemäßen, modernen Malerei.

Da mein Malen mir immer auch eine Art Schöpfungsakt bedeutete, wurde diese Tätigkeit in der Farbenwelt für mein Empfinden zur grenzenlosen Freiheit der Kunst. So drückte ich meinen Bildern den Stempel der Unverwechselbarkeit auf, aber mit ihr im Schulterschluss auch jeweils meinen momentanen Gemütszustand, der die eigene Persönlichkeit unentwegt formt ... und gute, wie weniger gute, Charaktereigenschaften zutage treten lassen.

All diese Kriterien spiegeln sich in meinen Bilddarstellungen wider, sie finden sich im Auge des Betrachters und sie vereinen sich mit meinen Tusch- oder Federzeichnungen, mit meinen Aquarellen und vor allem in meinen Ölbildern. Sie alle, in ihrer Gesamtheit, geben mir das wertvolle Zufriedenheitsgefühl und bedeuten für mich den wahren Sinn meines Daseins.

Das alles ist sicherlich für Außenstehende nur schwer zu verstehen, das Erklärte klingt vielleicht auch etwas hochtrabend formuliert, das mag ja sein, aber all das ist meine Welt, mein Sohn ... und sie wird es bleiben!"

Ich war beim Verfolgen seiner erklärenden und sehr ausführlichen Rede im Kopf müde geworden. Aber eine unterschwellige Art der Dankbarkeit fesselte meine Gedanken, wohl aus dem Grund, dass ich ab sofort so viele neue Impulse bezüglich meines ‚verrückten' Vaters von ihm selbst und freiwillig erhalten hatte.

„Vati, manchmal übertreibst Du schon mit Deinen Worten, ich meine, in den interessanten Lehrstunden, die Du uns bislang schenktest. Aber heute sage ich Dir, Kompliment Vati, das, was Du sagtest, war genial. Würde ich einen Hut tragen, ich würde ihn vor Dir ziehen und mich verneigen. Danke, ich habe fürs erste und für meine Zukunft eine Menge an neuen Impulsen erhalten."

Ich machte eine kurze Denkpause, wohl, um etwas Zeit für meine weiteren Ansichten zu gewinnen und um meine diesbezüglichen Gedanken im Hirn zu ordnen. Ich schaute beim weiteren Nachdenken zuerst Mutti an, sicherlich mit dem Hintergedanken, ihr ein Wohlwollen zu entlocken ..., und ich entdeckte ihr zustimmendes Lächeln, das mir Lob und volle Zuneigung signalisierte. An meinen großen Lehrmeister und Dozenten gewandt fuhr ich mit fester Stimme fort: „Darüber hinaus hast Du mir, mein lieber Vater, bestimmt mit voller Absicht, jede Menge an brauchbaren Denkanstößen und auch Lehrstoff zum geistigen Verarbeiten in Deine Ausführungen integriert. Ganz schön raffiniert, Vati, ich werde Deinen Ratschlägen auch in Zukunft meine Aufmerksamkeit schenken. Außerdem werde ich für Deine Aussagen mit ausgesprochen philosophischem Inhalt Zeit brauchen, eine Zeit des Verstehens der interessanten Lehrstoffe. Diesen besonderen Sequenzen werde ich wohl erst im Laufe meines Erwachsenwerdens auf den Grund gehen können, denn, mein lieber Vater, schon vergessen? Hallo, ich bin erst sechzehn, und wie waren doch des Öfteren Deine eigenen schlauen Worte? ‚Gut Ding will Weile haben, oder Rom wurde auch nicht an einem Tag gebaut'.

Dieses Verstehen all Deines Kunstwissens, Deiner persönlichen Lebensstudien und Deine mannigfaltigen Erfahrungen, die Du Mutti und mir in all den Jahren so ausführlich unterbreitet hast, all diese Weisheiten muss ich fairerweise, aber unbedingt, auf meine Weise analysieren und gedanklich verarbeiten. um die für mich passenden Lehren anwenden zu können!

Aber dieses Verstehen und das Analysieren Deiner anspruchsvollen Ausführungen zu allen relevanten Themen, all diese Kriterien nehmen, wie ich schon sagte, viel Zeit in Anspruch. Ich werde mir ganz sicher diese Zeit zu nehmen wissen, ganz bestimmt immer dann, wenn ich an Euch denken werde."

Meine beiden Eltern waren sichtlich gerührt, denn sie hatten bestimmt nicht mit meinem grundehrlichen und ehrfürchtigen Dank in diesem Umfang gerechnet. Auch meine Wortwahl ließ beide augenblicklich erkennen, dass ich immer von Anfang an genau zugehört hatte und Vatis ‚Vorlesungen' mit Begeisterung quittierte.

Mit liebevollem Lächeln registrierten sie, dass ich jedes gesagte Wort und jede Geste meines alten Herrn in meinem Hirn schon verankert hatte. Diese wunderbare Situation bestimmte fortan unser Familienleben, unterschwellig zwar, aber genau dieses Erlebnis der gelebten Zusammengehörigkeit bestimmte unseren festen Dreierbund und führte uns in gegenseitiger Achtung in eine, in jeder Beziehung, bessere Zeit.

Von dieser erlebten Erkenntnis infiziert und auch geleitet entwickelte ich eine Art an Gemeinschaftssinn, die mich mein Leben lang begleitete und die mir trotz aller Wirren eine Friedfertigkeit mit auf den Weg gab, die ich auch jetzt, im hohen Alter als überaus wertvoll betrachte.

Das Leben der Menschen kann so schön sein, wenn gegenseitiges Verständnis und harmonisches Miteinander die Oberhand gewinnen und behalten.

Die Endfünfziger Jahre zählten für uns doppelt positiv, denn nicht nur Vatis fortschreitende Erholung von seinen Strapazen der lebensbedrohenden Kehlkopfoperationen der letzten beiden Jahre stimmte uns heiter, auch der nunmehr besser florierende Bilderverkauf ließ Gedankenspiele zu, die wir noch vor kurzer Zeit ins Land der Träume verwiesen hätten.

Was noch im Gedächtnis bleiben sollte …

Träume, die aus dem täglichen Alltagstrott geboren werden, sind eigentlich keine Träume, es sind lediglich Notwendigkeiten, die einer Hausfrau oder einem Hausmann ein wenig Entlastung bringen. So erinnere ich mich an die Tage, an denen Mutti unsere Wäsche waschen musste.
Was war das für eine mühevolle Arbeit! Und diese Tortur musste von Mutti alleine bewältigt werden. Kochwäsche, Hemden, Handtücher, Gott weiß, was sonst noch alles sich an angesammelter Wäsche im weißlackierten, großen Weidenkorb vereint hatte und auf den Waschtag wartete …
In der Badewanne wurde die Wäsche eingeweicht und teils mit flüssiger Seife behandelt, Kochwäsche wurde vorher aussortiert und in den Riesenbottich gesteckt. Der war so groß, dass er alle drei Gasflammen unseres Herdes einnahm …
„Gotthold, mein Lieber, ich mach das nicht mehr mit, diese Wäscheberge, ich sehe sie nicht kleiner werden, … ich … wir brauchen eine Waschmaschine!"
Diesen Stoßseufzer habe ich noch im Ohr.
Vati reagierte sofort auf Muttis Hilferuf: „Und wo, liebstes Eheweib, wo soll ich denn so ein praktisches Ding herkriegen? Und wer montiert es uns?"
Muttis Erregung brach sich Bahn, denn mit einem Wortschwall der angriffslustigen Art schoss sie ihre Waschmaschinenwünsche ab: „Du bist zwar ein exzellenter Maler und Du bist auch sonst sehr geschickt, ich meine geschickt bei Deinem Passepartoutschneiden oder beim Rahmenbauen für Deine Bilder, aber einen Hausverstand hast Du in Deinem Gehirnskasten nicht entwickelt. ‚Wo soll ich eine Waschmaschine herkriegen', … wenn ich sowas höre!
Natürlich von Neckermann oder von Quelle. Das geht auf Bestellung ganz fix und das Ding wird zu uns hierhin geliefert. Anschließen kann das Meister Nillius, der Klempner, Du weißt doch, er hat seinen Laden mit Werkstatt in der Kirchstraße an der Ecke zur Bachstraße, gleich neben Deinem Frisör Theo Jansen, dem Karnevalverrückten."
Ein paar Tage später konnte Mutti aufatmen, denn Josef Nillius hatte die funkelnagelneue Quelle-Waschmaschine der Marke Privileg in der Küche platzsparend in der Ecke, unter der ausladenden Keramikspüle, funktionsbereit angeschlossen, die Gebrauchsanweisung erklärt und anschließend mit uns gemütlich im Wohnzimmer eine Tasse Kaffee getrunken.
‚Nilliusse Jupp', so wurde er von seinen Freunden in Bendorf genannt, war einer von der neugierigen Sorte Mensch, denn während sein Blick von Bild zu Bild schweifte, verwickelte er meinen alten Herrn in ein Gespräch, welches sich nur um Vatis Malerei drehte. Dabei stellte unser Handwerker Josef Nillius erstaunt fest, dass das spezielle Bilderrahmenbauen, vornehmlich aus Kostengründen, auch zu Vatis buntem Malerleben gehörte. Sein Lob hatte Gewicht, denn meines Vaters handwerkliche Kenntnisse sowie seine Geschicklichkeit beim Zusammenfügen der Holzleisten fanden Bewunderung und Anerkennung unseres Besuchers.

Vati erkannte in den fragenden Blicken unseres Sanitärmeisters, der ja seine Neugier auch offen zeigte, während Vati selbst genüsslich an seiner Zigarre zog und langsam, fast bedächtig den wohlriechenden Rauch in dünnen Verwirbelungen über seine Lippen entweichen ließ, begann er mit den notwendigen Erklärungen: „Meister Nillius, so ein Bilderrahmen ist eine recht kostspielige Angelegenheit, und diese Anschaffung lohnt sich wirklich nur für den Endbesitzer eines Bildes. Ich aber male viele Bilder und manche will ich auch an die Wände hängen, also brauche ich Rahmen, die die wechselnden Bilder in unseren Zimmern und im großen Treppenhaus schmücken.
Aber weil ich immer wieder neue Bilder male, will ich sie öfter austauschen und deswegen bleiben alle Bilder jeweils nur für eine kurze Zeitspanne an ihrem Platz. Die von mir farbig abgestimmten Umrandungen heißen Wechselrahmen, so ist die Fachbezeichnung, denn sie sind beim Bilderwechsel leichter zu handhaben. Doch der eigentliche Vorteil liegt klar auf der Hand, sie haben an ihrer Rückseite lediglich schwenkbare Halteklammern mit leichter Federspannung, mit ihnen sind meine Exponate gewollt provisorisch, also nur vorübergehend fixiert."
Im Übrigen galt für unser Familienoberhaupt und Kunstmaler ganz bewusst vor allem die eine Tugend im menschlichen Miteinander, das war das gute Benehmen gegenüber jedermann. Und es gab nach seinem Gefühl ein weiteres Merkmal im gepflegten Umgang miteinander – die offene gezeigte Freundlichkeit.
Wer auch immer Vati zu Gesprächen einlud, der hatte nach der Beendigung der Unterhaltung keine offenen Fragen mehr. Eine ausgewogene Kommunikation auf allen Ebenen war meines Vaters Vorliebe, vor allem im Kreise seiner künstlerischen Zunftgenossen.

Tagträume …

Träumereien werden Wirklichkeit, auch bei uns in der kleinen aber urgemütlichen Mansardenwohnung des ehrwürdigen Goethe Hauses.
…Vatis Leinwände, Aquarellpapiere und Malutensilien? Er hatte sie gekauft!
… Muttis Waschmaschine nebst Extratrockner? Sie hatte beide Teile gekauft!
… Unser Traumauto, der FIAT 500 … Vatis ganzer Stolz! Er hatte ihn gekauft!

Das fleißige Schaffen unseres Künstlers hatte sich gelohnt, denn der ‚Warme Regen', in Form von Fünfzig- und Hundertmarkscheinen, die Ferdinand Vollmüller seinerzeit nach seinen jeweiligen Bilderkäufen auf den Esszimmertisch hinblätterte, mit ihnen als Geldsegen wurde zum Teil unser Glücksschweinchen gefüttert und mit Muttis monatlichen ‚Zusatzspritzen der monetären Art' letztlich auch passend aufgefüllt.

An so ein Auto muss man sich erst gewöhnen …

Sicherlich, ein neues Auto ist immer eine Sensation und ganz bestimmt war dies für uns der Fall. Aber, um ganz ehrlich zu sein, muss ich gestehen, dass mir der

FIAT 500, dieser italienische Floh auf vier dünnen Rädern zwar recht gut gefiel, er aber nur über arg enge Platzangebote im Innenraum verfügte.

Gut, Mutti und Vati saßen vorne recht bequem nebeneinander und hatten eine passable Rundumsicht in ihrem Gefährt. Aber ich, als sechzehnjähriger langer Lulatsch saß meist hinten drin, auf der Minirückbank, auf den zwei ganz schmalen Notsitzen. Auf Sitzen, die man nicht einmal zwei Zwergen anbieten sollte, allein schon wegen der Verkehrssicherheit.

Aber der ‚Cinquecento', so nannte man den ‚Fiat 500' spöttisch, er hatte die Zulassung des Verkehrsministers nur für vier Personen!

Ich gewöhnte mich an die engen Verhältnisse unseres ‚fahrbaren Untersatzes' und war mehr als froh, wenn wir unsere sonntäglichen Ausflüge starteten. Das Gefühl der Mobilität befreite unser Denken noch eine Spur mehr, als es das Motorrad tat. Und wir, im engen Familiendreierbund, taten genau das Richtige, wir genossen ausgiebig die ‚Errungenschaften des Kapitalismus'.

Derart waren Vatis lockere Sprüche, die er gut gelaunt auf Mutti und mich gezielt abfeuerte und somit auch mit ironischem Unterton seinen ganzen Stolz als Autobesitzer dokumentierte.

„Besser eng gefahren, als schlecht gelaufen", mit diesem Spruch veräppelte ich mich schon mal selbst. Wenn ich just in diesem Moment eine innere Freude in meinem Herzen spüre, dann ist diese durch die geschilderten Ereignisse entstanden, denn ich habe das Geschehene immer wieder gerne in mein waches Gedächtnis gerufen und ich habe all die Szenen mit den prägnanten Inhalten vor meinem geistigen Auge Revue passieren lassen. Eines weiß ich ganz gewiss, und dieses Wissen bestätige ich mir, wie es meine Wesensart immer schon war, im laut geführten Selbstgespräch: „Mein lieber Freund und Kupferstecher, Du bist wirklich ein Schoßkind des Glücks, so nannte dich Mutti immer dann, wenn dir etwas gut gelungen war und wenn etwas als gut gelaufen galt."

Es war aber auch eine äußerst bewegte Zeit, die das Schicksal für uns bereithielt, die in jedem Fall auch Überraschungen beinhaltete und teils auch mit nervenden Abenteuern unser Leben lenkte. Den vielen Menschen, die mit ihrem beispielhaften Handeln in schwieriger Zeit zum Teil historisch wertvolle Ereignisse schufen und aufbauende Entscheidungen für die Gemeinschaft trafen, die sich bewährten und die bis heute ihre Gültigkeit haben, ihnen muss man Hochachtung entgegenbringen. Ihnen möchte ich danken. Sie beeinflussten mein Denken und Tun auf meinen langen Wegstrecken durch die Widrigkeiten meines Lebens. Diesen einst persönlich erlebten Begegnungen möchte ich das Attribut ‚wundervoll' zuschreiben, denn diese Zeit erlebt zu haben, dieses gnädige Schicksal empfinde ich als ein Geschenk von hohem und anhaltendem Wert.

Menschen im Wandel der Zeit ...

Mit den gewählten Vorbildern vor Augen entwickelt der sensible Mensch in jeder Lebensphase seine ganz eigene Kraft.
Durch diese Stärke und ihre entstehende Wirkung, die auf die Verhaltensweisen Einfluss nimmt, wird immer auch die emotionale Seite im Menschen berührt und die soziale Handlungsweise gefördert.
Paps ... mit diesem flapsigen Wort für Vater, mit dieser schnoddrigen Anrede erregte ich bei meinem alten Herrn auf schlimme Art Ärger, nämlich immer dann, wenn ich ihn so anredete.
Augenblicklich fiel er mir sofort ins Wort: „Hör genau zu, mein Sohn, es ist mir angenehm, wenn Du mich mit der Anrede ‚Vati' ansprichst, diese gefällt mir besser und diese Anrede drückt auch Respekt aus, und den zeigst Du mir ja auch meistens. Also unterlasse es in Zukunft, mich mit ‚Paps' zu betiteln, verstanden?"?
Ich würde lügen, wenn ich erzählen würde, dass ich nie mit meinem Erzeuger Auseinandersetzungen und Streit erlebt hätte. Aber die Diskrepanzen entstanden ausschließlich wegen unserer verschiedenen Ansichtsweisen auf die Politik jener Zeit. Ich war ein Halbwüchsiger, ein noch unfertiger Mensch, in Vatis Augen auch viel zu unwissend, um die großen, gesellschaftlichen Zusammenhänge zu begreifen.
„Halbwüchsiger, Mensch Paps, Du nimmst mich nicht für voll. Du nimmst meine Worte gar nicht auf, und deswegen nimmst Du mich in keiner Weise ernst. Das ist nicht in Ordnung, das ist unfair!"
Etwa derart werden wohl meine ausgesprochenen und durchaus mutigen Auflehnungen gegen das väterliche Gewaltmonopol gewesen sein. Auch meine miese Laune konnte ich nicht verbergen, dazu war mein Mienenspiel zu durchschaubar. Aber alles in allem betrachtet waren diese zwiespältigen Diskussionen eher als Seltenheit anzusehen, denn die Politik war zu dieser Zeit nicht mein Interessensgebiet. Ich war stolz auf meinen Vater.
Mein Interesse gehörte fast ausschließlich der Farbenvielfalt, deren Formenreichtum und natürlich den dekorativen Malereien, denn ich erlernte ja den seltenen Beruf eines Schaufensterdekorateurs.
Die Grundlage meiner Gefühlswelt aber war mein ausgeprägtes Gespür für kreatives, räumliches Denken. Begleitend dazu passten meine ererbten Fähigkeiten, mit unterschiedlichen Materialien, gekonnt zu werkeln. Genau dieses handwerkliche Geschick war die ideale Voraussetzung, die beim Gestalten und Umsetzen der jeweiligen Ideen mit Gewissheit ein Gelingen garantierte.
Die Zufriedenheit mit unserer Leichtigkeit des Seins spiegelte sich in unseren Unternehmungen wider. Wir verfolgten eine Gemeinsamkeit, die uns völlig neue Perspektiven skizzierte, denn durch unseren fahrbaren Untersatz, unseren Fiat 500, wurde der Radius unserer Entdeckungsfahrten immer um ein Stück erweitert.

Und wir besuchten Holland …,

das Land der Seefahrer, des Handels und der Fischerei … wir besuchten Holland, auch das Land der tausend Unterschiede.
Diese bunten Niederlande hatten eine Vielzahl an optischen Reizen für uns parat, die wir auch gierig in uns aufnahmen, denn die Eigenheiten dieses Nachbarvolkes waren so beeindruckend, dass wir für die Dauer unserer Rundreise im positiven Staunen gefangen blieben.
Vati skizzierte eine Vielzahl seiner Entdeckungen gerne nur mit weichem Bleistift, damit er den verführerischen Motivreichtum im Gesamteindruck festhalten und zeitnah im wertvollen Skizzenbuch verewigen konnte.
„Mensch Grete, Zeit müsste ich haben! Ein wunderbares Land, dieses Holland mit seinen netten Menschen und mit der unverwechselbaren Architektur Amsterdams. Diese Stadt hat eine strahlende Aura der fesselnden Einmaligkeit, mit ihren zauberhaften Grachten, mit den gefühlt tausend individuellen Brücken und natürlich mit den teils pompösen ehemaligen Handelshäusern der stinkreichen Reeder und natürlich mit einer weltweit agierenden Unternehmerschaft, die ihre immensen Gewinne mit dem Überseegeschäft machten.
Sie waren in ihrer maritimen Vergangenheit ganz stark verwurzelt, denn durch ihre eigene, nationale Gesellschaft, der ‚Vereinigten Ostindischen Handels-Companie' und ihren mächtigen Handelsflotten und mit deren großen Segelschiffen, erwirtschafteten unsere holländischen Freunde, in einer Epoche von über mehr als zwei Jahrhunderten, riesige Reichtümer.
Das aber war die Grundlage für all das Schöne, was wir zu Hauf hier zu Gesicht bekommen, doch betrachtet meine Ausführungen nur als begleitende Information …
Denn dieses malerische Amsterdam, dieser Schmelztiegel der individuellen Menschen aus vielen Ländern der Welt, es wäre ja ohne die Aktivitäten von damals nicht das, was es heute ist. Allein schon die Ersteindrücke, die man unwillkürlich in sich aufnimmt, allein sie wären eine wochenlange Studienreise wert. Sicherlich werden wir irgendwann noch einmal unser gemütliches und stets auch verzauberndes Amsterdam, unser Venedig des Nordens, besuchen. Da bin ich mir sicher."

Mein Alter Herr machte eine Pause und schaute uns mit sichtlichem Vergnügen in die Augen, und er forderte unausgesprochen und doch unverkennbar unseren Beifall, den mein Mutterherz wie auch ich, ihm prompt durch unser bejahendes Kopfnicken artig lieferten.
Unser gemeinsamer, fast synchron gezeigter Zuspruch signalisierte Vati eindeutig unser weiteres Interesse an seiner Laudatio für die holländischen Freunde. Guter Laune und mit einer unverhohlenen Fröhlichkeit in seiner Stimme setzte er seine Rede fort: „Ich konnte mich gar nicht sattsehen. Dieser Reichtum an gestalterischer Kreativität, zum Beispiel bei den Fassadendekoren, diese Kunstfertigkeit

ihrer Schöpfer, ihr Wirken ist für mich eine einzige Faszination.
Und dann überall dieses warme Farbenspiel in seiner gesamten Komplexität, das dieser Stadt in seiner ganzen harmonischen Pracht eine Sinnlichkeit schenkt, das in meinen Augen ein visuelles Feuerwerk für Herz und Seele bedeutet.
Diese Niederlande als Gesamtbildnis, wie ich sie erlebt und gesehen habe, dieses Holland hat meine Seele berührt, und die neuen Eindrücke bereichern mein malerisches Auge. Grete, meine Liebste, ich danke Dir für die Idee, dieses so abwechslungsreiche Küstenland zu besuchen!"
Die Holland-Rundreise führte uns auch zu den Stätten, die der Tourismus damals schon prägte und auch noch heute wahre Sehenswürdigkeiten offeriert. Wir waren beispielsweise in der Stadt des Käses, im quirligen Alkmaar, nordöstlich von Amsterdam.
Die großen, kreisrunden und goldgelb strahlenden Käselaibe waren auf bunt verzierten Holztragen gestapelt und bildeten in ihrer großen Anzahl ein beeindruckendes Marktbild.
Diese schmackhaften Laibe und auch die Käse in Kugelform, sie alle wurden äußerst wirkungsvoll von starken Männern, die in zünftiger und volkstümlicher Tracht ihren Auftritt zelebrierten, zum Versteigerungsort getragen, wobei der Schaukeleffekt, den die Träger zeigten, als der besondere Blickfang wirkte und von den Besuchern mit Begeisterung und Applaus aufgenommen wurde.
Die Füße der Käseträger steckten in teils mit hübschen Ziermotiven bemalten Holzschuhen. Diese schreitenden Männerfüße erzeugten bei jedem ihrer Schritte einen laut klappernden Schall, und durch den Takt des rhythmischen Wiederholungseffekts gaben sie eine Lautstärke und eigenartige ‚Musik' vor, die sich unwillkürlich im Ohr des Betrachters festsetzte.

Tack tack, tack tack, tack tack, ... diesen hämmernden und durchdringenden Holz-auf-Stein-Takt, dessen Schallwellen habe ich auch heute noch im Ohr.
Holzschuhe ... sie begegneten uns während unserer Hollandreise noch des Öfte-

ren. Mein alter Herr schwärmte richtig von ihnen.

„Diese klobigen Unikate für die Füße, ich finde sie urig und ich weiß, dass sie meine Füße wärmen werden, wenn ich wieder stundenlang im Atelier an der Staffelei sitze. Liebste Grete, ich kaufe mir so ein Paar."

Vati sprach mit unverhohlener Freude zu uns und seine Mimik ließ keinen Widerspruch zu, denn mit einer nachdenklich klingenden Betonung fuhr er mit der Begründung seines Holzschuhkaufes fort: „Also, ihr Lieben, so ein Paar holländischer Holzschuhe finde ich absolut praktisch, denn sie halten, wie gesagt, warm und ich habe etwas Einzigartiges. Außerdem trage ich sie ja nur in meinen eigenen vier Wänden. Da wir diverse Teppiche liegen haben, dürfte sich der Schrittschall in Grenzen halten."

Immer wenn ich meinen Vater in unserem Zuhause in seinen Holzschuhen erlebte, wenn er klappernd und polternd aus seinem Miniatelier zu uns ins Esszimmer kam, genau in diesen Momenten hatte ich unseren wunderschönen Urlaub im malerischen Holland wieder vor Augen.

Romantisches Gehöft mit Boot und Mühle – Holland
Skizze von 1960 – Ölbild gemalt 1971
Sammlung: Kapferer, Völs-Innsbruck

Meine Gefühlswelt erlebte die interessante Rundreise durch die Niederlande erneut und mein inneres Wohlgefühl erlaubte mir eine spontane Rückkehr in mein geschätztes Erinnerungsparadies.

Fischerboot in Holland - 1960 -
Ölbild 40 x 60 cm
Sammlung Borchert, Bendorf

Es schenkte mir anhaltende und wunderschöne Bilder voller Farbigkeit und eine ausgesprochen gute Laune beherrschte meine Gedankenwelt.
Vati hatte ja mit seinem Herzenswunsch der nahen Nachbarn Heimatland mit all seinen charakteristischen Sehenswürdigkeiten, wie die Windmühlen oder die Grachten Amsterdams zu besuchen und somit den Zauber der Niederlande zu entdecken, als wegweisende Richtschnur für Mutti und mich vorgegeben.
Auch die Lebensweise und die Eigenheiten unserer Nachbarn zu erforschen, dieses Vorhaben hatte Vati schon an den Anfang seiner Reiseplanungen gesetzt und sie zu einer seiner Prämissen erhoben.
So sammelte er eine Vielzahl an interessanten, neuen Ansichten und Eindrücken. Diese dann auch hautnah zu erleben, dieser Glücksfall war für unseren Kunstmaler ein Gewinn. Vati empfand die Tage unserer Hollandzeit-Exkursion als ein abwechslungsreiches Abenteuer.
Der optische Reiz des ‚Anderssseins von Land und Leuten', dieser Reiz beflügelte seine malerischen Aktivitäten, denn einem Füllhorn gleich, das seine wundervollen Schätze freimütig ausschüttet, so spürte Vati den einmaligen Zauber der

schönsten Bildmotive, die sich vor seinen Augen ausbreiteten. Sie galt es in sich aufzunehmen, zu erkennen und mit allen Sinnen seines Egos auszukosten.
Mit flüchtig gearbeiteten Skizzen, die er zu Papier brachte, zeichnete Vati das ‚Typische' der Hollandansichten in kurzer Zeit mit markanten Strichen. Wollte er die besondere Atmosphäre festhalten oder die eigenwilligen Lichtverhältnisse dokumentieren, dann setzte er seine leuchtenden Aquarellfarben ein, und seine ‚Arbeit' vor dem jeweiligen Motiv beanspruchte eine längere Zeitspanne.
Während er die typisch holländischen Eindrücke skizzierte, dabei auch des Öfteren seine zuschauenden Bewunderer locker und gestenreich unterhielt und sein Tun vor Ort erklärte, genossen Mutti und ich die bunte, kleine aber feine Welt der niederländischen Lebenskultur mit allen Sinnen.
Die malerischen, teils verwinkelten Hafenanlagen, mit ihren an den Kais festgezurrten leicht schaukelnden Fischerbooten, sie besichtigten wir ebenso, wie die romantischen Dörfer mit ihren hübschen und gepflegten Häusern, dessen Fassaden eine bunte Individualität vermittelten, die einen guten Geschmack erahnen ließ.
Die Fenster der ebenerdigen Wohnungen, die wir zu sehen bekamen, sie alle wirkten auf Mutti und mich irgendwie leer, denn zu unserem Staunen zeigten sie sich, fast ohne Ausnahme, schmucklos.
Wir empfanden diesen Zustand als total nackt, denn die Wohnungsfenster waren ohne jegliche verschleiernde Stores belassen worden, auch ohne sonstige, blickdichte und schmückende Dekorationsstoffe, wie sie selbst auch bei ärmeren Familien bei uns in Deutschland zum normalen Lebensstil gehörten.
Unseren neugierigen Blicken in die holländischen Wohnräume waren keinerlei Grenzen gesetzt. Unser fast unbegrenztes Schauen, von außen her gesehen, in die persönlichen Wohnräume der Bewohner, dieses Schauen eröffnete uns auch eine etwas andere Sichtweise. Nicht wenige Bewohner bemühten sich erfreulicherweise, durch einige hübsche Grün- und Blühpflanzen eine behagliche Atmosphäre zu schaffen. Mit diesem lebendigen Grün, das geschmackvoll in die Fensterbänke integriert wurde, gelang es, unseren Freunden des etwas anderen Wohnstils, mit Bravour dekorative und lebendige Naturblickfänge zu gestalten, die die bewundernden der Blicke der meisten Passanten auf sich zogen. Auf diese Weise rückte das Fehlen jedweder Fensterstoffe in den Hintergrund, und auch wir gewöhnten uns an den anderen Lebensstil.
Unserem Empfinden nach akzeptierten wir unisono diesen Wohnstil und betrachteten diese offene Lebenskultur unserer holländischen Freunde als einen gelungenen Ausdruck der Leichtigkeit des Seins. Auch entdeckten wir diese Leichtigkeit in unserem Denken, denn wir sahen eine veränderte Sichtachse, die einen willkommenen, anheimelnden und letztendlich auch einen versöhnenden Anblick gewährte. Die dekorierten Naturszenen in ihren Fenstern hatten unsere Herzen berührt.

Bei duftendem Kaffee oder auch Tee stärkten wir uns und unsere geführten Gespräche beinhalteten meist eine Art ehrlicher Bewunderung, denn das Geschaute faszinierte Mutti und mich ebenso, wie die Kultur der urgemütlichen Gaststuben und Cafés, die wir zur Vertiefung unseres Wohlfühlens besuchten.
Aufrichtige Freundlichkeit und gepflegte Gastlichkeit haben wir überall erlebt und durch die offene, lockere Art Gästen entgegenzukommen, fühlten wir uns, in allen holländischen Regionen, die wir bereisten, immer geachtet und bestens aufgenommen.
„Hier in Holland fühl ich mich sauwohl!" So lautete Vatis Kommentar im Land der Tulpen und der vielen markanten Windmühlen, und sein spontan geäußerter Spruch traf den Nagel auf den Kopf.
Die Zeiten, in denen Vati durch seine umfangreichen Skizzenarbeiten an seinem jeweiligen Standort gefesselt war, diese Pausen boten für uns günstige Gelegenheiten Neues zu entdecken. Wir besprachen stets mit unserem ‚besessenen Künstler' einen passenden späteren Treffpunkt, meist war es eine Kaffeestube oder kleines Restaurant.
Wir hatten also unseren zeitlichen Freiraum und konnten tun und lassen, was wir wollten. Muttis Lieblingsbeschäftigung war das gemeinsame Flanieren mit mir. Und so zogen wir immer voller positiver Erwartungen durch die verwinkelten Gassen der kleinen Städte und Dörfer unserer niederländischen Freunde.
Wir erlebten das berührende, fremde und gleichzeitig kribbelnde Gefühl des Entdeckens von etwas Unbekannten, von etwas zuvor noch nicht Gesehenem. Von unserem Gefühl her empfanden und beurteilten wir sicherlich die verschiedenen urbanen Sehenswürdigkeiten, die sich uns boten, als gut gelungen, geschmackvoll, vor allem aber blitzsauber.
„Ein attraktives Reiseland, dieses Holland, so sehe ich es und ich bin froh, dass unsere erste Familienreise mit unserem ersten Kleinauto, mit unserer ‚Mulle', uns zuerst nach Holland geführt hatte."

Das Gefährt der gezügelten Extravaganz!

Mit dem gefühlvollen Kosenamen ‚Mulle' taufte Mutti spontan unseren fahrbaren Untersatz direkt nach der Übergabe desselben. Und schon bei ihrer ersten Fahrt, als sie mit Vati durch das kurvenreiche Sayntal fuhr, bestätigte sie mit Begeisterung ihre gewählte Namensgebung: „Dieser kleine Flitzer kann nur den Namen ‚Mulle' tragen. Wieso und warum mir der Name ‚Mulle' einfiel, das weiß ich ja selbst nicht, Ihr Lieben, er war einfach da, ich meine Mulle klingt irgendwie passend."
Mein Mutterherz war rundum zufrieden mit sich und der Welt und mit einem liebevollen Blick auf unseren knuffigen Fiat 500, der sehr vorteilhaft vor einer uralten Windmühle im Grünen geparkt war, vervollständigte sie ihre Laudatio mit einer Begeisterung in ihrer Stimme, die ihre ganze Glückseligkeit beinhaltete: „Unsere Mulle ist ein Wunderding auf vier kleinen Reifen. Wie brav sie uns überall

hinbringt. Gotthold, ich bin so stolz auf Dich, dass Du es mit Deiner geliebten Malerei geschafft hast, das Auto zu kaufen. Das war allein schon eine tolle Leistung. Ja, und dass Du uns so sicher überall hinfährst, das ist auch ganz wunderbar. Auch dafür danke ich Dir."
Die beiden nahmen sich zärtlich in die Arme und verharrten eine Weile in ihrer Umarmung, ohne ein weiteres Wort zu sagen.
Nach einer Weile schaute mir mein alter Herr mit einem Aufmerksamkeit fordernden Blick lange in die Augen und fesselte zum wiederholten Mal meine Gedanken: „Hör genau zu, mein Sohn, all das Schöne, was wir hier in diesem wundervollen Holland sahen, hat mit Sicherheit unsere Sinne belebt, ja auch enorm bereichert. Das Interessante, das wir gemeinsam erlebten, es hat uns eine Abwechslung geschenkt, die wir ohne unseren robusten Fiat, unsere Mulle, wohl nicht kennengelernt hätten.
All diese interessanten Begebenheiten, die wir hier in den Niederlanden hautnah erlebten, sie beflügeln natürlich unseren geistigen Horizont und sie steigern darüber hinaus unseren Wissensstand.
Unser Kennenlernen der fremden Sitten und Gebräuche, wie man bei uns im Allgemeinen salopp zu sagen pflegt, unser Besuch öffnet nachhaltig auch unser Verstehen des etwas anderen Lebensgefühls der Menschen unseres Gastgeberlandes. Und das Gute kommt zum Schluss ... all das Erlebte wird nachhaltig im Kopf gespeichert."
Diesen erzieherischen Text, den mir Vati seinerzeit in mein Gedächtnis hämmerte, diesen Wortlaut, wie auch seine vielen anderen, ähnlich lehrreichen Verhaltensmaßregeln, sie alle habe ich ohne große Mühe in meinem Hirn gespeichert und halte sie zur weiteren Nutzung bereit.
Mit allen Sinnen das Leben aufzunehmen, das lehrten mich meine Eltern, indem sie mir das Zuhören ans Herz legten. Außerdem vermittelten sie mir durch ihr Handeln, vorbildlich und im besten Sinne des Wortes, meinen eigenen Blick auf das Wesentliche eines jedweden Geschehens zu schärfen.

Heute, im hohen Alter bin ich davon überzeugt, dass alles mit allem zusammenhängt und das Erinnern schon in den jungen Jahren eines Menschen auf dem festen Fundament einer guten Erziehung seine Ausgangsbasis hat.
Eine umfassende Grundbildung im Sinne der Menschlichkeit, gepaart mit Nächstenliebe, beide liefern dann auch alle weiteren wertvollen und zusammenpassenden Bausteine, die richtig zusammengefügt das ‚Haus des Lebens' erst bewohnbar machen.

Vier Reifen verändern den Tagesrhythmus ...

Mit dem Auto, dem ganzen Stolz meines Erzeugers, mit dieser Mulle veränderte sich auch der zuvor eingespielte Tagesablauf, der Rhythmus des täglichen Lebens meiner Eltern.

Dr. von Bülow war aus beruflichen Gründen mit seiner Familie ins Saarland übergesiedelt und dieser Umstand erzwang nicht nur für Vati eine Pause seiner geliebten Schachpartien, sondern für Mutti ebenso schmerzhaft, dieser Umzug der ‚von Bülows' beendete auch Muttis bequemes Mitfahren zur täglichen Arbeit, eine Änderung des gewohnten ‚Taxi-Dienstes'.

„Geliebtes Gretelein, natürlich bin ich von Herzen gern Dein Chauffeur. Morgens werde ich Dich pünktlich nach Koblenz zur Notarkammer bringen. Eine klare Sache ist auch, dass ich Dich des Abends zum Dienstschluss auch wieder abhole. Keine Widerrede … von wegen Bus und so, Du hast mich und ich bin Dein persönlicher Taxidienst."

Dieses Pendeln zwischen Bendorf und Koblenz veränderte zunächst unmerklich Vatis Gewohnheiten. Dadurch, dass er frühmorgens schon geschniegelt und in feiner Cord-Kombination seinen Zubringerdienst zur Notarkammer zu erledigen hatte, machte er nach der Verabschiedung seiner Grete erst einmal eine Pause im Café Puth in der edlen Schlossstraße.

Vati hatte ja, durch die vielen Jahre, die er in der französischen Verwaltung der Koblenzer Militärkommandantur als Dolmetscher tätig war, noch viele Bekannte aus jener Zeit.

Man traf sich zufällig, man trank einen Kaffee, man plauderte und genoss das Wiedersehen … im Café Puth.

Vati war der Mann im Cordanzug, er war der Maler, und er hatte einen gewissen Bekanntheitsgrad, der ihm sicherlich nicht unangenehm war. Mein alter Herr entdeckte eine andere, eine leichtere Welt, denn er war mobil geworden. Nicht nur seine Motiv-Suchfahrten waren mittlerweile ganz locker zu machen, auch seinen Freizeitvergnügen waren keine Schranken mehr im Wege.

So begann für die Dauer von einigen Jahren Vatis Entdecken der Leichtigkeit des Seins auf der Sonnenseite des Lebens. Natürlich malte er weiter in seinem Atelier, doch das Tempo seiner Schaffensperioden verlangsamte sich zusehends und somit verringerte sich auch die Anzahl seiner fertiggemalten Bilder.

In dieser anderen Zeit setzte Vati etwas leichtere Prioritäten, denn er schwenkte um und er entdeckte die Kunst des Zeichnens mit der Fein- oder Rohrfeder aufs Neue. In seinem Café Puth, in der Flanierstraße, die zum Koblenzer Schloss führt, dort stand sein Stammkaffeehaus und dort hatte Vati im hinteren, feudal eleganten und geräumigen Salon seinen eigenen Dauertisch, der auch meist für ihn reserviert wurde. An diesem Tisch zeichnete er, mehrheitlich wohl Motive der Mittelrheinregion, denn die Gäste dortselbst waren mehrheitlich Koblenzer Bürger.

Vatis Federzeichnungen waren meistens in kleinen Formaten gearbeitet, weshalb der Aufwand an seinem Kaffeehaustisch nur gering war. Verschiedene Geschäftsleute wünschten von ihrem Maler aus dem Café Puth auch Werke in dekorativeren Größen. So knüpfte mein alter Herr dann auch Verbindungen der unterschiedlichsten Art.

Von den Genüssen unserer Welt schätzte Vati den ‚blauen Dunst', wie er den wohlduftenden Tabakqualm seines Pfeifenkultes gerne nannte, wohl am meisten. Seine Pfeifensammlung mit den erlesenen Stücken hatte einen Umfang angenommen, von dem das Tabak-Pfeifen-Kollegium des ‚Alten Fritz', dem legendären Preußenkönig im prächtigen Residenz-Schloss zu Potsdam, nur geträumt hätte. Vielleicht habe ich etwas übertrieben, aber weit weg bin ich sicherlich nicht mit meinem Vergleich.
Und der Pfeifentick meines alten Herrn hatte seinen Grund. Eine geschäftstüchtige Koblenzer Unternehmerin führte ein namhaftes Tabakhaus in der Koblenzer Innenstadt. Sie war eine begeisterte Anhängerin von echten ‚Borcherts', auch diese spaßige Bezeichnung gehörte zu Vatis Vokabular.
So erstand diese geschäftstüchtige Dame und Besitzerin des renommierten Tabakhauses, wunschgemäß und im beiderseitigen Einvernehmen und fairen Tauschhandel, ihre Aquarell- und Ölbilder. Sie war einfach gierig auf Vatis Kunstwerke. Ihre Bildersammlung wuchs und wuchs ... und im Gegenzug wuchs logischerweise auch Vatis legendäre Pfeifensammlung ...
Und diese Sammlung bestand aus Raritäten von besonderer Güte der verschiedensten Manufakturen und Fabrikate aus dem In- und Ausland. Vatis gesammelte Pfeifen zeigten sich jedem Betrachter in einer faszinierenden, ausgefallenen Modellvielfalt, teils auch in gewöhnungsbedürftigen Formen.

Oftmals war reine Handarbeit von geschickten Spezialisten nötig, um aus unterschiedlichen und wertvollen Wurzelhölzern die Meisterwerke für anspruchsvolle Raucher zu erschaffen.

Auch eine echte Rarität besaß unser ‚Pfeifennarr', denn ein Prachtstück, aus Meerschaum gedrechselt, vervollständigte seine seltene Sammlung. Ich hatte meinen Spaß an Vatis Spleen, denn wenn er mit seinen Pfeifen hantierte, dann erklärte er auf humorvolle Weise seine Philosophie des Rauchens im Allgemeinen und im Besonderen.
Außenstehende gaben sich aber mit seinen weitausschweifenden Erklärungen schnell zufrieden und stellten auch nur sehr selten weitere Fragen, da seine Welt des blauen Dunstes nur schwer zu verstehen war.
Damals, aber auch in den folgenden Jahren, dachte ich im Stillen bei mir: ‚Jedem das Seine oder jedem Tierchen sein Plaisierchen'...

Und warum sollte mein Vater denn auf seine, wenn auch kurios anmutende Sammelleidenschaft verzichten, wo doch erst die Vielfalt der Pfeifen-Prachtexemplare seine echte Freude und seine große Leidenschaft hervorrief?

Ich kann ihm diese Freude nachempfinden, denn wenn ich daran denke, mit welch liebevoller Sorgfalt er seine Tabakpfeifen pflegte und welche ‚Wissenschaft' er aus dem Pfeifenrauchen machte, wenn ich diese Genusszeremonien meines alten Herrn vor Augen habe, dann rieche und schmecke ich noch heute den Duft und die süßlichen Aromen seiner geschätzten englischen Tabake.

‚Richmont-Navy-Cut' –, ja, an diese Aufschrift auf dem Deckel der schwarzroten, quadratischen und glänzenden Blechdose erinnere ich mich noch ganz genau, denn dieser Tabak lag in gepressten Schichten und in präpariertem Schutzpapier eingeschlagen in besagter Klappdose.

„Natürlich hast Du, mein Junge, zu all den Dingen, die Dich tangieren, Deine eigene Meinung, das ist Dein gutes Recht, doch es gibt nach meiner Auffassung verschiedene Kriterien, die Du nicht außer Acht lassen solltest. Dazu gehört die Verhaltensweise der ehrlichen Akzeptanz den verschiedenen Eigenheiten Deiner Mitmenschen gegenüber. Dieser Kulturbegriff ‚Akzeptanz' gewinnt dann eine herausragende Bedeutung, wenn er mit Leben erfüllt wird. Akzeptanz entsteht aber nur durch beispielhaftes Handeln und durch uneingeschränkte, vorgelebte Toleranz."

Auch in diesem offerierten Verhaltenskodex erkannte ich den väterlichen Willen, aus mir ein wertvolles menschliches Exemplar unserer jungen Demokratie zu machen.

Im Laufe meines Lebens begegneten mir immer wieder Vatis Belehrungen, auch manche Weisheiten, die zusammengenommen beträchtliche Teile meiner eigenen Sicht aufs Weltgeschehen schärften.
Wobei ich exakt jetzt, – hier beim Schreiben, in meiner wunderbaren Gegenwart also –, wirklich in jedem dieser wiederkehrenden und stets inhaltsreichen Vater-Sohn-Gespräche, grundsätzlich seine heisere, aber markante Stimme authentisch im Ohr habe und auch seinen meist eindringlichen, auch oftmals prüfenden Blick hautnah empfinde.
Für diese bleibenden Erinnerungen einer vergangenen, lehrreichen Epoche voller vernünftiger Einsichten im europäischen Verbund der Völker und dem gemeinsam erreichten Friedenszustand, bin ich unendlich dankbar. Ich freue mich, wenn ich mit meinen Gedanken in unsere gelebte Geisteswelt – sei es auch nur für wenige Momente – zurückkehre.

Die Wege zum Frieden in Freiheit ...

‚Der Frieden ist der Ur-Wunsch und das Grundmuster jedes einzelnen Individuums und die tiefste Sehnsucht im Herzen der Menschen!'

Diese, mein inneres Gefühl bewegende Aussage, ich las und hörte sie in einer der faszinierenden Wunderkammern der legendären Swarowski-Kristallwelten in Wattens, im österreichischen Bundesland Tirol. Diese, in ihrer wundervollen Themen-Vielfalt und von internationalen Künstlern in Szene gesetzte magische Traumwelt, ist nicht nur als ‚einmalig' zu nennen. Diese Traumwelt erscheint mir wie ein brillierender, kunstvoll geschliffener Diamant, der mit seinen funkelnden Facetten immer aufs Neue zu überraschen versteht.

Das mittlerweile weltbekannte Kristallwelten-Areal setzt sich zum einen aus den überaus kreativ gestalteten und faszinierenden ‚Wunderkammern' zusammen und zum andern haben renommierte Landschaftsarchitekten im Verbund mit den besten Tiroler Gärtnermeistern einen zauberhaften Themengarten geschaffen, der durch immer wieder neue Pflanzenarrangements dem imposanten Außenbereich den sympathischen Naturpark-Charakter verleiht.

Das großzügig angelegte Wolkengebilde aus unzähligen Kristallen zeigt sich magisch in luftiger Höhe und spiegelt sich in den rechteckigen Becken mit dem bewegten Schwarzwasser. Die in Intervallen sprudelnden und rhythmisch tanzenden Fontänen schenken dieser interessanten Kreation den Nimbus einer ganz besonderen Installation.

Diese Traumwelt begeistert Jung und Alt gleichermaßen, denn die Vielseitigkeit ist der magische Anziehungspunkt, der von Jahr zu Jahr mehrere Millionen Gäste aus aller Welt verzaubert.

Das Attribut ‚fantastisch' wählte ich augenblicklich beim Erfassen dieser genialen Schöpfung. Ich vernahm also bei meinem zweiten Besuch diese Herz und Verstand gleichermaßen berührende Friedensbotschaft, die mit weiteren, die Seele aufrüttelnden Texten an den mit schwarzen Außenwänden der Frieden-Verkündungskammer in auffälligen, weißen Lettern meine uneingeschränkte Aufmerksamkeit forderte. Außerdem vernahm ich akustisch dazu auch die Originalstimmen der weiteren, weltweit bekannten Friedensgrößen, dieser, im steten Wechsel erscheinenden Lichtgestalten aus unserer Zeitepoche. Ich war von der Aussagekraft dieser umfassenden Präsentation so emotional berührt, sodass ich dort sehr lange verweilte und das tiefschwarze Bühnenrund, das ohne sichtbare Begrenzungen im mystischem ‚Schwarzen Raum' zu schweben schien. Die aufmerksamen Besucher fühlten sich spontan in eine neugierige Spannung versetzt, verfolgten wissbegierig die einzelnen holografischen Gesichter der Friedensprotagonisten. Der vereinzelt eingesetzte Scheinwerferkegel erhellte nur ab und an die dominierenden Szenen und unterstrich die guttuenden Botschaften. Diese rein technische Installation erreichte, trotz des konturlosen, dunklen Theaterraums, allein durch die Kraft ihrer audio-visuellen Illusion, eine Bühnenpräsenz, die mich immer noch bewegt.

Jede der lebensgroßen und lebendig erscheinenden Persönlichkeiten existierte als virtuelles Hologramm so lebensecht, dass man sich, fast wie in einen Trancezustand versetzt fühlte und dementsprechend die jeweilige Botschaft wie aus weiter Ferne zu hören glaubte.
Die Wirkung der einzelnen Originalstimmen, beispielsweise die Stimme von Martin Luther King, von John F. Kennedy oder von Mahatma Gandhi, um nur diese zu nennen, alle diese so wertvollen Inhalte der besagten Botschaften an die Welt, verkündeten unisono hoffnungsvolle Visionen des Friedens und der Freiheit.
Diese Sätze brillieren in einer derart packenden Überzeugungskraft, dass sie bei vielen Menschen eine Gänsehaut hervorrufen. Der ergreifende Zauber dieser magischen, teils virtuellen, teils plakatierten Illusionen, er zeigt jedem Besucher eindringlich die bekanntesten Persönlichkeiten mit ihren ureigenen Freiheitsappellen und mit ihren aufrüttelnden Friedensbotschaften.

Unwillkürlich ertappte ich mich ein weiteres Mal bei meinem spontanen Selbstgespräch: „Wie begeistert wären wohl Mutti und Vati von dieser aufregenden Friedenspräsentation gewesen, wo doch einige der Persönlichkeiten zu ihren geachteten und bewunderten Vorbildern avancierten und zu ihren Lebzeiten wirkten?"
„Mit wem hast Du denn gerade gesprochen, Papa, ich sehe keine andere Person?"
Mein Sohn Joachim, der mich des Öfteren in Völs besucht, begleitete mich, wie ich schon sagte, zum wiederholten Mal nach Wattens in die Wunderkammern der Swarowski-Kristallwelten. Er war in diesem Moment sichtlich besorgt um mich, natürlich wegen meines geführten gemurmelten Selbstgespräches.
„Weißt Du, mein lieber Jo, das Selbstgespräche führen, das ist eine persönliche Eigenheit von mir, das mache ich ab und an, meistens dann, wenn mich etwas besonders berührt, und in diesem Fall sprach ich in Gedanken versunken zu meinen Eltern, mit denen ich eben, ich sagte es schon, in besonderen Augenblicken spreche."
Er lächelte verständnisvoll und mit einem verschmitzt wirkenden Blick nickte er mir verständnisvoll zu.

Der Originalton, der das Ohr im Schwarztheater erreicht, er schenkt, wie ich schon erwähnte, jedem wirklich verstehenden Zeitgenossen ein nachhaltiges Gespür für diese wundervollen und charismatischen Protagonisten des Friedens.
Diese Hologramm-Präsentation besticht durch die mystische Kraft der Auserwählten ebenso, wie durch die technische Vollkommenheit.
Das innere, geistige Aufnehmen der vernommenen Leitlinien ins eigene menschliche Bewusstsein, es entsteht im Augenblick des Erlebens. Das Anwenden ihrer Leitgedanken könnte beispielhaft wirken, denn als gute Beispiele gelten weltweit ihre Friedensappelle und ihre bekannten Handlungen. Diese menschlichen Größen, sie könnten das tolerante Miteinander der Völker beflügeln und auch den guten Umgangston in jeder Sprache nachhaltig verbessern.

Der verbale Radikalismus ...

Dem verbalen Radikalismus, der weltweit zu vernehmen ist, muss Einhalt geboten werden, denn die sprachlich gezeigte Brutalität, die Verrohung der Sprache, derer sich weltweit Demokratiefeinde bedienen, sie ist unerträglich geworden und muss vehement bekämpft werden. Das faschistische Gedankenvokabular von einst darf in Europa niemals mehr einen Nährboden finden.

Mit dieser kategorischen Ablehnung all jener Attacken der ewig Gestrigen, mit den unverbesserlichen Anhängern und Wirrköpfen der Neonationalisten darf es keine Gemeinschaft geben.
Die Bekämpfung der rechtsnationalen, der diktatorischen Anfänge muss in unserer Freiheit immer wieder das Ziel sein und jedes menschliche Handeln muss dem Wohle der Völker Europas dienen.
Große Friedensbotschafter kehren in mein Gedächtnis zurück ...
Mahatma Gandhi, Marin Luther King, Nelson Mandela oder Mutter Theresa, um beispielsweise nur einige der Kämpfer aus der Phalanx der gleichgesinnten Verfechter für Frieden und Freiheit zu nennen. In dieser Wunderkammer durcheilt man, in einer äußerst bildenden und zugleich interessanten und fesselnden Zeitreise, die einzelnen Aktivitäten der weltweiten, völkerverbindenden Friedensbewegungen. Man ist ihnen stets auf den Fersen, quer durch die vergangenen aber gelebten sieben Jahrzehnte.
„Und ich habe an dieser Reise durch die spannendste Zeit der letzten siebzig Jahre als hoffnungsfroher Deutscher, als Europäer, auch als Weltbürger teilgenommen. Vor allem aber war ich in meinem ureigenen Gedankenreich ein grübelnder, nachdenklicher Kritiker des Weltgeschehens, aber zugleich auch bis heute ein kritischer Analyst unseres lebenswerten Systems.
„Das alles ist wiederum starker Tobak für Dein Denken, mein lieber Joachim, das weiß ich natürlich. Ich will es Dir mit einem Vergleich näherbringen. Ich saß als Passagier immer mit im sturmerprobten Boot der jüngeren Geschichte, also in jenem robusten Gefährt, das alle Untiefen und Klippen geschickt umschiffte, – ja, ich saß voller Lebensfreude und Mut in dem nie gekenterten Boot der deutschen sowie der europäischen Entwicklung."
So, oder so ähnlich, habe ich vor einigen Jahren die Frage meines Sohnes Joachim beantwortet, als er in der Abiturklasse mit diversen Fragen der jüngeren deutschen, aber auch der internationalen Ereignisse befasst war und mir verständlicherweise Löcher in den Bauch fragte.

„Wenn ich was wissen will, dann brauche ich nur Dich fragen, Papa, denn Du hast ja alles Wesentliche selbst miterlebt, einen besseren Pauker in Geschichte oder Sozial- und Gemeinschaftskunde als Dich, den kann ich gar nicht finden."
Er lachte mich an und schenkte mir ein weiteres Lob: „Du bist ein lebendes, ein wandelndes Geschichtslexikon."

Ich schmunzelte unverhohlen wegen seiner Laudatio, und obwohl ich das Gesagte als leicht übertrieben empfand, freute ich mich darüber und klopfte meinem Oberstufenpennäler auf die Schulter.
„Deine fähigen Studienräte haben ja auch nicht mein Lebensalter, mein lieber Joachim. Sie haben das Wesentliche für ihr Lehramt studiert. Ich hatte aber das Glück, in diese abenteuerliche Epoche hineinzuwachsen und in ihr aktiv zu leben. Ich bin meinem Schicksal für diese lange Zeit der Freiheit und des Friedens auf unserem Kontinent unendlich dankbar. Ich will diese glückliche Epoche für Dein Verstehen verdeutlichen, mein lieber Filius.

Diesen überaus wertvollen Abschnitt unserer Freizügigkeit haben wir, auch bei aller Kritik, den verantwortlichen Politikern aller relevanten, europäischen Parteien und deren Politikerinnen und Politikern zu verdanken, aber auch allen Wählern, die bislang immer demokratisch votierten. Du hast Dein Wahlrecht verbrieft, nutze es, denn dafür haben unsere Großmütter und Großväter sowie deren Töchter und Sohne vehement gekämpft."

So schließt sich der Kreis im Schmelztiegel der Zeit …
… in unserer gewonnenen Zeit!

Ich betrachte die lehrreichen Stunden der geführten, wichtigen und oft hilfreichen Eltern-Kind-Gespräche als vertrauensfördernde wie auch als zusammenschweißende Handlungen. Das gilt vor allem während der pubertären Phase der Heranwachsenden und entpuppt sich als äußerst erstrebenswert.
‚Gute Erziehungsbeispiele sind besser als tausend Worte‘, so lautete ein Kernsatz meiner Mutter.
Diese erstrebenswerten, vertraulichen Gespräche sind ideale Keimzellen der Liebe, in denen sich ein blühendes Leben im familiären Umfeld sowie im ‚Miteinander‘ der Gesellschaft entwickeln kann. Stark, gesund und hoffnungsvoll.
Erstrebenswert auch aus dem Grund, weil die sich ergebenden Erfahrungen, Lehren und Erkenntnisse für alle Beteiligten von hohem Wert sein können, aber nur dann, wenn sie von ‚Generation zu Generation‘ mit Kompetenz und in persönlicher Verantwortung auch weitergegeben werden. Und … schwirige Lebensfragen stellen sich erfahrungsgemäß immer, seien sie im familiären Bereich zu finden, oder sind es die auf den Fingernägeln brennenden Fragen, die die Schul- und Weiterbildung betreffen? Es gilt immer die Regel, dass man die korrekt-richtigen und möglichst auch maßgeschneiderten Antworten zu geben hat.
Im günstigen Fall entsteht durch die vertrauensvollen und intensiven ‚Alt-Jung-Gespräche‘ die gute Gelegenheit, erkannte Wissens- oder Verhaltenslücken, gleich welcher Art sie auch sein mögen, pädagogisch zu analysieren und auch durch verständliche Erklärungen sowie gute Ratschläge zu schließen.

Im günstigen Fall entsteht durch die vertrauensvollen und intensiven ‚Alt-Jung-Gespräche' die gute Gelegenheit, erkannte Wissens- oder Verhaltenslücken, gleich welcher Art sie auch sein mögen, pädagogisch zu analysieren und auch durch verständliche Erklärungen sowie gute Ratschläge zu schließen.

Der gedankliche Austausch der Generationen auf allen ‚Spielfeldern der Gesellschaft', ob im Sport-, Kultur oder Politikbereich, in Fragen der Sexualität, oder in allen sonstigen aktuellen Themen mit ihren speziellen Problemen ist immer von hohem Nutzen; der faire Gedankenaustausch von ‚Alt mit Jung', er war in der Vergangenheit hilfreich, er ist im Heute existent und wird von vielen Eltern gerne angewandt.

Dieser, von mitfühlenden Müttern und Vätern zum familiären Ritus erhobene Gesprächszirkel, er hat auch in der Zukunft immer das erstrebenswerte Ziel, in jeder Situation die menschlich verbindende Brücke zu sein, über die der Weg der ‚jüngeren Generation' ... in die Leichtigkeit des Seins führt und sie des Lebens wahren Sinn in seinen schönsten Spielarten erkennen lässt.

Ich habe für mich, schon vor langer Zeit, den Weg über diese, scheinbar nur im Herzen existierende imaginäre Brücke gewählt und ich habe mich von dem Geist der einstigen Gespräche leiten lassen.

Der Eltern praktische Tipps, ihre guten Ratschläge habe ich leidlich beherzigt, auch habe ich ihren empfohlenen Verhaltensweisen zu folgen versucht, aber ich habe ihren Lebensweisheiten in meinen bisherigen Erdentagen wohl nur zum Teil entsprochen ...

Und doch hatte sich ihre ausgewogene Weltanschauung in meine eigene, teils aufsässige Gedankenexistenz eingenistet, denn all ihre mahnenden Worte bei Fehlentscheidungen, ihre lobenden Anerkennungen für Gelungenes, beide Bereiche sind enorm wichtig. Wichtig und zugleich wertvoll für meine zeitweise wiederkehrende, virtuelle Kommunikation mit meinen aufgewühlten Gefühlen – diese geheimnisvollen Sternstunden aus dem nebulösen ‚Anderswo' genoss ich mental in meinem inneren ‚Ich'. Und diese seltsamen Begebenheiten holten mich immer dann ein, wenn ich auf meiner Reise durchs Leben mit Problemen belastet war, aber auch wenn Gelungenes mein Herz erfreute.

In meinem Kopf läuteten unüberhörbar sämtliche Alarmglocken und oftmals setzten meiner Eltern virtuelle Warnungen meinen ‚Denkapparat' rechtzeitig in Gang, bevor das Schlimmste hätte passieren können. Aber auch zu positiven Dingen spürte ich im Nu der Eltern Wohlwollen und der warme Klang ihrer Stimmen verzauberte erneut meine Sinne.

So entstehen durch die Kraft der Erinnerungen auch wertvolle Impulse, die dem gesunden Menschenverstand erneuten Schwung verleihen können.

„Das Jenseits, es kann da, wo immer es auch sein mag, es kann da eigentlich gar nicht so schlecht sein, wenn ich nämlich bedenke, dass so manche Ermahnung oder Warnung, auch so manches liebe Wort meiner Lieben, dass diese Botschaften von der geheimnisvollen, anderen Seite, mich exakt im passenden Moment erreichten und mir ab und an hilfreich zur Seite standen.
Und auch in meiner Gegenwart sind sie existent, die Botschaften, denn die gefühlte Verbindung regt sich immer wieder in mir. Ich höre ihre Worte in ihrer Tonart von damals und sehe sie schemenhaft, aber lebendig, ganz dicht vor mir. Ich glaube, ich bin etwas verrückt im Kopf, – oder sind die stummen Gespräche mit der anderen Seite normal? Ich weiß es nicht, aber ich freu mich darüber!"
Mit diesen, von mir hier am Schreibtisch sitzend zu mir selbst und laut gesprochen Sätzen führte ich ja schon immer in besonderen Situationen meine ungewollten Selbstgespräche, und mit diesen aufrüttelnden Tiraden bin ich aus meiner nachdenklichen Phase abrupt in die Jetztzeit zurückgekehrt, um nun in Gedanken sofort wieder in meine Vergangenheit zu enteilen.

„Es ist wieder an der Zeit, alter Freund und Kupferstecher, sich auf eine weitere Rückwärtsreise zu begeben!"
Mit dieser lockeren und von Grund auf ehrlichen Aufforderung und in fast militärischer Befehlsform redete ich meine Gedanken erneut vor mich hin, jetzt aber nur in leiser Lautstärke, aber durchaus aufmunternd und zum wiederholten Male: „Ich begebe mich also umgehend wieder auf die Suche nach weiteren erzählenswerten Episoden oder humorvollen Schwänken, die ich in der illustren Welt unseres Kunstmalers noch vermute.
Deine gespannte Neugier heftet sich an deine Fersen, wie könnte es auch anders sein, alter Junge, diese Untugend ‚Neugier', sie begleitet dich ja immer bei jeder deiner virtuellen Zeitreisen von Beginn an. Diese Neugier wird sich aber erfahrungsgemäß mit deiner regen Hoffnung verbinden, und mit beiden gemeinsam wirst du die vermuteten Anekdoten auch finden. Entdecken deine Welt von damals erneut ... und erzähle! Diese Entdeckungen musst du konservieren, mein Freund, um sie in bunten Bildern mit deinem erzählenden Schreiben vor dem Verlorengehen für eine geraume Zeit zu bewahren. Aber das weißt du ja selbst ...

Das Schreiben ist immer noch deine edle Aufgabe, und genau in diesen goldenen Spätherbsttagen deines Seins hast du den nötigen Tatendrang in dir, also – carpe diem – alter Knabe, nutze deine Zeit, die dir noch bleibt, und schreibe weiter gegen das Vergessen an. Noch tickt die Uhr."
Mit dieser burschikosen und mir zugleich auch mutmachenden Aufforderung meines erneuten, durchaus munteren, ja frechen Selbstgesprächs wurde mir bewusst, dass ich keine weitere Verzögerung mehr beim Erzählen der wiederentdeckten Episoden zulassen sollte.

Das Schachspiel ...

... es ist bekanntlich oftmals eine Leidenschaft, die sich entwickelt, wenn sich zwei ebenbürtige Spieler am Brett gegenübersitzen und Zug um Zug feststellen müssen, das das Spiel hin und her wogt und eine klare Siegchance meist im Remis endet.
Aber es kann nur einen geben ... so denkt jeweils der Kontrahent.
Dieses königliche Brettspiel hat seine ganz eigene Faszination, denn die Herausforderungen dieses Spiels der Individualisten rufen förmlich nach einer Entscheidung.
Ich erzählte ja schon zuvor von der glücklichen Verbindung zur Familie von Bülow, die sich für uns als äußerst angenehm darstellte und die unser Familienleben auch durch von Bülows Engagement in eine positive Entwicklung lenkte. Diese folgenden Fakten, auch deren Analysen und Gedanken gehören dazu.
Dr. von Bülow, seines Zeichens niedergelassener Notar in Koblenz, engagierte Mutti zunächst als persönliche Sekretärin in seiner Sozietät und gab ihr die wohlwollende Chance, nach den langen Jahren ihrer Arbeitspause als Arztsekretärin, wieder eine adäquate und befriedigende Tätigkeit in fester Anstellung zu ergreifen.
Die andere gute Tat unseres fürstlichen Freundes führte Mutti zu ihrem geliebten weißen Sport zurück, denn er übernahm, Anfang der Fünfziger Jahre, für sie die notwendige Bürgschaft des Tennisclub Bendorf e.V. In ihren jungen Jahren hatte mein Mutterherz nämlich leidenschaftlich gerne den damals sicherlich als elitär angesehenen Tennissport betrieben.
Wenn Mutti mir von ‚ihrem' Tennisverein in Essen an der Ruhr erzählte, dann lachten ihre rehbraunen Augen und ein Gefühl des Glücks ergriff uns beide.
„Mein Gott, das ist schon so lange her mein Sohn, das war vor dem Krieg."
 Diesen Satz hörte ich also Anfang der Fünfziger Jahre öfter von ihr, und ich wunderte mich jedes Mal, dass auch ich mein Interesse am Tennissport nicht verbergen konnte.
Auf von Bülows Angebot ‚wieder Tennis zu spielen' reagierte Mutti mit großer Freude und gleichzeitig mit herzlicher Dankbarkeit.
Das weltgewandte, sympathische Ehepaar Wolf-Dietrich und Themi von Bülow wohnte ja schon eine geraume Weile in der ‚Bel-Etage' des Goethe-Hauses, – ja, so nannte man die feudalen Wohnräume in den ersten Etagen dieser eleganten Herrschaftshäuser.
Sie hatten meistens, schon vom Baustil her betrachtet, ihr besonderes Aussehen und auch oftmals einen historischen Hintergrund. Diese herrschaftlichen Domizile wurden gerne von gut betuchten Mitbürgern gekauft oder angemietet.
Beim menschlichen Miteinander herrschen auch in einer Hausgemeinschaft gute Umgangsformen, die jene Menschen mit Taktgefühl auch beherzigen. Der höfliche Antrittsbesuch bei den anderen Mitbewohnern gehörte seinerzeit zum ‚guten Ton' der Gesellschaft.

Für das Ehepaar mit dem klangvollen Namen war dieser Antrittsbesuch bei dem Kunstmaler und seiner Gattin ein reines Vergnügen. Allein das Fluidum der heimeligen Atelieratmosphäre unserer Mansardenwohnung mit den zahlreichen Bildern an den Wänden erzählten ja schon rein optisch von einer umfassenden kulturellen Bildung.
Dieser erste gute Eindruck in Bezug auf unsere neuen Mitbewohner, diese Wahrnehmung wurde, meines Erachtens nach, noch verstärkt, denn zweifelsfrei erregte der in der Wohnung dominierende Literaturschrank, des Besucherpaares uneingeschränkte Aufmerksamkeit … Ihr gemeinsames Betrachten des dunklen, im Ebenholzbeizton mattlasierten Prachtwerkes irritierte leicht unsere neuen Mitbewohner.
Aber der interessierte, von angedeuteter Neugier begleitete Blick der beiden auf die dicht an dicht stehenden, bunt schillernden Buchrücken der gebundenen Werke, die in den regalartigen Nischen dieses wuchtigen Bücherschranks untergebracht waren, verblüffte allein schon durch die Vielzahl der Bücher.
Dieser Schrank hatte an der Stirnseite unseres Wohnzimmers seinen idealen Standort, denn seine Überbreite gab der völlig abgedeckten Wand eine unaufdringliche, intellektuelle Gediegenheit, die jeden Betrachter fesselte und in seinen Bann zog.
Die vom Möbelschreiner in dieses attraktive Modell klug integrierte breite, geräumige Ablage im unteren Bereich, sie wirkte ebenfalls dominant und bot einen separaten Platz, einen Blickfang, der eine gewollte Harmonie der Formen zeigte. In diesen Hingucker hatte Vati eine etwa fünfzig Zentimeter hohe, kniende unbekleidete Eva mit langem, wallendem Haar dekoriert.
Die dort zu beiden Seiten der ‚Eva-Figur' herumliegenden und sicherlich aus Platzgründen von Vati quer gestapelten Hochglanz-Kunstdruckmappen der verschiedensten Stilrichtungen sowie weitere Exemplare der Kulturszene dienten Vati als sofort greifbare und anregende Informationsquellen der unterschiedlichsten Literaturrichtungen. All diese Wahrnehmungen offenbarten Vatis zweite Leidenschaft, seine unbändige ‚Lesewut'.
Somit signalisierte mein alter Herr unbewusst ein weiteres Zeichen seiner literarischen Interessen und dokumentierte seine kulturelle Ausgewogenheit. Dieses gegenseitige Kennenlernen war schon gleich zu Anfang von einer Welle der gefühlten Sympathie getragen, sodass die Interessensgebiete der beiden Ehepaare auf wunderbare Weise zu den ständigen Treffen führten.
Mutti, Vati und das Ehepaar von Bülow pflegten in ihren nunmehr häufigeren Plauderstündchen eine recht enge Freundschaft der ‚herzlichen Distanz'. So oder so ähnlich erlebte ich diese verbindliche und auch vornehme Freundlichkeit, die die von mir miterlebten Besuche prägten.
Ein verbindliches ‚Du', das eine große Vertrautheit unter Freunden darstellt, dieses ‚Du' hatte sich zu keiner Zeit ergeben.
Trotzdem waren die geschätzten Begegnungen vom Geist einer sympathischen

und ehrlichen Kameradschaft durchdrungen, und die gelebte und respektvolle menschliche Zuneigung der beiden Paare schenkte dieser literarischen und auch gesellschaftlichen Interessenverbindung den Nimbus einer geistigen Wahlverwandtschaft von hohem philosophischen Niveau.
In diesem Sinne erkannten Dr. von Bülow und mein schachverrückter alter Herr jeweils ihre eigene Besessenheit zu dem Zauber des anspruchsvollen Spiels der Könige. Somit waren die langen Winterabende in schöner Regelmäßigkeit diesen spannenden Auseinandersetzungen vorbehalten.
Die oftmals langandauernden Schachpartien erfüllten die beiden Kontrahenten, je nach Spielstand, entweder mit Genugtuung beim Sieger oder aber beim Verlierer, mit vornehmer Verärgerung. In den meisten Partien herrschte aber eine gemütliche Stimmung, wobei eine souveräne Gelassenheit die gesellige Atmosphäre bestimmte. Ein Remis hatte den Vorteil, dass in den meisten Fällen noch eine weitere Schachpartie folgte.
Vati hatte schon von frühester Jugend an das Schachspiel für sich auserkoren, denn die unendliche Vielzahl der Möglichkeiten übte eine anziehende Faszination auf ihn aus, der er nur ungern widerstand.
In den dreißiger Jahren konnte er seine Fähigkeiten, sein Können bei diesem Denkspiel, mit seinem Vater messen, den er nicht nur wegen seines fast fehlerfreien Schachspiels regelrecht vergötterte.

Ein Zwischenspiel der Harmonie ...
Großvater Gotthold, Vater Gotthold, Sohn Gotthold

‚So sei ich, gewährt mir die Bitte, in eurem Bunde der Dritte!'
Jeder kennt den Schluss aus Schillers Dichterwerk – die Bürgschaft.
Ich hatte unsere sehr seltenen Vornamen, der Ordnung halber, mit römischen Ziffern versehen, zumindest in der Zeit, als Vati noch lebte.
Opa Daddy, das war die englische Anrede, mit der ich meinen Großvater auf Vatis ausdrücklichen Wunsch anzusprechen hatte, und diese Anrede hatte mir Vati zu Opas Lebzeiten immer wieder eingeimpft.
„Dein Opa Daddy, mein lieber Filius, hör mir gut zu ...", mit dieser eindringlichen Ermahnung eröffnete Vati seine Ansprache an mich und fuhr sogleich mit seinen aufklärenden Worten fort: „Dein Opa besaß einen geistigen Habitus von universeller Prägung, und er hatte fast auf jedem Wissensgebiet ein brillantes Allgemeinwissen, das in seiner Komplexität wirklich ganz außergewöhnlich war. Von Dienem Großvater hättest Du enorm viel lernen können.

Ich bin so traurig, dass er damals im September 1951 so früh von uns gegangen ist. Auch Du, mein Sohn, konntest Dich in der Kapelle des Sankt-Josef-Krankenhauses in Ruhe von ihm verabschieden, und ich fühle noch heute den festen Druck deiner Hand beim Anblick Deines verstorbenen Opas. Deine andere kleine Hand hattest Du Onkel Achim gereicht.

Opa Daddys humanistische Schulbildung auf dem Altsprachlichen Gymnasium in Berlin, mit den Hauptfächern ‚Griechisch und Latein' waren als Fundament für sein späteres und umfangreiches Studium in der Reichshauptstadt von großem Nutzen.
Übrigens, mein Junge, diese altsprachlichen Gymnasien sind heutzutage nur noch recht selten zu finden. Außerdem wäre die humanistische Richtung für Dich nicht passend gewesen."
Vati hielt einen Moment inne und schaute mich mit einem solch fragenden Blick an, als erwarte er eine Antwort von mir.
Ich tat ihm den Gefallen und konterte auf meine vorlaute Art: „Mensch ‚Paps', ich weiß ja, dass Du für mich das Görres-Gymnasium von vorne herein und ohne Begründung abgelehnt hast. Ich weiß selbst genau, dass die alten Sprachen und die anderen Fächer für mich nichts gewesen wären. Außerdem bin ich froh, dass ich auf dem Städtischen Realgymnasium bin, denn fast alle meine Freunde aus Bendorf sind auch dort."
Vati nickte wohlgefällig, denn er schluckte den kessen Unterton meiner Antwort und setzte seinen belehrenden Vortrag fort: „Mit der Note ‚sehr gut' und dem lobenden Zusatz ‚summa cum laude' bestand Dein Opa Daddy das anspruchsvolle Abitur. Mit der allgemeinen Hochschulreife in der Tasche fühlte er sich bestens vorbereitet und studierte zunächst Philosophie und Politik. Dazu belegte er auch Sprachwissenschaften einschließlich der chinesischen Sprache sowie das Fach Journalismus.
Seinen Doktor machte er in Philosophie, um es locker zu formulieren.
Mein Vater, lieber Filius, Dein Großvater, der Gotthold Borchert mit dem Doktortitel, ich sage Dir, ich war mächtig stolz auf ihn.
Schon während seiner Studienzeit in Berlin erhielt er von der kaiserlichen Regierung das Angebot, für einige Jahre im Reich der Mitte, in China, administrative Aufgaben zu übernehmen und dort Dienst zu tun. In den dreißiger Jahren leitete Dein Opa die Personalabteilung bei dem Stahlriesen Krupp in Essen. Zuvor übte er seine journalistische Tätigkeit in der Ära der Weimarer Republik ohne Unterbrechungen aus. Ich habe Dir das alles kurz geschildert, damit Du einen kleinen Überblick unserer Familiengeschichte hast!"
Voller Respekt hatte mir mein Erzeuger den vielseitigen Werdegang seines Vaters nähergebracht und mit einer derart ehrlichen Begeisterung auch Opas markanten Lebenslauf in Fragmenten geschildert, sodass ich nur noch staunend und voller Respekt und sichtlich ergriffen vor ihm stand.
Kein Sterbenswörtchen kam mir als Antwort oder Kommentar auf Vatis Schilderung weder in den Sinn, geschweige denn über meine Lippen. Ich sah ihn lebendig vor meinen Augen, meinen geliebten Großvater, mit seiner schlanken, fast schmächtigen Figur und dem exakten Kurzhaarschnitt, der mich an eine auf dem Kopf stehende Kleiderbürste erinnerte.
Der hat einen ‚Stiftekopp', diese humorvolle, moselfränkische und etwas platte

Bezeichnung für meines Opas gebändigte Haarpracht, sie sei mir erlaubt, denn dieser Bürstenhaarschnitt galt für ihn als sein persönliches Markenzeichen.
Diese Gedanken wirbelten mir durchs Hirn und kamen mir plötzlich in den Sinn, denn neben Vatis Nimbus als Kunstmaler und seines Andersseins umgab auch meinen Opa Daddy bei uns in Bendorf die Aura eines individuell denkenden Literaten, Autors und Verfassers zeitkritischer Leitartikel.
Markante und zeitkritische Presseveröffentlichungen in Form von Leitartikeln waren Opas literarische Stärke, denn meist schrieb er zu Themen der Wirtschaft und der Politik.
Diese Veröffentlichungen erschienen zum Beispiel in der Koblenzer Rhein-Zeitung, dem Rheinischen Merkur und des Mainzer Anzeigers. Das Verfassen der historischen Analysen geschah in den ersten Nachkriegsjahren. Doch erst heute konnte ich, per glücklichem Zufall, einige wiedergefundene, zwar verblasste Originaldruckseiten mit meines Großvaters Leitartikeln, die teils herbe Kritiken an der Historie beinhalteten, als Zeitzeugen in Händen halten, um akribisch deren Inhalte zu studieren und zu verstehen.
Aber auch handschriftliche, schwer lesbare und arg vergilbte Manuskripte auf zerfleddertem Nachkriegspapier entdeckte ich in den verstaubten Mappen.
Ich holte mit konzentrierter Energie die Schriftsätze, nach über sieben Jahrzehnten in meine ‚Jetztzeit' hinein, und ich entzifferte wichtige Manuskripte aus meines Großvaters geistigem Erbe.
Ich achte und schütze diese mit Bleistift und mit wenig Druck beschriebenen, hauchdünnen DIN A4-Durchschlagsblätter für Schreibmaschinen.
Ich betrachte sie als wertvolle, geschichtliche Pressedokumente, die allesamt lesenswert waren, und die es vor allem in unserer Gegenwart wieder sind.
Auch für künftige Generationen könnte meines Opas geistiger Nachlass ein willkommener Leitfaden für ihr Verstehen unserer jüngeren, deutschen Geschichte sein.

Auch unseren damaligen Freunden unserer Heimatstadt Bendorf am Rhein war es nicht verborgen geblieben, dass die männlichen Borcherts aus dem von Claer'schen evangelischen Pfarrhaus, von vielen Mitbürgern auch gerne als Goethe-Haus bezeichnet, dass diese Individualisten, der eine als Schriftsteller, der andere als Maler, oftmals in ihrer gelebten persönlichen Wesensart eine etwas andere Handlungsweise an den Tag legten. Sie lebten in ihrer Welt der umfassenden Kultur.
Diese Ereignisse geschahen, wie schon erwähnt, in der Zeit der ersten Jahre nach dem mörderischen, Zweiten Weltkrieg.
Es war aber auch die gottgegebene Zeit der allmählich beginnenden Hoffnung der Menschen, die das Inferno des Krieges glücklicherweise überlebt hatten. Und diese Hoffnung bestand aus einem Aufschrei:

„Nie wieder Krieg!"

Mit diesem mahnenden Ruf, der in allen deutschen Landen laut und unüberhörbar in den ersten Nachkriegsjahren einen hohen Stellenwert besaß, verbanden vor allem auch die aus den alliierten Kriegsgefangenenlagern heimgekehrten Soldaten die Neubesinnung auf ein zukünftiges Leben in Frieden und Freiheit.

Und es war die Zeit der intellektuellen Denker, der humanen, wie die der christlichen Protagonisten, die die Demokratie und eine soziale Marktwirtschaft propagierten. Und es war die Zeit derer, die an das ‚Gute im Menschen' wieder felsenfest glaubten.

Ja, es war auch die Zeit derjenigen, die auf ihrer permanenten Suche nach einer gerechteren Weltordnung nie aufgaben.

Und es war die Zeit, in der ein gültiges Weltbild entstehen konnte, in welchem das Wort ‚Angst' keine Bedeutung mehr haben durfte.

Die Gedanken sind frei …,

denn sie beinhalten den weiten Horizont der guten Gefühle im Menschen und sie erreichen oftmals schon durch die Existenz der freien Gedanken den hohen Wert der menschlichen Würde.

Unsere Freiheit ohne Zukunftsangst ist das immerwährende Ziel, das wir alle gemeinsam und fortwährend erarbeiten müssen.

Diese harmonische und gute Bilanz des Lebens habe ich in früheren Zeiten im Geheimen erhofft und nunmehr, mit silbernem Haupthaar dekoriert und mit markanten Lebensfalten im Gesicht interessant gezeichnet, entdecke ich sie, diese ausgeglichene Bilanz:

Sie schenkt mir endlich meine innere Harmonie und sie senkt sie tief in mein Herz und festigt meine Seele. Dieses vitale, wunderschöne, völlig harmonische Gefühl, das ich in all meinen einstigen Lebenszyklen erhofft hatte, ja – ich hatte es immer gesucht und herbeigesehnt … aber gefunden habe ich dieses gute Gefühl erst im Herbst meines Lebens, in der kraftvollen Ruhe des Alters.

Und ich habe den feinen Sinn einer jeden persönlichen Retrospektive erkannt: „Im Erinnern an längst vergangene Zeiten verzaubern mich die zurückkehrenden einzigartigen Szenen mit ihren, von mir verehrten und teils auch liebgewonnenen Darstellern.

In gefühlter geistiger wie auch körperlicher Nähe sprechen sie mit mir, und die vitalen Geschehnisse aus den einstigen Lebensabschnitten nehmen von meinen Gedanken Besitz und verknüpfen das Gewesene erneut mit meinen gegenwärtigen Gedanken.

Auch die einzelnen Episoden kehren in bunten Bildern zurück, sie erscheinen quicklebendig vor meinem geistigen Auge.

Aber sämtliche Geschehnisse von damals sind immer nur in einzelnen Szenen präsent und sie zeigen sich alle im zurückhaltenden und weichen Farbverlauf und in einem milden Glanz.

Das eigentlich ‚Unbegreifliche', es existiert mit seiner allen Raum und Zeit überwindenden Kraft, es fesselt mich an meine reale Vorstellungswelt und verhilft, meinen weiten Gedanken zur erzählerischen Freiheit.
Und eines weiß ich genau:
Aus dem Wust meines angesammelten, kunterbunten und teils auch als einmalig zu wertenden Gedankenreichtums, aus ihm heraus erinnere ich mich an Episoden, die sich so nachhaltig in meinem Kopf festsetzten, dass ich von ihnen berichten muss. Denn dieser ‚Fundus der Erinnerungen' an mein bewegtes Leben will ich im ‚Hier und Heute' sichten und klären. Ich will wissen, wie sich meine andauernde und friedliche Zeitenwende entwickelte.
Das Sammelsurium der interessantesten Erlebnisse, die mir das Leben bereitete, das Ganze war ab und an nur schwer zu ertragen. Und doch betrachte ich das Erlebte von der fatalistischen Seite aus, und ich bewerte es als ein Geschenk, welches mir vom launigen Schicksal in dankenswerter Weise großzügig zugedacht war.
Auf diese Weise habe ich die markanten Schlaglichter der besonderen Ereignisse und die aus ihnen entstehenden Gefühle gierig in meine eigenen Philosophien aufgenommen.
Dieser inhaltsreiche Fundus wurde im Laufe meiner illustren Erdentage zur ideellen Fundgrube meines Erzählens.
Ehrlicherweise muss ich gestehen, dieser Gedankenschatz aus dem Reich der bewegten Vergangenheit, er war schlussendlich der wahre Grund meines Schreibens.
Außerdem will ich unserer erlebten nahen Vergangenheit ihr authentisches Gesicht erneut geben, damit so manches wertvolle, geistige Inventar erhalten bleibt und nicht in der Versenkung der Zeit verloren geht.
Mit emsigem Fleiß sammelte ich wohl zunächst unbewusst, dann aber nach Momenten des Zögerns begann ich zielstrebig und ausdauernd die einzigartigen Erlebnisse zu erforschen und deren weisen Erkenntnissen zu folgen.
Ich bewahrte diese erlebten Solitärgeschehen in vollem Umfang in meinen Gedanken und betrachtete sie als meinen gehorteten geistigen Schatz aus dem Reich der Vergangenheit.
Dieser ideelle Schatz, den ich ja ausschließlich für mich selbst zusammentrug und Detail für Detail im Kopf ordnete und verankerte, wobei die unterschiedlichsten Spielstätten meines Daseins immer eine große Bedeutung hatten.
Auch die Erinnerungen an einige der Weggenossen meiner Eltern habe ich aufgenommen und in meine Erzählungen integriert.
Die unterschiedlichen Zeitintervalle grenzten die Geschehnisse zwar ein, aber dennoch existierten sie lebensnah und detailgetreu in meinen Gedanken, auch wenn sie von mir nicht immer chronologisch eingegliedert wurden und ich zeitversetzt davon erzählte.
Dieses Horten der gelebten Augenblicke geschah manchmal auch mit einem un-

guten Gefühl, das ich in der Magengegend spürte, denn immer war es der forschende, der treibende Zwang, der das einstige Handeln befahl.
Ja, ich fühle diese Ansammlung an geistigen Pretiosen als gnädige Geschenke eines mir wohlgesonnenen Schicksals.
Ich möchte sie nicht missen, diese erlesenen Geschenke, denn sie entfalteten ihren faszinierenden Zauber so eindrucksvoll in meiner Welt der Besinnung, verwöhnen meine Seele und sie bereichern mein Leben ... und sie halten mich in meinen alten Tagen mit rhythmisch geordneten und starken Herzschlägen auf Trapp.
Mein pulsierender Kreislauf treibt die kleinen grauen Zellen an, die ja bekanntlich den menschlichen Denkapparat steuern.
Dieses, nur in meinem Inneren und nur für mich greifbare Schicksalsgeschenk, es erfreut mich mit weiteren glücklichen Sekunden.
In meiner positiven Vision folgt mein vorwärts gewandter Blick dem ruckartig springenden Sekundenzeiger auf dem runden Zifferblatt meiner imaginären Uhr des Lebens, dessen unaufhaltsamer Sekundentakt mir einen kühlen Hauch der Ewigkeit schenkt. Eine spürbare Gänsehaut ist die Begleiterscheinung dieser mystischen Situation.
Doch leider befinden sich diese imaginären Sekunden immer fern von jedem realen Wirklichkeitsdenken, deshalb habe ich ja auch den ‚Blick in das Land meiner Träume' riskiert ... und ich fand sie dort, einige der gesuchten Traumsekunden. Ich habe sie auch rein gefühlsmäßig wahrgenommenen ... und ich habe sie freudig zu meinem inneren Mittelpunkt des Denkens geführt und dort auch sogleich integriert.
Gleichfalls habe ich ihnen in meiner eigenen philosophischen Gedankenwelt einen festen Platz angeboten, denn es sind ja genau diese gefühlten Sekunden, die mich immer wieder faszinieren, es sind diese imaginären Zeitgeschenke, die ich fühle und in mir aufnehme, es sind diese Momente des Glücks, die mich leiten, die mir den rechten Weg weisen und die mir die Richtung zeigen, eben Orientierung geben ... bei meiner stillen Suche nach der Zeit, nach meiner ‚gewonnenen Zeit'.

Die ‚Ahr' Künstlergilde ...

Die Weiterentwicklung in Vatis Malerei blieb auch anderen Zunftgenossen nicht verborgen, denn diverse Presseberichte machten die Runde, und deren überaus positive Kritiken kursierten auch in den Künstlerkreisen einiger benachbarter Regionen. Die gedruckten Lobeshymnen setzten sich in ihrem Kern in den Köpfen der dort ansässigen Künstler fest.
So wendeten sich einige sympathische Kollegen aus Bad Neuenahr und Ahrweiler an meinen alten Herrn und baten ihn um seine Mitgliedschaft in ihrer Künstlervereinigung. Sie begründeten ihr Anliegen mit dem Wunsch, er möge doch durch sein Mittun die angestrebte Bildervielfalt bei den nächsten Ausstellungen unter-

stützen, denn der dadurch zu erwartende frische Wind, der durch seine charakteristischen wie auch unverwechselbaren Bilder aufkommen würde, der wäre für die geplanten Ausstellungen eine künstlerische Bereicherung. Vatis Öl- und Aquarellbilder würden bestens zu den Arbeiten der Maler und der Bildhauer der Ahr-Künstlergilde passen.
Unser Familienoberhaupt fühlte sich angenehm berührt und auch umworben. Diese Tatsache gefiel ihm mit Sicherheit gut.
‚Willst du gelten, mach dich selten'.
An diesen weisen und klugen Spruch seiner Grete musste er unwillkürlich denken, denn in dem intensiven Kollegengespräch war Vati zunächst in seinem Part des Gedankenaustausches etwas zurückhaltend in seinen Äußerungen und bat sich einige Tage Bedenkzeit aus.
Von seinem Wesen her war Vati ein Individualist mit guten Manieren und er schätzte Höflichkeit sehr. Mit wohlformulierten Worten sprach er die Ahr-Künstler-Kollegen direkt an: „Meine verehrten Herren und liebe Kollegen der malenden Zunft, sicherlich bringen Sie mir Ihr Verständnis entgegen, wenn ich Sie herzlich bitte, mir eine kurze Bedenkzeit zuzugestehen, damit ich in Ruhe das ‚Für und Wider' ausloten kann. Diese von ihnen mir angebotene Mitgliedschaft bedeutet für mich eine ehrenvolle Anerkennung, die ich zu würdigen weiß.
Meine Herren, ich erlaube mir, Sie in allernächster Zeit in Bad Neuenahr zu besuchen und ich werde Ihnen zu diesem Treffen meine Antwort mitteilen."
Vati hatte recht bald das nötige Vertrauen zu den Gleichgesinnten gewonnen, denn ihr persönlicher und auch leicht ins Burschikose gleitende Umgangston der Eifel-Ahr-Mitstreiter gefiel meinem alten Herrn ausgesprochen gut, denn bei allen Anstandsregeln im menschlichen Miteinander ist es der Ton, der die Musik macht. So sagt man umgangssprachlich. Außerdem schwingt in diesem gepflegten Ahr-Eifel-Dialekt ein überaus sympathischer, melodischer Klang mit, der an die leicht singende Kölner Muttersprache erinnert.
Gerade diese feine, gepflegte Lässigkeit seiner neuen Freunde hatte ihn zu seinem ‚Ja' überzeugt. Auch das von ihnen vorgelegte Ausstellungsprogramm bestach in seinen kreativen Planungen. Aber auch das gesamte positive Erscheinungsbild der Künstler-Gilde betrachtete Vati als ausgewogen und bestens zu ihm passend.
Ebenfalls passend zu der dieser neuen Entwicklung und zu seiner selbst erkannten Herausforderung, neue Motive zu suchen, eroberte mein rühriger Erzeuger die Gefilde der romantischen Ahrregion mit ihren bekannten Weinorten und deren uralten und meist verwinkelten historischen Ortskernen.
Wenn ich bei meinem Erzählen das Wort ‚erobern' wählte, dann meinte ich selbstverständlich sein umtriebiges Skizzieren der mannigfaltigen neuen Motive rund um diese zauberhafte Rotweinregion, die sich in die raue Schönheit der malerischen Eifel so wundervoll einschmiegt.
Allein das bloße Betrachten der zahlreichen, oft ineinander verschachtelten Häuserensembles, die man häufig zu beiden Ufern des silberglänzenden Flüsschens

entdecken kann, begeistern die Menschen. Auch die vielen in die Landschaft geschmackvoll gestalteten Brückenbauwerke wirken überaus bodenständig und sie finden allseits Gefallen. Es sind genau diese malerischen und oft auch historischen Ansichten, welche die Menschen im engen Schulterschluss mit der urwüchsigen Natur und in einer selten zu findenden Harmonie gestaltet haben.
Das hautnahe Erleben dieser natürlichen Windungen des romantisch anmutenden Ahrflüsschens lässt eines jeden Reisenden Herz vor Freuden höher schlagen und begeisterte damals in steigendem Maße auch das sehende Erkennen und den geschulten Kennerblick meines alten Herrn.
Bei jeder seiner gezielt geplanten Skizzenmaltouren eröffneten sich für ihn immer neue Eindrücke, denn der Abwechslungsreichtum der Landschaftsszenen dieser gesamten Ahrregion, all das verführte unseren Maler zu einer neuen und ganz persönlichen Liebe, die er in sich und für die geschaute Motiv-Vielfalt entdeckte.

Winter an der Ahr – gemalt ca. 1960
Öl 60 x 70 cm ohne Signatur
Sammlung: Kapferer, Völs-Innsbruck

Das Ahrtal spannte vor seinen Augen einen weiten Bogen der schönen Eindrücke in einer Häufigkeit, die fast einer optischen Reizüberflutung gleichkam.
Dieser gefühlte natürliche Überfluss an interessanten Ansichten erfasste mein fleißiger alter Herr mit Entdeckerstolz und hielt Szene für Szene fest, teils auch

mit Aquarellfarben angelegt, wohl aus dem Grund, um die jeweiligen Lichtverhältnisse einzufangen, aber auch, um den Zauber der atmosphärischen Besonderheiten authentisch festzuhalten.
Der Pressebericht der Ahrausgabe vom 11. und 12. April 1959 beschreibt in seiner überaus positiven Kritik anlässlich einer Ausstellung in Bad Neuenahr zur künstlerischen Darstellungsform meines alten Herrn: ‚Gotthold Borchert – pastos sein Pinsel, wie aus dem Traum der Natur noch einmal neu geboren in einem schöpferischen, magischen Realismus – ‚die Bachhäuser' zumal grandios im Bildaufbau: Hier weiß einer, was Komposition heißt. Es ist ja die Wirklichkeit, die das Geheimnis des Daseins verhüllt, in sich birgt – und Borchert macht geheim Geschautes sichtbar'.
Dieses Zitat und ein weiteres erwähne ich gerne an dieser Stelle ein weiteres Mal, um die innere Verbindung unseres Malers zur Heimatregion und zu ihren sympathischen Menschen zu verdeutlichen. Ich tue es auch aus dem Grund, weil er mit einigen seiner typischen ‚Ahr-Bilder' aus jenem Zeitzyklus seiner Schaffensperiode, fast jedem Schöngeist in seiner persönlichen Wohnkultur einen Hauch des Besonderen zu schenken vermochte.
Und weil in so manchem seiner Bilder die besondere Farbgebung für Aufmerksamkeit sorgte, füge ich als Zitat eine weitere Zeitungskritik von 1960 hinzu:
‚Ist Grau eine Farbe? Auf dem Spektrum gilt sie als Summe aller Farben und eigentlich als keine Farbe!'
Das widerlegt G. Borchert, Bendorf. Er entwickelt tausend Nuancen des ‚Grau' und baut aus ihnen seine Bilder auf: Lebensvoll und verhalten, durchleuchtet und still zugleich. Er offenbart eine vielstufige Farbkultur aus Grau, er tut es meisterlich und überraschend in der Fantasie'.

Soweit die beiden Texte aus unserer Rhein-Zeitung. Leider habe ich keine weiteren Berichte von den verschiedenen Ausstellungen in Koblenz und Bad Neuenahr mehr entdecken können. Ja, stolz war er schon, von öffentlicher Seite schwarz auf weiß lesen zu können, was man von seiner Kunst hält.
Ich weiß noch ganz genau, mit welcher Genugtuung er die Zitate las, und ich sehe auch noch sein ausgeglichenes Mienenspiel vor meinen Augen, wie er genüsslich die Texte in sich aufnahm.
Ich denke in diesem Moment an den großen William Shakespeare, der vor Jahrhunderten schon wusste: ‚Füttere uns mit Lob, wie junge Vögel, denn jede gute Tat, die ungepriesen bleibt, würgt tausend andere, die sie zeugen könnte!'
„Ja, ja, das Geheimnis des Erfolges liegt auch im gerechten Lob begründet. Ich zumindest sehe das so und ich glaube fest daran." Diese Bemerkung konnte ich mir damals nicht verkneifen, denn ich war gespannt auf Vatis Reaktion.
Er aber antwortete lakonisch: „Du Neunmalkluger, Du solltest besser auf annehmbarere Schulnoten achten, als so altkluge Sprüche daherzureden."
So strahlen Vatis Werke auch heute in meiner Nähe, sowohl in unserem Haus bei

meinen beiden Söhnen in meiner Heimatstadt Bendorf, als auch im Tiroler Landhaus bei meiner geliebten Lebensgefährtin Gaby in Völs bei Innsbruck. Ihr Anwesen habe ich mit großer Freude im Herzen vor einigen Jahren mit etlichen von Vatis Werken kreativ gestalten dürfen.

Ich lebe und behüte die künstlerische Hinterlassenschaft meines Vaters, seine Aquarelle, Skizzen, Zeichnungen sowie die ausdrucksstarken, oft in haptischer Optik gearbeiteten Ölbilder, – es sind die Werke, die mir nach seinem Tod verblieben sind. Ein Teil seiner Bilder, die im Goethe-Haus das große Treppenhaus schmückten sowie die verbliebenen Exponate, die den elterlichen Wohnräumen ihre Atmosphäre schufen, befinden sich erfreulicherweise im Besitz meiner Tochter Claudia und ihrem Mann Thomas Alshut, in ihrem Haus im Bergstadtteil Bendorf-Stromberg.

All diese Bilder meines Vaters, mein ideell und wohl auch materiell so wertvolles Erbe wollte ich in guten Händen wissen und übergab diese Werke schon vor einigen Jahren, aber erst zu einem mir genehmen Zeitpunkt, an meine Kinder. So konnte ich meines alten Herrn malerische Hinterlassenschaft, eben durch mein gefühlt faires und gerechtes Teilen sowohl meinem geliebten Lebensmenschen Gaby, als auch meinen drei Kindern mit Freuden überlassen.

Meine beiden Söhne Joachim und Alexander, sie gingen aus meiner zweiten Eheverbindung hervor und leben, nach dem frühen Tod ihrer Mutter, in ihren eigenen Wohnungen in unserem ehemaligen Anwesen, in denen ebenfalls Vatis Werke zur gepflegten Wohnkultur beitragen.

So unterhalten und erzählen Vatis Werke in stummer Farbigkeit die Geschichten, die alle verständnisvollen Betrachter aus den Bildern erfahren können. Und jeder Feinfühlige kann in kleinen aber feinen Unterschieden, seine ureigene Sicht auf das individuelle Werk für sich deuten und erkennen.

Meine allernächsten Seelen, Gaby und meine drei Kinder, die zusammen meinem Lebensherbst den wahren Wert schenken und meine alten Tage aufwerten, sie sorgen jeweils mit ihrem Ideenreichtum und ihrer uneigennützigen Fürsorge für Abwechslung und vergolden mir meine Zeit in Tirol und in meiner Heimat, der wundervollen Region am silbernen Strom, dem alten Vater Rhein.

Sie alle besitzen aber, wie von mir zur rechten Zeit gewünscht, jeweils einen Teil von meines Vaters Werken. Zur Verdeutlichung meiner Schenkung wies ich auf den wahren Wert seiner Werke hin, indem ich bei jeder passenden Gelegenheit eine oder mehrere von Vatis Philosophien, die seine Malerei kennzeichneten, zum Besten gab.

Also sprach Gotthold der Maler:

„Meine Bilder sprechen alle in ihrer eigenen, in ihrer imaginären Sprache. Die Motive sind still und beredt zugleich. Ihre zeitlose Wirkung entfalten sie durch ihre Strahlkraft und schenken jedem ihrer Besitzer auch einen ideellen Wert, in

jedem Fall aber ein Solitärobjekt der individuellen Art.
Jedes Werk beschert seinem Eigentümer durch sein Vorhandensein gleichzeitig ein tiefes, persönliches Wohlgefühl jeweils im eigenen Wohnambiente.
Dieses Wunder erleben aber nur die Zeitgenossen, die mit dem Herzen zu schauen vermögen.
Denn wie lässt Antoine de Saint-Exupery in seinem wunderbaren Weltbestseller, der Erzählung vom Kleinen Prinzen, berührend sagen: ‚Man sieht nur mit dem Herzen gut, das Wesentliche ist für die Augen unsichtbar'.
Des großen Franzosen bewegende Erkenntnis umfasst exakt meine Theorie des gefühlsbetonten Betrachtens von Kunstwerken, denn gleich welcher Art sie auch geschaffen wurden, sie sind es allemal wert, ihnen ein anerkennendes Anschauen entgegenzubringen.
Allein diese Erfahrung zu erleben, dieses wunderbare Gefühl, wünsche ich jedem glücklichen Besitzer von Kunstwerken, ganz gleich ob es sich um ein Bild oder ob es sich um eine Skulptur handelt.
Beim Erfassen des solitären Entstehens eines Bildes oder eines bildhauerischen Objektes, in beiden Fällen kommt es immer auch auf das Gefühl an, das der Betrachter entwickelt. Darüber hinaus ist das Erforschen und Verfolgen der künstlerischen wie handwerklichen Fertigkeit der jeweiligen Künstler eine weitere Herausforderung an den Betrachter, die es gilt, zu ergründen. Derart kann sich das individuelle Kunstverstehen bilden.
Darüber hinaus sind es die Erfahrungen der speziellen Werdegänge, vor allem im kreativen Bereich der Kunstobjekte, die die gefühlte Befriedigung erleben lassen. Durch die Erfahrung der tiefen und stillen Auseinandersetzung mit der Seele eines vollendeten Bildes oder eines bildhauerischen Kunstobjekts entsteht die Liebe zur Kunst und begleitend erfährt der Individualist seine gesuchte Nähe zum Kunstschaffen im Allgemeinen." Soweit zunächst meines Vaters Worte.

Um in der malerischen Zunft zu verweilen und auch gedanklich weiterzudenken, wünsche ich mir für alle interessierten Betrachter allemal ein Verstehen dessen, was jeder bildende Künstler, so auch mein alter Herr, in alle seine Werke hineingesenkt hatte.
In der zeitkritischen Analyse seines Handelns stellte mein Vater in jener Epoche seines Wirkens weiter fest: „Dieses Erleben der grenzenlosen Kunst bedeutet zu jeder Zeit auch eine wahre, manchmal auch eine mystisch aufwirbelnde Freude. Ein freudiges Erlebnis sollte es allemal sein, das schon in der ersten Sekunde des Betrachtens eines Kunstwerkes entstehen muss, denn dann gewinnt der ‚Aha-Effekt' die Oberhand.
Das Bild in seinem neuen Wirkungsbereich, im Zuhause bei dem Käufer soll es ja im Idealfall ein einmaliges Erleben bedeuten und den ganzen persönlichen Wohnbereich bereichern und die Attraktivität steigern. Ein inniges Wohlgefühl sollte Bestand haben.

Derjenige, der diese Individualität zu fühlen beginnt, sie erfährt und sie zu schätzen lernt, der genießt die Sonnenseite der menschlichen Existenz."

Die mobile Entwicklung zahlte sich aus, denn Vatis fleißig gesammelte neuen Skizzen entpuppten sich zu einer wahren Fundgrube an nachgefragten Motiven.
„Mensch Borchert, Ihre Bilder kommen an, meine Kundschaft schätzt Ihre Ölbilder und Ihre Art zu malen. Immer, wenn ich neu ausgestellt habe, drücken sich die Betrachter am Schaufenster fast ihre Nasen platt. Weiter so, das passt schon!" So oder so ähnlich klangen damals Vollmüllers gewichtige und vor allem ertragsreiche Worte.

Vatis kleine Rente, die er vom Staat erhielt, dazu Muttis Monatsgehalt, plus meinem geringen Lehrlingssalär brachten einen bescheidenen Wohlstand in die gemütliche Mansardenwohnung im ehrwürdigen Goethe-Haus zu Bendorf. Unsere kleine Mulle, der Fiat 500, er brachte meinen alten Herrn bequem exakt dorthin, wo er tolle Eindrücke zu finden glaubte.

In diesen aktiven, schöpferischen Jahren und Vatis emsigen Malperioden schuf er unvergängliche Werke, die er mit seinem ihm angeborenen Elan zu diversen Ausstellungen brachte. Aber auch seine vermehrten Privatkunden bediente er gewissenhaft.

Für die etwas besser gestellten Mitbürger, für Geschäftsleute, Ärzte oder auch für einzelne industrielle Auftraggeber arbeitete er gerne und erfüllte die gewünschten Vorgaben, ohne jedoch seinen Malstil zu ändern. Dass Vati bei den ‚Bendorfern' gut ankam, freute uns ungemein.

„Borcherts hängen überall in der Welt", sagte er des Öfteren mit unverhohlenem Stolz.

Die engere Borchert-Verwandtschaft in Düsseldorf und in den USA besitzt Bilder, auch die vielen französischen Partner seiner Koblenzer Dolmetscherzeit, die Zeichnungen und Aquarelle als willkommene Erinnerungen nach Frankreich entführten und natürlich und erfreulicherweise die zahlreichen Vollmüller-Kunden aus nah und fern; das sind nur einige konkrete Beispiele, die aber seine hochtrabenden Worte rechtfertigen. Stolz war auch ich auf meinen Vater – und nicht nur zu jener Zeit!

Bei all seinem Erfolg aber ärgerte mich damals schon seine wenig ausgeprägte Verkaufstaktik ... die eigentlich und genau betrachtet, keine Taktik, sondern exakt das Gegenteil war. Je besser einem Interessenten ein Bild gefiel, desto billiger verkaufte er das Werk. Ich glaube, dass mein alter Herr sich mehr über einen neuen Bewunderer freute, als über sein erzieltes Honorar.

So war er eben, unser geschätztes Familienoberhaupt. All seine Gedanken verweilten unentwegt bei seiner Malerei, denn nach den geschilderten Verkaufserfolgen drehte sich sein Denken wieder fast ausschließlich nur um neue Malmaterialien. Zu allem Kunstschaffen gehörte aber auch sein eigenes Weltbild im Sinne des Menschseins.

‚Humanitas'

Ja, Vati wählte oft dieses Wort und er lebte sie, die ehrliche Menschlichkeit. In so manchem unserer Gespräche kam mir mein Vater oftmals wie ein evangelischer, weltlicher Missionar vor, wenn er mir ‚seine Welt' erklärte.

Hier kommt Freund Adolf ins Spiel …

Nein, nicht etwa der Welt größter Unhold der Menschheit, nein, ein ganz lieber, an einen Rollstuhl gefesselter, älterer Zeitgenosse, der sich nur mühsam mit seinen beiden Armen in Bewegung halten konnte. Er war im nahen Heinrichhaus, dem Versehrtenheim in unserer Nachbarstadt Engers beheimatet. Dort wurde er behütet, gepflegt und betreut.
Das ‚Krüppelheim', so brutal und unmenschlich nannte der Volksmund in unserer Plattsprache diese Wohlfahrtsinstitution.
Nur wenige Kilometer von unserem Bendorfer Stadtkern entfernt lag diese großartige Klinik, in direkter Nachbarschaft des Rheins und des weiträumigen Engerser Barockschlosses, das in der Ära des Fürstbischofs Clemens Wenzelslaus erbaut wurde.
Den vielen Behinderten und Kriegsversehrten, diese Bezeichnung gab der Volksmund den zahlreichen Opfern des Krieges, diesen armen Zeitgenossen gab das Heim der ‚Heinrichhaus Gesellschaft' ein willkommenes Zuhause. Die ‚fürsorgliche Pflege' und die ‚helfende Betreuung' eines jeden leidgeprüften Menschen in der Heinrichhaus-Heimgesellschaft in Engers als oberstes Gebot … und die praktizierte Menschlichkeit stand an vorderster Stelle, denn jedes Dasein wieder ein wenig lebenswerter und erträglicher zu machen, das war das Ziel.
Diese folgende kurze Erklärung setze ich an den Anfang dieser Geschichte, damit der geneigte Leser eine genaue Einschätzung der Örtlichkeiten gewinnen kann.

Ich kam als Jugendlicher von einem meiner Spaziergänge auf dem Heimweg durch Bendorfs obere Rheinstraße und entdeckte ihn auf dem Bürgersteig, direkt vor meinen Füßen. Er saß, leicht nach vorne gebeugt und gefangen in seinem stählernen Rollstuhl, dessen Fahrten nur durch die eigene Kraft der Arme durchgeführt werden konnten. Ärmlich gekleidet war er und sah ziemlich erschöpft aus. Ich konnte mir damals gut vorstellen, wie mühsam das Fortkommen in so einem Gefährt gewesen sein muss.
„Hallo, hast Du mal Feuer für mich?"
Gequält klang die raue, männliche Stimme. Seinen Kopf hielt der Rollstuhlmann in schräger, nach rechts geneigter Haltung.
Ich musterte den Frager rücksichtsvoll. Als ich den kleinen angerauchten Stummel einer Zigarette in seiner verkrümmten Hand betrachtete, überkam mich ein unsägliches Gefühl von Mitleid, das ich mir aber nicht anmerken ließ.
Ich war damals schon Raucher, was wegen meines jungen Alters streng verboten

war. Ich hatte eine Schachtel Eckstein in der Hosentasche und fischte sie geschickt heraus, ohne dass fremde Augen dessen gewahr wurden.
„Möchtest Du 'ne Eckstein? Ich geb' Die gern eine Zigarette ab, sind aber ohne Filter. Feuerzeug hab ich auch. Also, ich bin der Gotthold."
So oder so ähnlich habe ich den Rollstuhlfahrer wohl angesprochen. Ich steckte ihm eine Zigarette zwischen Zeige- und Mittelfinger und gab ihm Feuer. Den Stummel hatte ich einfach weggeworfen. Genüsslich zog er den Rauch ein und seine Augen zeigten mir seine ehrliche Dankbarkeit.
„Adolf heiße ich, komme aus dem Heim in Engers."
Ich hatte den Bann gebrochen, das bemerkte ich sofort, denn ein befreiendes Lächeln überzog sein verhärmtes, aber auch männliches Gesicht. Dieser Adolf hatte bei all seinem Leid eine so wohltuende Herzlichkeit in seiner Stimme, und seine Augen strahlten eine Güte und Zufriedenheit aus, die ich noch heute einer unwillkürlich auftretenden Gänsehaut spüre.
„Eigentlich rauche ich ab und zu mal ein paar Restkippen, die ich von anderen bekomme. Diese kurzen Kippen rauche ich aber in meiner Pfeife, das geht ja nur so. Sonst verbrenne ich mir ja die krummen Finger."
Während er dies zu mir sprach, suchte seine andere, teils auch verkrümmte Hand in der Tasche seiner verschlissenen Jacke nach besagter Pfeife. Total zerbissen zeigte sich das Mundstück dieser Minipfeife und auch deren Tabakkopf sah arg verengt aus, entstanden wohl durch die Schlackenablagerungen und Teerreste des jahrelangen Gebrauchs.
Wir wechselten während unseres gemeinsamen Rauchens ein paar belanglose Worte.
„Mein Vater hat so viele Pfeifen, jede Menge Tabake, Pfeifenreiniger, Feuerzeuge …"
Blitzschnell erfasste ich den Gedanken des Gebens und ich kannte ja meinen alten Herrn. Von der Rheinstraße bis zum Goethe-Haus waren es nur ein paar Schritte. Ich wusste Vati im Atelier, und fast unter liebevollem Zwang sagte ich zu Adolf gewandt: „Komm mit, mein Freund, mein Vater raucht auch Pfeife und alles andere was man so braucht, das hat er auch."
Kurze Zeit später parkte ich Adolf mit seinem Rollstuhl an der pompösen Freitreppe des Goethe-Hauses und bat ihn um etwas Geduld. Eilenden Schrittes stürmte ich die breite Eichentreppe hinauf und riss meinen Vater schier aus seiner ‚Mal-Wut', wie er selbst sein ununterbrochenes Schaffen ab und an nannte.
Es folgte eine kurze Schilderung der Situation und schon suchte Vati zwei seiner Pfeifen aus der umfangreichen Sammlung heraus, steckte sie in die großen Kitteltaschen, nahm anschließend einige der quadratischen Richmont-Navy-Cut-Tabakdosen in seine Hände und eilte ohne ein Wort zu verlieren hinunter zu Adolf und sprach ihn an.
Als er sich mit seinem gleichen Vornamen ‚Gotthold' vorstellte, sah ich eine leichte Irritation in Adolfs Blick und kannte sogleich Vatis prompte Antwort auf

Adolfs nicht geäußerte Frage.
„Ja, Adolf, auch ich grüße Dich", an dieser Stelle hielt Vati kurz inne und schaute mich ostentativ an, gleichzeitig deutete er mit dem nach oben abgewinkelten Daumen in schnellen Hin- und Herbewegungen auf mich und setzte seine Erklärungen fort: „Er hat Dich zu mir geführt, Adolf, er ist mein Sohn Gotthold, der Dritte, wie ich ihn gerne nenne, ist also der Dritte im Bunde der Borchert-Männer. Schon mein Vater hieß mit Vornamen Gotthold, ich heiße mit dem Vornamen ebenso, und so kam das mit unseren selten gehörten Vornamen. Die ganze Sache ist für Außenstehende etwas verzwickt."
Jetzt kannte uns unser neuer Freund. Seine Freude über die Rauchergeschenke war von herzlicher und dankbarer Art, die er auch ehrlich meinte.
„Übrigens Adolf, wenn der Tabak aufgebraucht ist, Du kannst gerne wiederkommen, ruf einfach nach mir, meinen Vornamen kennst Du ja jetzt. Also, wenn Tabakebbe in Deinen Taschen herrscht, dann mach' Dich bemerkbar, ich komme dann runter zu Dir."
So begann diese Episode und sie war über viele Jahre von Dauer. Ich habe unseren Freund auch des Öfteren in Bendorfs Gefilden wiedergesehen und unsere obligatorische Zigarette durfte dabei natürlich nicht fehlen, denn der ‚Blaue Dunst' ist zwar ungesund, aber er schafft mitunter Freundschaften, die lange Bestand haben. Der Gedanke der ehrlichen Freundschaft hatte ja bei den meisten Menschen einen hohen Stellenwert.
Gerade im Zusammenleben in einer kleineren Ortschaft wie Bendorf, kannte damals wirklich jeder jeden. So war es auch Ende der Fünfziger, Anfang der Sechziger Jahre des vergangenen Jahrhunderts …

Diese Laudatio widme ich unserem heimischen Karneval und allen Freunden der Narretei!

Clowns haben Herz … und Narren haben Geist!
Eine Betrachtung zu Freiheit und Toleranz im Wandel der Zeit.

Ja, Liedermacher, Clowns und Narren vereinen Herz, Geist und Gemüt in sich, und sie zeigen sich in ihren Darbietungen immer von ihrer sympathischen, menschlichen Seite. Gewitzte Narren sind allemal Menschen, die mit feinem Gespür und klaren Erkenntnissen den Zeitgenossen in dessen Denken und Handeln stets individuell auf den ‚Zahn fühlen'. Sie erkennen die kleinen Schwächen von ‚Otto Normalverbraucher', decken sie auf, und als charmante Unterhalter sind sie diejenigen, die die feinen Unterschiede exakt analysieren und alsdann als witzige Ironie wirken lassen.
Mit Esprit suchen sie nach treffsicheren und zündenden Antworten und kreieren, gleich auf welcher Bühne angesiedelt, die Gags und Pointen, die als beste Unterhaltung das Publikum zum Schmunzeln verführen sollen.
Eulenspiegeleien entstehen durch das angestrebte Überzeichnen und die humor-

reiche Darstellung des gewählten Themas, wobei die feinen aber durchaus wichtigen Abweichungen vom ‚Normalen' stets den Witz mit komödiantischem Unterton widerspiegeln sollten. Wird die leicht überspitzte, aber verständliche Pointe in Gestik und im treffenden Mienenspiel überzeugend präsentiert, ist sie die Würze im Programm und garantiert gute Unterhaltung für jeden interessierten Betrachter.

Ich selbst kenne diese mannigfaltigen, vielschichtigen und wunderbaren Darbietungen aus meinem eigenen reichen Erfahrungsschatz als karnevalistischer Redner und Moderator der buntesten Shows in unseren rheinischen Gefilden. Die Erlebnisse im Kreise gleichgesinnter Freunde, die überaus kreativ ihre Ideen in Worte fassten und teils in Prosa oder wohlgesetzten Reimen in den Probestunden vor den Premieren zum Besten gaben, ließen zum Teil schon dort wahre Stürme der Heiterkeit aufbrausen und somit den späteren Bühnenerfolg ahnen. Clowns, Liederdichter und Narren mit feinsinnigem Esprit findet man in verzaubernder Art nicht nur in den karnevalistischen ‚Hochburgen' des Rheinlandes, sondern man erfreut sich über diese Kunst der Unterhaltung auch länderübergreifend in vielen Regionen im europäischen Raum.

Humor auf internationalen Bühnen ist seit langer Zeit im professionellen Genre eine Darstellungskunst, die teils auf anspruchsvollste Wiese die Menschen zu begeistern versteht.

Jerry Herman schrieb und arrangierte das faszinierende Musical ‚La cage aux folles', dieser Titel ‚ein Käfig voller Narren', er brilliert mit fantastischen Texten und ergreifenden Songs auf den Bühnen der Welt und zieht vor allem Menschen mit tolerantem Denken in eine bislang unbekannte Gefühlswelt.

Wie tiefgreifend, ja richtungsweisend für so manchen Zuschauer einzelne Passagen sein können, das beweist für mein Empfinden auch dieser ausdrucksvolle Titel: ‚I Am What I Am', übrigens bis heute ein Welthit, einst bestens zelebriert von der großartigen Gloria Gaynor. Die deutsche Fassung lautet: ‚Ich bin was ich bin', das ist der dominierende Hauptsong der Zaza, der diesem Bühnenerlebnis seinen Glanz verleiht.

Es ist nicht irgendein Musicaltext, der mich seit meinem Theaterbesuch in Koblenz so stark beeindruckte; dieser Text und vor allem, sein Inhalt sollte mich bis zum heutigen Tage begleiten. Nachdenken, Verstehen, Toleranz üben … diese Tugenden gelten für mich ab diesem Schlüsselerlebnis in besonderer Weise, ich kann es auch ‚Leben und leben lassen' nennen, gewissermaßen als mein Credo.

Mich faszinierte einfach der menschliche Inhalt des Textes, damals vor vielen Jahren, als ich das Musical zum ersten Mal erlebte und von dessen Handlung total ergriffen war.

„Nichts auf der Welt hat einen Sinn, eh' du nicht sagst, hey Welt ich bin was ich bin!" Genau dieser Text, er fordert das große Verständnis fürs ‚Anderssein' heraus und zielt auf geniale Weise auf jedes Individuum.

Dieser Text ist eine Bitte, auch eine Aufforderung, und er führt zur eigenen

Selbsterkennung. Er ist außerdem längst zur Hymne für Toleranz und Freiheit geworden, er ist eine Botschaft, die jeden Menschen betrifft. Ein Statement, das auffordert das Intellektuelle, das Anderssein zu akzeptieren. Ein Lied also, das Mut machen soll, wenn es einem mal schlecht geht.
Diese eindeutige Botschaft, die jeden Menschen betrifft, egal ob schwarz oder weiß, arm oder reich, schwul oder lesbisch.
Chancengleichheit und persönliche Freiheit sind die Marksteine in unserer heutigen Zeit, die ‚Alle' einfordern dürfen, ja müssen. In allen Lebensfragen und in alltäglichen Situationen gehört die gelebte Zivilcourage in jedem Fall dazu, und manchmal sollte jeder auch mal Mut zeigen, wenn es gilt, mit Worten oder mit Taten Farbe zu bekennen.
Ich weiß noch ganz genau, wie sehr mich die Gesamthandlung im ‚Käfig voller Narren' auf der Bühne des kleinen Theaters in Koblenz beeindruckte, wie mich die einzelnen Szenen in ihren Bann zogen … und von diesem Moment an mein Denken und Handeln in Richtung Toleranz lenkten.
Warum ich gerade heute diese Zeilen schreibe, das weiß ich nicht genau zu begründen, aber es war wohl die Erinnerung an meinen Vater, der ja auch immer, gelinde gesagt, auf seine Art anders war, als andere Zeitgenossen. In meiner Erzählung über sein ‚Künstlerleben' habe ich sein ‚Anderssein' trefflich beschrieben.
Außerdem ist mein Empfinden heute, im Herbst meines Lebens, viel emotionaler und vor allen Dingen verständnisvoller geworden. Ich liebe unsere wundervolle Welt in all ihren farbigen Nuancen und bunten Spielarten. Aus diesem Gefühl heraus entsteht meine Liebe zum Leben und zum Träumen, denn, wer zu träumen wagt, dem wachsen Flügel.
‚Carpe diem' … nutze, genieße, gestalte der Tag, genau das Nutzen eines jeden Tages tun wir, mein Lebensmensch Gaby, die wundervolle Partnerin und geliebte Frau an meiner Seite, die Kaiserin meines Herzens, wie ich sie gerne liebevoll nenne, denn seit vielen Jahren leben wir im harmonischen Miteinander und im Einklang fast gleicher Empfindungen, gleicher Ideen, gleicher Kreativität und in tiefgreifender Liebe und Zuneigung in jeder Situation, – ob ein gefühltes Hoch uns beflügelt oder ein schmerzendes Tief uns bedrückt.
Ein Jeder sollte seine Zeit positiv leben … denn die Zeit hat keine Zeit zu warten!

Die Geschichte vom Kunstmaler und dem Mann des Volkes …
‚dem netten Mann vom Bendorfer Gaswerk'

Etwa zur gleichen Zeit trug sich in der zweiten Etage des Goethe-Hauses die folgende humorvolle Episode zu. Wir hatten damals in Bendorf noch ein örtliches Gaswerk, die ‚EVM', die Energie-Versorgung-Mittelrhein. Das Betriebsgelände des Gaswerks lag am Anfang der Engerser Straße auf der linken Seite, wenn man in Richtung der B 42 unterwegs war.

Wir Borcherts standen auf der Liste der Neukunden und wurden bei der Geräteinstallation auch schnell bedient.

Jetzt besaßen auch wir einen mit Gas befeuerten, modernen Warmwasserboiler im noch altmodisch anmutenden Badezimmer, wobei die Zuleitungsrohre auf Putz und leider gut sichtbar montiert waren.

Diese zeitgemäße Technik schaffte auch aus dem Grund eine unschöne Wirkung, weil sie nämlich auf den weißen Lackflächen der Wände besonders auffiel. Zwar war die ganze Geschichte spritzwasserabweisend gearbeitet, aber auf diesen Anblick, wie auch auf den des Verlaufes der gesamten Verrohrung hätten wir gerne verzichtet.

Doch diesen etwas unschönen Zustand des Badezimmers akzeptierten wir, denn wir empfanden den Gasboiler als ein willkommenes Luxusexemplar der modernen Badausstattung. Als ein besonderer Wohlfühlspender war er uns willkommen, denn bei unserer täglichen Körperpflege verspürten wir die Wohltat des warmen Wassers.

Den Auslaufschieber konnten wir komplett regeln und eine weiche Handbrause erfüllte alle unsere Hygienewünsche.

Unsere Wohnräume waren, von den Abmessungen her gesehen, durchaus als klein und eng zu bezeichnen. Doch Muttis Reich, die Küche, sie war, aus welchen Gründen auch immer, von einer räumlichen Größe, die platzmäßig betrachtet alle Wohnwünsche erfüllte.

Zwar war die Fensterwand von unten nach oben verjüngt zulaufend, eben notwendigerweise schräg gebaut worden, denn diese lag ja in der Höhe der unteren Dachgestaltung, und die war einst, dem Barockstil folgend, im spitzen Winkel ausgeführt worden.

In diese untere, architektonisch bedingte Schräglage hineingebaut wirkten die eingeschnittenen Dachgauben von außen betrachtet sehr nobel, und deren geräumige Aufbauten boten im Innern dadurch etwas mehr Platz.

Der dadurch entstandene Fensterraum, der der Geräumigkeit aller Innenräume der zweiten Etage des Hauses eine ansprechendere Optik schenkte, gewährte auch einen freieren Ausblick, vor allem zur Westseite hin, wobei die weiten Flächen der ausgedehnten Felder des Maifeldes den flacheren Ausläufern der Eifel eine interessante Struktur verliehen. Das warme Farbenspiel dieser Landschaft hatte zu jeder Jahreszeit seine eigene Faszination.

Unsere Küche war unser Zentral-Treffpunkt, fürs Frühstück, für das Mittag- und auch für das Abendessen, denn wir hatten inmitten des Raumes unseren ausladenden großen Küchentisch platziert, dessen Funktionen sämtlichen Koch- und anderen Pflegeanforderungen voll entsprach.

Zum einen war der große Zuschnitt der Tischplatte ideal, eben für alle anfallenden Arbeiten, zum andern besaßen wir mit diesem, zu den Mahlzeiten immer ‚tischtuchbedeckten' Küchentisch, einen idealen, ansprechenden Familienmittelpunkt.

Ideal zum gemütlichen Essen- und Trinken, und bestens geeignet beim anschlie-

ßenden, geselligen Zusammensein nach dem Essen, beim anschließenden Plaudern. Und diese tolle Küche hatte also seit kurzer Zeit auch einen vierflammigen, modernen Gasherd!
Eine tolle Errungenschaft der Bequemlichkeit, denn nun konnte der uralte, platzfressende Kohleherd verschrottet werden.
Mein mühevolles ‚Asche runter ... Kohlen rauf' hatte sich Gott sei Dank erledigt. Nur der Abfall musste noch regelmäßig runter ... Das leidige Kohlenschleppen hatte ein Ende.
Durch die Nutzung der zugeleiteten sauberen Energie hatte das ‚Gas' für uns eine besondere Bedeutung!
Die bislang noch immer gefühlte Nachkriegszeit mit ihren allgemeinen Versorgungsengpässen, sie hatte nun auch in unseren Köpfen ein glückliches und herbeigesehntes Ende gefunden.
Und mit der modernen Errungenschaft, dem praktischen Energieträger, dem Gas, beginnt die humorvolle Geschichte.
Zu dieser sympathischen Energie gehörte ja auch der Gaszähler, eine unübersichtlich gestaltete große Uhr mit rundem, ringförmigem Zifferblatt und einem gut sichtbaren, rot-schwarzen Zählwerk, das den Verbrauch festzuhalten hatte.
Dieses schwarze, rohrverschlungene, hässliche ‚Etwas', dieser fiese Zähler war in die dunkle, breit ausgesparte Nische im kleinen Teil der Eingangsdiele verbannt und folglich dort auch montiert worden.
„Gretelein, mein teures Weib, das geht gar nicht, bitte lass Dir was einfallen." Vati war ganz ungehalten, als er seinerzeit dieses Resultat als Gesamtmonster der EVM-Monteure vor Augen hatte.
„Das Ding ist ja hässlich wie die Nacht. Bau einen Verschlag oder sonst etwas. Lass Dir bitte etwas einfallen."
Mutti schaute ihn ratlos an, bevor sie ihm ihrerseits mit leichter Ironie antwortete: „Ich glaube Gotthold, für das Bauen von irgendwas, für sowas bitteschön, für Deinen Verschlag zum Beispiel, bist doch Du als Rahmenbauer für Deine Bilder eher geeignet und zuständig, als ich armes schwaches Weib."
Ich beobachtete die Situation interessiert, vernahm ihre anrührende Hilflosigkeit im Blick auf die praktischen Dinge des Lebens und meldete mich kurzerhand zu Wort: „Ich habe eine Idee, ja, ich habe sogar die Lösung für das Problem, denn wofür bin ich in der Lehre, in der Ausbildung zum Schaufenstergestalter, zum Schmücker, wie man zu unserem Metier auch süffisant sagt, auf jeden Fall habe ich da auch mit hübschen Stoffen zu tun. Lasst Euch überraschen, ich habe wie gesagt, eine Idee!"
Zwei Tage später hatte ich einen kleinen Kräuselvorhang in einem zarten gelben Farbton im Lütke-Nähatelier anfertigen lassen. Ich hatte die Maße aber für die komplette Nischenabdeckung angegeben, denn mit dieser Entscheidung schuf ich eine angenehme Flächenvariante, farblich genau abgestimmt und passend zu der blassen, verspielten Mustertapete, die der Diele das ‚gewisse Etwas' verlieh.

Jetzt wirkte unser kleines Entree sehr einladend und erschien optisch nun etwas geräumiger. Auch die klotzigen Garderobenhaken mit den Holzbügeln waren nun hinter dem Flächenvorhang verschwunden.
Vati und vor allem mein Mutterherz, sie waren freudig überrascht über meine gelungene Stoffdekoration. Ihr wohltuendes Lob vermerkte ich mit Stolz, denn diese Dielenvorhang-Gestaltung war mein sogenanntes Schlüsselerlebnis zur Gestaltung von späteren Wohnblickfängen.
Diese erste Gestaltung beflügelte mein kreatives Denken und bedeutete für mich den besagten Starschuss für weitere, dekorative Ideen, zunächst aber nur in unserem Zuhause.
Später, viele Jahre später, widmete ich mich als professioneller Gestalter verstärkt in der Sparte ‚Innenraumdesign', im Hotel- und Gaststättenbereich.
Ein Küchengasherd und ein Badezimmerboiler verbrauchen jede Menge Gas. Gas kostet Geld und deswegen fand der leidige Gasmengenmesser, wie beschrieben, in der Nische unserer Diele auch den benötigten Platz.
Damals gab es auch einen Gasmengenableser, im Volksmund kurz ‚Gasmann' genannt, der die ehrenvolle Aufgabe zu erfüllen hatte, den jeweiligen Gasverbrauch bei den Kunden abzulesen, die Menge zu notieren und alsdann der Verwaltung zur prompten Rechnungsstellung zu übergeben.
Unser freundlicher Gasmann war, im wahrsten Sinne des Wortes, ein Mann des Volkes. Nomen est omen ... Der Mann hieß Heinrich Volk, im Bendorfer Platt wurde er immer voller Achtung ‚Unse Volks Hein' genannt.
Denn zum einen war dieser mit gesundem Mutterwitz und köstlichem Humor gesegnete Mann, ein stadtbekannter und äußerst beliebter Karnevalist. Er war ein wahrer Heimatliederdichter, der seine zündenden Texte gekonnt arrangierte und diese wunderbaren Lieder, auch als deren Sänger stets pointiert und bravourös seinem Publikum präsentierte, zum Beispiel bei den alljährlich stattfindenden ‚Bunten Abenden' zum 11. im 11. (Beginn der fünften Jahreszeit, dem Karneval, auch Fastnacht genannt).
Dieses Spektakel ging also immer in jedem November über die Bühnen der närrischen Steiter, eben am närrischen Datum, dem 11.11. Das ist der elfte Tag im elften Monat eines Jahres! Dieses bunte Treiben galt stets als Karnevalsauftakt und gleichzeitig war es als die Eröffnung der kommenden Karnevalskampagne zu betrachten.
Diese rheinischen tollen Tage, die ‚Fünfte Jahreszeit', wie sie bei uns auch gerne bezeichnet wurde und bis heute wird, diese ‚Fassenacht' zeigte ihre alljährlichen Höhepunkte in den kurzweiligen, närrischen Karnevalssitzungen, die allesamt damals noch im großen Saalbau des Bendorfer-Hofes, sprichwörtlich über die Bühne gingen.
Diese Spektakel wurden immer wieder bravourös inszeniert, und sie schenkten immer eine ungeteilte Freude. Jede bunte Narrenschar belohnt die Bühnenakteure stets mit tosendem Applaus.

Regelrechte Heiterkeits- und Beifallsstürme erlebte auch dieser geborene Bühnenkünstler Heinrich Volk zu Hauf, vor allem mit seinen herzberührenden Heimatliedern und mit seinen närrischen und immer volksnahen Vorträgen und Glossen aus der Bütt, der traditionellen Rednerplattform der ‚Karnevals-Asse'.
Mit seinem zündenden und volkstümlichen Humor stärkte er auch über viele Jahrzehnte das hohe Ansehen seines Vereins, der Großen Bendorfer Karnevals-Gesellschaft, deren wirklich zutreffender Name ‚Kirmes- und Karnevalsgesellschaft' war und aus dieser Bezeichnung entstand letztendlich die gängige Kurzform KuK ...
Es war eine honorige Gesellschaft, diese lebenslustige und umfassende Gemeinschaft von aktiven Humoristen, Büttenrednern, Sängern und Gardetänzern, der bei allen Festivitäten und Events das Prädikat ‚sehr gut' zugesprochen wurde.
Das Interesse an der Freude des Mitmachens stieg von Jahr zu Jahr an. Aus diesem Grund fanden sich stets auch neue Freunde des Frohsinns, die die Gemeinschaft der KuK suchten und als Mitglied die erfrischenden, neuen Impulse beisteuerten, aber immer auch eingebettet im traditionsbewussten Heimatgefühl.
Über alle Jahre hinweg festigte sich diese permanente Erneuerung, und die zahlreichen neu gewonnenen Mitglieder verliehen dem allseits geschätzten Heimatgefühl der Menschen einen verbindenden und integrierenden Gemeinschaftssinn. Zum grauen Alltagsgeschehen verordnete sich die Gemeinschaft der närrischen KuK als wirksames Gegenmittel die erlaubte Wunderdroge für jedermann, die ‚Leichtigkeit des Seins'. Sie galt es zu beherzigen und auch als beflügelndes Gefühl vorzuleben, um nach Herzenslust die Volksfeste so zu feiern wie sie fallen.
‚Rheinische Jugend', so nannten sich die Gründer, zu denen auch unser netter Gasmann, der angesehene Heinrich Volk gehörte. Diese Humorpioniere gründeten im Jahre 1930 diese noble Gemeinschaft. In ihren Reihen zu dienen war für den vielseitigen Tausendsassa ‚Hein Volk' seit seinen jungen Jahren seine große Leidenschaft.
Aus dieser Gemeinschaft der geselligen Gleichgesinnten, aus diesen motivierten Frohnaturen, ging schon recht bald auch die nächste Aktion hervor, die sich das Feiern der Fastnacht als ‚närrische fünfte Jahreszeit' zum erstrebenswerten Ziel gesetzt hatte.
Es war die beginnende Ausübung des heutigen, als ‚historisch' bezeichneten rheinischen Karnevals, der, den Überlieferungen nach, von den einstigen mutigen Bürgern des besetzten Rheinlands am Anfang des neunzehnten Jahrhunderts ins Leben gerufen wurde.
Als Grund für dieses Handeln nannte das muntere Völkchen zu beiden Ufern des Rheines die strenge Bevormundung und Gängelung durch die Besatzungstruppen Napoleons, des damaligen Herrschers über weite Teile Europas. Sein unheilvoller Spuk fand alsbald ein unrühmliches Ende, aber die volkstümliche Narretei überdauerte alle Schicksalswidrigkeiten der wechselnden Regierungsformen. Nur nach dem Ende des Zweiten Weltkrieges verzichteten die feinfühligen Fröhlichkeits-

freunde für die Dauer weniger Jahre auf jegliches Narrenspiel.
Der rheinische Karneval aber lebte wieder auf und überwand alle Unwägbarkeiten, die das Schicksal bereithielt. Mehr als spärlich waren die Dekorationen der neu entstehenden Karnevalssitzungen, aber mit einem herzerfrischenden Humor und tollen Darbietungen trotzten die Frauen und Männer der leichten Muse der noch immer herrschenden Not und erkannten im Frohsinn das Heilmittel für die geschundenen Seelen.
Unser Heinrich Volk, der beliebte Gasmann, er war in der Tat ein überzeugter Humorist, der sein Herz auf der Zunge trug, wie man landläufig so sagt. Seine freundlichen Gesichtszüge zeigten jedermann stets seine gute Laune, und auch sein ansteckendes Lächeln zauberte, da wo er war, eine bodenständige Fröhlichkeit in die Herzen seiner Mitmenschen.
Das war sicherlich auch einer der Gründe, der seine außerordentliche Beliebtheit widerspiegelte. So hörte man sinngemäß im Bendorfer Flecken allenthalben das verbindende Lob: „Dä Gasmann, unse Volks Hein, dat es e Ass off jeder Bühn, wenn dä offtrett, dann tobt dä Saal vor lauter Begeisterung."
Übersetzt bedeutet der Satz: „Der Gasmann, unser Volks Hein, das ist ein Ass auf jeder Bühne, wenn der auftritt, dann tobt der Saal vor lauter Begeisterung."
Mit diesem Wortlaut erkläre ich kurz die äußerst positive Tendenz, die überall zu all seinen Lebzeiten in unserer geschätzten Heimatregion herrschte. Diese Anerkennung erfuhr unser Unterhaltungsvirtuose in allen Sparten seiner Interpretationen.
Ob seine Büttenreden jede bunte Gästeschar vor Begeisterung von den Stühlen riss oder seine feinsinnigen Lieder die Menschen tief in ihrem Innern bewegte und hocherfreute, Hein Volk war der Inbegriff eines Allroununterhalters.
Er war der hochbegabte und vielseitige Volkskünstler, der in seiner Zeit dem Bendorfer Karneval das lächelnde Gesicht schenkte, das unsere Heimatstadt bei Jung und Alt so beliebt hat werden lassen.

Das laute, metallische und zugleich schrille, das wahrhaftig krachende Getöse, hervorgerufen durch das energische Betätigen der mechanischen Drehklingel, die an der Außentür unserer Wohnung montiert war, ließ meinen alten Herrn in seinem winzigen Maleratelier aus seinem schmalen, aber durch mehrere dünne Kissen bequem gepolsterten hölzernen Drehstuhl erregt aus dem Sitz hochfahren … dieses brutale Klingeln ließ ihn vor Schreck regelrecht aus dem engen Atelier stürzen und eiligst und mit polternden Schritten durchs Esszimmer und die angrenzende Diele zur Wohnungstür stolpern.
Ein paar kräftige Flüche, als halblaute Unmutsbekundungen, konnte Vati sich nicht verkneifen, denn er mochte es gar nicht, wenn er in seinem ‚Element der Kunst' verweilte … und von wem auch immer unsanft gestört wurde.
„Welcher unverschämte Zeitgenosse reißt mich aus meiner Malerei heraus?" So mag er wohl beim Durchqueren der Zimmer ungehalten geflucht haben.

Aber er hatte die Wohnungstür geöffnet und stand breitbeinig in urkomischer Haltung und in seinen voluminösen, holländischen Holzschuhen etwas unbeholfen im Türrahmen.
Er hielt die ausladende, über und über mit vielfarbigen, glänzenden Ölfarbenhäufchen versehene Großpalette leicht verkrampft in seiner linken Hand, des Gewichtes wegen hatte er sie leicht schräg nach unten abgesenkt, gleichzeitig hatte Vati mit dem Ellenbogen etwas stützenden Halt an der Hüfte gesucht. Bei dieser Verrenkung war seine ganze linke Körperseite mit einem leichten Knick nach rechts gebogen, was wohl als Gewichtsausgleich zur schweren Palette geschah und eben dadurch die ausgleichende Balance sichergestellt war.
Zwei langstielige, dicke Pinsel füllten inklusive seiner klobigen, qualmenden Hängepfeife seine rechte Hand. Das helle Wurzelholz des klobigen Tabakkochers, es zeigte eine Menge an frischen Farbflecken, wobei auch der lange Pfeifenhals mit den zwei geknüpften, giftgrünen Seidenquasten in seinen farbverschmierten Fingern etwas ulkig wirkte, zumal diese Hand zusätzlich auch noch zwei breite Pinsel umklammerte.
„Mensch, Sie sind es, Herr Volk, mit Ihnen habe ich ja gar nicht gerechnet, ist es wieder an der Zeit, das Gas zu erfassen? Aber bitte, kommen Sie herein, Sie wissen ja, wo der Zähler hängt."
Mein alter Herr machte mit der linken Hand, mit der er ja die schwere Farbenpalette festhielt, eine unbeholfene, aber zum Eintreten einladende Geste, deren angedeuteter Richtung der nette Gasmann lächelnd folgte.
„Isch muss Inne dat emol soon, also ihr Bilder, die isch iwwerall hej hänge siehn, im ganze Treppehaus, onne, in der Mett on och hey oweal, also Herr Boschert, su schöne Molereie hann isch noch net ze Gesicht bekomme, on isch komme vill erem, dat könne Sie mer glowe."
Unser Bendorfer Platt, unsere eigenwillig klingende Heimatsprache ist für Außenstehende, die aus anderen Regionen unseres Heimatlandes zugereist sind, oftmals nur sehr schwer zu verstehen, deshalb übersetze ich Volks Loblied auf meinen alten Herrn. „Ich muss Ihnen das einmal sagen, also, Ihre Bilder, die ich hier überall hängen sehe, im ganzen Treppenhaus, unten, in der Mitte und auch hier oben, also, Herr Borchert, so schöne Malereien habe ich noch nicht zu Gesicht bekommen, und ich komme viel herum, das können Sie mir glauben!"
Diese offene und mit Herzlichkeit bekundete Zustimmung zur Malerei meines Vaters quittierte dieser zunächst mit einer sogenannten Kunstpause, denn es dauerte eine gewisse Zeit bis mein alter Herr das wunderbare Bendorfer Platt und seinen Inhalt im Stillen übersetzt hatte. Den Sinn hatte er wohl verstanden, denn er antwortete zügig und natürlich auf seine Weise: „Lieber Herr Volk, wenn Sie meine Malerei so sehr interessiert, nun, hier in der Wohnung habe ich noch weitere Motive aus unserer Gegend. Kommen Sie, schauen Sie sich die anderen Bilder in Ruhe an."
Hein Volk betrachtete Bild für Bild, nicht oberflächlich oder gar eilig, wie man

vielleicht hätte annehmen können, denn schließlich war er ja im Dienst. Nein, stumm stand er vor Vatis Werken und er schaute jedes einzelne Bild mit gezeigter Anerkennung an.
Die unmittelbare Nähe zur malenden Zunft, in all den unterschiedlichen Techniken, die er in Augenschein nahm, ließen ihn staunen. Völlig beeindruckt wandte sich Hein Volk an meinen alten Herrn und sprach ihn, jetzt aber in veränderter Sprache an. Er ließ das Bendorfer Platt weg und bediente sich des hochdeutschen Tonfalls: „Lieber Herr Borchert, ich habe draußen im Flecken bei meinen Kunden, aber auch bei meinen Freunden, so manches über Sie gehört und festgestellt, die Bendorfer Leute wissen über Sie nur sehr wenig.
Na ja, man kann das ja verstehen, Sie gehen ja auch nie aus, Herr Borchert, ich meine so … auf ein Gläschen Wein beim Barthemis, dem Weinhaus Syre in der Engerserstraße, oder auf ein Bierchen hier an der Ecke zur Bachstraße, bei Kampe Kathrin, oder gegenüber bei Otto Adt an der Theke, ich meine die Kneipe im Bendorfer Hof. Es ist halt mal so, denjenigen, den man nicht sieht, den kann man ja auch nicht näher kennenlernen. Ich hab' es aber besser, ich meine, ich habe es gut, denn ich weiß jetzt, was Sie für ein guter Maler sind. Danke, dass ich mich bei Ihnen in Ruhe umschauen durfte."
Er gönnte sich einen Moment des Innehaltens, aber ohne seinen Blick von einem bestimmten Ölbild zu nehmen. Seine beiden Hände deuteten in die Richtung seines besonderen Interesses und er fuhr mit einer gewissen Begeisterung in seiner Stimme fort: „Also, Herr Borchert, mir gefallen alle Bilder, die ich hier sehe, ausgesprochen gut, aber das Bild da, wo ich hinzeige, das finde ich ganz wunderbar, das verwunschene Kirchlein mitten drin in der Natur, im gewachsenen Grün. Ich bin begeistert!" Vati freute sich über Heinrich Volks Aussagen und begann seinerseits mit seinen Erklärungen: „Lieber Herr Volk, das Ölbild zeigt das alte Teehaus im üppigen Bewuchs inmitten des Fürstlichen Sayner Schlossparks, allerdings vor dem Verfall desselben. Das Motiv skizzierte ich schon vor vielen Jahren, eben, als das Teehaus noch nicht dem Verfall preisgegeben wurde und noch fast so dastand, wie ich es sah, eben, genauso wie auf dem fertigen Gemälde dort.
Ich als Maler verarbeite ja auch mitunter das Geschaute in meinem inneren Gefühl und empfinde dann eine Veränderung, der ich dann mit Farbe, Spachtel und Pinsel den von mir gewollten Ausdruck gebe."
„Sehen Sie, verehrter Maler, jetzt hängt das schöne Bild an der Fensterseite dort, zwischen den beiden Dekorationsstoffen und zeigt seine ganze Wirkung an diesem Platz. Aber ich muss Ihnen sagen, das Bild passt überhaupt nicht dahin, Herr Borchert, da ist das fehl am Platze …
das wunderbare Bild passt viel besser … in Hein Volks Wohnzimmer, es ist zwar ein bisschen groß, aber bei uns wäre der richtige Platz!"
Der nette Gasmann lachte schelmenhaft und aus vollem Herzen, dabei zeigte er eine ehrliche Freude über seinen eigenen Humor, dass er zuerst gar nicht mitbekam, dass auch mein alter Herr sich vor Begeisterung auf seine Oberschenkel

schlug, ihn lachend anschaute und launisch bemerkte: „Nun, lieber Freund der Kunst, mein lieber Herr Volk, Sie können das Bild kaufen, ich als Kunstmaler lebe auch vom Veräußern meiner Malereien. Ich würde Ihnen einen speziellen Sonderpreis einräumen."
„Ich würde ja gerne auf Ihr Angebot eingehen, verehrter Herr Borchert, doch momentan kann ich noch nicht einmal daran denken. Wir haben in unserer Familie so viele andere Unkosten, die alle sein müssen, deshalb können wir uns den Luxus Kunst bei Weitem nicht leisten."
Mein Vater, der Maler, lächelte weiter, sah sich seinen sympathischen Gesprächspartner und Bilderbewunderer zum wiederholten Mal an und eröffnete erneut die Unterhaltung: „Ich höre auf des ‚Volkes Stimme' ... und dies im wahrsten Sinne des Wortes: „Mein lieber Herr Volk, also guter Mann, ich verstehe Ihren Herzenswunsch nur zu gut. Außerdem erlebe ich so eine Sympathiekundgebung wie die Ihre, lieber Herr Volk, wirklich nicht alle Tage, weshalb ich sicherlich weiter über unsere heutige, intensive Begegnung nachdenken werde."
Und Herr Volk tat das, weshalb er ja geklingelt hatte, las den Zählerstand des urigen Messgerätes ab, trug die Zahlen in seine dicke Kladde ein und verabschiedete sich. Gemächlichen Schrittes ging er an den weiteren Bildern entlang, die in dem langen, breiten Flur außerhalb der elterlichen Wohnung dicht gedrängt und in Augenhöhe von meinem alten Herrn befestigt worden waren.
Abwechselnd, fast im gleichen Rhythmus, rechts und links schauend, ging er an der ‚Galerie der hängenden Kunstwerke' vorbei, murmelte währenddessen mehrere anerkennende Worte über die Kunst im Allgemeinen und deren Schöpfer im Besonderen, ohne dass mein alter Herr, der seinen Besuch, wie es sich gehörte, bis zur Tür begleitet hatte und dort lauschend stehenblieb, ohne aber den löblichen Inhalt des ‚Volks-Gemurmels' gänzlich zu verstehen.
„Mein Gott Kinder, wie die Zeit vergeht, im Rutsch sind wieder zwei Monate vergangen. Weshalb ich das erwähne, liebste Grete, mein teures Eheweib, mein lieber Sohnemann, ich erzählte Euch doch seinerzeit vom netten Gasmann, dem Bewunderer meiner Kunst. Nun, heute am frühen Morgen klingelte er wieder so heftig und laut, wie es die Art des Gasmanns ist, – er war es natürlich und waltete seines Amtes.
Stellt Euch vor, nach dem Gasablesen verwickelte mich der gute Heinrich Volk in ein Gespräch, das mir doch zu denken gab.
„Lieber Herr Borchert, wo ist denn das schöne Bild vom Sayner Schlosspark?", fragte er in der Wohnungstür stehend und auf die leere Stelle an der Fensterwand schauend, um die nächste Frage gleich zu stellen, „haben Sie mein Lieblingsbild etwa verkauft, Herr Borchert?"

Ich räumte sogleich seine diesbezüglichen Bedenken aus und sagte ihm, dass das Motiv vom romantischen Teehaus im ‚Fürstlich Sayn-Wittgensteiner Schlosspark', jetzt hier im ersten Stockwerk des noblen Treppenhauses des Goethe-Hau-

ses seinen neuen Platz gefunden hätte.
Zugegeben, auf den ersten Blick konnte man das Teehaus-Motiv wirklich nicht sehen, denn ich hatte das kleine Stückchen Wand in der hintersten Ecke des Freiraums im Treppenhaus ausgewählt.
Da war der gute Hein Volk beruhigt und zog seiner Wege.
Und wieder zogen die Wochen ins Land. Und wieder klingelte es laut an der Wohnungstür der Malerfamilie. Und wieder drehte sich neben der Hauptaufgabe des Gasablesens, das nette Gespräch ‚Volk mit Borchert' nur um das eine Bild, das Motiv des alten Teehauses im Fürstlichen Schlosspark, welches ja jetzt im Treppenhaus hing und natürlich nicht in sichtbarer Nähe war, aber trotzdem der Dreh- und Angelpunkt all seines Interesses war.

„Irgendwann werde ich Ihnen das Bild abkaufen, aber das Sparen für das Bild ist doch noch nicht möglich, aber später Herr Borchert, später ganz bestimmt ..."
An dieser Stelle unterbrach mein alter Herr den guten Heinrich Volk und stoppte seine Erklärung, um seinerseits die Gesprächsführung an sich zu reißen: „Wir kennen uns schon eine geraume Weile, mein lieber Herr Volk, wir haben uns immer bestens über meine Malerei unterhalten und ich kenne Ihren Wunsch bezüglich des Bildes Teehaus ...
Sie wissen was ich meine? Wer mit seinem Herzblut an einem meiner Bilder hängt, ich will sagen, wer ein solch wertvolles Gefühl zu einer Stimmung in einem Bildinneren entwickelt, der soll auch sein rechtmäßiger Besitzer sein.
Herr Volk, Ihnen und Ihrer Frau schenke ich das Bild mit großer Freude und ich wünsche Ihnen von Herzen so schöne Momente, dass Sie, immer dann, wenn Sie es anschauen, dass Sie dann ein ehrliches Wohlgefühl, auch Freude empfinden und die Wärme der beruhigenden Farbharmonie des Gemäldes stets neu entdecken können."
Heinrich Volk, der gute Gasmann, ein Mann, der eine ehrliche Freude zur Kunst verspürte und diese auch offen zeigte, er war mittlerweile ein guter Freund meines Vaters geworden, vor allem im Geiste der malenden Zunft.
Es finden sich oft Künstler der verschiedenen Richtungen zusammen, beispielsweise Musiker und Maler, die sich als Gleichdenkende im Kulturgeschehen treffen und auf Anhieb gut verstehen. So muss es wohl gewesen sein, als sie sich näher kennenlernten, – unser feinsinniger Heimatdichter, Sänger und exzellenter Musiker, der beliebte Heinrich Volk und mein Vater, der ja ebenfalls zu den bemerkenswerten Menschen unserer Heimatstadt zählte, eben aus der leiseren Welt, dem Reich der Farben, der Bildenden Kunst.
Exakt mit diesem besonders ehrenvollen Volkstitel ‚Heimatdichter' zollte ich Bendorfs ‚Volks Hein', ja, so wurde er anerkennend, auch leicht besitzergreifend, von allen Freunden gerne genannt, in aller Form den höchsten Respekt.

Das ehemalige Teehaus im Schlosspark Sayn
Öl ca. 40 x 50 cm ohne Signatur
Sammlung Borchert, Bendorf

Das geschah allerdings viele Jahre später in einer der großen KuK-Prunksitzungen.
Denn als deren verantwortlicher Präsident zu dieser Zeit hatte ich die Ehre, diesen verdienstvollen und kulturaktiven Unterhaltungskünstler für seine unvergänglichen Verse in närrischer ‚Bütt' zu danken und zu ehren, denn ohne ihn hätten diesen großartigen Veranstaltungen der Esprit und die Qualität gefehlt, die den Erfolg brachten.
Esprit und von Herzen kommender Humor, beides versprühte Heinrich Volk als genialer Heimatdichter der leichten Muse. Seine stimmungsvollen Heimatlieder, und derer schenkte er uns viele, sie wurden zu Ohrwürmern von bleibender Güte.

Noch heute habe ich sie alle im Ohr und eines weiß ich, für die ‚Volkslieder' wird es eine Renaissance geben, da bin ich mir sicher.

In seinen Dichtungen spiegelte sich so faszinierend seine unverbrüchliche Liebe zur Heimat wider, wie sie sich auch im traditionellen rheinischen Brauchtum in jeglicher Art widerspiegelt.

Dieser kulturelle Bogen spannt sich beispielsweise von der würdigen Feier des alljährlichen Bendorfer Kirchweihfestes, der Kirmes, bis hin zu den äußerst beliebten und fröhlichen Volksunterhaltungen, wie rheinische bunte Abende zum Elften im Elften.

Und weil das ganze Geschehen, für meine Betrachtungsweise, ebenfalls zum großen Kulturgut Kunst gehört und es seinen festen Platz im Reich der gepflegten Unterhaltung erhalten hat, vertiefe ich das illustre Spiel um Humor und Heiterkeit.

Die närrische Zahl ‚11'

sie ist das Symbol der Ausgelassenheit und des humorvollen Blickwinkels. Die Narrenzahl 11 und ihre Würdigung in Form von kreativen Volksfesten gilt im Rheinland als beschwingter Auftakt zur jeweils folgenden Fastnachtszeit, auch landestypisch ‚Karneval' genannt.

Lebensfrohe, närrische Prunksitzungen gelten als Höhepunkte einer Kampagne. Sie werden von den Närrinnen und Narren regelrecht zelebriert. Zünftige Masken- oder Kostümbälle sind ebenfalls beliebte Anziehungspunkte der ‚fünften Jahreszeit' in unseren rheinischen Gefilden.

Diese Laudatio, die ich zu Ehren von Heinrich Volk auf großer Bühne des ehemaligen Festsaales im Bendorfer Hof halten durfte, sie reicherte ich mit den von ihm initiierten, überaus sympathischen wie auch menschlichen Begebenheiten an, die ich ja in fast allen Situationen auch selbst erlebt hatte.

Und ich konnte somit locker, eloquent und aus dem Stegreif heraus, diese Würdigung vor einem begeisterten Publikum präsentieren.

Ich hatte meine inhaltsreiche ‚Volks-Ansprache', auch nicht in kurzen Stichworten, aufschreiben müssen, denn das, was ich zu meinem Freund Heinrich Volk einst sagte, das hatte ich wirklich von Kindesbeinen an erlebt und auch bewundert.

Meine Worte auf der Bühne diktierte mir mein Herz.

Deswegen erzähle ich die humorvolle Geschichte mit Freuden und in aller Ausführlichkeit weiter ...

„Lewer gooder Herr Boschett, suwat kann isch jo gar net annemme, su e gruuß Geschenk! Isch weeß net wat ich son soll!"

Hein Volk verfiel in dieser Situation automatisch wieder in seine doch etwas geläufigere Dialektsprache ... der Wortlaut der jetzt übersetzt, folgende Aussage hatte: „Lieber, guter Herr Borchert, so etwas kann ich gar nicht annehmen, so ein großes Geschenk! Ich weiß nicht was ich sagen soll!"

Jovial klopfte mein alter Herr seinem überraschten Bewunderer leicht auf die

Schulter, ging mit ihm langsam in Richtung Treppenhaus, griff das Gemälde und drückte es mit ehrlicher Freude in Heinrich Volks Hände: „Ich schenke Ihnen in aller Form das Bild Ihrer Wünsche, Herr Volk, denn mir ist es lieber, es hängt an einer Ihrer vier Wände und spendet Ihnen Freude, als dass es als eines von vielen, vielleicht auch fast unbeachtet, sein Dasein hier im Haus fristet."
Mit diesen Worten beendete Vati die Diskussion und wünschte ihm alles Gute zum Abschied.

Und wieder waren zirka zwei Monate ins Land gegangen, wieder hatte es an der Wohnungstür des Malers laut und unüberhörbar geklingelt, und wieder war die anschließende Begrüßungszeremonie der beiden fast identisch im Wortlaut, so wie alle Male vorher. So jedenfalls dachte mein alter Herr und Erzeuger. Doch heute klang Heinrich Volks Stimme irgendwie anders, fast ängstlich: „Herr Borchert, ich muss mich bei Ihnen entschuldigen, ich habe einen Kunstfrevel begangen, ich habe Ihr Werk geschändet. Das verzeihe ich mir nie!"
„Sie sind ja ganz außer sich, mein lieber Herr Volk, langsam, bitte beruhigen Sie sich doch erst mal. Von was sprechen Sie? Was ist denn überhaupt passiert? Reden Sie mit mir, wir finden einen Weg. Bestimmt tun wir das! Aber nun erzählen Sie mal der Reihe nach."
„Also, das war folgendermaßen", sagte der gute Mann vom Gaswerk, holte tief Luft und begann zu erzählen: Meiner Frau gefiel das Bild ganz prima, das müssen Sie mir glauben, nur jeden Tag jammerte sie und klagte, das schöne Bild sei viel zu breit für unser kleines Wohnzimmer. Heinrich, tu was, meinte sie. Irgendwie habe ich meiner Frau geglaubt, dass das Bild doch recht groß bei uns wirkt, ja, ich habe, weil ich das wunderbare Bild im Wohnzimmer behalten wollte, nach einer Lösung gesucht.
Das Bild war einfach für unsere Räumlichkeiten im Querformat zu breit, genau da, wo der einzige Platz überhaupt war.
Wenn das wertvolle Ölbild von dem Maler etwas schmaler wäre Heinrich, dann würde es doch ganz prima an die Wand passen, flüsterte mein mir angetrautes Altargeschenk ins Ohr. Ich bewegte ihre Worte in meinen Gedanken und sagte zu mir selbst, Heinrich, da hat sie nicht Unrecht.
Ja, und dann fasste ich vorschnell einen unüberlegten Entschluss. Ich ging in den Keller, nahm den Fuchsschwanz, das ist die Säge, deren Zähne noch am schärfsten sind und am besten greifen … und dann, ja dann habe ich den Frevel begangen!
Ich habe zwanzig Zentimeter von der Breite Ihres mir so großzügig geschenkten Bildes einfach weggeschnitten. Jetzt passt es aber wunderbar in unser Wohnzimmer, aber mich plagt das Unrecht. Und dieses Gefühl, es lässt mich nicht los, denn, wenn ich an diese Tat denke, dann schäme ich mich. Sie, Herr Borchert, nur Sie können mir helfen. Was soll ich nur tun?
Vati schaute seinem Freund in die Augen, denn man sagt, die Augen sind das

Spiegelbild der Seele. Er erforschte den schuldbewussten Blick seines Bewunderers und begutachtete seinen Seelenzustand, der allem Anschein nach in einem beklagenswerten Schuldbewusstsein gefangen zu sein schien. ‚Ich muss ihn aus seinem inneren Gefängnis herausholen, ich muss meinen Freund Heinrich von seiner empfundenen Last befreien …‘, dachte sich mein alter Herr … und konstruierte eine Lösung, die auf menschlich-humorvolle Weise die gesuchte Erleichterung bringen könnte.

Mein alter Herr lächelte milde und seine entspannten Gesichtszüge beruhigten sichtlich Heinrich Volks Nervenkostüm. Mit beiden raffiniert vorgespielten Regungen, dem Mut machenden Kopfnicken und mit dem aufmunternden Lächeln, entzog er einen Teil der Schuldgefühle aus den trüben Gedanken seines, zum Freund gewordenen ‚Gasmannes‘.

Auch das tiefe Grübeln, das unübersehbar über des Freundes Gesicht huschte, ausgelöst wohl wegen seines Geständnisses der vermeintlich begangenen Missetat des Bilderfrevels, dieses Grübeln löste sich unmerklich auf und löste sich schnell im ‚Nichts‘ auf.

Und das war, in meinen Augen, eine von Vatis typischen, psychologischen Glanzleistungen, die er sich situationsbedingt flugs erdacht hatte und in der Durchführung auch als gelungen ansehen konnte.

In der verzaubernden Art und Weise, wie Vati seine charmant vorgetäuschten Handlungen handhabte, wie er durch sein menschliches Lächeln und seinem betont bejahenden Kopfnicken, das unwiderruflich Geschehene … die rigide Bild-Verkleinerung, auf wundersame Weise, leichter erscheinen ließ, das hatte sicherlich mit menschlichem Verständnis zu tun.

Und wenn das ‚Ganze‘, mit einer Portion rheinischen Humors über die imaginäre Heimatbühne gerauscht ist? Ja dann … neigt sich diese Story ihrem verblüffenden Ende zu. Beide standen sie in der Diele, zunächst noch unschlüssig, wer zuerst das fällige, ja unvermeidliche und klärende Gespräch eröffnen sollte …

„Mein lieber Freund, lieber Herr Volk", so eröffnete Vati den Schlussakkord dieser bühnenreifen Schmonzette. Seine Lippen umspielte ein leicht süffisantes Grinsen und seine graublauen Augen strahlten eine Art an gesteigerter Lebenslust aus, als er zum letzten Dialog ansetzte: „Sie sagen, dass Sie mein Werk, das Ölgemälde verkleinert haben, indem Sie einen Teil der Bildbreite absägten, – na ja, es kommt aber auch darauf an, welchen Teil des Sayner Motivs Sie entfernten."

„Lieber guter, Herr Borchert, ich hab' da weggesägt, da wo nur grün war, ich meine ich hab' da abgeschnitten, wo keine Mauern waren, und viel fehlen tut dem Bild eigentlich auch nichts!"

„Lieber Herr Volk, bitte geben Sie mir eine klare Antwort."

Der direkten Bitte auf Vatis Feststellung folgte zunächst ein leichtes Schulterzucken, begleitet von einem unsicheren Blick, der gleichzeitig auch eine gewisse Ratlosigkeit andeutete und in einem aussagekräftigen Schweigen versank.

„Herr Volk, wo haben Sie verkleinert, rechte Seite oder linke Seite? Erinnern Sie

sich, das ist nämlich ganz wichtig! Wenn Sie vor dem Bild stehen und draufschauen, rechts oder links?"
Meister Volk brauchte kaum nachzudenken, denn schließlich war das Verkleinern sein eigenes Tun gewesen.
„Das meiste was grün war, das war rechts … die rechte Bildseite habe ich zirka um zwanzig Zentimeter abgesägt!
Ja, Herr Borchert, es war die rechte Seite, da bin ich mir ganz sicher. Und aufgehängt habe ich das Bild auch wieder. Und jetzt gefällt es auch meiner Frau ganz prima!"
„Wenn es die rechte Bildseite war, ich betone, wenn jetzt rechts die zwanzig Zentimeter fehlen, dann ist dieser Fehler nicht mehr gutzumachen, denn in diesem Fall haben Sie den Teil mit meiner Signatur, mit meiner, in die Ölfarbe eingeritzten Unterschrift, nebst Jahreszahl, weggenommen. Das ist Pech für Sie, Herr Volk, denn die allermeisten Maler signieren, das heißt sie kennzeichnen ihre Werke in der rechten unteren Ecke. Auch ich signiere grundsätzlich unten rechts, meist mit ‚G. Borchert-Bendorf' und der aktuellen Jahreszahl.
Lieber Freund, die Namensgebung gilt als Erklärung und informiert über die Herkunft eines Bildes, quasi als eindeutigem Beweis. Denn diese Signatur, die Namensklärung, bestimmt in einem beträchtlichen Maße letztendlich den Wert eines Bildes, sie zeichnen es aus als etwas Einmaliges, als Unikat. So ein Einzelexemplar, ich meine, ein Bild ohne die Namenssignatur, das verliert unwiderruflich enorm an materiellem Wert.
Sie Unglücklicher, Sie haben mit dem Abschneiden des rechten Bildteiles gleichzeitig den realen Wert um ein Vielfaches verringert."
Vati spielte seine Rolle als direkt betroffenem Künstler so überzeugend gut, dass auch sein vorgetäuschtes bedauerndes Mitgefühl und die Not unseres ‚Sägemeisters' seine beabsichtigte Wirkung nicht verfehlte und auch als todernst aufgenommen wurde.
Der mehr als sorgenvolle Gesichtsausdruck und die Trauermiene unterstrichen vehement Heinrich Volks Stoßseufzer, der zur Situation passend, in unverfälschter Bendorfer Mundart, regelrecht aus ihm herausbrach: *„Lewer Herrgott, stieh mer bei, watt hann isch nur geduhn? Lewer gooder Herr Boschert, gooder Mann, isch duun misch bäi Inne och entschuldige, isch bett Sie ower herzlich, helven se mer un soon se mer, wievill Geld ich met demm Sääje kapott gemach han hann."*
Dieser spontane Hilferuf zeigt die ganze Not, aber auch die offene Ehrlichkeit des Sägers, weshalb ich gerne übersetze:
„Lieber Herrgott, steh mir bei, was habe ich nur getan? Lieber Herr Borchert, guter Mann, ich möchte mich auch bei Ihnen entschuldigen, ich bitte Sie aber herzlich, helfen Sie mir und sagen Sie mir, wie viel Geld ich mit dem Sägen kaputtgemacht habe."
Seine Worte kamen nur stotternd, leise und sehr langsam aus seinem Mund und auch seine Mimik verriet seine große Sorge.

Der gute Heinrich Volk war, allem Anschein nach, total geschafft.
Denn meines alten Herrn Worte der herben Kritik, aber auch die der gewählten ‚Schwarzmalerei' ließen ja an dem Wahrheitsgehalt der Situation des Geständnisses eigentlich keine Zweifel zu.
In diese Richtung denkend schätzte ich den Seelenzustand des neu gewonnenen Kunstfreundes ein. Deswegen reagierte mein alter Herr auch überaus vernünftig und schwenkte ins humorvolle Handeln über:
„Ja, das Bild mit der eingekratzten Signatur ... Schätzwert? Sagen wir mal, zwanzigtausend, jetzt aber, nach der Zerstörung ... fünfzehntausend D-Mark weniger!"
Schreckensbleich vernahm Heinrich Volk Vatis absichtlich stark übertriebene und auch süffisant geäußerte Bemerkungen.
Doch bevor der Schock des Gesagten eine falsche Wirkung zeigen konnte, schwenkte mein alter Herr in die Richtung Erleichterung ein: „Mein lieber Herr Volk, ich will Sie nunmehr nicht weiter auf die lange Folter spannen und sage nur ...Scherz, mehr nicht. Aber ich dramatisierte bewusst das leidige Geschehen, damit der Kunst im Allgemeinen und meiner Malerei im Besonderen der Stellenwert erhalten bleibt, der ihr, für mein Gefühl auch zusteht.
Nun, mein Lieber, wie hoch der Preis für ihr Bild tatsächlich ist, das ist schwer zu sagen, denn Kunstwerke unterliegen immer einer besonderen Einschätzung.
Aber, das Teehaus im Fürstlichen Schlosspark, dieses Unikat gibt es, wie der Name ‚Unikat' es ausdrückt, nur einmal. Allein schon aus diesem Grund hat dieses Bild den Seltenheitsstatus.
Ich denke, mein lieber Herr Volk, Sie und Ihre Frau werden jetzt, mit unserer humorvollen Geschichte im Hintergrund, die uns ja auch ab sofort nun noch mehr verbindet ... mit diesem ‚Andenken ihrer gutgemeinten, besonderen Sägeaktion' werden Sie immer ein Schmunzeln in Ihrer beiden Gesichter entdecken, eben immer dann, wenn Sie sich das Borchert-Bild in Ihrem Wohnzimmer anschauen. Aus dieser Situation entsteht dann ein Stückchen Zufriedenheit, die ich Ihnen von Herzen wünsche. Außerdem, mein lieber Herr Volk, unser ‚netter Gasmann', das waren Sie stets für mich und meine Familie!"
Diese Worte sagte Vati mit dem Brustton der Überzeugung in seiner Stimme, wohl, um seinen Worten die Aufmerksamkeit zu schenken, die er ihr beimaß. Er schaute offen in das Gesicht seines Freundes und legte ihm als Ausdruck seiner guten Laune seine rechte Hand auf die Schulter, sicherlich, um ihm sein Vertrauen zu zeigen.
Ohne eine Pause einzulegen fuhr Vati ruhig aber mit Nachdruck fort, eben mit seiner persönlichen, seiner ganz eigenen Ausdrucksart, die er immer dann einsetzte, wenn er ganz Wichtiges zu sagen hatte: „Und das können Sie mir glauben, mein lieber Heinrich Volk, ihre gewinnende Lebensart und Ihr menschlicher Humor hat meinem Malerdasein etwas geschenkt, das für mich ganz wertvoll ist, nämlich die schönste Erinnerung einer mitten aus dem Leben erlebten Episode ... und ihr Geschehnis der ganz besonderen Art, – ich meine damit das Verklei-

nern des Bildes … Ihre vorschnelle Sägeaktion … und die darauf folgende offene Ehrlichkeit mir gegenüber erfreute mich ebenso, mein lieber Herr Volk, wie Ihr Bedauern der Sägerei. Aber für dieses kleine, humorvolle, auch zum Teil abenteuerliche Erlebnis danke ich Ihnen von Herzen."
Heinrich Volk konnte jetzt wieder seine stets gewohnt gute Laune ungetrübt genießen, denn die Aufklärung meines alten Herrn über die zusammenhängenden, speziell kunstbezogenen Fragen, sie hatten ihm die Augen geöffnet und ihm einen größeren Einblick in die Welt der Malerei gegeben.
„Lieber Herr Borchert, wenn ich ehrlich sein soll, ich hätte nicht gedacht, dass Sie im Umgang mit Menschen so verständnisvoll sein können. So wie Sie mich behandelt haben, alle Achtung. Hier im Flecken, in der Innenstadt, da spricht man zwar nicht unfreundlich über Sie, aber die meisten Leute wissen Sie nicht richtig einzuschätzen, denn so viele Kunstmaler gibt's ja hier in Bendorf auch nicht."

Der nette Gasmann und das Gasablesen waren von dieser Episode an zeitlebens für meinen alten Herrn mit einer netten Plauderei über das Bendorfer Ortsgeschehen verbunden. Somit partizipierte mein Vater von Heinrich Volks allseitiger Beliebtheit in der Bevölkerung, vor allem aber auch von seiner freundlichen Wesensart und seiner regen Mitteilungsfreude, von seiner sympathischen Redseligkeit über das jeweilige Stadtgeschehen.
Vati hatte nun, im wahrsten Sinne des Wortes ‚sein Ohr dicht am Volk'.

Im Rückblick auf den Ausgangspunkt des illustren Geschehens rund um den Gasmann und das Teehausbild muss ich unbedingt auch meine Version schildern: Meine letzten beiden Unterrichtsstunden waren mal wieder wegen akuten Lehrermangels in der Koblenzer Berufsschule ausgefallen, und deswegen war ich viel früher als zur gewohnten Zeit heimgekehrt.
Im Treppenhaus bemerkte ich sofort den leeren Bilderrahmen und logischerweise auch das Fehlen des Bildes … das Teehaus im fürstlichen Sayner Schlosspark, … allein schon wegen der nuancenreichen, graugrünen Farbgestaltung, die mir von Anfang an so gut gefiel, stach mir das gähnend leere, eingerahmte ‚Nichts' natürlich sofort ins Auge.
Eilends musste ich auch die mir auf den Nägeln brennende Frage loswerden und sie an meinen Erzeuger richten.
Ich vermutete ihn in seinem winzigen Maleratelier, da die anderen Zimmer zwar nach viel Hausarbeit aussahen, aber von Mutti und Vati war keine Spur zu sehen. Flugs stand ich gestikulierend in der schmalen Tür zum Atelier und schaute zu Vati hinüber, der, wie meistens, etwas gedankenverloren und malend vor seiner Leinwand saß.
„Was ist mit dem Bild, ich meine, wo ist das Teehaus geblieben? Wer hat es gekauft?"
„Keiner hat das Bild gekauft, ich habe das Ölbild verschenkt, hörst Du, verschenkt habe ich es. Einem Menschen, der sich unsterblich in das Motiv verliebt hatte,

denn oft stand er staunend davor und schwärmte von der Farbigkeit und dem gekonnten Bildaufbau ... das zumindest sagte er immer und immer wieder. Aber warte, ich komme zu Dir, da lässt es sich besser erzählen."
Vati erhob sich wie im Zeitlupentempo aus seinen zwei dicken Kissen, die er ja wegen der höheren Sitzposition und auch wegen der gesteigerten Bequemlichkeit auf die harte Sitzfläche des Holzdrehstuhles übereinandergelegt hatte, um dadurch sein stundenlanges Sitzen vor der Staffelei so gemütlich wie nur möglich zu machen.
„Warte, mein lieber Filius, ich komme zu Dir, denn das wird eine längere Geschichte, außerdem will ich Deine Mutter dabei haben, bitte ruf sie doch, sie ist unten, im unteren Hof in der kleinen Trockenhalle und hängt Wäsche auf."
Ich rief mein Mutterherz, und als wir etwas später am Esszimmertisch versammelt waren, erzählte uns unser Familienoberhaupt, und zwar bis ins kleinste Detail hinein, die ganze lustige Begebenheit.
Wir folgten Vatis Schilderungen mit Spannung und erfreuten uns an seiner Redekunst. Durch meinen immer vorhandenen Wissensdurst verankerte ich schon beim Zuhören und mit großem Interesse das illustre und in jedem Fall auch außergewöhnliche Geschehen, ja, ich fixierte es in den Weiten meiner bunten Erinnerungsebenen.
Diese kostbaren Erinnerungen sind es ja immer wieder, die mir auf so wunderbare, oft auch auf verschwenderische Weise, die gesammelten und gehorteten Schätze meines Gedanken-Paradieses für meine kreativen Zeitwanderungen zur greifbaren Verfügung stehen.
Genau in diesen göttlichen Momenten erlebte ich all das Schöne, das ja in zeitlich zurückliegender Ferne angesiedelt war ... und doch, durch das Neuerleben in diesem Augenblick war das ehemals Geschehene wieder so wohltuend präsent, dass ich das Wesentliche in meinem ‚Hier und Jetzt' spürte und unmittelbar zum Greifen nah empfand.
Diese Nähe ist ein edles Geschenk, denn es bedeutet für mein Gefühl wieder das glückliche Ansammeln einiger wertvoller Sekunden, erkennbar durch die schmalen Zeiger auf dem runden Zifferblatt meiner imaginären Uhr. Und die gefühlten Sekunden sind die wahren Schätze der Zeit, meiner gemessenen und angehaltenen Zeit ... meiner gewonnenen Zeit!

Das verschenkte Bild ließ mir vom Denken her betrachtet keine Ruhe, denn ich wollte von Vati seine speziellen Beweggründe erfahren. Er zeigte sich geduldig und erklärte mir alles noch einmal zum ‚Mitschreiben', wie er ironischerweise betonte:
„Aber ja Sohn, wer so eine Freude zeigt und der Herr einen klammen Geldbeutel hat, der sollte auch in den Genuss von Kunst kommen. Oft zeigen sich diese Zeitgenossen als die wahren Besitzer der Werke, denn sie haben Achtung und Respekt gegenüber der Kunst, die wir Maler gestalten.

Sieh mal, das Fehlen dieses einen Bildes macht mich nicht ärmer, dafür macht mich das Geschenk an Herrn Volk sogar reicher, ja, es macht mich sogar glücklicher, der reinen Freude wegen.
‚Also Herr Borchert, dieses Bild aus dem Sayner Park gefällt mir besonders gut'. So oder so ähnlich waren des freundlichen Gasmanns nette Worte, die er wohl an jedem seiner Ablesetage zu mir gewandt sagte.
‚Wenn ich Geld hätte, ich würde Ihnen direkt das Teehaus im Park abkaufen'. Ehrlich gesagt, ich weiß nicht, wie oft sich dieses Wechselspiel als Prozedere wiederholte, mein Sohn.
Aber mein Geschenk an die Familie Volk war bei weitem kein Einzelfall, denn auch dem Bürgermeister Karl Schön überreichte ich für die Stadt Bendorf ein relevantes Heimatmotiv. Quasi als ein Zeichen der Verbundenheit, denn als ‚richtige Bendorfer' fühlten sich Deine Mutter und meine Wenigkeit ja schon längere Zeit."
Mit einem süffisanten Blick bemerkte ich zu Vatis Beitrag lakonisch: „Klar Vati, das rote Bendorf liegt Dir besonders am Herzen, Du und Dein Bruder, mein verehrter Onkel Achim und früher auch Opa Daddy, alle drei ward' ihr und seid ihr waschechte Sozialdemokraten, halt im linken Spektrum verwurzelt, eben links angehaucht."
Postwendend konterte mein alter Herr zurück: „Und Du, mein Sohn, Du bist in Deinem Denken von der CDU irregeleitet. Aber ich gebe die Hoffnung nicht auf, dass auch Du eines Tages zur Vernunft kommst!"
Ich muss heute noch schmunzeln, wenn ich an die diesbezügliche, humorvoll geprägte Diskrepanz unserer politischen Ausrichtungen und gutgemeinter Diskussionen denke, die aber immer in toleranter und süffisanter Form ausgetragen wurden. Aber unsere liebenswerte Demokratie bedeutet auch stets die Freiheit des Denkens und der jeweiligen Freizügigkeit im demokratischen Handeln.

Das Würzen beim Kochen …
ist wie das Farbenmischen beim Malen …

Neben seiner Malerei rangierte das Kochen an bedeutender Stelle. Das notwendige Einkaufen wurde zum Ritual erhoben und seine Lebensmittel-Favoriten kristallisierten sich im Laufe der Zeit heraus. Das Fachgeschäft ‚Fisch-Weiler', in der Unteren Vallendarer Straße, dieser Laden, der seinen Frischfisch so appetitlich auf Berge von gehacktem Eis in Schaufenster und Theke stets präsentierte, der war bei Vati sehr beliebt, denn Fischgerichte waren sein Steckenpferd bei der Zubereitung, wobei die kurze Bratzeit, zum Beispiel bei Seelachs, Vorrang hatte.
Gemüse und frisches Obst besorgte er, beim als teuer geltenden Fachgeschäft Heinrich Kreuz in der Hauptstraße. Verdammt kostspielig, aber unheimlich knackig und frisch, die verschiedenen Salate … das Gemüse … das Obst … alles

wunderbar, aber teuer, teuer … so ähnlich lauteten damals seine Warnungen, die aber als positive Kommentare verstanden werden sollten.

Mein alter Herr entwickelte in den Jahren von Muttis Berufstätigkeit seine wahre Lust und Leidenschaft zum Kochen. Ich erinnere mich noch genau an Vatis leckere Eintopfgerichte, deren einzigartig guten Geschmack spüre ich noch heute nachhaltig auf meiner Zunge.

Das Würzen beim Zubereiten der Speisen schien ihm als virtuosem Künstler wie sein Malen zu sein, ich erwähnte es schon, denn zu keiner Zeit habe ich Gleichwertiges gegessen. Gewürze in allen Variationen, natürlich die frischen Küchenkräuter vom Obst- und Gemüseparadies Heinrich Kreuz, zum Beispiel Majoran, Thymian, das intensive Bohnenkraut und der unentbehrliche Knoblauch, das waren Vatis Zauberer des guten Geschmacks. Aber auch die selteneren, geschmacksverstärkenden Schätze des Orients mit seinen exotischen Gewürzen, wie das scharfe Sambal Olek, das indische Curry und viele andere Würzmischungen aus Fernost hatten ihren Platz in unserem Küchenschrank und gaben seinen ‚Kochwerken' stets den teils gewöhnungsbedürftigen, besonderen Kick.

Mutti tadelte ihn nie, doch manchmal versteckte sie ihre leichte Kritik in der Frage … meinst Du nicht auch, mein Liebster, die deftige Erbsensuppe schmeckt einen Deut besser mit etwas weniger Majoran?

Doch unseres Herrn und Gebieters Kochkünste waren zu keiner Zeit von uns infrage gestellt worden.

Lediglich an den Sonn- und Feiertagen aßen wir, für meinen Geschmack jedenfalls normal; denn dann kochte Mutti für uns, und für Vati war wieder seine beliebte Lesezeit angesagt, denn an den Sonntagvormittagen machte er es sich in seinem Sessel bequem, legte ein dickes Sofakissen auf seine Oberschenkel, denn das Kissen diente als passende Unterlage für seinen Lesestoff.

Außerdem ist so ein Kissen urgemütlich und kuschelig. Beim Lesen hatte er seine geschätzte Ruhe, die er für seinen Pfeifenkult, für seinen Tabakgenuss liebte. Sein heißer Matetee bescherte meinem alten Herrn den besonderen Geschmack, der seinem blauen Dunst noch mehr Würze verlieh.

Mutti kochte mit einer Leidenschaft und Können ihre köstlichen Gerichte, die den Bogen von ganz feinen Speisen bis hin zu ganz einfachen Essen spannte. Ihre Küchenzaubereien, sie alle waren immer ein Festival für meine genießerischen Sinne.

Das Geheimnis ihres Könnens lag in der Tatsache begründet, dass Mutti von ihrer Mutter, meiner Oma Lina, die variantenreichen Finessen der bürgerlichen, wie auch der feinen Küche gelernt hatte. Als junges Mädchen, sie hieß noch Lina Zabel, wurde meine Oma in einem renommierten Hotel-Restaurant in Höxter an der Weser zur Köchin ausgebildet. Leider kenne ich keine weiteren Details zu diesen Geschehnissen.

Unsere Sonntage waren bei uns immer sehr beliebt, denn die willkommenen Abwechslungen, die sich Mutti und Vati einfallen ließen, die strotzten vor Lebensfreude und Unternehmungslust, denn unser wunderbares Dreierbündnis begab sich meistens schon am frühen Nachmittag auf die geliebte Erkundungsfahrt der guten Gefühle.

Zu ‚Dritt' erlebten wir die kleinen Abenteuer der Ausflüge in unsere so abwechslungsreiche Mittelrheinheimat.

Wir besuchten und erkundeten die waldreichen Mittelgebirge mit ihren malerischen Landschaften, ihren Maaren in der Eifel, die traumhaft schöne Wachholderheide bei Langenfeld-Arft, oder als Kontrastziele wählten wir die inmitten von herrlichem Laubwald gelegenen großen Fischteiche der romantischen Westerwälder Seenplatte. Aber alle Ausflugsorte lagen im Nahbereich unserer Spritztouren.

Wir entdeckten historische Ortschaften, Dörfer und kleine Städte, die allemal beliebte Sehenswürdigkeiten in ihren Mauern versteckten, die es zu entdecken galt. Diese Ansichten begeisterten uns und unser Kunstmaler skizzierte munter Motiv für Motiv. Von all den erlebnisreichen Sonntagsausfahrten war mein Mutterherz besonders angetan, denn mehr als einmal schwärmte sie regelrecht über die Vielzahl der Erlebnisse, und zu uns gewandt rief voller Begeisterung: „Kinder war die Tour toll, ich bin so froh, dass ich das alles mit Euch erleben und auch so ausgiebig genießen konnte."

Zeichnen und Kaffeegenuss ...

Über all die vielen Jahre hinweg schuf Vati auch zahlreiche Federzeichnungen. Wenn es dem ‚Alleingelassenen', wie er sich immer wieder gerne und mitleidheischend betitelte, in seinem kleinen Atelier doch einmal zu eintönig vorkam, ihm schier die Decke auf den Kopf zu fallen drohte, schlüpfte er in seinen Cordanzug, band sich den passenden Krawattenschal geschickt in seinen offenen Hemdkragen und fuhr mit seiner Mulle, dem 500-er Fiat, ins nahe Koblenz und besuchte sein ‚Café Puth' ... den dominierenden Treffpunkt für Geschäftsleute, Individualisten und für Menschen, die Wert auf einen besonderen Stil legten sowie besten Genuss zu schätzen wussten.

Derart beschrieb man das als elitär geltende Café in jener Zeit, denn die geografische Mitte als sein Standort in dieser breiten und stark frequentierten Prachtstraße entpuppte sich als starker Magnet für Kaffee- und Kuchengenießer, denn der gute Ruf als feinste Konditorei hatte sich längst herumgesprochen.

Im hinteren, eleganten Raum des Kaffeehauses hatte Vati seinen eigenen Tisch, der ihm im Laufe seiner häufigen Besuche seitens der Geschäftsleitung auch gerne zugestanden wurde und auf dessen runder Tischplatte er sich oft für viele Stunden breitmachte, um entweder sein neuestes Buch zu lesen, oder, was er öfter praktizierte, vor aller Augen seine schmissigen Federzeichnungen zu kreieren.

Natürlich zog der Mann im mattglänzenden Cordanzug, wohl auch aus diesem besagten Grund, die interessierten, ja neugierigen Blicke der anderen Gäste stets auf sich, doch ich glaube, dass Vati diese erregte Aufmerksamkeit recht gut gefiel. Doch wo die vielen Zeichnungen geblieben sind, die er geschickt mit flinker Feder im Café zu Papier brachte, das vermochte ich damals nicht zu ergründen, noch weiß ich heute eine Antwort auf diese interessante Frage.

Um siebzehn Uhr und dreißig Minuten war täglich der Dienstschluss in Muttis Notarkammer. Damals lagen die Büroräume der Notarkammer Rheinland-Pfalz noch in der nahen Gerichtsstraße, gleich neben dem modernen, neu errichteten Gerichtskomplexes.

„Pünktlichkeit ist die Höflichkeit der Könige, ergo gewöhne sie Dir an und Du hast die Vorteile auf Deiner Seite, mein Sohn."

Nach dieser Devise lebte mein alter Herr zu allen Zeiten und diesem Zitat folgte er täglich, sodass er pünktlich auf die Minute, wie man gerne bemerkt, mit seinem fahrbaren Untersatz in der Gerichtsstraße zur Stelle war, um die von Mutti ersehnte Heimfahrt zu starten.

Im heimischen Ortsmittelpunkt, im Volksmund auch Flecken genannt, wurden alsdann die ‚Besorgungen' fürs tägliche Leben gemacht. Natürlich kauften Vati und Mutti nicht im voll bestückten Billig-Lebensmittelmarkt im Stadtpark ein, dem neu gegründeten Discountladen für Schnäppchen-Jäger.

Dieses, damals zukunftsweisende Startunternehmen der Bendorfer Kaufmannsfamilie Sauerborn, war ein größerer Markt für jedermann eröffnet worden, und er galt sicherlich als Testvorlaufwohl für neue Verkaufsstrategien, um die nötigen Erfahrungen zu sammeln, die für einen, später im noch größeren Stil und an einem weitläufigeren Areal geplanten Supermarkt, von Nutzen sein würden.

Vati war es, der immer den größten Wert auf persönliche Kontakte legte, sowohl im Freundeskreis als auch bei den Geschäftsleuten und Händlern, deren individuelle Angebote er auch stets zu schätzen wusste. Und sie waren sparsam und achteten penibel auf ihr Haushaltsgeld. Es wurden nur kleine Mengen gekauft. Der obligatorische Preisvergleich war für Mutti und Vati unerlässlich.

Muttis arbeitsfreie Samstage waren bei uns besonders beliebt, denn dann hieß der Einstieg zum Einkaufen: „Komm liebste Grete, wir gehen ins Städtchen!"

So ein gemütlicher Einkaufsbummel dauerte oft mehrere Stunden, meist verging dabei sogar der ganze Vormittag, denn die vielen Bekannten, die ebenfalls die quirlige Innenstadt mit ihren diversen Geschäften besuchten, sie wurden herzlich begrüßt und immer war dies und das erzählenswert.

Diese Plaudereien waren eigentlich auch kein Wunder, denn wer kannte ihn nicht, den Maler im Cordanzug? Teils trug mein alter Herr als besonderes Erkennungszeichen auch immer noch die fesche, schräg ins Gesicht gezogene Baskenmütze; das alles sorgte für seinen, mit innerer Befriedigung genossenen Bekanntheitsgrad, als anerkannter, heimischer Kunstschaffender.

Es war die Zeit des Malers mit seinem kleinen Atelier im altehrwürdigen Barockgebäude der Remy-Dynastie, im Volksmund auch gerne Goethe-Haus genannt. Seinerzeit diente der ehemals prächtige Remy-Stammsitz auch zeitweise als evangelisches Pfarrhaus zu Bendorf, dem offiziellen Dienstsitz von Pfarrer von Claer. Dieser asketisch wirkende, schlanke Diener Gottes war ein bekennender Kunstliebhaber, der sich über die optische Aufwertung durch Vatis Bilder im zuvor kargen Treppenhaus seines großen Hauses freute.

Das großzügig gehaltene Stiegenhaus dieses historischen Bauwerks mit seinen hohen Wänden und ihren Stuckleisten, diese, vom Stil her gesehen ideale räumliche Begebenheit war eine ideale und einladende Ausstellungsfläche für Kunstwerke jeglicher Art. Diese Kunstszene blieb meinem alten Herrn auch nach dem Tod des Pfarrers erhalten, denn die Erben des großen Gesamtkomplexes hatten ihn zum Verwalter desselben engagiert.

Und meines alten Herrn zahlreiche, vollendete Bilder, jeweils in ihren passenden Rahmen, sie bildeten insgesamt eine ‚Kunstausstellung der besonderen Art'.

Denn sie waren von Vati sowohl im breiten Flur des Parterres großzügig ausgestellt worden, als auch über die zwei mächtigen Treppenhaus-Etagen des imposanten Bauwerkes. Jeder Betrachter der Bilderschaugestaltung sah in ihr auch die kreative Handschrift ihres Schöpfers.

Vati hatte intuitiv den unterschiedlichen Lichteinfall der hohen Sprossenfenster geschickt berücksichtigt und er erreichte dadurch eine überaus vorteilhafte Wirkung all seiner Exponate.

Für denjenigen, der einen Bilderwunsch äußerte, hieß es des Öfteren: „Schau beim Maler Borchert im Goethe-Haus im schönen Bendorf vorbei, da hängen die schönsten Heimatmotive in den Fluren und im Treppenhaus ... und die Auswahl ist groß!"

Benno Zeike ...

Eine weitere, kleine aber durchaus menschliche Episode, die recht gut zum Bild unserer Familie passt: Das Herz unseres Künstlers schlägt für die Menschen, deren geistige Haltung die Leichtigkeit des Seins in Würde lebt. Es pocht aber auch für Bekanntschaften in Kunst und Kultur.

In den Kreisen und Zirkeln der ‚Bildenden Kunst' erfreute sich Vati anhaltender Beliebtheit. Diese Aussage untermauere ich gerne, indem ich die Episode ‚Benno Zeike' schildere.

Durch das glücklicherweise per Zufall wiedergefundene Zeichenblock-Blatt mit dem mit grober Rohrfeder und markant gezeichneten Portrait, welches unverwechselbar Vati darstellt und das in kraftvoller, dynamischer Strichführung die Charakterzüge meines alten Herrn treffsicher abbildet, weiß ich, dass sich das jetzt folgende Geschehen im Jahre 1959 zugetragen hat.

So lasse ich den einen Spätnachmittag im Herbst des genannten Jahres als mein abenteuerliches Erlebnis als Erinnerung zurückkehren und erlebe erneut die Faszination dieser bemerkenswerten Begegnung ...

Manche Situation, die man erlebt, sie geschieht einfach, man sucht nicht nach ihr oder nach irgendwas, und doch gerät man rein zufällig in eine Verkettung unvorhergesehener Momente.

Ich war nach meiner ausgedehnten Wanderung aus unserem Naherholungsgebiet, den Wäldern des Großbachtals, auf dem Nachhauseweg, als ich ihn plötzlich entdeckte. Groß von Gestalt stand er vor mir, mit seinen kräftigen, breiten Schultern zeigte er seine vorhandene physische Kraft, die aber keineswegs unangenehm auffiel.

Sein äußeres Erscheinungsbild wirkte etwas heruntergekommen, so würde man rein oberflächlich betrachtet, sagen.

Aber exakt so empfand ich diesen Fremden nach kurzer Musterung. Er schritt langsam, fast behäbig, ein altes, in die Jahre gekommenes Fahrrad schiebend, durch die untere Bachstraße in Richtung Untere Vallendarer Straße.

Markant hatten sich seine tiefen Lebensfalten in sein männliches Gesicht eingegraben und trotz des ärmlichen Aussehens umgab ihn eine Aura männlicher Würde. Ich konnte mir anfangs nicht erklären, weshalb dieser Fremde eine gewisse Faszination auf mich ausübte, der ich auch im Kopf nicht widerstehen konnte.

Sein scharf konturiertes, ausgesprochen sympathisches Gesicht wurde umrahmt von einem dunklen, fast schwarzen Bart, einem stechenden Blick und vollen Augenbrauen, die wie kleine schwarze Schuhbürsten aussahen, all dies als ‚Gesamtwerk Gesicht', übte auf mich , wie gesagt, eine Magie aus, gegen die ich mich nicht widersetzen konnte und auch nicht wollte.

Trotz dieser Stärke, die er vielleicht ungewollt ausstrahlte, wirkte er für mein Empfinden etwas zerfahren, ja nervös, aber gleichwohl auch mit seinen Augen suchend und fragend, auch etwas hilflos, – eben alles in einem.

Dieser, wie erwähnt, sympathische, männliche Typ hatte meine ganze Aufmerksamkeit auf spannende Art und Weise herausgefordert, weshalb ich in die übliche Frage-Antwort-Offensive steuerte und frei heraus mich der Eröffnungsfloskel bediente: „Kann ich Ihnen helfen? Ich kenne mich nämlich hier bei uns in Bendorf gut aus."

Das war mein erster Kontakt mit dem Fremden und meine einfache Frage kam bei dem Mann mit dem alten Fahrrad ganz gut an, denn ich entdeckte ein kaum wahrnehmbares, freundliches Lächeln im bärtigen Gesicht des Mannes, wobei mir sein schwaches Kopfnicken Mut machte und mich auf klärende Antworten hoffen ließ.

„Ich will mich Dir kurz vorstellen, mein Name ist Benno Zeike und wie Du siehst, bin ich unterwegs nach nirgendwo, ... das hört sich fremd an?

Stimmt aber, doch was ich damit sagen will, ich habe kein festes oder bestimmtes Ziel, ganz sicher damit bin ich aber auch nicht, denn ich habe allzu viele Ziele im Herzen, die mir ab und an auch ein Ankommen am Ende meiner langen Reisen andeuten. Doch zuhause, junger Freund, wirklich zuhause bin ich auf der Straße."

Ich vernahm seine sibyllinischen Worte, ich hörte, was dieser sonderbare Fremdling zu mir sagte, doch wirklich verstanden hatte ich seine komplizierte Lebensphilosophie zum Zeitpunkt unseres ersten Zusammentreffens noch nicht. Das Verstehen seines Textes verdrängte ich zunächst und ich schob ihn daher aus meinem direkten Denken heraus und parkte den wohlklingenden Wortlaut in meinem Kopf, in meinem, extra für solche Überforderungen gebauten, imaginären Parkhaus der unbewältigten Gedanken, um später, wann auch immer das sein mochte, die anspruchsvolle, geistige Aussage zu erforschen.

Hätte aber, dieser auf mein Gefühl mystisch wirkende Benno Zeike sein Statement anders, eben einfacher formuliert, dann würde ich sicherlich einstmals abweisender reagiert haben und diese Episode hätte sich nicht verselbständigt. So aber zog sie ihre Kreise und beschäftigte auf angenehme Art die Beteiligten.

„Ich habe am Vorderrad einen Plattfuß, gibt es hier so etwas wie ein Fahrradgeschäft, denn meine Tube Gummilösung ist leer. Ich hoffe, dass es nur ein Loch im Schlauch ist."

Seine gezeigte Hilflosigkeit war nicht gespielt, denn dazu war sein Gesichtsausdruck doch zu sehr von ehrlicher Sorge gezeichnet.

„Schauen Sie da drüben, da steht es in großen Lettern gemalt: Liesel Hörter. Nähmaschinen- und Fahrradzubehör … Herr Zeike, wir haben Glück, der Laden hat noch auf, warten Sie hier, ich bin gleich wieder da!"

Liesel Hörter war eine adrette, immer hilfsbereite und freundliche, ältere Dame, eine rührige Persönlichkeit, die ihren Lebensunterhalt mit allerlei Zubehörartikeln, sowohl für Nähmaschinen aller Art, als auch für Fahrräder verdiente. Frau Hörter kannte mich gut, denn ich war ja Kunde bei ihr.

Ich fingerte ein paar Münzen aus meiner rechten Hosentasche, denn dort vergrub ich immer das geringe Taschengeld, das mir von meinem spärlichen Lehrlingsgehalt übriggeblieben war, zählte den geforderten Betrag auf die zentimeterdicke, alte und arg zerkratzte Glasplatte der breiten Theke, griff die prallgefüllte Tube Henkel-Gummilösung, verabschiedete mich höflich und eilte zurück zu dem Mann mit dem Fahrrad in der Unteren Bachstraße.

„Problem Plattfuß gelöst, wir müssen nur noch flicken", sagte ich voller Optimismus. Nach kurzer Untersuchung des Vorderradmantels hatte ich glücklicherweise sofort den schmalen Riss im Schlauch desselben ausgemacht und Ruck Zuck den passenden Gummiflicken verklebt.

„Habt ihr hier in Bendorf ein Obdachlosenheim?", fragte der Fremde, während er mit kräftigem Pumpen das Vorderrad wieder verkehrstüchtig in der Gabel festschraubte.

„Oder eine Art Jugendherberge?"

Er sah mein Kopfschütteln und sein Gesichtsausdruck verfinsterte sich zusehends. „Nein, das alles haben wir nicht, wir haben aber das ‚Bullesje', das ist unser Minigefängnis für Strauchdiebe und Taugenichtse, so sagt man jedenfalls. Aber das uralte Gemäuer kommt gar nicht in Frage."

„Wo soll ich denn bloß hin? Wo kann ich ein denn für heute, ich meine für die Nacht, ein Dach über dem Kopf finden … ich weiß nicht", an dieser Stelle unter-

brach ich abrupt seine verzweifelten Worte …
„Aber ich weiß es, sicher haben Sie Hunger und Durst und ein Bad wäre auch ganz in Ordnung, oder?"
Ich wartete gar nicht erst eine Antwort seinerseits ab und nahm sein in die Jahre gekommenes, angerostetes Zweirad behände am altmodisch anmutenden Lenker …
„Kommen Sie mit, Herr Zeike", sagte ich aufmunternd und burschikos.
Am hinteren Gepäckträger hingen zu beiden Seiten zerschlissene Packtaschen wippend herab. Der notdürftig mit dicker Kordel befestigte Pappkarton rundete als Krönung des Ganzen, das ärmliche, rostige Bild des alten Drahtesels ab.
Ich war von alldem Erlebten angenehm berührt und sprach, während wir behäbigen Schrittes in Richtung Goethe-Haus gingen, wie schon oftmals zuvor, im stummen Selbstgespräch zu mir: „Ich finde es faszinierend und zugleich geheimnisvoll, denn diesen dunkelbärtigen Mann mit dem vollbeladenen Fahrrad umgibt eine edle Aura, … das fühle ich ganz deutlich, ja und trotz seines optisch ärmlichen Erscheinungsbildes zeigt er eine noble Art von menschlicher Würde. Irgendwie gefällt mir dieser Benno Zeike."
Mit dieser Feststellung in meinen Gedanken hatten wir mein Zuhause erreicht. Mittlerweile war es dunkel geworden und die herbstliche Kühle des Oktobers war ebenso zu spüren, wie auch der feine Nieselregen, der unmerklich eingesetzt hatte. Den Wanderer ohne Ziel, den Mann, den ich eben noch gar nicht kannte, ich schätzte ihn vom Alter her betrachtet, jenseits der Lebensmitte ein. Der Suchende folgte mir, ohne Fragen zu stellen. Mit meinem jugendlichen Übermut konnte dieser Benno Zeicke sicherlich noch nicht viel anfangen, deshalb verzichtete er auch für den Moment auf weitere Gespräche. Vor der eisernen Freitreppe mit den verschnörkelten Gussdekoren angekommen, sagte ich zu ihm: „Bitte helfen Sie mir mal, die fünf Stufen schaffen wir, ohne die Packtaschen und den Karton abzumachen."
„Geht klar, ich hebe hier hinten", erwiderte der Fahrradbesitzer.
Wir bündelten unsere Kräfte und gemeinsam hievten wir das beladene Stahlgefährt auf die eiserne Plattform der Treppe, verschnauften kurz und bugsierten alsdann das Vehikel durch das grüne Eingangsportal, deren zwei Flügelseiten ich zuvor aufgesperrt hatte.
In der Eingangshalle, dem Vorraum zum alten, imposant wirkenden Treppenhaus, lehnten wir das Fahrrad mit Gepäck vorsichtig gegen eine der Wände, die umlaufend, etwa in Meterhöhe vom Fußbodenniveau aus gesehen, vor vielen Jahrzehnten mit kunstvollen Schnitzereien versehen worden war.
Diese Vertäfelung, als individuell gestaltetes Holzdekor-Unikat, schenkte, rein optisch betrachtet, der stilvollen Empfangshalle des Hauses den Eindruck von einem erlesenen Kunstverständnis und somit auch vom erwirtschafteten Reichtum der ehemaligen Besitzer, der Dynastie der Familien Remy.
Diese kamen als verfolgte Hugenotten einst aus der Monarchie Frankreich zu uns

an den Rhein, und sie waren ein Gewinn für die Menschen in Bendorf, denn die von ihnen ausgehende technische Entwicklung, die beginnende Industrialisierung, die sich rasant entwickelte, die aufblühte und im Laufe des Fortschritts spätere Weltgeltung erreichte.

„Wir wohnen oben im zweiten Stock", bemerkte ich zu Benno Zeike.

Überall an den durchgängig hohen Wänden im gesamten Remyhaus, in den Fluren, an den Treppenhaus-Wandflächen sowie im tagsüber lichtdurchfluteten, großen Freiraum der Bel Etage, die das erste Stockwerk ausfüllte und ebenfalls als Vorraum eine zurückhaltende Eleganz ausstrahlte.

Überall an den Wänden hatte mein alter Herr seine diversen fertig gemalten Bilder aufgehängt und zur Schau gestellt.

Durch die räumliche Größe der vorhandenen Freiflächen und deren Verteilung über zwei Stockwerke hinweg, eben durch diese baulichen Vorteile hatte jedes einzelne der Exponate, ob Aquarell- oder Ölgemälde, in dieser idealen ‚Privatausstellung' seinen idealen Standort erhalten, um seine optimale Präsenz zu erreichen. Mein staunender Gast betrachtete die Bilder schweigend und hielt immer wieder für Momente inne, um in Ruhe das Geschaute in sich aufzunehmen. In dieser Denkrichtung wertete ich sein jeweiliges Verweilen vor fast jedem Exponat.

Außerdem wunderte ich mich über sein großes Interesse. Deshalb musste ich auch andauernd den Einschaltknopf der Treppenhaus-Dauerbeleuchtung gedrückt halten, damit wir uns nicht im Dunkel der ‚Ausstellungsräume' verirrten.

„Sie haben ihren ganz eigenen, großen Charakter, diese Werke", sagte der Fremde in die Stille hinein, legte eine weitere kurze Denkpause ein und fuhr mit leiserer Stimme und fast nur zu sich selbst gewandt, fort:

„Wirklich sehenswert, auch diese harmonischen, genial abgestimmten und ineinanderfließenden Farben, die ich trotz der fahlen, unvorteilhaften und sehr spärlichen Glühbirnenbeleuchtung doch noch recht gut erkennen kann. Das ist mehr als nur ein außergewöhnlicher Malstil, das Ganze ist fantastisch."

Während ich Benno Zeikes undeutlich geäußerten Worten des Lobes erstaunt zuhörte, verfolgte mein hinterfragendes Gefühl nur eine Frage:

„Wieso kennt dieser, von mir per Zufall aufgegabelte Fahrradreisende die einschlägigen Begriffe der Malerei so genau?" Gefangen in meinem Gedankenspiel bemerkte ich leicht irritiert, dass wir beide langsam und nebeneinander schreitend, fast schon wie in einem angepassten Gleichschritt, die breiten Eichenstufen zu unserer Wohnung hinaufstiegen.

Noch wusste dieser interessierte, mir leicht mystisch erscheinende Zeitgenosse nicht, dass mein alter Herr der Schöpfer der bestaunten Bilder war.

Das sollte sich aber schnell ändern, denn beim Betreten der kleinen Wohnung eröffnete sich für Benno Zeike ja der gleiche Anblick, wie er ihn zuvor schon im gesamten Treppenhaus erlebt hatte. Denn auch in unseren vier Wänden war jede, noch so kleine Wandfläche unserer verschachtelten und niedrigen Wohnräume, mit meines Vaters Kunstwerken bestückt, wobei der erste Eindruck den Hauch einer steten ‚Veränderung' unaufdringlich erweckte.

„Ein Innehalten, ein Stillstand in jeder künstlerischen Schaffensperiode, ein Verharren im Allgemeinen, alles Stehenbleiben ist in der Summe immer ein Rückschritt."

Just in dem Moment, in dem ich den Fremden Mutti und Vati vorstellen wollte, schoss mir der weise Spruch Vatis in den Kopf, wohl aus dem Grund, weil ich eine gedankliche Verbindung zwischen Rückschritt und … nach Vornedenken und Handeln hergestellt hatte.

Bei der Begrüßung sagte ich zu beiden, fast schon mit einem entschuldigenden Unterton in meiner Stimme: „Das ist Herr Zeike, er ist mir in der Bachstraße zufällig begegnet, und ich dachte mir, dass wir ihm ein wenig helfen könnten. Er ist mit seinem Fahrrad unterwegs, und er hat in seinem Vorderrad einen Plattfuß gehabt. Herr Zeike kann doch unmöglich weiterfahren, ich meine, es ist doch schon dunkel draußen, außerdem habe ich bei Frau Hörter die Gummilösung für das Flicken des Reifens schon gekauft und das Rad repariert. Das Geld dazu hatte ich noch in der Hosentasche, ja, und deswegen ist es jetzt für Herrn Zeikes Weiterfahren zu spät."

Vati und Mutti hatten, ohne große Worte zu verlieren, unseren Gast mit freundlichem Handschlag begrüßt und forderten ihn mit einer einladenden Geste auf, auf dem bequemen Sofa im Wohnzimmer Platz zu nehmen.

‚Gott sei Dank', dachte ich im Stillen, ‚das erste Eis ist gebrochen'.

Nun, ich kannte ja das gute Herz von meiner Mutter, und von Vati wusste ich längst, dass er immer großzügig und hilfsbereit zu allen Menschen gewesen war. Ich konnte also von meinem Gefühl her beruhigt sein, auch ein Stück weit gelassen auf die Dinge warten, die sich entwickeln würden.

Benno Zeike hatte sich an die äußere Ecke des Sofas gesetzt, ließ seiner Neugier freien Lauf und schaute sich ohne Scheu unser gemütlich eingerichtetes Wohnzimmer an, wobei sein Blick zuweilen auch sekundenlang bei dem einen oder anderen Nass-in-Nass-Aquarell regelrecht innehielt.

Sein angespannter Gesichtsausdruck verriet meinem alten Herrn, der ihm schräg gegenüber im Sessel Platz genommen hatte, dass sich bei unserem Abendgast einige Fragen angesammelt hatten, die auf Vatis Erklärungen warteten.

Doch bevor Vati sein beabsichtigtes Gespräch beginnen konnte, hatte Benno Zeike die Initiative ergriffen, er schaute uns abwechselnd mit seinem offenen und geraden Blick in die Augen, wobei sein dunkles Augenpaar eine vertraute Verbundenheit zeigte und seine an uns gerichteten Worte wohlüberlegt waren. Seine sonore Baritonstimme erreichte bei uns, das spürte ich ganz deutlich, eine innere, angenehme Spannung, die wohl mit einem Schuss Neugier zu begründen war.

„Liebe Familie Borchert, meinen herzlichen Dank möchte ich Ihnen entgegenbringen, denn der überaus nette Empfang bei Ihnen tut meiner Seele gut. Und Dir, mein junger Freund, Dir und Deiner Hilfsbereitschaft habe ich das angenehme Hiersein zu verdanken. Vergelt's Gott!"

Er machte eine kleine Pause, bevor er erneut das Wort ergriff, wohl um zu überlegen, wie er in die Situation gekommen war, zumindest suchte er nach einer Erklärung.

„Sie, mein lieber Herr Borchert, Sie sind ein Maler, der eine einzigartige Ausdruckskraft hat und jedes Motiv mit einem Lebenswillen ausstattet, der regelrecht ansteckend wirkt. Gleich welches Bild ich mir anschaue, jedes Ihrer Werke erstrahlt in einem inneren Zauber, der jeden Betrachter faszinieren muss, wobei die Faszination nicht allein vom Gefallen her diktiert wird.

In aller Bescheidenheit will ich Ihnen gestehen, dass auch ich mich zur malenden Zunft zähle, obwohl meine Schaffensperiode sich schon seit einiger Zeit in einer Warteschleife befindet. Wie lange sie dort noch verweilen muss, nun, das steht in den Sternen."

Vati vernahm mit erkennbarer Zufriedenheit die netten Worte seines Gegenübers und sprach ihn wiederum direkt an: „Werter Herr Zeike, wie sagt man so schön? Die Welt ist klein und Zufälle gibt's! Wir Maler sind Brüder im Geiste und immer sind wir Wanderer durch die Zeit. Sind unsere eigenen Wege zur hohen Kunst der Darstellung auch manchmal sehr verworren, wir gehen unsere Wege, denn der Weg ist bekanntlich das Ziel. Welche Richtung der Malerei favorisierten Sie?"

„Nun, lieber Kollege Borchert, wenn ich das sagen darf, ich war für viele Dinge offen, ich habe wie Sie Landschaften gemalt, natürlich habe ich, wie Sie stets gezeichnet, auch Portraits und Karikaturen waren mein Metier, aber leider – das war einmal."

Mutti tischte, nach kurzer Vorbereitungszeit in der Küche, das auf, was der Brotschrank und die kleine Speisekammer hergaben.

„Bitte, lieber Herr Zeike, greifen Sie zu … und guten Hunger!"

Unser Gast genierte sich in keiner Weise und aß mit gehörigem Appetit die kleinen Leckerbissen, die mein Mutterherz mit Liebe zubereitet hatte. Eine große Kanne herrlichen Pfefferminztees wurde von uns allen gerne angenommen, zumal Mutti Ess- und Trinkbares immer eifrig nachlegte.

Schnell nahmen Benno Zeike und Vati den unterbrochenen Gesprächsfaden wieder auf und in einem angeregt wirkenden Meinungsaustausch setzten sie beide ihre Akzente, die die eigenen Auffassungen darstellten, ohne sie zu bevormunden. Es gab nur ein Thema: Die Malerei von ‚A bis Z' und das ganze ‚Drumherum'.

Die Zeichentechniken machten den Anfang dieser illustren Aufarbeitung des Bestehenden. Zwischen den Fachgesprächen über ‚Dieses' und ‚Jenes' flossen aber auch, wie könnte es bei meinem Herrn Erzeuger auch anders sein, tiefschürfende Philosophien und ureigene Gedanken, in die Diskurse mit ein.

„Aus dem Dunkel des Draußen, das ich manchmal auch nur empfinde, rettet mich die Helligkeit meines Innern, die Vorstellungskraft meiner Fantasie, mein, aus der Erinnerungskraft gebildeter Traum, lieber Kollege … und in diesem Zusammenhang sprach der große Emil Nolde, der Maler des Nordens, vom ‚passiven Künstlertum'. Denn es ist der Moment, wo im Dunkeln der Funken zu glühen beginnt,

im lodernden Feuer sich entwickelt, aber nur dann, wenn alle Vorbedingungen glücklich sind. Sind sie es nicht, erlischt aller Traum und Zauber."
Vati beendete seinen Gedankenflug und ließ einer wohltuenden Pause etwas Raum der Entspannung.
„Mit Verlaub, geschätzter Kollege Borchert, ich möchte Ihnen ein Geschenk machen, Ihnen Dreien …", Vati schüttelte verneinend seinen Kopf, aber der dankbare Gast fuhr unbeirrt mit seinem Angebot fort, „ja doch … bitte hören Sie mich an, liebe Familie Borchert. Auch wenn ich derzeit unverschuldet mittellos bin, so habe ich doch mein Talent, das mir bislang keine Macht der Welt nehmen konnte, ich habe meine Fähigkeit zu Zeichnen behalten.
Darf ich Sie bitten, während unserer Gespräche, ein Zeike-Portrait von Ihnen zu erstellen, das wäre eine Ehre für mich und für Sie wäre es ein bleibendes Dankeschön von mir von unserer netten Begegnung. Meinerseits erhielt ich ein gutes Gefühl, einen ganz kleinen Ausgleich für Ihre so großherzige Gastfreundschaft. Werter Zunftgenosse, lieber Malerkollege Borchert, gewähren Sie mir die Bitte und schenken Sie mir ein Zeichenblatt, leihen Sie mir eine Rohrfeder und Schwarztusche."
Vati war überhaupt nicht mehr abgeneigt das angebotene Experiment einzugehen, zeigte wieder einmal sein süffisantes, aber trotzdem gewinnendes Lächeln und holte aus seinem Aquarellfundus der Materialien die gewünschten Utensilien. Da Vati beileibe kein Menschenmaler war, vermittelte er uns doch seine gespannte Neugier in seinem Denken, denn bislang wurde er ja noch nie porträtiert. Benno Zeike rutschte die Teetasse zur Seite, schob den leeren Teller daneben und begann unverzüglich mit dem Zeichnen.
Wie abgesprochen, setzten die beiden Künstler ihr inhaltsreiches Fachsimpeln fort: „Bleiben wir in unserer Betrachtungsweise noch eine Sequenz lang bei der Aquarellmalerei", derart eröffnete Vati sein weiterführendes künstlerisches Referat, um jetzt, in der Zeitspanne des Porträtierens, die Hoheit der Lehre zu behalten.
„Ich will es gerne gestehen, lieber Kollege, anfangs hat sich mir die Aquarellmalerei nur sehr schwer erschlossen. Von der intimen, etwas unbeholfenen und tüftelnden Art meiner frühesten Aquarelle arbeitete ich mich in unendlicher Mühe durch zu der freieren, breiteren und speziell flüssigen und fließenden Darstellung, die aber ein gründliches Verstehen und Eingehen auf die Art der Papiere und die Möglichkeiten der Farben erfordert.
Das Verstehen geht aber noch einen Schritt weiter, denn es gilt, die eigenen Farbfavoriten zu erkennen und sie zum Ausdrucksträger der eigenen Malerei zu erheben. Nur so sehe ich die elementare Essenz des Naturerlebens.
Die Farben des Regenbogens verzaubern jede Menschenseele. Jedes Künstlerherz schlägt höher, wenn es das Spiel der Farben stets neu erlebt und ihrem Zauber folgen kann …
Die Farbe Gelb ist die Farbe des Glücks, aber auch die des Schmerzes. Wir kennen

beispielsweise das Feuerrot oder das Ochsenblutrot und auch das zarte Rosenrot, warme Werte, die Liebe ausdrücken.

Es gibt unzählige Möglichkeiten, mit seinen Farben frei zu komponieren, denn bei jedem Maler kommen die feinen Nuancen der Mischtöne automatisch ins Spiel, denn sie fordern geradezu auf, eigene Sinfonien im Bildaufbau zu komponieren und das Farbenspiel der Klänge der eigenen, persönlichen Palette zu kreieren. Dann beispielsweise das Himmelblau, es zeigt meinem Gefühl nach die endlose Weite des göttlichen Firmaments.

Ich kenne meine gewählte Farbpalette genau, die aber durchaus auch Änderungen der Farben auf der Mischfläche bereithält, die ich je nach meiner Stimmung einsetzen kann, ob ich also mit hellen oder dunklen Farben meine Gefühle in mein Werk einbringen, halt malen will.

Denn in meinem inneren Gemütszustand, in meiner Seelenverfassung wirbeln die kuriosesten Farbzusammensetzungen herum, und sie formieren sich oft zu neuen harmonischen Klangversionen. Deswegen kenne ich auch in dem Farborchester der tausend Emotionen natürlich auch das stimmungsvolle Silberblau und das ergreifende Gewitterblau.

Jede Farbe trägt in ihrer Seele, beflügelnd oder abstoßend, aber auch anregend und teils sogar recht aufregend das ganze Spektrum der menschlichen Gefühle. Der sensible Maler empfindet Farben als Klänge, als Töne … und Töne sind wie Musik.

Ich liebe orchestrale, klassische Musik, wie ich sie allmorgendlich im Radio höre. Unser Südwestfunk aus unserem Bundesland Rheinland-Pfalz ist wie gesagt, Tag für Tag in aller Herrgotts-Frühe, mit der trefflichsten Musik auf Sendung und schickt die großen, klassischen Orchester mit ihren bekanntesten Kompositionen zu uns ins Ohr.

Dieses immer wiederkehrende Musikerlebnis zu früher Morgenstunde zaubert mir fortwährend gute Laune in mein Gefühl, dann bin ich derart positiv motiviert, dass ich mich von einem quirligen Empfinden grenzenloser Freiheit durchdrungen fühle und gleichzeitig von einer beschwingten Fröhlichkeit gesteuert werde, die mir fast magische Zauberkräfte in meine malende Hand schickt und das seltsame Gefühl entstehen lässt, dass es regerecht aus meinem Innern herausmalt. Dann weiß ich und dann spüre ich, dass sich diese Art der Musik für mein künstlerisches Empfinden mit der unendlichen Vielfalt in der Welt der der Farben vereint, dann sind Farben und Musik für mich Momente des Glücks … dann ahne ich es, die Farben lieben auch meine Hände.

Als ich im Bildband über Emil Nolde diese Textpassage las, hat sie sich augenblicklich in meinem Denken und somit auch in meinem Sprachschatz verewigt und diese Erkenntnis bereicherte ab diesem glücklichen Moment einen wesentlichen Teil meines schöpferischen Schaffens. Deswegen, lieber Kollege Zeike, deswegen habe ich Nolde zitiert."

Der Angesprochene schaute einige Male von seiner Zeichnung auf, lauschte aber

interessiert und weiter angespannt zuhörend Vatis dozierenden Beiträgen. Während er weiter seine exakten Beobachtungen am ‚Modell Vati', aufs Zeichenblatt mit dem entstehenden Portrait übertrug, also mit seinem Zeichnen zügig fortfuhr, antwortete er ruhig und überlegt, mit seiner Darstellung der schönen Künste: „Maler, Wirklichkeit und Bilder."
„Diese drei Worte, besser gesagt, diese drei Begriffe umreißen prägnant die Realität derer, die gerne von innen heraus malen, wie Sie lieber Kollege Borchert. Wir Künstler, die wir das vor der Natur Geschaute oder das in unserer Fantasie Gefühlte, die wir das zu schaffende, unverwechselbare Bild imaginär vor uns sehen, wie es zuerst im Kopf entsteht, wie es Formen annimmt, wie es von uns in Konturen skizziert wird oder wie es flächig und farblich angelegt wächst und reift und letztendlich in schwarz-weiß oder in vollen, satten Farben als Bild in Vollendung erscheint. Das lieber Freund, das ist einem Wunder ähnlich. Wir Aktiven der Formen und Farben, wir, die wir das ‚in uns Geschaute' ausdrücken wollen, oft auch unter gefühltem Zwang auch müssen, ... wir sind die, die, vom malerischen Talent her gesehen, eine auserwählte Minderheit unserer menschlichen Gattung darstellen, ja, eine kleine Gruppe, die sich aber mit Haut und Haaren der Malerei verschrieben hat.
Und wir Maler sind meist sehr sensibel, ja, wir sind auch diejenigen, die auch oft an ihren Fähigkeiten und Erfolgen zweifeln, hadern und leider auch im Lebensalltag mal stolpern können, oder... im schlimmsten Fall ist auch einmal Scheitern oftmals zu beobachten.
Das Letztere beziehe ich ausdrücklich nicht auf meine augenblickliche und für Außenstehende scheinbar prekäre Situation eines mittellosen wandernden Malers, – ganz das Gegenteil ist der Fall.
Liebe Freunde, ich fühlte vor langer Zeit, tief in meinem Innern, dass ich meiner erkannten Lebenseinstellung folgen musste, man könnte diese geistige Erscheinung von damals auch als eine Art Vision bezeichnen, – meinetwegen auch eine Fata Morgana nennen ... doch ich war und ich bin mir auch heute völlig bewusst, dass ich dieser ‚Leichtigkeit des Seins', folgen musste ... und auch weiterhin folgen werde.
Meine derzeitige, gewählte Mittellosigkeit, sie hat aber auch andere Gründe, über die möchte ich aber nichts sagen.
Ich bitte Sie, liebe Frau Borchert, lieber Herr Borchert, nebst Sohn, ich bitte Sie, mir das nachzusehen. Ich danke Ihnen für alles."
Nach dieser inhaltsschweren Erklärung unseres Abendgastes herrschte für eine geraume Weile eine willkommene Ruhe, es mögen vielleicht zwei bis drei Minuten gewesen sein, bevor Mutti das bedrückende Schweigen im Wohnzimmer beendete und in ihrer lockeren Wesensart zu Benno Zeike gewandt das eigentlich belanglose, aber in jedem Fall erlösende Gespräch wieder aufnahm: „Lieber Herr Zeike, ich habe gerne die zweite Platte mit den Wurst- und Käsehäppchen vorbereitet, ich würde vorschlagen, dass wir uns alle noch ein wenig stärken, denn die Nacht

ist bekanntlich noch lang. Also, bitte greifen Sie zu, es ist genug da."
Wir räumten wunschgemäß die wohlschmeckenden Häppchen von der großen, ovalen Silberplatte ab, die mein Mutterherz voller Liebe und einladend in der Mitte des Wohnzimmertisches vor unseren Augen zum Genießen hingestellt hatte. Wir genossen ausgiebig den deftigen, guten Geschmack der kleinen Leckereien und freuten uns einstimmig über Muttis so anmutig mit Gürkchen und Silberzwiebeln garnierte Abendnascherei.
Unseren zweifellos vorhandenen großen Appetit konnten wir alle zusammen auf angenehme und nachhaltige Weise stillen.
Obwohl das gemeinsame, gemütliche Teetrinken in Verbindung mit den diversen kleinen und delikaten ‚Schmeck-Häppchen' unserem Leib wie auch unserer Seele guttaten, so standen doch die philosophischen Fragen der menschlichen Existenz ebenso im Vordergrund der intensiven Unterhaltung der beiden Männer, wie vor allem auch die Rätsel im themenübergreifenden Spektrum der ‚Bildenden Kunst'. Zwei Männer gleichen Schlagers hatte der Zufall zusammengeführt, die sich ohne denselben nie begegnet wären. So aber war der intensive Gedankenaustausch unter diskussionsfreudigen Malern zu einem Erlebnis von nachhaltigem Wert geworden.
In den Stunden ihrer Gespräche saß ich still und geduldig inmitten der zwei Denker am gleichen Tisch. Fragen, die ich gerne gestellt hätte, ja, die ich auch liebend gern losgeworden wäre, derer hatte ich viele. Doch meine Ehrfurcht vor den beiden Künstlern und meiner, an den philosophischen Gesprächsrunden nicht minder beteiligten Mutter verboten es mir, vorlaut zu sein.
Mit dem Wort ‚vorlaut', welches in meiner Kindheit ein Erziehungsbegriff war, verband ich immer ein Verhalten der Rücksicht. Meine mir angeborene Quicklebendigkeit, meine unbekümmerte Fröhlichkeit war auch durch mein großes Mundwerk des Öfteren einfach fehl am Platze. So jedenfalls lauteten einstimmig die Worte meiner von mir sehr geschätzten Eltern.
Ich hatte unseren Gast, während er Vatis Portrait zeichnete, zurückhaltend bewundert, als er zunächst mit weichem Zeichenstift und gänzlich ohne Druck die ersten, ganz feinen Konturen zu Papier brachte. Er traf Strich für Strich die typischen Gesichtszüge meines alten Herrn. Völlig erstaunt verfolgte ich Benno Zeikes gekonntes Handeln in Verbindung mit seiner zielstrebigen Handhabung der zuvor mit Vatis messerscharfem Arztskalpell angespitzten Bambusrohrspitze. Die kaum erkennbare Bleistift-Vorzeichnung war aber die Grundlage zur Vervollkommnung des markanten, schmissigen Schwarz-weiß-Porträts meines Vaters.
Es lag vor uns, mitten auf unserem Tisch, das fertige, authentische und künstlerische Zeitdokument, Vatis Portraitblatt. Datiert und signiert am fünften Oktober des Jahres 1959. Ich empfand es damals schon als ein beredtes Zeugnis des zeichnerischen Könnens unseres Freundes Benno Zeike. Er war ein Mann, der uns dreien unvergessen geblieben war und dessen Aura für uns immer mit offenen Fragen verbunden blieb.

Gleichzeitig aber umwehte uns auch stets ein Hauch von gefühlt sympathischen und verbindenden Gedanken unserem Gast gegenüber, deren kleine Geheimnisse von uns aber zu keiner Zeit enthüllt werden konnten.
Unser Sofa war das willkommene Nachtlager unseres fremden Freundes. Die ausgiebige Nutzung des Badezimmers war von Benno Zeike als Luxus bezeichnet worden, und auch das Frühstück im Morgengrauen in der Küche war für uns alle ein letztes Erlebnis.
Wer Benno Zeike wirklich war, welches Schicksal er durchlebte und woher er kam, das alles blieb uns verborgen, denn unsere Gastfreundschaft und meiner Eltern Höflichkeit ließen neugierige und aufdringliche Fragen in keiner Weise zu.
So plötzlich wie er bei uns zugegen war, unser neu gewonnener Freund Benno Zeike, der in seiner sympathisch-dominanten Erscheinung für ein Momenterlebnis der besonderen Art unser Dreierleben bereicherte, so wortlos, aber mit einem verbindenden Lächeln im Gesicht, verließ er uns wieder.

Schmissige Rohrfeder-Zeichnung von Benno Zeike
Bild von meinem Vater

Der wandernde Maler ohne Ziel, derart nannte ich im Nachhinein diesen, von mir eingeladenen Fremden mit seinem in die Jahre gekommenen Fahrrad.
Vati sinnierte an diesem Morgen des Abschieds über das Zustandekommen von Zufällen. Außerdem stellte er deutlich vernehmbar die alles umfassende Frage: „Gibt es überhaupt so etwas, das man Zufall nennt?"
Eine befriedigende Antwort konnte er sich aber, meiner Erinnerung nach, nicht geben. Ich übrigens auch nicht. Deswegen schließe ich den Fragenkomplex ‚Zufall' und erkläre zur soeben geschilderten Erzählung, deren Hauptfigur oder besser ausgedrückt, deren Schlüsselfigur Benno Zeike war:

„Und wieder war es der Zufall", sagte ich zu mir selbst ...

Denn es war ja wirklich der pure Zufall, der mir nach mehr als fünfzig Jahren, nämlich anno 2013, beim Durchstöbern einer großen Holzkiste mit schwerem Deckel begegnete. Diese schwere Truhe, die ich beim Einzug in unser Haus in der Remystraße, im Jahre 1984, unter der geräumigen Treppenbiegung im Kellergeschoss ziemlich achtlos unterstellte. Diesen schweren Holzverschlag hatte ich in den Folgejahren gänzlich aus meiner Wahrnehmung verdrängt.

Im Nachklang meiner ungewollten zweiten Scheidung kamen sie wieder, die Gedanken an meine frühere Zeit, die mir ja als sogenanntem Halbwüchsigen eine reiche Zahl an Sonnenseiten des Lebens schenkte, derer ich mich auch in Gegenwart des Kistenungetüms von Herzen gern erinnerte. Somit fiel mein Blick in das Innere der rechteckigen Truhe, die mit dem Deckel zusammen gemessen die stattliche Höhe von etwa einem Meter hatte.

Ich übte mich im Sichten des unordentlich gelagerten und wild übereinander geworfenen Inhalts. Meine angehäufte persönliche Habe bestand fast ausschließlich aus vielen losen Zeichenblättern in unterschiedlichen Formaten sowie alten Passepartouts und unansehnlichen Kartonresten. Mit einer aufkommenden Ungeduld durcheilten meine flinken Finger den Stapel der Papieransammlung, die ich im ersten Überblick für wertlos einschätzte.

Und plötzlich waren sie wieder gegenwärtig ...

Meine Erinnerungen an den überstürzten Auszug im Jahre 1980 aus meinem ehemaligen Eigentum, dem Goethe-Haus. Mein persönliches Drama von einst kam mir wieder in den Sinn und ich wusste, dass in dieser Truhe, nur die wertlosen Überbleibsel aus Vatis Ateliernachlass eingelagert waren.

Ich hatte sie irgendwann auf dem geräumigen Dachboden meines Anwesens deponiert und hätte sie auch dort belassen können ... doch vor meinem Empfinden, vor allem aber vor der Ehrfurcht, die ich meinen verstorbenen Eltern entgegenbrachte, – vor diesem persönlichen Hintergrund häuften sich meine negativen Gefühle und vermischten sich mit der Wut des gehörnten Ehemanns ...

Unsere gemeinsame Tochter Claudia wohnte ab diesem Zeitpunkt ausschließlich nur noch mit mir zusammen, zunächst noch im Goethe-Haus, später dann, nach der Scheidung 1979 und meinem Umzug ins Haus an den Ortsrand des Bendorfer Bergstadtteils Stromberg.

Der anschließende Beginn von Claudias Besuch des Mädchen-Gymnasiums der Schönstätter-Marienschwestern im nahen Vallendar, erforderte gleichzeitig auch ihren Einzug in die hoch angesehene Internatsgemeinschaft Wildburg, deren Leitung ebenfalls von den Schönstätter-Marienschwestern mit menschlicher Wärme, aber auch nach strengen Vorschriften organisiert wurde.

Mit dem Abschluss der Mittleren Reife lebte Claudia bis zu ihrem Abitur in meiner neuen Familiengemeinschaft im Haus in der Bendorfer Remystraße.

Doch zurück zum roten Faden...

Natürlich war ich damals von egoistischer Eifersucht geplagt und fuchsteufelswild wegen dieser Situation, dem unschönen Gerede, in welchem ich mich befand, vor allem aber war ich anhaltend erbost über die Tatsache, dass unserer gemeinsamen Tochter eine Zukunft geboten wird, die von unserer Trennung bestimmt sein wird. Diese Gefühle rumorten in meinem Denken, und zwangsläufig waren sie auch der Grund meiner Kistenmitnahme nach Stromberg, meinem neuen Domizil inmitten einer Ansammlung von gediegenen Nachbarhäusern, die mit ihren flach gestalteten Dachformen einen elitären Villeneindruck vortäuschten.
Von Stromberg aus endete die Wanderung des viereckigen Holzverschlages mit schwerem Deckel und dem unbeachteten Inhalt, nun endgültig an seinem letzten Standort, in der Bendorfer Remystraße.
1984 hatte ich wieder geheiratet und sogleich mit meiner Ehefrau das Haus in der Remystraße gekauft. Da Christine als Bankkauffrau ihr eigenes Geld verdiente und wir zusammen das Zweifamilienhaus von ihrem Onkel Erich erwerben konnten, wagte ich, nach dem Remyhaus ein zweites Risiko einzugehen und wieder im Eigentum zu leben. Ein gutes Gefühl!
Ich stand also in meinen trüben Gedanken gefangen und eingeholt von jener unschönen Vergangenheit, vor der nunmehr von mir widerwillig geöffneten kistenähnlichen Truhe. Den schweren Holzdeckel hatte ich hochgeklappt und schräg an die weiße Kellerwand gelehnt.
Unter einigen Stapeln alter und vergilbter Bücher, sowie verdeckt von vielen Papierresten und alten Skizzenbüchern, denen mein alter Herr wohl die ehemals vorhandenen Motive seitenweise entnommen hatte, entdeckte ich eine zerfledderte und verstaubte Kartonmappe mit alten unwichtigen Zeitungen und zerrissenen Papierseiten.
Irgendein undefinierbares Gefühl in mir sagte mir im Unterbewusstsein, dass ich die alte Mappe durchschauen sollte ...
So hob ich die prall gefüllte Kartonkladde aus dem Wust der wertlosen Papierreste heraus, legte sie auf eine Ecke der schweren, mit gelber Klebefolie verunstalteten Bretterkiste, und blätterte suchend in den gefundenen Papieren herum. Ich fand in den Zeitungen so manchen belanglosen Artikel aus grauen, vergangen Tagen meiner Kindheit ..., aber inmitten dieses wertlosen Sammelsuriums, des uninteressanten Altpapiers sowie der vergilbten Zeichenblätter fand ich glücklicherweise eben auch das einzigartige Zeitdokument, das meine Erinnerung an die Porträt-Zeichnung, die meinen Vater so treffend auf Papier bannte, wachrief und die damals, anno 1959, von unserem einst so mystisch anmutenden Gast, diesem geheimnisumwobenen Wandermalers Benno Zeike, geschaffen wurde.
Voller Erregung und innerer Freude dankte ich meinem mir gewogenen Schicksal dafür, dass es mir Vatis Konterfei und für mein Empfinden so wertvolles Porträt in die Hände gespielt hatte.

Schlagartig kehrten sie zurück, all die Ereignisse meiner Erzählung, die ich so lebendig niederschreiben konnte, weil jede noch so winzige Nuance des Zusammentreffens in meinem Gedächtnis erneut jenes einmalige Geschehen so hautnah projizierte, dass ich auch diese wundersamen Situationen in meinem Innern festhalten musste.

Das Erlebte von damals, die Faszination unserer Zufallsbegegnung, sie zusammen zogen mich erneut in ihren magischen Bann. Die Erkenntnisse des ehemals Erlebten und das Verstehen des ins Land gegangenen Zeitfaktors, sie zusammen eröffnen völlig neue Sichtweisen, die erst den Wandel der Zeit sichtbar werden lassen.

In diesem Zusammenspiel und mit dem hinzugewonnenen Wissen im Bunde, dass sich über ein halbes Jahrhundert hinweg auch immer eine persönliche Historie entwickelt, verstehe ich den Inhalt dieses Wandels.

Diese Erkenntnis lässt alles Geschehene in einem anderen Licht erscheinen, und es ist demzufolge nur allzu verständlich, dass der durcheilte Lebenszeitraum erneut seinen magischen Zauber entfaltet und gleichermaßen Freude wie Leid lustvoll aufbereitet und ohne Schönfärberei präsentiert.

Denn durch diesen zurückgekehrten Zauber kann ich die Geschehnisse von damals erneut exakt einordnen, und ich kann sie als weitere, wertvolle und liebgewonnene Bestandteile in meiner imaginären Sammlung der guten Gefühle bewahren.

Ich betrachte diese weiteren Bestandteile als eine Art Zeitguthaben, denn ich erhalte auf diese glückliche Weise vom Schicksal wiederum kostbare Sekunden geschenkt.

Ich schreibe sie auf der im Kopf gedachten Habenseite gut, als eine willkommene, weitere Auffüllung meiner reichhaltigen und so wertvollen Sammlung, – meiner geschätzten und herbeigesehnten ‚gewonnenen Zeit'!

Aus dem Schicksalsnebel des immerwährenden Hell-Dunkel-Wechselspiels meiner ereignisreichen Vergangenheit beziehe ich meine mentale Kraft, ich tauche sie in die Helligkeit meiner gefühlvollen Gegenwart ein und erkenne sogleich die klaren Konturen, die mir das ehemals Erlebte so mutig markiert aufzeichnet und in meine Gegenwart projiziert.

Das ehemalige, teils auch abenteuerliche Geschehen, es spiegelt sich jetzt in einzelnen Sequenzen so deutlich vor meinem geistigen Auge wider, dass ich diese farbigen Bilder als meine ureigenen Erlebnisszenen chronologisch darstelle, weil ich sie liebe und sie alle als zukunftsfähig betrachte.

Allerdings erkannte ich am Anfang meiner Gedankenspiele deren Tragweite nicht sofort. Auch war mir nicht bewusst, dass sich, nach einem so langen Zeitraum, der einst erfahrene und lehrreiche Erlebniswert immer nach vorne, also in Richtung Zukunft bewegt und sich im steten Wandel auch als ‚zeitlos' erweisen würde.

Da dieser Erlebniswert auch kein Verfallsdatum aufweist, sein Inhalt das Moderne

seiner Epoche geprägt, behalten und konserviert hat, erlebe ich aus diesem Grunde erneut eine emotionale und starke Faszination, die mir, an meinen geschätzten Schreibtischen und in meinem jeweiligen ‚Hier und Heute', sowohl in meiner Wahlheimat Tirol, wie auch in meiner geliebten Heimatstadt Bendorf am Rhein, eine schlüssige Zukunftsvision präsentiert.
Ich fühle diese Vision hautnah, wie sie mir meine Tagträume zu erfüllen vermag, wie sie mir, auf dem wertvollen Reststück meines langen Weges auf unserem Blauen Planeten, die mir noch unbekannte, andere Seite gedanklich offenbart.
Es ist die Vision, die mich auch an den von mir, in meinen Vorstellungen erahnten universellen Sternenstaub glauben lässt und die mir aufzeigt, dass ich in dessen unendlicher Existenz aufgefangen bin und immerfort bleiben werde.
Ich erfreue mich an meiner real erlebten Vision, die mich den zauberhaften und täglich gelebten Traum eines farbenfrohen und beständigen Spätherbstes in vollen Zügen genießen lässt.
Und ich gebe mich diesem Gedankenspiel hin und beobachte in dem Dauerzustand meiner bescheiden gewordenen Zufriedenheit aber stets ein Hoch der Gefühle. Das alles erhalte ich im Kreise meiner im Tiroler Völs neugewonnenen Lieben auf so angenehme Weise und anhaltend geschenkt.
Ich erahne wie sich Zeit und Raum harmonisch vereinen und ich in dieser entstandenen Sphäre, die Welt der guten Gedanken als überaus wohltuend erfahre.
Ich erforsche also weiter meine eigene Lebensphilosophie und während meiner Suche nach ihr sehe ich alle erlebten Episoden vor meinen Augen immer wieder neu entstehen, erlebe erneut ihren Zauber und erfreue mich an meinem geschaffenen Paradies der schönen Erinnerungen und der guten Gefühle.
Und all das einst Erlebte, es besteht in meinem Gedächtnis klar und lebendig weiter. Alle wertvollen Erfahrungen, die die verehrten Protagonisten jeweils in ihren Diskussions-Zirkeln und in ihrer Zeit erkannten, zusammentrugen und sammelten, vor allem aber deren weise Ratschläge zeigten mir schon früh die Richtigkeit ihrer menschlichen und demokratischen Richtwerte.
Diese vielen, inhalts- und zugleich lehrreichen Episoden, deren weitreichende Sinnhaftigkeit ich trotz meiner jungen Jahre verspürte, sie bleiben in meiner Gedankengegenwart gespeichert. Eingebettet und geborgen in der Existenz meiner imaginären, ausgeglichenen goldenen Mitte und anerkannt als Ursprung und sprudelnder Quell meiner fließenden Gedanken, hin zu den endlosen Weiten des menschlichen Denkens.

Die Leichtigkeit des Seins

In diesen vertieften, teils auch schon erwähnten, philosophischen Ausflügen in meine fernere Vergangenheit zog ich meine über alles geschätzte Lebensgefährtin und willkommene Muse, meine geliebte Gaby zu Rate, nämlich immer in den ganz besonderen Situationen, wenn ich an ihrer Seite mein Schreiben als sinnvoll erlebte und es gebührend zu genießen verstand.

Ich las ihr also aus meinem dicken Manuskript einige neue Textpassagen mit Bedacht vor, wobei ich mich besonders bemühte, meiner Stimme einen sonoren Klang zu verleihen. Gleichzeitig stieg meine Neugier auf ihre Antworten enorm an und mein Puls hämmerte spürbar stärker und etwas schneller als üblich, in den leicht angeschwollenen feinen Adern meiner beiden Schläfen.

Ehrlicherweise gestehe ich mir in meinem Heute ein, dass mir Gabys Urteil eminent wichtig ist, denn ich schätze ihre sachliche Kritik und bewerte diese als willkommenes Korrektiv einer sachlichen Betrachtungsweise. Sie wägt das Vernommene nachdenkend ab, unterscheidet zwischen meinem real erzählten, erlebten Leben – der Wahrheit also –

und … meinem vermeintlichen Ziel, einen gesteigerten Erzählwert zu erreichen und ihn weiter zu verfolgen, der sich auch der schmückenden, erdachten und hinzugefügten passenden Passagen bedient, … als interessantem Spiel zwischen Wahrheit und Dichtung.

Das hinzugefügte, verfeinernde Beiwerk dient mir aber immer der erweiterten Realität meines Erzählwerkes. Ich könnte durchaus auch das Wort Dichtung wählen, denn ich verbinde geschickt das eine mit dem anderen. Aber immer verfolgte und verfolge ich für den geneigten Leser meiner Geschichten das Verstehen der Lehren aus unserer Vergangenheit.

Denn aus dem Verstehen unserer Vergangenheit ziehen wir Heutigen die Stärke der Gegenwart, um für unsere Zukunft gegen jegliche Feinde der Demokratie gewappnet zu sein und für alle folgenden Generationen Frieden in Freiheit zu sichern.

Mein Ziel war, ist und bleibt meinem geschilderten Geschehen stets die angestrebte Authentizität zu verleihen und deren Wahrheitsgehalt zu treffen.

Meine geliebte Gaby hört mir in unseren abendlichen Mußestunden in der Regel auch in Ruhe zu, überlegt stets eine geraume Weile, hält in der Folge ihre Kritik auch nicht hinter dem Berg, wie man landläufig auch hier in Tirol so treffend sagt. Ich zitiere sie mit Freude:

„Mein Liebster, ich freue mich über Deine Art des Vorlesens und ich gebe Die gerne ein kürzlich gelesenes Zitat zum Besten …

‚Im Theater wie im Leben ist es nicht die Sprache, sondern der Sprecher, der die Bedeutung verleiht'. Wer, wenn nicht ich, weiß das! So viel an Bewunderung zu Deiner gekonnten Vortragsweise. So wie Du uns dies und das mit besonderer Betonung erzählst, so exakt ist Deine Art des Schreibens, dadurch sind Deine Geschichten so bunt."

Mein Herz hüpfte vor Freude über das ausgesprochene Lob aus meiner Liebsten Mund. Mein Verstand aber verordnete mir eine gehörige Portion demütiger Zurückhaltung und diktierte mir fast zwingend meine Antwort:

„Mein teures Herz, es tut mir gut, wie Du mich soeben beurteilst hast, denn, wer hört solche netten Worte nicht gerne? Aber bitte, erinnere Dich, vor ein paar

Tagen saßen wir auch hier in gemütlicher Zweisamkeit, hielten über meine Schreiberei Manöverkritik und diskutierten einige Situationsschilderungen aus dem Manuskript.
Deine Detailbedenken an der einen oder anderen Stelle, die Du so offen und ehrlich geäußert hast, die taten mir im ersten Moment richtig weh. Doch ich sage es ehrlich, mit ihnen hattest Du mich zum nötigen Nachdenken gezwungen.
Mehrmals überlas ich die von Dir angedeuteten Abschnitte, durchdachte und überprüfte deren Inhalte und änderte nach Deinen Empfehlungen einige der kritisierten Texte. Auch nahm ich einige Kürzungen vor. Und das war auch gut so.
Was ich sagen will ist folgendes, mein Liebling, eine begründete Kritik ist immer richtig und konstruktiv. Ich weiß das gebührend zu würdigen. Wie nannte ich Dich vor nicht allzu langer Zeit?"
Sie lachte herzerfrischend ansteckend in unsere Unterhaltung hinein, und gleichzeitig kam Gaby, wie aus der Pistole geschossen, der Begriff ‚Korrektiv' über die Lippen!
Unser beider Spontanität belebte meine anhaltend gute Laune und in meiner weiteren Erklärung schwang eine von mir beabsichtigte Dankbarkeit mit, die meine Anerkennung ihr gegenüber bestätigen sollte:
„Du mein teures Herz, Du bist und bleibst nicht nur meine über alles geschätzte Muse, nein, Du bist auch für mein Tun als selbsternanntem Schreiber unverzichtbar, denn Du hast Dich im Laufe der vielen Jahre selbst zu meiner unbestechlichen Kritikerin eingesetzt.
Du urteilst intuitiv, denn bei so manch spezieller Sequenz die Fragen in den Raum stellt, ziehst Du auch ab und an Dein unbestechliches Bauchgefühl zu Rate, wobei dann, in den zu besprechenden Textpassagen Dein gesunder Menschenverstand hinzukommt und der von Deiner logischen Denkweise gesteuert wird und somit die Richtung der fälligen ‚Randbemerkungen' bestimmt.
Weiß Gott, Du verdienst mit Fug und Recht in meiner Welt des Schreibens den Titel … ‚Das Korrektiv'!

Lange Schatten …

Die strahlende Sonne und der endlos lange Sommer beherrschte die helle Hälfte des Jahres 2018 bis weit in den November hinein.
Meine beiden Söhne, Joachim und Alexander schenkten mir ein gemeinsames Wochenende an der Nordsee.
„Die Seeluft tut Dir sicherlich gut, Papa!"
Unisono waren das exakt ihre liebevollen Worte. Wie meine Söhne auf diese wundervolle Idee kamen? Hier nun mein Versuch einer Begründung.
„Natürlich habe ich mir Deinen unbeabsichtigt geäußerten Wunsch gemerkt, den Du vor einigen Wochen beiläufig sagtest, Papa, als wir uns über unsere einstigen

Familie-Urlaube der Kinderjahre austauschten. War ja auch wunderschön, damals mit Dir und Mama, mit Opa und Oma in Büsum. Alex war noch ganz klein."
Einige Wochen nach diesem Plausch, ich hatte seinen Inhalt schon wieder verdrängt, als Alex mich ansprach: „Hey Papa, sieh zu, dass Du an Allerheiligen hier bist. Jo und ich, wir wollen mit Dir für das lange Wochenende nach Büsum an die Nordsee. Und eine Wohnung hat Jo auch schon fest gemietet."
Somit war ich verplant. Und ich freute mich.
Das Wetter an der Nordsee war ausgesprochen schön. Einige Wolkenfetzen fegte der böige Westwind vom Meer her übers Festland. Doch vorherrschend war, wie seit vielen Wochen, vom frühen Morgen bis zum späten Nachmittag, die Sonne.
Nach unserem Besuch in Tönning, einem kleinen Ort am Rande der Eidermündung und vor dem Sperrwerk gleichen Namens gelegen, mit seinem weitbekannten Wattmuseum und den gefühlt tausend interessanten Meerwasser-Aquarien. Man findet sie in variantenreichen Formen und in überschaubaren Größen, bis hin zu dem gigantischen, einmalig gestalteten Großaquarium, das als dominierende Attraktion hinter Panzerglas im steil ansteigendem Theaterrund angelegt wurde und eine absolute Sehenswürdigkeit darstellt.
Individuelle, interaktive Mitmachmöglichkeiten und lehrreiche Modelle sowie erklärende Schautafeln bereichern den Erlebniswert für Jung und Alt gleichermaßen.

Noch ganz eingefangen von den soeben erlebten abenteuerlichen Eindrücken der Ozeankunde, trottete ich langsamen Schrittes hinter meinen beiden vorausgeeilten Söhnen hinterher, die diese, für mich beschwerliche Strecke, als Rückweg zum Parkplatz gewählt hatten. Der gewölbte, etwas unbequeme Weg auf dem alten Deich war vor Zeiten mit rötlichen Klinkersteinen gepflastert worden, wie man sie in Schleswig-Holstein mehrheitlich als beliebtes Baumaterial verwandte und auch heute noch landesweit verwendet.
Der Farbton dieser Klinker schuf einen hellscheinenden, flächigen Weguntergrund, der aber im Laufe der Zeit, wohl auch wegen der Nutzung der vielen Museumsbesucher und Wanderer, jeweils an den beiden Seitenrändern stark abgesackt war und dadurch als unebener Untergrund eine Stolperfalle für Gehbehinderte darstellt und eine akute Gefahr bedeutet.
Ich blieb kurz stehen, um meiner plötzlich aufgetretenen, akuten Luftnot, mittels meines immer griffbereiten Aerosols schnelle Linderung zu verschaffen.
Während ich auf die Spraywirkung wartete, fiel mein Blick auf den riesigen, schwarzen Schatten, der in scharfer Kontur meine eigene Silhouette auf die helle Wegfläche warf. Die schon schrägstehende, aber strahlend helle Herbstsonne stand über dem Deich in meinem Rücken und projizierte auf diese natürliche Weise mein langgezogenes, mystisch anmutendes Schattenbild.

In dem Augenblick des erfassten Lichtspiels vor meinen Füßen fühlte ich mich um über sieben Jahrzehnte zurückversetzt und spürte reflexartig den leichten Druck der Hand meines Vaters, der die meine umfasst hielt und ich hörte im selben Moment seine Stimme in einer Klarheit, die mir fast unheimlich vorkam, die mir, jetzt hier auf dem Deich, das Phänomen der Schatten erneut erklärte.

Federzeichnung: Der Schattenmann

„Papa, wo bleibst Du denn? Ich dachte schon, Du hättest die falsche Richtung eingeschlagen. Komm jetzt."

Meine beiden Söhne waren zu mir zurückgeeilt. Noch im Laufschritt hatte Alexander die mitfühlenden Worte an mich gerichtet, denn meine beiden Männer hatten sich wohl Sorgen um ihren ‚Alten' gemacht.

Ich ließ mir meine Gedanken der gerade erlebten Vater-Kind-Erscheinung nicht anmerken, überspielte auch meine Atemnot und ging behäbigen Schrittes zurück zum Auto.

Während der Fahrt zurück nach Büsum ging mir die Begegnung mit Vatis Schattensilhouette, die ich als Kind als ein Symbol seiner Stärke wertete, dieses Schattenspiel aus meinen Kindertagen ging mir eine geraume Weile nicht aus dem Sinn.

In diesem Erinnern vermischten sich meine kindlichen und bewundernden Wahrnehmungen von einst, mit dem als übergroß empfundenen langen Schatten meines Vaters auf der einen Seite, mit dem in späteren Jahren auf sein Normalmaß geschrumpften Realgröße, auf der anderen Seite.

Ich hatte meinen ‚Alten Herrn' in frühester Jugend ohne jede Kritik zu meinem Vorbild erkoren, ich hatte ihn unbewusst überhöht betrachtet und verehrt und ihn förmlich zur Lichtgestalt geadelt ... ich sah in ihm den begnadeten Maler, der den gefühlten langen Schatten warf.

Dieser einstmals empfundene Irrglaube verflüchtigte sich aber zusehends im Vorbeieilen der Zeit. Mit meinem zunehmenden Erkennen der Eltern-Kind-Realität wuchs auch das Wissen, dass Mutti und Vati keine Wunder vollbringen konnten und dass auch sie nur mit Wasser kochten.

‚Doch das tut der Liebe keinen Abbruch!'

So sagte man damals im umgangssprachlichen Deutsch, und Sinn macht diese Volksweisheit auch heute noch.

Im Moment des Erlebens scheint oftmals die Tragweite dessen, was geschieht oder was in munterer Runde gesprochen wird, noch bedeutungslos zu sein, doch im Wandel der Zeit gewinnen deren Inhalte an Gewicht und die Erkenntnisse der wahren Werte erfassen das Gemüt der Menschen, die sich sensiblen Empfindungen hingeben. Aber nur der, der in seinem einst geschaffenen Paradies der schönen Erinnerungen auch intensiv forscht und mit Empathie sucht, kommt in den Genuss des zurückkehrenden Glücks, denn meist im Alter lernt man die hübschen Geschenke auszupacken, die man sich vor vielen Jahren selbst eingepackt hat.

> Die Zeit, sie eilt im Sauseschritt ...
> eins, zwei, drei, wir eilen mit ...
> ins wunderschöne Weserbergland.

So lasse ich die sechziger und siebziger Jahre des zwanzigsten Jahrhunderts vor meinen Augen langsam vorbeigleiten, um das Wesentliche erneut in Erscheinung treten zu lassen. Muttis gewichtiger Bruder und mein Patenonkel, Willy Mündemann, er war Diplom-Bauingenieur und seines Zeichens Eisenbahner mit Herz und Verstand. Er diente als angesehener Bundesbahn-Abteilungspräsident des Hauptwagenamtes in Frankfurt am Main mit Übersicht und Weitblick. Diesen Weitblick wandte er auch im Bereich der verzweigten, eng oder weniger eng verwandten Familien an, die über alle Bundesländer verstreut ihre Heimat-Wohnorte gefunden hatten. Er organisierte mit Mutti im Bunde und nach gelungenem Probelauf eines zusammengerufenen kleinen ‚Familientreffens' 1959 in Höxter an der Weser,

den ersten offiziellen
‚großen Höxter'schen Familientag 1960'

Der Rundruf, der per Brief oder Telefon alle Verwandten erreichte, genau dieser Weckruf wurde mit Begeisterung aufgenommen … und zwar von allen Schwestern und Brüdern, Cousinen und Cousins, Tanten und Onkels, Kindern und Kindeskindern.

Aus der Familienchronik
‚Minoritenkirchen in Höxter'
Initialen: GB 40

Dieser Idee wurde von Herzen gerne zugesagt, sodass es an diesem Datum zum ersten historischen Zusammentreffen in der romantischen Weserstadt Höxter fast kein freies Zimmer mehr gab.

Mutti und Onkel Willy hatten den Feiertag Fronleichnam mit Bedacht gewählt, weil dieser kalendarisch immer auf einem Donnerstag fixiert ist und grundsätzlich zehn Tage nach Pfingsten begangen wird. Vor allem aber wohl auch deswegen, weil dieser, in den meisten Bundesländern jedenfalls, als ein gesetzlich geregelter freier Tag gilt und sich jeder Teilnehmer das ‚gut zu merkende Datum' festschreiben konnte.

In der urgemütlichen Gaststätte ‚Zum Strullenkrug' in der Altstadt von Höxter traf sich ab dem Gründerjahr 1960 alljährlich der stets feierlustige Familienverbund zum abendlichen Gedankenaustausch.

Sowohl im Innern der geräumigen Studenten-Kneipe wurde getagt, als auch im natürlichen Grün des Außenbereichs, im heimeligen Gastgarten. Deftiges Eisbein mit Sauerkraut als Leibgericht war das Lieblingsgericht für die Mehrzahl der Familientags-Mitglieder, aber auch andere typisch westfälische Leckereien begleiteten das gemütliche Familien-Wohlergehen ebenso, wie das schäumende, frisch gezapfte Bier und natürlich auch die stimulierenden Spirituosen.

Die herrlichsten Familiengeschichten, die bei den Älteren lustige Erinnerungen weckten und durch die meist heiteren Episoden Jung und Alt gleichermaßen erfreuten, genau sie bedeuteten die allabendlichen Höhepunkte, die über viele Jahre hinweg in der beliebten Höxter Chronik dokumentiert wurden. Jede Familie hütete ihre persönliche ‚Chronik' wie den eigenen Augapfel und sorgte akribisch für die Aktualisierung der alljährlichen Folgeseiten.

Vatis Federzeichnungen, die einige der markanten Höxter-Ansichten darstellten, bereicherten ebenso das Innenleben dieser Chronik, wie auch die schmissigen Textbeiträge in Prosa und Dichtung unserer Schreiberei, die in literarisch-humorvoller Weise den munteren Familientrubel fein pointiert glossierte.

Auch die gemeinsamen Tagesausflüge, die wir unternahmen und die uns beispielsweise die nahen, ausgedehnten Weserbergland-Waldgebiete näherbrachten und intensiv genießen ließen, oder die uns zu den Sehenswürdigkeiten der nahen sehenswerten Weserrenaissance-Schlössern führten; diese interessanten Ausflüge wurden von Jahr zu Jahr immer beliebter.

Wir bildeten zusammengewürfelte und wechselnde Fahrgemeinschaften, sodass die Autofahrten zu munteren Familiengesprächen einluden und auch dadurch den Austausch der über die vielen Jahre hinweg entstandenen Wissenslücken wieder auf angenehme Weise aufgefüllt werden konnten. Die aufgestaute Neugierde wurde gestillt und bei bester Laune im Familienverbund fuhren wir mit unseren Autos im bunten Konvoi und gemütlichem Tempo durch die wunderschönen Landschaften und besuchten mit wachsender Begeisterung einige der markanten Sehenswürdigkeiten der malerisch-romantischen Dörfer und Städtchen der näheren und weiteren Umgebung rund um Höxter.

Skizze von Schloss Corvey Höxter von 1938
Aus unserer Höxter-Chronik

Wir erfreuten uns an dem liebgewonnenen Weserfluss, den attraktiven, kulturellen Abwechslungen der vorbeigleitenden Landschaften, wobei unser Autokorso meist eine Fahrzeugschlange bildete, die sicherlich so manchem anderen Verkehrsteilnehmer ganz schön auf die Nerven ging.

Der alljährliche Fronleichnamstag war vom ersten Treffen an für alle Angehörigen der Anreisetag und zugleich der Beginn des Dreitagefestes. Und dieser Tag war für Mutti, Vati und für mich zu einem fast ‚heiligen Datum' geworden, denn der Zauber der ungetrübten Freude schuf nachhaltig den hohen Erlebniswert unseres Familientages und bereicherte als bleibende Erinnerung nicht nur unseren Alltag, sondern er erfreute auch alle anderen Teilnehmer rund ums Jahr und über viele Jahrzehnte hinweg.

Diese Feststellung war der einhellige Tenor aller Beteiligten. Dieses in seiner Art sicherlich seltene Familientreffen festigte das Zusammengehörigkeitsgefühl untereinander enorm und verband sich ungezwungen mit den stets heranwachsenden Generationen auf liebevolle Weise. Die Erinnerung an diese Treffen hat auch heute noch ihren ehrenvollen Platz in den Herzen der Lebenden.

Die ersten Jahre des sechsten Jahrzehnts zeigten eine wohltuende Konsolidierung unseres Dreierbundes. Ich war in meinem Beruf als Schauwerbegestalter angekommen, denn ich hatte mit dem Prädikat ‚gut' die kaufmännische Prüfung bestanden und freute mich über mein selbstverdientes Gehalt als ‚ausgelernter Dekorateur'.
Meines ‚Alten Herrn' Schaffenskraft hatte Bestand und seine Bilder fanden ihre Liebhaber. Unser Alltag hatte seinen normalen Rhythmus gefunden und alles um uns herum fühlte sich gut an. Unsere Ausflugsfahrten in die nahen und weiteren Gefilde unserer faszinierenden Heimat gehörten fast schon zu unserem sonntäglichen Ritual, denn um der arbeitsintensiven Tretmühle der Wochentage zu entfliehen, hatten wir die interessanten Kurzreisen für uns entdeckt. Wir besuchten sowohl Muttis Bruder Willy mit Familie in Hofheim im Taunus, als auch Vatis Bruder Achim in Düsseldorf, des Weiteren, auch manch engere Freunde von Mutti und Vati. Eine unbeschwerte Zeit der Sorglosigkeit erfreute unser Gemüt.

Es kommt der Tag, da will man in die Ferne …

Die allgemeine Wehrpflicht hatte auch mich erfasst und die obligatorische Musterung hatte mir eine makellose Gesundheit bescheinigt. Da ich aber bei dem für mich unumgänglichen Militärdienst nicht ungefragt irgendwo in einer langweiligen Einheit Dienst schieben wollte, meldete mich im Jahre 1962 aus Überzeugung der Demokratie zu dienen, freiwillig zur Bundeswehr. Nach strenger Tauglichkeits-Untersuchung wurde ich zu meiner Wunschgattung, der Luftlandetruppe, eingestellt und leistete als Zeitsoldat bei den Fallschirmjägern, zunächst in Nagold im Schwarzwald in der Eisbergkaserne meine Grundausbildung. Etwas später wurde ich zur Fallschirmspringer-Ausbildung nach Schongau-Altenstadt abkommandiert, um nach Erhalt der Springerlizenz eine kurze Vollausbildungszeit in Nagold zu durchlaufen, um aus aktuellem Politikgeschehen zur sogenannten ‚NATO-Feuerwehr' nach Stetten am kalten Markt auf der Schwäbischen Alb versetzt zu werden. Damals wurde die 10. Panzer-Grenadierdivision durch das Fallschirmjäger-Bataillon 291 verstärkt, um als schnelle Verteidigungstruppe für flexible Lösungen bereitzustehen.
In den zwei Jahren in der ‚Fremde' hielt ich mit Mutti und Vati regen Briefkontakt und überbrückte so die Zeit der Trennung.
Ich hatte mir einen uralten VW-Käfer des Baujahres 1949 für 400,- DM gekauft. Mit meinem klapprigen Gefährt konnte ich jetzt also ab und zu mal in den Heimaturlaub nach Bendorf fahren. Zum Oktober 1964 beendete ich auf Anraten von Mutti und Vati meine zweijährige Soldatenzeit als Unteroffizier und verfolgte wieder meine Karriere als Werbegestalter im Mode- und Textilhaus Lütke in Koblenz.

Als gestandener Mann hat man seinen eigenen Stolz, und aus diesem Grund wohnt man nicht mehr bei den Eltern in der Wohnung.
Es ergab sich der glückliche Zufall, dass die Wohnung in der ersten Etage des Goethe-Hauses von mir angemietet werden konnte.
Somit stand ich also auf meinen eigenen Füßen, aber trotzdem in unmittelbarer Nachbarschaft mit meinen Eltern ... allein und doch nicht allein.
Und das war auch gut so, denn Mutti erlitt 1965 einen schweren Schlaganfall und war linksseitig gelähmt. Auch ihr Sprachzentrum war betroffen, so konnte sie sich kaum noch mitteilen. Mit Feingefühl und großer Geduld lernte ich Mutti zu verstehen und konnte ihr ihre Wünsche erfüllen.
Vati war in dieser urplötzlich entstandenen schlimmen Situation völlig überfordert, er war regelrecht hilflos, denn seine körperliche Kraft hatte er durch die Operationsfolgen im Laufe der Zeit verloren. Mutti war mittelfristig zum akuten Pflegefall geworden. Mobile Hilfsdienste gab es damals noch nicht, und so musste ich nach einer Lösung suchen.
Da ich sehr gut in meiner Arbeitsstelle bei Lütke angesehen und integriert war und mein Chef für unsere Notlage Verständnis hatte, vereinbarten wir ein unregelmäßiges Freistellen meinerseits, um für Mutti die erforderliche Pflege leisten zu können.
Etwas später verkürzte ich mein Angestelltenverhältnis erneut, da ich beabsichtigte, mich als Unternehmer der Werbebranche selbstständig zu machen. So arbeitete ich nach geregelter Absprache zum ersten Januar 1966 nur noch drei Tage in der Woche im Hause Lütke als angestellter Dekorateur. Den Rest der Woche konnte ich für unsere Notwendigkeiten nutzen.
Durch diese Entscheidung konnte ich mit Mutti die notwendige Bewegungstherapie machen. Des Weiteren trainierte ich mit ihr das erneute ‚Sprechen-Lernen'.
Nach und nach stellten sich hoffnungsvolle körperliche Besserungen ein und auch ihre wiederkehrende Sprache zeigte Fortschritte. Diese kleinen Erfolge im Genesungsprozess machten Mutti neuen Mut.
Ich konnte mir darüber hinaus meine Zeit so einteilen, dass ich die notwendigen unternehmerischen Interessen gewissenhaft wahrnehmen konnte.
Vati malte und die andere Zeit verbrachte er mit seiner geliebten Grete, denn auch er übte mit ihr die langsam wiederkehrende Sprache.
Als der Schlaganfall mein Mutterherz ereilte, hatte sie das fünfzigste Lebensjahr noch nicht begonnen. Aus diesem Grund verbesserte sich ihr Allgemeinzustand zusehends und aus unserer Hoffnung wurde alsbald Realität.
Nach etwa einem Jahr war ihre Genesung soweit fortgeschritten, dass sie für halbe Tage wieder in ihrer geliebten Notarkammer arbeiten konnte. Ihrem damaligen Chef, Herrn Notar Dr. Jungbluth aus Neuwied, muss ich von Herzen danken, denn durch sein menschliches Verständnis für Muttis verminderte Arbeitskraft hatte er ihrem Lebenswillen einen neuen und anhaltenden Auftrieb gegeben.

Doch all ihr Streben nach völliger Wiederherstellung ihrer gewohnten Arbeitskraft und ihr eiserner Wille zur Gesundung zeigten keinen Erfolg. Nach einem erlittenen Herzinfarkt mit anschließendem Kuraufenthalt in Bad Oeynhausen war eine Fortsetzung ihrer Berufstätigkeit als Chefsekretärin der Notarkammer nicht mehr möglich. Mein Mutterherz musste die Frührente beantragen und ihr geschätztes ‚Mitverdienen' fand ein jähes Ende und wandelte sich in eine geringe Rente um.
Ich hatte im September 1966 meine Verlobte Gabriele Stahl geheiratet und im Januar zuvor mein Werbeatelier als Gewerbebetrieb gegründet. Die Tätigkeit als selbstständiger Dekorateur brachte uns schon nach kurzer Zeit einen bescheidenen Wohlstand ein, mit dessen Erträgen ich nicht nur unsere eigenen Lebenshaltungskosten bestreiten konnte, darüber hinaus war es mir auch möglich, meinen Eltern die eine oder andere finanzielle Hilfe zukommen zu lassen.
Meine Frau Gabriele brachte am siebten März 1968 unsere Tochter Claudia gesund zur Welt, wodurch für meine Eltern eine willkommene neue Aufgabe entstanden war und sie in die Kindesbetreuung hineinwachsen konnten.
Die Obhut für unsere neue Erdenbürgerin konnten wir also beruhigt in ihre fürsorglichen Hände legen, da wir ja zusammen im Remy-Haus lebten und bequem über eine Treppe miteinander verbunden waren.
Durch diesen Idealfall konnte Gabriele auf eigenen Wunsch hin, schon nach kurzer Babypause wieder in ihrem erlernten Beruf als Hotel- und Gaststättengehilfin im elterlichen Hotel-Restaurant ‚Zum Roten Ochsen' in Bendorf arbeiten.
Ihr Zusatzverdienst verbesserte unsere wirtschaftliche Lage und gemeinsam schufen wir das gesunde Fundament, auf dem wir für weitere Unternehmungen aufbauen konnten.

Wenn einer eine Reise tut …
Eindrucke aus einer anderen, fremden Welt

Kurt Georg Kiesinger, der Bundeskanzler der ersten großen Koalition von CDU und SPD gewann zwar klar die Bundestagswahl des Jahres 1969, doch die Mehrheit stellte fortan die neue Koalition zwischen SPD und FDP … mit Willy Brandt als Kanzler und Walter Scheel als Vizekanzler und Außenminister.
Diese beiden führenden Protagonisten eines neuen politischen Willens, sie gingen völlig neue Wege auf der diplomatischen Bonner Bühne, und sie waren nicht nur verbunden als regierende Parteien, die gemeinsam mehr Demokratie wagen wollten, sondern sie beabsichtigten auch eine völlig neue Ostpolitik zu verfolgen, die beiden Seiten, Ost wie West reformierte Handlungsmöglichkeiten auf fairer Grundlage eröffnen sollten.
Als erste sicht- und fühlbare Zeichen konnte man recht bald die ersten Reiseerleichterungen erkennen und nutzen. Beide getrennten deutschen Staaten einigten sich auf gegenseitige Besuchsmöglichkeiten.

Die Visa- sowie die Einreise- und Aufenthalts-Erlaubnisse für beide Seiten wurden entbürokratisiert und auch enorm erleichtert. Diese vereinbarten Maßnahmen schürten die Hoffnung der angestrebten Familienzusammenführungen.
Die Regierung der Deutschen Demokratischen Republik, genannt ‚DDR', wurde vertreten durch den allmächtigen Chef der SED, der ‚Sozialistischen Einheitspartei Deutschlands' und gleichzeitig auch Staatsratsvorsitzendem, von Walter Ulbricht und von unserem Regierungschef, vom weitsichtigen Bundeskanzler Willy Brandt …
Ein Passus dieser Übereinkunft besagte, dass direkte Verwandtschaften, also Eltern-Kinder, Geschwister untereinander sowie deren Kinder als Familienangehörige, auch tatsächlich Besuchsanträge stellen konnten, die auch in der Regel bewilligt werden sollten.
Gabrieles Mutter, Mia Stahl, geborene Streicher, sie stammte aus Nordhausen im Harz und ihre Mutter und ihr Bruder mit Familie lebten dort zusammen.
Gabriele erhielt das beantragte Visum für uns und fuhr mit unserer kleinen Tochter Claudia nach Nordhausen in Thüringen, in die DDR. Die Einreise war aber nur per Bahn, dem Interzonenzug möglich.
Da ich aber nur einige freie Tage zur Verfügung hatte, beabsichtigte ich trotzdem, sie zu besuchen, auch wenn ich berufsbedingt nur eine Woche zur freien Verfügung hatte.
„Bist Du von allen guten Geistern verlassen?" Diese Frage stellte mir Mutti und schaute mich nicht nur ungläubig an, sondern sie hatte auch regelrecht Sorge um mein Wohlergehen.
„Wieso fragst Du, nur weil ich zu meiner Familie will, die zurzeit in der DDR ist und ein wenig Urlaub macht?"
Bevor ich weiterreden konnte, hörte ich Vatis Stimme aus dem Atelier zu uns ins Esszimmer dringen und enträtselte auch sogleich seine gutgemeinte Warnung: „Sag mal, Du Neunmalkluger, ist Dir eigentlich bewusst, auf was Du Dich da einlässt, oder besser ausgedrückt … Du willst tatsächlich in die DDR reisen? Weißt Du, was das Regime dort ist? Das ist eine kommunistische, eine sozialistische Diktatur!"
„Aber sicher weiß ich, dass Ostdeutschland kommunistisch regiert wird, und ich werde auch meinen Mund zu halten wissen, außerdem …", weiter kam ich in dem Moment nicht, denn mein alter Herr ließ sich nicht beirren und fuhr mit seinen Warnungen fort: „Du warst doch Fallschirmjäger, und wenn ich mich recht erinnere, dann hast Du eine Tätowierung auf dem linken Unterarm, ein Bild, das einen Fallschirm zeigt, so einen, wie Du ihn auf dem linken Ärmel Deiner Uniform hattest. Wenn das einer der Herrschenden dort sieht, dann Gnade Dir Gott, mein Sohn! Grete, sag doch auch mal was! Unser Sohn ist total verrückt, ach was, der bergreift die Realität nicht."
„Ich verstehe Euer beider Sorgen, und ich will Euch auch versprechen, dass ich weder meinen linken Unterarm entblöße, noch dass ich mit irgendwelchen Tira-

den die Menschen in Thüringen ärgern werde. Ich werde mich zuvorkommend verhalten und mich nur von meiner freundlichen Seite präsentieren, eben genau so, wie Brandt-Scheel es vormachen. Beruhigt?"
Beruhigt waren Mutti und Vati sicherlich keineswegs, denn vor allem Vatis politische Kenntnisse der Realität ließen eine Sorglosigkeit nicht zu. Es war die grenzenlose Liebe und die quälende Sehnsucht nach meinem Töchterchen Claudia, die mir die abenteuerliche Reise in eine rätselhafte, unbekannte Welt befahlen. Diesen Befehl führte ich aber frohen Herzens aus. „Bis bald Ihr Lieben!"
Während ich diesen Gruß rief, winkte ich noch einmal kurz nach oben zu meinen Eltern. Mit weißen Taschentüchern winkten sie zurück. Ich zog die Autotür zu und gab Gas.

Was hatten meine Ehefrau Gabi und ihre Mutter Mia ... mit Willy Brandt zu tun? Mein Erklärungsversuch: Sozial – liberal. Brandt-Scheel!

‚Gedanken zum Wandel der Zeiten'
Eine Erzählung aus einer Ära,
die zu deutscher Geschichte wurde ...

Mit Humor niedergeschrieben im Dezember 2014, in der glücklichen Zeitphase in der Einheit, Freiheit, Vielfalt und Verstehen zu unseren ständigen Bestrebungen zählten, erzählt in einer Zeit, in der unsere wertvolle Demokratie weiter bewahrt, geschützt und stets verteidigt werden muss, denn ...

... die Würde eines jeden Menschen ist unantastbar!
Alles wurde möglich!
Flott, fesch, frisch ... ein frühlingsgrüner Herbst!

In meinem jungen, selbstständigen Unternehmerleben hatten sich bis zum Oktober 1969 die Ereignisse überstürzt. Weshalb ich gerade von diesem Zeitpunkt erzähle, ergibt sich aus dem folgenden Bericht, oder ich nenne das Folgende besser eine Erzählung, denn die Hintergründe zu dieser Erzählung sollten erst viele Jahre später eine besondere Bedeutung erlangen.
Seit 1966 war ich mit Gabi verheiratet. Unsere Tochter Claudia wurde am 7. März 1968 geboren, und so war sie zu dem Zeitpunkt des außergewöhnlichen Geschehens muntere eineinhalb Jahre jung und ein quicklebendiges, goldiges Wesen. Blond war sie und von überaus schlanker Gestalt.
„Sie sollte etwas mehr essen", pflegte meine wohlgenährte Mutter des Öfteren zu bemerken, und auch mein Vater, unser asketisch wirkender Künstler der malenden Zunft, stimmte ihr in den meisten Fällen zu.
Dass unsere Tochter Claudia ein bildhübsches Mädchen war, das versteht sich für mich von selbst, eben sowieso.

Meine damalige Gattin hatte den festen Gedanken gefasst, mit unserer Tochter alleine zu verreisen. Man schrieb das Jahr 1969, Willy Brandt hatte bei den Bundestagswahlen die politische Mehrheit für die SPD nicht ganz erreicht, denn die CDU unter Bundeskanzler Kurt Georg Kiesinger war wieder zur stärksten Partei geworden und er hatte die Wahl klar gewonnen, doch der ehemalige Außenminister und Vizekanzler Willy Brandt in der Regierung unter Kanzler Kiesinger, hatte sich, mit Walter Scheel, dem starken FDP-Vorsitzenden verbündet und sie hatten sich zur engen Zusammenarbeit in der neuen Regierungskoalition SPD-FDP entschlossen.

So schickten die beiden zukunftsorientierten, hoffnungsvollen Verbündeten als Partner, getragen und gestärkt von ihren Parteien und einer völlig neuen Denkrichtung einer vielversprechenden ‚Neuen Ost-Politik', die sich weiterhin als Sieger fühlenden CDU/CSU-Abgeordneten kurzerhand auf die harten Bänke der Opposition.

Ein etwas komisches, oder anders ausgedrückt, in jedem Fall aber gewöhnungsbedürftiges Unterfangen, das war das neue Bonner Politik-Geschehen schon, denn alle christdemokratischen und christsozialen Bundestagsabgeordneten der einstigen Mehrheit, die ja bislang, eben seit der Gründung unserer Bundesrepublik, durchregierend die Richtlinien der Regierung bestimmten, und die ja auch immer den jeweiligen Kanzler, seit Adenauers Zeiten, wählten, sie alle mussten nunmehr, wie erwähnt, auf den harten Bänken der Opposition Platz nehmen!

Lange Rede – kurzer Sinn, mit Willy Brand vollzog sich auf rasante Weise ein gravierender Politikwechsel. Die deutsche Ostpolitik war völlig neu geordnet worden. Schon zur Zeit der ersten ‚Großen Koalition von Brand-Kiesinger' streckte der damalige CDU-Minister von Brentano die ersten Fühler gen Osten aus.

Aber als Willy Brand als neu gewählter Bundeskanzler so richtig loslegte und Walter Scheel als Vizekanzler und Außenminister sein linkes Politik-Tempo noch forcierte, hatte man die ersten Früchte einer ‚beginnenden neuen Zeit' schnell geerntet.

Das bedeutete schon recht früh, dass es uns ‚Westdeutschen' möglich gemacht wurde, ein Visum der DDR, der Deutschen Demokratischen Republik, zu beantragen. Die Voraussetzung dazu aber war, dass man direkte Verwandte in den Bundesländern der ‚Deutschen Demokratischen Republik' vorweisen konnte.

Ja klar doch, meine damalige Schwiegermutter, Mia Stahl, geborene Streicher, sie stammte ja aus Thüringen. Sie lebte als junges Mädchen in Nordhausen im Harz, und schon lange Zeit vor der rigorosen Grenzschließung und der Trennung in West und Ostdeutschland war sie mit ihrem Mann, Josef Stahl, nach Bad Nauheim ins schöne Hessenland übersiedelt, geflohen wäre wohl treffender ausgedrückt.

Mia Stahls Bruder, Gabis Patenonkel Hansi Streicher allerdings, er war nicht, im Gegensatz zu ihr, in den ‚Endvierziger Jahren' in den Westen geflohen. Er hatte erfolgreich Bergbau im thüringischen Ilmenau und wohl auch in Jena studiert ...

und als begehrter Tiefbohr-Ingenieur beim VEB-Kombinat-Schachtbau in Nordhausen eine vielversprechende Karriere gestartet und leitete schon nach wenigen Jahren den VEB-Betrieb-Schachtbau Nordhausen. (VEB bedeutet im Klartext ‚Volks-Eigener-Betrieb')

So ergab es sich, dass meine Ehefrau und Claudias Mutter, die attraktive Gabi Borchert, geborene Stahl, clevererweise die Gelegenheit nutzte und das Schicksal am Schopf packte, den Einreiseantrag in die DDR stellte, postwendend das Visum mit Einreisedatum erhielt ... und mit Tochter Claudia ihre Verwandtschaft im schönen Thüringen besuchte.

Ja, was sich Gabi in den Kopf setzte, um es locker zu formulieren, das setzte sie auch um. Gefragt hatte sie mich nicht, ich hätte wohl als Fallschirmjäger-Unteroffizier und Reservist der Bundeswehr mein berechtigtes Veto eingelegt.

In dem Jahr 1969, mitten im ‚Kalten Krieg', und zum 20. DDR-Jahrestag, dem Geburtstag, dieses sozialistisch-kommunistische Staatsgebilde zu besuchen, dieser Gedanke war mir beim besten Willen nicht ganz geheuer.

Gabi hatte, wie erwähnt, ihr Visum für sich und für Claudia ... und für mich gleich mit bestellt.

Das alles war schnell erledigt, die neue Brandt'sche Ostpolitik machte es möglich und ruck-zuck saßen Gabi und Claudia im Zug Richtung Osten, in das andere Deutschland.

Ich blieb vorerst am schönen Rhein in Bendorf, denn als selbstständiger Dekorateur hatte ich noch einen Berg an bunten Dekorationen zu bewältigen. Aber, ich hatte ja das Visum für die DDR! Und den nötigen Mut dazu? Natürlich auch!

Sicherlich war die Abreise meiner beiden weiblichen Wesen etwas überstürzt über die Bühne gegangen, deshalb quälte uns drei Zurückgelassenen, Mutti, Vati und mich, verständlicherweise eine ganze Vielzahl an Sorgen. Auch eine gehörige Portion Angst spielte wohl bei meinen Eltern eine nicht unwesentliche Rolle.

Aber dass ich in den damaligen ‚Feindesstaat DDR' einreisen wollte, um meinen geliebten weiblichen Wesen quasi hinterherzueilen, das hatte für meine Eltern mit einem ungeheuren Wagnis zu tun, denn die Bedenken zu meiner Person waren ja mit meiner freiwilligen Dienstzeit in der Bundeswehr-Elite-Einheit in der 1. Fallschirmjäger-Division verknüpft.

Zu allem diesbezüglichen Fürchten galt ja wohl auch die Tatsache, dass ich am linken Unterarm das ‚Fallschirmspringer-Abzeichen', einen stilisierten Fallschirm meiner Waffengattung als eingestochenes, unauslöschliches Tattoo trug. Es war tief in die Haut eingestochen, ein scharfes Bild. Bislang hatte ich das Emblem als Trunkenheitsrelikt in meines damaligen Denkens angesehen – doch jetzt?

„Wenn das Ding auf Deinem linken Unterarm jemand in der DDR zu sehen bekommt, mein Sohn, einer von der Stasi oder von der Volkspolizei, dann Gnade Dir Gott", ... so oder so ähnlich hörte ich damals die mahnenden Worte meines alten Herrn. Weiterhin zeigte sich Vati besorgt und in eindringlichem Ton fügte er hinzu: „Dass Du damals, im Oktober 1962, freiwillig zu dieser Elite-Kampf-Truppe einrücktest, das habe ich seinerzeit zähneknirschend als sportliche Schule akzeptieren und auch schlucken müssen, und außerdem sage ich Dir, mein Sohn, es war in meinem Innern genau meine Missbilligung Deines freiwilligen Dienstes beim Militär. Deine Verpflichtung zur Vaterlandsverteidigung war ja stets unser beider Streitpunkt und … und des Öfteren war das Negative in unseren Gesprächen unter Männern die wackelige Basis der einstigen Vater-Sohn-Gespräche, zumindest was dieses Thema betrifft."

Mein alter Herr hielt kurz inne und schaute mir mit einem väterlich-liebevollen Blick tief in die Augen, atmete zugleich hörbar und bedächtig ein, bevor er abschließend fragte: „Und jetzt willst Du auch noch nach Thüringen fahren!"
Aber alle Warnungen diesbezüglich schlug ich in den Wind und reiste meinen beiden Frauen nach.
In den frühen Morgenstunden des schönen Oktobertages 1969, so am Anfang des Herbst-Monats, fuhr ich also von Bendorf los, über Limburg, weiter über die lange Meile, über Gießen und die Autobahn A 4 bis zum Interzonenbahnhof im hessischen Bebra.

Ja, Bebra in Osthessen, das war der Ausgangspunkt, von dem ich das Abenteuer DDR startete. Ich parkte mein Auto auf dem bewachten Abstellplatz für Ost-Reisende in der Nähe der Bahnhofsgebäude und griff meinen Koffer nebst ‚Handtasche' mit Schlaufe und begab mich auf den Bahnsteig des Interzonenzuges.
Die ‚Handtäschchen' waren in der damaligen Zeit mehr als schick, man hatte sie einfach, die Handgelenktäschchen. Pass, Visum, Zigaretten und all die anderen Utensilien fanden Platz im Inneren des modischen Begleiters, und durch die Handschlaufe des spinnösen ‚Handgelenkbegleiters' der Schweizer Nobelmarke Aigner war das Utensil außerdem noch unheimlich praktisch.
Und weil dieses Leder-Utensil ein wohldurchdachtes Geschenk meiner geliebten Mutter war, baumelte es eben an meinem linken Handgelenk!
Auch wenn es sehr früh am Morgen war, so war ich doch hellwach und erwartete die unbekannten Dinge, die mir so unwirklich, fast unheimlich erschienen.

Ich hatte im Abteil Platz genommen, einen Fensterplatz ergattert und schaute in die Dunkelheit hinaus, und mit einem spürbaren Ruck setzte sich der Interzonenzug zum DDR-Grenzbahnhof Gerstungen in Bewegung.
Jetzt gab's kein Zurück mehr, wollte ich auch nicht, denn auch wenn man auf angemeldete Ost-West oder West-Ost Ferngespräche oftmals stundenlanges Warten einkalkulieren musste, es zu ertragen hatte ich lernen müssen; ich hatte mein Kommen bestätigt und somit war ich in Nordhausen bei Gabis Verwandten, bei Ilse und Hansi, angemeldet.

Im Morgengrauen vernahm ich den Ruck des abrupten Bremsens, der meine müden Glieder erfasste, dazu noch das quietschende Metall auf Metall Geräusch, – der Zug stand.

Leichter Nebel verschleierte die vielen hellen Scheinwerfer. Nur verschwommen, fast schemenhaft, sah ich uniformierte, mit Maschinenpistolen bewaffnete Grenzbeamte, und etwas nach hinten versetzt erkannte ich mehrere NVA-Wachsoldaten des DDR-Staates, denn deren eigene Uniformen kannte ich noch aus meiner Militärzeit.

Alles war gespenstisch ‚Grau in Grau' getaucht, und ich musste dicht ans Abteilfenster treten, um Genaueres zu sehen. Ich sah Hunde, es waren sehr große Hunde, und ich erkannte in ihrem Verhalten eine Art Wolfs- oder Schäferhund-Rasse. Sie trugen auffällige Metallhalsbänder mit nach außen gerichteten kurzen Dornen und Ringen, an denen die dünnen Ketten befestigt waren, die ihrerseits in luftiger Höhe, also hoch über unseren Köpfen, an verspannten Stahlseilen gehalten wurden und furchteinflößend hin und her hetzten, wobei der entstehende Lärmpegel fast unerträglich war.

Natürlich zog diese Szenerie nicht nur meinen Blick magisch auf sich; auch die anderen Reisenden schauten dem martialischen Treiben gebannt zu.

Dieses Schauspiel der Macht, geboten an einem vernebelten Oktobermorgen anno 1969, auf einem der Bahnsteige im thüringischen Grenzbahnhof Gerstungen, diese Szenen, die an Einschüchterungen kaum zu überbieten waren, diese schikanösen Handlungen werde ich sicherlich nicht so schnell vergessen können.

Dem Kontrolleur reichte ich meinen Pass, das Visum und alles, was zur weiteren Identifizierung nötig war. Ich hatte die Papiere griffbereit in meiner ‚Handtasche'. Strenge Blicke wechselten vom Pass zu mir, zum Visum, das er lange studierte, sodann trafen sich unsere Blicke erneut. Streng und fragend musterte er mich von Kopf bis Fuß, – so als stellte er mir viele Fragen. In meinem Hirn schwirrten meine Gedanken kreuz und quer in alle Richtungen der Eventualitäten. Bequemerweise wertete ich sein Gehabe als korrekt.

„Wieso ist so ein junger Mann auf dem Weg in unseren Arbeiter- und Bauernstaat?" So ähnlich waren meine Ahnungen bezüglich der Art und Weise, wie das stahlblaue Augenpaar meines uniformierten Gegenübers mich erneut von oben bis unten musterte.

„Nach Nordhausen also", bemerkte der uniformierte Grenzsoldat lakonisch und fuhr kurz und knapp fort: „In Erfurt umsteigen." Mit diesen Worten gab er mir Pass und Visum zurück.

„Danke", sagte ich höflich und fast hätte ich beim Anblick der Militäruniform, in der diese Respektsperson steckte, auch noch ritterlich die soldatische Ehrbezeugung gezeigt. Natürlich hatte ich die ganze Wegstrecke meiner Eisenbahnreise im Kopf, doch die knappe Information, dass ich in Erfurt umsteigen solle, hat mich zusätzlich beruhigt.

Lange noch stand der Zug im Bahnhof von Gerstungen und endlos ödes Warten zerrte an den Nerven. Außerdem war ich leicht irritiert, denn der fremdartige Geruch, der durch die Tür und das halbgeöffnete Fenster in das Innere unseres Abteils wehte, dieser Geruch war mir völlig fremd und unbekannt. Und er wurde im Laufe der Zeit auch nicht schwächer. Ich hatte zu diesem Zeitpunkt auch keine Erklärung dazu gefunden. Diese seltsam anmutenden Zusatzstoffe in der Atemluft, sie wurden, wie gesagt, in meiner Nase nicht schwächer, aber ein abmildernder Gewöhnungsprozess ließ mich zeitweise die empfundene Belastung weniger intensiv spüren.

Draußen sah ich trotz der vereinzelten milchigen Nebelschwaden mehrere uniformierte Grenzsoldaten vor dem Bahnhofsgebäude stehen, die mit musternden Blicken unseren Zug beobachteten. Mit ihren umgehängten Maschinenpistolen schufen sie eine Atmosphäre, die ich als bedrohlich empfand. Das grellweiß leuchtende und kalte Licht fiel wie ein Schleier von Lampen mit einfachen aber dicken Glühbirnen auf die schmutziggrauen Bodenplatten des Bahnsteiges herab und es entstanden diffuse Schatten. Durch die hohe Anzahl der Lichtquellen konnte ich die interessanten Einzelheiten der einschüchternden Kontrollprozedur erkennen. So sah ich zum ersten Mal in meinem Leben aus der Nähe die großen dunkelroten Schilder mit dem DDR-Symbol und den Buchstaben in einem verblassten Goldton.

Es waren Lobestexte auf den gelebten Sozialismus, die beispielsweise mit folgenden Texten in Handarbeit gepinselt waren: ‚vorwärts mit unseren Waffenbrüdern, der großen, ruhmreichen UDSSR', oder: ‚vorwärts zum Sieg unseres ersten Arbeiter- und Bauernstaates'.

Diese und viele ähnliche Schilder begleiteten von da ab meinen Besuch. Die ‚sogenannte DDR', so nannte man in unserem Teil des geteilten Landes diesen sozialistischen Arbeiter und Bauernstaat, ... und dieser sollte für mich in den nächsten Tagen ein Stück greifbarer werden.

Der Zug setzte sich wieder in Bewegung und fuhr über Eisenach, der mittelalterlichen Stadt, deren Bekanntheitsgrad auch durch die guterhaltene Wartburg und Martin Luther begründet ist sowie weiteren Haltepunkten, wobei allein schon das Erscheinungsbild der unterschiedlichsten Bahnhofsgebäude meine Entdeckerfreudigkeit befriedigte. Nach gefühlt endlos langer Dauer hatte ich mit Erfurt, den vom Grenzer angekündigten Umsteigebahnhof, erreicht.

Die Menschen, die wie ich, mit Pass und dank der neuen Einreisevisen, den begehrten Reiseverträgen, ebenfalls in das Territorium der DDR einreisen konnten, diese westdeutschen Mitreisenden habe ich während der Fahrt kaum angesprochen, denn es waren zu viele spannende Eindrücke, die meine Aufmerksamkeit weckten, die damals meinen sonst so ausgeprägten Unterhaltungswunsch stark einschränkten.

Im Erfurter Bahnhof sah ich eine Vielzahl von eiligen Reisenden, die wie ich, den Bahnsteig für ihre Weiterfahrt suchten.
Ich las auf den Informationsschildern der Waggons unter verschiedenen Ortsnamen ‚Nordhausen', war augenblicklich beruhigt und kletterte die steilen Stufen des uralten Reichsbahn-Waggons hinauf.
Natürlich hatte ich mich zuvor vergewissert, dass ich auch wirklich den für mich richtigen Personenzug in Richtung Nordhausen im Harz vor mir hatte, denn trotz allem Mut, den ich in mir hatte, bemerkte ich unterschwellig eine unangenehme Unsicherheit in mir aufkommen, eben weil ich nirgendwo einen Bahnbeamten sah, den ich hätte fragen können. Dieses unsichere Gefühl kannte ich zuhause kaum, freute mich aber gleichwohl auf meine beiden Weibsleute in Nordhausen und auf ein frohes Wiedersehen.
Zunächst einmal war ich froh, dass ich in einem Abteil einen freien Fensterplatz entdeckt hatte, denn alsbald danach war das Abteil mit Mitreisenden vollbesetzt. Mir gegenüber saß ein kleiner, dünner Mann mit einem weißen Kopfverband, der an seinem linken Ohr eine etwas dickere Mullkompresse fixierte. ‚Er wird wohl an einer Mittelohrentzündung leiden, der Ärmste', schoss es mir durch den Kopf.
Unser Bummelzug, der aus alten, aber romantisch wirkenden Personenwagen zusammengestellt war, setzte sich mit dem zischenden Getöse der anfahrenden Dampflokomotive ruckend in Bewegung. Fast unmerklich hin und her schaukelnd ratterte der Zug gemächlich los und nahm mühsam Fahrt auf. Das rhythmisch dumpfe Klopfgeräusch der Lok, das uns nun anhaltend begleitete und in mir ein Kindheitsgefühl aufkommen ließ, schenkte mir ein Wohlbehagen, und die vorbeigleitenden Landschaftsbilder verzauberten mein Gemüt.
Das Klack-Klack, Klack-Klack, Klack-Klack, dieser hämmernde, dumpfe Klang, der über die Schienenfugen rollenden Räder, war der permanente Begleittakt, der in unserem Abteil anschwoll und es erfüllte. Also dieses Klack-Klack war für mich unüberhörbar … und es hat sich in meine Erinnerung gehämmert. Immer, wenn ich im Heute an diese Zugfahrt durch Thüringen denke, habe ich das untrügliche Gefühl von Abenteuerlust in mir.
An dieses sympathische Klack-Klack gewöhnte ich mich aber rasch, denn die ausschließlich einheimischen Mitmenschen in ‚meinem Abteil', sie interessierten mich sehr, schon allein wegen ihrer interessierten Blicke, mit denen sie mich unentwegt musterten.
Es war wohl meiner etwas anders gearteten westlichen Kleidung geschuldet, vielleicht auch wegen des Anblicks meines neuen Koffers, der damals aus Nylon-Gewebe gearbeitet war.
Ja, ich sah anders aus, Kleidung, Koffer, Frisur, Rasierwasserduft, unverkennbar ein Westdeutscher, so etwa könnten ihre Gedanken bei der Fixierung meiner Person gewesen sein. Aber ich tat so, als merke ich ihre offen gezeigte Neugier nicht. Mich faszinierten ganz einfach ihre fremdklingenden Gespräche, die hin und her gesprochenen Worte und Sätze. Der Tonfall erinnerte mich sofort an den, genau,

an den bekannten Stadtratsvorsitzenden der DDR, an Walter Ulbricht. Der Mann aus Sachsen, der mit dem typischen Spitzbart. Der Mann mit dem unverwechselbaren Tonfall und der Dauerheiserkeit in seiner Fistelstimme, ja, seine Sprache, Walter Ulbrichts Aussprache war unverwechselbar.

Nun wusste ich ja, dass der große, mächtige Walter Ulbricht ein gebürtiger Sachse war, ich sagte es bereits, ... ich aber saß doch im Zug nach Nordhausen ... und Nordhausen lag im Norden von Thüringen!

Seltsam, dachte ich, wieso sprechen die Anwesenden hier im Abteil auch sächsisch? Ich verband den gehörten Tonfall automatisch mit dem Land Sachsen. Kurze Zeit später erfuhr ich von Hansi, dass Thüringisch nur so ähnlich wie sächsisch klingt. Ich wollte aber alles Gesprochene unbedingt verstehen, was meine Mitfahrenden sagten. Der kleine, sympathische Mann mit dem weißen Mullverband am linken Ohr, er erzählte etwas von Bienen, Königinnen und Immen, auch von Waben und Honig und Schleudern.

Sein Gegenüber war ebenfalls, dem Anschein nach, ein interessierter Imker, denn Begriffe wie Völker, Wabenkästen, Honig und Wachs erfüllten das Abteil, ... diese Worte vernahm ich wohl, obgleich die Betonung dieser Worte einen so ganz anderen Klang in meinen Ohren hervorriefen.

Sächsisch, ja, das hatte ich ja schon oft, schlecht oder recht, quasi als Witz unter Freunden ab und zu noch geschafft zu verstehen, eben dem Walter Ulbricht nachempfunden, denn sein heiser und näselnd klingender Tonfall war ja durch die TV-Berichte von ARD und ZDF hinlänglich bekannt. Ich zumindest hatte meine helle Freude daran, ihn in munteren Situationen einigermaßen gekonnt nachzuäffen.

Mein Gegenüber, der kleine sympathische Mann, war eine recht ulkige Erscheinung, denn während er auf seine thüringische Mundart seine Bienen und Königinnen-Anekdoten kundtat, baumelten seine, mit viel zu kurzer, dunkelgrauer Hose bekleideten Beine im Wackeltakt unseres Waggons hin und her. Der Anblick ließ mich schmunzeln und er blieb in mir haften, – ja, noch heute sehe ich dieses Männlein im Abteil des Personenzuges nach Nordhausen leibhaftig vor mir.

Das Gespräch der mitfahrenden Menschen hatte sich im Laufe der Zeit erschöpft, und weil ich keine blasse Ahnung von Bienen hatte, außer dass mir ihr Honig bestens schmeckt, zog ich es vor, einfach zu schweigen. Außerdem empfand ich alles so enorm fremd. Selbst der eigenartige Geruch, den ich schon beim ersten Halt an der Zonengrenze in Gerstungen zum ersten Mal wahrgenommen hatte, der sich im Bahnhof von Erfurt beim Umsteigen verstärkte, – dieser unerklärliche, eigenartige Geruch schwebte als unsichtbarer Geruchsschwaden in jeder Ecke unseres Abteils.

Bei jedem Halt des Zuges verließen Mitfahrende unser anfänglich bis auf den letzten Sitzplatz besetztes Abteil. Bis zum Ende der holprigen Strecke in Nordhausen war ich allein zurückgeblieben und sinnierte über die fremden Wahrnehmungen. So wanderte mein Blick hinaus auf die vorübergleitende Herbstlandschaft in Thüringen. An den Bahnhöfen hingen unisono jeweils die roten Banner oder beschrifteten Holztafeln mit den einheitlich rot-goldenen Lobpreisungen der DDR und den Errungenschaften des Sozialismus.

„Wasser sparen", diese klare Aussage entdeckte ich über einem ausladenden Außenwaschbecken mit eisernem Wasserhahn in einem Bahnhof irgendwo zwischen Erfurt und Nordhausen. Gleichzeitig wunderte ich mich, weil ab und an der Zug auf freier Strecke einfach anhielt und wartete. Nach einigem Halten registrierte ich, dass unser Zug einen anderen Zug in Gegenrichtung vorbeilassen musste.

Diese Situation geschah häufig und der jeweils plötzliche Lärm riss mich immer wieder aus meinen Gedanken heraus, die ja unablässig all die fremden Eindrücke zu verarbeiten hatten.

Die Erklärung des oftmaligen Anhaltens, sie fand ich beim genaueren Blick durch das geöffnete Abteilfenster, und dabei entdeckte ich, neugierig wie ich war, den maroden Zustand des welligen Schotterbettes, das sich als flächiges Band parallel zur Fahrtrichtung entlangzog und teils von hohem Unkraut verdeckt wurde. Es fehlten die Schwellen und die Schienen!

Die ehemalige zweigleisige Strecke war also nur noch eingleisig befahrbar, daher hielt unser Zug des Öfteren an, um an den geplanten Weichenstellen jeweils den Gegenzug passieren zu lassen. Und warum fehlten die Schwellen und Schienen des ehemals zweiten Schienenstrangs?

„Unser Freund brauchte diese Teile dringend für den Wiederaufbau der Eisenbahn in seinem Mütterchen Russland, und weil wir den Krieg verloren hatten, mussten wir die geforderten Reparationen zum großen Teil mit dem Abbau unserer Industrieanlagen begleichen.

Deswegen findet man bei uns in der DDR häufig die schlimmen Industriebrachen. Leider zum Teil immer noch. Der Neuaufbau geht bei uns nun mal langsamer von statten als bei Euch im Western." So erklärte mir Hansi später in den intensiven Gesprächen im illustren Verwandten- und Freundeskreis die Sachlage und fügte eindringlich hinzu: „Nun, mit der Bezeichnung ‚Freund', ich wiederhole meine ironische Erklärung, mit ihr bezeichneten die die teils resignierenden Genossen zu dieser Zeit, die Machthaber der Sowjetunion.

Der ‚Freund' hatte ja nach dem verlorenen Krieg fast alles an Technik demontiert, was man im riesigen russischen Reich noch verwenden konnte. So eben auch diese Strecke mit Schwellen und Schienen aus Thüringen. Aber wir haben uns damit abgefunden und wir schauen nach vorn!"

Mir gefiel der praktizierte Optimismus, den ich hautnah erlebte.

Aber was ich auch erfuhr, erlebte und in Augenschein nehmen konnte, alles erschien mir fremd und total anders als bei uns im Goldenen Westen. So allmählich ordnete ich all die neuen Eindrücke ein und machte mir meine eigenen Gedanken über West und Ost.

Doch ich will der Reihe nach erzählen ... ich kam also in Nordhausen- Hauptbahnhof an. Es roch auch hier so eigenartig – diesen Geruch konnte ich mir zu diesem Zeitpunkt einfach nicht erklären. Ich sah nur wenige Reisende auf den anderen Bahnsteigen, die ich hätte ansprechen können.
Die Adresse der Familie Streicher, also von Ilse und Hansi, diese Adresse hatte ich im Kopf – ‚Bertha von Suttnerstraße 25'.
Doch wie komme ich dorthin? Zwar sah ich am Bahnhofsvorplatz Oberleitung und Straßenbahnschienen, auch die Haltestellen, die dazugehörten, doch von selbigem Verkehr war nichts zu sehen. Auch Autos fuhren kaum auf der breiten, geteerten Straße, die ehemals mit urigen Pflastersteinen gebaut war. Große Flächen dieses antiken Pflasterwerkes schauten durch das Abbröckeln des Teerbelages aus dem geebneten Straßenbild heraus, schufen die leidigen Schlaglöcher und verrieten ungewollt den ehemaligen Glanz der Vorkriegszeit.

Ich wandte mich höflich an den Reichsbahnbeamten, ja – die Eisenbahn der DDR nannte sich immer noch Reichsbahn. Als der von mir angesprochene Beamte in blauer Uniform seine Arbeit im geräumigen Schalterraum kurz unterbrach und zu mir hinschaute, bat ich ihn, mir freundlicherweise ein Taxi zu rufen.
„Kann ich gerne tun, doch Geduld müssen Sie schon aufbringen, ist bei uns nicht so wie bei euch im Westen."
„Aha, – auch hier bin ich wohl in meiner ganzen Erscheinung der typische Westbürger", murmelte ich so vor mich hin, meinen Trenchcoat hatte ich lässig über die Schulter geworfen, der Koffer rechts von mir, das Täschchen links am Handgelenk, in der rechten Hand die obligatorische Zigarette, so stand ich wartend auf Nordhausens großem Bahnhofsvorplatz. Ich wartete und wartete und ich wartete weiter geduldig auf ein Taxi, obwohl Geduld nicht gerade zu meinen Stärken gehörte.
Eine gefühlte Ewigkeit stand ich also auf dem Bahnhofsvorplatz. Nichts regte sich, außer den alt wirkenden Straßenbahnen. Sie fuhren mal von rechts nach links und umgekehrt.
Doch von dem netten Bahnbeamten wusste ich ja, dass ich mit der Straßenbahn nicht in die Berta von Suttnerstraße gelangen konnte. Also wartete ich.
Plötzlich zuckelte ein uraltes Auto, es war schwarzfarbig und von erbärmlichem Äußerem, es zuckelte in meine Richtung, es hielt an, die Fahrertür klappte auf und der Fahrer, ein Mann so um die Fünfzig, er kam auf mich zu und schon beim Näherkommen sagte er staunend zu mir: „Also mein Gutster, Sie sind mit Sicherheit der passende Mann von der schicken Frau im tollen, grünen Hosenanzug?"

Während er diese Worte so fragend an mich richtete, erkannte ich ein wissendes und überaus sympathisches Lächeln in seinem Gesicht.
„Berta von Suttnerstraße – klar, ich weiß Bescheid. Ich kenn' doch die Streichers ... und ihren hübschen Westbesuch in Frühlingsgrün! Eins kann ich Ihnen sagen, diesen breiten Schlag in den Hosenbeinen, den gibt's bei uns nicht. Meine Frau

hätte liebend gern auch so einen wunderschönen, frühlingsgrünen Modell-Hosenanzug ... das sagte sie mir jedenfalls, als ich ihr von Ihrer Gattin erzählte, – ich hatte ja das Glück, ihre beiden auch zu chauffieren, ich meine ... zu Streichers zu fahren ... ja, ja, Taxis gibt's bei uns nicht viele."

Also ganz ehrlich gesagt, ich hatte die zunächst für mich fremd klingende thüringische Sprache aber ganz schnell verinnerlicht und ganz bald aufgenommen und als liebenswert empfunden. Außerdem gefiel mir die offene Art des Taxifahrers außerordentlich gut.

Ja – es stimmt, kurz vor ihrer Abreise hatte sich Gabi einen tollen grünen Hosenanzug gekauft, er stand ihr ausgezeichnet, speziell zu ihrer tollen, rötlichen Haarpracht. Nun auch ihr blendendes Aussehen, von üppig gestaltetem Make-up betont, wirkte auffallend und ihre ganze Erscheinung hatte eine solch weiblich-imposante Ausstrahlung, dass es mich wirklich nicht wunderte, dass dieser Taxifahrer sie nachhaltig im Kopf behalten hatte und sogleich mich mit ihr in Verbindung brachte. Er verstaute den Koffer und ich nahm neben ihm Platz.

Das Taxi war ein Oldtimer, ja damals schon, denn das Modell war augenscheinlich ein Vorkriegsmodell, es war ein ‚Wanderer', so hieß das seltene Jahrhundertvehikel. Die Polster waren auf der Rückbank nicht nur arg verschlissen, nein, auch so manche rostige Sprungfeder ragte aus dem Polsterstoff etwas heraus und offenbarte mir ihre spiralen Windungen, die dem Bezug ihre Spannung gaben.

Wir fuhren zunächst durch die Innenstadt. Und das dauerte, denn das Tempo des Wanderers war sehr bescheiden. Unaufhörlich bombardierte mich der Lenker mit Fragen, die allesamt auf unsere westliche Lebensform ausgerichtet waren. Ich unterhielt mich während dieser Fahrt gerne mit ihm, gab ihm die eine oder andere Antwort, ohne aber die Wirklichkeit unseres westlichen, gefühlten Paradieses darzustellen. Neid wollte und konnte ich von meinem Gefühl her nicht erzeugen.

Wir kamen so langsam aus der Innenstadt Nordhausens heraus und die Straßen wurden welliger. Es rumpelte, wackelte, ja manchmal ließ die Buckelpiste den Wanderer fast hüpfen.
Bertha von Suttnerstraße 25. Unser Ziel, endlich erreicht!
Ich bedankte mich freundlich, gab ein gutes Trinkgeld, aus meiner Dankbarkeit heraus in D-Mark, in der allseits begehrten West-Währung. Sodann stand ich mit Koffer, Täschchen am Handgelenk, jedoch ohne Zigarette vor einer netten, rundlichen Frau mittleren Alters.
Auch hier war dieser seltsame Geruch, der überall und von Anfang an in Thüringen zu vernehmen war.
Das war also Ilse, diese nette, rundliche Frau mit dem hübschen Gesicht, sie begrüßte mich herzlich, nahm mich in die Arme und hieß mich willkommen. Ich erwiderte ihre Freundlichkeiten, fragte aber nachdrücklich nach Frau und Tochter.

„Gabi ist im Feld und Claudia auch. Aber ich weiß, dass sie bald heimkommen werden." Ilse hatte eine sympathische Stimme und ihr thüringischer Dialekt hatte einen gewissen Charme, der mich angenehm berührte.
Durch den bunten Vorgarten des gepflegten Hauses mit dem dekorativen Walmdach folgte ich der Tante Ilse. Ein schmaler Weg führte zur Haustür. Rechts und links des schmalen Weges wuchsen sattgrüne Büsche. Die bunten Herbstastern in den Blumenbeeten versprühten eine Farbigkeit, die mir einen Augenschmaus servierte.
Beim Überschreiten der Schwelle des Hauses empfing mich schon der Duft von gewohnt starkem Bohnenkaffee. Eingerichtet waren Küche und Wohnzimmer gemütlich, ganz anders als ich es kannte, aber doch irgendwie anheimelnd. Da Gabi und Claudia ‚im Feld waren' hatte ich Zeit, Ilse kennenzulernen. Hansi war noch im Kombinat Schachtbau tätig, er war in jener Zeit der leitende Direktor dort … und selbstverständlich SED-Mitglied, wie ich aber erst später von ihm selbst erfuhr.
Ich trank meinen Kaffee und genoss auch ein Stück des köstlichen selbstgebackenen Kuchens, so eine Art Apfel-Streuselkuchen. Ich fühlte mich von Anfang an bei Ilse wohl. Nur das Wort ‚Tante' kam mir nicht über die Lippen, denn ihr jugendliches Aussehen hinderte mich an dieser Art der Anrede.
„Ach da kommen Gabi und Claudia."
Ich stürmte eilig hinaus, durcheilte den Vorgarten, und dann sah ich sie. Gabi hatte eine rot-braun-geblümte, lange Kittelschürze angezogen, ihre Füße steckten in leuchtend gelben Gummistiefeln, aber ihre Frisur saß perfekt, weil sie, wie eben jederzeit, mit ausreichend Haarspray versehen, ihre Form behielt.
Wir fielen uns vor Freude in die Arme und während wir uns nah kamen und uns umarmten, hatte ich diesmal aber ganz nah, wieder diesen eigenartigen Geruch in der Nase, den ich mir nicht erklären konnte.
Ich verdrängte den Geruch, weil mein Blick auf den mitgeführten kleinen Leiterwagen fiel, auf meinen kleinen Liebling, meinen allerliebsten Schatz. Claudia strahlte, und während ich sie von ihrem Stroh-Thron hochhob, quietschte sie vor Vergnügen.
Stroh, Leiterwagen, Gabi und Claudia – wie passte denn das zusammen?
Doch dazu komme ich später.
Die Wiedersehensfreude war überwältigend, obwohl mir meine beiden Liebsten etwas fremd vorkamen.
Die ganze neue Umgebung erfasste mein Gefühl, das Fremde allein erforderte schon eine geraume Zeit des Eingewöhnens, eben um all die vielen Eindrücke geistig richtig einzuordnen und zu verarbeiten. Es war eben alles anders, es war alles allzu neu.
Doch schnell hatte ich mich gefühlsmäßig gefangen und eine wunderbare Zeit sollte mir einen menschlichen Reichtum verschaffen, der wohl zu dieser Zeit

unseres total getrennten Vaterlandes, wohl nur selten einem Menschen zuteilwurde. Mut brauchte ich damals schon, um diesen Schritt in die andere, in die sozialistische deutsche Wirklichkeit zu wagen.

20 Jahre Deutsche Demokratische Republik. Genau im Oktober des Jahres 1969 feierte man dieses Datum. Hansi Streicher, der patente Patenonkel meiner Gabi hat in vielen Gesprächen für meine Erkenntnis gesorgt, dass jede Wahrheit mindestens zwei Seiten hat.

Ich will mich aber in dieser Hinsicht zurückhalten und mich nicht weiter auslassen über die Unterschiede der beiden Systeme und deren Gesellschaften. Doch alles Erlebte und Erfahrene war damals, in den Zeiten der strikten Trennung unseres einstmals geeinten Vaterlandes, bei mir auf höchstes Interesse gestoßen.

Zunächst war ich froh, dass Willy Brandt mit seiner neuen Ostpolitik den Weg der kleinen Schritte ging und beiden deutschen Staaten Perspektiven aufzeigte und auch neue Schritte zur Verständigung andeutete, deren Realisierung erstrebenswert schien und sich als alternativlos offenbarte. Ich fühlte mich in meinem Inneren und in meinem Handeln auf dem Territorium der DDR als heimlicher Botschafter einer friedlichen Zukunft.

Stolz waren sie alle, all die Menschen, die ich in Nordhausen kennenlernen durfte. Stolz auf ihr Leben und stolz auf ihre Leistungen, ein jeder dort, wo er gebraucht wurde. Ja, die Errungenschaften des ersten sozialistischen Arbeiter- und Bauernstaates machten viele zufrieden, auch wenn ich eben diese Errungenschaften aus meiner westlich-kapitalistischen Sicht natürlich anders bewertete.

Doch in steten Gesprächen, auch mit vielen netten Nachbarn von Hansi und Ilse, merkte ich schon bald, dass viele Dinge in meinem Denken einen neuen Stellenwert erhielten. So war die gute Nachbarschaft, das kameradschaftliche Miteinander derselben, der innige Freundeskreis, von sehr ausgeprägter Intensität, und darüber hinaus ein menschliches Gut im Miteinander, das uns, in unserer westlichen Welt, leider nur selten in dieser Weise zuteilwurde.

Natürlich beherrschte, genau in der Mitte des DDR-Regimes, der Mangel in all seinen Verzweigungen, das Alltagsgeschehen.

Mängel, die durch Einfallsreichtum und Ideen, gegenseitiger Hilfe und Mittun aber weitgehend erträglich werden ließen. Ich möchte nichts beschönigen, doch weiß ich heute, dass viele Menschen dort auf ihre ganz eigene Art glücklich waren. Sie hatten eine andere, eine bessere Art der Wertigkeit der Dinge des menschlichen Miteinanders.

So halte ich erinnernd einen Moment inne, bin bei Ilse und Hansi Streicher in der Berta von Suttnerstraße 25 zu Nordhausen, Gabis direkten Verwandten. Ich erlebte das wertvolle Geschehen mit Leib und Seele, wie gesagt, im Jahr 1969 im goldenen Oktober.

Der Kaffee, den Ilse mir als Willkommenstrunk reichte, er schmeckte mir ausgesprochen gut.

Warum das so war? Dazu komme ich später.

Weiter im Geschehen, für beide, für die herzensgute Ilse und den kameradschaftlich handelnden Hansi war es selbstverständlich, dass sie ihr eheliches Schlafzimmer verließen, um es uns, eben Gabi und mir, zu überlassen. Wer tut so was sonst? Der Kaffee, den wir jeden Morgen beim Frühstück genossen, er schmeckte einfach immer bestens, obwohl doch damals jeder im Westen wusste, dass echter Bohnen-Kaffee im Osten unseres Vaterlandes Mangelware war, und dass der Ostkaffee eben nicht so gut schmeckte ... und der bei uns im Westen den Namen ‚Muckefuck' hatte.

Warum der Kaffee bei Hansi und Ilse so gut schmeckte? Weil Gabi als Begrüßungsgabe, als Geschenke eben mehrere Packungen Westkaffee dabeihatte. Wir aber haben erst viel später erfahren, dass beide, Ilse und auch Hansi, uns den Westkaffee aufbrühten, sie aber aus einer anderen Kanne ihren DDR-Kaffee tranken.

Mein neuer Freund Hansi, eigentlich war er ja mein angeheirateter Onkel, er hatte sich riesig über die von mir mitgebrachten Zigarren gefreut. Von Mia, meiner Schwiegermutter, hatte ich erfahren, dass Hansi, ihr Bruder, auch liebend gern deutschen Hammer-Weinbrand genoss. Diesen hatte ich ihm auch mitgebracht. Ich trank aber in den abendlichen Trinkrunden gerne den Original Nordhäuser Kornbrand, eine Rarität unter den hochprozentigen DDR-Bränden. Ein delikates Destillat erster Güte – weitbekannt und beliebt in der DDR. Im Westen gab's so was Gutes damals noch nicht. Heute ist der Nordhäuser Doppelkorn bei uns überall zu haben und hier im Westen äußerst beliebt.

Doch zurück zu unseren allabendlichen Gesprächen, teils mit dem Korn aus Nordhausen und dem Thüringer Bier aus braunen Einheitsflaschen. Woher ich das weiß? Onkel Hansi bat mich, aus dem Kühlschrank Bier zu holen, in der Enge der Feierrunde saß ich eben näher am Kühlschrank. Ich griff also zwei der braunen Flaschen, öffnete meine Flasche, goss ein, ... und statt Bier hatte ich Milch erwischt! Daher der Begriff Einheitsflasche!
Das Gelächter hatte ich dadurch auf meiner Seite.
„Gotthold, heute Abend kommt ein guter Freund und Kollege von mir zu Besuch, er will Dich, meinen Westbesuch, kennenlernen. Aber bitte kein Wort zur Politik, denn mein Freund ist ein hoher Funktionär der SED und für mich ein wichtiger Mann, aber ein fröhlicher Mensch. Also hab' ich mir seine Bitte zu eigen gemacht und habe in der feucht-fröhlichen bunten Runde mein Repertoire an echt kölnischen Witzen hervorgezaubert. Auf jeden Fall hat allein mein Kölner Akzent, den ich bestens beherrsche, Begeisterungsstürme ausgelöst.
Doch warum ich das Geschehen nicht vergessen habe, nun auch das will ich kurz erwähnen.

Also dieser Funktionär, SED-Mitglied, linientreu und Sozialist durch und durch, er selbst erzählte die politischsten Witze über Walter Ulbricht und seiner Frau Lotte und über das System im Besonderen. Wer hätte denn das für möglich gehalten? In einer Diktatur wird man bespitzelt, überwacht und ständig kontrolliert … man lebt in ihr, aber man reißt über dieses diktatorische Staatsgebilde keine kecken Witze!!!
Ja, es war so, wie ich es schildere. Ach in Hitlers unsäglichem Unterdrückungssystem gab es solche kritischen Diktatorenwitze in mannigfaltiger Form.
Dies weiß ich aus Schilderungen, die mein Vater des Öfteren zum Besten gab. Ja, wie sich die Zeiten gleichen – der Witz an der Obrigkeit ist tief im menschlichen Freiheitsgefühl verankert. Es gibt so manch amüsante Variante des volkstümlichen Mutterwitzes, nicht nur in engstirnigen Diktaturen.
Aber gerade unter jeder staatlichen Bevormundung und doktrinärer Ausrichtung gedeiht immer auch ein gerechter Volkszorn, der sich immer erst im Untergrund entwickelt und der die verschiedensten, oft bitterbösen ‚schwarzen Humorvarianten', kreiert.
Diese Art der geistig spritzigen Unterhaltung bringt oftmals eine beißende Ironie hervor, die aber in ihrer Spitze den besonderen Gag setzt und den Regierenden dieser Welt, in entwaffnender Offenheit, den ehrlichen Spiegel vor Augen führt.

In diesem Sinn erlebten wir einen offenen und humorvollen Abend in zusammengewürfelter Runde, wobei aber stets eine wohltuende Atmosphäre herrschte und ich mich traute, die Ironie der politischen Pointen aus meiner westlichen Sicht zu präsentieren.
Meine Passagen erregten allgemeines Interesse, und ich will ein paar Beispiele anführen, die großen Anklang fanden:
„Ja liebe Freunde, wir können das jederzeit nachlesen, beispielsweise in Aufzeichnungen, in gebundenen Heften und in vielen Büchern.
Stellvertretend für viele unserer gemeinsamen Interpreten will ich den großen Humoristen Werner Fink nennen. Sein Werk ‚Alter Narr was nun?'… ist nur ein leuchtendes Beispiel der feinen Pointen aus nationalsozialistischer, schwerer Zeit. Werner Fink, dieser feinsinnige Geistesmensch, dieser mutige Komödiant in seiner Zeit, er wurde bei einem Auftritt im München der Mittdreißiger Jahre von einem Nazi-Funktionär und einem Gestapo-Agenten hinterhältig gefragt, was er denn von den Nationalsozialisten und von der Regierung Adolf Hitlers halte …
Werner Fink antwortete gelassen und mit einem verschmitzten Lächeln auf den Lippen zelebrierte er ironisch: ‚Ich, werte Herren, ich stehe grundsätzlich hinter der Regierung, bei der ich nicht sitzen muss, wenn ich nicht hinter ihr stehe!'
Schweigend, vielleicht auch verschämt entfernten sich die Nazi-Bonzen."

Ich wartete die Reaktion der Anwesenden ab, die zwar zunächst herzlichst lachten, aber hintergründig sicherlich aktuelle Parallelen erkannten, fast ihr Lachen runterschluckten und mich doch plötzlich nachdenklich musterten. Ich ließ mich von der entstandenen allgemeinen Denkpause nicht beeindrucken und fuhr fort: „Aber liebe Freunde, auch in den obrigkeitskritischen, humorvollen Schwänken des tschechischen ‚Braven Soldaten Schwejk' finden wir den versteckten, herzerfrischenden Humor der einfachen Leute, – oder ein anderes Beispiel, aus unserem Berlin der Kaiserzeit, die großartige Persiflage des Theaterstückes der ‚Hauptmann von Köpenick', in all diesen Schmonzetten finden wir immer eine hintergründige und gezielt treffende Kritik des gesunden Volkshumors in unverblümter Weise."

Es verging kein Abend, an dem wir nicht in feucht-fröhlicher Runde alles ‚hochleben ließen', was uns kritikwürdig erschien und wir miteinander ins Lächerliche befördern konnten, was allen guttat.

Hansi Streicher, der Bruder meiner Schwiegermutter Mia, war ein leicht untersetzt wirkender, kräftiger Mann in den mittleren Jahren. Er stand hinter mir, was ich zunächst nicht bemerkte, weil ich mich auf der sattgrünen Wiese in seinem Nutzgarten interessiert umsah und dabei den fünf angeketteten Ziegen beim Fressen zuschaute.

Die Ziegen fraßen kreisrunde Freiflächen in die fette Wiese, deren jeweilige Kreisgröße durch die Länge der Ketten, an die die Schafe an einem Halsband befestigt waren, bestimmt wurde.

„Ist ja toll", murmelte ich so vor mich hin, „eine praktische Angelegenheit ist das allemal, sich als ‚Rasenmäher' gesunde Ziegen zu halten, und Ziegenmilch ist ja auch nicht zu verachten."

Da ich mit dem Rücken zum Haus stand, hatte ich Freund Hansi nicht kommen gesehen und erschrak leicht, als er mich mit einem regelrechten Lachen in seiner männlich rauen Stimme ansprach: „Hab ich gehört, Dein Selbstgespräch ... ja, und Hühner und Gänse haben wir auch, aber die sind auf der hinteren Wiese, hinter den Schuppen und der Garage."

Als Antwort zeigte ich Hansi mein breites Grinsen, das aber eher als eine Verlegenheitsreaktion meinerseits zu verstehen war, weil ich mich ertappt fühlte und er mein halblautes Selbstgespräch deutlich mitbekommen hatte. Geflissentlich überspielte ich mein Gefühl der Schwäche und bewusst burschikos plapperte ich munter drauflos: „Hallo mein Lieber, ich bin begeistert von Deiner Ranch, ich dachte mir, wenn ich ‚Ranch' sage, das hört sich lockerer an als Bauernhof, aber Du hast alles, was zum Leben nötig ist und um unabhängig zu sein, ich meine die gesünderen Eier von Euren freilaufenden Hühnern, den ebenfalls natürlichen Gänsebraten des schnatternden Federviehs.

Also hier bei Euch in Garten und Feld gibt's alles, was ich an Gesundem, ich meine die Haustiere und Euren Gemüseanbau, was ich an gesunden Produkten bei uns zuhause, nur aus normalen Läden kenne. Alle Achtung!"

Wir schritten gemächlich und schweigend durch den riesengroßen Nutzgarten, wobei ich mich mit neugierigen Blicken umschaute und mich von den verschiedenartigen Gemüseanpflanzungen in den exakt angeordneten Beeten begeistern ließ. Die Anzahl der diversen Obstbäume verwunderte mich deswegen auch nicht mehr, denn in diesem Anwesen mit ländlicher Prägung war alles total durchdacht und zeugte von ökonomischem Verstand und landwirtschaftlicher Weisheit.

„Das ist Ilses Reich, sie nennt das ganze Grün um uns rum immer ‚mein Paradies‘ und da kann ich nur zustimmen, denn sie kommt ja von einem Bauernhof. Ich habe sie von da weggeheiratet." Er sagte es mit ehrlichem Stolz in der Stimme. Ich stimmte ihm zu und dachte sogleich an die vorzüglichen Kochkünste von Ilse und an die kräftig roten Äpfel, die dekorativ in einer Glasschale im Wohnzimmer lagen.

Immer auf gesundes Obst und vitaminreiches Gemüse aus eigenem Anbau vertrauen zu können, das ist ein Geschenk des Himmels … und das schmeckte ich an allen Tagen unseres außergewöhnlichen Aufenthaltes bei Streichers, im altehrwürdigen thüringischen Nordhausen.

Eigentlich war die gute Ilse unsere Tante und ihr jovialer Mann Hansi, unser Onkel, eigentlich …, doch ich hatte schon nach ganz kurzer Zeit das untrügliche Gefühl gespürt, dass beide Persönlichkeiten mehr unsere Freunde und vertraute Kumpels waren und daher für mich gefühlsmäßig viel höher einzustufen waren, als man eben Verwandte einstufen würde!

In mein reges Gedankenspiel platzte Hansis männliche Stimme und die lautstarke Information gab meinem Denkapparat einen schwungvollen Schubser, der mich augenblicklich in die Realität des Gartens zurückholte: „Eine der Errungenschaften unseres DDR-Staates ist die imposante Rappbode-Talsperre im Harz. Also mein Freund, die werde ich Dir zeigen, da fahren wir mal hin."

Diese zeigte Hansi mir schon am nächsten Tag, denn anlässlich einer plötzlichen Dienstfahrt bot sich mein Mitfahren an und so genoss ich einige der wunderschönen Landschaften Thüringens per zusätzlichem Auto-Ausfluges voller Freude. Wenn man die Visum-Anordnung genau studiert hat, und das habe ich getan, dann weiß man, dass das Visum beschränkt ist, und nur für den Ort und Kreis Gültigkeit besitzt, auf den es ausgestellt wurde. In meinem Fall eben für die Stadt Nordhausen, im Kreis Nordhausen. Geografisch waren wir aber weit entfernt von Nordhausen.

Meine visabezüglichen Bedenken wischte Hansi locker vom Tisch meiner berechtigten Zweifel.

„Gotthold mein Freund, komm runter vom Sockel Deiner Bedenken und beruhige Dich. Erstens bin ich in der SED, der großen Sozialistischen Einheitspartei Deutschlands … und zweitens bin ich der leitende Direktor des Kombinats Nordhäuser Schachtbau … und das zählt mit Sicherheit bei einer etwaigen Kontrolle … und drittens sage ich im Fall des Falles … ‚geschätzter Genosse, ich will meinem westdeutschen ‚Neffen‘ die großen Errungenschaften unseres Arbeiter- und Bauernparadieses zeigen‘, glaub mir, da kann nichts passieren!

Übrigens habe ich in der Dichterstadt Weimar beruflich zu tun und deswegen fährst Du mit mir mit, eben auch dorthin, zum Beispiel das berühmte Goethe- und Schillerdenkmal besuchen. Diese bedeutende Universitätsstadt, in der Goethe und Schiller eine Reihe von Jahren verbrachten, die musst Du gesehen haben. Diese liebenswerte Stadt hat ihren ganz besonderen Reiz."

Ein Stück Westen im Osten

In größeren Städten gab es die beliebten Intershop-Läden. Diese begehrten Einkaufstempel führten beispielsweise die westlichen Modelabels, vor allem aber Markenjeans und natürlich Luxusartikel der verschiedensten Art. Diese begehrten Handelswaren konnten die DDR-Bürger zwar in diesen Intershops, den beliebten Einkaufsoasen, aber nur gegen frei konvertierbare Währungen kaufen.
Mit frei ‚konvertierbarer Währung' einkaufen, wie man es damals im Fachjargon nannte, das konnte man also nur mit D-Mark, Dollar, Franc oder englischem Pfund. Den meisten Bürgern der DDR blieben Inter-Shop-Artikel verwehrt, es sei denn, sie hätten diese seltenen Westwährungen von westdeutschen Freunden oder Verwandten erhalten.
Einen Intershop-Laden gab es auch in Weimar. Ich war darüber hocherfreut, denn ich kannte ja Hansis Vorliebe für westliche Zigarren.
Also nutzte ich meine großzügig bemessene Freizeit, die Hansi mir eingeräumt hatte, um einzukaufen. Während er bei ganz wichtigen Management-Besprechungen irgendwo anwesend sein musste, erstand ich nicht nur Zigarren und Zigaretten, sondern ich dachte auch an Ilse, und so verstaute ich auch mehrere Pfund Westkaffee in meinen zuvor gekauften Einkaufsbeuteln, ja ... und für Freundin Ilse speziell zwei Fläschchen ihres geliebten echt 4711-Kölnisch-Wassers. Diese Intershop-Ausbeute, diese Westwaren, waren meine Aufmerksamkeiten von Wichtigkeit.

Mit zwei schweren Plastiktüten voller Schätze aus besagtem Weimarer Intershop beladen, traten wir die Heimreise nach Nordhausen an.
Eine Prima-West-Zigarre steckte sich Hansi natürlich sofort zu Beginn unserer Heimfahrt an und gierig zog auch ich den Zigarrenrauch ein, genoss ihn sodann gewollt kurzatmig, und so schmeckte auch ich mit allen Sinnen den wohlduftenden blauen Dunst der dicken Wohlstandszigarre der Marke Ludwig Erhard.
Ich hatte ein sehr gutes Gefühl in mir, als ich sah, mit welchem großen Genuss Hansi den Rauch in den Innenraum seines luxuriösen Skodas entließ und wie er durch seine Nase fein und intervallmäßig kurz mehrfach nachschnupperte, um auch noch den kühleren Duft zu erleben. Die Bilder der vorbeigleitenden Landschaft sehe ich noch heute in mir. Und ich konnte mir damals sicher sein, das Richtige für meine Freunde erstanden zu haben.

Am selben Abend kamen Kitty und ihr Mann zu Besuch.
Kitty war eine hübsche, junge Frau mit besonderer Ausstrahlung.
Gabi und sie hatten sich auch direkt sympathisch gefunden und nach einigen Gläschen des berühmten Nordhäuser Doppelkorns lösten sich die die Zungen; das gegenseitige Vertrauen war von jetzt auf gleich, wie man umgangssprachlich das Wort ‚sofort' auch nennt, entstanden, und so kam es in diesen lockeren, ausgelassenen Plauderstunden zu Kittys vertrauensvoller Offenbarung mit gleichzeitiger Erklärung, dass sie ein stattliches ‚Bullenkalb' ihr Eigen nennen konnten.
Also Dieter Kittys Ehemann war Berufskraftfahrer in einem volkseigenen Tiertransporter-Betrieb und steuerte einen großvolumigen LKW. Vierzig Bullenkälber hatte er vor geraumer Zeit von ‚A nach B' zu transportieren. Alles lief, wie meistens, normal ab.
Allerdings … am Zielort des Viehtransports wurden natürlich die Frachtpapiere genauestens überprüft und beim Entladen der lebenden Fracht wurden selbstverständlich die Kälber gezählt und … bei ‚vierzig' war Schluss!
Ein gut gebautes Bullenkalb war die Nummer einundvierzig, also dieses Kalb gab es nicht an Bord. Dieter hatte keine Chance, den kleinen Bullen dort noch loszuwerden. Vierzig waren vom Schlachthof bestellt, vierzig Kälber standen auf der Liste.
„Basta – das Bullenkalb nehmen wir nicht – Ende."

Dieter musste also mit dem einundvierzigsten Kalb die Rückreise antreten.
Irgendein Funktionär der Tierzuchtbrigade in ‚A' hatte sich augenscheinlich verzählt und auch Dieter war der gleiche Fehler dummerweise unterlaufen und erst am Endpunkt, eben erst in ‚B', hatte auch er das Malheur bemerkt.
Fehler machte man grundsätzlich nicht in der sozialistischen Deutschen Demokratischen Republik, schon gar nicht in Dieters Tiertransport-Betrieb! Das hätte mit Sicherheit schlimme Folgen für alle Beteiligten gebracht.
„Ihr könnt Euch bestimmt nicht vorstellen, wie wir Werktätigen hier in der Republik kontrolliert werden, regelrecht überwacht und bespitzelt werden wir, das ist bei uns so und das kennen wir nicht anders!" Leicht aufgeregt und dementsprechend vorwurfsvoll klang Dieters Stimme, und auch die Lautstärke des Gesagten zeigte eine aufgestaute Wut, die er vehement auch zum Ausdruck brachte und somit gehörig Dampf abließ.
Was tun? Die Not war groß, denn im real existierenden Sozialismus kommen ja Fehler nicht vor. Also guter Rat war gefragt.
Dieter und Kitty nannten auch ein eigenes, kleines und mit solidarischer Nachbarhilfe errichtetes Haus ihr Eigentum und später hatten sie an ihrem kleinen Eigenheim eine geräumige Waschküche angebaut. Die Lösung war einfach …
Um größeren Ärger zu vermeiden, räumten beide besagte Waschküche aus und somit hatte das herrenlose Bullenkalb fürs Erste ein neues Zuhause. Natürlich war diese Unterbringung nur eine kurzfristige Lösung.

Da aber auch in dieser Hinsicht die Nachbarschaftshilfe und das Füreinandereinstehen ein ungeschriebenes Gesetz im real existierenden Sozialismus war, es sozusagen Gang und Gäbe war, sich immer zu helfen, bestanden bei Kitty und Dieter keine Bedenken wegen des kleinen Zählfehlers. So wurde Ärger an höherer Stelle vermieden, und bald schon würden sie sich über die zu erwartende Fleischeslust freuen, zumal von dem ‚Braten' ja auch alle, in dieses kleine Geheimnis eingeweihten Nachbarn, von Herzenslust mitschlemmen würden.

Die geschilderte Episode ist wirklich kein Witz, aber sie zeigte das clevere Gesicht einer Gesellschaft, die aus jeder Not eine Tugend zu machen verstand, und dass Kameradschaft einen hohen Stellenwert besaß.

So intelligent reagierten eben viele Menschen auf den sogenannten Klassenkampf der unterschiedlichen Systeme. Permanenter Mangel macht halt erfinderisch.

‚Klassenkampf', dieses emotional aufwühlende, martialische Wort allein erzeugte in mir eine regelrechte Antipathie, weil der Begriff Klassenkampf, dargestellt auf vielen der Großplakate, für mein Verständnis nur Neidgefühle schürte und in keinem Fall eine Vision des Guten bedeutete. Und diese übergroßen Verdummungstafeln begegneten mir auch in Weimar. Sie gehörten halt zum Alltagsbild dieses sozialistischen Staates.

Ja, wenn man von den Machthabern der damaligen Sowjet Union, der UDSSR sprach, dann klang ab und zu ein Hauch von verdeckter Ironie mit. Die Sowjets wurden gerne mit ‚unsere Freunde' bezeichnet, wobei ein gleichzeitiges süffisantes Grinsen die jeweilige Situation in einem anderen Licht erscheinen ließ.

Meine Wahrnehmung der wehrdienstleistenden Soldaten der Nationalen-Volks-Armee, kurz NVA genannt, hatte wohl mit meiner eigenen Dienstzeit in der Bundeswehr zu tun, und deshalb gehörten sie in ihren schnittigen Uniformen zum normalen Straßenbild, auch weil beim Ausgang der Uniformzwang bestand und im Gegensatz zu unserem Militär, ihre Freizügigkeit eingeengt war, was mich aber in keinem Fall störte.

Für mich war es damals bei meinem Besuch im thüringischen Nordhausen und in der Hochzeit des sogenannten Kalten Krieges ein fremdes, undefinierbares Gefühl, das mich erfasste, denn der reale Anblick dieser jungen Soldaten in ihren Uniformen irritierte mich schon ein wenig, denn sie waren ja … nach meiner Denkweise als Bundeswehrangehöriger, als Unteroffizier der Reserve … sie waren ja eigentlich meine Feinde.

Doch so nach und nach verflüchtigte sich dieses ‚Feindbild' in meinem Gefühl. Die Tatsache aber blieb, wir Deutschen lebten in zwei verschiedenen Systemen, wir lebten diesseits und jenseits der trennenden Todesgrenze, wir lebten in verfeindeten Staatsgebilden, die jeweils ihren Verteidigungsbündnissen angehörten, zum einen zur NATO und zum anderen zum Warschauer-Pakt. Wir lebten hüben wie drüben im sogenannten ‚Kalten Krieg'.

Aber durch unsere neue westdeutsche neue Politik-Konstellation konnten Kenner des Status quo einen Silberstreif am Horizont der Hoffnung entdecken, denn mein geschätzter alter Herr, ihn wertete ich unumwunden als einen dieser Kenner der Bonner Politikszene und Befürworter der neuen Ost-West-Öffnung von Willy Brandt und Walter Scheel.

Es war wohl meines Vaters Vision des visionären Silberstreifs, die mir den Mut gab, alle berechtigten Bedenken zu ignorieren ... und nun befand ich mich mit Frau und Töchterchen zu Besuch bei engen Verwandten und Freunden, aber auf dem Hoheitsgebiet der DDR, auf dem Boden der Deutschen Demokratischen Republik ... folglich in Feindesland.

Bei aller abenteuerlichen Freude, teils auch bei der erlebten Euphorie über die freundschaftliche Aufgeschlossenheit von Ilse und Hansi sowie der interessanten neuen Bekanntschaften, will ich der Wahrheit die Ehre geben und unserem Besuch die Realität des noch festgeschriebenen ‚Status quo' gegenüberstellen, um die Wertigkeit unserer DDR-Erfahrungen gerechter einzuschätzen.

Der antifaschistische Schutzwall, so war der Begriff für die Staatsgrenze mit Todesstreifen, Schießbefehl und mörderischen Selbstschussanlagen, war, bei allem Verständnis für moderne Sicherheitsmaßnahmen eines Staates, ein Verbrechen gegen die Menschlichkeit. Ganze Völker lebten in Unfreiheit, auch unsere ostdeutschen Mitbürger, als solche betrachtete ich die Bürger der DDR. Das ganze Land lebte eingemauert, hinter der mörderischen Grenze, wie in einem Gefängnis. Niemand konnte die DDR verlassen. Nur alten Menschen, jenseits des fünfundsechzigsten Lebensjahres, gestattete man in Ausnahmefällen eine befristete Ausreiseerlaubnis zu nahen Verwandten zu uns in die in die BRD.

Diese moderne Grenze West, wie der SED-Staat das unüberwindbare Bollwerk auch nannte, war eine bestehende Tatsache. Diese fürchterliche Grenze trennte nicht nur unser Deutschland, sondern auch Europa. Der ‚Eiserne Vorhang', wie man im Westen dieses Ungetüm auch nannte, forderte in der Zeit seiner Existenz viele Tote und Verletzte unter den Menschen, die es wagten, ihren Staat zu verlassen.

Es waren Menschen, denen die Freiheit mehr bedeutete als der Tod.

Mannigfaltige Fluchtversuche von todesmutigen Bürgern zeigten auch eine weitverbreitete Verzweiflung in großen Teilen der Bevölkerung, denn die Fluchtwege dokumentierten die Willenskraft der Mutigen und deren Einfallsreichtum bei der Wahl der Fluchtwege.

Das Graben unterirdischer Stollen wurde im geteilten Berlin und anderswo immer wieder in Angriff genommen, um auf diese Weise in den goldenen Westen zu gelangen; Wasserwege über Grenzflüsse und die Ostsee wurden ebenso geplant, wie andere Möglichkeiten zur Überwindung der unmenschlichen Grenzanlagen. Nur wenigen dieser Freiheitsidealisten gelang die überaus gefährliche Flucht. Denjenigen aber, denen die Überwindung nicht gelang, die verletzt oder aufgegriffen wurden und in die Gewalt der Elitesoldaten der Grenztruppen gerieten, ihnen

drohten Folterqualen und immer langjährige Haftstrafen in den berüchtigten DDR-Zuchthäusern, zum Beispiel in Bautzen!
Aber es gab auch die DDR-Bürger, die mit dem Mut und der Kraft des Willens spektakulären Flucht-Aktionen wagten und der ganzen Welt zeigten, wie stark der menschliche Freiheitswille sein kann.

‚Mit dem Wind nach Westen',

so lautete die Überschrift auf den Titelseiten der vielen Zeitungen im freien Teil unseres Vaterlandes. Eine geglückte Ballonflucht von Ost nach West der mutigen Familie Strelzig soll hier nur ein Beispiel sein, aber ein Beispiel von vielen.
Und es gab den Schießbefehl, der auf Republikflüchtige zielte und von den diensttuenden Grenzern unbedingt befolgt werden musste. Für die meisten der Grenztruppen, deren Soldaten allesamt gezielt ausgewählt wurden und immer bestens ausgebildet waren, war der Dienst an der ‚modernen Grenze West', so nannte man in der DDR diesen mörderischen ‚Gefängniszaun' auch, ihr Dienst war in Regel Ehrensache.
Aus westlicher Sicht war die Trennung Europas eine Grenze der Gewalt, die von Nord nach Süd und quer durch den Kontinent verlief, die Demarkationslinie, wie man sie auch zynisch bezeichnete, ein Horror-Szenario für jeden freien Bürger, gleich wo er lebt.

Ich erkannte in den stillen Minuten, kurz vor dem Einschlafen ‚der Geist der Freiheit ist in jedem Menschen tief verankert, ja manchmal auch regelrecht tief verwurzelt'.
Im gleichen Gedankenfluss spürte ich aber auch ein Hochgefühl meines persönlichen Glückes und gleichzeitig auch eine tiefe Dankbarkeit, dass wir unser Leben im freien Teil unseres Vaterlandes leben durften.

In den abendlichen Stunden unseres gemütlichen Zusammenseins im Kreise der munteren Freunde spürte ich innerlich das Empfinden von Unrecht, speziell vom praktizierten Unrecht des DDR-Regimes, aber offen sprach ich nicht darüber. Mir brachte man aber zu jeder Zeit eine gehörige Portion Vertrauen und Freundschaft entgegen, und ich ahnte, dass die Hoffnung auf ein freies Leben in ihnen wuchs und dass sie, diese netten Menschen, meine neuen Freunde, dass sie sich ihren Glauben daran bewahren würden.
Weshalb ich aber die vielen aufgeschlossenen Menschen rund um Ilse und Hansi kennenlernen konnte, ist schnell erklärt. Ich war ein junger Westdeutscher, dazu noch selbstständig mit kleinem Unternehmen der Branche Werbegestaltung. Das Aussehen, die Kleidung, bei Gabi das typische toll-weibliche Erscheinungsbild mit dem westlichen Tuch, eben all dies war quasi wie ein Zauber aus einer anderen Welt. Protagonisten des Westens eben.

Dieser optische Unterschied war es, der wohl das Interesse der Nachbarn weckte. Aber es gab auch wenige Episoden, die ich als feindlich auslegen kann. Mit Gabi, Claudia, Dieter und Kitty machten wir einen ausgiebigen Spaziergang mit dem Ziel eine Gaststätte im ‚Gehege', so nannte man den Ort, an dem sich das Gasthaus befand, zu besuchen.

Als HO-Gaststätte wurde sie staatlich betrieben und bot mit einfachen Gerichten und Getränken aller Art eine gute Auswahl für jeden Geschmack. Brechend voll, so sagt man bei uns daheim, brechend voll also war der einfach bestuhlte Gastraum, und all die vielen Gäste hatten ihre speziellen Wünsche. Lange saßen wir an einem der Tische, ohne dass die einzige Bedienung uns auch nur eines Blickes würdigte. Sie war, allem Anschein nach, überfordert, oder sie wollte uns nicht bedienen.

Ich stand auf und wollte uns ein paar Getränke selbst holen. Du meine Güte …
Ich wurde auf breitesten thüringischen Dialekt lautstark von der bieder wirkenden Dame mittleren Alters, welche die Getränkeausgabe bediente, angebrüllt: „Sie glauben wohl auch, weil Sie aus dem Westen sind, könnten Sie bei uns 'ne Extrawurst gebraten kriegen, setzen Sie sich und warten Sie, bis Sie an der Reihe sind."
Ich war verblüfft, fing mich aber schnell und sagte freundlich zu der erbosten Thekendame: „Bitte entschuldigen Sie, ich wollte mich nicht vordrängen, ich wollte lediglich bei der vielen Arbeit hier etwas behilflich sein."
Aber auch meine Höflichkeit konnte diese Genossin zu keiner freundlichen Geste verleiten. Wir wurden nicht bedient und sind alsdann ohne Verzehr gegangen. Das leidige Geschehen der verweigerten Gastfreundschaft habe ich als gegeben hingenommen und mir weiterhin keine Gedanken mehr gemacht.

Fest verankert in meinem Gedächtnis sind jedoch die vielen positiven kleinen Begebenheiten, die meine beiden Liebsten und ich während unseres Besuches im anderen Deutschland erleben durften.

Weil ich den berechtigten Stolz von Hansi und Ilse aber deutlich spürte, versteckte ich den zurückgehaltenen, westdeutschen Bohnenkaffee aus dem Intershop ebenso wie auch die vor Hansi noch geheimgehaltene Kiste Zigarren vor meiner Abreise in den beiden Nachtschränkchen ihres uns zur Verfügung gestellten Eheschlafzimmers, denn gedacht hatte ich diese Aufmerksamkeiten als ein kleines, überraschendes ‚Dankeschön' für ihre überaus angenehme Gastfreundschaft und die gelungenen Feiern im ausgewählten Freundeskreis.

Gabi, vor allem aber meinen Sonnenschein Claudia, beide ließ ich schweren Herzens in Nordhausen noch für eine kleine Weile zurück.

Ich sagte herzlichst Servus und verband unser gutes Verstehen mit dem Versprechen, recht bald wieder einen weiteren Besuch bei ‚Streichers in Nordhausen' zu planen.

Mit diesen wunderschönen Momenten im Herzen nahm ich meine beiden Liebsten, Ilse und Hansi, auf dem Bahnsteig noch einmal kurz in die Arme und kletterte

alsdann über die drei steilen Stufen in das Innere des Waggons. Ich warf den Koffer, Muttis Handgelenk-Täschchen und den zerknitterten Trenchcoat auf die Sitzbank in meinem Abteil und entriegelte in aller Eile die Sperre des oberen Teils des geteilten Fensters, ließ den Haltegurt abrupt los und die Fensterhälfte sauste nach unten.
Mit einem harten Schlag schlug das Teil am Rahmenende auf. Ich lehnte mich weit aus dem Fenster und beugte mich nach unten, um mit den Fingerspitzen ein letztes Mal meine Lieben zu berühren.
Als ich aus meinen Gedanken in die Wirklichkeit zurückkehrte, war der Zug schon eine Weile unterwegs. Ich nahm den schweren Koffer und hievte ihn in die stabile Stellage mit dem dicken Gepäcknetz direkt über meinem Sitzplatz.
Diesmal, ich meine zu meiner Rückreise, hatte ich den Koffer mit leckeren Nordhäuser Oktober-Äpfeln aufgefüllt, um das, bei der Einreise von den Zöllnern festgestellte Gewicht, in etwa wieder zu erreichen.
Warum, um Himmels Willen, die Äpfel zum Ausgleich?
Diese Frage ist schnell geklärt. Äußerst seltene Raritäten waren dort, im real existierenden Sozialismus, unter anderem westdeutsche Moden und Textilien, vornehmlich natürlich Lewis Jeans und die Kunstfaser-Nyltest-Hemden und Blusen mit der kleinen, gestickten schwarzen Rose an den jeweils linken unteren Seiten. Diese ausgewählten ‚Schätzchen' hatte ich wohlwissend zuvor mehrfach gekauft und in meinem Koffer verstaut. So konnte ich natürlich im Verbund mit Gabis Geschenken, Ilse, Hansi, ihren beiden halbwüchsigen Söhnen und den neu gewonnenen Freunden in Nordhausen eine große Freude bereiten.
Weshalb ich die kennengelernte DDR von Anfang an am ganz speziellen Geruch erkannte, wirklich von meinem ersten Atemzug an, das vermag ich bis heute nicht schlüssig zu erklären.
Aber Fakt ist, ich hatte an allen Tagen permanent den ungewohnten Geruch in der Nase. Dieses Geheimnis konnte oder wollte keiner meiner neuen Freunde lüften, vielleicht waren sie ja auch immun gegen Gerüche … aber meine Fragen blieben existent …
Lagen die Ursachen des für meine Nase fremden Geruchs an den teils maroden, zischenden und freiliegenden Fernwärmerohren, die mir überall in Stadt und Land auffielen?
Oder war es die Verfeuerung des Energieträgers Braunkohle?
Oder verursachten vielleicht die Einheitswaschmittel aus der Chemieregion Leuna das Übel?
Auf jeden Fall aber waren die schwarz-blauen Auspuffwolken vom DDR-Volksauto-Trabant, liebevoll von allen ‚Trabi' genannt, am Geruchsproblem beteiligt. Auch der große Bruder vom Trabi, der geräumigere ‚Wartburg' war nicht ganz unbeteiligt beim Verteilen der unangenehmen Abgase.
Vielleicht waren es aber auch diese ganzen Immissionen im Verbund, die den speziellen Duft der DDR kreierten?

Doch welche Antwort ich eines schönen Tages finden werde, ich werde alle meine Reiseeindrücke in bester Erinnerung behalten und ich werde immer gerne an das etwas andere Deutschland denken!

Der Rest der Reise verlief relativ problemlos, obwohl ich bei den peniblen Kontrolluntersuchungen der Grenzbediensteten gehörig unter Stress stand, ertrug ich die gewöhnungsbedürftige Leibesvisitation in stoischer Ruhe, obwohl mein Blutdruck während dieser Prozedur in die Höhe schnellte und mein Blut in den Adern pulsierte.

Das gewohnte und trotzdem störende Klack-Klack, Klack-Klack, Klack-Klack …, das untergründig hämmernde Hallen der über die Schienenfugen rollenden Räder, dieses anhaltende Geräusch, das uns von Nordhausen an begleitete und stets zu vernehmen war, war nach dem letzten Halt verstummt.

Ich bemerkte es sofort, jetzt waren wir wieder jenseits der Sperranlagen, und der Zug glitt in Richtung Bebra wohltuend ruhig übers Schienennetz der Deutschen Bundesbahn dahin.

Während ich entspannt aus dem Abteilfenster schaute, erfasste mich eine allgemeine Erleichterung und streichelte mein Gemüt. Dabei spürte ich das wohlige Gefühl in mir ganz deutlich, das mir bestätigte wieder in ‚meinem Deutschland' zu sein … außerdem gaukelte mir dieses wohlige Gefühl vor, dass nunmehr der Himmel wieder viel blauer strahlte, das Grün der Wiesen mir wieder viel grüner erschien, auch das farbige Herbstlaub der vorbeigleitenden Bäume intensiver und auch viel bunter leuchtete und die Gehöfte, Häuser und Kirchen in einem ganz besonderen Glanz flimmerten.

So jedenfalls erlebte ich in dieser Situation meine freudigen Gefühle, und es war die von Neuem verspürte große Liebe in mir, die ich meinem freien Vaterland dankbar entgegenbrachte. Alle meine emotionalen Gefühle brodelten anhaltend und ich spürte jede meiner Regungen so angenehm und wohltuend, dass mir die erneute Trennung von Frau und Tochter plötzlich erträglicher erschien.

Darüber hinaus freute ich mich natürlich auch auf das Wiedersehen mit meinen Eltern und auf unsere gemeinsamen ‚Frage-Antwort-Runden' in ihrem urgemütlichen Künstler-Ambiente der Mansardenwohnung im Obergeschoss des historischen Remy-Hauses zu Bendorf, dort, wo auch Johann Wolfgang von Goethe einst weilte …

Diese Bemerkung erlaube ich mir abschließend, denn sie gehört zwingend zur Erzählung dazu …

Aber natürlich habe ich mein Versprechen eingehalten und bin ein zweites Mal wieder ins schöne Land Thüringen zu Streichers gereist, und natürlich habe ich meine anderen, geschätzten Freunde in Nordhausen erneut besucht, …doch das ist wieder eine andere Geschichte.

Mit Mut hinein ins Abenteuer ...
Unser eigenes Haus im Herzen von Bendorf

Nach diesen abwechslungsreichen Tagen im sozialistischen Deutschland stürzte ich mich wieder mit Begeisterung in meine bunte Welt der Kreativität und der werbewirksamen Gestaltungen. Auch mein Eheweib genoss ihre Rückkehr in ihre gewohnte Arbeitswelt im Servicebereich des Hotel-Restaurants ‚Zum Roten Ochsen', im Herzen von Bendorf, und zur Freude ihrer Eltern.

Mit Gabrieles Verdienst und meinem Unternehmens-Einkommen als eingetragene Sicherheit gewährte uns das Management der mittelstandsfreundlichen Sparkasse Bendorf den notwendigen Kredit zum beabsichtigten Kauf des altehrwürdigen Remy-Hauses in der Unteren Vallendarer Straße 19. In diesem Anwesen wohnten wir Borcherts seit 1939 und dieses historische Gemäuer wird im Volksmund auch ‚Goethe-Haus' genannt. Dieses immer noch imposante Bauwerk umfasste den Gebäudekomplex mit seitlichem Anbau und zwei großen Innenhöfen auf versetzten Höhen, die mit Mauern voneinander getrennt sind, die aber durch eine breitere Steintreppe verbunden sind.

Auf der Fläche des oberen Hofes lehnen sich baufällige Stallungsverschläge an die starke, unverputzte Bruchsteinmauer, die auch im unteren Teil des Hofes das Gesamtanwesen umschließt. An die hohe Mauer wurde einst eine überdachte Trockenhalle errichtet, damit die anfallende Wäsche der verschiedenen Mieter ihren praktischen Platz findet, zumal die großzügig bemessene Waschküche mit Kesseln und Spülwanne ihr gegenüber eingerichtet wurde.

Im Einverständnis mit der Erbengemeinschaft von Claer, als damaliger Eigentümerin dieses ehemaligen evangelischen Pfarrhauses, kaufte ich im Jahr 1970 das Anwesen und ließ die Kaufurkunde aber unter ‚Eheleute Borchert' im Katasteramt zu Koblenz im Grundbuch eintragen.

Noch im gleichen Jahr begann ich das zum Teil marode Anwesen von Grund auf zu sanieren, denn zuvor waren ja alle Bemühungen der Erbengemeinschaft, das Anwesen über diverse Immobilienhändler zu verkaufen, ohne Erfolg geblieben. Es gab einfach keine Interessenten, denn der äußere Eindruck war zugegebenermaßen in einem weniger schönen Zustand. Und diese Beschreibung ist noch untertrieben.

Da mein alter Herr vor langer Zeit für Herrn Ernst-Eberhard von Claer, dem Sprecher der Eigentümer, sicherlich auch aus freundschaftlichen Überlegungen heraus und wohl auch ehrenamtlich die Verwaltung des Anwesens übernommen hatte, kannte ich selbstverständlich die prekäre Sachlage, in der sich die verkaufsorientierten Erben über viele Jahre hin befanden.

Carl Gideon von Claer lebte in Hamburg und sein älterer Bruder Ernst Eberhard hatte in Gelsenkirchen Fuß gefasst. Für beide Brüder war ihr geerbtes Anwesen zur unbequemen Belastung geworden.

Dieses Wissen war auch der Grund meines geäußerten Kaufwunsches, und mit einem Schuss Raffinesse drückte ich in der Kaufverhandlung den Preis erheblich nach unten, denn ich verwies auf den Regelfall, dass die Renovierungskosten durch die benötigten Fachunternehmen als kaum bezahlbar einzuschätzen wären, was sicherlich im Wesentlichen an dem optisch und technisch heruntergekommenen Zustand des Gesamtanwesens lag.

Auch befanden sich alle vermieteten Wohnungen auf dem veralteten Stand des vergangenen Jahrhunderts. Auch einige kriegsbedingte Schäden waren optisch erfassbar. All diese Feststellungen erzwangen regelrecht eine umfassende Sanierung, wobei einhergehend mit diesen Maßnahmen eine werterhaltende optische Renovierung aller Wohnräume als dringend geboten schien.

Die Erklärung meiner fundierten Sachkenntnisse begründete ich mit meiner geleisteten Eigenfinanzierung der kompletten Total-Erneuerung meiner 1966 gemieteten Wohnung in der Bel-Etage des Hauses und den dort entdeckten, zum größten Teil maroden Leitungen sowohl im gesamten Sanitärbereich, als auch bei der Stromversorgung.

Ich hatte, schon im ersten Jahr der Anmietung meiner großen Wohnungsrenovierung begonnen, allerdings erst nach vorheriger Absprache mit beiden Brüdern von Claer. Mit ihrer positiven Zusage setzte ich, damals noch als Mieter, spontan die umfangreichen Erneuerungen um. Voller Elan führte ich mit meinen befreundeten Fachleuten die notwendigen Reparaturen durch und verließ mich bei den anspruchsvollen Verschönerungen auf mein Können als Dekorateur.

Dadurch hatte ich exakte Kenntnisse der angefallenen Kosten zusammentragen können, sodass ich in unserem Gespräch fundiert argumentieren konnte.

In dieser Verhandlung mit beiden Herren von Claer war meine Argumentation von großer Bedeutung und dementsprechend zielführend, wobei ich listigerweise verschwieg, dass ich allein durch meinen verrückten Beruf als Dekorateur, eine Vielzahl an Renovierungs- und Erhaltungsmaßnahmen in Eigenregie durchzuführen beabsichtigte.

Die Unterschrift unter dem Kaufvertrag war kaum getrocknet, wie man gerne so sagt, eben dann, wenn etwas umgehend geschieht.

Ich saß also am Boden, teilweise auch mal kniend vor meinem, unserem Haus und hantierte mit der Metallspachtel, der Maurerkelle und dem Fugeneisen und verarbeitete geschickt den angerührten Mörtel. Derart kümmerte mich also um die ersten, dringend nötigen Ausbesserungsarbeiten, speziell am unteren bröckelnden Sockel zu Füßen des geliebten Hauses.

Ich begann, die stark verwitterten und auseinanderklaffenden Mauerrisse mit der Fugenmasse aufzufüllen, als ich hinter mir eine bekannte, männliche Stimme vernahm: „Hallo Gotthold mein Freund, ich habe erfahren, dass Du dieses alte Remy-Haus, das Goethe-Haus, wie man es auch oft nennt, tatsächlich gekauft hast. Diese Tatsache ist momentan das Stadtgespräch in Bendorf und zurzeit in ‚aller Munde'.

Alle Achtung mein Lieber, Dein Handeln bedeutet nicht nur großen Mut Deiner-

seits. Außerdem gehört dazu auch ein gehöriges Quantum an Gottvertrauen. Für das, was Du vorhast, wünsch' ich Dir gutes Gelingen!"
Genau diese Worte waren es, die damals mein guter Freund und ehemaliger Spielkamerad, Jürgen Lenz, an mich richtete. Er hatte Medizin studiert und arbeitete als Assistenzarzt im nahen Krankenhaus. Sein Heimweg führte durch die Entengasse, die ja auch an meinem Hauskomplex vorbeiführte.
Sein Vater war übrigens zu dieser Zeit der leitende Chefarzt im besagten Sankt-Josef-Krankenhaus, das praktisch schräg gegenüber meines Hauses stand. Lediglich die Entengasse und der seinerzeit noch bestehende Wirtschaftstrakt des Sankt-Josef-Krankenhauses mit den Stallungen für die Schweine und das Federvieh des Spitals, also der in der Allgemeinheit sogenannte ehemalige ‚Entenhof', trennten die beiden markanten Gebäude voneinander.

Der Entenhof des St. Josef-Krankenhauses
in der Bendorfer Entengasse um 1940
Federzeichnung von 1973

Dr. Engelbert Lenz hatte seinerzeit für sein stattliches, 1954 errichtetes großes Familienhaus mit integrierter, geräumiger Arztpraxis, von Pfarrer Ernst-Eberhard von Claer, den benötigten Baugrund, als Teilstück der ausgedehnten Parkanlage, kaufen können.
Dieses besagte Grundstück wirkte durch den herrlichen, alten Baumbestand außerordentlich natürlich, und es war als begehrtes Filetstück des mehr als zwei-

hundertjährigen Naturareals besonders attraktiv für etwaige Bauvorhaben.
Das herrschaftlich erscheinende Remy'sche naturbelassene Parkgelände faszinierte zum einen durch die doppelreihige, uralte Kastanienallee, die sich über etwa zweihundert Meter quer durch den Garten hinzog, und zum anderen thronten beispielsweise die fünf mächtigen Platanenbäume mit ihren ausladenden Blätterkronen über allem üppigen Naturbewuchs und dominierten die Wahrnehmung des teils verwilderten weitläufigen Parks.

Dieser wildromantische ‚Pfarrers-Garten' war seinerzeit der beliebte Abenteuerspielplatz für uns Kinder aus dem Remy-Haus und natürlich auch für unsere Freunde aus der näheren Nachbarschaft.

Das schwere Eisentor, das im direkten Gegenüber zur Freitreppe des großen Hauses einstmals als verzierte Sperre den Garteneingang sicherte, dieses Monstrum aus verwitterten Blechen und angerosteten Eisenstäben war irgendwann einmal zum Teil aus den Angeln geraten.

Nun stand das einst wehrhafte Tor halbgeöffnet und vollkommen unbeweglich, geradezu wie einzementiert zwischen den dicken, übermannshohen Bruchsteinmauern, die umlaufend das gesamte Gartenensemble abschirmten und allen neugierigen Blicken keine Chancen zur Erkundung ließen. Es war genau dieser schmale Spalt, der uns einlud einzutreten, und das verwilderte Naturgrün verführte uns geradezu zum Spielen, Toben, Tollen, und die Kastanienallee forderte uns zum abenteuerlichen Baumklettern auf.

Der in der Bevölkerung hoch angesehene und äußerst beliebte Dr. Engelbert Lenz war in den fünfziger Jahren der betreuende Hausarzt des kränklichen evangelischen Geistlichen und galt außerdem auch als guter Freund des Pfarrers, dessen Vertrauen er in hohem Maße besaß. So war es nur natürlich, dass Pfarrer von Claer dieses prägnante Naturgrundstück an die Familie Dr. Lenz verkaufte.

Dieses Teilstück aus des Pfarrers großem Garten war das Einzige, von dem sich der alte, vornehme Herr zu seinen Lebzeiten und schweren Herzens trennte.

Nicht wenige Zeitgenossen dieser Ära des allgemeinen Umbruchs bedauerten die Tatsache, dass der einstmals paradiesisch anmutende Remygarten aufgeteilt und von des Pfarrers Söhnen zum Verkauf angeboten wurde.

Ernst-Eberhard und Carl-Gideon von Claer, als nachfolgende Erben der Liegenschaften, beide verkauften das restliche Areal des Parks an verschiedene wohlhabende Interessenten, wobei die damalige Stadtregierung diesen Verkauf tatkräftig unterstützte und den Gesamtkomplex als neu zu erschließendes Bau- und Gewerbegebiet umwidmete.

Ich aber besaß mit meiner Ehefrau das Haus, eben das gesamte Remy-Anwesen, das ich schätzte, in das ich regelrecht verliebt war, und das ich in seinem Urzustand zu erhalten beabsichtigte.

Ich betrachtete das Gebäude als ein barockes Ensemble aus einer großen Zeit, ich spürte förmlich den Geist der speziellen Historie und ich erkannte tief in meinem Innern seinen Wert für alle kommenden Generationen.

Dieses befriedigende Gefühl des richtigen Handelns erfüllte meine Gedanken mit ehrlicher Freude und auch mit einem aufkommenden Stolz, denn der einstmals prächtige, barocke Stammsitz der Remy-Dynastie, dessen Errichtung der Unternehmer Johannes Remy plante und durchführen ließ, datiert als Jahr der Grundsteinlegung, 1747.

Ich empfand meinen Wunsch, den Kauf unserer Wohnstätte ‚Goethe-Haus' anzustreben und durchzuführen, als eine gefühlte Botschaft der Hoffnung, ja, als ein imaginäres Geschenk aus der fernen Vergangenheit. Dieses Anwesen offenbarte mir den Charme einer großen Zeit, dessen Protagonisten alle den Namen ‚Remy' trugen.

Ihr ehemals strahlend schönes Barock-Haus sollte nach meinem festen Willen in naher Zukunft wieder sein ehemals herrschaftliches Aussehen erhalten, bevor der Zahn der Zeit sein begonnenes Werk weiter verfolgen kann.

„Dieses Anwesen ist ab sofort bei mir in den besten Händen!" Das waren meine Worte, die ich zu Mutti und Vati sagte, als wir nach vollzogenem Hauskauf in ihrer kleinen Mansardenwohnung, nun aber in unserem neuen, uralten Wohneigentum, glücklich beisammensaßen.

Wir genossen die dicke Flasche Sekt, unsere prickelnde Freude, die wir uns zu diesem herausragenden Anlass erlaubten und schauten gemeinsam auf unsere vielversprechenden, neuen Aufgaben. Ich betrachtete in diesem Abschnitt meines Lebens und unser aller Zukunft verständlicherweise vieles allzu oft durch die imaginäre ‚rosarote Brille'.

Ich fühlte mich pudelwohl und erlebte das bisher mir unbekannte Gefühl des Besitzerstolzes.

Ich spürte diesen Stolz auf durchaus angenehme Art, denn ich wusste ja, dass jedes Eigentum, gleich welcher Art es sich auch darstellen mochte, immer auch eine große Verantwortung bedeutet.

Und dieser, teils auch materiell verbindlichen Verantwortung stellte ich mich gerne, denn, den von mir gefühlten ‚geistigen Hauch der Historie', der für mein feines Empfinden, diesem alten, aber noch immer noblen Wohnensemble innewohnt, diesen Hauch atmete ich tief ein und verstand die Botschaft dieses historischen Atems.

So verankerte ich folglich die Botschaft als das gefühlt ‚Besondere' in meinem Gedächtnis und spürte ein wundervolles, elektrisierendes Kribbeln in meinen Adern, allein, wenn mich auch nur ein kurzer Gedanke an mein neu erworbenes ‚Goethe-Haus' erinnert. Eine überaus angenehme Aufregung zeigt sich postwendend in einer aufkommenden Gänsehaut.

All diese Aktivitäten wurden zu dynamischen Bestandteilen meines neuen Handelns, sie erweiterten mein Wissen und zeigten mir die richtigen Vorgehensweisen in allen Sparten des Renovierens. Trotz aller Erfolge haderte ich ab und zu an dem langsamen Vorankommen der Baumaßnahmen. Und immer dann, wenn ich

diesbezüglich aus meinem Herzen keine Mördergrube machte und jammern wollte, fiel mir mein alter Herr ins Wort: „Mein lieber Sohnemann, ich könnte auch lieber ‚Herr Unternehmer' sagen, doch egal wie ich es formuliere, nicht zu Unrecht haben wir hierzulande so manchen, zum Nachdenken anregenden wertvollen Spruch auf Lager, also beherzige bitte folgende Volksweisheiten: Rom wurde auch nicht an einem Tag gebaut. Ich könnte hinzufügen, gut Ding will Weile haben. Also mein Lieber, immer hübsch langsam mit den jungen Pferden!"
Natürlich fügte ich Vatis soeben genannte Ratschläge, aber auch seine anderen brauchbaren Sprüche, quasi als meine sogenannten Eselsbrücken zu meinem Wissen hinzu, denn meist erkannte ich in diesen Situationen spontan die psychologische Wirkung jener schlauen und gut gemeinten Ratschläge oder Belehrungen. Ich behielt alle, auch die mal süffisant geäußerten Ermahnungen in meinem Gedächtnis und registrierte darüber hinaus auch so manchen lehrreichen und interessanten Tipp mit ehrlichem Wohlwollen, obgleich das Vernommene in jeder erlebten Situation zunächst nur mein Unterbewusstsein erreichte.
Im Laufe der folgenden Jahre bildeten, vor allem für mein emotionales Gefühl und in naturgegebener Art, auch die erwähnten menschlichen Volksweisheiten, quasi als die noch fehlenden und deshalb so wichtigen bunten Glanzsteine im umfangreich gestalteten Mosaikgebilde meines gesammelten und zusammengefügten Wissens.

Erfolg ist meist mit Abschied verbunden …
Die goldenen ‚Siebziger'

Das Ende der sechziger Jahre war für unser Dasein vielversprechend verlaufen, denn meine Frau Gabriele schenkte uns allen die ersehnte Tochter. Wir gaben unserem Sonnenschein den wohlklingenden Namen Claudia. Mit ihrer Geburt stellte sich für mich, wie bestellt könnte ich sagen, auch der von mir gewünschte, geschäftliche Erfolg ein, der uns eine gesunde, vielversprechende Zukunft projizierte.
Den Anfang der siebziger Jahre erlebten mein Mutterherz und Vati mit Freuden und in vollem Bewusstsein des gottgegebenen, glücklichen Schicksals.
Ich sah und verinnerlichte ihre gelebte Harmonie, freute mich über meine mir geschenkte glorreiche Zeit und genoss den Überfluss der guten Gedanken.
Ich liebte aber auch all die wundervollen Erinnerungen, die vielen Glücksmomente, die mir das imaginäre Füllhorn des Schicksals in einem Guss so freigiebig vor mir ausbreitete. Dieses zauberhafte Füllhorn schenkte mir so eine Fülle der schönsten Episoden.
Diese, für die meisten Zeitgenossen selten zu erlebenden Episoden, sie teile ich aber gerne in einzelne Sequenzen ein, die allesamt des Erzählens wert sind und die ich in keinem Fall verheimlichen will.
Deshalb kehre ich mit meinen Gedanken zurück in jene Zeit einer berauschenden

Familienepoche, die für meine Eltern und meine Claudia wohl als die glücklichste bezeichnet werden könnte. Wir alle schwebten auf ‚Wolke Sieben', so beschreibt man gerne jenes Glücksgefühl, das von uns Besitz ergriffen hatte, denn Muttis und Vatis kleine Frührenten, dazu gerechnet meine zeitweiligen Zuwendungen, sie ergaben zusammengerechnet eine Summe, die doch so manch kleinen Wunschtraum ihrerseits in Erfüllung gehen ließ. Ihre monatliche Wohnungsmiete hatte ich auf niedrigem Niveau eingefroren, sodass sie keinerlei Zukunftssorgen plagen konnten.

Unseres begnadeten Künstlers Mal-Wut erlebte eine erfrischende Renaissance, an welcher sein ‚Opa-Mädchen' Claudia sicherlich einen nicht zu unterschätzenden Anteil hatte. Zum einen war sein geliebtes Engelchen bei Oma Grete im Wohn- oder Esszimmer in stets spielender Weise bestens aufgehoben und behütet, zum anderen lebte unser Maler deshalb auch ohne alle Verlustängste, die sein Eheweib in früherer Zeit kundtat. „Gotthold, Liebster, mein Göttergatte, Du fehlst mir soooo."

Diese Worte waren nun nicht mehr relevant, sie waren verschwunden. So gab sich Opa Gotthold ganz seiner erfüllenden Malerei hin und genoss die ungestörten Stunden in seinem winzig kleinen aber heimeligen Atelier, direkt neben dem Spieleparadies seines Opa-Mädchens und seiner allerliebsten Grete.

‚Oma-Mädchen'... ‚Opa-Mädchen'?

Ich glaube, ich sollte das Fragespiel beenden. Vom ersten Tage an hatten Vati und Mutti ihr Enkelkind ins Herz geschlossen. Ihre ‚alten Tage' hatten einen neuen und tieferen Sinn erhalten, denn schnell entdeckten sie ihre erfüllende Freude an der grenzenlosen Liebe zu unser aller Wunschkind.

Da sich unser feinfühliger, ja sensibler Maler oft zu den ‚Spielenden' dazugesellte, empfing auch er Claudias ungeteilte Liebe. Weil die Zuneigung ihn in eine zuvor nie gekannte bunte Baby- und Kinderwelt entführte, nutzte er dieses Gefühl immer öfter, beteiligte sich an den kurzweiligen Beschäftigungen, und ab da war unsere Claudia nur noch sein ‚Opa-Mädchen'.

Mutti hatte ja schon in Claudias frühem Krabbelalter unserem Sonnenschein den treffenden Beinamen ‚Oma-Mädchen' gegeben. So teilten sich beide friedlich die uneingeschränkte Gunst unseres blonden Engelchens.

So eilten für unser Empfinden die wundervollen und in jeder Beziehung erfüllenden Jahre unserer gemeinsamen Fürsorge im Eilzugtempo ins Land, wobei die liebevolle Erziehung Claudias zum großen Teil in Muttis und Vatis Obhut lag und mir ein ruhiges Gewissen schenkte, denn ich wusste meinen Engel bestens aufgehoben – sie war bei meinen Eltern in den allerbesten Händen.

Auch ihre Kindergartenzeit bereicherte ihr Heranwachsen in jeder Beziehung, denn das Zusammenleben mit all den anderen Mädchen und Jungen war zu allen Zeiten der richtige Weg des Kennenlernens untereinander. Alle ‚Kindergartentanten', derart wurden die ausschließlich weiblichen Fachkräfte von den kleinen, munteren Schutzbefohlenen mit stets leuchtenden Augen liebevoll genannt.

So klang Claudias Stimme immer so rührend freundlich und samtweich, wenn sie beispielsweise von Tante ‚Anneliese' oder von Tante ‚Otti' und den anderen Erzieherinnen, diese oder jene Begebenheit mit lustigen Worten erzählte. So war es natürlich kein Wunder, dass Claudia, wie die meisten ihrer Freundinnen und Freunde, mit ehrlicher Fröhlichkeit, ja auch mit Begeisterung diese pädagogisch hervorragend geführten evangelischen und katholischen Einrichtungen besuchten.

Damals wie heute waren und sind beide Kirchen die sozialen Organisationen, die sich löblicherweise auch dieser wichtigen christlichen Aufgabe annehmen.

Claudia erlebte ihre unbeschwerten Kindheitsjahre zeitweise auch bei Oma Mia und Opa Jupp, meinen Schwiegereltern, die das renommierte Hotel-Restaurant ‚Zum Roten Ochsen', im Zentrum Bendorfs mit Erfolg führten. Opa Jupp, in der Mittelrheinregion als Spitzenkoch bekannt, verwöhnte auch seine Enkelin mit ihren Lieblingsspeisen, wobei Kartoffeln mir viel Soße als ‚Menü' bei ihr den ersten Platz einnahm.

Und da der ‚Rote Ochse' in unmittelbarer Nähe zu den beiden Kirchen und deren Kindergärten lag, und weil es deshalb nur wenige, kleine Kinderschritte bis zum großen Familienstammtisch des Restaurants waren, konnte unser aller Liebling ihre Mittagsmahlzeiten bei bestem Appetit und Tag für Tag ausgiebig genießen, zumal ja auch ihre Mutter meist als Servicekraft im elterlichen Betrieb die Gäste bediente und sich auch zwischendurch immer mal zu ihr an den Tisch setzen konnte.

Ich gebe zu, dass ich diese Situation für mein Gefühl und in meinem Denken zunächst als recht gewöhnungsbedürftig registrierte, aber weil unsere Claudia immer einen recht zufriedenen Eindruck machte, Opa Jupps Essen toll schmeckte und sie dies durch ihre stets gute Laune auch werbewirksam zeigte, begrüßte ich dankbar diese Lösung.

Nach der Mittagszeit eilte Claudia flugs über den Kirchplatz und durch die Entengasse ins nahe Goethe-Haus, um als Oma- und Opa-Mädchen ihre Spielezeit zu genießen. Alles war gottlob bestens organisiert.

Ich erinnere mich immer wieder gerne an meine damals so wundervolle und in jeder Beziehung ausgefüllte Familienzeit, die mir die Kraft und Energie gleichermaßen zufließen ließ und ich allen Herausforderungen gerecht werden konnte.

Mit meinen Lehrlingen unter der Führung meiner erfahrenen Werbegestalter bildete ich jeweils spezielle Deko-Teams, die mit Kreativität, Hingabe und der nötigen Dynamik ans Werk gingen, um auch allen, teils aus dem Rahmen der Normalität fallenden Aufgaben gerecht zu werden.

Auf diese Weise gelang es mir in steigendem Maße, die geforderten, anspruchsvollen Dekorationen umzusetzen und in den unterschiedlichsten Schaufensteranlagen zur Wirkung zu bringen. Auch Messe- und Innenraum-Präsentationsflächen galt es ins rechte Licht zu rücken. Wir, als das Borchert-Werbeteam, entwickelten Deko-Ideen und erfüllten alle Kundenwünsche, sowohl für die Partner der Industrie, aber auch für Handwerksbetriebe und für sämtliche Branchen des Einzelhandels.

Meine selbstgewählte, äußerst umfangreiche Hausbaustelle mit den variierenden, aber immer auch anspruchsvollen, kostspieligen Renovierungsarbeiten koordinierte ich in all den Jahren stets individuell.

Auf meinem günstig erstandenen und die Fassadenseiten abdeckenden Holzgerüst betätigten sich die von mir ausgewählten Fachleute, wie Maurer, Stuckateure, Dachdecker und Anstreicher.

Zur Arbeitsbegleitung diesen befreundeten Unternehmen bat ich einige meiner handwerklich geschickten, männlichen Dekorateure, den Spezialisten vor Ort, mit passenden, unterstützenden Handlangerarbeiten aktiv zur Hand zu gehen. Ihre tatkräftige Hilfe fand lobenden Anklang. Als der von mir beabsichtigte Nebeneffekt diente der Schulung meiner Kollegen, denn sie sollten den Werdegang der fachgerechten Erneuerung beobachten und wenn möglich, auch verinnerlichen, um durch diesen Lerneffekt die weiteren Reparaturen in Eigenregie kostensparend vornehmen zu können.

Jede freie Minute, die ich mir bei allen Aktivitäten irgendwie stehlen konnte, nutzte ich aus, um sowohl meine geliebte Claudia zu erleben, aber gleichzeitig auch, um mich von meinen Eltern mit einer Tasse Kaffee oder Tee verwöhnen zu lassen.

Durch meinen frühen Arbeitsbeginn an den Werktagen fiel meine genannte Besuchszeit meist in die Nachmittagsstunden.

Samstags, in aller Herrgottsfrüh begann ich meinen schönsten Arbeitstag, denn ich gestaltete mit Besessenheit und dem nötigen Elan und in allen Bereichen der optischen Wiederherstellung des Urzustandes des Anwesens. Mit Ausdauer und anhaltender Freude genoss ich alle Putz-, Glätt- und Farbarbeiten meistens von Sonnenaufgang bis zur anbrechenden Dunkelheit.

Sonntags widmete ich mich gezielt der imposanten, historisch-aufwendigen und oft auch filigranen Innenausstattung. Mit den edlen, marineblauen Satinstoffen, die ich als Wandbespannungen auf erhaben-geklebtem Fließuntergrund fixierte, erreichte ich einen optischen Reiz, der durch die abschließende, schmale Seidenbordüre eine harmonische Steigerung erhielt. Dieser dekorative Abschluss berührte unmittelbar die mattweißen Innenkanten der Profilholz-Umrandungen und vollendete die Wirkung der Stoffgestaltung.

So gab ich dem edlen Eichentreppenhaus, den Stil der Barockepoche aus der Mitte des achtzehnten Jahrhunderts, mit Freude und innerer Zufriedenheit zurück.

Auch wenn so mancher Arbeitsvorgang zu meiner Zufriedenheit als ‚gelungen' bezeichnet werden konnte, spürte ich manchmal innere Zweifel und hatte insgeheim auch den Eindruck der persönlichen Überforderung, weil das ‚selbst gesteckte Ziel der Fertigstellung dieser Mammutaufgabe' ... noch in weiter Ferne lag und realistisch betrachtet, von mir nur zu erahnen war. Aber ich hatte einen

Traum – und den verfolgte ich weiterhin.

Zehn lange Jahre währten die ineinandergreifenden und auch äußerst aufwendigen Renovierungsarbeiten des historischen Anwesens, denn oft entdeckten die bestellten Handwerker verdeckte bauseitige Mängel, deren Behebung sich als sehr zeit- und kostenintensiv darstellten.

Gleich zu Beginn meines mutigen Hauskaufes, anno 1970, hatte ich ja selbst das Objekt als ein zu bestehendes Lebensabenteuer betrachtet, wohl aus diesem Grund hatte ich einen verklärten Blick auf meine schlafende Barock-Schönheit geworfen, der aber, nach meiner damaligen Sicht auf die Dinge, nur ein wenig ‚Schminke' fehlte – und die sich alsbald mit etwas Farbe auch leicht wieder aufwecken lassen würde. Aber in jenem damaligen Moment, und da bin ich mir ganz sicher, in diesem einen Moment waren die Augengläser meiner Brille wie von einer Zauberfee, rosarot eingefärbt worden.

Durch die diversen baulichen Fehleinschätzungen, die sich aber immer nur nach und nach zeigten, stellte ich in all den Jahren der Instandsetzung des ehemaligen barocken Stammhauses der Remy-Dynastie, alle Eventualitäten immer wieder auf meinen imaginären Prüfstand.

Ich handelte so, um beim genauen Betrachten des ‚Mammut-Objektes' zukünftig die kleinsten Fehler zu entdecken, zu reparieren oder im besten Fall, im Vorhinein zu vermeiden.

Die starken Belästigungen, die alle dringend notwendigen Renovierungsarbeiten zwangsläufig begleiteten, sie störten die Mitbewohner und natürlich fühlten sich auch meine Eltern in ihrem Alltag durch Staub und Schmutz beeinträchtigt.

Ihr vermehrtes Reinigen, das sich durch die Dauerbaustelle ergab, belastete ihre körperlichen Kräfte ebenso stark, wie auch der psychische Druck meiner zu langen Arbeitsphasen. Aber weder von ihnen, noch von den anderen ‚Schmutz- und Lärmgeplagten', vernahm ich je eine Beschwerde.

Ich hatte im Vorfeld meiner geplanten Tätigkeiten immer wieder um Verständnis geworben und mein Vorhaben geschildert und jeweils um Unterstützung gebeten. Ich erklärte ihnen stets mein angestrebtes Ziel, das einzig und allein darin bestand, eben das stilgerechte Wiederherstellen des einstigen Aussehens des Remy'schen Stammhauses, zu erreichen. Auch die komplette Modernisierung der von ihnen gemieteten eigenen Wohnung gehörte zum Gesamtprogramm.

Vati zeigte mir offen seinen Optimismus und ermunterte mich immer dann, wenn ich mal einen psychisch bedingten ‚Hänger' hatte und ich bei ihm und meinem Mutterherz Trost suchte.

„Ein Käffchen gefällig mein Sohn?" Sagte es und verschwand, ohne meine positive Reaktion abzuwarten, in der Küche. Während ich mich aufs Sofa fallen ließ und verschnaufte, – so nannten Mutti und Vati immer meine kurzen Erholungsphasen –, wenn ich mich also niedergesetzt hatte und meine müden Beine wohltuend und bequem unter den Couchtisch streckte, sorgte sich mein alter Herr rührend um mein Wohlergehen.

Mit aufkommender Freude hörte ich auch schon, nach ungefähr einer Minute, den sich permanent steigernden Pfeifton unseres alten Aluminiumwasserkessels mit der aufgesteckten Heulpfeife. Dieser, nachdem er von Vati abrupt von der Gasflamme des Herdes genommen wurde, in einem kläglichen und immer leiser und schwächer werdenden ‚Uüiii-Ton', langsam und röchelnd in sich zusammenfiel.

Ich vernahm den hellen Klang, den das Abstellen der gläsernen Kanne erzeugte und verfolgte mit gespitzten Ohren den weiteren Werdegang von Vatis Art der fast rituellen Kaffee-Zubereitung. Ich hörte deutlich das Aufsetzen des Filtertrichters mit dem innenliegenden, leicht raschelnden Filterpapier.

Alsdann verfolgte ich gespannt das anschließende, gurgelnde Geräusch des Brühvorgangs, das hervorgerufen wurde durch den mehrfachen Aufguss des blubbernden, kochend heißen Wassers auf das Kaffeemehl im Filtertrichter. Der gurgelnde Klang des fallenden, flüssigen Wachmachers, des immer starken und tiefschwarzen Koffein-Filtrats blubberte mir noch nach langer Zeit lebendig in den Ohren.

„Dieser Kaffee ist des Vaters Werk", rief ich laut, und mit in die Höhe gereckten Armen deutete ich eine heroische Gebärde an, als ich den köstlichen Duft des frisch gebrühten Kaffees in der Nase spürte.

Mutti lachte schallend und bemerkte so beiläufig: „Unser Sohnemann ist so fertig mit sich und der Welt, trotzdem hat er immer noch einen flotten Spruch auf den Lippen. Alle Achtung mein Lieber!"

Immer dann, wenn ich meine Arbeitspausen bei ihnen zelebrierte, legte mir Vati sein neuestes Aquarell zu Füßen, aber immer mit einem hellen Passepartout versehen, denn ohne die Umrandung verlieren sich seiner Meinung nach die Farben an den Rändern. Diese Zeremonie der Begutachtung wiederholte sich stets, jedenfalls seit ich denken konnte. Auch seine neuesten Ölbilder präsentierte er freudig, wobei er eine gehörige Portion Stolz nicht verbergen konnte.

Ab und an zeigte er uns, aber immer mit seinem ihm eigenen, strengen, auch nachdenklichen Mienenspiel, gezielt die Werke, die er noch in Arbeit hatte. Er stellte sie zur fälligen Bewunderung, Bild nach Bild auf den Vorsprung des mächtigen Bücherschranks. Die Ölfarbenkleckse und die leichten Kratzer auf der ehemals polierten Edelholzfläche nahm Mutti achselzuckend zur Kenntnis.

„Das sind die farbigen Eigenheiten, die den grauen Alltag des Lebens mit einem Kunstmaler etwas bunter erscheinen lassen."

Es war ja nicht nur der Bücherschrank allein, der die eindeutigen Spuren von Vatis permanentem künstlerischem Wirken verriet, denn auch so manch anderes Möbelstück oder die eine oder andere Sofa- oder Tischdecke zeigten es freimütig und offen ... ‚Hier ist die Welt bunt und abwechslungsreich'.

Die Enge unserer kleinen Mansardenwohnung schenkte uns das heimelige Gefühl der körperlichen Nähe und Wärme.

Dieses wunderbare Gefühl, das uns zu jeder Zeit eine innige Verbundenheit vermittelte, faszinierte uns immer wieder aufs Neue, gleichwohl diese räumliche Enge der eigentliche Grund dafür war, dass unseres Malers bleibenden Farbspuren entstehen konnten. Diese Erkenntnis rief aber bei Mutti und mir eine ehrliche Freude hervor, eben dass diese unbeabsichtigten und meist auch unscheinbaren ‚Farbschmierereien' für uns beide einen gewissen Wert enthielten, den wir unisono zum ‚Kultstatus' adelten.

„Ein wenig verrückt mein Lieber", rief mir Mutti entgegen, als unser Künstler erneut im Atelier verschwunden war, „wie gesagt, ein wenig verrückt sind wir zwei zusammen schon, – ich meine natürlich meine unendliche Friedfertigkeit und die Geduld, die ich immer übe, die ich Deinem Vater gegenüber entgegenbringe und … das sage ich Dir, das ständige Dulden der Flecken will gelernt sein." Sie hörte einen Moment auf und schluckte den geplanten Satz sichtlich hinunter und starrte einen Augenblick auf die diversen Verwischungen der Farbreste, bevor sie ihre nächsten Worte an mich richtete: „Die Schmierflecken entstehen immer nur durch Vatis unachtsames, ja auch manchmal überhastetes Bilderzeigen. Auch das Verpuffen meiner Bitten um mehr Achtsamkeit seinerseits, auch das ertrage ich in stoischer Ruhe."

Mutti hielt kurz inne, schaute zu mir herüber und sie schien einen weiteren Gedanken im Kopf zu haben, der sie zu quälen schien, den sie auch sicherlich irgendwie kundtun wollte, denn ihre wohlgeformten Lippen signalisierten mir ein zurückhaltendes süffisantes Schmunzeln, bevor sie langsam und bedächtig an ihr begonnenes Gesprächsthema wieder anknüpfte: „Ausgerechnet Du, mein sonst so mutiger Sohn, Du bist ja immer nur begeistert und von Deines Vaters Malereien, regelrecht angetan bist Du und ein wenig zu blauäugig. So vermisse ich doch manchmal einen angebrachten Deut einer gewissen Objektivität. Doch über Deine Lippen kommt überhaupt nichts dergleichen, auch nicht einmal ein klitzekleines Sterbenswörtchen, das an eine leise Kritik erinnern würde, nicht mal eine fragende Bemerkung fällt Dir ein. Und Du willst ein Fallschirmjäger gewesen sein? Du sagst weder was zu den Bildern noch zu den blöden Ölfarbflecken!"

„Hallo Mutti, geht's noch? Ich bin beileibe kein Feigling", entgegnete ich leicht verschnupft, holte tief und hörbar Luft durch die Nase, wahrscheinlich tat ich das, um mich zu beruhigen, doch ich setzte meine gespielte Entrüstung fort: „Aber es ist eine bestehende Tatsache, dass ich von Vatis Kunst begeistert bin, denn ich kann mir ein fachliches Urteil schon erlauben, auch wenn ich in manchen Fällen nicht immer objektiv urteile. Bitte Mutti, sieh es mir nach, vielleicht lerne ich später einmal in Bezug auf Vatis Malerei, meine rosarote Brille beiseitezulegen. Sorry!"

Es war ja auch wirklich eine Seltenheit, wenn Mutti mal der ‚Kragen platzte' oder, wie geschildert, ihr der sogenannte Geduldsfaden riss.

Aber der ‚seidene Faden', an dem manchmal unser Familienglück hing, der hielt dankenswerterweise jede Widrigkeit aus, er spannte sich manchmal – aber zerreißen tat er nie.

Es versteckten sich in jenen außergewöhnlichen, aber auch in den normalen

Episoden, die unser Zusammenleben in den siebziger Jahren bestimmten, es versteckten sich noch so manche bedeutsamen Erlebnisse, denen ich damals meist nur eine geringe Aufmerksamkeit schenkte.
Diese kann ich jedoch im erneuten Nachdenken in meiner realen Gegenwart, also im ‚Hier und Jetzt', klarer erkennen. So kann ich auch dem Inhalt des Geschehenen von einst, glücklicherweise einen verständnisvolleren neueren und bedeutenderen Wert zuordnen.
Schon nach kurzem Denkprozess ist es mir wichtig, die aufgezeigten und erkannten Erfahrungen in meinen Kopf zu integrieren.
Im virtuellen Vorbeiflimmern der Szenen von einst, die angefüllt sind von vielen bunten, ein wenig verwischten Bildern, entstehen, exakt in diesem Moment des Erfassens, meine starken und erregenden Gefühle, die nicht nur meine Gedankenwelt erobern, sondern auch gleichzeitig eine neue, emotionale Verbindung zu dieser vergangenen Ära herbeiführen.
Diese Gedankenprojektionen weiten sich momentan und nach und nach zur gefühlten Realität aus. Sie verschmelzen das vergangene Geschehen auf faszinierende Weise mit meiner heutigen Gegenwart.
Diese Transformationen lasse ich nur allzu gerne zu, denn ich will diesen seltenen und zugleich faszinierenden Zauber, den diese Rückkehr meiner einst prägenden Zeit in mir auslöst, ich will dieses Phänomen bewusst erleben, ... und weiterhin von ihm erzählen.
Die kurzen Arbeitspausen, die ich einst bei und mit meinen Eltern immer wieder gerne verbrachte, sie ließen mich ihre Zweisamkeit hautnah miterleben.
Ich bewunderte ihre harmonische Ausstrahlung, die mich auch stets erfasste, sobald ich die Schwelle in ihr Reich der guten Gefühle überschritten hatte und mal vom Duft eines mit Rum angereicherten Assam-Tees von Vati verwöhnt wurde. Zum andern war es der frischgebrühte Kaffee, den Mutti mir servierte, der mir immer guttat und vorzüglich schmeckte.
Und immer war es mal der blaue, oftmals mich berauschende, feine Qualm von Vatis Zigarrengenuss. Oder es waren die wohlriechenden, leicht süßlich anmutende Düfte der feinen englischen Pfeifentabake, oder auch deren Mischungen, die zu Vatis solitären Genüssen führten, die zusammengenommen, immer eine individuelle und gemütliche Atmosphäre schufen.

Unsere gegenseitige Liebe erfüllte ihre schnuckelige Wohnung mit Lebensfreude, und die stets empfundene Seelenverbundenheit schenkte mir, auch in meinem Erwachsenenalter, das liebgewonnene Gefühl der familiären Geborgenheit in den urgemütlichen ‚Vier Wänden' meiner Eltern, die immer auch einen unverkennbaren, charmanten Boheme-Charakter ausstrahlten.
Unsere anregenden Gespräche hatten vom Inhalt her betrachtet, einerseits viel Raum für alle relevanten Themen des jeweiligen Tagesgeschehens, wobei die große Politik Vatis Lieblingsthema war.

Andererseits verstand es mein ‚Alter Herr' auch, mir die ganze Bandbreite der Geisteswissenschaften näherzubringen, wobei auch genügend Zeit des gemeinsamen Philosophierens übrigblieb.
Mutti schätzte unsere ‚Vater-Sohn-Gespräche' ungemein und hörte uns interessiert zu. Aber auch ich war oftmals hellauf begeistert und positiv motiviert, gerade von der eigentlich doch sehr anspruchsvollen Art unserer Unterhaltungen.
Unbewusst registrierte ich deren ideologischen Wert, denn die Gesprächsgrundlagen boten uns beiden ‚seelenverwandten Hitzköpfen', Tag für Tag die Ereignisse der spannenden und aktuellen gesellschaftspolitischen Fragen. Diese wechselten ständig, denn immer wieder stellte ich den Wahrheitsgehalt unserer Hintergrundinformationen auf den Prüfstand der Realität und diskutierte mit meinem Erzeuger die gefundene Ausgangsbasis so intensiv, dass er regelrecht die Gespräche mit mir suchte. Er kannte mich ja genau und wusste, dass ich von Kindesbeinen an immer neugierig war und meine Wissbegierde sich fortwährend mit meinem Heranwachsen steigerte.
‚Verstand kommt nicht vor Jahren', ... dieses volkstümliche Sprachungetüm brachte mein Mutterherz des Öfteren in ihrer typischen und hintersinnigen Art in unsere inhaltsreichen Unterhaltungen ein.
Nämlich immer dann, wenn ihr unsere politischen, literarischen und meist tiefschürfenden Themen suspekt vorkamen und sie explizit der festen Meinung war, dass Vati meinen Geist wohl überforderte.
Wobei ich aber den Sinn des Spruches damals nicht verstand, den Inhalt aber kopfschüttelnd akzeptierte und im Hirn abspeicherte. Heute klingt ihr Einwand ... ‚Verstand kommt nicht vor Jahren' ... in mir immer noch nach, denn auch nach so vielen vergangenen Jahren suche ich vergeblich nach einer plausiblen Erklärung ihrer Worte.
Ich gebe mich aber mit einer von mir erdachten und für mich auch logischen Definition zufrieden, eben, dass meine Mutter damals der Meinung war, dass ich erst noch einige zeitliche Entwicklungsstufen des Lebens durchlaufen müsste, um die geistigen Zusammenhänge und deren Richtlinien aus Vatis Gedankenwelt verstehen zu können.
Erst dann wäre ich in der Lage, so war sicherlich ihr Kalkül, die wesentlichen Inhalte seiner gut gemeinten Botschaften als weise Ratschläge zu erkennen und anzuwenden.
Vielleicht hatte Mutti es so gemeint ... oder war es doch anders?

Das ‚Auf und Ab', das ‚Helle und das Dunkle'

Dazu zählte ich auch unbedingt als weiteres, weises Wortspiel … ‚Licht und Schatten', als eine geniale Umschreibung aller Wechselwirkungen eines jeden individuellen Lebens, die bekanntlich und gerechterweise jedermann treffen und auch niemanden verschonen.

Meine vielseitigen Renovierungs-Tätigkeiten, die alle mit einer großen Verantwortung verbunden waren, sie beherrschten ebenso meine Psyche, wie die sich steigernden Dekorationsaufträge meines Werbestudios, die ebenfalls meinen vollen, professionellen Einsatz verlangten.

Die wenigen Verschnaufpausen bei Vati und Mutti brachten mir nur sporadische Ruhephasen, die mir aber die nötige Kraft zum Durchhalten meiner Doppelbelastung schenkten.

Ich nahm das wohltuende ‚Aufgefangensein', das ich während meiner seltener gewordenen Besuche bei Mutti und Vati mit guten Gefühlen genoss, ungewollt und zu sehr ‚ichbezogen' in mir auf, sodass ich nicht zur Kenntnis nahm, dass sich das bislang intakte Lebensumfeld meiner Eltern rapide verändert hatte.

Leider verschwieg mir Mutti zu lange die grausame Diagnose ‚Streukrebs', die unser Freund und Vatis Bendorfer Vertrauensarzt, Doktor Max-Werner Unckell, schon vor längerer Zeit bei ihm diagnostiziert hatte. Mutti verheimlichte mir den wahren Gesundheitszustand meines geliebten und geschätzten ‚Alten Herrn'.

Auf seinen ausdrücklichen Wunsch hin sollte ich so lange wie möglich die bittere Wahrheit nicht erfahren. So handelte mein mitfühlendes Mutterherz durchaus verantwortungsvoll und weisungsgemäß, denn beide waren felsenfest davon überzeugt, dass sie mich durch ihr Stillschweigen schonen würden.

Während ich mit ihnen zunächst schweigend im Wohnzimmer saß und einige Mühe hatte, diese Hiobs-Botschaft zu verinnerlichen und gleichzeitig meine Tränen hinter meinem Tempotaschentuch zu verheimlichen suchte, durchbrach Vati unsere selbstauferlegte Stille: „Scht mal, meine Lieben, liebste Grete, mein geliebter Filius, wir haben doch Licht und Schatten zu Hauf erlebt, und wir hatten in den allermeisten Fällen des Schicksals Wohlwollen auf unserer Seite. Selbst die unsäglichen Verfolgungen durch Hitlers Schergen der Geheimen-Staatspolizei, haben wir alle fast unbeschadet überlebt."

Vati hörte mit seiner mutmachenden Rückwärtsbetrachtung abrupt auf und schaute nachdenklich zu uns hinüber. Er zog genießerisch an seiner wohlriechenden Zigarre, schaute uns beide mit einem festen und durchdringenden Blick in unsere Augen, bevor er bedächtig und mit ernster Stimme an seine kurz unterbrochenen Erinnerungen wieder anknüpfte und mit positiver Energie weitererzählte: „Erinnerst Du Dich, liebste Grete, welche Sorgen Du Dir machtest und welch große Angst Du vor den drohenden Verhaftungen dieser Mörderbande, der teuflischen Gestapo hattest? Das alles haben wir überstanden, mein liebes Eheweib! Auch haben wir das Kriegsende nicht nur herbeigesehnt, nein, wir durften

es hautnah erleben, und wir alle sind, Gott sei Dank kann ich heute nur sagen, auch noch rechtzeitig durch die amerikanischen Soldaten in Bendorf befreit worden. Das sollten wir nie vergessen!"
Ich fühlte mich direkt mitangesprochen, obwohl ich die geschilderten Ereignisse nur verschwommen in meinen Erinnerungen wiederfand. Aber den Wortlaut habe ich noch ungefähr im Gedächtnis, denn der Inhalt seiner Worte galt für mich als eine zeitlose Offenbarung, die mich beeindruckte und die meine lebensbejahende Grundeinstellung zu unserem demokratischen Rechtsstaat nachhaltig formte.
Während wir in trauter Runde unsere dunkle Zukunft vor Augen hatten und wir in unseren traurigen Gefühlswelten verharrten, lagen meine Nerven blank.
Meine Gedanken beschäftigten sich mit meiner soeben erlebten, äußerst schmerzenden Realität. Ich bemerkte schlagartig meine ungewollte und gefühlte Gegenwarts-Blindheit, die mich, bei allen Belastungen meiner vielen ‚Baustellen', daran gehindert hatte, den wachsenden Krebs bei Vati zu erkennen.
Ebenso schlagartig erfasste mich die Tatsache der unwiderruflichen Endgültigkeit der ärztlichen Diagnose. Diese Hiobsbotschaft belastete mein Herz mit einer tiefen und andauernden Grundtraurigkeit. Dass die diese Traurigkeit alle Zeiten überdauern würde, das war mir sofort klar, denn die Tatsache, dass ich die gesundheitliche und für jedermann ersichtliche körperliche Veränderung von Vatis Gesundheitszustand nicht rechtzeitig erkannt hatte, das konnte ich in meiner Gefühlswelt nur als ‚unverzeihlich' festschreiben.
In regungsloser Starre und mit schmerzenden Gliedern saß ich schweigend auf unserem Wohnzimmersofa und versank in meinen dunklen Gedanken, fühlte ich mich von den Sorgen um meinen geliebten alten Herrn seelisch gefangen, eingeschnürt und regelrecht gefesselt …
Und ich wäre in dieser Traurigkeit seelisch untergegangen, wenn sich da nicht Vatis philosophische Deutung über das Sterben im Allgemeinen und die aufwühlende, theatralische Rolle von ‚Gevatter Tod' im Besonderen als überaus eindringlich und symbolhaft in mein Lebensbild eingegraben hätte.
Der ‚Sensenmann' als allegorische Gestalt, er wird in der weit verbreiteten volkstümlichen Darstellung als menschliches Gerippe gesehen, das eine Sense in seinen skelettierten Händen hält. Diese bildliche Inszenierung wird so mystisch dargestellt, dass der gefühlt unheimliche und unabwendbare ‚Tod' allgemein als der Menschen Feind empfunden wurde.
Vati jedoch dachte auch in diesem aufwühlenden Themenkomplex anders als andere. Er hatte mir, als er mir, vor gefühlt langer Zeit, wohlüberlegt und gezielt, auch als Trost gedacht, zumindest eine mildere Version des unabänderlichen Todes erzählt hatte. Ich war am Sterbetag seines geliebten Vaters neun Jahre alt. So erlebte ich meine erste Begegnung mit dem unbekannten Gefühl der Traurigkeit und mit dem Sterben ganz tief in meinem Herzen. Vati konnte immer sehr gut und bildhaft erzählen, dass ich mir fast jede Geschichte, allein durch seine fesselnde Vortragsweise, zwingend merken musste. An jenem traurigen Abend

berührte mich vor allem aber Vatis Erzählung vom Gevatter Tod, von … ‚Freund Hein', von dem er ab und an und je nach seinem Gemütszustand schon früher zu erzählen wusste und der nun aber, ab meiner ersten Begegnung mit der tiefen Traurigkeit, in meinen Vorstellungen herumgeisterte.

Doch in meiner damals gefühlten Grundtraurigkeit, die mich wie zu Stein erstarrt auf das weiche Sofa fesselte, fühlte ich mich gefangen, aber ich löste mich nach einer gefühlten Ewigkeit aus meiner Denkblockade und ordnete meine wirren Albträume. Nach und nach näherte ich mich der Realität und beim Begreifen der schlimmen Diagnose, erinnerte ich mich plötzlich und dankenswerterweise an meine Kindheit und an ‚alles vormals Gesagte'.

Ich hörte unverkennbar Vatis Stimme, die aber mit einem, mir unbekannten, undefinierbaren und leise schwingendem Hall ummantelt war. Seine liebenswerte Stimme vernahm ich so wohltuend und liebevoll, denn sie erreichte spielerisch meine tobenden Gedanken. Gleichzeitig berührte er mit seinen Worten mein schneller pochendes Herz und sie streichelten tröstend meine Seele.

Seine suggestiv klingende Stimme umschmeichelte mein Gemüt. Sie erfreute mich still und sie hielt mich regungslos in ihrem Bann. Wie gelähmt verharrte ich lauschend auf dem Sofa.

Mit einer gewissen Erleichterung registrierte ich den richtigen Zeitpunkt meines zurückkehrenden und zugleich befreienden Gedankenkreislaufs, der das miteinander Erlebte in unserem bisherigen Dasein kurz festhielt, um mich alsdann, an all das gemeinsam erlebte ‚Schöne' zum wiederholten Mal stumm zu erinnern …

In diesen suchenden Gedanken war ich noch gefangen, als ich von meines Vaters Worten in unsere Dreiergemeinschaft ins mittlerweile verrauchte Wohnzimmer zurückgerufen wurde:

„Ja, mein lieber Lami", – mit diesem Namen wurde ich als Kleinkind von ihm des Öfteren gerufen, nämlich immer dann, wenn er besonders liebevoll zu mir sein wollte, – woher der Name rührte und was er bedeutete, das habe ich nie hinterfragt.

„Mein geschätzter Freund und Filius", mit diesen Worten fuhr Vati mit seiner weichen und trostbringenden Stimme fort, wobei er seine Lautstärke bis nahe ans leise Flüstern zurückfuhr, „erinnerst Du Dich an die Geschichte von Freund Hein, die ich Dir zum ersten Mal erzählte, und zwar an dem Abend, als mein Vater, Dein Opa Daddy, von uns gegangen war. Das war im September 1951, am 12. war es genau. Ich versuchte Dich damals mit der euphemistischen, allegorischen Erzählung von ‚Freund Hein' zu trösten und ummantelte die traurige Wahrheit mit der abgemilderten, verschönenden Version der Geschichte. Der Inhalt dieser Legende sollte Dir erzählen, dass der Tod auch als ‚Freund der Menschen' gesehen werden kann.

Ich erzählte Dir von dem Seemann, der auf der Nordsee mit seinem Fischerboot in einen fürchterlich wilden Sturm geriet und er befürchten musste, dass die meterhohen Wellen seinen Fischkutter in die Tiefe reißen könnten.

In seiner Todesangst umklammerte er den dicken Segelmast und schlang das dort befestigte und herunterhängende dicke Tau, in höchster Not und Halt suchend, um seine Arme, als er in der tosenden Sturmhölle das furchteinflößende Bildnis des ‚Sensenmannes' entdeckte, der sich aber augenblicklich von der Gestalt ‚Gevatter Tod' ... in unser aller ‚Freund Hein' verwandelte.

Dieser lehnte gespenstisch und bleich ausschauend, mit flatterndem, schwarzem und zerrissenem Umhang an der Wand zur Kajüte und schaute mit seinen leeren Augenhöhlen den Fischer an, wobei er die eigentlich todbringende Sense mit seinen Knochenhänden umklammerte, als er zu dem verängstigten Seemann mit mystisch tiefer Stimme sprach: „Ich bin der Gevatter Tod und ich bin gerecht, denn ich bin die ewige Gerechtigkeit, so verschone ich niemanden, nicht eine arme Seele kann sich vor mir verbergen, denn ich besuche alles Lebende, mal komme ich früher, ein anderes Mal später. Bei Dir, mein Freund, habe ich heuer nur mal vorbeigeschaut. Zu Dir komme ich auch, ganz gewiss, aber eben später."

„Ich verstehe Dich ja Vati, dass Du Mutti und mich trösten willst", begann ich meine spontane Entgegnung, eben als emotionale Antwort auf seine gutgemeinte Trostrede, wobei ich mich gegen die ungewollt kullernden Tränen nicht wehren konnte. Mit leicht brüchiger und teils stockender Stimme fuhr ich mit meiner ehrlichen Situationsbewältigung fort: „Wenn ich vor lauter Arbeit und dem mit dem einhergehenden Stress eine gewisse Blindheit den Tatsachen gegenüber hatte, so hättet Ihr, ich meine Dich mein Mutterherz, aber das gilt auch für Dich Vati, beide hättet ihr mir trotzdem die schmerzende und bittere Wahrheit sagen müssen! Wie konntet ihr mir die Krebs-Diagnose nur so lange verheimlichen? Das war nicht fair!"

Mein alter Herr hatte sich in seinem Sessel aufgerichtet und sah mich mit einem nachdenklich wirkenden Blick an. Nach einer Weile entgegnete er mir mit widersprechender Vehemenz: „Was hätte es denn gebracht, Du Schlaumeier, wenn wir Dir schon von dem ersten vagen Anfangsverdacht erzählt hätten? Nichts hätte das gebracht, außer dass Du Dir die aufkommenden Sorgen zu sehr zu Herzen genommen hättest und dass Deine Arbeitskraft darunter arg gelitten hätte. Das solltest selbst Du einsehen, dass unser Verheimlichen richtig war."

Nach einigen Minuten, wobei man alle uns bewegenden Gedanken in unseren Köpfen fast hätte hören können, platzte Vati mit seinem, ihm immer zugeschriebenen schwarzen Humor, in unsere stille nachdenkende Runde hinein: „Denk an unseren Freund Hein, mein Sohn, er kommt ja noch nicht direkt zu mir, er hat sich nur mal bei mir umgeschaut und ist weitergegangen."

In jeder normalen Lebenslage hätte ich über seinen Spruch schmunzeln können, doch verspürte ich in diesem Moment weder die rechte Lust dazu, noch fand ich seine makabre Bemerkung als auflockernd, schon gar nicht sah ich sie als gutgemeinte Beschwichtigung an.

Obwohl ... so niederschmetternd sich unsere Situation auch zeigte, eine regelrechte Trübsal kam in der folgenden Zeit nicht auf. Dafür hatte mein Mutterherz

zu viele gute Ideen, die sie mit Vati aktiv umzusetzen verstand und ihn immer wieder auf gute Gedanken brachte.
Auch ich war oft mit von der Partie, wenn unsere Spielrunden für das gezielt kurzzeitige Vergessen sorgten und das harmonische Miteinander im Vordergrund stand. Wir nutzten die uns verbleibende Zeit.
Die mittlerweile notwendigen, täglichen Behandlungsbesuche von unserem Freund und Arzt des Vertrauens, von Doktor Max-Werner Unckell, sie brachten immer nur eine kurzzeitige Milderung der immer häufiger auftretenden Schmerzen, die durch Vatis Streukrebs hervorgerufen wurden. Sein rapider körperlicher Verfall schritt unaufhaltsam voran, auch wenn Mutti alle nur möglichen gesunden und kräftigenden Nahrungsmittel ausprobierte und ihren leidenden Mann liebevoll betreute, – und zu jeder Tages- und Nachtzeit aufopfernd pflegte.
So oft es mir möglich war, unterstützte ich diese häusliche Pflege.
Unser geliebter Protagonist des freien Denkens, er lebte diesen Stil stets, auch während seiner todbringenden Erkrankung. Und nicht nur im Gesamtbereich seines künstlerischen Schaffens verfolgte er zeitlebens diese Maxime. Sein quirliges soziales Lebensgefühl war sein Credo und wurde stets getragen von einer uneingeschränkten Liberalität und aufrechter Gesinnung.
Nach einem der letzten Besuche bat mich Dr. Unckell still und nur mit einer richtunggebenden Kopfbewegung, in den außerhalb der Wohnräume liegenden langen Flur. Ich wusste sofort, dass unser ärztlicher Freund mit mir zu sprechen wünschte. „Gotthold, ich kann nur dringend dazu raten, Deinen Vater so schnell wie möglich in eine Klinik einweisen zu lassen, denn ich kann einfach nichts mehr an Therapien anwenden, die seine Schmerzen mindern könnten. Dein Vater hat alle meine Ratschläge negiert und mir klar bedeutet, dass er partout in kein Krankenhaus will. Wobei man dort noch eine kleine Verlängerung seiner Erdentage erreichen könnte."
Ich atmete tief durch und schaute zu unserem hochgewachsenen Arzt und Freund auf und begann mit der Befolgung von Vatis letztem Wunsch, dass er in unserem Beisein zu sterben beabsichtigte.
„Ich kenne den Ernst der Lage, in der wir uns befinden, verehrter Max-Werner", … begann ich mit meiner Erklärung bezüglich des letzten Willens meines Vaters und erläuterte einige wenige Details aus einem unserer letzten Vater-Sohn-Gespräche.
„Ich verkenne nicht die besseren Therapiemöglichkeiten eines Klinikaufenthaltes …", setzte ich selbstbewusst nach und fuhr mit meiner unbedingten Wahrheit und Klarheit fort: „… doch ich habe meinem alten Herrn, feierlich in die Hand versprochen, dass er seinen letzten Gang, wann immer das sein mag, aus freiem Willen tut, ich will, dass er diesen letzten Weg in seinen eigenen vier Wänden gehen kann.
Und wenn uns unser Gott der Allmächtige seine grenzenlose Güte schenkt, dann werden wir ‚unseren Mittelpunkt' mit unserer gemeinsamen Kraft ein Stück weit

begleiten und unsere große und bedingungslose Liebe wird sich mit ihm unauflösbar verbinden.
Wir werden uns mit ihm im gemeinsamen Erinnern vereinen und ihn, in der Zeit des Abschieds, in unseren Gedanken begleiten, wir werden bei ihm bleiben, auf seinem, uns unbekannten Pfad, in seine gesuchte Sphäre des raum- und zeitlosen Jenseits, ins ersehnte helle und erlösende Licht, das zeitlebens seine Hoffnung bedeutete.
In diesem sinngemäß wiedergegebenen Wortlaut sind meines alten Herrn letzte Wünsche und auch Teile seiner philosophischen Weltanschauung integriert … mein geschätzter Freund Max-Werner, es war Vatis ausdrückliche Anordnung an mich, dass ich Dir seinen Willen umgehend mitteilen musste. Auch aus diesem Grund denke ich nicht, dass sich an Vaters explizit geäußertem Wunsch etwas ändern werden wird. Ich schilderte Dir als unserem geschätzten Arzt und auch Freund der Familie unsere traurige Situation und hoffe auf Dein Verständnis."

Doktor Unckell hatte mir angespannt zugehört, überlegte kurz und seine folgende Antwort hatte ich fast auch so erwartet: „Weißt Du, Gotthold, ich habe Deinen Vater nicht nur als Künstler stets bewundert und gemocht, ich besitze auch so einige seiner Werke, darüber hinaus schätze ich auch seine humane Weltanschauung, und ich empfand sie immer faszinierend, wenn er seine eigene Sicht auf die uns bewegenden Themen kundtat."
„Ich nehme an, Du meinst mit – meines Vaters humaner Sicht auf die Dinge der Welt – wahrscheinlich seine oftmalige Teilnahme an den philosophischen Debatten in den geistreichen Gesprächsrunden im Salon Eures Hauses, bei Deiner verehrten Mutter Frederuna als Gastgeberin. Ihre Diskussionspartner in den besagten Zirkeln schenkten sich gegenseitig ein offenes Ohr und immer eine interessante, angenehme Art der Diskussionen in intellektueller Fairness, die ich selbst auch sehr zu schätzen lernte, je öfter mein Vater mir davon erzählte."
Über meinen umfangreichen Kenntnisstand bezüglich der philosophischen Bendorfer Gesprächsrunden, die ja auch im Hause Unckell stattfanden, war mein Zuhörer doch etwas verwundert.
Im Vergleich zu den ihm bekannten, teilnehmenden Protagonisten der Denker-Stammtische gehörte ich nicht zu dem erlauchten Kreis dazu, denn dazu war ich mit meinen vierunddreißig Jahren noch zu jung an Jahren und daher leider nicht Mitglied in diesem auserwählten Zirkel der Senioren.
Max-Werner griff meine Hände, drückte sie leicht und mit sonorer Stimme sagte er betont leise: „Abschließend zu unserer ernsten Unterhaltung bleibt mir nur für Deinen Vater Gottes Segen ohne Leiden zu erbitten – und Euch beiden, Deiner Mutter und auch Dir – recht viel Kraft für die kommende schwere Zeit zu wünschen. Außerdem – und das möchte ich noch sagen … ich finde, dass der Wunsch, dem Sterben zuhause entgegenzusehen, sehr gut zu Euch passt, – ich meine, zu Euerm persönlichen und lebenslang gelebten Boheme-Stil im ausgeprägten

Künstlertum des Vaters. Eure Liebe zueinander ist als bestehende Grundlage Eures gelebten harmonischen Familienkreises, …
und da spürt jeder, der Euch kennt, die Wärme und die Nähe zueinander, … und diese verbindende Liebe wird sich bei allem Verlust, bei aller Trauer, als ein Beweis Eurer Stärke erweisen.
Dieser Zusammenhalt erscheint mir wie ein festgeprägtes Siegel Eures unverbrüchlichen Dreierbundes. Jede Sekunde dieser Zeit des Abschieds wird in Euren Gedanken verankert bleiben, und genau diese Zeit wird es vordergründig sein, die Euch über den Verlust und den Tod hinaus erhalten bleiben wird. Alles Gute Für Euch!"
Gemeinsam gingen wir in die Wohnung zurück. Dr. Unckell griff zum Arztkoffer und verabschiedete sich von Mutti und Vati. Ich begleitete ihn zur schweigend zur Tür. „Wenn was Wichtiges sein sollte, Anruf genügt, – bis dann Gotthold."
Claudia hatte von alledem nichts mitbekommen, denn sie hielt ihr Mittagsschläfchen im abgedunkelten Schlafzimmer meiner Eltern, heute mal in Omas Bett. Ich setzte mich zu Vatis Füßen auf den weichen Teppich und nahm aufrecht sitzend Vatis feingliedrige Hände und streichelte sie mit einem leichten Druck, der meine Liebe zu ihm unterstreichen sollte.
„Mein lieber Lami", da war er wieder, dieser liebevolle Name ‚Lami', den Vati, wie ich schon erwähnte, nur ganz selten wählte, um mir auf diese seltsame Weise seine große Liebe zu mir zu untermauern.
„Ich bin unendlich erleichtert", fuhr er mit seiner Ansprache fort, „dass Du mit Doktor Unckell in Ruhe über mich und meinen unheilbaren Krebs gesprochen hast. Außerdem habe ich auf Dein Verständnis für meinen Weg gehofft … und mit innerer Genugtuung habe zur Kenntnis genommen, dass Du meine geplanten Suicid-Schritte für Dich behieltest und sie nicht nur nicht konterkariertest, sondern mir Deine Liebe sicherlich unter großen eigenen Zweifeln so deutlich zeigst. Das Akzeptieren meines Vorhabens, als meine ‚Ultima Ratio', sie verlangt von Dir, mein Sohn, eine gehörige Portion Stärke und Mut!
Dass ich mit meinem geliebten Eheweib, Deiner Mutter natürlich zuerst darüber gesprochen habe, das wirst Du mir sicherlich nachsehen können.
Deine Mutter bestand aber darauf, dass auch Du, als mein Sohn, meinen Entschluss kennen solltest und Du mir auch ehrlich sagst, was Du denkst."
Ich saß noch immer im sogenannten Schneidersitz, eben mit nach innen überkreuz gelegten Beinen, zu Vatis Füßen, hielt immer noch seine Hände und schaute gleichzeitig zu Mutti rüber … und begann meine Rede mit meiner eigenen Philosophie über das Leben und Sterben unseres Malers: „Wenn ich eines von Dir bis heute habe lernen können, lieber Vati, dann sind es die erklärten menschlichen Tugenden, die Du mir in vielen lehrreichen Gesprächen einst näherbrachtest. Ich habe Deine Lehren nicht nur akzeptiert, ich habe sie alle nacheinander auch verinnerlicht, und ich habe auch zukünftig die Absicht, so gut es geht, nach deren Geboten mein Leben auszurichten.

Über allem aber steht für mich ... die Würde des Menschen ist unantastbar! Auch diese Verhaltensweise hast auch Du mir einst eindringlich nähergebracht.
Ja, und wenn ich danach lebe, mein liebster Vater, dann kann ich nur so denken und handeln, eben wie es die Präambel unseres Grundgesetzes vorschreibt ...
Ich achte Deine Würde, Vati, denn ich bediene mich jetzt Deiner allegorischen Geschichte von Gevatter Tod, der Geschichte unseres Freundes ‚Hein' ... denn Du warst es, der versucht hatte, mir die Schrecken des Sterbens und die des Todes zu nehmen, denn sie sind unauflösbar mit dem Leben verbunden, erklärtest Du.
Wenn es denn gar nicht mehr geht, ich meine, wenn Du Deine Schmerzen und Deine seelische Pein nicht weiter tragen kannst, dann Vati, dann geh auf Deinem Weg unserem gemeinsamen Freund Hein ein Stück entgegen!"
Ich sah seine feuchten Augen, denn das nasse Schimmern konnten auch die dicken Gläser von Vatis Brille nicht gänzlich verdecken. Auch mein Mutterherz ließ ihren herzergreifenden Tränen freien Lauf, denn unsere hoffnungslose Familiensituation war ja auch wirklich kaum zu ertragen.
„Ich allein entscheide den Zeitpunkt des Entgegengehens."
Vati räusperte sich lautstark, so als wolle er das Gesagte vehement unterstreichen.
„Ich danke Euch beiden ... und nun wollen wir uns wieder rasch erfreulicheren Dingen zuwenden, wenn es recht ist? Ich verschwinde ins Atelier!"
Die folgenden Wochen schleppten sich so dahin. Vatis Elan von einst war einem krankheitsbedingten Phlegma gewichen. Einzig und allein sein bequemer Lehnsessel war zum Hort seiner Entspannung geworden, denn das ausdauernde Lesen seiner Bücher aus der umfassenden Sammlung seiner permanent erstandenen Literatur hatte die Besessenheit seiner Malerei verdrängt.
Mutti und ich, wir sahen seinen körperlichen Verfall und wir wussten, dass seine schwindende Kraft seine Seele verschlang und dass seine ehemals gezeigte Lebensfreude in einer schleichenden Depression endete.
Mit großer Geduld war Mutti mit ihrer Liebe, aber sicherlich auch durch ihre, in jungen Jahren erworbenen Pflegekenntnisse, zu Vatis einzigem Dreh- und Angelpunkt des Daseins geworden. Alle nur erdenklichen Erleichterungen ließ sie sich einfallen, um ihres geliebten Mannes Leidensweg erträglicher zu gestalten und auch seine permanenten Schmerzen abzumildern.
In den Enddreißiger Jahren hatte Mutti in Essen an der Ruhr als Sprechstundenassistentin in einer renommierten Arztpraxis gearbeitet, sodass ihre medizinische Ausbildung von einst in jedem Fall eine große Erleichterung darstellte.
Jede freie Minute nutzte ich, um Vati und Mutti zu sehen, zu sprechen, zu erheitern, und um so viel an Zeit wie nur möglich zu ergattern, um meine geheimen Versuche zu starten, eben um Vatis Schicksalsverlauf doch noch etwas aufhalten zu können.
So lag es auf der Hand, dass die Inhalte unserer letzten Gespräche, die wir alle in herzlicher Zuneigung führten, zu liebevollen gegenseitigen Aufmunterungen führten, die aber auch manchmal mit Vatis ureigenem, sarkastischem Humor ver-

sehen waren, was ich durchaus verstehen konnte. Diese Art seines Humors zeigte weiterhin seinen persönlichen Standpunkt auf, – nun aber in menschlich, harmonischer Klarheit.

Diese wertvollen Mutter-Vater-Sohn-Gespräche, die wir in dieser, für uns alle intensiv gefühlten, zu schnell dahinschmelzenden Zeit ganz bewusst miteinander führten, sie hatten, nunmehr für Mutti und mich eine besonders intensive, berührende und auch packende Bedeutung.

Vatis, wie auch meine früher oft gewohnte Angriffslust, die ja vorteilhaft unsere Debatten zu bereichern wussten, genau diese erfrischende Angriffslust hatte ihre dominierende Priorität verloren. Die teils heftigen Diskussionen, die ehemals, auch als würzendes Salz in der Suppe, gezielt unserer konträren Auffassungen galt, diese Pro- und Kontrapunkte, sie hatten nunmehr ihren spannenden Esprit eingebüßt. Denn nun war einzig und allein das liebevolle Miteinander zum moderierenden Redner geworden, der auf den Brettern der eigenen Bühne seine menschliche Rolle spielte und unseren festgefügten Dreierbund enorm stärkte.

Unser ‚literarisches Trio' verzauberte die Gespräche ganz im Geiste der Liebe und kleidete sie in zärtliche Worte. Diese Worte – waren sie einmal ausgesprochen – so fanden sie auch den direkten Weg in unser Gedankenparadies der persönlichen Erinnerungen, die sich lebenslang in unserem gefühlten Reichtum darstellen, denn diese inneren Familienbilder haben jeweils ihren eigenen Zauber, und sie allein schenken uns immer wieder die Träume von bleibendem Wert.

Und all diese virtuell projizierten Bilder zeigen uns den richtigen Weg zum gemeinsamen Garten Eden der gelebten, schönen Träume. Sie sind als unsere eigenen sinnlichen Glücksgefühle in uns lebendig, und wann immer wir es wünschen, erwecken wir sie und geben ihnen eine lebenslange Heimat in unseren frohen und nun noch kräftiger schlagenden Herzen.

Und Vati erhob sich, für uns nicht wahrnehmbar, aber voller unsichtbarer Energie, die ihm die starke Gnade des Augenblicks schenkte und die es ihm erlaubte, sein nun selbst bestimmtes Schicksal zu erfüllen … so suchte er bei Nacht und voller Hoffnung seinen ‚Freund Hein' – und … im erwachenden Morgengrauen des ersten Maientages, im Jahre des Herrn, anno 1976 … traf er ihn auf halbem Wege, nahm seine Hand und folgte ihm auf seinem erlösenden Pfad in das milde Licht des ewigen Lebens … als Sternenstaub … im Jenseits von Raum und Zeit.

Ich hatte in der Stunde, in der Gevatter Tod unseres Vaters Weg kreuzte und ihn unwiderruflich mitnahm, in mir das überaus befriedigende und großartige Gefühl, dass mein geliebter Vater seinen Heimgang so beschritt, wie er es sich gewünscht, ja – herbeigesehnt hatte.

Ich spürte in jenen Momenten an seiner Seite eine ganz besondere Art der persönlichen Nähe, ich fühlte unsere Vater-Sohn-Verbindung ganz intensiv.

Ich verankerte meine Liebe und die Herzlichkeit tief in meinen Gedanken, um die Stunden des Abschiednehmens so zu erleben, wie mein Alter Herr es mir des Öfteren ans Herz gelegt hatte.

„Mein Sohn, die Lieben, die gehen müssen, sie gehen nur schon mal voraus und warten auf die anderen, denn zu Sternenstaub wird alles, was auf unserem Erdenrund kreucht und fleucht!"

Jedenfalls weiß ich heute, dass seine mitgeteilten Gedanken mich einst positiv beeinflussten und ich mir auch ehrlich eingestehen musste, dass mir meines Vaters Weitsicht und Liebe all die erkenntnisreichen und wichtigen Erfahrungen in mein Denken diktierte.

Nun sind fast fünfzig Jahre vergangen, seit jenen traurigen Tagen und es gab in meinem turbulenten Dasein ein Füllhorn der guten Erlebnisse, des Erfolges und des erfüllten Handelns.

Auch will ich die dunklen Wolken, die Stürme und die Gewitter, die die andere Seite des Geschehens bestimmten und die für Aufregungen und Niederlagen verantwortlich waren, beileibe nicht negieren, doch es war egal wie ich alles erlebte und welche Probleme vor mir auftauchten und die ich innerlich zu verarbeiten suchte …

‚Mein Alter Herr' stand mir als ‚guter Geist' immer zur Seite und ich vernahm oftmals wiederkehrend, sogar bis zum heutigen Tage, seine realen und ab und an auch warnenden Hinweise … als virtuelle Botschaften sozusagen.

Ich akzeptierte sie, freute mich auch über seine aufmunternden und unterstützenden Ratschläge sowie seine anfeuernden Verhaltensregeln und Anweisungen, wie er sie früher gern zum Besten gab.

Sie klingen vom Tonfall her wie einst und sie drängen sich dann und wann erneut in mein Ohr. Und das alles zusammengenommen gefiel und gefällt mir sehr.

Das Erstaunliche bei seinen wohlüberlegten stummen und meist beratenden Ratschlägen war die Tatsache, dass die Tipps immer logisch nachvollziehbar waren und auch seine lockeren Sprüche meistens den Nagel auf den Kopf trafen, wie man umgangssprachlich gerne so sagt.

Zu einer meiner Angewohnheiten, ich könnte sie auch als meine ‚Marotte' bezeichnen, zu ihnen zähle ich natürlich zu allererst das Führen meiner stummen Selbstgespräche. Dabei ertappe ich mich immer dann, wenn ich mich mit irgendeinem Problem beschäftige oder mit diesem oder jenem nicht direkt fertig werde.

„Mein lieber alter Herr, wo Du auch immer bist, unsere seelische Verbindung bedeutet für mich unsere imaginäre Brücke, die Träume hervorzaubert. Außerdem hätte ich damals nicht in meinen kühnsten Träumen daran gedacht, dass Du, mein Lieber, noch nach so vielen, vergangenen und langen Jahren immer wieder mit mir virtuell Kontakt aufnimmst, – post mortem – würdest Du sagen, also nachdem Dein geschätzter Freund Hein, sein, von Gott gegebenes Amt durchgeführt hatte. Es geschah aber friedlich … auf Deinen persönlichen Wunsch hin. Freund Hein ist ja, wenn man so will, ein Menschenfreund.

Dich, mein Lieber, hat er human, willig und schmerzfrei auf die andere Seite des Seins geleitet. Ich glaube auch, dass er seine freie Hand im segensreichen Spiel hat

und es Dir gestattet, dass Du auch von dort, wo immer das sein mag, weiterhin meine Gedanken zu ergründen suchst und mir Ratschläge auf geistigen Pfaden schicken sollst.
Es ist natürlich auch möglich, dass nur ich es war, der unsere munteren Gespräche vermisste, ja …, dass ich allein, eben als der noch Lebende, und nur in meinem inneren Gefühl, diese gemeinsamen, lehrreichen Plauderstunden von damals suchte … und ihre wertvollen, eben erkenntnisreichen Inhalte glücklicherweise auch in meiner unveränderten Gedankenwelt wiederfand.
Wer weiß das schon so genau?
Sei es wie es sei, unsere unterhaltsamen, teils auch vor historischem Hintergrund geführten, aber immer zauberhaften Begegnungen der virtuellen Art, sie beleben heute meine Psyche, sie geben mir Vitalität und sie formen fortwährend in meinem ‚Hier und Jetzt' auch mein wachsendes glückliches Lebensgefühl.
Ich genieße mit allen wachen Sinnen meinen mir noch verbleibenden Zeitabschnitt, erlebe jeden kostbaren Tag und fühle das quirlige Leben hautnah, inmitten meines geschätzten, goldenen Spätherbstes … aber immer im festen Bund mit der Kaiserin meines Herzens, mit meiner geliebten Gaby.
Dieses reale Erleben des weltlichen Glücks formt weiterhin meine guten Gedanken. Unsere Vergangenheit, unsere Gegenwart und unsere Zukunft, diese drei Zeitsäulen sind eine Einheit, denn sie sind nach meiner Philosophie das untrennbar miteinander verbundene göttliche Triumvirat.
Aus diesen drei Zeitsäulen besteht nach meinem Verständnis, die natürliche Basis allen Lebens. Und dieses universelle Fundament gestattet die wundervollsten Träume jedem Menschen und es lässt die erlebten Ereignisse aus einer nahen oder einer ferneren Vergangenheit erneut entstehen.
Ich fände es durchaus lebenbejahend und auch wünschenswert, wenn sich jeder feinfühlige Mensch einige gute, vielleicht auch vorbildhafte Abschnitte seines eigenen Erinnerns festhalten und im Herzen bewahren könnte. Ich erlebe ab und an Ähnliches, denn einige meiner glücklichen Momente von einst erschienen als geschenkte, lebendige Ausschnitte in wunderschönen Bildern vor meinem geistigen Auge, um ganz in meiner Nähe für einen kurzen Zeitraum zu verweilen.
Außerdem habe ich den untrüglichen Eindruck, dass hinter den vielen schlauen Sprüchen, die Ihr beiden, also Du, mein lieber Vater und auch Du, mein geliebtes Mutterherz, also wenn Ihr, in unserer gemeinsamen, ereignisreichen Zeit und in allen sich bietenden Situationen, brillante Redewendungen zum Besten gabt, dann hat auch immer ein Funken an Weisheit und Wahrheit in ihnen gesteckt.
So manches Mal entdecke auch ich in meiner Gegenwart, sei es zuhause oder in Tirol bei Gaby, des Pudels Kern, wie man Treffendes bezeichnet, nämlich meistens dann … wenn auch mir, humorvoll und oft passend und zu allen sich ergebenden Anlässen, wenn also auch mir ständig die Pointen der lockeren Sprüche einfallen, – und wenn die Eloquenz meinem Sprachschatz beflügelt, von ihm sogar Besitz ergreift …

Dann, mein lieber Vater, genau dann erscheinst Du vor mir und belebst meine Sinne so eindrucksvoll und beflügelst meine individuellen Gedanken. Darüber hinaus ist es die Kraft Deiner Gedanken, die in mir die zauberhaften Tagträume hervorrufen, die mich vieles noch einmal erleben lassen, zwar nur virtuell, aber nicht minder wertvoll. Und in all den Szenen zeigst Du mir Dein gewinnendes, aber auch manchmal süffisantes Lächeln.

Ganz ehrlich gestanden, mein lieber Vater, jeder Deiner virtuellen Auftritte füllt meinen ‚geistigen Horizont' zur Gänze aus und … jeder erneut erlebte Augenblick zieht mich in Deinen Bann, ohne dass ich mich dagegen wehren könnte. Exakt in diesen Träumen, in diesen wertvollen Sequenzen der Liebe unserer ab und an wiederkehrenden göttlichen Begegnungen, die sich unmerklich in mystisch-magische Gegenwarts-Momente verwandeln. Diese greife ich sogleich auf, freudig, liebevoll und geistesgegenwärtig erkenne ich eine weitere Chance, unsere rätselhaften Botschaften zu verstehen. Vom reinen Herz beflügelt rufe ich mit Inbrunst zu Dir hinüber ins Reich Deiner mir noch unbekannten Schattenwelt, in die Unendlichkeit des Sternenstaubes: … Salve, weiser ‚Alter Herr', unsere beiden Gedankenströme enteilen ins grenzenlose und magisch-philosophische Universum, das wir, Du und ich, auch immer in unseren harmonischen Gedankenbegegnungen, im mystischen Jenseits von Zeit und Raum, finden.

Wir erkannten damals schon, zu Deinen Lebzeiten, dass es unser beider Aufgabe sein würde, als das eingespielte Vater-Sohn-Denk-Duett, die teils verworrenen Wege unserer Gefühle zu erkunden.

Jetzt, in diesem wiederholten imaginären Treffen von uns beiden, auf dieser Ebene sollte uns die Hoffnung begleiten, die uns den festen Glauben schenkt, dass die Seelen von uns Sterblichen auch den Hort der göttlichen Geborgenheit finden und sie niemals verloren sein werden!"

Mit diesem stillen Zwiegespräch, das ich wohl kurz nach der Begegnung mit seinem Freund Hein, mit meinem gefühlt noch sehr ‚anwesenden' alten Herrn führte, erfuhr ich seine Gedankenwelt aufs Neue. Ich spürte seine noch immer anwesende Energie in meinen Adern und ich begriff ihre angenehme Kraft, die er mir unaufgefordert auf rätselhafte Art und Weise aus seinem Sternenstaubkosmos übertrug.

Dieses Erlebnis geschah in dieser Intensität, bevor ich zur Feder griff. Mir wurde augenblicklich bewusst, dass ich sein Leben und sein künstlerisches Vermächtnis in die Zukunft tragen musste. Die Katalogisierung seiner Werke, jedenfalls die Werke, die meine Familie besitzt, werde ich exakt benennen. Nach allen weiteren Bildern will ich suchen.

Auch ich lebte zeitlebens außerhalb jeglicher Normalnorm, denn mein gestalterisches Tun und die mich treibend lebendige Kreativität, auch die mich bewegenden Erkenntnisse meiner Vorfahren, bestimmten sicherlich, von mir unbeabsichtigt, meinen Lebensweg.

Mein ‚Alter Herr' war Maler, Individualist und Weltbürger. Sein freier Geist und

seine Intelligenz faszinierten mich in meinen jungen Jahren ebenso, wie auch heute noch, in meiner erfüllten Traumwelt ... und in meiner erreichten ‚Zeit des Genießens', in der ich bei meiner geliebten Gaby und ihrer ‚Großfamilie' die gesunde Tiroler Luft als Therapiegeschenk empfinde, ihre wohltuende Reinheit als Stärkung atme und so gestärkt mich freudig meiner Schreiberei hingebe.
Ich spüre die göttliche Muse in meinem Innern, die mich so angenehm antreibt. Das Nachforschen zu intensivieren und in der gesamten ‚Borchert-Vergangenheit' akribisch herumzustöbern, um das ‚Vergessen Geglaubte' wiederzuentdecken und hervorzukramen und, um es sogleich mit einem guten Gefühl dem hellen Tageslicht zu präsentieren.
Das bin ich unseren persönlichen Freunden und Wohlgesonnenen von einst schuldig.
Aber auch den kritischeren Zeitgenossen will ich dienen und somit meines Vaters gelebte Ausgeglichenheit ehren. Er hatte ‚Format', sagte man. Er war ein Mann des Geistes, Vati las, Vati schrieb, Vati malte ... und die Malerei wurde zu seiner Passion, denn die Liebe zum Leben und die Freude an der Farbigkeit unserer Welt, beide Tugenden charakterisierten meinen alten Herrn als einen glühenden Anhänger der großen, göttlichen Schöpfung.
Er sah die Welt in der Vielfalt unserer wundervollen Natur, ja, er sah sie bewusst und stets mit allen Sinnen, und er erlebte sie mit dem Herzen.
Aus diesem Feingefühl heraus erklärte ich mir damals schon seine dynamische Lebendigkeit, die sich oftmals in seiner Begeisterung widerspiegelte, wenn er beispielsweise ein schönes Naturmotiv betrachtete. Das waren irgendwann einmal sicherlich seine wesentlichen Beweggründe, weshalb er sich mit Inbrunst vor allem der Landschaftsmalerei zugewandt hatte.
Und ich erlebte die virtuose Intensität seiner Schaffensperioden. Ich erlebte seine vitale Stärke, die er aus unserem harmonischen Familienleben schöpfte. Ich erlebte gleichzeitig sein gesellschaftliches Engagement im Kreise der humanen Bendorfer Friedensfreunde.
Und er pflegte auch seine von ihm ausgesuchten Freundschaften und seine engeren Freunde. Er verfolgte und förderte ein äußerst positives Gemeinschaftsgefühl, das seine künstlerische Ausdruckskraft beeinflusste. Als feinfühliger, manchmal auch sensibler Künstler war er zu allen Zeiten auch ab und an von Gemütsschwankungen belastet, die seine jeweilige Verfassung authentisch widerspiegelte.
Aber ehrlich gesagt, dieses ganze, doch recht umfangreiche, familiäre und gesellschaftliche Recherchieren hatte ich in keiner Weise weder angestrebt noch geplant.
Doch alle Gedanken sind frei, und sie kommen angeflogen wie bunte Vögel und betören entweder durch die schillernde Farbigkeit ihres Gefieders oder sie verführen uns durch ihren zauberhaften, melodischen Gesang. Ich konnte mich zu keiner Zeit dagegen wehren, geschweige denn verhindern, dass mich gute oder

weniger gute Gedanken suchten und fanden.
Hatten sie von meinen Gefühlen Besitz ergriffen, diktierten sie mir augenblicklich in den Schreibblock, quasi als Tagesbefehl: ‚Erzähle und schreibe'!
Es waren die Dekaden, die wie im Flug vorbeigerauscht waren. Es waren die sieben Jahrzehnte meines quirlig bunten Lebens, die mich ermunterten und die mich veranlassten, jetzt, eben in meiner momentanen Phase des Nachdenkens, meine nostalgischen Wünsche, Träume und Visionen zuzulassen.
Die nun wieder öfter erscheinenden farbigen Bilder aus meiner Retrospektive sollte ich wieder etwas genauer zu betrachten. In diesen Gedanken gefangen, ja regelrecht versunken erlebte ich im vollen, geistigen Bewusstsein den neuentdeckten, einstigen Zauber.
In diesem Überschwang der Gefühle gelang es mir, mit einem nunmehr geschärften Blick, die feinen Details von damals in faszinierender Klarheit zu erkennen.

‚Wie das Leben so spielt',

diese Redewendung hatte sich in meinem Kopf irgendwann in früherer Zeit mal eingeprägt, wobei ich mir damals sogleich einen richtigen Theaterbau vorstellte. Ich hatte mir in meinem Denken eine eigene Logik geschaffen, weshalb ich das reale Zeitgeschehen von einst auch meist im Dunstkreis eines imaginären Bühnenumfeldes ansiedelte.
Diese schemenhaften, wankenden Wundergestalten, sie schufen die abwechslungsreichsten Szenenbilder, voller Ideen, voller Energie und mit dem geistigen Esprit der Genies, meine verehrten, leider nur virtuell erscheinenden Protagonisten, aber sie erschienen immer in ihrer ureigenen real gelebten, aktiven Zeit.
War das ein Schauspiel! Sie alle präsentierten gekonnt ihre bewegenden Themen auf meiner erdachten Bühne, speziell für Künstler und Individualisten.
‚Die Bretter, die die Welt bedeuten', so sagt ein geflügeltes Wort, nicht nur in Theaterkreisen, doch auf diesem besagten Bühnenboden agierten sie alle, – ich meine alle, die in der Vergangenheit eine tragende Rolle spielten, sie traten ins Rampenlicht und sie beherrschten ihren Part virtuos, denn sie waren immer Herr der jeweiligen Szene.
Diese irreale Theaterbühne erkenne ich als ehemaliges Forum und Treffpunkt der guten Menschen und es fehlen weder die konturierten, erzählenden und dekorativen Kulissen, noch entbehrt man zu keiner Zeit die fantasievollen Handlungen. Denn das spannende Stück, das auf dem Inhalt des Drehbuchs aufbaute, es stammte immer aus der Feder eines kreativen Schreibers.
Der Geschichtenerzähler prägte auf seine Art so manche Episode, wobei unser aller Freund ‚Zufall', als genialer Regisseur und Spielleiter, jeweils die schicksalshaften Darbietungen inszenierte, ohne dass jemals auch nur ein einziges der vielen uraufgeführten Stücke, durchgefallen wäre …, und das ist beileibe kein Zufall, denn in meinen Gedanken existieren sie alle, die Theaterstücke, ich weiß es, denn

ich habe sie mit der Kraft meines Geistes geschrieben, Regie geführt und auf die Bühne des Traumtheaters gebracht.
Natürlich wählte ich für die würdigen Erinnerungen, der Kunst, der Musik und der Literatur, einen Musentempel, dessen Fassade den klassischen Stil zeigte, mit griechischen Säulen zu beiden Seiten des Eingangsportals ... dieses Ensemble, es ist mein imaginäres Haus der goldenen Träume, es ist mein ‚Theater des Lebens'. Und auf der Bühne dieser Stätte der Kultur erlebt man, wenn man noch träumen kann, die emotional berührenden und sicherlich auch packenden Aufführungen, in deren gespielten Inhalten sich trefflich die Vergangenheit spiegelt, denn die aufgeführten Stücke überzeugen in den einzelnen Szenen und in den bildhaften Sequenzen die Zuschauenden, die sich noch den Glauben an kleine Wunder bewahrt haben. Diese gerufenen und zurückgekehrten Gedankenverbindungen erkennen sodann den Sinn dieser geträumten Erinnerungen. Sie alle dokumentieren hautnah die Ereignisse und sie zeigen im Sprung durch die Zeit ihre starke Geschichte ..., wobei das Geschehen oft auch nachhaltig wirkt, denn die Hoffnung streichelt gefühlvoll Herz und Seele. Wirklich dramatische Akzente, die seelisch verletzen könnten, sie sind, wenn überhaupt, nur recht selten zu sehen und zu hören.
Wie ich schon sagte, bei dieser kleinen Sequenz meiner lustvollen Gedankenwanderungen handelt es sich aber nur um eine schöne Vision unter dem Titel ‚Theater der Träume'.

Auf dem Bühnenboden meiner regen Fantasie könnte ich munter den einen oder anderen Schwank der Belanglosigkeit oder einen des hintersinnigen, schwarzen Humors in meine Gegenwart zurückholen, doch ich unterlasse es ... und widme mich flugs wieder der Erinnerung an meinen verehrten ‚Alten Herrn'.
Seinen Todestag, den ersten Mai 1976 im Sinn, seinem selbstgewählten Weg folgend, der ins Reich der Schatten oder ins Reich des Lichtes führen sollte; wie man das mystische Jenseits auch abmildernd nennen mag, so will ich diese immer wiederkehrende Diskussion darüber nicht wieder aufnehmen, denn Mutti, Vati und auch ich, wir hatten uns geeinigt.
Mit den aufbauenden Gesprächen und den kreativen Zukunftsplänen verknüpft entfalteten Vatis philosophische Betrachtungen und deren treffende Argumente eine nachhaltige geistige Kraft, deren geistiges Weiterleben im Nachhinein erst recht überzeugte.
Von diesem virtuellen Abschied werde ich nicht mehr reden, denn von meinem Gefühl ausgehend stelle ich nicht nur für mein Denken fest, sondern auch meiner festen Überzeugung folgend, kann es keinen endgültigen Abschied geben, denn unser immerwährendes Leben hat uns von unseren ‚Vorausgegangenen' durch ihren Tod, nur für eine unbestimmte Zeitspanne getrennt.
Diese gefühlte enge Seelenverwandtschaft stellt eine Verbindung auf Dauer her und beschäftigt unser Denken nicht nur in der Zeit der ersten und tief empfunde-

nen Traurigkeit.

Ich betrachte den ‚Trost‘ als eine, unseren Schmerz mildernde Institution, besser ausgedrückt, ich sehe sie als unseren ‚guten Gesell‘, – wie er in Hugo von Hoffmannstals ‚Jedermann‘ das edle Gewissen verkörpert.

Und diesen guten Gesell hat uns das Schicksal großzügig zur Seite gestellt, eben um die persönliche Schwere einer jeden schmerzenden Trauerperiode ein wenig erträglicher und leichter erscheinen zu lassen.

Als helfenden und auch gesunden Dauertrost sehe ich, sozusagen als positive imaginäre Animation, die stabile Konstruktion einer virtuellen, imposanten Brücke vor Augen, eine Brücke mit einer ganz breiten Straße und einem fließenden Verkehrsstrom, der in beiden Richtungen gedankliche Wunder vollbringt.

Auf meiner Uferseite und in überschaubarer, räumlicher Ausdehnung, befindet sich die Gegenwart, das ‚Hier im Heute‘, – hier ist das quirlige Leben! Hier ist die Verantwortung! Hier ist, – wenn das Schicksal gut gelaunt ist, die wahre Liebe in all ihren Irrungen und Wirrungen zuhause, – sie explodiert in ihrer geballten Macht und in ihrer verführerischen Urgewalt, die auch immer auf wundervolle Weise Männlein wie Weiblein gleichermaßen packt und ihr bislang geordnetes Leben so herrlich gefühlvoll auf den Kopf stellen kann.

Auf der anderen, auf der gegenüberliegenden, der unbekannten Uferseite, dort wird es wohl sein, das rätselhafte Reich all derer, die uns schon verlassen haben. Doch all ihre irdischen Erlebnisse, die sich auch immer in die von uns geschätzten Erinnerungen verwandeln, sie begleiten glücklicherweise unsere Vorausgehenden. Und sie nehmen uns ein Stück weit mit, denn die Liebe und das gemeinsam gelebte Leben haften fest an uns fest, einer Klette gleich.

Genau aus diesem Grunde sind all die wertvollen Erinnerungen niemals verloren. Sie sind dort – auf der anderen Seite – und sie sind dort zuhause, für immer gut aufgehoben und geschützt.

Jede einzelne Erinnerung kann sich auf den Weg zu uns machen, eben dann, wenn sie von unserer Seite der Brücke von einem hiesigen, lieben Menschen gerufen wird.

Und jede Erinnerung von ihnen kann über die Brücke eilen und den jeweils Rufenden besuchen, denn alle schönen Erinnerungen haben die göttliche Gabe, dass sie sich in beide Richtungen völlig frei bewegen dürfen. Wir brauchen sie nur zu rufen … eben um die Gedanken an die so angenehmen und vielfältigen Ereignisse von einst, erneut in uns aufleben zu lassen.

In der Phase unserer Traurigkeit, in der wir, ohne Ausnahme, eine ungewisse Dauer verweilen, geschieht für sensible Zeitgenossen etwas Bemerkenswertes, und ich spreche in dieser Situation wieder einmal mehr mit mir selbst: ‚Ich erfühle eine faszinierende, kaum wahrzunehmende stille Verwandlung in meinem Herzen und auch in meiner Seele. Ja, ich erlebe ein kleines Wunder, – ich sehe in Gedanken ein buntes Füllhorn des Glücks vor mir, mit vielen schönen, manchmal auch überraschenden, aber immer persönlichen Geschenken.

Und dieses überladen anmutende Zaubergebilde, dieses Füllhorn des Glücks, es existiert ganz allein nur für mich und mein Gefühl, ja, ich bewundere es in all seiner verlockenden und verführerischen Pracht.
Doch was ist denn dann, wenn ich als der Hiergebliebene das magische Füllhorn auch besitzen will und darüber hinaus den verständlichen Wunsch habe, dessen Glücksgeschenke als Schicksalsgaben auch ausleeren möchte?'

Ich hatte mein stummes Selbstgespräch kaum zu Ende gedacht, als mir mein Vater auf eine mystische Weise seine Erklärung in meine Gefühlswelt schickte und mir derart das Funktionieren dieses virtuellen Brückenbaus dokumentierte.
Seine Stimme klang in meinem Kopf seltsam, ich hörte sie etwas wellenartig, sie hörte sich leise an – und dann wieder stärker, mit eigenartigen Schwingungen, die in meinem Innern emotionale und ergreifende Gefühle hervorriefen, wobei mir unser Kontakt über die geheimnisvolle Brücke der Gedanken unendlich guttat.
Seine virtuelle Botschaft erfüllte mein Denken derart, dass ich mir seine Erklärungen fest in meinem Hirn verankerte.
„Jeder Sterbliche findet das wundervolle Füllhorn des Glücks, wie Du die Geschenke des Lebens zu nennen pflegst, mein geliebter Filius, so auch Du!
Mein lieber Sohn, such' nur das Wunderhorn, Du findest es aber nur in Deinem eigenen, in Deinem inneren Paradies der Erinnerungen, in welchem jede Frau und jeder Mann jeweils zu ihren Lebzeiten das Schöne, aber auch das weniger Schöne, in Gedanken zusammentragen sollte und nach gerechtem Abwägen auch in die Sammlung der Taten einfügen muss.
In unserem inneren Wunderland der guten Gefühle, eben genau an dem geheimnisvollen Ort auf der anderen Seite unserer gedachten Brücke, da, wo die schönsten Abschnitte unseres Lebens gespeichert bleiben, dort werden sie im Laufe der Zeit ein Stückchen weiter wachsen und an Liebe und Wert gewinnen.
So behält alles Vergängliche auf Gottes Erde seine schöne Seite, denn alle trauten Erinnerungen eines jeden Daseins, sie haben hier, auf dieser Seite der Brücke, sie alle haben hier bei mir ihre zeitlose Heimat gefunden.
Bis zum nächsten Treffen … mein Sohn!"

Vatis Erscheinung, dieses imaginär visuelle Bild, es war mir im farbigen Großformat erschienen und es flimmerte noch immer so wohltuend vor meinen tränenden, feuchten Augen.
Ich war in diesen Augenblicken ergriffen und fasziniert zugleich. Und ich freute mich über unsere Seelenverbundenheit. Und mein Herz quoll fast über, voller Verehrung und Liebe zu ihm.
Doch ich fühlte gleichzeitig ein leichtes Unbehagen in meiner Magengegend, das ich auch nicht unterdrücken konnte, als sich sein geliebtes Bild vor meinem Blick unaufhaltsam verwischte und es alsdann seltsam konturenlos und nur noch blass schimmerte, etwa in der Art, wie sie in den lichten und zugleich weichen Szenen

in all seinen virtuosen Aquarellen zu finden waren.
Diese außergewöhnlichen Nass-in-Nass-Bilder und natürlich deren ineinanderfließenden zarten Farben dieser Kompositionen verzauberten nicht nur die meisten seiner Kunstliebhaber, sondern auch die vereinzelt vorhandenen Kritiker, denn sie fanden beim Betrachten der eigenwilligen Aquarellkunst meist nur lobende Worte.
Von einem Moment zum anderen veränderte sich mein Gefühl, und bevor ich mich wehren konnte, sah ich nur noch den in mystischen, tiefdunklen Rottönen angestrahlten Bühnenvorhang in meinem Traumtheater, der mir einen schwermütig anmutenden Sonnenuntergang zeigte und das Unheil suggerierte ... sich schemenhaft in ein undefinierbares Gedankenphänomen verwandelte, um alsdann unaufhaltsam zu einem scheußlichen, nebulösen Magier zu mutieren, der vordergründig mein aufkommendes Trauma hervorrief ... und der mir die nun vorherrschende, gähnende Leere auf der großen Bühne meines ‚Theaters der Träume' präsentierte.
Diese hässlichen Szenen verwirrten mich völlig und sie rissen mich aus meinem Gedankentrauma heraus, sie rüttelten mein Innerstes auf und sie bescherten mir erfreulicherweise wieder meine guten Gefühle, die mich deutlich daran erinnerten, dass ich ja diesseits der imaginären Brücke weilte und nun schleunigst daran denken sollte, dem wahren Leben doch etwas mehr an kostbarer Zeit zu schenken ... und dass sich, in meinem ‚Hier und Jetzt' unser real existierendes Paradies befindet, nämlich ... Gabys buntes und zugleich edles Zuhause im gepflegten Grün, ihr ‚Garten Eden'; diesen Namen gab ich seinerzeit ihrem geschmackvollen Anwesen, und diese biblische Bezeichnung entspricht meinem „göttlichen" Erlebnisgefühl.
In ihrer zauberhaften Wohlfühloase gehen wir gemeinsam und Hand in Hand unseren täglichen schönen Erlebnissen entgegen.
Wir freuen uns beide über die kleinsten Wunder der Natur, die wir betrachten, und wir erleben den immerwährende Wandel der Jahreszeiten und dessen Faszination der zauberhaften Farben, die wir in Verbindung mit den betörenden Düften des Lavendels ausgelassen und fröhlich zu genießen wissen ...
Und genau sie sind es, diese bescheidenen Freuden, die wir bei guter Laune als unsere gemeinsamen ‚bunten Tagträume' gerne in unseren Herzen bewahren.

‚Im Reich der edlen Kaiserin meines Herzens',

so nannte ich ganz am Anfang unserer Liebe Gabys faszinierende Welt der gelebten Harmonie. Zu diesem grandiosen Kosmos der sensiblen, feinen Lebensart und der ehrlichen Gefühle, zu unserer herrlichen, wunderschönen Gegenwart sage ja ... dreimal ‚JA', ... eben, weil ich eine unbändige Freude in mir spüre, eben, weil ich aus tiefster Seele heraus dankbar bin und weil meine goldene Zeit erst im Herbst meines Lebens auf mich wartete und glücklicherweise bis heute fortbesteht, und weil außerdem das wahre Leben lustvoll lockte und ich die Macht der erfüllenden Liebe als das elementare Glück auf Erden erfahren und genießen durfte.

Das erzählte Erleben meiner abenteuerlichen Gedankenreisen war, damals wie auch heute, immer eine Begebenheit der ganz eigenen und besonderen Güte, denn ich begegnete im Laufe der Jahrzehnte oftmals den Menschen, denen Anstand, Höflichkeit, Toleranz und Respekt als eherne Richtlinien ihr tägliches Verhalten bestimmten und somit den hohen Wert der Menschlichkeit dokumentierten.

Mit meiner gesunden Neugier beobachtete ich also ihr vorgelebtes Alltagsverhalten und zugleich auch ihren Lebensstil.

Meinem regen Interesse folgend nahm ich in all meinen gezielten Beobachtungssituationen und deren Entwicklungsphasen gerne ihre Lehren sowie ihre Umgangsformen an.

Das tat ich mit dem Gefühl des richtigen Handelns, und ohne lange über etwaige Details nachzudenken. Und sicherlich auch mit der Begründung im Hinterkopf, dass diese Repräsentanten des gepflegten Miteinanders, jedenfalls für mein Verständnis, unisono die Menschenwürde als oberste Prämisse erkannt hatten und diese auch sichtbar für jedermann vorlebten.

All das Beobachtete wusste ich sehr zu schätzen, und auch heute noch sind ihre Worte und Taten markante Zeichen auf der Skala meiner eigenen festgeschriebenen Messlatte, deren Grafik mir darüber hinaus die menschliche Würde Schwarz auf Weiß dokumentiert und bei näherer Betrachtung auch emotional verständlich macht.

Mit den realistischen Erkenntnissen aus meinen eigenen Lebenserfahrungen und mit den zeitlebens wechselnden Geschehnissen, die sich meist auch als negative Ereignisse zeigten, lernte ich ebenso umzugehen, wie mit den manchmal auch überraschenden, märchenhaft schönen Schicksalsmomenten, die mir die Kaiserin meines Herzens so großzügig schenkte …

Mit dieser umfassenden Gewissheit im Bunde komme ich voller Dankbarkeit zu meinem persönlichen Fazit:

> ‚Die Liebe ist das einzige Glück auf dieser Welt,
> das sich vermehrt, wenn man es verschenkt'!

Dieses ‚Geschenkpaket Liebe', so erfasse ich für mich, meinem Fazit folgend, das unbeschreiblich schöne Gefühl der empfangenen und empfundenen Liebe. Sie ist das größte Wunder unter allen menschlichen Erfahrungen und Erlebnissen, denn dieses wertvolle und oft auch seltene ‚Geschenkpaket Liebe' beinhaltet ja alle Spielarten der ehrlichen Zuneigung. Aber wie es im Leben so ist, sind Wunder in den meisten Fällen nicht sofort und auch nicht für jedermann erkennbar, denn sie sind so variantenreich wie das Leben selbst.

So mancher Suchende braucht oftmals den Zeitraum seines ganzen, langen Daseins, um auch nur annähernd den traumhaften, verführerischen und einmaligen

Zauber der vielseitigen, kraftvollen und oft auch Körper und Geist heilenden Wirkung der Liebe zu erfahren. Und es soll Menschenkinder geben, denen dieser Glücksfall der bedingungslosen Liebe nie begegnet ist.

Die universelle und immer auch uneigennützige Mutterliebe umfängt von der ersten Lebenssekunde des neugeborenen kleinen Menschleins an, mit unendlich liebevoller Hingabe und Fürsorge. Das einmalige und göttliche Gefühl verbindet Mutter und Kind ein ganzes Leben lang.

Das ist die Liebesbeziehung, die unverrückbar allen Widerständen trotzt, die lebenslang die zarte Melodie der Harmonie für alle Kinder hörbar werden lässt. Die Pubertät der heranwachsenden Töchter oder der Söhne kann zu unterschiedlich starken atmosphärischen Störungen führen, die sich aber im Laufe der Zeit meist in Wohlgefallen auflösen und wieder Platz schaffen für den Klang der Harmonie.

Die grenzenlose Liebe, die mir Mutti schenkte, sie hatte in mir eine Wertigkeit gebildet, die ich nicht nur fühlte, erkannte und in mir trug, sondern die ich auch in meinem Verhalten im Alltag immer positiv lebte und kein Geheimnis aus unserer liebevollen Verbindung machte. Dabei brauchte ich mich niemals zu verstellen, denn ich liebte Mutti über alles, wie man gerne landläufig zu sagen pflegt, was aber meinem starken und lebenslangen Gefühl zu ihr entsprach.

Bei allem Respekt, den ich meinem alten Herrn stets liebevoll entgegenbrachte, der sicherlich auch mit Liebe zu tun hatte, dieser Respekt hatte mit Verehrung und Bewunderung zu tun und zeigte sich in mir zwar auf einer gleichwertigen Gefühlsebene, aber ich hatte die verbindende Liebe, die ich zu meinem Vater empfand, logischerweise als ein völlig anderes Gefühl wahrgenommen. Auch wunderschön, aber eben anders.

Der Tod meines Vaters, an jenem ersten Mai 1976, er beschäftigte mein damaliges Denken doch stärker als ich damals zuzugeben bereit gewesen war. Meine diesbezügliche innere Triebfeder bestand allein schon in der Tatsache, dass ich Mutti nicht allzu oft an den schmerzenden Verlust unseres Mittelpunktes erinnern wollte.

So überspielte ich mit meiner mir eigenen burschikosen, teils auch kumpelhaften Verhaltensweise meine eigene Trauer. Unmerklich rückten mein Mutterherz und ich noch näher zusammen, um in unserer gemeinsamen Trauerphase eine etwas angenehmere und auch wohltuend mildere Atmosphäre zu schaffen. Diese, von gegenseitiger Rücksichtnahme und ehrlichem Mitfühlen geprägte Übergangszeit, sie neutralisierte immer wieder auf tröstende Weise Muttis, aber auch meine eigenen, heftigen Traurigkeitsschübe.

Zwischentöne ...

Gabriele, seit September 1966 die Ehefrau an meiner Seite und Mutter unserer am 07. März 1968 geborenen Tochter Claudia hatte sicherlich in ihrem inneren Gefühl den Heimgang meines Vaters ebenfalls in seiner Endgültigkeit erlebt, wobei sie ihre Traurigkeit in ihrem Innern trug und der nüchternen Welt als Geschäftsfrau tiefgreifende Emotionen vorenthielt.
Außerdem hatten wir uns still auseinandergelebt, ohne dass dieser Tatbestand zunächst bekanntgeworden war.
Unsere achtjährige, äußerst sensible und feinfühlige Tochter Claudia, unser ... ‚Opa Mädchen', – so nannte Vati zu seinen Lebzeiten seine Claudia mit innerer Freude, sie hätte sich sicherlich gerne etwas mehr Nestwärme, Zuwendung und Trost in unserer Kleinfamilie gewünscht.
Die Warmherzigkeit und die Güte einer Großmutter, beide Liebesbeweise sind in allen Völkern der Erde tief verwurzelt. Eine bedingungslose Liebe und ein herzliches Verstehen sind die allgemeingültigen Tugenden, die alle Omas der Welt auszeichnen.
Claudia fand bei meiner Mutter, nicht nur die von allen kleinen Erdenbürgern gesuchte wohltuende Nestwärme, sie erlebte auch hautnah die verbindende, zärtliche Zuneigung und Liebe – und darüber hinaus auch stets ein offenes Ohr für die persönlichen, kleinen Wünsche und Herzensangelegenheiten.

Was nicht geht, geht nicht ...

Natürlich hatte ich alle erdenklichen Wege mit Gaby erforscht und besprochen, um einen Erhalt unserer kleinen Familie zu erreichen.
Alles Mühen, Kämpfen und Feilschen war vergebens. Zwangsweise akzeptierte ich die Trennung. Im August desselben Jahres verließ also Gabriele unsere Ehegemeinschaft im gemeinsamen Goethe-Haus.
Ihre beiden ‚Schatzkisten', so lautete der offizielle Name für die Mode- und Geschenkartikel-Boutiquen entpuppten sich als sprudelnde Einnahmequellen und beförderten Gaby auf die geschäftliche Sonnenseite ihres selbstbestimmten Lebens.

Claudia und ich machten es uns in unserer nun veränderten Wohnung recht gemütlich, wobei ihr Mädchenzimmer aber unangetastet blieb. Sie hatte weiterhin ihre gewohnte Umgebung im Goethe-Haus, nun aber in ‚meiner', teils leergeräumten Wohnung, denn mit einer großzügigen Teilung der Wohnzimmermöbel war ich einverstanden. Mit Rücksichtnahme auf unsere Tochter duldete ich schweren Herzens den Verlust der vielen Bilder meines Vaters, die Gaby aber zu späterer Zeit an Claudia übergeben sollte.
„Ich stimme Dir zu, Gabriele, auch ich finde unsere Vereinbarung gut und richtig,

dass Claudia in den nächsten Jahren in ihrer gewohnten Umgebung bleiben soll, allein schon der Schule wegen" ... so oder so ähnlich jedenfalls hatte ich meine Formulierung als Bestätigung unserer gemeinsamen Absprache gewählt.
Claudia behielt also durch diese Regelung auch ihr zweites Zuhause, ihr zweites Zuhause beispielsweise zum Spielen oder morgens in der Früh zum leckeren Frühstück, aber immer auch nach der Schule, denn sie hatte ja in der Tat ihr zweites Zuhause sowieso schon in der urgemütlichen Mansardenwohnung meiner Eltern gefunden und gleich zu Anfang mit kindlicher Freude angenommen, ... ihr kleines Spielparadies als der gemütliche ‚Kinderhort' mit Omas anheimelnden und kuschelig weichen Polstermöbeln, auf denen man sich so gut räkeln konnte. Dazu passte die total schräge Außenwand des Esszimmers, aus deren eingekasteltem und im oberen Abschluss leicht gebogenen Fensters der Dachgaube, aus dem man so gut rausschauen konnte.
Sie fühlte sich pudelwohl, oben im zweiten Stock unseres Goethe-Hauses, bei ihren geliebten Großeltern, bei Oma Grete und Opa Gotthold.
Und es gab ja noch die anderen Großeltern, Oma Mia und Opa Jupp ... meine geschätzten Schwiegereltern, mit vollem Namen Maria und Josef Stahl, Besitzer des großen Hotelkomplexes im Herzen der Stadt, ganz in der Nähe des Kirchplatzes und der beiden christlichen Bendorfer Gotteshäuser.
Als geschäftstüchtige Hotelier-Familie hatten sie einen guten Leumund, denn sie beherrschten ihr Metier aufs Beste. Aus Altersgründen verkauften sie den ‚Roten Ochsen' gewinnbringend an ihre Nachfolger und bezogen in unserem Haus die gewünschte Parterrewohnung, die ich ihrem geäußerten Wunsche entsprechend, über mehrere Jahre hinweg, bereitgehalten hatte.
Ich hatte zu jener Zeit zu ihnen einen guten Draht, wie man im Volksmund gerne sagt, denn als ihr angehender Schwiegersohn hatte ich schon Ende der sechziger Jahre, in der Verlobungszeit mit Gabriele, begonnen, dem etwas altmodisch wirkenden Gastronomiebereich ihres Hotels ein zeitgemäßes und gleichzeitig moderneres Aussehen zu erarbeiten.
So war eine komplette Renovierung als mein Auftrag fixiert worden, der eindeutig eine Steigerung des Ansehens zum Ziel hatte.
Eine gemütliche und gutbürgerliche Atmosphäre des ‚Roten Ochsens' sollte in Folge neue Gäste werben.
Schon vor meiner Hochzeit mit ihrer blutjungen Tochter, im September 1966, hatte ich mein Werbeatelier gegründet und somit die wirtschaftlichen Vorteile erworben, die im gestalterischen Wirkungsbereich immer von Nutzen sind.
Ich sollte die umfassende Renovierung des Restaurants, der beiden Festsäle im ersten Stock des Komplexes sowie der insgesamt zweiundzwanzig Hotelzimmer in Angriff nehmen, vor allem aber sollte ich ein gediegenes Gast-Ambiente schaffen.
Mit Freude entwarf ich kreative Skizzen und Baupläne zur kompletten Neugestaltung des Interieurs. Wie gewünscht schenkte ich dem Restaurantbereich des

‚Roten Ochsens' meine besondere Aufmerksamkeit, denn mein Schwiegervater Jupp Stahl galt als einer der Spitzenköche in unserer näheren Mittelrheinregion, wobei die individuellen Gerichte seiner Wildspezialitäten einen herausragenden Ruf besaßen.
Als Jäger mit eigenem Jagdrevier galt er natürlich als Geheimtipp für jeden Feinschmecker und Gourmet.
Dekorateure sind geschickt und vielseitig begabt. Mit meinen Dekorationsmitarbeitern setzte ich meine Pläne um und gestaltete zügig und effektiv einen elegantrustikalen Gastraum. Ich integrierte, als besonderen Blickfang des geräumigen Restaurants, eine dekorative und urgemütliche ‚Jägerecke' in eine vorhandene, geräumige Nische, die ich effektvoll mit diversen Geweihen und anderen Jagdtrophäen des Hausherrn gestaltete. Auf den bewusst rustikalen gehaltenen Wandflächen der Waidmannsecke im Hüttencharakter, die ich mit naturbelassenen, senkrecht montierten Fichtenbrettern großzügig verkleidete, wirkte die gesamte Ausstattung mit ihrer atmosphärischen und warmen Behaglichkeit so einladend, dass die Reservierungen dieser Hubertus-Nische als optimal anzusehen waren.
Ich hatte zum Gesamterscheinungsbild des ‚neuen Roten Ochsens' auch eine passend ausgesuchte Ölgemälde-Sammlung meines Vaters angeboten, die nicht nur bereitwillig akzeptiert wurde, sie fand zu meiner Überraschung bei Jupp und Mia großen Anklang und erstaunlicherweise sogar Begeisterung.
Die charakteristischen, kräftigen und meist pastos gesetzten Farben der Ölgemälde meines alten Herrn kamen wohl aus dem Grund so gut an, weil sie eine Seele hatten, denn es waren allesamt stimmungsvolle Bilder, es waren die typischen und ausdrucksstarken Landschaftsmotive des rauen Westerwaldes.
So verzauberte Vatis künstlerische Handschrift so manchen einheimischen Gast. Aber auch auswärtige Bewunderer zollten dem Kunstmaler Borchert ehrliche Bewunderung und Anerkennung. Seine Werke verliehen Stahls Restaurant ‚Zum Roten Ochsen' seinerzeit ein Ambiente der gehobenen und gepflegten Gastlichkeit.
Diese Rundum-Renovierungsarbeiten beanspruchten außer meiner Kreativität auch meine manuellen, gestalterischen Fähigkeiten über einen Zeitraum von mehreren Jahren, wobei ich auch oft meine fähigen Mitarbeiterinnen und Mitarbeiter in diverse Arbeitsabläufe integrierte.
Ich halte mit Betonung fest: „Ich erhielt für meinen gesamten Arbeitsaufwand auf eigenen Wunsch hin keinen Pfennig, denn ich hatte zu der damaligen Zeit den edlen Stolz in mir innewohnen, meinen geschätzten Schwiegereltern Gutes tun zu wollen, ich hatte ja ihre Tochter zur Frau, ... und mein kreatives Gestalten fand natürlich eine dauerhafte Anerkennung, denn mein gutes Image, als versierter Planer und genialer Dekorateur, festigte sich!
„Also, alle planerischen Aktivitäten und meine manuellen Arbeiten schenkte ich meinen Schwiegereltern Mia und Jupp Stahl, natürlich auch meiner Frau Gabriele sowie ihrem Bruder Hajo."

An Lob und Bewunderung für mich wurde niemals gespart, ich fand zu jeder Zeit meine gebührende Anerkennung, beispielsweise als eminent fleißigem Schwiegersohn.
Ach ja, ein Quantum Dank habe ich auch erhalten: ‚Das Ganze hier … der Rote Ochse, das Erbe, es ist ja mal für Euch‘, so ähnlich klangen irgendwann einmal in jener Zeit der Endsechziger oder am Anfang der Siebzigerjahre, die schmalen Dankesworte meines mir damals noch wohlgesonnenen Schwiegervaters.
Josef Stahl hatte es sicherlich ehrlich gemeint … doch ‚gut gemeint‘ ist das Gegenteil zu ‚gut gemacht‘.
Heute aber, nach mehr als fünfzig Jahren, bemerke ich in einem weiteren stummen Selbstgespräch mit meinem Ego und mit meinem aufgesetzten und spöttisch-süffisanten Lächeln im Gesicht; natürlich auch verbunden und versehen mit meinem sarkastisch klingenden Ausruf: „Gern geschehen, meine Lieben", und … jetzt plötzlich und zwanghaft kommentierend an meine eigene Adresse gewandt, stelle ich in meiner schier grenzenlosen und genialen Altersweisheit fest: „Mein lieber Freund und Kupferstecher, lieber Gotthold, Deine eigene Gutmütigkeit … oder um der Wahrheit die Ehre zu geben, Deine unerträgliche Dummheit von einst … sie ist in ihrer gesamten Tragweite betrachtet und im Nachhinein korrekt analysiert, für jeden normal denkenden Menschen wirklich nur sehr schwer nachvollziehbar, denn Du hättest es auch damals schon wissen können, ja müssen …
‚jedermanns Liebling ist jedermanns Depp'!"
Doch wie sich alles in Wirklichkeit zugetragen hatte und welche Auswirkungen meinen Lebens-Rhythmus damals beeinflussten, das lag einzig und allein beim eigenwilligen Regisseur des großen Spiels, dem großen Zampano, der für alle Menschenkinder die Fäden des Schicksals in seinen Händen hielt, sie ordnete und nach seinem Willen neu zusammenknüpfte.
Es entstanden für mich und die weiteren Darsteller veränderte Drehbücher, die oft regiebedingte und meist unvorhersehbare Momente kreierten und teils rätselhafte Verbindungen hervorbrachten, die mich ständig verfolgten und die ich unterschiedlich werten konnte. Vor allem aber befreite ich mich von meinem zentnerschweren, seelischen Ballast und ebnete in Gedanken die vor mir liegenden Wege, die ich zunächst ohne weitere Darsteller und mit weit ausholenden Schritten durcheilte. Der unbekannte Weg war fortan mein Ziel.
Schon zu Beginn meines Marsches durch die Zeit sortierte ich das ‚Erlebte‘, ordnete mein zerfahrenes Denken und hinterfragte mein Ego, welche Beweggründe es waren, die mich und die anderen Mitspieler von einst in die Irre geführt hatten. Ich suchte die schlüssigen Antworten darauf und ich suchte akribisch auch nach den Offenbarungen der noch ungelösten Rätsel meiner bewegten Vergangenheit …
Und dieser Geisteszustand, der mein Herz und meinen Verstand gleichermaßen verwirrt, dieser Denkkomplex, besser gesagt, dieses Sammelsurium widriger Situationen in meinem Leben, aber auch deren individuelle Deutungen kreieren fast

immer unterschiedliche Wahrheiten und die verschiedenen Sichtweisen der einstmals erlebten Tatbestände ... sie alle führen zur philosophischen Erkenntnis: ‚Es gibt immer zwei, manchmal auch noch mehr erkannte Wahrheiten!'
Sie alle bleiben leider in ihrer inhaltlichen Vielschichtigkeit in meinem Kopf gespeichert, obwohl ich nur ‚die eine Wahrheit' wirklich wahrhaben will und die anderen ‚herzlich gern' vergessen möchte.
Doch ‚vergessen wollen', das ist die eine Sache, jedoch das ‚vergessen können', das ist eine völlig andere, denn so sehr ich mich auch bemühe, ich bekomme das nicht hin. Und genau deswegen hängen noch einige meiner gedanklichen Bühnenbilder, quasi als ausdrucksstarke und themenbezogene Kulissenteile im Schnürboden meines imaginären Theaters der Träume.
So kann ich die stimmungsvollen Spielszenen von einst, – und wann immer ich es will, erneut auf meinen imaginären Spielplan setzen und die eigene Historie inszenieren –, und alle ehemals beteiligten Darsteller müssen ihre Rollen im authentischen Bühnenbild spielen und die begleitenden Texte meiner Wahrheit ... überzeugend und klangvoll zum Vortrag bringen.
Zu diesen Aufführungen fehlen nur noch die neuen Drehbücher.
Noch!!!

Claudia nahm unwissentlich Vatis Stelle ein und avancierte zum umsorgten Mittelpunkt von Mutti und mir, denn die große Lücke, die sich vor uns beiden auftat, sie konnte allein durchs ‚Oma-Mädchen' wohltuend verkleinert werden, wobei auch ich unwillkürlich meine väterliche Liebe in eine gesteigerte Aufmerksamkeit lenkte und meine spärliche freie Zeit vollkommen Claudia widmete.
Wir erfreuten uns gemeinsam an den unterschiedlichsten Karten- und Würfelspielen, die aus welchen Gründen auch immer, meistens vom ‚verwöhnten Fratz' gewonnen wurden.
‚Verwöhnter Fratz', diesen liebevollen Kosenamen benutzte mein Mutterherz sehr oft, wenn sie beispielsweise mit einem leckeren Schoko- oder Vanillepudding, oft aber auch mit einer frühlingsgrünen Waldmeister-Götterspeise in Händen zum Spieltisch zurückkehrte.
„Oma, Du bist die beste Großmama der Welt, danke für die Überraschung." Das waren in diesen Momenten die jubelnden Worte, die Claudia voller Freude ausrief, und immer schloss ich mich ihren Lobeshymnen an, denn zu keiner Zeit ließ mich Mutti unberücksichtigt: „Ich kann doch meinen Großen nicht zuschauen lassen, mir würde ja mein Herz bluten, wenn ich ihn nicht mitverwöhnen würde!"
Mutti hatte stets lockere Sprüche auf der Zunge, denn ihr spontaner und immer humorvoller Esprit erheiterte jede noch so banale Situation und gab jedem Moment seine besondere Bedeutung. Unser Alltag verlief in diesem Zeitraum unserer bewusst unterdrückten Trauer im Allgemeinen in geregelten Bahnen, denn die sich täglich wiederholenden Begebenheiten schrieben ja den Stundenplan, wobei die Schule den Takt bestimmte.

Wir bemühten uns, alle Situationen mit einer gewissen Leichtigkeit zu meistern, aber das war gar nicht so leicht zu bewerkstelligen, denn immer wieder zeigte sich in Claudias Gesicht ein Hauch von Traurigkeit, den ihr kindliches Gefühl nicht verbergen konnte. Mutti und auch ich, wir beide ertappten uns in schöner Regelmäßigkeit dabei, gerade bei unserem gemeinsamen intensiven Beobachten von Claudias unbewusstem Verhalten und von ihrem offen gezeigten Schmerz – immer dann erwischten wir uns dabei, unser großes emotionales Mitleid, das wir unisono und in gleicher Intensität für sie empfanden, vor ihr zu verbergen, – eben dann, wenn auch wir, wie unser Sonnenschein Claudia, den ‚Hauch des Erinnerns‘ in unseren Herzen spürten …

Wir aber konnten aus durchaus verständlichen Gründen und genau wie in einem vor uns aufgeschlagenen Buch, in dem sich ihre traurigen Augen zeigten und der tiefe Verlustschmerz widerspiegelte, wir konnten es nicht nur erkennen, sondern wir vermochten ihre Empfindungen auch liebevoll in uns aufzunehmen und zu verstehen. Abwechselnd versuchten wir mit aufmunternden, tröstenden Worten Claudias aufgewühltes Gemüt sanft zu beruhigen und ihre Kinderseele zärtlich zu streicheln.

Hilde Fröhlich, eine Cousine ersten Grades und erklärtermaßen Muttis beste Jugend-Freundin, mir allerdings bestens bekannt wegen ihrer burschikosen Wesensart und ihrer direkten, ehrlichen Sprache, wovon ich mich an den ersten turbulenten Höxter-Treffen hatte überzeugen können. Diese Tante Hilde, ‚die Wilde‘, wie Mutti sie spaßeshalber nannte, sie hatte erfreulicherweise unmittelbar nach Vatis Tod mit uns Kontakt aufgenommen, denn ihr Mann, Heinz Fröhlich, auch er war fast zur gleichen Zeit gestorben wie Vati. Wir telefonierten einige Male miteinander und die beiden Cousinen kamen sich in ihrer Trauersituation näher und entdeckten beide, dass es sich lohnt, wieder neuen Lebensmut zu fassen.

Claudias ersehnte Sommerferien 1977 hatten begonnen.
Kurzentschlossen packte ich Mutti und mein Töchterlein Claudia ins Auto und fuhr zu Tante Hilde nach Bochum, einfach aus dem Grund, um etwas Abwechslung in unseren grauen Alltag zu bringen.
Tante Hilde war in vollem Arbeitsmodus gefangen, denn sie musste ‚nolens volens‘ die Arztpraxis auflösen, da sich kein potenter Allgemein-Mediziner gefunden hatte, der in Verantwortung in die Fußstapfen ihres Mannes, vom kürzlich verstorbenen Dr. Heinz Fröhlich, getreten wäre.
Die resolute Hilde nahm ihr Unterfangen bezüglich der Praxisauflösung locker, also die Sichtung der Behandlungsräume, des Mobiliars und der Unterlagen mit allen Unwägbarkeiten, sie nahm das alles auf die leichte Schulter, machte ihrerseits eine Pause und bat uns eine Treppe hochzusteigen und schon einmal im geräumigen Wohnzimmer Platz zu nehmen. In urtypischem Ruhrgebietsdeutsch rief sie aus der Diele der Praxis zu uns im Treppenhaus: „Gretekind, meine Liebe, nimm die Deinen anne Hand und geht innet Wohnzimmer und platzt Euch, haut Euch

einfach wohin, ich mein' wo's gefällt, ich komme gleich mitte Kaffee und de leckere Kakao für die Kleine." Sagte es und verschwand, flink wie ein Wiesel, durch die gegenüber dem Wohnzimmer liegende Nische, in die Küche. Bald schon vernahm ich den Flötenkessel in Aktion, denn sein unüberhörbarer, aggressiver und anschwellender Pfeifton kündigte den Kakao- und den bevorstehenden Kaffeegenuss an.

Wir hatten es uns auf dem ausladenden Plüschsofa bequem gemacht, hatten die wulstigen Samtkissen mit den bunten Seidenstickereien als Armauflage zurechtgerückt und warteten auf den duftenden Kaffee. Claudia schaute erwartungsvoll in Richtung Küche und wartete gespannt auf ihren unbekannten Kakao, denn der betörende Duft als Mix beider Heißgetränke eilte der flinken Tante Hilde um eine Schnupperlänge voraus.

„Hey, Tante Hilde, Dein Kaffee schmeckt königlich gut. Kompliment! Und stark ist der ... also, wenn du den Kaffee der ägyptischen Mumie Nofretete einflößt, ich sag Dir, diese wunderschöne Pharaonin schlägt glatt ihre Augen wieder auf und sagt guten Tag!"

Ich schaute meine Tante mit einem herzlichen Lachen offen an und plapperte los: „Sorry Tante Hilde, diese kackfreche Bemerkung ist mir nur so rausgerutscht, aber ich finde Dich erfrischend anders, ich meine lockerer, irgendwie lässiger als meine anderen Tanten, ohne dass ich ihnen zu nahetreten will."

Tante Hilde, ‚die Wilde', lachte und zu Mutti gewandt tönte sie lautstark und mit leicht ironisch klingender Stimme: „Dein Erstgeborener, liebste Grete, ach Verzeihung, Du hast ja nur den einen, im Gegensatz ja zu mir, mit meinen drei erwachsenen Blagen, also, Dein edler Spross ist genau wie Dein verstorbener Alter, ich meine Deinen Göttergatten, meine Liebe, so wie er war, so ist auch Dein Sohnemann, spritzig, witzig und ganz schön schlagfertig. Also, liebste Cousine, auf den Mund gefallen ist der jedenfalls auch nicht, der sollte einfach so bleiben, Dein Sohn. Und meine Liebe, sehe ich das richtig, ist der nicht in der direkten Dynastie der dritte Stammhalter mit dem so seltenen Vornamen Gotthold? Grete, ich sag Dir, der kann es im Leben noch weit bringen, Dein Bursche gefällt mir!"

Claudia verfolgte interessiert den kecken Redefluss der quicklebendigen Tante, die fast ohne Pause ihrer Meinung freien Lauf ließ und somit für eine muntere Unterhaltung sorgte.

„Wie Du weißt, Grete, machte meinem Heinz seine Kriegsverletzung, der zerschossene Kiefer, doch sehr zu schaffen, eben weil er gerade als Arzt für Außenstehende nur sehr schwer zu verstehen war. Aus diesem Grunde war ich zeitlebens in unserer Praxis nicht nur seine ständig bereitstehende Sprechstundenhilfe, sondern darüber hinaus war ich, was noch wichtiger war, für ihn ein Teil seiner Sprache, man könnte sagen ... so eine Art Dolmetscherin, quasi seine Übersetzerin. Durch mein Mitwirken in der Praxis konnte jedes Arzt-Patienten-Gespräch vertrauensvoll und ohne offene Fragen abgewickelt werden. Wir kamen gut zurecht und wir ergänzten uns prima.

Mein lieber Heinz, – Gott habe ihn selig –, er hat nun seine ewige Ruhe gefunden. Ohne Leiden ist er in unserem Beisein von uns gegangen. So traurig das alles auch ist, ich befinde mich nun in der Phase, in der ich zur Ruhe kommen will."
Tante Hilde schaute zu uns hinüber und man sah ihr an, dass sie in ihren Gedanken für einige besinnliche Momente bei ihrem Mann verbrachte, denn ihre Augen spiegelten für eine geraume Weile ihre schmerzhafte Trauer wider.
Doch schnell verließ sie diese nachdenkliche Situation und mit gefestigter Stimme setzte sie ihre unterbrochene Erklärung fort: „Und wenn ich in Kürze alles abgewickelt haben werde, dann kann ich bestimmt wieder klarer nach vorne blicken. Dann komme ich auch im nächsten Jahr wieder zum Höxter-Treffen. Schön, liebste Cousine, dass Du mit Deinen Kindern hier bist. Danke. Das bringt mich auf andere Gedanken!"

Mutti hatte vor einigen Tagen bei einem Gespräch im Esszimmer einen Wunsch geäußert, der mich zum Nachdenken angeregt hatte.
„Du weißt ja mein lieber Sohn", begann sie Interesse fordernd ihr Gespräch, „Du weißt, welch große Freude ich immer mit Dir und Claudia beim alljährlichen Höxter-Familientreffen in Schönhagen im Solling habe. Aber welche besondere Freude Du mir bereitest, ich meine, speziell mit unseren Extra-Ausflügen, das will ich Dir jetzt mal sagen." Sie zeigte mit ihrer rechten Hand eine Bewegung der Begeisterung, eben derart, wie man höchstes Lob optisch mit einem Handgebilde gerne darstellt ... gleichzeitig forderte sie meine ungeteilte Aufmerksamkeit mit einem energischen, ruckartigen Wink, – dabei reckte sie ihre Hand bis zur Stirn hoch und bildete mit ihrer Daumenspitze und der Spitze des Zeigefingers ein kreisrundes Loch, wobei die anderen drei ausgestreckten und gleichzeitig gespreizten Finger dieser Geste ein ästhetisches und schönes Gesamtbild schenkten, das in einer angedeuteten, eleganten Vorwärtsbewegung, die an mich gerichtete Lobeshymne, unterstrich.
Einen kurzen Moment verweilte sie noch, ohne ein weiteres Wort an mich zu richten, und ihre Hand schien das gezeigte Fingerspiel, das Gebilde des höchsten Lobes, festhalten zu wollen und dabei beobachtete sie neugierig meine Reaktion. Ich schaute sie mit leichter Verwunderung an, überlegte mir noch eine passende Antwort, als sie spontan meinen sehr langsamen Denkprozess löblicherweise unterbrach: „Mein lieber Gotthold, was ich Dir in dieser Situation sagen will ist, folgendes: Du hattest bei einem unserer vergangenen Familientreffen die glorreiche Idee, mich zu einem Tagesausflug von Höxter aus nach Bad Pyrmont in den einmalig schönen Kurpark mit den vielen Palmen einzuladen.
Sicher weißt Du auch noch, welche große Freude ich beim Mittagessen im Restaurant des Kurpark-Hotels hatte. Und wie überrascht wir waren, als wir Willi Boernke, meinen Cousin aus Wattenscheid, den Bruder von Tante Hilde trafen ... und wir zusammen eine kurze Trinkkur in der Wandelhalle des Hylligen Borns machten.

War das ein Hallo! Besonders gut gefallen hat mir das gemütliche Beisammensein bei Kaffee und Kuchen in den luxuriösen Alleestuben, – das alles werde ich so schnell nicht vergessen!"

Genau auf dem Sofa mit den bestickten Samtkissen bei Tante Hilde in Bochum, genau dort schoss mir die geniale Idee in den Kopf ..., dass Mutti und Tante Hilde nunmehr Witwen waren und sie beide stets für ihre Lieben treu sorgten und sie sich, außer den drei Tagen des alljährlichen Familientreffens nichts gönnten ... meine Gedanken überschlugen sich und meine Ideen hatten Hand und Fuß, wie man so sagt, ich formulierte meine Überlegungen in Windeseile und plapperte munter drauf los: „Bitte Mutti, liebe Tante Hilde, beide kennt ihr Euch seit frühester Jugend, und wenn ich das richtig sehe, habt Ihr Zeit und Ihr verpasst nichts. Da liegt es doch nahe, dass Ihr zusammen etwas unternehmen könntet. Was haltet Ihr davon, wenn ich Euch, wann immer Ihr wollt, ins Staatsbad Pyrmont bringe. Das Kurparkhotel dort wäre die richtige Adresse für Euch zwei Damen von Welt."

Ich musste selber schmunzeln und gönnte meinem Redeschwall eine kurze Denkpause, auch um die Reaktionen meiner Zuhörerinnen zu beobachten.

‚Ablehnung sieht anders aus', dachte ich im Stillen und fuhr mit meinem Angebotskatalog fort: „Einen passenden Termin werden wir bestimmt finden. Wenn wir dabei auch noch die Schulferien, beispielsweise zu Ostern oder zu Pfingsten treffen, dann könnte ich Claudia auch mitnehmen und wir könnten die ersten schönen Frühlingstage des nächsten Jahres gemeinsam genießen. Na, Ihr beiden Hübschen, was haltet Ihr von meiner Idee?"

Mein Vorschlag fand allgemeine Zustimmung. Claudia war Feuer und Flamme, wie man so sagt, wenn man rundherum begeistert ist.

Alle eventuell auftretenden Negativpunkte wischte ich rechtzeitig und energisch vom imaginären Tisch, und die drei schönen Tage, die Mutti, Claudia und ich bei Tante Hilde Fröhlich in Bochum zu Gast waren, diese wundervollen Tage kannten nur noch ein Thema ...

Kururlaub im nächsten Frühjahr in Bad Pyrmont

Sommer, Herbst und Winter zogen ins Land und gleich Anfang Januar 1977 ließ ich mir für den geplanten Kuraufenthalt vom eleganten Kurhotel diverse Angebote schicken, wobei das Pauschal-Oster-Angebot als Schnupperpaket deklariert war und mit diversen Extras und verlockend günstigem Komplettpreis für zwei Wochen mit Vollpension unser besonderes Interesse weckte.

Uns begeisterten außerdem die angebotenen Kuranwendungen, die teils zu äußerst günstigen Konditionen angeboten wurden, zumal ich diese Behandlungen zur Unterstützung von Muttis allgemeinem Gesundheitszustand von vorne herein in Betracht gezogen hatte.

Ich sicherte Mutti meine großzügige Unterstützung zu, nannte Tante Hilde die Kosten und ... wir alle freuten uns auf ein vielversprechendes Osterfest.
Gesagt getan, gleich zu Beginn der Osterferien begaben wir uns auf die Reise vom Rhein übers Ruhrgebiet ins von uns so geschätzte niedersächsische Weserbergland.
Tante Hilde und Mutti hatten es sich auf den Rücksitzen und in ihren extra mitgenommenen Federkissen bequem gemacht und unterhielten sich, wohl aus Rücksichtnahme zu mir als Fahrer, zurückhaltend und sozusagen in ‚Zimmerlautstärke', – obwohl meine aufgeweckte Plaudertasche Claudia wortgewandt und begeistert die vorbeigleitenden und stets wechselnden Landschaften nicht nur optisch in sich aufnahm, sondern darüber hinaus auch anhaltend und zugleich ziemlich lautstark kommentierte.
In dieser gelebten ‚guten Laune' erreichten wir in den frühen Nachmittagsstunden des Gründonnerstages das weltbekannte Bad Pyrmont.
Dieses elegante niedersächsische Staatsbad ist berühmt für seine kohlendioxidhaltigen Eisen- und Kochsalzquellen, deren urgesunde Heilwässer kostenlos in den stilvollen Wandelhallen des ‚Hylligen Borns' aus edlen Messinghähnen und in schmalen Rinnsalen in die ovalen Öffnungen der glänzend schimmernden Marmorbecken fließen und von der überwiegenden Mehrheit der Kurgäste gerne als willkommene ‚Gesundbrunnen' anerkannt und genutzt werden.
Die teils mildsalzig schmeckenden Wässer, die aus den verschiedenen Hähnen gemächlich fließen, sie schenken einer jeden Trinkkur ihre Besonderheit, und sie zeigen ihre heilende Wirkung oft erst zeitversetzt, eben wegen der aufgelösten und auch unterschiedlichen Inhaltsstoffe der Heilwässer. Deren natürliche Zusammensetzungen kann aber der menschliche Organismus nicht sofort umwandeln.
Der medizinische Erfolg einer Kur stellt sich auch deswegen meistens erst einige Tage oder Wochen nach deren Beendigung ein.
Ich hatte schon bei meinen früheren Besuchen in Bad Pyrmont die innere Kurstadt und natürlich auch die nahe Umgebung kennengelernt und die interessanten Sehenswürdigkeiten bewundert.
Beeindruckt hatte mich, bei jedem meiner Besuche und immer wieder, der schon vor Zeiten, im achtzehnten und neunzehnten Jahrhundert weiträumig und großflächig angelegte Kurpark. Er beeindruckte mich durch seinen uralten Baumbestand und bot mir ein ganz besonderes Erlebnis, wobei die Ideenvielfalt der ehemaligen Landschafts-Architekten und deren Gärtnermeister in ihrer Gestaltungsfülle fast keine Grenzen zu kennen schienen, und sie zusammen eine derart perfekte Symbiose von menschlicher Kreativität und göttlicher Natur inszenierten, die ausnahmslos jeden Betrachter faszinierte und immer wieder beeindruckt.
In der frostfreien Zeit, nach den Eisheiligen, bereichern diesen gepflegten Kurpark eine Vielfalt der üppigsten tropischen Palmengewächse, die allesamt in robusten Holzverschlägen und Kästen gepflanzt wurden und jeweils in wohl temperierten Gewächshäusern überwinterten. Als prachtvolle Solitärgewächse der

faszinierenden exotischen Art bereichern sie stilvoll die beliebten Verweilorte des sehenswerten Kurparks im eleganten Bad Pyrmont.
Diese gärtnerischen ‚Blickfänge' schenken jedem Besucher, im steten Verbund mit der vorhandenen Artenvielfalt der heimischen Flora, einen unvergesslichen Blick in die Wunderwelt der gartengestalterischen Philosophie und ihrer tausendfachen Ideenvielfalt, die gekonnt und auf geniale Wiese eng verbunden ist, mit der bewegenden Liebe zur göttlichen Schöpfung.
Diese gelungene Symbiose von Mensch und Natur, sie zeigt sich, zum einen so enorm mannigfaltig, eben exakt in all den wunderschön arrangierten und gepflanzten Detaillösungen und in ihrer Farben und Formenvielfalt, die rechts und links der Wege markante Zeichen setzen, die dominierend und betonend ... dieser faszinierenden Parklandschaft, mit ihren gefühlvoll ins Grün der Baumriesen integrierten Kleinbauten, den sprudelnden Wasserläufen und den geschwungenen Brücken, den Zauber eines dauerhaften Feuerwerks der guten Gefühle verleihen.
Und zum anderen auch, oft unmerklich wahrgenommen, die lockere Leichtigkeit des Seins erkennen lassen und auf diese Art auch die Gesundheit der Besucher nachhaltig fördern. Herz und Seele der besonders emotional empfindenden Mitmenschen erfahren ein wohltuendes, sanftes und zartes Streicheln.
All diese beschriebenen Attribute pro Kurparkhotel, das den oberen Teil den weitläufigen Kurparks stilvoll begrenzte, all die beschriebenen Positivpunkte hatte ich schon vor vielen Jahren, bei meinen Pyrmont-Besuchen, wohlweislich in meiner Gefühlswelt gespeichert ... wobei all die anderen Gegebenheiten, wie der Hyllige Born mit der verschwenderisch anmutenden Schloss-Atmosphäre oder die gemütliche Innenstadt mit der Flaniermeile, die mit den dekorativen Auslagen und den kreativen Schaufensterszenen einluden und für jeden Besucher eine willkommene Abwechslung, die beim Erkunden der gebotenen Besonderheiten ihre Verführungskunst präsentierten.
Dieses Konglomerat der Möglichkeiten bildete die Grundlage meiner Gedanken und führten zu dem maßgeblichen Grund, weshalb ich Mutti und ihrer Cousine Hilde Fröhlich diesen Aufenthaltsort vorschlug, zumal beide Damen Bad Pyrmont schon per Kurzbesuch flüchtig kennengelernt hatten.
Denn der eine oder der andere Tagesausflug per Auto-Korso, der die vergangenen Höxter-Treffen dominierte, hatte diese feudale Bäderstadt Pyrmont als beliebten Treffpunkt auserkoren, wobei der Zuckerkuchen im Café Allee-Stuben seit vielen Jahren eine ganz eigene Anziehungskraft entfaltet hatte.
Außerdem hatte ich bei einer meiner obligatorischen Extratouren, so nannte der Familienkreis damals schon meine regelmäßigen und stets eigenwilligen Unternehmungen, das Flair der traditionsreichen Vergangenheit des Kurpark-Hotels zu schätzen gelernt. Besonders gut gefiel mir dessen gewollt zurückhaltender, vornehmer Service, der die feine, persönliche Note des großen Hauses prägte.
Der ausschlaggebende Grund aber war Mohamed, der aufmerksame, immer freundliche Hausdiener, der unentwegt und gewissenhaft in besagtem, traditions-

reichen, wie eleganten Kurpark-Hotel seinen Dienst versah. Ihn hatte ich während eines kurzen, aber intensiven Informationsgespräches kennengelernt.

Ein weiter Grund meiner Hotelwahl war natürlich auch die luxuriös ausgestattete Aussichtsterrasse mit ihren samtweich gepolsterten, gemütlichen Sitzecken, die von jedem Sitz aus …, und das vermerkte ich damals für mich als eine ganz besondere Attraktion, denn die Blicke fielen, von jeder Sitzecke oder jedem Polstersessel aus betrachtet, auf einen beträchtlichen Teil des leicht wellig angelegten, alten Kurparks.

Durch diese architektonische Kreativität erlebte jeder Gast den Zauber der über Jahrhunderte gewachsenen Parklandschaft als phänomenales Panoramabild in überzeugender und eindrucksvoller Breitwinkeloptik.

Gerade dieses gepflegte Terrassen-Ambiente hatte mich immer schon magnetisch angezogen und mich in seiner angenehmen Behaglichkeit den verführerisch duftenden Kaffee genießen lassen.

Also, dieses Wohlgefühl war oftmals vor allem Mohameds zuvorkommender Gästebetreuung zu verdanken, der wunschgemäß, den begehrten Tischplatz reservierte. Sein persönliches ‚Kümmern', das mich seit jeher begeisterte, es lag eingebettet in den kleinen Aufmerksamkeiten, mit denen dieser stets lächelnde ‚gute Geist' des Hotelbetriebes, jeden Gast erfreute.

Er war ein gebürtiger Tunesier mit dem orientalisch-arabisch klingenden Vornamen Mohamed. Und mit ihm verband mich seit meinen früheren Besuchen ein fast schon freundschaftliches Vertrauensverhältnis, das ich unbedingt auch auf Mutti und Tante Hilde zu übertragen gedachte. Und dies gelang mir vortrefflich!

Schon bei unserer Ankunft entdeckte ich Mohamed beim Einfahren in die schmale Hotelzufahrt. Ich erkannte ihn an seiner schnittigen Dienstkappe und den auffallenden goldenen Streifen, die seinem eng geschneiderten Sakko in Überlänge, so eine Art Dienstmann-Charakter gaben, die ihm aber, durch die ebenfalls schwarzgraue Stoffwahl der schmal gearbeiteten Hose, ob gewollt oder ungewollt, ein gelungenes, flottes und ausgesprochen schickes Outfit schenkten.

Ich brachte exakt an der vorgesehenen weißen Bodenmarkierung meinen ebenfalls weißen Mercedes zum Halten.

Automatisch bemerkte ich schon von weitem Mohameds freudiges Lachen, als er mich, noch vor dem Aussteigen, erkannte. Bevor ich ihm meine Hand zur Begrüßung reichen konnte, hatte er ehrerbietig schon die hintere Wagentür geöffnet und behände half er erst Mutti und anschließend Tante Hilde sowie Claudia beim Aussteigen aus den Rücksitzen des Reisegefährts.

Meine drei Damen lächelten trotz der langen Autofahrt recht freundlich, während ich in moderierender Art den zuvor anschaulich beschriebenen ‚Dienstmann' vorstellte. Dabei merkte ich an ihren bejahenden Gesichtszügen, dass ich ihnen zuvor nicht zu viel versprochen hatte, wie man landläufig so sagt.

Ich brauchte mich von dem Moment an, um nichts mehr zu kümmern, so sagt man wohl, wenn einem jeder Wunsch fast von den Augen abgelesen wird, denn Mohamed war ja ab sofort unser guter Geist, oder besser gesagt, er war einfach an allen Tagen die gute Seele unseres Kururlaubs.
Er hatte uns in die optisch getrennte Räumlichkeit der feudal-elegant eingerichteten Hotel-Lobby begleitet und gleichzeitig, ganz ‚gentlemanlike', die bequemen Lederpolstersessel angeboten, die er zuvor in einer Ecke der Empfangshalle um einen flachen Tisch zurechtgerückt hatte.
Wir machten es uns so richtig bequem und zeigten offen unsere Freude. Mohamed hatte außerdem beim Service die von uns gewünschten Getränke bestellt und war vorerst aus unseren Augen verschwunden.
„Mein geliebter Gotthold, Du bist in meinen Augen ein Mann, der in die Welt passt, Du hast Format und Du weißt wie man aufeinander zugeht und Freude schenkt. Deine großartige Idee, auch noch meine Cousine Hilde zu integrieren und dann dieses wunderbare Hotel hier in Bad Pyrmont auszuwählen, das ist nicht nur liebevoll gedacht, sondern ... Du hast alles Wesentliche für meinen privaten Kuraufenthalt im Vorhinein bestens organisiert. Darüber hinaus hast Du uns drei, Deine Tante Hilde, Claudia und mich wohlbehalten hierhergefahren.
Danke mein Sohn, nach Vatis Tod und der traurigen Zeit ohne ihn war ich in die Gefahr abgeglitten, meine einsamen Tage und Nächte als sinnlos zu empfinden, doch Du und meine liebe Claudia, Ihr habt mich aufgefangen und aus meiner Lethargie herausgeholt, wobei ich all diese Taten als die Krönung meiner wiederkehrenden Lebensfreude werte. Ich werde diese Reise hierher nach Bad Pyrmont mit allen Sinnen zu leben versuchen, und allem voran will ich natürlich die nächsten vier Tage unseres Zusammenseins ganz besonders genießen. Leider nur bis Ostermontag. Dann musst Du mit Claudia ja wieder nach Bendorf, denn die Osterferien dauern ja nicht so lange wie meine Kur hier, und außerdem wartet Dein Betrieb auf seine Führung. Von nichts kommt nichts. Ich freue mich so, danke nochmals für alles!"
Noch bevor ich auf Muttis Dankeschön und ihre herzlichen Worte antworten konnte, übernahm Tante Hilde die Regie über unsere Kaffeeplauderrunde und sah mich mit einem anerkennenden Lächeln an: „Also ich schließe mich den Worten Deiner Mutter komplett an. Ich mag Dich nicht nur wegen Deiner lockeren Wesensart, Deiner flotten Sprüche und so, sondern ich bin von Deinem Mitgefühl nicht nur ergriffen, nein, Deine Gefühlswelt ist schon etwas ganz besonderes, mein lieber Neffe, denn welcher Sohn macht solch liebevolle Geschenke und denkt sogar an eine verwandte alte Tante, die ja auch zur gleichen Zeit ein volles Herz der Trauer in sich trägt?
Geteilter Schmerz ist halber Schmerz, wie wahr, wie wahr, Deine Mutter und ich, wir werden uns hier in dieser wundervollen Umgebung mit Sicherheit toll erholen und gemeinsam können wir unsere Trauer leichter verarbeiten.
Auch ich danke Dir, mein lieber Gotthold, – ja und vor dem Essen trinken wir

zusammen einen Aquavit und ein leckeres Bierchen. Und wenn es ein paar Bierchen mehr sein werden, auch kein Problem!"

Ich fühlte mich pudelwohl, denn die Lobeshymnen, die ich mit Freuden aufgenommen hatte, sie stärkten mein Selbstbewusstsein auf so angenehme Weise, dass ich mit etwas Prickelndem unsere heile Ankunft begießen wollte, denn ich wusste ja, dass Mutti und ihre Cousine ein Faible für Sekt hatten.
Die freundliche Hoteldame ließ uns die zuvor bestellte Flasche Fürst Metternich servieren. Nun kam ich in Schwung und mit dem ersten Glas in der Hand konnte ich endlich mit ihnen prosten und mit meiner
‚Anmoderation der schönen Tage' beginnen:
„Meine Lieben, auch ich bin mehr als froh, dass unser Anreisetag ohne Probleme über die Bühne gegangen ist. Ja, ich werde euch beide, Mutti und Tante Hilde, in den nächsten Tagen mit Kurzweile verwöhnen, ohne dass Ihr Sorgen haben müsstet, zu wenig Ruhe zu bekommen.
Claudia und ich, wir werden uns in Euren Ruhephasen schon zu beschäftigen wissen. Außerdem werde ich Euch meine Absichten vorab schildern und wenn ich Euer ‚Ok' habe, dann erst legen wir los."
Meine Claudia erwiderte mein liebevolles Lächeln, das ich ihr während meiner Ansprache auch speziell zu ihr hinüberschickte und freute sich sicherlich, dass ich mit ihr einige Sonderprogramme geplant hatte.
Freudig ergriff sie ihr Glas Apfelsaft und stieß beim Zuprosten so heftig gegen meinen Sektkelch, dass sie und ich ein Überschwappen unserer Gläser und des köstlichen Nasses nicht verhindern konnten.
„Keine Sorge mein Schatz, so was kann immer passieren, wenn man glücklich ist, dann wird man schnell mal leicht übermütig, also dafür hab ich immer Verständnis."
Unser gemeinsames Abendessen im feudalen Speisesaal war eine Symphonie des erlesenen Geschmacks und wir alle genossen den ersten Abend voller Zufriedenheit und der aufkommenden Freude, die sich in einer Leichtigkeit der Gedanken und des sie begleitenden Lächelns zeigte.
„Etwas Abstand zu allem tut mir sicherlich gut, mein Junge, Deine Idee war mehr als nur gut, nochmals danke, dass ich hier sein kann und gute Nacht, Ihr beiden."
Mutti bestieg den Aufzug und nahm Claudia an der Hand, denn beide schliefen in einem Zimmer. Tante Hilde kam jetzt erst zu ihrer Einladung bezüglich unseres gemeinsamen Drinks.
Die Hotelbar bestach durch ihre luxuriös ausgestattete Einrichtung, wobei dunkles Holz und mit Messingelementen als tonangebende Materialien mit den dunkelroten Samtbezügen der Sitzmöbel bestens korrespondierten und insgesamt eine geschmackvolle Harmonie erreichten, die zum Verweilen verführte.
Nach drei eiskalten Gläsern Aquavit und mehreren Bierchen spürte auch ich die aufkommende Bettschwere. Im abgedunkelten Flur, der schnurstracks zu unseren

Zimmern führte, ergriff ich beide Hände meiner trinkfesten Tante und sprach zu ihr mit sonorer Stimmlage: „Danke, liebe Tante Hilde, unsere ‚Absacker', so sagt man doch wohl zum Nachtschoppen, die Aquavits und die Bierchen, sie waren genau richtig ... gute Nacht, bis morgen."
Ich drückte ihr je einen flüchtigen Kuss auf beide Wangenflächen und steuerte auf mein Zimmer zu.
„Gotthold, schlaf gut ..."
Ihre Worte erreichten mich gerade noch, bevor meine Zimmertür hinter mir mit einem gedämpft klingenden Wumm ins Schloss fiel.

‚Morpheus', der griechische Gott der Träume, er hatte mich sofort ergriffen, umfangen und mir den Schlaf der Gerechten geschenkt.
Als ich ausgeschlafen, mit freudigem Herzen und gut gelaunt, aus dem Bad eilte, entdeckte ich völlig verblüfft, dass es erst kurz nach sieben Uhr war, und von irgendwoher erreichte mich der überaus angenehme Klang eines harmonischen Glockengeläutes.
„Mensch Junge", murmelte ich vor mich hin und brummelte weiter, „heute ist ja Karfreitag, du bist ja völlig von der Rolle, wieso bist du denn schon so früh aufgestanden, du bist geschniegelt und gestriegelt, wie Mutti immer gerne sagt, und auch schon komplett ausgehfertig angezogen?"
Ganz am Anfang meines Selbstgespräches war ich noch über mich verärgert und wollte schon dem Wunsch, mich noch mal hinzulegen nachgeben, als ich an den frühen Vogel dachte, der ja als Erster den Wurm fängt ...
Kurze Zeit nach diesem Gedankenspiel hatte ich den Vorteil des Frühaufstehens für mich entdeckt und freute mich über die gewonnene Zeit, die mir ja ein Stück mehr Lebensfreude für den beginnenden Tag versprach.
Ich entdeckte bei meiner Suche auch sofort den gediegen und proper hergerichteten Frühstücksraum mit seinen vielen runden Tischen, die allesamt mit edlem, leuchtendweißem Geschirr auf ebenfalls blütenweißen Tischdecken eingedeckt waren. Außerdem schmückten zierliche, aber geschmackvolle Minitulpen in Osterglockengestecken alle Tische, was in der stilvollen Gesamtheit des Frühstückraumes besonders einladend wirkte.
Erstaunt ließ ich meinen Blick schweifen und entdeckte meine Lieben einträchtig an einem der schmucken Tische in feierlicher Wartestellung verharren, denn noch fehlten ihnen Kaffee, Tee, Kakao, natürlich die Brötchen und all die anderen leckeren Köstlichkeiten, die ja jedem Start in den Tag den nötigen Schwung verleihen.
„Es ist die Freude, mein Junge, die reine Freude, die uns drei Grazien aus den Federn trieb, ohne dass wir das abgesprochen hätten, aber wie ich sehe, ging es Dir ja nicht anders.
Kinder, ist das schön, dadurch haben wir alle noch mehr vom Tag. Auch das Wetter spielt uns in die Karten. Ich freu' mich so!" Mein Mutterherz lachte wäh-

rend ihrer Ansprache und schenkte damit ihren Worten eine unterstreichende Bedeutung.

Meine Claudia machte einen munteren, ausgeschlafenen Eindruck und hüpfte mit lustigem Quietschen rund um unseren Tisch herum. Sie setzte sich erst wieder hin, als der freundliche Ober, allerdings mit aufgesetzt strenger Geschäftigkeit ihr den gewünschten Kakao servierte.

An den Ostertagen bot ich meinen Schutzbefohlenen ein kurzweiliges Unterhaltungsprogramm, das uns sowohl die unterschiedlichsten Attraktionen und Sehenswürdigkeiten des feudalen Kurortes näherbrachte, wie zum Beispiel die elegante Wandelhalle des Hylligen Borns mit den unterschiedlichen Heilquellen, deren Wässer es vor allem Claudia angetan hatten. Auch die quirlige Einkaufsmeile mit den edlen Auslagen der renommierten Boutiquen und Geschäfte war an jenen Ostertagen mehrfach unser Ziel.

Unsere täglichen Aufenthalte im imposanten Kurpark bereicherten unser aller Gefühlswelt so gefühlvoll durch die ersten Frühblüher in den ausgedehnten Beeten und in den kunstvoll angelegten Rabatten und verzauberten uns mit ihrer Farbenpracht.

Sie verkündeten an ihren markanten Pflanzorten eine magische Anziehungskraft, sozusagen als natürliche Herolde von dem zu erwartenden Blumen- und Pflanzenparadies im aufregenden Park von Bad Pyrmont.

Sehenswert war natürlich auch die Rattenfänger-Stadt Hameln im Weserbergland, aber auch die Extern-Steine ließen uns durch ihre bizarre Formensprache staunen. Als ein weiteres lohnendes Ziel hatten wir die ‚Porta Westfalica' auf unserer Wunschliste notiert.

Wir saßen nach unserer Ausflugsfahrt in den bequemen Sesseln in der Lobby des Kurhotels und hatten ein Stück des köstlichen Butterkuchens aus der hauseigenen Konditorei vor uns auf dem Tisch stehen, als ich mich zu Mutti wandte und ihr mitteilte, dass Claudia und ich den Abend nicht beim Abendessen dabei sein würden.

Etwas hilflos erklärte ich ihr den Grund unseres Fehlens: „Wir hatten über die Show von Iwan Rebroff heute beim Frühstück gesprochen –, Du erinnerst Dich? Schade, dass Du abgelehnt hast mitzukommen, wird bestimmt ganz toll in der großen Festhalle mit Iwan Rebroff und Orchester, heute Abend um sieben Uhr. Stell Dir vor, unser guter Geist vom Hotel, der nette Mohamed hat mir noch zwei tolle Karten für ganz vorne am Bühnenrand organisiert und ich muss aus dem Grund mit Claudia früher zu Abend essen, weil … der Einlass ist bereit um sechs Uhr. Ich bitte Dich um Verständnis, aber ich habe eben erst erfahren, dass das Kartenbesorgen geklappt hat. Wenn Du willst, dann kannst Du hier in der Hotelhalle auf uns warten. Wenn nicht, dann sehen wir uns zum Frühstück."

Mutti lächelte milde und erwiderte in ihrer stets liebevollen Art meine Erklärung und zeigte volles Verständnis: „Ich freue mich für Euch, Vater und Tochter im

Konzert – und das bei dem großen Iwan Rebroff, also … das nenn ich wirklich ein Erlebnis für Dich und Claudia, ich wünsche Euch von Herzen viel Spaß."

Unsere Plätze befanden sich wirklich ganz vorne in der ersten Reihe, und so konnten wir das wirklich fantastische Bühnenprogramm des großen Sängers mit Begeisterung erleben, wobei das gebotene Gesamtprogramm mit den unterschiedlichsten, russischen Liedern unser Herz und Gemüt gleichsam streichelte und Claudia und mir die Charakteristik Russlands eindrucksvoll zu offenbaren vermochte.

Diese Einmaligkeit der Show und deren Ausstrahlung zeigte eine faszinierende östliche Welt, die sowohl von Iwan Rebroffs männlich-markanter und melodischer Stimme getragen wurde, aber auch von dessen Bühnenpräsenz lebte.

Auch das Begleitorchester wirkte als vollkommener Klangkörper und führte durch die Kunst der Musik in die Zauberwelt der russischen Seele. Wir wurden Augen- und Ohrenzeugen eines einmaligen Kunsterlebnisses, das in seiner Performance bis heute in unserem Gedächtnis nachklingen sollte.

Ich habe mit allen Fasern meines Seins unsere friedliche Zeit in Bad Pyrmont genossen und sie in meiner Gedankenwelt anhaltend gespeichert, weil ich sie für immer im Sinn behalten will … und um sie für mich, eben als wertvolle Erinnerungen in meinem persönlichen ‚Garten Eden der schönen Gefühle' einzupflanzen und lebenslang zu pflegen.

Mit einem verschmitzten Gesichtsausdruck und einem glücklichen Lächeln sehe ich meine kesse Tochter wieder lebendig vor mir, exakt am Bühnenpodest wartend stehen, und auf den Sangesstar Iwan Rebroff warten … Autogrammstunde! So will ich denn noch die eine lustige Episode festhalten, die sich nach dem Konzert, bei der Rebroffs-Autogrammstunde zugetragen hat …

„Papa, bitte, bitte, lass uns noch auf den Sänger warten, der kommt noch vor die Bühne, das weiß ich genau! Das machen Stars immer so! Bitte Papa …

Natürlich wartete auch ich mit Claudia auf den russischen Sänger, der ja in Wirklichkeit gar kein Russe war. Das ‚Russische' an ihm war aber sein Aussehen … eine dicke, schwere Fellmütze, ein gepflegter, halblanger, brauner Vollbart zierte seine slawisch wirkenden Gesichtszüge, die von seinem dunklen Augenpaar geheimnisvoll dominiert wurden. Sein überlanger, russisch-sibirisch wirkender Nerzmantel schenkte seiner männlich starken Silhouette ein majestätisches Aussehen.

Oder war der edle Pelz etwa ein wahnsinnig teurer Zobel? Aber wer weiß das schon genau?

Claudia, meine kecke Tochter, hatte Recht behalten. Sie hüpfte vor Freude, als sie ihren gefeierten Sänger aus dem schweren Bühnenvorhang heraustreten sah.

Iwan Rebroff schritt gemächlich quer über die Bühne und verharrte in der Pose eines Herrschers in der Bühnenmitte, wobei er in einer Art natürlicher Würde zu uns wartenden Gästen herunterschaute und noch eine geraume Weile an dem

breiten Treppenabgang verharrte, bevor er ganz langsam, Stufe für Stufe herabstieg.
Mit seiner überzeugenden und gutgespielten Theatralik, die einem Zaren aus Sankt Petersburg sicherlich zur Ehre gereicht hätte, deutete er mit gebieterischer Handbewegung seinem russisch anmutenden Gefolge und dem Orchester an, dass sie sich entfernen dürften.
Alsdann reichte den vielen wartenden Autogrammjägern aller Altersklassen jeweils einzeln eine zuvor von ihm handsignierte, begehrte Fotokarte, wobei sein Porträt sicherlich bewusst ein etwas östliches Aussehen zeigte.
Kess, keck, frech, doch egal, welches Attribut ich für Claudias Auftritt auch wählen würde, jedes dieser Worte träfe den besagten Nagel auf den Kopf…
„Lieber Herr Rebroff, Sie waren, Sie sind superklasse", schmeichelte sie ihn mit ihrem charmantesten Lächeln an und fuhr sogleich fort: „Ihre Schau, einfach grandios, das erzähle ich alles meinen Freundinnen, kann ich ein Autogramm haben?"
Iwan Rebroff blickte erfreut und erstaunt zugleich in Claudias lachende Augen und griff in die Tasche des imposanten Fellmantels, nestelte mehrere Autogrammkarten hervor und schenkte sie mit frischer Filzstift-Signatur seiner mädchenhaften Verehrerin.
„Danke, vielen, vielen herzlichen Dank, Herr Rebroff."
Während sie zu ihm aufschaute, zeigte sie gezielt mit beiden Zeigefingern auf den markanten Vollbart des Hünen. Gleichzeitig hatte sie auch schon die nächste Frage auf den Lippen: „Ist der schöne Bart echt, Herr Rebroff, oder gehört der auch zu dem Bühnenkostüm?"
Mit seiner melodisch klingenden, tiefen Stimme antwortete er: „Aber natürlich ist mein Vollbart echt, er ist meine eigene Haarespracht und gleichzeitig, mein verehrtes Fräulein, gleichzeitig ist er auch mein markant-männliches Markenzeichen."
Während er mit Bedacht und äußerst wohlklingender Bass-Baritonstimme auf Claudia einredete, beugte er sich lachend zu ihr herab, sodass er sein Gesicht in Claudias greifbarer Nähe postierte und sie mit humorvoller Geste aufforderte, den Bart zu inspizieren: „Junge Dame, nur Mut, greif ruhig feste in den Bart hinein und überzeuge Dich von der Echtheit meines Rauschebartes!"
Natürlich hatten alle umherstehenden Gäste diese lustige Szene mit amüsiertem Gelächter quittiert und diesem erfrischenden Jux auch satten Applaus geschenkt, sodass mein Töchterchen hocherfreut und glücklich hüpfend mit mir durch die nächtliche Läster-Allee den Weg ins Hotel suchte.

Rechts und links der breiten Allee mit dem alten, mächtigen Baumbestand befanden sich die urgemütlichen Kaffeehäuser mit den begehrten Fenstersitzplätzen, von welchen man zu jeder Tageszeit das Betrachten der flanierenden Kurgäste bestens beobachten konnte.

Viele dieser Kaffeehäuser hatten auch in die Allee integrierte Gastgärten mit bequemer Außenbestuhlung, die in der Freiluftsaison stark besucht waren und die ebenfalls zum ‚Lästern' verführten ... eben über andere Menschen zu schnuddeln und über sie herzuziehen, wahrlich –, dieser Schwäche können sich nur wenige Mitmenschen wirklich entziehen.

Claudias Begeisterung und ihre Fröhlichkeit waren wohltuend ansteckend und ihre gute Laune war nicht nur ansteckend, sondern sie erfreute uns alle noch weit über unser Frühstück hinaus.

„Liebe Tante Hilde, liebes Mutterherz, das gestrige Konzert war wirklich ein Genuss, deshalb habe ich für Euch beide je eine Langspielplatte der größten Hits von Iwan Rebroff gekauft. Diese LP ist ein Klangerlebnis von besonderer Güte. Außerdem sind die Lieder zeitlos und eine bleibende Erinnerung an diese schönen Tage hier in Bad Pyrmont sind sie allemal!"

‚Carpe diem'... oder die Kunst zu leben

Wir hatten unsere Glücksmomente, wir nutzten unsere Zeit und wir hatten in unserer Wohlfühloase Bad Pyrmont ein Quantum an Ruhe und Entspannung gefunden, wobei unser aller harmonisches Beisammensein uns zusätzlich noch ein wenig Frieden schenkte.

Zurückgekehrt in heimatlichen Gefilden ordneten wir unsere Gedanken und fanden, dass schöne Stunden und Tage wahre Kraftspender sein können. Wenn auch der graue Alltag nunmehr wieder meine ganze Aufmerksamkeit forderte und die Tagesarbeit eine gehörige Portion Kraft kostete, so verlor ich zu keiner Zeit meinen Mut und konzentrierte mich auf das Wesentliche ...

Und dieses Wesentliche bestand aus zwei Hauptaufgaben, erstens, mit Liebe und Hingabe für das Wohl meiner Mutter zu sorgen und zweitens, mein Hauptaugenmerk auf die gute Entwicklung meiner Tochter Claudia zu richten, denn meine beiden Liebsten sollten ohne Sorgen ihre friedliche Lebensfreude entdecken und genießen können.

Diese gewichtigen Schwerpunkte verfolgte ich ohne ‚Wenn und Aber', und ich setzte sie allzeit in mein fürsorgliches Handeln um, dem ich alles andere unterordnete!

Um mir diese Gedanken zu verdeutlichen und sie auch in mein Hirn einzugliedern, griff ich zur Verstärkung dessen, wiederum zu meinem gesunden Selbstgespräch, was mich auch überhaupt nicht störte, denn ich war in diesem Moment mit meinen Gedanken allein: „Die Zeit, die noch bleibt, sie gilt es zu nutzen, denn die Zeit hat keine Zeit zu warten. Ja, alter Junge ..., diese Weisheit hattest du früher schon mal erkannt, und diese Erkenntnis von einst, sie hat exakt in deinem Heute eine besondere Bedeutung ..., vor allem im Bezug des Miteinanders. Also kümmere dich um deine beiden Frauen, Mutti und Claudia, etwas Wichtigeres gibt's im Moment nicht!"

Da meine ‚Noch-Ehefrau Gabriele' als selbstständige Geschäftsfrau ihr volles Arbeitspensum in ihre beiden Läden investieren wollte, hatte sie weder die Zeit und den inneren Willen, sich auch als Mutter zu betätigen und sich mit der intensiven Kindererziehung zu befassen. Wir hatten nämlich eine friedliche Abmachung getroffen.

„Unsere Tochter war ja bei meiner Mutter bestens aufgehoben, und Omas sind sowieso immer wundervoll, denn sie erziehen mit Verständnis und sie schenken stets die uneigennützige Liebe."

Ich hatte unsere Bedingungen der friedlichen Teilung der Erziehung unserer Claudia zähneknirschend akzeptiert, denn auch ich hatte ja meinen florierenden Dekorationsbetrieb mit all den Angestellten und Lehrlingen zu führen. Außerdem hatte ich es mir ja seit Langem zur ehrenvollen Pflicht gemacht, das historische Remy-Anwesen ... ‚unser Goethe-Haus' vor dem allmählichen Verfall zu retten und dem Anwesen außen wie innen wieder seinen einstigen Glanz zurückzugeben. Diese wichtigen Aufgaben kosteten meine Kraft, Ausdauer und Finanzen, denn alle Restaurierungskosten wurden meist von mir alleine getragen! Wir hatten uns darauf geeinigt, dass das Anwesen auch in Zukunft unser beider Besitz bleiben sollte.

Genau deswegen sah ich auch in etwaigen gegenseitigen Vorwürfen keine Sinnhaftigkeit, denn da sich unsere Ehegemeinschaft in beiderseitigem Einvernehmen aufgelöst hatte, einigten wir uns vernünftigerweise auf die einzig machbare Lösung, nämlich unsere gemeinsame Tochter Claudia in die Obhut des angesehenen Internats der Schönstätter Marien Schwestern in Vallendar zu geben.

Diese katholischen Ordensschwestern führten in christlich-religiöser Menschlichkeit und rein optisch betrachtet, mit den, in geschlossener Bauweise errichteten Wohnhäusern und Anbauten, den mannshohen, umlaufenden Bruchsteinmauern, die den weitläufigen, parkähnlichen Spiel-Garten umgaben, das angesehene Mädchen-Internat mit dem wohlklingenden Namen ‚Wildburg'.

„Dieses renommierte katholische Mädchenpensionat bietet erfreulicherweise den auswärtigen jungen Damen, deren Eltern, aus welchen Gründen auch immer, verhindert sind, ihre Töchter im Familienkreis gesund heranwachsen zu lassen, eine würdige und sicherlich liebevolle Heimstatt auf Zeit." Mit diesen Worten versuchte ich die berechtigten Zweifel, die Mutti zu erkennen gab, herabzumildern und gleichzeitig auch um ihr Verständnis zu werben.

„Liebe Mutti, Gabi und ich, ich meine, wir als Eltern, wir haben uns doch zuvor mit den gegebenen Örtlichkeiten in Vallendar eingehend vertrautgemacht, und wir haben mit den verantwortlichen Pädagoginnen der Heimleitung intensive Gespräche geführt, die wir als äußerst positiv empfanden."

Um Muttis fragendem Blick zu folgen und um ihr eine weitere Beruhigung zu geben, fuhr ich mit meinen weiteren Erkenntnissen, die zu unserer Internatslösung geführt hatten, fort: „Als Internatsschülerin, liebste Mutti, besucht Deine Claudia, nach dem regelmäßigen Frühstück im Speisesaal des Internats und ihrem

anschließenden, kurzen Weg zu den modernen Schulgebäuden des Mädchengymnasiums, dessen Standort etwas oberhalb der Wildburg liegt. Sie besucht also dort den jeweiligen anspruchsvollen Unterricht, der übrigens grundsätzlich nur vormittags das Wissenspensum vermittelt."
Ich hielt kurz inne, auch um in Muttis Gesicht zu lesen, welche Gedanken sie mir schickte, denn mein Mutterherz und ich, wir verstanden uns auch damals schon blind, eben oftmals ohne das gesprochene Wort. Ich spürte ihr reges Interesse an meinen Erklärungen und erzählte weiter: „Wie ich schon sagte, Mutti, auch das Gymnasium wird von den Schönstätter Marienschwestern verantwortlich geführt. Natürlich sind dort auch weltliche Lehrer für alle Unterrichtsstufen angestellt. Du brauchst Dir wirklich keine Sorgen machen, Claudia lebt unter der Obhut der Schwestern ihr ganz normales Leben, vielleicht ein wenig strenger und konfessioneller ausgerichtet als auf einer weltlich geführten Schule … und eine regelnde Schulordnung gibt's schließlich auf jedem Mädchengymnasium."
Ich sah es meinem Mutterherz an, dass sie an weiteren Informationen großes Interesse hatte, weshalb ich sogleich den weiteren Tagesrhythmus zum Thema wählte und auf dem Sofa näher zu ihr rückte und beruhigend ihre Hände drückte, bevor ich mit meiner inneren Überzeugung weiterredete: „Nach Unterrichtsende, also nach meist sechs Unterrichtsstunden wird zunächst das Mittagessen im Speisesaal der Wildburg als willkommenes Labsal genossen, denn die Schwestern der dortigen Küche können sehr gut kochen. Ja, und nach dem gemeinsamen Essen ist eine Ruhezeit angesetzt, die die Mädchen in ihren Stuben verbringen müssen, bevor so gegen drei Uhr nachmittags die aufgegebenen Schularbeiten, ich meine die Hausaufgaben, zu erledigen sind. Diese intensiven Studien werden grundsätzlich von betreuenden Schwestern begleitet, wobei auch jede auftretende Frage, gleich auf welchem Fachgebiet das sein mag, stets lehrreich beantwortet wird. Man nennt dieses konzentrierte Schularbeiten-Machen, der sinnvollen Kontrolle wegen und bezeichnenderweise Silentium, was ja Stille oder Ruhe heißt, so jedenfalls interpretiere ich diesen Begriff aus dem Lateinischen."
Mutti staunte nicht schlecht, wie umfangreich sich das Schul- und Internat-Angebot darstellte und mit welcher Intensität ich es schilderte. Ihre fragenden Blicke wurden mit jeder meiner Erklärungen intensiver, weshalb ich auch postwendend weitersprach: „Ja, und an allen Wochenenden ist Freude angesagt, denn dann können die Internatsschülerinnen, natürlich auch unsere Claudia, dann können die jungen Damen ihre gewonnene persönliche Freiheit ausgiebig genießen. Alle rheinland-pfälzischen Schulferienzeiten und deren Termine sind auch für dieses Mädchengymnasium identisch."
Unser umfassendes Vieraugen-Gespräch zeigte bei Mutti eine geradezu positive wie nachhaltige Wirkung, denn ihr spontanes Verhalten signalisierte mir eine gewisse innere Zufriedenheit, zum einen durch ihr erleichtertes Aufatmen und dessen hörbaren Seufzern, zum andern zeigte ihre zufriedene Mimik deutlich ihre Zustimmung über Gabrieles und meine weitreichende Entscheidung.

Etwas später, aber noch am gleichen Abend, machte Mutti aus ihrem Herzen keine Mördergrube, wie man im Allgemeinen und treffend in solchen Situationen bemerkt, indem sie mit fester Stimme und klaren Worten mir ins Gewissen redete: „Machen wir uns doch nichts vor, mein Lieber, bei allem Für und Wider, Eure Tochter wird durch Eure Entscheidung, sie in ein Internat zu geben, aus ihrem engen Familienkreis ein für alle Mal herausgerissen. Gut ist das nicht. Dass Dir, mein lieber Sohn, keine andere Wahl bleibt, das ist auch mir klar. Wann immer Du mich brauchst, solange ich lebe, bin ich für Claudia und für Dich da!"

Wie im Fluge gingen die Tage, Wochen und Monate ins Land und unsere gemeinsam verbrachte Zeit, sie zeigte sich als unser höchstes Gut, denn diese wertvolle Erkenntnis wurde uns dreien erst richtig bewusst, als sich diese wundervolle, berührende und zugleich erfüllende Zeit dem Ende zuneigte ...
Anfangs ihrer Internatszeit war mein Herzblatt Claudia noch stinksauer, eben wegen der doch sehr strengen Verhaltensregeln der religiösen Internatsleitung und deren beengenden Zeitvorgaben.
Doch das sittenstrenge, religiöse, oftmals auch gottesfürchtige katholische Schulsystem, das von früh bis spät die Ordnung bestimmte und das Geschehen vorschrieb, war für mein Töchterlein ab und an gewöhnungsbedürftig.
Und an den Sonntagabenden, nämlich dann, wenn die Rückkehr in die heiligen Hallen der Wildburg raue Wirklichkeit wurde, floss so manch bittere Träne aus den traurigen Augen der zartbesaiteten jungen ‚Damen'. Diese herzerweichenden Kullertränen wurden aber von Mutter oder Vater, oftmals auch von beiden durch ihren mitfühlenden Trost schnell getrocknet. Dieses dramatische menschliche Schauspiel, es war das stets wiederkehrende Ritual und bildete den emotionalen Kern, beim allabendlichen ‚Tschüss-Sagen' ..., sonntagsabends um sieben ...

Meine eigenen Tränen des Trennungsschmerzes, sie hat keine Menschenseele je gesehen, denn ich war bei meinen Rückfahrten vom Internat nach Bendorf immer alleine im Auto ... und erst dann hielt ich sie nicht mehr zurück.
Und bis ich an meiner Stamm-Kneipe am Yzeurer-Platz in Bendorf angekommen war, war der Quell der traurigen Tränen wieder versiegt, und schon nach einem Himbeergeist und ein paar Bierchen schaute ich wieder zuversichtlich in die Welt.
Dieser abendliche Dämmerschoppen bei Finchen und Erwin Lyding, dem sympathischen Wirtsehepaar des Niederhofs, machte mir wieder Mut, und auch meine Lust auf die kommende Arbeitswoche meines immer anstrengenden ‚Sechstagerennens' gewann an Tempo.
Und ich freute mich in meinem Seelenzustand verständlicherweise schon nach den ersten Gläsern des schäumenden Gerstensaftes auf das darauffolgende sanfte Verdrängen meines Alleinsein-Gefühls, das mir mein Freund und Wirt des Niederhofes bereitete, indem er mir unaufgefordert die weiteren Bierchen mit köstlicher Schaumkrone zapfte und auf den Bierdeckel stellte.
Natürlich merkte ich, dass Erwin mich gleichzeitig aus den Augenwinkeln heraus

beobachtete, um festzustellen, mit welcher Lust ich das kühle Gebräu genoss und zusehends gemütlicher wurde.
Ich dachte, trotz allen Thekengeplänkels mit meinen Kumpeln, recht bald auch schon wieder an die kommenden Wochenenden, denn im Wechsel der Lehrpläne hatte die Schulleitung des Gymnasiums ihren Schülerinnen mal ein kurzes oder ein längeres Wochenend-Freizeitvergnügen gestattet.
Immer nach Schulschluss und um die Mittagszeit eines jeden beginnenden des Wochenendes stauten sich im Areal der Wildburg die meist größeren Autos der wartenden und auch ungeduldigen Eltern.
Die Wagen standen, teils mit schon geöffneten Heckladeklappen oder Kofferraumdeckeln, dicht gedrängt vor den massiv wirkenden, rustikalen Bruchsteinmauern, die den großzügig angelegten Gebäudekomplex umgaben.
Diese grauen Mauern im Herzen von Vallendar verzauberten in ihrer gesamten Länge die Blicke der Besucher auf die verwinkelten Internatsgebäude äußerst dekorativ, denn diese Gebilde aus Natursteinen wurden durch den natürlichen, in zarten Grüntönen leuchtenden Efeubewuchses regelrecht liebevoll umarmt und gaben der verwinkelt gebauten Wildburg in ihrer Gesamtheit den einmaligen Charakter eines geheimnisvollen Märchenschlosses.
So wohlwollend sah ich, jedenfalls bei meinem ersten Blick, die neue ‚Heimat' meiner Claudia. So schuf ich mir in meinen Gedanken, sicherlich von meinem inneren Gefühl geleitet ... eine eigene Wunschwelt, die gnädig die graue Realität meines Seins zum Teil verdrängte, – jedenfalls in jener schwierigen Zeit, in der ich unter der quälenden Zerrissenheit meiner jungen Familie besonders litt.
Diese eigene Wunschwelt, die ich wohl zu meinem Schutz in meinen Gedanken aufgebaut hatte, sie versprach mir, allein schon durch ihre gefühlte Existenz, eine beruhigende, eine tröstende Wahrnehmung der neuen Realität, die ja in Zukunft immer wieder eine Trennung auf Zeit bedeutete. Und diese imaginäre Wunschwelt gewann ihre verführerische Wirkung auch durch meinen freien, ungetrübten Blick auf den wundervollen, alten Baumbestand des weitläufigen Wildburg-Spielgartens, der aber durch die Umklammerung der rustikalen Bruchsteinmauer mit dem imposanten Portal als Eingang, dem Gesamtkomplex Wildburg einen klosterähnlichen Eindruck schenkte.
Meine, in meinem Innern empfundene Beruhigung, sie wertete ich als angenehmen Widerpart meines zweifelnden, teils auch oft traurigen ‚Ichs' ... und dieser Widerspruch setzte sich in mir emotional fest und projizierte gleichzeitig vor meinem geistigen Auge für mein geliebtes Mädchen ein solch beschützendes, sympathisches Wildburg-Zuhause, das mir für Claudias Leben nur eines signalisierte: ‚Alles wird gut'. Derart waren meine Gedanken und auf diese Weise überstand ich alle meine noch vorhandenen Gemütsschwankungen, denn Woche für Woche freute ich mich mal auf den Freitag, mal auf den Samstag, denn im Wechsel der Unterrichtspläne begannen sie stets erneut ... unsere geschätzten und intensiv gelebten ... ‚Claudia-Wochenenden'!

Alles was jemals lebendig war, es bleibt in der Zeit ...

Diese Erkenntnis erfüllte mein philosophisches Denken und es prägte den reichen Gedankenschatz im ‚Bewusstsein meiner späten Jahre'... denn alles Erlebte erhält seinen wirklichen und auch aussagekräftigen Wert immer erst zeitversetzt, also nach den geschehen Ereignissen. Und es kann als willkommenes Geschenk eines gütigen Schicksals angenommen werden.

Diese mannigfaltigen Lebenszyklen mit ihren Episoden können nunmehr, im Herbst meines Daseins, im gefühlten ‚Zeitensprung' in meine reale Gedanken-Gegenwart als Erinnerungen eindringen, wobei mein menschliches Hirn ja einstmals viel lieber das ‚Schöne, Wahre und das Gute' im Gedächtnis speicherte, als die weniger schönen Dinge, die auch damals schon meine ungeliebten Begleiter waren.

Bei sensiblen Zeitgenossen entsteht in diesem Zusammenspiel der Gefühle oftmals ein gefühltes Durcheinander im Kopf, bei dem die fließenden Gedankenströme verrücktspielen. Diese gilt es zu ordnen, denn in deren Erinnerungen findet man oftmals eine wundervolle psychische Kraftquelle, die menschliche Herzenswärme zu schenken vermag.

Ich empfinde heute eine andauernde Zufriedenheit in mir, dass es mir in meinen unterschiedlichen Lebensphasen immer wieder gelungen ist, trotz vieler Widrigkeiten, meinen inneren Frieden zu finden – und was noch wichtiger ist – ihn auch zu bewahren.

Es sind meine bewusst herbeigerufenen Gedanken, die ja die virtuellen Bilder vor meinem geistigen Auge projizieren, und es sind nur diese Gedanken, die das Vorbeiflimmern der anrührenden und gleichzeitig aufregenden Szenen aus der Vergangenheit erst möglich machen.

Es ist allein die Kraft der Gedanken, die die gelebten Szenen von einst erneut entstehen lassen und zum Leben bringen. Und diese, oft nur für kurze Zeit erscheinenden Bilder, sie verzaubern jeden in die Vergangenheit eintauchenden Betrachter und schenken ihm die emotionalen Glücksmomente, die aus dem Erlebten von ‚Gestern' heraus entstehen können. Sie wirken mit ihrer positiven Energie ins empfindsame Heute hinein ... und sie machen Mut für die Zukunft!

Ich betrachte diese persönlichen Momente als äußerst kostbare, ideelle Schätze aus einer längst vergangenen Zeit. Ich betrachte sie als willkommene Geschenke, deren wertvolle Inhalte jedem empfindsamen Menschen ein wenig mehr an innerem Reichtum beschert und somit seine Zufriedenheit stärken.

In diesem Sinne lasse ich meine Gefühle in jene Zeit zurückkehren, in der sie unseren gemeinsamen ‚Claudia-Wochenenden' die glücklichsten Tage schenkte. So freuten wir uns in unserem engen Dreierbündnis, dass wir miteinander unser kleines Glück in Oma Gretes gemütlicher Mansardenwohnung genießen durften. Mutti und Claudia liebten ihre Spielstunden, wobei diese ja nicht nur aus ‚Mensch ärgere dich nicht spielen' bestanden. Scrabble, Mühle, Mau-Mau oder Schwarzer

Peter standen ebenso auf ihrem Spielplan, wie Stadt-Land-Fluss. Wann immer ich Zeit und Muße fand, gesellte ich mich dazu und spielte mit … und verlor meist. Die beiden hatten auch einen Heidenspaß beim ‚Essen-Zubereiten', wie sie ihre Kochkünste treffend nannten. Es schmeckte immer vorzüglich, und nicht nur ich war begeistert.

„Einfach super, Dein Essen Oma, schmeckt toll, Du bist Klasse!"
In dieser überzeugenden Art der Begeisterung und mit kessen Ausrufen ähnlichen Lobesinhalts bewertete Claudia oftmals Muttis spektakuläre Kochkünste. Das raffinierte Würzen war das eigentliche Geheimnis ihrer feinen, wohlschmeckenden Gerichte. Muttis Kochkunst war für Claudia eine einzige Faszination.

Und sie konnte in diesem ‚Oma-Kochstudio' genießend die Zubereitung und deren Würz-Geheimnisse ihrer Lieblingsspeisen erfahren. Außerdem weiß ich genau, dass sie sich das eine oder andere Rezept selbst in einem speziellen Notizbuch aufschrieb und auch von Mutti die eine oder andere gedruckte Kochanleitung geschenkt bekam.

Es waren wundervolle Zeiten…

In der Tat unsere Wochenenden konnten und wollten wir ganz bewusst erleben und genießen, denn unsere so gefühlten Situationen waren für uns willkommene Geschenke einer glücklichen Zeit.

Diese sympathischen und bunten Erinnerungsbilder bereichern noch heute meinen imaginären ‚Garten-Eden' und bewahren das einstmals Erlebte als wertvolles Gedankengut der ungetrübten Freude. Und all diese lebhaften Bilder bestechen durch ihre Farbigkeit und schenken meinen Erinnerungen einer Strahlkraft, wie die stets wechselnden und immer faszinierenden Zufallskreationen in einem sich drehenden Kaleidoskop. Sie alle fühlen sich bestens aufgehoben im Paradies meiner Erinnerungen; und diese Bilder haben zeitlebens Gültigkeit.

Meine Mutter schenkte mit verwöhnender Aufmerksamkeit ihre Liebe ihrem ‚Omamädchen', auch nannte sie ihren kleinen Sonnenschein ‚Omas Beste', denn auch mit dieser bedachte sie ihre Enkelin seit dem Babyalter. Ihre besondere Fürsorge hatte einen nur zu verständlichen Grund, denn sie machte sich Sorgen um Claudias Zukunft, und auch mein Schicksal rührte sie an, weshalb sie sich mit einem lautstarken Redeschwall ihren angesammelten Ärger Luft machte:

„Ich sage Dir eines, mein Sohn, es ist keine gute Sache, ich meine, Eure Trennung. Eure Tochter muss sich ab sofort ihre Eltern teilen, das tut jeder kleinen Seele gewiss nicht gut. Die frommen Schwestern in Vallendar, die das Mädchen-Internat leiten, sie sind sicherlich gut zu ihren Schützlingen, doch sie ersetzen in keinem Fall Vater und Mutter als gewachsene Familie. Außerdem hast Du, mein Sohn, alles, aber auch alles für Deine Frau und Claudia getan, wie man so sagt. Aber das weißt Du ja selbst. Ich denke nur an Eure feinen Urlaube, ich denke an Deine

Selbstständigkeit, die Euer Leben erst in allem möglich machte, die zwei Boutiquen, das Haus, die Renovierung ... Du hast alle Annehmlichkeiten erst möglich gemacht ...
Mit einer vehementen und ruckartigen Handbewegung, die den radikalen Stopp ihres Redeflusses bewirkte, beendete ich energisch ihren Wutanfall und somit auch ihre wahrheitsgemäßen Aufzählungen meiner Aktivitäten der vergangenen Jahre ...
„Ich weiß, ich weiß, Mutti, das alles waren schwere Fehler, die ich aber nicht vorhersehen konnte, schließlich waren wir verheiratet ... und ich wollte Gabriele gleichberechtigt behandeln. Ich konnte doch nicht wissen, dass alles so kommen würde!"
Mir war die ganze Situation bezüglich meiner Ehe im Grunde genommen peinlich, denn ich hatte mein angestrebtes Ziel, mein harmonisches Familienleben in seiner Gesamtheit verloren.
Als verlassener Ehemann spürte ich allenthalben Spott, auch Häme bei einigen sogenannten ‚guten Freunden', doch ich versuchte, dieses üble Getratsche zu negieren und bekämpfte meinen immer wieder aufkeimenden Zorn zu unterdrücken und gute Miene zum bösen Spiel zu machen.

Nach Vatis frühem Tod überstürzten sich die Ereignisse. Das Tempo, mit dem Gabriele unsere Trennung vorantrieb, dieses ‚Eiltempo' musste ich erst einmal begreifen. Es gab zuvor keinerlei Aussprachen, keine Auseinandersetzungen oder gar klärende Diskussionen. Ich stand also allein vor dem Dilemma meiner zerstörten Ehegemeinschaft und vor der erzwungenen wohnraummäßigen Leere.
Mutti und Claudia waren ja glücklicherweise und auf meinen ausdrücklichen Wunsch hin nach den Osterfeiertagen im ‚Kurhotel Steigenberger Hof' in Bad Pyrmont geblieben, um noch ein wenig mehr Erholung zu tanken.

Einen Hauch unseres gemeinsamen Wohnstils vermittelten lediglich noch die flämischen Wand- und Deckenleuchten sowie die sechs überlangen Wolkenstores-Gardinen und deren Satin-Dekorationen vor den hohen Fenstern im Wohn- und Esszimmer. Mich empfingen damals bei meiner Rückkehr in die Wohnung nur leere Räume, kahle Wände und nackte, unsaubere Parkettfußböden.
Jeder einzelne meiner Schritte hallte aufdringlich und unangenehm in meinen Ohren. Durch die gähnende Leere in den verschiedenen Räumen wirkte jeder Tritt wie ein gespenstisches Echo aus einer fremden Welt. Leere Räume und vor allem größere Zimmer ohne Mobiliar klingen immer irgendwie befremdlich.
Allein die edlen französischen Tapeten, mit dem goldenen Lilienmuster auf dunkelblauem Untergrund, mit deren Wirkung ich den über drei Meter hohen Wänden ihr edles Aussehen gab, sie allein zeigten keinerlei Verlust ihrer dekorativen Ausstrahlungskraft.

Der einzige Zeuge ...

Dieses gewöhnungsbedürftigen Geschehens in seiner schmerzenden Realität war mein bester Freund Wilhelm Krämer, mit dem mich eine enge Kameradschaft verband, die wir seit unserer Jugend pflegten.
Und das kam so ...
Ich hatte mich wie so oft mit ihm, kurz vor meiner Heimkehr telefonisch zu einem Wiedersehendrink, damals ja noch in unserer Wohnung verabredet, weshalb er auch schon bei meinem Eintreffen vor der eisernen Freitreppe meines Zuhauses auf mich wartete.
Ich schloss die Haustür auf, und wir stiegen plaudernd die breite Eichentreppe hinauf, wobei mich wunderte, dass ich weder zuvor beim Hochschauen zu meinen Wohnungsfenstern von der Haustür aus, noch nunmehr im Innern des Treppenhauses, keinen gewohnten Lichtschein aus dem Fenster unseres Beichtstuhls sah.
‚Beichtstuhl‘, so nannte mein Vater spaßeshalber den vorgesetzten Erker unseres Eingangsbereiches, der irgendwann in früherer Zeit von Schreinerhand in massiver Holzbauweise gestaltet wurde, wobei das Rahmenfenster mit lichtdurchlässigem Riffelglas vor allzu neugierigen Blicken schützte.
Einzig die mystisch dumpfe Dunkelheit dämpfte meine innere Heimkehrfreude. Mich beschlich außerdem ein eigenartiges Gefühl, das ich in diesem Moment noch nicht zu deuten wusste.
„Wilhelm, hier herrscht eine Totenstille, kein Lebenszeichen spürbar ... eigenartig und dubios!"
Ich stellte meinen Reisekoffer ab und schloss die undurchsichtig verglaste breite Erkertüre auf und betrat den schmalen Flur, dem, und das sah ich sofort, der schmale Barockspiegel im Goldrahmen ebenso fehlte wie das dunkle Ebenholztischchen darunter. Auch der schallschluckende weiche Hochflorläufer fehlte ..., und genau dieses dreifache Fehlen machte mich stutzig.
Wilhelm hatte die seltsame Situation in Sekundenschnelle und in ihrer Gesamtheit erfasst und verstanden. Er war regelrecht schockiert und gelinde ausgedrückt, es fehlten ihm die Worte.
Nach einer Weile hörte ich seine stotternden Worte in seinem gewohnten Tonfall, einem Mix aus Hochdeutsch und heimatlich klingendem Dialekt: „Wat es dann hei passiert, dat es jo e Ding, Gotthold, Dau armer Kerl, Deine Frau Gabi tickt doch nicht richtig!!! Dau dus mer rechtich lääd un Dein Doochter Claudia och."
Wilhelms mitfühlende Worte, die er spontan in seinem liebgewonnen Heimatdialekt abspulte, sie brauchte ich für mich nicht zu übersetzen. Das hautnah erlebte Geschehene bedurfte auch keiner weiteren Erklärung, denn die Fakten sprachen ihre eigene verletzende Sprache.
An diesem schicksalhaften Abend hatte ich ja, Gott sei Dank, meinen getreuen Jugendfreund Wilhelm an meiner Seite, mit dem mich so manche verrückte Episode aus früheren Zeiten verband ... weshalb wir, wie so oft, in unserer Stamm-

kneipe, dem allseits beliebten Niederhof mit seinen immer freundlichen Wirtsleuten Finchen und Erwin Lyding, ganz besonders an diesem Abend bestens aufgehoben waren. Und wir ließen unserer realen Verwunderung, die allmählich in eine gewisse Bitterkeit umschlug, ungehemmt freien Lauf …
Und nach dem Genuss von einigen unserer Lieblings-Schnäpse, beispielsweise ‚Birnchen und Himbeergeist', – natürlich diese mit den dazugehörigen Minifrüchtchen einladend in Cognac-Schwenkern serviert –, sowie nach etlichen Gläsern des herben Westerwälder-Fohr-Pils-Bieres, war unser Gemütszustand oberflächlich betrachtet, einigermaßen beruhigt.
Aber nach all diesen flüssigen Rauschmitteln ließen wir unseren wütenden Kritiken freien Lauf, wobei das zuvor erlebte Geschehen der ausgeräumten Zimmer meines Zuhauses die inhaltlich einzige Substanz war, die als auslösender Faktor erst die Grundlage unserer ernsten Schimpfkanonade bildete.
Wir beiden Zechbrüder ertränkten an diesem Abend unsere stärker werdende Wut, wobei uns sicherlich nicht bewusst war, dass mein soeben erlebtes Schicksal als brisanter Gesprächsstoff die Neugier der anderen Gäste erweckte und zum Teil auch befriedigte, obwohl diese Problematik nicht für fremde Ohren bestimmt war, sondern allein in unserem Zweiergespräch gefangen bleiben sollte.
Und abgesehen davon waren wir, gewollt und mit voller Absicht, auf diese gemütliche wie auch ‚himbeergeistreiche' Art einigermaßen weise geworden, sodass wir beide zu dem tröstenden Ergebnis kamen, dass mein Freund auch sogleich in treffende Worte fasste: „Gotthold, mein bester und ältester Kumpel, eins ist gewiss … Reisende soll man nicht aufhalten!"
Wilhelm, Du Stütze meiner Traurigkeit, ich gebe Dir vollkommen Recht, Reisende, wie beispielsweise meine Noch-Ehefrau Gabriele, die sollte man wirklich nicht aufhalten, und ehrlich gestanden, zum Teufel wünsche ich sie!"

Was hätte ich denn auch anderes fühlen, denken oder sagen sollen?
Meine zwei Allerliebsten hatte ich, wie ausgemacht aus Bad Pyrmont sicher wieder nachhause chauffiert, wobei ich während der langen Autofahrt und in Pausen offen und ehrlich die befremdliche Situation erklärte. Sicherlich diskutierten wir über die leidige Trennung und das gewöhnungsbedürftige Leerräumen unserer Wohnung, wobei ich Wert darauf legte, dass eine Schuldzuweisung unterblieb. Mutti verstand auch den Sinn meiner Entscheidung.
Das vor mir liegende ungewisse und noch unbekannte Leben kam mir so vor, wie das dicke, schwere und große Buch mit den sieben Siegeln. Ich stellte mir die runden, gewölbten Siegelformen in meiner Fantasie so vor, dass dicke Fragezeichen in den ehemals heißen Siegellack eingedrückt wurden und dem so verschlossenen Buch die geheimnisvolle und angestammte Mystik schenkten. Alle Fragen dieser Welt standen plötzlich und unaufgefordert, als stumme Mahnungen in runder, übergroßer Siegelform vor mir und luden mir die erdrückende Schwere des Ungewissen auf meine Schultern.

Wenn ich in naher und ferner Zukunft lohnenswert weiterleben wollte, und daran hatte ich nicht den geringsten Zweifel, dann musste ich künftig Siegel für Siegel aufbrechen, und die lebensbejahenden Kapitel des Buches ergründen und Geheimnis für Geheimnis lüften.
Ich hatte glücklicherweise den siegelöffnenden, messerähnlichen Zauberschlüssel zur Hand. Dieser Zauberschlüssel hieß ‚eiserner Wille'!
Diese ausdauernde, eiserne Willenskraft brach nach und nach alle Siegel auf. Ich fühlte mich befreit und gestärkt, und ich spürte überdeutlich meinen, von meinem alten Herrn geerbten eisernen Willen, der auch dringend nötig war, um den notwendigen Mut aufzubringen, um die neuen Wege in die richtige Richtung gehen zu können.
Außerdem lebte ich in der großen Verantwortung, die ich fürs Wohlergehen meiner Claudia empfand und mit innerer Freude auch zu allen Zeiten aufbringen wollte. Das war mit Sicherheit exakt der Grund, dass ich bei allen auftauchenden kleinen und großen Sorgen immer einen klaren Kopf behielt und kraftvoll an deren Beseitigung arbeitete.

Ich kümmerte mich mittlerweile auch um den täglichen Einkauf, denn Mutti hatte in der letzten Zeit einige Krankheiten zu überstehen, wobei ihre Herzschwäche mir die größte Sorge bereitete. Unser Freund und Hausarzt Dr. Max-Werner Unckell sprach deutliche Worte und ermahnte mich zu größtmöglicher Schonung für meine geliebte Mutter.

In diesem Zusammenhang beherrschte Mutti immer öfter das Thema Höxter-Treffen, denn nach langen Jahren, eben von Beginn an, war unser Höxter-Familientag auch in den Gasthöfen und Hotels in der Weserstadt selbst gefeiert worden, doch wegen der großen Zustimmung zu diesem Familientag und den knappen Übernachtungsangeboten mit passenden Tagungsräumen zog der ganze Tross mit Mann und Maus in das schöne Örtchen Schönhagen am Rande des Sollings.
Unser Familienoberhaupt, der viel zu früh verstorbene Willi Mündemann fand nach einigen intensiven Recherchen in der gemütlichen Gaststätte zur Harburg, inmitten des ländlich geprägten Ortes Schönhagen bei der Wirts-Familie Steingräber eine passende Herberge mit großem Garten und hellen Tagungsräumen. Wir alle wurden seinerzeit mit einem herzlichen ‚Grüß Gott' herzlich empfangen, willkommen geheißen und alle Jahre vorzüglich umsorgt und verwöhnt.
Zu Muttis liebgewonnenem alljährlichem Traum war von Anfang an, also seit 1959, unser großes Familientreffen geworden, denn auch ihre Jugend erlebte Mutti mit Bruder Willi und allen Cousins und Cousinen in trauter Gemeinschaft, einst Sommer für Sommer, in den langen Ferien bei ihrer Großmutter Mathilde Zabel.
Diese fleißige und herzensgute Frau bewirtschaftete in Höxter einen Bauernhof. Das war auch der Grund, weshalb die engen Verwandtschaftsbeziehungen ent-

standen sind, denn die Ferien in dieser unbeschwerten Freiheit im romantischen Weserbergland waren halt für alle etwas ganz Besonderes.
Diese Gedankenspiele der schönsten Ferienerinnerungen an ihre Kindheits- und Jugendzeiten bei Oma Mathilde in Höxter schilderte mir mein Mutterherz ebenso mit Eifer, wie die vielen unvergessenen Feiern in den Jahren unserer zusammen erlebten Familientreffen.
Ich bemerkte Muttis anhaltend traurigen Blick, der mir verriet, dass sie sich hier im Krankenhaus in tristen Gedanken gefangen fühlen musste, denn mittlerweile war sie schon fast fünf lange Wochen ans Bett gefesselt.
Ich saß auf dem Rand des breiten Bettes und lauschte ihren Träumen. Das alljährliche Höxter-Treffen stand bevor und mein Mutterherz hatte es sich in den Kopf gesetzt, dass sie dabeisein wollte. Auf dringende ärztliche Anordnung hatte ich die Pflicht, ihr diese Utopie auszureden.
„Auf gar keinen Fall kann ich Ihre Frau Mutter in ihrem akuten Gesundheitszustand weder entlassen, geschweige denn, sie eine Reise unternehmen zu lassen. Sie hat diesen Wunsch geäußert. Bitte überzeugen sie Ihre Mutter von dieser strikten Anordnung."
Der besonnene Dr. Lehmann hatte also Muttis absolute Schonung gefordert und mir eindringlich geraten, jede Anstrengung für sie zu vermeiden. Auf eigenen Wunsch hin holte ich meine geliebte Mutter nach Hause in ihre gemütliche Welt der Behaglichkeit. Das erlebte wochenlange Martyrium des monotonen Betthütens hatte ein Ende.
Abrupt drehte ich mich zu ihr um, denn ich saß im bequemen Lehnsessel meines alten Herrn im Wohnzimmer und schmökerte in einem Buch. Mutti sprach zu mir, zwar mit belegter Stimme, aber doch mit einem optimistischen Unterton: „Ist ja nur gut, dass Du mir noch einmal das Kurhotel in Bad Pyrmont ermöglicht hast. So habe ich wenigstens die schönen Erinnerungen in mir und ich kann davon zehren! Auch Mohamed hat sich damals ganz zuvorkommend um mein Wohlergehen gekümmert. Nur Claudia, meine Beste, hat mir sehr gefehlt. Aber für ein paar Tage war ja Deine Tante Hilde mit Sohn Jochen bei mir. Ach ja, ich bin ja so froh, wirklich froh, dass ich zumindest für Dich und Claudia noch in der Küche zu gebrauchen bin. Mein Essen schmeckt Dir doch noch?" So oder so ähnlich klangen Muttis beruhigenden Worte, die mit einem mutmachenden Optimismus ihre Bitterkeit gekonnt überspielte. Denn gerade ihre körperlichen Schwächeperioden häuften sich zusehends. Diesen Zustand registrierte sie, ohne dass sie es sich anmerken ließ.
Aber dieser körperliche Abbau der physischen Kräfte entsprach den ärztlichen Warnungen. Wenn Mutti auch nur zögerlich darauf reagierte, schonte sie sich verhalten und lebte nur noch in ihren ‚vier Wänden', wie sie gerne ihre gemütliche Mansarden-Wohnung mit den charmanten schrägen Wänden nannte.
„Wenn ich schon nicht mehr die Treppen gehen kann, so habe ich ja den Ausblick auf die Welt da draußen. Außerdem sorgst Du, mein Peterle, ganz rührend für

Deine alte, kranke Mutter."

Sie nannte mich ja immer dann ‚Peterle', wenn sie ihre Liebe zu mir ganz besonders betonen wollte. Diesen Kosenamen Peterle hatte ich nie gemocht, doch aus Respekt zu ihr hatte ich mich zu keiner Zeit dagegen aufgelehnt.

Und wenn ich ganz ehrlich zu mir selbst sein will, dann gestehe ich Mutti zu, dass sie immer wusste, was richtig war in meinem Leben. Aber die Dinge, die falsch waren, die wusste sie ebenso, denn sie hatte auch immer ein feines Gespür für die Art meiner teils eigenwilligen Ideen, auch für deren inhaltliche Qualitäten sowie der ebenso wichtigen kalkulierbaren Machbarkeit im praktischen Bereich.

Ihre begleitende Hilfestellung und ihre individuelle Beratung meiner Gedankenwelt, beide zusammen waren grundsätzlich von einer wertvollen menschlichen Logik getragen, die meine unüberlegten Gedanken zu ordnen verstand. Ich beherzigte ihre Ratschläge und …

Ehrlich gesagt, sie waren mir bei jeder meiner bevorstehenden Entscheidungen immer in bescheidener Demut willkommen. Das ganze Spektrum der in Frage stehenden Eventualitäten bezog sich sowohl auf meine geschäftlichen, aber auch auf meine privaten Vorhaben.

So ließ sie es sich zu keiner Zeit nehmen, mich in schwierigen Situationen eindringlich zu warnen: „Ich denke, mein Sohn, Du solltest besser noch einmal über alles nachdenken. Vor allen Dingen aber gilt der Grundsatz, dass man eine vorschnelle Entscheidung vermeiden sollte. Du solltest das ‚Für' und das ‚Wider' einer jeden Sache genau abwägen, in jedem Fall ihre Machbarkeit prüfen … und wenn es geht, dann solltest Du noch mal eine Nacht darüber schlafen, bevor Du Deinem Tatendrang freien Lauf lässt. Ich kenne ja Deine stets rasante Entscheidungsfreudigkeit, doch bitte, beherzige meine Empfehlung!"

Meiner geliebten Mutter feinem Fingerspitzengefühl hätte ich so manches Mal mehr vertrauen sollen, denn mit dem Befolgen ihrer wohlgemeinten Ratschläge hätte ich mit Sicherheit einige meiner schmerzhaften Fehlentscheidungen vermeiden können. Wie sagt man so treffend? Aus Schaden wird man klug!

Klugerweise hatte ich, schon ein paar Tage nach Vatis Tod, das Heft des Handelns notwendigerweise übernommen und mit schnellem, unwidersprochenem Handeln reagiert, um diverse Probleme in den Griff zu kriegen. Und Probleme, die mir auf den Nägeln brannten, die gab es durchaus.

Problem Nummer eins, Muttis Einsamkeit. Problem Nummer zwei, Aufrechterhaltung unserer beiden Haushalte mit allem Pi, Pa, Po!

Allein diese beiden Grundprobleme hätte ich gar nicht erst aufkommen lassen dürfen. Aus dieser Überlegung heraus hatte ich damals zwei rechtschaffene Haushälterinnen mit sozialem Einfühlungsvermögen engagiert. Diese Entscheidung entpuppte sich als Glücksfall für uns alle, denn jeder fühlte sich wohl, – ich hatte mit dieser Entscheidung sozusagen ein Gewinnlos gezogen.

Da ich täglich mit meinen Dekorateurinnen und den männlichen Kollegen im

Außendienst unsere ‚Brötchen' verdienen musste, darüber hinaus unserem historischen Anwesen Goethe-Haus, per permanenter Komplettrenovierung, wieder seine einstige Schönheit, innen wie außen, schenken wollte, war es unumgänglich, für Muttis Pflege und auch gleichzeitig für meine und Claudias Belange weibliche Hilfe zu engagieren.

Das ‚Reinemachen', wie Mutti alle Hausputzarbeiten zu nennen pflegte, konnte ich ihr in keinem Fall mehr zumuten, auch ich selbst hatte weder die Zeit, geschweige denn die Lust dazu, meine eigenen ‚Heiligen Hallen' fachlich zu pflegen. Auch brauchten wir ständig frische Wäsche, – denn wie man kommt gegangen, so wird man empfangen ... diese kaufmännische Weisheit ist uralt –, also zusammengefasst erklärt, hatte ich eine Haushälterin für Mutti morgens und eine Kollegin für nachmittags verpflichtet, wobei mein Auftrag an beide Damen gleichermaßen lautete ...

„Bitte sorgen Sie für das persönliche Wohl meiner Mutter, leisten Sie ihr Gesellschaft, trinken Sie mit ihr eine Tasse Kaffee oder ein Glas Tee, wann immer sie das wünscht. Die so entstehende Gemütlichkeit, sei es nun morgens in der Frühe oder mittags, diese sinnvolle Zeit, die Sie ihr freudig schenken, diese Stunden werden meine Mutter bestens unterhalten und keine Einsamkeitsgefühle aufkommen lassen.

Erst nach der Plauderei über Gott und die Welt, wie man so schön sagt, beginnen Sie mit der nötigen Hausarbeit. Es wäre für mich eine Beruhigung, wenn Sie sich freundlicherweise dem etwas geruhsameren Rhythmus und den kleinen Eigenheiten meiner Mutter anpassen könnten. Sie ruht nämlich häufiger, bisweilen nickt sie auch mal kurz ein ... so haben Sie für Ihre andere Arbeit, die Sie sich selbst einteilen können, die Zeit, die Sie benötigen. Liebe Frau Trudel, liebe Frau Brigitte, damit Sie mich richtig verstehen, das Kümmern und die tägliche Unterhaltung mit meiner Mutter ist mir sehr wichtig, in jedem Fall wichtiger als alles andere. Ihren gerechten Lohn begleiche ich wöchentlich exakt nach Ihrem Stundenaufwand.

Und bitte, wenn Sie Fragen oder Wünsche haben, sprechen Sie mit mir.

Sollten Sie irgendwelche gesundheitsbedingten Veränderungen bei meiner Mutter feststellen, dann legen Sie mir einen Zettel auf die Kommode am Eingang meiner Wohnung oder rufen mich mit unserem Telefon an, wenn es notwendig sein sollte. Die Nummer des jeweiligen Kunden hinterlasse ich direkt am Telefon."

Da ich als ein fairer Arbeitgeber galt und wohl auch einen guten Namen bei meinen Mitbürgern hatte, wie man das allgemeine Ansehen auch so nennt, konnte ich aus mehreren Bewerberinnen die Damen wählen, die uns als Familie schon länger kannten und denen ich auch aus diesem Grunde das Vertrauen entgegenbringen konnte. Das Problem ‚Einsamkeit' hatte ich elegant gelöst, und so war Mutti nie lange in ihrer Wohnung alleine.

Schnell hatte mein Mutterherz sowohl die fleißige Brigitte, die ganz in unserer Nähe in der Kirchgasse wohnte, sowie die freundliche und zuvorkommende

Trudel aus der Remystraße ins Herz geschlossen.
Und schon nach kurzer Zeit entwickelte sich allseits eine harmonische Partnerschaft in gegenseitiger Achtung, Wertschätzung und angenehmer Freundschaft.
Mutti war rundherum zufrieden mit sich und der Welt, denn Einsamkeit macht krank, das wusste sie genau so gut wie ich, … und deswegen wollte ich sie ja auch, jedenfalls tagsüber partout nicht alleine lassen.
Es entwickelte sich schnell ein gewisses Ritual zwischen Mutti und mir, denn abends, immer nach meinen Arbeitstouren, führte mich mein erster Weg zu ihr … und bei einem ‚Käffchen' (einer Tasse Kaffee) und so manchem ‚Ettchen' (Zigarette) blieb ich immer eine geraume Weile bei ihr und berichtete über das Neueste, was sich arbeitsmäßig zugetragen hatte, bevor ich mir mein ‚Feierabendbierchen' mit meinen Kumpels im Niederhof gönnte. Auch ließ ich es mir nicht nehmen, nach dem Abendschoppen, ihr den persönlichen ‚Gute-Nacht-Kuss' zu schenken, denn auf diesen Liebesbeweis wartete sie immer.
„Ach weißt Du, mein Junge, wenn ich Dich vor dem Schlafengehen noch mal kurz gesehen habe, dann schlafe ich einfach besser", sagte sie oft, gab mir einen zarten Kuss und zog die leichte Wolldecke bis an ihr Kinn hoch, wobei ein liebevolles Lächeln ihre Lippen umspielte. „Guts Nächtle, Peterle."
„Schlaf gut, Mutti."
Ich zog jedes Mal die Wohnungstür ganz leise hinter mir zu, und wenn es im Türschloss hörbar klickte, dann ging ich mit ruhigem Gewissen und entsprechend langsam über den einstmals von uns so genannten langen Flur und an den wundervollen, noch von Vati eng aufgehängten Bildern, stumm betrachtend vorbei, doch oft hielt ich bei jedem einzelnen seiner Werke kurz inne und sah ihn dann in einer Art von Wachtraum in seinem Atelier an der großen Staffelei sitzen, mal mit Pinsel, mal mit breitem Spachtel in seiner faszinierenden Welt der Farben schwelgen. Und immer musste ich mich mit einem energischen Ruck aus diesem Traum losreißen, um bemessenen Schrittes die breite Eichentreppe hinabzusteigen, die mir ebenfalls weitere seiner Bilder als Begleitung schenkte.
So verging Tag auf Tag und Woche für Woche …

Ich war den beiden ‚Gesellschafts- und Haushaltsdamen', sowohl Frau Brigitte als auch Frau Trudel, zutiefst dankbar, denn ich wusste mein Mutterherz ja stets in guten Händen.
Ich denke gerne an diese Zeit zurück, zum einen an die zuvorkommende persönliche Betreuung, zum anderen natürlich auch an die geleistete Unterstützung in allen Bereichen.
„Ein paar Sorgen weniger", sprach ich wieder einmal mit innerlicher Freude und Zufriedenheit halblaut zu mir selbst, klopfte mir mit Inbrunst mit der rechten Hand auf die linke Schulter, lächelte dabei etwas dümmlich und ergänzte mein Selbstgespräch mit weiteren Pluspunkten … „ist ja auch eine tolle Sache, Muttis und meine Wohnung werden geputzt und auf Vordermann gebracht, unsere

gesamte Wäsche wird bestens gepflegt … und der ‚Clou von det Janze', so würde ein kecker Berliner sagen, also der Clou von allem … Mutti ist auf diese Weise nie allein, morgens nicht, auch nachmittags nicht, und sie hat mit ihren wechselnden Gesprächspartnerinnen ihre helle Freude … sie sind ja auch Extraklasse, die beiden ‚Zugehfrauen'.

Bei dieser treffenden Bezeichnung unterbrach ich sofort mein Gemurmel, weil ich spontan laut loslachen musste, eben wegen Muttis kreiertem Wortungetüm ‚Zugehfrauen', „ja, liebste Mutti, Deine lockere und sympathische Wesensart war immer Dein Erkennungszeichen und zeichnete Dich aus, aber vor allem war es Deine trockene, treffende und stets humorvolle Schlagfertigkeit, mit der Du jedem Gespräch eine eigene Note verpasstest, und genau diese beiden Eigenschaften haben mich schon in früheren, ähnlichen Situationen zum Schmunzeln verführt und auch von Mal zu Mal verblüfft."

„In der Tat alter Junge", so sprach ich in meiner bejahenden und gleichwohl Zufriedenheit signalisierenden Formulierung weiter: „Es war ja auch eine geniale Idee von dir, ein glänzender Glücksgriff, jeweils per Arbeitsvertrag die beiden fleißigen Damen zu engagieren, denn sie haben, jede auf ihre Art, wirklich das ganze Spektrum für Muttis Pflege, ihre Unterhaltung wie auch ihren sowie auch meinen Haushalt fest im Griff."

Solange Vati und Mutti sich in ihrem urgemütlichen Wohnparadies pudelwohl fühlten, hatte ich nicht den Hauch einer Chance, mit irgendwelchen Instandsetzungsarbeiten in ihren vier Wänden zu beginnen, obwohl es ja sinnvoll gewesen wäre, eben im Zuge meiner Generalsanierung unseres Goethe-Hauses Selbiges zu tun.

„Du wirst es doch wohl nicht im Sinn haben, auch unsere Wohnung zu sanieren! Deine Mutter und ich, wir wollen ungestört bleiben, eben unbehelligt, wie im einst antiken Griechenland, das alte, glückliche Ehepaar Philemon und Baucis."

Vati hatte mir, wie so oft, wieder einmal mit seiner theatralischen Pose seine Begründung erklärt, wie es seine ureigenste Art war, etwas wirklich Wichtiges immer gerne symbolisch zu ummanteln. Seine kategorische Ablehnung hatte er mir also vehement und unmissverständlich mitgeteilt und auf diese verschmitzte Art alle eventuell von mir geplanten Aktivitäten unterbunden.

Natürlich war mir seinerzeit sein Wunsch heilig, zumal mein geliebtes Mutterherz auch dafür war, alles in ihren vier Wänden so zu belassen wie es immer war. Sie lebten ja auch recht komfortabel, denn in früheren Jahren hatte ich ihnen tolle Fensterkleider entworfen. Zu den von ihnen gewünschten, schicken weißen Faltenstores hatte ich als Übergardinen hellblaue Satin-Raffschaldekorationen drapiert. Diese Stoffvariationen zauberten eine farbliche Harmonie ins Künstler-Wohnzimmer und gaben den beiden großen Fenstern eine Wirkung, die dem Wohnraum ein individuelles Ambiente verlieh und den Hauch von vornehmer Eleganz spüren ließ.

Auch ihrem weiteren Wunsch, einen neuen Velourteppichboden zu erhalten, hatte ich gerne entsprochen. Ich hatte auch ihn wunschgemäß verlegen lassen, auch um die breiten, hässlich wirkenden Ritzen des altertümlichen und auch leicht knarrenden Holzbohlenfußbodens zu kaschieren. Ich sehe noch heute die Freude in ihren strahlenden Augen, als diese durchaus auch notwendigen Verschönerungen abgeschlossen waren.

Die letzten Jahre meines Vaters waren von Zufriedenheit und Harmonie geprägt, denn mit seiner geliebten ‚Grete' konnte er zwar zu keiner Zeit an irdische Reichtümer denken, doch ihre beiden, durch ihre schweren Krankheiten bedingten geringen Staatsrenten, sie erlaubten ihnen trotzdem einen sorglosen Lebensabend. Meine unternehmerischen Erfolge erlaubten es mir ab und an einen schmackhaften, kulinarischen Gruß beim abendlichen ‚Eltern-Rendezvous' zu überbringen. Einer dieser Grüße bestand auch dann und wann mal aus den hochpreisigen ‚Schmincke'-Qualitäts-Ölfarbtuben, die unser Maler so sehr schätzte, oder auch mal aus den hochwertigen Künstler-Aquarellfarben in den weißen Porzellantöpfchen.

Diese Mitbringsel waren es, die bei Vati eine helle Freude hervorriefen. Die Gründe für diese Freude ließ ich listigerweise bei meinem Spezial-Deko-Lieferanten, dem ‚Farbkasten Zils' im Altlöhr-Tor in Koblenz, bei meinen Geschäftseinkäufen mit einpacken.

„Danke für Ihre Mühen, Herr Zils, setzen Sie alles auf meine Monatsrechnung!"
Herr Zils war damals sicherlich schon über sechzig Jahre alt, trug immer einen weißen, langen Arbeitskittel und war sehr geschäftstüchtig. Er lächelte süffisant, dachte sicherlich ans Koblenzer Finanzamt und äußerte sich leicht zweideutig: „Das geht in Ordnung, wie immer, Herr Borchert, ich setze alles auf eine Rechnung ... meine Empfehlung an Ihren Herrn Vater!"

Ihm war vollkommen klar, dass der Künstlerspezialkauf nicht direkt für mein Studio war und dass ich als Schmücker kaum mit ‚Schmincke-Künstler-Farben' Plakate malen würde. Dazu kaufte ich ja immer die Kilodosen der Plaka-Farben, Kartons und, und, und.

In meinen Gedanken bemerkte ich, nunmehr mit einem breiten Grinsen im Gesicht, meinen leichten Unmut über das Geredete, schaute dem greisen Inhaber in seine blassblauen Augen und entgegnete: „Ihre Süffisanz, verehrter Herr Zils, die können Sie sich sparen, was ich und wie ich was verbuche, das ist und bleibt meine Sache. Ihre Rechnungen habe ich immer mit Skonto bezahlt, alles andere ist Wurst!"

Mein Gegenüber, im obligatorischen weißen Kittel, war mit Sicherheit doppelt so alt wie ich und erwartete meine meist freundliche Art. Er wirkte ein wenig erstaunt, denn eine Antwort in dieser Strenge hatte er wohl nicht erwartet. Aber Herr Zils hatte mich auf dem falschen Fuß erwischt ... so sagt man im Rheinland. Auch mein Herr Vater war ja, seit ich denken konnte, ein geschätzter Kunde im Koblenzer Malkasten des Herrn Zils, dem Fachgeschäft für den speziellen Künstlerbedarf. Dieses Fachgeschäft zeigte damals schon jedem fachkundigen Maler,

Grafiker oder Kreativen eine erstaunliche Ähnlichkeit mit dem großen Düsseldorfer Malkasten in der Schadow-Straße, der als Treffpunkt aller Kunstschaffenden eine dynamische Anziehungskraft entwickelt hatte.
Natürlich lud ich Vati zum Einkauf in dieses Mekka für Individualisten und Besessene der schönen Künste immer dann ein, wenn wir seinen Bruder Achim mit Familie in Düsseldorf besuchten. Mein Patenonkel hatte damals auch ein gediegen ausgestattetes Büro im bekannten Industriehaus am Wehrhahn bezogen und managte als selbstständiger Kaufmann der Eisen- und Stahlbranche von dort aus die eigenen Moniereisen-Biegebetriebe seiner Borchert GmbH.
Seit meiner Lehrzeit kannte ich also den ‚Malkasten' in der noblen Rhein-Metropole Düsseldorf und sein Pendant in Koblenz an Rhein und Mosel. Diese beiden wirklich interessanten Einkaufsschwerpunkte für alle schöpferischen Berufe, wie Bühnenbildner, Grafiker, Maler … und eben auch Dekorateure, sie galten jeweils als stets gut gefüllte Fundgruben in Sachen Künstlerbedarf, ein wahres Dorado für alle Kreativen.

Im großen Textil- und Modehaus Lütke zu Koblenz hatte ich im Frühjahr 1958 meine Ausbildung als Schaufenstergestalter begonnen.
Schon während meines ersten Lehrjahres lernte ich die Firma Willi Zils kennen und schätzen, denn für die Beschaffung der Deko-Utensilien wurden meistens wir Lehrlinge eingesetzt, denn bei diesen Einkäufen lernten wir die Vielseitigkeit unserer Arbeitsmaterialien näher kennen.
Ich arbeitete auch nach bestandener Abschlussprüfung, die vor der Industrie- und Handelskammer zu Koblenz zu leisten war, weiter im Mode- und Textilhauses Lütke. Als Gestalter in dem Kollegenkreis des versierten Lütke-Dekorationsteams erreichte ich die Position eines Lehrlingsausbilders.
Im Januar 1966 gründete ich hoffnungsvoll mein eigenes Studio für Werbung und Gestaltung in Bendorf, wobei ich aber für eine befristete Übergangszeit dem Team des Hauses Lütke bei Bedarf ihrerseits, stets loyal zur weiteren Mitarbeit zur Verfügung stand.
In all den vielen Jahren meiner Selbstständigkeit blieb ich der Firma ‚Farbkasten Willi Zils' in Koblenz als Kunde erhalten. Nun allerdings übernahm ich die weitere Geschäftsverbindung als verantwortlicher, selbstständiger Unternehmer. Bei meinen persönlich getätigten Einkäufen belebte unser gegenseitiger Wortwechsel unser gelebter, rheinischer Humor das Einkaufsgeplänkel, das aber immer von unserem sympathischen Lächeln begleitet wurde und oft einen leicht ironischen Touch erhielt. Unsere faire Geschäftsbeziehung mit menschlichem Antlitz überdauerte mehrere Jahrzehnte.

Es sind halt die vielen Erinnerungen an meinen Vater, den Maler, die mein Leben gefühlvoll berühren, denn jederzeit sehe ich seine wundervollen Werke an meinen Wänden hängen.
Und schon schweifen meine Gedanken unaufhaltsam zurück in jene ereignis-

reiche Ära, die ja das einstmals erlebte Gesamtgeschehen zu schaffen begann … und die ihrer Zeit die unwiderruflichen, hohen Werte der Menschlichkeit als Stempel aufdrückten.

„Der praktizierte Humanismus ist immer auch mit dem fairen Sozialismus verbunden!" So klangen Vatis oftmals die mit besonderem Pathos geäußerten Sätze, deren wahrer Sinn und ihre intensive Bedeutung mich mental aber erst nach und nach völlig erreichten … die sich in meinen Gedanken auch zunächst nur verhalten zeigten, aber dann, Wort für Wort in meinem Kopf festzusetzen vermochten und mir die derart erlebten Gespräche mit meinem alten Herrn als Visionen präsentierten und erst in den virtuellen Szenen verständlich wurden.

Und meiner Mutter erging es nicht anders, denn bei unseren Gesprächen der letzten Jahre ohne ihren ruhenden Mittelpunkt, ihrem Mann, kreisen die meisten ihrer Gedanken um Vati.

Sein Porträtfoto, das ich kurz nach Vatis Tod mit einem passenden Standrähmchen eingerahmt hatte und nun auf ihrem Sofatisch seinen festen Platz hatte und in greifbarer Nähe war, nahm sie oft in die Hände, seufzte fast unhörbar und ihr Blick verlor sich für eine kurze Zeit in der Unendlichkeit …

„Gotthold, mein liebster Gemahl, bist zu früh gegangen und hast mich allein gelassen, aber ich komme ja bald zu Dir", hauchte sie ohne Stimme in den Raum, um sogleich das zuvor fest umklammerte Foto energisch auf den Tisch zurückzustellen, wo die kleine Kerze unmerklich flackerte und sich ihr schwacher Schein auf der Tischplatte verlor.

„Aber noch ist es nicht soweit, mein liebes Peterle", sagte sie, jetzt aber wieder mit ihrer gewohnt festen Stimme und drückte dabei beschwichtigend meine beiden Hände, um ihrem Gesagten mehr Nachdruck zu verleihen. „Du brauchst mich doch noch eine Weile, genauso wie auch meine kleine Beste mich noch braucht – unsere Claudia! Machst Du ein Käffchen für mich?"

Während ich mich in die Küche begab, um für Mutti die gewünschte Tasse Kaffee zu brühen, machte ich mir über ihre tiefgreifenden Worte so meine Gedanken. Ich fand aber keine schlüssige Antwort und deswegen beruhigte ich meine aufkommenden Sorgen mit einigen der Weisheiten, die ich einst von ihr selbst gehört hatte … ‚es wird so schlimm nicht werden', oder ‚nichts wird so heiß gegessen, wie es gekocht wird'.

Ich hatte mich innerlich wieder beruhigt als ich ihr den köstlich duftenden Kaffee, ihr begehrtes Käffchen, elegant und regelrecht mit Grandezza servierte, indem ich den freien linken Arm mit vornehm wirkender Geste hinter meinen Rücken legte.

„Wie gewünscht, gnädige Frau, Ihr Kaffee, heiß, schwarz und ohne Zucker!"

Mit dieser gespielten Szene, die ich bewusst übertrieb, hatte ich im Nu Muttis gewohnt gute Laune in unsere Zweisamkeit zurückgeholt, sodass wir in dem weiteren Gesprächsverlauf die anliegenden Fragen, die auf Beantwortung und Erledigung warteten, besprechen konnten.

Es schließt sich der Kreis ...

Und dann wurde es still im Wohnzimmer, mucksmäuschenstill, weil Mutti keine weiteren Fragen hatte. Ich spürte eine undefinierbare Veränderung in meinem Wesen. Plötzlich fühlte ich einen unangenehmen Druck, eine bleierne Schwere, die auf meinen Schultern lastete, die mich gefühlt wehrlos in den Sessel drückte. Mir wurde im selben Moment schwindelig und ein seltsam vibrierendes Gefühl ergriff mein Inneres, und es beschlich mich ein undefinierbares Angstgefühl, welches meine Augen leicht tränen ließ und meine Ohren mit einem unangenehmen Dröhnen quälte.

Ich wähnte mich für einen kurzen Moment in einer anderen Welt, ich saß gefühlt neben mir, in einem anderen, mir unbekannten Sessel, als endlich eine schwingende Stimme mit einem unwirklichen Klang in mein vernebeltes Bewusstsein drang, und ich, wie aus weiter Ferne Muttis Worte vernahm ...

„Du kannst Dich der Realität nicht verschließen, geschweige denn, sie verbannen oder verdrängen, mein lieber Sohnemann ..."

Schlagartig waren die Unwägbarkeiten meines Gefühls verschwunden und ich vernahm ihre liebevolle Stimme wieder wie gewohnt. Ich war überglücklich, dass ich diese Art einer schmerzenden Halluzination unbeschadet überstanden hatte und verfolgte nun, aber sofort wieder mit hellwachem Geist, Muttis weitere Ausführungen: „In letzter Zeit geht es mir gar nicht so gut, mein Lieber, dauernd ist mir übel und mein Herz rast oftmals derart schnell, sodass ich meinen überhöhten Puls hier oben in der Halsschlagader ganz stark spüre. Doktor Unckell hat mir zwar Medikamente verschrieben, doch deren Wirkungen kann ich kaum wahrnehmen. Das alles sind sicherlich die Auswirkungen meiner schlimmen Krankheiten von früher."

Zusehends ergriff mich erneut ein drückendes Angstgefühl, denn ihre erwähnten schlimmen Krankheiten hatte ich seinerzeit hautnah erlebt, und jede, wirklich jede noch so kleine Einzelheit hatte sich tief in meiner Erinnerung verankert ...

Meine sorgenvollen Gedanken eilten viele Jahre zurück. Es war ein heißer Sommertag im August 1965, als ich morgens, an meinem Arbeitsplatz bei Lütke in Koblenz, einen Anruf aus der Notarkammer erhielt.

Frau Wagner, Muttis Kollegin bat mich, mit aufgeregter Stimme, umgehend zur Notarkammer zu kommen, da es meiner Mutter sehr schlecht ginge ... Mein Auto stand auf dem Parkplatz vor dem Kaufhauskomplex in der verkehrsberuhigten Zone der Pfuhlgasse. Von dort aus waren es nur wenige hundert Meter Fahrt in die Hohenzollernstraße und zum Neubau der Notarkammer.

Mit rasantem Tempo legte ich die kurze Strecke zurück und sah Mutti, gestützt von Frau Wagner, im großen Eingangsbereich des Hauses stehen. Hannelore Wagner hatte ihr ersten Beistand geleistet und dabei permanent beruhigende Worte an Mutti gerichtet, die sie sichtlich beruhigten.

Flugs machte ich es meinem geliebten Mutterherz auf dem Beifahrersitz bequem

und stellte den Sitz in eine noch senkrechtere Position, damit sie besser atmen konnte. Glücklicherweise war mein damaliges Auto, ein geräumiger Ford 12 M, in dieser Notsituation eine große Hilfe.
Nach ebenfalls rasender Fahrt erreichte ich den breiten Freiplatz vor der Praxis Dr. Unckell in der Bendorfer Hauptstraße. Dr. Unckell, der auch schon, sicherlich umsichtig unterrichtet von Muttis Kollegin, mit einer aufgezogenen Spritze in der Hand die beiden Treppenstufen mit einem Sprung überwand und ruckartig Muttis rechten Arm im heruntergekurbelten Türfenster entblößte, in der Beuge innen leicht klopfte und sodann die Vene auf Anhieb traf und somit Mutti zunächst stabilisierte und sie vor einem noch gravierenderen Schlaganfall mit möglicher Todesfolge bewahrte.
Ein Rettungswagen des Roten Kreuzes brachte meine vom Schlaganfall gezeichnete Mutter sodann ins Bendorfer St. Josef Krankenhaus, wo sie in den folgenden Tagen und Wochen klinisch versorgt und ärztlich behandelt wurde.
Nach dieser Zeit in der Klinik mussten wir sie zuhause weiter betreuen, denn sogenannte Pflegefälle wurden entweder entlassen oder in besonders schweren Fällen in andere Spezialeinrichtungen verlegt.
Muttis gravierende Sprachstörungen sowie ihre linksseitige Körperlähmung quälten sie leider noch über viele Monate hinweg. Eine Verständigung war kaum möglich und an ein eigenständiges Gehen war kaum zu denken. Ich machte ihr trotz aller Behinderungen stets neuen Mut und mein ständiger Spruch lautete: ‚Die Hoffnung stirbt zuletzt!'
Die empfohlenen, einschlägigen körperlichen Übungen führte ich mit Mutti durch, zunächst noch in ihrem Bett, wobei ein Tennisball nach meiner Therapievorstellung ihre linken Hand immerwährend und ruckartig gedrückt werden sollte, um wieder eine kontrollierte Bewegung, zunächst mit dem gesamten Arm, zu erreichen. Ich unterstützte diese Übung immer, wenn es meine Zeit erlaubte.
Auch ihr linkes Bein bewegte ich geduldig auf und ab, wobei es in der Kniebeuge oftmals hörbar knarrte. Je mehr mir Mutti im Laufe unserer Sprachübungen folgte, je mehr sie selbst übte, umso verständlicher wurden dann ihre Mitteilungen und umso größer war ihre Freude beim eigenen Hören ihrer immer geschmeidiger werdenden Stimme und der erneut wiedergewonnenen Sinnhaftigkeit ihrer gewählten Worte.
Da Vati, durch seine eigene körperliche Leidensgeschichte aus den Jahren 1956 und 1957 nachhaltig angeschlagen war, um es locker zu formulieren, konnte er die Körperfülle seiner geliebten Grete zur täglichen hygienischen Pflege nicht handhaben, weshalb ich meine tägliche Mittagspause zu diesem Zwecke dazu verwandte, wobei die Chefs bei Lütke mir in großzügiger Weise so manche Zeitüberziehung gestatteten. Diese Menschlichkeit war damals eine willkommene Hilfe in beschriebener Situation.
Ich machte mich ja, wie erwähnt, im Jahr 1966 selbstständig und somit auch zum Herrn meiner eigenen Zeit, die ich nunmehr verstärkt für Muttis Wohlergehen

einsetzen konnte. So hatte ich wiederum ... einige Sekunden meiner gewonnenen Zeit erhalten.

Mein Mutterherz bündelte ihren starken Willen und befolgte alle ärztlichen Anordnungen bezüglich ihrer Rehabilitation. Sie steigerte ihr körperliches Training und auch die Sprachübungen zeigten hoffnungsvolle Fortschritte, sodass sie nach zwei Jahren wieder zu ihrer gewohnten Lebensweise zurückfand und es ihr größter Wunsch war ... zu ihrer geschätzten Arbeit in ‚ihre geliebte Notarkammer' zurückzukehren.

Der Geschäftsführer der Notarkammer Rheinland-Pfalz in Koblenz war in den Endsechziger Jahren der junge Notarassessor Dr. Hans Georg Jungbluth aus Neuwied. Er war vom Geist und Handeln her Humanist und ein Freund der Kultur. So ergab es sich, dass sich Dr. Jungbluth und Vati bestens verstanden, wobei ihre geistige Verwandtschaft die Grundlage ihrer Diskussionen bildete, denn als damaliger Chef meiner Mutter sorgte er mit Menschlichkeit und dankenswerterweise für ihre erneute Anstellung als Sekretärin in der Notarkammer.

Natürlich bekleidete Mutti nun nicht mehr die Position der versierten Chefsekretärin, denn ihre geistige Flexibilität war ja nicht mehr so ausgeprägt, wie sie es vor ihrem schweren Schlaganfall war.

Der Notar Dr. Jungbluth wurde ein gern gesehener Gast in unserem Hause, wobei auch ihn die Aura des historischen Remy-Anwesens erfasste, und er wie so manch anderer der kunstinteressierten Besucher, ebenfalls eine aufmerksame Betrachtung des historischen Bauwerkes zeigte. Außerdem war er ein großer Verehrer von Vatis Malerei, und so fanden einige seiner Werke Bewunderung und Gefallen bei ihm, und fortan schmückten sie die herrschaftlichen Wohnräume des Juristen. Während seiner weiteren Besuche bei uns suchte sich Vatis Bewunderer weitere Werke aus, die auch die Wände seiner noblen Kanzlei schmücken sollten.

Auch wenn wir als Familie fest zusammenhielten, auch wenn wir die Auswirkungen von Muttis Schicksal in den Griff bekamen und uns in gefühlter Normalität bewegten, so hing doch über meinem Mutterherz immer auch das Schwert des Damokles, um das Beispiel der griechischen Mythologie zur Verdeutlichung des damaligen ‚Ist-Zustandes' heranzuziehen.

Auch wenn die erneute Tätigkeit in ihrer geliebten Notarkammer als wohlgemeinte Therapie zur völligen Genesung gedacht war, so wurde leider genau das Gegenteil erreicht ...

Ein Herzinfarkt erfasste Mutti 1968 und riss sie aus dem gerade wieder begonnenen Arbeitsleben, nun aber unwiderruflich. Sie musste im Alter von dreiundfünfzig Jahren ihre Rente beantragen, die allein schon wegen der fehlenden Berufsjahre sehr gering ausfiel.

Vati erlebte ja einst, im Jahr 1957 das Gleiche, er war aber erst fünfundvierzig Jahre alt, als er unwiderruflich arbeitsunfähig wurde und in die Frührente geschickt wurde.

All diese Gedanken erfassten mich augenblicklich, eben beim geistigen Verar-

beiten von Muttis realistischen Worten. Ich konnte nun nicht mehr alles Unangenehme verdrängen, unter den Teppich kehren, wie man so schön zu sagen pflegt, ich musste den Tatsachen ins Auge sehen … so waren es Vatis Mahnungen aus einer früheren Zeit, die augenblicklich wieder in mein Ohr drangen.
Ich hatte schon vor einigen Jahren eine direkte telefonische Verbindung zwischen unseren Wohnungen von der ersten in die zweite Etage herstellen lassen, um, wann immer es nötig sein sollte, sofort erreichbar zu sein.
Die Telefongeräte hatten sprichwörtlich eine überlange Leitung. So konnte jeder Teilnehmer und von jedem gewählten Wohnraumstandort aus, mit der eingerichteten Kurzwähltaste, sprechen.

Manchmal ist eine lange Leitung ein Gewinn

Ja, so manches Mal haben Mutti und ich über diesen Ausspruch herzlich gelacht, ohne dass wir darüber ernsthaft nachdachten, weshalb ich die Maßnahme der langen Leine überhaupt ergriffen hatte …
Bequemlichkeit stand in meinen Überlegungen sicherlich im Vordergrund, als ich ehemals die großzügige, freiwerdende Wohnung in der ‚Bel Etage' des Remy-Anwesens, genannt Goethe-Haus, mieten konnte.
Diese hohen und feudalen Räume, deren dekorative Stuckelemente an den Decken eine herrschaftliche Aura zeigten, sie verzauberten jeden Betrachter. Dazu hatte der stilsichere Stuckateur und Modelleur einstmals die teils golden schimmernden Putten und Stilornamente in allen rechtwinkligen Ecken der umlaufenden und dominierenden Deckenrahmen eingearbeitet.
Diese wulstigen, halbgerundeten Längsprofile aus gezogenem Modellgips gaben dem Barockstil der edlen Räume das besondere Flair. Das großflächige, helle Eichenparkett war seinerzeit ein wertvoller Fußbodenschmuck und wurde in einem schrägen Verbundstil gelegt. Als belebenden Kontrast wählten die Baumeister einen, auf alle umgebenden Wände aufgesetzten Ebenholzfries in Kniehöhe. Die Kassetten waren im oberen Teil mit einer Profilleiste versehen und geschwungene Verzierungen, als Flechtbänder gestaltet, verzierten harmonisch die inneren Flächen des Frieses, der aber in seiner Gesamtwirkung einer Vertäfelung durchaus ähnelte.
Die hohen zweiflügeligen Fenster, mit den nach oben gebogenen aufgesetzten Oberlichtern dieser Wohnräume der gesamten ersten Etage, sie hatten durch diese Form die gefällige Größe, aber auch durch das großzügig einfallende Tageslicht, eine faszinierend edle Ausstrahlung. Ich lebte in diesen Räumen, die mich verzauberten und die mich ein übers andere Mal begeisterten.
Ich weiß noch ganz genau, was ich damals zu meinen Eltern sagte …
„Es ist doch fantastisch, dass ich genau zum richtigen Zeitpunkt, eben genau zu meiner begonnenen Selbstständigkeit und gefühlt in meinem Elternhaus, also bei Euch, diese Riesenchance vom Schicksal geschenkt bekam und dann auch noch

auf Anhieb die größte und schönste Wohnung mieten konnte. Das ist fantastisch und ich platze fast vor lauter Freude!"
Diese von mir als fantastisch eingestufte, geräumige Wohnung befand sich im vorderen Haupthaus und direkt unterhalb der kleinen, elterlichen Mansardenwohnung im zweiten Obergeschoss.
Mit diesem glücklichen Zufall meiner beginnenden Unabhängigkeit und mit einigen geschäftlichen Erfolgen im Bunde begann das Schicksalsjahr 1965.
Meine schnelle Entscheidung damals, eine erweiterte Telefonanlage anzuschaffen, war modern und vorausschauend gedacht.
Es war auch eine Entscheidung von schicksalhafter Bedeutung, wie sich viele Jahre später erweisen sollte. Doch zunächst erhielt ich eine Anlage mit mehreren Nebenstellen und deren Anschlüssen. Ein Apparat befand sich in der Elternwohnung. Gleich nebenan hatte ich im ungenutzten und frei gebliebenen, geräumigen Eckzimmer, mein kleines Atelier eingerichtet, natürlich ... mit Telefonanschluss.
Diese bequeme Art der internen Informationsmöglichkeiten war vordergründig wohl der Hauptgrund meiner Überlegungen, denn dadurch ersparte ich mir das lästige Treppensteigen, aber auch die externen Anrufe zu meinen Lieben, die ja immer mit Kosten verbunden waren. Doch im Stillen gestehe ich vor mir selbst ein, der Hauptgrund, den ich, wie man so sagt, im Hinterkopf verfolgte, war einzig und allein mein wohlmeinendes Fürsorgedenken und auch die unterschwelligen Ängste vor eventuellen Notfällen, die mein Mutterherz, aber auch meinen alten Herrn, in zukünftigen Zeiten hätten ereilen und überraschend treffen können.
Muttis Gesundheitszustand näherte sich unaufhaltsam einem lebensbedrohlichen Bereich, weshalb ein weiterer Klinikaufenthalt unerlässlich wurde. Mehrere Wochen verbrachte sie im Krankenhaus in Bendorf, praktisch in unmittelbarer Nähe zu unserem Anwesen, sodass ich flott mal zu ihr eilen konnte, wenn Atelierarbeit angesagt war.
„Mein Junge", flehte Mutti mich an, „bitte hol mich hier raus, ich werde noch verrückt, ich starre nur auf die vier Wände hier, und ich denke, die Zimmerdecke fällt mir auf den Kopf ... das Essen schmeckt mir überhaupt nicht ... hol mich nach Hause, bitte!"
Ich hatte nicht nur verständnisvolles Mitleid mit ihr und kämpfte mit meinen Tränen, als ich ihr antwortete: „Mutti, bitte habe noch ein wenig Geduld, ich versuche doch ständig Herrn Dr. Kreuser zu erreichen, Du weißt, er ist Chefarzt der Inneren, mit ihm werde ich das Machbare besprechen."
Sie ergriff daraufhin zärtlich meine Hand, drückte sie mehrmals leicht zuckend und schaute mich mit ihren schönen, rehbraunen Augen eindringlich an und vervollständigte ihre Bitte: „Du weißt doch, in zwei Wochen ist der Fronleichnamstag, unser Beginn des jährlichen Familientreffens, und wir haben doch bei Steingräbers, im Gasthof ‚Zur Harburg' in Schönhagen unsere Zimmer bestellt.

Ich will unbedingt zum Höxter-Treffen mit den Meinen, mein ganzes Herz hängt doch daran!"

Claudia und ich dachten in dieser Familientradition nicht anders, denn auch wir waren voller Erwartungen und freuten uns mit Mutti auf die liebliche Landschaft des Weserberglandes mit den romantischen Orten zu beiden Ufern des Stromes, den verwunschenen Schlössern der Weserrenaissance ... und auf die leckeren Gerichte der guten Steingräberküche. Die gemeinsamen Mahlzeiten waren ja der Mittelpunkt des Treffens, denn nach dem Essen saß man immer noch lange zusammen, und in den Erzählungen von Jung und Alt konnte man die schönsten Geschichten erfahren. Je nach persönlichem Durst löste so manches geistreiche Getränk und so manches schäumende Bierchen die Zungen derer, die einem familiären Zechgelage nicht abgeneigt waren.

All diese menschlichen Erlebnisse hatte mein Mutterherz im Sinn, denn in den letzten Jahren war es in Muttis Urlaubswelt lediglich dieses Familientreffen gewesen, das ihr ihre Lebensfreude schenkte. Genau aus diesem Grund war für mich ihre gezielte Sehnsucht nur allzu verständlich.

Der Herrgott in Weiß, wie man im Volksmund gerne sagt, war in meinem Fall Doktor Kreuser, der Leiter der ‚Inneren' des St Josef Krankenhauses in Bendorf. Er empfing mich zur Besprechung in seinem geräumigen Chefzimmer.

„Guten Tag, bitte nehmen Sie doch Platz, Herr Borchert", sagte er zu mir, und gleichzeitig deutete er mit einer lässigen Handbewegung auf den eleganten Polsterstuhl, der vor seinem imposant wirkenden Schreibtisch stand. Die Schreibtischfläche verzierten einige dicke Buchbände mit üppigen Lederrücken, eine gebogene Messinglampe beleuchtete die Schreibauflage, und der markante Chefsessel als dominierender Blickfang angeordnet, diese Mixtur, schuf auf gekonnte Weise ein gediegenes Arztzimmer-Ambiente.

Keineswegs eingeschüchtert setzte ich mich auf den Sessel und blickte dem Arzt mit festem Blick in die Augen und stellte meine erste Frage: „Danke Herr Doktor, dass Sie mir die Gelegenheit geben, genauere Informationen über den aktuellen, medizinischen Befund meiner Mutter zu erfahren."

„Sie haben darum gebeten, dass wir Ihre Frau Mutter entlassen mögen, ... nun, dem kann ich beim besten Willen meine Zustimmung nicht geben, denn nach dem erneuten und schweren Herzinfarkt vor ein paar Wochen und dem latent gestörten Herzrhythmus zurzeit, rate ich dringend zu weiterer Bettruhe und weiterem Klinikaufenthalt in unserem Hause."

In dieser Art etwa verlief das von mir erbetene Gespräch mit Dr. Kreuser, dem beliebten und überaus erfahrenen Internisten. Somit hatten sich alle Träume unseres geplanten Familientreffens ins Nichts aufgelöst, ... und das musste ich Mutti schonend beibringen, ich wusste nur noch nicht, wie ich das, in drei Teufels Namen, bewerkstelligen sollte.

Ich hatte aber in unserem Gespräch Muttis Entlassung erreicht, quasi als kleinem Lichtblick oder als Trostpreis im bösen Spiel.

Entlassung ja, aber auf eigene Verantwortung, was für mich verständlich war, denn das Risiko hatte mir Dr. Kreuser unmissverständlich aufgezeigt: „Hier bei uns in der Klinik ist rund um die Uhr schnellste Hilfe garantiert, das wissen Sie, Herr Borchert, aber bei Ihnen zu Hause ist es im akuten Fall zur Hilfe zu spät. Darüber müssen Sie sich im Klaren sein!"
Seine mahnenden Worte hatte ich verinnerlicht und trotzdem ging ich das Risiko ein, denn Muttis Seelenzustand im Krankenhaus war so desolat, dass sie nur noch apathisch auf meine Besuche reagierte.
Dieser Umstand war für mich ein schreiendes Warnzeichen! Ich musste handeln, wollte ich ihr noch schlimmere Qualen ersparen.
„Ich hol' Dich hier raus, ich, meine wir gehen nach Hause, aber ich habe eine Bedingung Mutti, in diesem Jahr musst Du aufs Höxter-Treffen leider verzichten. Alles andere wäre zu gefährlich, Du weißt, was das heißt!"
Sie schaute mich an, nicht wie ich erwartet hatte, müde, traurig oder den Tränen nahe, nein im Gegenteil, sie hatte eine Zufriedenheit in ihrem Blick, der mich regelrecht verwunderte.
„Hauptsache Peterle, ich meine, die Hauptsache ist doch, dass ich jetzt wieder in meinen vier Wänden sein kann, dann kann ich wieder atmen, dann kann ich mich wieder frei bewegen, wenn auch nur in der Wohnung, aber ich bin dann zuhause. Und im nächsten Jahr bin ich wieder ganz gesund, das verspreche ich Dir, und dann können wir wieder zum Familientag. Und in diesem Jahr werde ich mit allen in Schönhagen abends telefonieren, denn dann sind alle von den Ausflügen zurück."
„Mutti, das machen wir", entfuhr es mir, ohne zuvor zu überlegen, was ich da als emotionalem Versprechen spontan geantwortet hatte.
Der ‚Zweck heiligt bekanntlich die Mittel', ... so sagt der Volksmund, doch in dieser Situation traf diese Feststellung besagten Nagel auf den Kopf.
Da war sie wieder, Muttis Hoffnung, diese ansteckende, bejahende Vision des ‚Alles-wird-gut-Gedankens', ein Mutmachen, das Berge versetzen kann und das ich in allen früheren Lebenslagen von ihr kannte und überaus schätzte.
Und ich hatte die kaum hörbare Vibration in ihrer Stimme deutlich vernommen ... ich hatte ihren Lebenswillen mit meinem Spontanausruf sofort wieder geweckt und gleichzeitig gefühlt, wie sehr so ein Funke Hoffnung Körper und Seele positiv beeinflussen kann. Mir lief die bekannte Gänsehaut über den Rücken, wobei mir von einem Moment zum andern dieses Gänsehautprickeln meine innere Traurigkeit eliminierte.
Mutti hatte sich in ihrem urgemütlichen Ambiente ihrer kleinen Wohnung, die erfreulicherweise auch nach der notwendigen Totalrenovierung ihren ‚Maleratelier-Nimbus' nicht eingebüßt hatte, wieder so richtig heimisch gefühlt und genoss ihre Tage der zurückerhaltenen Lebensfreiheit. Nach ihrem Herzinfarkt 1968 und dem folgenden langen Krankenhausaufenthalt, nach dieser Zäsur, war das Genießen ihrer eigenen, heimeligen und geschätzten Atmosphäre fortan ihr gütiger

Begleiter. Für eine kurze Zeit zogen auch alle ihre verlorengeglaubten ehemaligen dynamischen Lebensgeister wieder bei ihr ein und verzauberten ihre neu gewonnene beschaulichere Zeit.

Im Überschwang ihrer guten Gefühle hatte sie mir auch ganz klar zu verstehen gegeben, dass ich in ‚Allem' was ich getan hätte, total richtig entschieden und gehandelt hatte.

Ich hatte mich also einigermaßen beruhigt und auch der Alltag nahm wieder vermehrt meine Aufmerksamkeit in Anspruch.

Aus diesem Grund mussten wir auf so manche Zusatzpause und so manches gewohnte ‚Käffchen' verzichten, natürlich zu Muttis großem Bedauern.

‚Zeit ist Geld'… und Geld muss verdient werden.

Unsere gemeinsamen Stunden gestalteten wir oft, vor allem zu unserem eigenen Spaß mit den verschiedensten Gesellschaftsspielen, die meistens bei uns ‚Dreien' eine harmonische Zufriedenheit auslöste, die sich in uns anhaltend festsetzte.

‚Omas Beste', wie Mutti ihre einzige Enkelin Claudia bekanntermaßen gerne nannte, war auf dem richtigen Weg …, sicherlich auch durch die menschliche Qualität in der Fürsorge der Schönstätter Marienschwestern, deren begleitenden und erzieherischen Richtlinien es gelang, auf dem festen Fundament des christlichen Glaubens ihren Schützlingen Freude und Stärke gleichermaßen zu schenken.

Claudia war auf dem richtigen Weg, auch wegen des humanistisch-religiösen Lehrerkollegiums und deren weltlich orientierten, kompetenten Pädagogen, die diesem angesehenen Mädchengymnasium den allseits guten Ruf sicherten.

Und dieser richtige Weg, den meine ‚Noch-Ehefrau' und ich aus den Gründen unserer Trennung für unsere Tochter seinerzeit wählten, er erwies sich als erzieherisch formend, bildend und im guten, kameradschaftlichen Sinn als förderlich für sie und ihre gesunde Entwicklung. Claudias richtiger Weg und dessen menschliche Auswirkungen auf ihren Charakter, sie dienten auf angenehmste Weise unserem vielseitigen, familiären Miteinander, – im Plaudern oder Spielen –, denn sie wurde offener fürs Gesellige und sie war uns von Herzen zugetan, denn ihre ‚Oma Grete' konnte beim Würfeln, bei Stadt-Land-Fluss oder bei allen Kartenspielen so herrlich schön schimpfen –, wenn sie denn öfter mal verlor.

Es waren aber die gemeinsamen Tage, die unmissverständlich aufzeigten, dass mein Mutterherz die verlorene Gesundheit nicht wiedererlangen konnte, dass sich in Folge die Abwesenheit von Kraft und körperlicher Vitalität auch auf ihr feinfühliges Gemüt überträgt, – und dass dieses Dilemma zusammenbetrachtet eine bleierne Müdigkeit der nachdenklichen Art hervorruft, die Herz und Seele gleichermaßen belasten und dadurch akute Schmerzen auf Dauer entstehen.

Vor all diesen Symptomen verschloss sich mein Mutterherz in keiner Weise, sie akzeptierte gelassen die unabänderlichen Diagnosen von Doktor Kreuser und deren Auswirkungen in einer abgeklärten Ruhe, die ich aufrichtig bewunderte. Es war die eine, die gefühlt bleierne Ruhe, die in ihren Gedanken das untrügliche Zeichen des Sterbens in sich trug ...

Ich erkannte in diesen Tagen die merkliche Veränderung ihres Wesens, und in ihren rehbraunen Augen entdeckte ich in sporadisch auftretenden und in unterschiedlichen Intervallen, eine bisher nicht gekannte Leere, eine unverhohlene Traurigkeit, die ich auch durch meine gewohnten Scherze nicht vertreiben konnte. Aufmunterungen, gleich welcher Art ich auch vom Stapel ließ, Mutti quittierte meine Bemühungen mit einem sibyllinischen Lächeln, wobei exakt in diesem einen Moment ihr trauriger Blick für wenige Sekunden wieder sein gewohntes Strahlen erkennen ließ und mir ihr Augenpaar zärtliche Wärme schickte und wohltuend meine Seele verwöhnte.

‚Warum kann man diese geschenkten wunderschönen Momente im Leben nicht für immer festhalten?' Diese brennende Frage stellt sich jeder Mensch und sicherlich auch des Öfteren, eben in solchen Situationen der emotionalen Ergriffenheit. Ich murmelte in Gedanken so vor mich hin und merkte schemenhaft, wie ich in freiem Fall in eine Depression zu stürzen begann. Ich stemmte mich mit aller Energie dagegen und ließ den beginnenden Missklängen, die von meiner Psyche Besitz ergreifen wollten, nicht den Hauch einer Chance.

Mein Verstand befahl mir, einen kühlen Kopf zu bewahren, und griff augenblicklich und instinktiv zu meiner bewährten Abwehr gegen jederart von psychischen Angriffen, zur schärfsten Waffe, die ich immer zur Verfügung hatte, zu meinen wirkungsvollen Selbstgesprächen: „Wenn ich mich jetzt nicht zusammenreiße und gegen diese blöde Psychoscheiße ankämpfe, dann kann ich weder Mutti noch Claudia bei ihren Problemen helfen. Alter Junge, auch Dir hilft Tristesse und Traurigkeit nicht weiter. Du wirst dringend gebraucht, – wie Mutti vor wenigen Tagen zum wiederholten Mal feststellte.

Und ich sehe es selbst, ich bin in dieser aktuellen Lage gefordert. Also packe ich ab sofort jedes uns belastende Problem an den Wurzeln an, wie unnützes Unkraut, und reiße es samt aller Wurzeln aus dem Nährboden des Bösen heraus, – denn ich bin stark ... und das werde ich bleiben!"

Zunächst konnte ich es mir nicht erklären, dass ich eine geraume Weile wach in meinem überbreiten Bett an die Decke meines Schlafzimmers schaute und vor mich hin döste ... meine Gedanken sprangen hin und her ... es war doch noch viel zu früh, um ins Bad zu gehen ... und Kaffeedurst? Fehlanzeige! Ein Buch zu lesen, war irgendwie blöd.

Das Schrillen des Telefons rechts neben mir auf der breiten Seitenablage des Bettes riss mich abrupt aus meinen unnützen und wirren Gedankenspielen ... ich schaute mit müdem Blick auf die Skala des Radioweckers ... fünf Uhr ... und fünfundvierzig Minuten!

‚Kein Kunde ruft so früh bei dir an', schoss es mir durch den Kopf ...

„Mein Gott, das ist Mutti", rief ich in panischer Angst und griff derart hastig nach dem Hörer, den ich in der aufkommenden Not ruckartig an mich riss, wobei der

ganze Apparat durch die unkontrollierte Wucht meines Griffs aus der Halterung rutschte und zu Boden stürzte, ich aber den Hörer fest am Ohr behielt ...
Ich vernahm nur ein kurzatmiges Röcheln und mehrere kaum verständliche Rufe. Ohne lange nach deren Sinn oder Bedeutung zu forschen, stürzte ich aus dem Bett und rannte durchs Zimmer, den Flur ins Stiegenhaus, und zwei Treppenstufen auf einmal nutzend stürzte ich durch die unverschlossene Wohnungstür direkt ins Wohnzimmer, denn das lange Telefonkabel zeigte mir Richtung ...
Mutti saß mit beiden Armen auf dem Couchtisch gestützt auf der Sofakante. Sie schnaufte, röchelte und rang sichtlich nach Luft, die sie aber nur unter anstrengenden Atemzügen einziehen konnte. Das Ausatmen ging auch nur stoßweise. Schweißperlen flossen von der Stirn in ihr angstvoll angespanntes Gesicht ...
Ich griff nach ihr und hielt sie in senkrechter Haltung fest, legte ihren Kopf an meine rechte Körperseite und stützte ihren Kopf, indem ich die Schulter hochzog und ihr dadurch eine bequemere Stütze gab; mit der linken Hand ergriff ich das Telefon und tippte die Notrufnummer ein und erklärte den Männern vom Roten Kreuz kurz und knapp die Lage und den schnellsten Weg ins Goethe-Haus, indem ich ihnen den Hofeingang nannte, den sie aber schon kannten, da ihre neue Rettungsstation fast neben unserem Haus angesiedelt war und das Hoftor ständig geöffnet die Einfahrt betonte.
Etwa nach gefühlten drei Minuten hörte ich die schnellen Schritte der Helfer. Zuvor hatte ich versucht, Mutti zu beruhigen, indem ich ihre Todesangst in mir aufnahm und sie mit meinen beiden Armen an mich zog und sie zärtlich drückte. Sie fühlte diese innige Bindung und erkannte meine grenzenlose Liebe, die ich ihr auch in unseren letzten Minuten noch schenken durfte.
Dieses Gefühl zeigte sie mir bewusst und zugleich unendlich liebevoll, indem sie ihre schwindende Kraft noch einmal bündelte und mit dieser Anstrengung mich mit ihren schwachen Armen noch einmal zart drückte. Gleichzeitig spürte ich durch den unbeabsichtigten Seufzer ihre große Erleichterung, denn sie atmete noch einmal ganz tief ein, hielt den Atem an ... und ganz langsam atmete sie aus und ihr Kopf neigte sich in die Beuge zwischen meinem Kopf und meiner Schulter.
Ich wollte sie noch von der aufrechten Position befreien und flach hinlegen, doch ein kaum vernehmbares ... „nicht legen, bitte nicht legen"..., erreichte meine Angst und ich hielt sie weiter liebevoll fest, tupfte ihren Schweiß von der Stirne ... und ich vernahm ihr letztes befreiendes ‚Danke, mein Sohn'. Diese gequält gehauchten Worte konnte nur ich verstehen und dieses ‚Danke' erreichte für alle Zeiten mein gesamtes Menschsein.
Die versierte Notärztin und die Männer vom Roten Kreuz versuchten Mutti mit allen Methoden der Wiederbelebung ins Leben zurückzuholen, doch ich bat sie alsbald die Rettungsmaßnahmen zu beenden, denn ich spürte es, Mutti war voller Frieden im Lichte der anderen Seite angekommen und der ewige Sternenstaub wird sich ihrer annehmen.

Ein Stück des Weges dorthin, wo auch Vati schon wartete, konnte ich mein Mutterherz noch im ‚Hier' begleiten. Ich konnte ihr auf den letzten Metern ihres Weges noch einmal all meine Liebe zeigen und ihr den größten Wunsch erfüllen, den sie mir vor ganz langer Zeit kundtat, als ich noch ein kleiner Junge war, eben dass sie, wenn sie einst sterben müsste, nicht allein sein wollte, ... weil ihre geliebte Mutter, meine unvergessene und herzensgute Oma Lina, zärtlich, liebevoll von Mutti gestützt und von ihren Armen umfangen ihren letzten Atemzug tat und ganz plötzlich und ohne Leiden friedlich bei ihrer Morgentoilette gestorben war.
„So einen schönen Tod, mein liebes Peterle, so ein gnädiges Hinscheiden wünsche ich mir später auch, wenn es soweit sein wird."
Es grenzt im Leben manchmal an ein kleines Wunder, welche Episoden und Ereignisse uns ereilen und sich als unsere ständigen Begleiter entpuppen, wie sie unmerklich Schicksal zu spielen beginnen und unseren Wegen auf mystische Weise die Richtung weisen. Mal schwingt das Pendel zum Guten, mal schwingt es auf die andere weniger gute Seite. Aber im günstigen Fall schenkt uns das Wesentliche eines ehemaligen Geschehens auch den ausgewogenen und gerechten Ausgleich, denn vollendet ist der natürliche Lebenskreis erst dann, wenn er sich gänzlich geschlossen hat ... und wenn die Vergangenheit zur lehrenden Geschichte geworden ist und wenn sich durch diese Lehre die Gegenwart als wertvolles Geschenk zeigt ... und wenn dadurch die nahe Zukunft sich als ein wundervolles Geheimnis zeigt ... dann ist der erste Schritt ins Paradies auf Erden getan.
Ich habe einst all diese Kapriolen meiner unterschiedlichen Lebenszyklen mit wachem Geist hautnah erlebt, und ich habe ihre verschlungenen Pfade in den späteren, ihnen nachfolgenden Erinnerungen in meinen weiten Gedanken durchwandert. Ich habe jede einzelne Passage dieser Abschnitte über viele Jahre minutiös studieren können, bis ich zu der Erkenntnis kam, dass jedes Stadium immer auch ein ungewisses, aber lohnendes Abenteuer in sich trägt.
Ich will nunmehr den geschlossenen Lebenskreis meiner verehrten Eltern weiter erforschen, Vergessenes erneut wiederentdecken und kennenlernen. Ich will ihre, mir noch verborgen schlummernden Geheimnisse mit all meinen Sinnen weiterhin suchen ...
Aber gleichzeitig will ich für den mir verbleibenden und überaus wertvollen Rest meiner reichen Erdentage dem allmächtigen Schöpfer danken und weiterhin in Zufriedenheit meiner eigenen Philosophie alle Aufmerksamkeit widmen, denn ich erkenne erneut: „Die Zeit, sie eilt und sie nimmt uns gnädig mit, und wann immer das Ticken der Lebensuhr innehält, wann es auch geschehen mag, die Unendlichkeit der Zeit wird uns aber auch dann weiterbegleiten und uns, jenseits unseres Wissens und Empfindens, zum Sternenstaub der Ewigkeit führen.
Ich erlebe es hautnah, dieses, sich in meinen Gedanken geheimnisvoll wiederholende Phänomen ‚Zeit', und ich spüre erneut, dass alle unsere wertvollen Erinnerungen von ihr gut behütet und festgehalten werden, denn diese kostbare ‚Zeit',

sie kennt keinen Anfang und kein Ende.

Und sie allein führte uns zeitlebens auf unseren, teils auch mühsamen Lebenswegen hin zu unserer inneren Zufriedenheit. Auch den Rest unseres Weges, bis hin zu unserem allerletzten Ziel, begleitet uns alle die gnädige Zeit … denn diese eine, diese wahre Zeit, sie bleibt uns erhalten und sie wird uns bei dem letzten unserer Schritte behutsam zur Seite stehen.

Von diesem Gedanken ich bin beeindruckt und spüre den festen Glauben in mir, dass unsere Seelen dereinst von dieser Kraft gefühlvoll begleitet und geleitet werden, damit wir sicher über den uns unbekannten, geheimnisvollen Pfad dem hellen Licht entgegenstreben und ankommen können, im stillen, grenzenlosen und erfüllenden Schattenreich der friedlichen Seelen … eingebettet in die Ewigkeit.

Gerne folge ich weiter meiner ureigenen Lebensphilosophie und sehe der Menschen Dasein als ein befristetes Geschenk an, das uns der allmächtige Schöpfer für eine geraume Zeitspanne bereithält, und … nach seinem Willen zurückfordert! Kein Gedanke von unserem lebendigen Geist geht jemals verloren. Keine noch so geringe Schwingung unserer Seele verflüchtigt sich, denn wir alle werden uns, zwar unbewusst, in Gottes Sternenstaub wiederfinden, und so werden wir im endlosen Universum nie verloren sein.

Alle ehemaligen Regungen eines jeden Lebens werden dort stets allgegenwärtig bleiben, zwar anders und vom real menschlichen Denken her betrachtet, nicht erfassbar. Zum Gesamtbild meiner Philosophie gehört das imaginäre Schattenreich dazu. Aus dieser Sichtweise heraus entstehen sicherlich auch Irritationen, bei vielen Fragenden auch eine Art der kategorischen Ablehnung ihrerseits, denn oftmals wird dieser Themenkomplex als kaum vorstellbar empfunden, – was ich durchaus verstehen kann –, aber in meiner Gedankenwelt gibt es sie, die andere, friedvolle Seite, jene fühlbare Willkommensatmosphäre, aber sie liegt wohl jenseits von Raum und Zeit, in der geheimnisvollen, für uns immerwährend unbekannt bleibenden Unendlichkeit.

Auf meine oft gestellte Lebensfrage, die stets die Suche nach ehrlicher Wahrhaftigkeit beinhaltete, bei dieser Suche habe ich nunmehr, jetzt in der ‚Erntezeit meiner reifen Gedanken' und im quirligen Spätherbst meines Daseins, die altersweise und überaus wertvolle Antwort gefunden: ‚Aller Menschen Lebenszeitraum ist begrenzt, doch wie er sich auch zugetragen haben mag und welche Fügungen als Lasten des Schicksals der Einzelne zu tragen hatte, sie alle bleiben in der Summe der Jahre betrachtet unser wertvollstes Gut. Diese wundervollen, geschenkten Jahre auf Erden, sie sind unsere ‚gewonnene Zeit'.

Und es ist diese eine nur geliehene Zeitspanne, die unser aller Leben begrenzt, die von uns Menschen aber als ein überaus großzügiges und kostbares Geschenk des Allmächtigen verstanden werden sollte.

Voller Dankbarkeit sollten wir alle Geschehnisse, die das Leben uns auferlegt, als göttliche Aufgaben annehmen, sie sorgsam achten und als Prüfungen erkennen und sie in Demut und Würde mit vitalem und pulsierendem Leben erfüllen, wobei die schweren und traurigen Momente des Daseins sich immer auch in fröhlichen und heiteren Lebensabschnitten wiederfinden sollten.

>,Saure Wochen, frohe Feste, Tagesarbeit, abends Gäste',
> sei dein künftig Zauberwort

Ja, es war vor vielen Jahren, ich mag fünfzehn oder sechzehn Lenze jung gewesen sein, also vor sehr langer Zeit, zitierte mein alter Herr diese treffende Dichterweisheit. Wobei mir von diesem ehemals Geschehenen leider nur der griffige Wortlaut im Gedächtnis hängen geblieben ist, nicht aber der Gesprächsanlass, den habe ich total vergessen, was mir eigentlich selten passiert.

Aber in Anlehnung an Vaters Zitat von einst, verfolgte mich dieser Spruch des Öfteren in meinem ereignisreichen, manchmal auch turbulenten, aber immer hoch geschätzten Leben. Und weil ich begriff, dass ich dem Inhalt desselben nicht entfliehen konnte, und somit ihm, in den meisten Fällen jedenfalls, auch unumwunden Recht geben musste, erhob ich diesen Inhalt zu meinem, mich stets begleitenden, weisen Ratgeber, der mich die lustvolle und lebensbejahende Erkenntnis lehrte:

> ,Nutze den Tag ... genieße den Augenblick ...'
> ,CARPE DIEM'
> Lebensqualität ... der Weg ist das Ziel!

> ,Tages Arbeit, abends Gäste, saure Wochen frohe Feste',
> sei dein künftiges Zauberwort.

Vielen bekannten Dichterversen können wir meist inhaltsreiche Weisheiten des menschlichen Lebens zuschreiben, die oftmals den berühmten ,Nagel auf den Kopf' treffen.

Nach gesunder Rückkehr aus unserem fantastischen und in jeder Hinsicht auch abenteuerlichen Afrikaurlaub in Kenia, den ich mit meiner elfjährigen quirligen und immer bestens gelaunten Tochter Claudia im wundervollen und harmonischen Miteinander erlebt hatte, genoss ich, in der Mitte des sommerlichen Augusts des Jahres 1979, noch ein paar freie Tage zuhause, bevor ich mich wieder voller Tatendrang in mein Metier der gestaltenden Werbung stürzte.

Darüber hinaus nahm ich wieder die kreativen Gaststättenplanungen in Angriff, denn in der Welt der Gastronomie boten sich gute Chancen für variantenreiche Objekt-Ideen, denen ich meine kreative Schaffenskraft widmen konnte.

Meine ausgefallenen Ideen, die ich seinerzeit zu Papier brachte, und die teils völlig neuen Impulse bezüglich der Ausstattung, die ich als willkommene Alternativlösungen aufzeigte, diese plante und in farbigen Perspektiv-Entwürfen umsetzte, diese pfiffige Art meiner, teils auch extravaganten, Gestaltungen kamen bei den

Kunden gut an, denn ich präsentierte meine Zeichnungen in unterschiedlichen Ansichten und stellte ihnen kreative Details in Ausschnitten zur Seite.
Ich lasierte die Skizzen mit zarten Farben und mit erklärenden knappen, erklärenden Texten gab ich meinen Ideen lebendige Versionen, die als neue Impulse der Gaststättengestaltung aufgenommen werden konnten. Dadurch erreichte ich in dieser schwierigen Branche eine hohe Zustimmung, die oftmals auch zu direkten Aufträgen führte.
Auch aus diesem Grund konnte ich mich auf meinen neuen Geschäftszweig ‚Borchert-Gaststätten-Design' mit vollem Einsatz konzentrieren.
Mein Chefdekorateur Edmund Drever hatte sich erfreulicherweise nach seinen intensiven Dekorationseinsätzen der vergangenen Jahre so gut ins Team eingearbeitet, dass ich ihm auch meine speziellen Problemkunden guten Gewissens anvertrauen konnte.
Ich wertete sein Arbeitsgebiet auf und ließ ihn mein Vertrauen auch auf finanzieller Basis spüren, zumal ja auch seine Tochter Anja ihre Lehre in meiner ‚Talentschmiede', so jedenfalls nannten einige meiner Koblenzer Berufskollegen mein ausgeklügeltes, praxisnahes Ausbildungsprogramm, absolvieren konnte.
Mein guter und langjähriger Freund Wilhelm Krämer, mit dem mich so manche liebenswerte und humorvollen Erlebnisse verbanden, war glücklicherweise auch mein Interessenspartner geworden, denn er war als sehr erfolgreicher Manager in der Brauereibranche tätig und hatte als Repräsentant verschiedener Großbrauereien einen überaus guten Leumund und dementsprechend auch ein Mitspracherecht bei der Anwerbung neuer Gastronomiekunden, vornehmlich im Fassbierbereich.
Somit war er stets auf der Suche nach neuen Kontakten und interessierten Partnern in der Gasthausszene.
Gemeinsam entwickelten wir eine Verkaufsstrategie, die ein umfassendes Allroundangebot darstellte und bei der jeweiligen Vorstellung vor Ort oft auf offene Ohren stieß, denn Wilhelms Komplettofferte hatte eine starke und stets überzeugende Wirkung. Mit seiner neuen ‚Alles aus einer Hand'-Strategie, die sich aus Getränkelieferung, Betreuung und Objektplanung zusammensetzte, lag er mit seinen Offerten meist richtig.
Seine sympathische Erscheinung, in Verbindung mit seiner fundierten Eloquenz in den Erstgesprächen überzeugte selbst kritische Partner von der ungewöhnlichen Angebotspräsentation und bereitete geschickt meinen Part vor, die entworfenen Pläne bezüglich der gezielt dekorativen Gesamtgestaltung, intensiv zu erläutern.
Nach dieser Taktik erfuhr das jeweilige Objekt eine besondere Wertschätzung der Gastronomiepartner. Die oft gezeigte Zustimmung zu meinen erweiterten Planungszeichnungen bezüglich einer harmonischen Gastlichkeit war in dieser anderen Art ungewöhnlich und sie erzeugte stets ein reges Interesse.
Unser angebotenes spezielles und trendiges Erscheinungsbild hatte den Vorteil,

schon von der farbigen Optik der teils auch dominierenden, perspektivischen Ansichtszeichnungen her betrachtet, dass jeder Betrachter sein Endprodukt vor sich sah und sofort seine vorhandenen, räumlichen Begebenheiten klar erkannte und unser Angebot erfreut akzeptierte.
Wilhelm hatte sein Bier verkauft ... und ich meine Gestaltung ...

Hatten wir einmal Fuß gefasst, folgten auch Anschlussaufträge, die meine Entscheidung, mich verstärkt in diesem Bereich vehement einzusetzen, bestätigte. Hätte ich auf dem lukrativen Sektor Gaststättengestaltung nicht den erstrebten Erfolg eingefahren, so hätte ich die hohen Kosten der Goethe-Haus-Renovierung finanziell nicht auffangen können.
Hinzu kam noch ein Schuldenkonto meiner Mutter, die seinerzeit einen Kredit von 30.000 DM bei der Sparkasse Bendorf aufgenommen hatte, um ihre erneuerungsbedürftige Wohnung nach ihren Wünschen herrichten zu lassen. Die Tilgung dieses Kredites durch die Sicherheit ihrer Rente hätte sie auch gemeistert, doch ihr allzu früher Tod beendete die Rückzahlung.
Mutti bestand in ihrer Güte und aus Liebe zu mir auf der Eigenfinanzierung der Renovierungsarbeiten. In dieser Angelegenheit bestand sie massiv auf ihrer Entscheidung.
„So schnell sterbe ich nicht, mein lieber Junge, ich habe vor, noch recht lange für Claudia und Dich zu sorgen!"
Lachend und voller Vitalität schleuderte mir mein Mutterherz die herzlichen Worte entgegen, als ich vor ihr stand und auch nur den Versuch unternahm, irgendein Argument vorzubringen, geschweige denn den Anschein zu erwecken, über Rechnungen und Geld zu sprechen.
„Ich will Dir mal was sagen, mein Junge, Du hast wahrlich genug am Hals, seit Jahren steckst Du all Deine freie Zeit und Dein ganzes Geld in die notwendige Erhaltung dieses herrlichen Anwesens. Das alles schulterst Du allein. Da ist es doch für mich eine Selbstverständlichkeit, was sage ich, es ist eine reine Ehrensache für mich, das Verschönern meines Heimes zu bezahlen. Ich habe schon mit der Sparkasse gesprochen. Wegen Darlehen und so."
In diesen Momenten war ich ganz still geblieben und wollte Mutti in keiner Weise eine Antwort geben. Ich war überwältigt von ihrer Bestimmtheit und außerdem war innerlich beruhigt über ihren gezeigten Lebenswillen.
Selbstverständlich hatte ich die obligatorische Bank-Bürgschaft zugesichert, so konnte sie sich nach Vatis Ableben ihren Herzenswunsch nach einer Generalüberholung ihrer Mansardenwohnung erfüllen.
Sechs lange Wochen dauerte die Verschönerungsaktion. In der Zeit der umfangreichen Baumaßnahmen lebte sie mit mir zusammen in meinen gemütlichen ‚Vier Wänden in der ersten Etage des Barockhauses', getragen von der Vorfreude auf ihr angestrebtes, neues Wohnparadies.
Ein guter Bekannter von mir, Peter Wambach aus Bendorf, war ein perfekter

Alleskönner in allen Bereichen des Ausstattens. Er egalisierte die diversen Stolperstufen des unebenen, teils morschen Fußbodens durch das flächenmäßige Ausgleichen mit Holzplatten.
Er verkleidete die brüchigen, bröckelnden Zimmerdecken und Schrägwände mit einer gesunden Holzvertäfelung so geschickt, dass am Ende der aufwendigen Prozedur ein völlig neues Wohngefühl entstanden war. Neue Schalter, Steckdosen und Lampen sowie Badarmaturen wurden montiert und seine wohlabgewogene, geschmackvolle Malerarbeit krönte das Gesamtwerk.
Ziel erreicht, Mutti war überglücklich.
Ich zahlte, später und voller Stolz und mit innerer Freude Muttis Restsumme von 27.000 DM und löste so meine gegebene Bank-Bürgschaft ein. Aber einige, teils unverschuldeten Zahlungen schafften ein gewaltiges Loch in meine Finanzen. Auf der einen Seite war mir das Glück hold, der geschäftlichen Erfolge wegen, doch gleichzeitig klebte mir auch das Pech des Schicksals an den Fersen, eben wegen der negativen Bilanz meiner eingegangenen Verpflichtungen bezüglich der Komplettsanierung unseres historischen Anwesens.
Ich stand im Regen – ohne Schirm! So sagt man lapidar.

Mit meiner geschiedenen Frau und meinen Ex-Schwiegereltern traf ich die menschliche und verbindliche Übereinkunft, dass das von mir gekaufte und über fast zehn lange Jahre vollkommen erneuerte Anwesen in Bendorf, Untere Vallendarer Straße 19, das sogenannte Goethe-Haus, in späterer Zeit unserer gemeinsamen Tochter, Enkelin Claudia, vererbt werden sollte, ihr sollte es als Alleinerbin zugesprochen werden.
Im Notariat Dr. Jungbluth in Neuwied wurde diese Vereinbarung urkundlich festgehalten und als Testament beglaubigt. Allein diese Handlung war für mich und mein Gefühl von elementarer Bedeutung, denn so hatte ich die wichtige Garantie, dass all mein immenser Aufwand, der ja auch die enorme Wertsteigerung des Objektes Goethe-Haus bedeutete, schlussendlich in den Besitz meiner geliebten Tochter übergehen würde.
Als ich im Jahre 1970 von der Erbengemeinschaft von Claer das Haus erstand, hatte ich als liebender Familienvater gehandelt und hatte statt meines Namens, den Begriff ‚Eheleute' ins Grundbuch eintragen lassen. Diesen Tatbestand will ich fairerweise nicht unerwähnt lassen, denn er gehört zur authentischen Geschichte unserer Ehe dazu.
Auf dieser gesunden Ausgangsbasis konnte Gaby mit ihrem Fleiß in den folgenden Jahren ihre Werbeagentur sowie ihr späteres Immobilienunternehmen auf tragfähige Füße stellen und mit ihrem zukunftsorientierten Unternehmerblick auch eine soziale Komponente im Wohnraumbereich gestalten.
Doch auch dies will ich nicht unerwähnt lassen, meine grenzenlose Gutgläubigkeit an ihre Liebe zu mir und mein praktiziertes, uneingeschränktes Vertrauen in ihre Fairness zu der damaligen Zeit war meinerseits sicher nur von hoffnungsvollem

Wunschdenken geprägt. Dem setze ich heute allerdings, in Kenntnis der erlebten, harten Realität, mein ehemaliges, liebevolles Gefühl mit grenzenloser Gutgläubigkeit und Naivität gleich.

‚Undank ist der Welten Lohn', an dieses Sprichwort wurde ich immer wieder in dieser Phase der Familienwende zwangsläufig erinnert, denn all meine umfangreichen gestalterischen Aktivitäten, mit denen ich in den ersten Jahren das ‚Gesamterscheinungsbild des Roten Ochsens' in einen gastronomisch hohen Qualitätsstandard zu verwandeln verstand, schienen keinerlei menschliche Bedeutung mehr zu haben, obwohl ich zu keiner Zeit für diese Arbeiten jemals auch nur einen Pfennig angenommen hätte. Dazu war ich viel zu stolz, denn ich wollte mich als Schwiegersohn verständlicherweise von meiner besten Seite zeigen und wohl auch verdient machen.

Über mehrere Jahre hinweg hatte ich die umfangreiche Neugestaltung des großen Restaurants, des Festsaales und der zweiundzwanzig Hotelzimmer sowie der Flure und Treppenhäuser des Hotelkomplexes in Eigenleistung durchgezogen und kreativ gestaltet und somit auch für dieses Objekt eine enorme Wertsteigerung gesorgt, sodass ich wohl verständlicherweise mit einer gewissen Dankbarkeit im Stillen gerechnet hatte.

Natürlich überlegte ich in meinen hektischen Gedankensprüngen in dieser nervigen Umbruchphase auch die Wege einer gerichtlichen Klärung aller relevanten Fakten, doch hatte ich weder dazu die finanziellen Mittel, noch glaubte ich, den zeitlichen Aufwand dieses Prozessgeschehens überstehen zu können.

Ich war in jener Zeit meines größten Verlustes menschlich so tief getroffen worden, eben von der erlebten Handlungsweise meiner angeheirateten Familie, dass ich einen völligen Neustart meiner Existenz beginnen musste.

Jedes weitere Grübeln hätte mich nur noch weiter in den Sumpf der Ausweglosigkeit getrieben und mein Untergang in allen Lebensbereichen wäre die unausweichliche Folge gewesen.

Auch Häme und verletzender Spott, beides wurde mir von vermeintlichen Freunden mannigfaltig entgegengebracht und ärgerte mich über die Dauer von etlichen Jahren. Doch damit lernte ich umzugehen und ich schaffte es, mir ein dickeres Nervenkostüm zuzulegen, um den boshaften Verleumdungen die Wahrheit entgegenzusetzen.

Meinen mentalen Stärken und meinem gesunden, ausgeprägten Selbstbewusstsein verdanke ich meine schnelle Rückkehr in die normalen Lebensverhältnisse und meinen ungetrübten, klaren Blick in eine neue, bessere Zeit.

Ich verließ im Jahre 1980 mit meinem Mobiliar und allen anderen Wohnaccessoires mein geliebtes Goethe-Haus und bezog im wunderschönen Bendorfer Bergstadtteil Stromberg einen attraktiven Flachdachbungalow mit einer anheimelnden Gartenanlage, am Rande des Ortskerns. Dort lebte ich einige Zeit mit meiner neuen Freundin Anita zusammen, mit der ich eine dauerhafte Zweierbeziehung aufbauen wollte. So sehr wir uns um ein harmonisches Miteinander bemühten, umso intensiver mussten wir erkennen, dass Bemühen allein eine zu schwache Basis für dauerhaftes Glück bedeutet. Viele Worte brauche ich diesbezüglich nicht aufzuschreiben, denn wir erkannten beide unsere Fehleinschätzung der vermeintlichen Liebesgefühle.

Wie sagte ich schon des Öfteren zu mir selbst? „Manchmal ist die gefühlte Liebe eben nur der Wunsch nach Liebe."

Ich steigerte meine Aktivitäten in alle geschätzten Betätigungsfelder der Werbewirtschaft, knüpfte neue Geschäftsbeziehungen und pflegte verstärkt mein Bemühen um die Belange der bestehenden Partnerfirmen. Dieses erneute dynamische Handeln war wiederum von Erfolg gekrönt und nichts auf der Welt ist so herrlich motivierend, wie eben der erarbeitete Erfolg.

Dieser Erfolg trägt natürlich auch einen wesentlichen Teil der angestrebten Lebensqualität in sich, die das Menschsein in gelebte Freude verwandelt.

Nach der Trennung von Anita genoss ich meine wiedererlangte Freiheit mit allerlei kurzweiligen Beschäftigungen, die aber nur von kurzer Dauer waren, denn das süße Nichtstun war zu keiner Zeit in meinem Interesse präsent, denn beim ‚Hände in den Schoß legen' kehren ja unwillkürlich die trüben Gedanken und ihre angestauten Probleme zurück und ihre lähmende Wirkung würde wieder die Oberhand gewinnen können.

Das ‚Machen' erfordert Eigeninitiative und Kreativität, das Machen führt Regie und bestimmt den Kurs, dem aber immer eine zündende Idee zugrunde liegen sollte. Im Kreise meiner engen Freunde und unserer abendlichen Stammtischrunden entwickelten sich muntere Gespräche der leichteren Art, die uns die Zeit genießen ließen und auch verrückten Gedanken freien Lauf ließen:

DIE ÄRA EINER SCHNELLEN, SCHÖNEN ZEIT …
‚HEISSE REIFEN – BRENNENDER ASPHALT' …
1979 – 1981,
oder die Faszination wagemutiger Rennfahrer

Autorennen, Rennfahrer, Rennstall, Rennstrecke …, diese Worte verbindet der Begriff ‚Rennen', dieser wiederum bedeutet immer Schnelligkeit. Sie wird gemessen und das bedeutet, dass ein Resultat entsteht und nach dessen Ergebnis wird geurteilt und entschieden. Sieg oder Niederlage. Der zweite Platz ist schon der erste Verlierer. Nur der Sieger wird Meister.

Gerne erzähle ich aus der verrückten Welt der heißen Autorennen auf Europas spektakulären Rundkursen, und einem der auszog, um Europameister zu werden. Schnell war er immer schon, ein teuflisch schneller Pistenkämpfer der mit kalkuliertem Mut und einem enormen fahrerischen Talent gesegnete Herbert Herler aus Bendorf, der seine Renngegner im Dauerkampf um vordere Positionen auf der Piste stellte und sie sich zum geplanten Überholen zurechtlegte, wie man auf Rennfahrerdeutsch gerne sagt, um ihnen meist auch im weiteren Verlauf des

Renngeschehens seine Rücklichter zu zeigen, dies sicherlich zum großen Verdruss seiner mannigfaltigen bezwungenen Kontrahenten.
Der legendäre Nürburgring inmitten der grünen Hölle der Eifel, er war sein kurvenreicher Lieblingsrundkurs mit seinen mehr als zweiundzwanzig zu fahrenden, äußerst anspruchsvollen Kilometern, den vielen tückischen Kehren und Schwierigkeitsgraden im ‚Auf und Ab' der Piste, an denen sich viele seiner Mitstreiter oftmals, im wahrsten Sinne des Wortes, die Zähne ausbissen.
Herbert sah sie am liebsten als Erster, die schwarz-weiße Schachbrettflagge in der letzten Runde eines jeden Rennens, die wild hin und her geschwenkt, den Sieger begrüßte. Aber nicht nur der Nürburgring war sein ‚Renn-Spielplatz'.
Die europäischen Rundstreckenkurse, aber auch verschiedene Bergrennen hatte er im Laufe seiner erfolgreichen Racing-Karriere mehrfach als Gewinner verlassen und sich so in die Phalanx der internationalen Rennfahrerelite einreihen können. Große Namen, wie Arturo Merzario und die schnelle Lella Lombardi, beide waren ehemalige italienische Formel 1 Piloten, oder auch Rolf Stommelen, sie alle zählten zu seinen Co-Piloten, ebenso wie der legendäre Giancarlo Barba aus Sizilien, ‚der Mafioso', so nannte man ihn augenzwinkernd, sowie die Rennfahrerkollegen aus heimischen Gefilden, zum Beispiel Hubert Frenchkowski oder Fred Räk sowie weitere Gleichgesinnte auch.
Spa-Francorchamps in Belgien, Monza und Mugello in Italien, Enna auf Sizilien, Silverstone und Brands Hutch in England, all jene Strecken verließ er oft als Sieger oder er belegte vordere Plätze. Alle Stätten seiner Triumphe aufzuzählen würde den Rahmen dieser Erzählung sprengen, denn die Historie, die die Ereignisse vergangener Zeiten begleitet, sie ist so inhaltsreich, dass eben das teils mythische Fluidum als Begleiterscheinung dominierte und die ausgeprägte Kameradschaft den Kern des Wesentlichen beinhaltet.
Vertrauen, Respekt und Menschlichkeit untereinander, diese Tugenden bildeten die umspannende Klammer des großen Erfolges, und sie galt und hatte eine große Bedeutung, auch in Zeiten der Niederlagen und deren mentaler Verarbeitung.
Betrachten wir nun den bewahrten Schatz der Erinnerungen aus dem Gedankenparadies der Ereignisse längst vergangener Tage aus einer etwas anderen, schönen, gelebten Welt: Erfolg, Teamgeist, Freundeskreis und Kameradschaft, all diese Eigenschaften sind die wichtigen Bausteine, die dem erstrebten Bauwerk ‚Lebensqualität' erst die dauerhafte Festigkeit geben können.
Freundschaft und Treue im Miteinander einer jeden Gemeinschaft ist zu keiner Zeit ein leerer Wahn, wie wir aus Schillers Bürgschaft schon zur Schulzeit erfahren durften und auch als sittlichen Wert verinnerlichen konnten.
Ja, die schnelle, schöne Zeit hatte Bestand in unserer Gedankenwelt und sie begleitete uns gemeinsam bis ins ‚Heute' hinein, nämlich immer dann, wenn die Erinnerungen ihre verklärende Aura erneut strahlen lässt und wir im ‚Gewesenen' von einst zu schwelgen verstehen.

Mein sinnvolles Racing-Engagement …
ein weiterer, zielführender Pfad,
auf dem Weg zur Lebensqualität!

Mein guter Freund Wilhelm Krämer war ja, wie schon erwähnt, mein geschätzter Partner im Gaststättenbereich. Er hatte mittlerweile seinen Arbeitgeber gewechselt. Die Dortmunder ‚Bierbrauer' hatte er verlassen und arbeitete fortan für die bekannte ‚Gilden-Kölsch-Brauerei' mit ihrem Stammsitz in der ehrwürdigen Domstadt am Ufer des Rheinstroms.
Dortselbst managte er mehrere äußerst lukrative Werbekampagnen, wobei er mit seinen Motorsportfreunden auch ein Racing-Team auf die schnellen Räder stellte. So lernte ich durch ihn eine Menge neuer Freunde kennen und schätzen.
Als cleverer, junger und dynamischer Manager entwickelte er sich schnell zum professionellen Teamchef des gegründeten ‚Gilden-Kölsch-Racing-Teams' und besorgte nicht nur die notwendigen Sponsorengelder, sondern er knüpfte auch einträgliche, lukrative Abmachungen und Verbindungen mit der internationalen Rennfahrerszene und der interessierten Automobilindustrie.
Mit dem talentierten, jungen und eminent-schnellen Autorennfahrer Herbert Herler gewann er einen der Top-Fahrer, der auch die angestrebten Siege einfahren konnte. Ein PS-starker Opel-Commodore sowie zwei dynamische, pfeilschnelle Opel Monza mit jeweils über 300 PS gehörten als Kraftpakete zum großen Wettkampfgeschehen des Gilden-Kölsch-Racing-Teams im ereignisreichen, spannenden und mittlerweile legendären Jahres 1980.
Ich selbst übernahm als Mann der Werbebranche den honorigen Posten als Sprecher und Pressechef. Alles was an einem umfangreichen Rennstall-Equipment nötig war, besorgte der mittlerweile stark angewachsene Freundeskreis und im Verbund mit dem Gilden-Kölsch-Sponsor, zeigte schon das imageorientierte Erscheinungsbild des noch jungen Racing-Teams einen durchaus wettbewerbsfähigen, professionellen und international aufgestellten Rennstall, der sich länderübergreifend Respekt zu schaffen verstand.
Und es machte einen Riesenspaß, die agil agierenden Gleichgesinnten zu motivieren und zu starken Auftritten zu beeinflussen.
Herbert war der Top-Fahrer, Wilhelm der Manager und Boss der Gilden-Kölsch-Renngruppe und dazu mein Engagement als Pressechef, all dies war im Zusammenwirken der Kräfte die gesunde Grundlage einer fruchtbaren Teamarbeit, die das Ziel des Gewinns der internationalen Europameisterschaft im heißumkämpften Langstreckenbereich fest ins Auge gefasst hatte.
Auch die umsichtige Begleitung der zahlreichen VIP-Kunden, die seitens unserer Sponsoren mit Zuvorkommenheit zu betreuen waren, gehörte zu meinem Tätigkeitsbereich. Ein lustiger, offener und richtig knuffiger VW-Buggy mit überdimensioniertem Gilden-Kölsch-Farbschriftzug auf der vorderen Haube und den beiden Seiten, diente mir als beliebtes Ring-Taxi, das ich, allerdings jenseits der

‚Grünen Hölle', wie Insider die legendäre Rennstrecke in der Eifel auch gerne nennen, mit rasanter Leidenschaft kreuz und quer zur Piste steuerte.
Diese Nürburgring-Nordschleife liegt mit ihren über zwanzig Streckenkilometern inmitten der Eifelwälder und den angrenzenden hügelförmigen Wiesengründen, wobei das Naturgelände seine eigene prachtvolle Wirkung in all seiner Schönheit präsentiert. Es war für alle Gäste ein willkommenes und wunderbares Erlebnis.
Auch die verschiedenen Rennunfälle, wie Blechschäden durch Berührungen der Kontrahenten-Rennwagen, die aber meist glimpflich verliefen, oder harmlose Karambolagen oder Abflüge, wie man das ungeplante Verlassen des Strecken-Asphalts auch gerne nannte, sie gehörten ebenso zum Renngeschehen dazu.
Aber auch die vielen technischen Defekte der heißen Renner, die aber für das prickelnde Erlebnis der ‚Faszination Langstrecken-Pokal-Serie' sorgten. Diese spannenden, immer aber unbeabsichtigten Renn- Attraktionen schrieben stets das jeweils authentische und immer äußerst spannende Drehbuch der Langstrecken-Racer.
Unser mächtiger Gilden-Kölsch-Truck, ein völlig für Racing-Zwecke umgebauter Reisebus älterer Bauart, strahlte, allein schon von seiner Optik her betrachtet, eine Farbdynamik aus, die durch die dominierende Gilden-Kölsch-Rundumbeschriftung eine Präsenz vermittelte, die äußerst einprägsam war und dadurch auf allen europäischen Rennstrecken einen sehr hohen Bekanntheitsgrad verzeichnen konnte.

Eine kleine Anekdote möchte ich nicht in Vergessenheit geraten lassen, denn sie hat in den Köpfen unseres Teams, auf der Fahrt ins tschechische Brünn 1980 einen bleibenden Eindruck hinterlassen.
Brünn, in der damals kommunistisch regierten Tschechoslowakei, war der einzige Austragungsort eines Langstreckenrennens jenseits des ‚Eisernen Vorhangs', wie man zu jener Zeit die brutale Trenngrenze zwischen Ost- und Westeuropa nannte. Nach der unkomplizierten Grenzabfertigung des Gilden-Kölsch-Renntrosses bewegte sich der Konvoi auf holprigen Straßen recht langsam in Richtung des sozialistischen Rundkurses, als zahlreiche, freundlich winkende Menschen den Tross des Rennteams zum Halten baten.
Rheinländer sind fröhliche Zeitgenossen und offen für nette und herzliche Gespräche. Sie pflegen gerne freundschaftliche Kontakte, vor allem zu sympathischen rennsportbegeisterten Freunden im In- und Ausland.
Die Räder des intensiv-farbigen Gilden-Kölsch-Renntrosses standen kaum still, als eine bunte Schar Neugieriger, die nach ihrem Verstehen, vermeintlich exotischen Rennfahrer umringte und überaus freundliche Begrüßungsgesten zeigten.
Man unterhielt sich, so gut es eben ging, man tauschte das süffige Kölsch gegen das herbe tschechische Pilsner Urquell oder auch Budweiser Pils ein und genoss die Unterschiede. Man rauchte in zwanglosem Kreis die mitgeführten Westzigaretten und überließ den interessierten Fans verschiedene Mitbringsel und buntes

Prospektmaterial als willkommene Erinnerungsgeschenke.
Mit freundlichem Winken verabschiedete man sich und setzte die Weiterreise fort.
Der ungewollte Zwischenstopp hatte sich in jener tschechischen Region rasend schnell unter den Einheimischen herumgesprochen, sodass sich alsbald ein ansehnlicher Pkw-Begleitkonvoi der unterschiedlichsten sozialistischen Fahrzeugtypen hinter dem, auf dem Anhänger festgezurrten Gilden-Kölsch-Rennwagen bildete und bis zum Erreichen des Ziels als Blech-Karawane für Furore sorgte.
Die Skoda-Modelle von klein bis etwas größer, die DDR-Wartburgtypen und vor allem die Trabants, liebevoll damals wie auch heute ‚Trabi' getauft, sie alle bildeten am Eingang zum internationalen Fahrerlager ein heilloses Durcheinander, welches den Veranstaltern in keiner Weise gefiel, weswegen sie auch mit polizeilicher Unterstützung auf weniger freundliche Vorgehensweise für diktatorische Ordnung sorgten.
Herbert Herler verteilte in dem Durcheinander in seiner ureigenen Gelassenheit noch mehrere Renneintrittsfreikarten an verschiedene ‚neue einheimische CSSR-Freunde' und lud sie am Rennabschlussabend zu sich und zu seinem Team ins Fahrerlager ein, ohne zu wissen, dass solches Handeln in Diktaturen immer mit enormen Schwierigkeiten verbunden sein kann.
Herbert gewann das Rennen. Er gewann auch als Siegerprämie die stolze Summe von umgerechnet 9.000 DM.
Abends im illustren Fahrerlager ging es hoch her und das Budweiser Bier floss in Strömen, als ein Wachmann die Truppe der Feiernden unterbrach und erklärte, dass einige Menschen vor der Schranke zum Fahrerlager um Einlass baten, was aber streng verboten wäre.
„Hallo Meister, die habe ich eingeladen, ich bin im Wort, ich habe heute hier gewonnen, was soll denn das?" Herbert war ungehalten und fuhr ohne eine Pause einzulegen fort: „Ich geh jetzt mit Ihnen zum Eingang und hole meine Freunde zu uns hierher! Kommen Sie!"
Wie Herbert die strengen Wachleute überredet hatte, das weiß er selbst auch nicht mehr ganz genau, aber dass sich einige der Ordner auch zum Gilden-Kölsch-Team dazugesellten und mitfeierten, mitaßen und kräftig tranken, das war für ihn auch in Ordnung.
Das gelebte Motto der Internationalität ‚Lasst Menschen zusammenkommen', das hatten alle aktiven Fahrer und ihre Rennsportfreunde schon immer zu ihrem Credo, Motto und gelebten Leitsatz erhoben.

Der Grund, weshalb mein Freund Wilhelm mich zum Pressechef ernannte und zur Mitarbeit in seiner elitären Crew veranlasste, war wohl mein nicht unerheblicher Bekanntheitsgrad als Moderator im heimatlichen Gesellschaftsleben. Ich fühlte mich, das gebe ich gerne zu, geschmeichelt und diente mit Engagement und Eifer der rennsportlichen Welt meiner geschätzten neuen Freunde.
Herbert Herler und Hubert Frenchkowski, um nur zwei der Renn- Protagonisten

zu nennen, diese beiden kannte ich bereits, auch vom allabendlichen Feierabend-Biergenuss in der Waldgaststätte Meisenhof, eines äußerst beliebten Treffpunkts der damals schon zahlreichen Herler-Fans.
Herbert und auch Hubert hatten schon etliche Rennerfolge auf ihrem Pluskonto verbucht, weshalb ihr Bekanntheitsgrad im Kreise der Motorsportenthusiasten für eine gespürte und offen gezeigte Bewunderung sorgte. Von beiden waren, in Wilhelms Denken, sicherlich etliche Siege oder zumindest gute Platzierungen auf Europas Rundstrecken zu erwarten.
Ende der siebziger und Anfang der achtziger Jahre war die Rennsport-Szene in unserer Großregion von überragender Bedeutung, denn der ADAC Gau Mittelrhein mit Sitz in Koblenz unterstützte die verschiedenen Motor-Sport-Vereine und Clubs mit einer Dynamik, die gezielt die Aktivitäten der Rennsportfreunde unterstützten.
Der ehemalige Motor-Sport-Club, der MSC-Bendorf, mit seinen rührigen Persönlichkeiten, wie Josef Dohler, Gerd Klein oder Ferdi Breuer, um nur diese unter vielen Gleichgesinnten zu nennen, sie zeigten durch die unterschiedlichsten Events eine Bandbreite an beliebten Publikumsveranstaltungen, die allesamt hohe Anerkennungswerte bei den zahlreichen Besuchern und Interessierten erzielten.
Sehr beliebt waren die ADAC-Bälle im großen Saal des ehemaligen Bendorfer-Hofes, die jeweils vom MSC-Bendorf ausgerichtet wurden und stets als gesellschaftliche Höhepunkte eine Show-Qualität boten, die heute noch bei vielen Insidern als ‚unvergessen' fortlebt.

Ich hatte zu jener Zeit die Ehre, diesen Bällen als Moderator zu dienen und im Zusammenwirken mit den damals bekannten Showstars, wie dem farbigen Sänger und Entertainer Jack Finney oder dem unvergessenen Drafi Deutscher, Unterhaltungshighlights zu präsentieren, die stets eine einmalige Atmosphäre kreierten und die Ballgäste zu Begeisterungsstürmen hinrissen.
In meine Moderationen fügte ich gerne informative Fachgespräche mit den aktuellen Rennsportgrößen ein, um durch diese Interviews die Faszination der Rennsportveranstaltungen zu steigern und so die schon vorhandene Fangemeinschaft noch zu vergrößern.
Aus unserem Heimatbereich stammte in jener kurzen Epoche eine Vielzahl talentierter Motorsportler, die den Rallye-Wettbewerben durch ihre Erfolge den Nimbus des Besonderen verlieh. Gerade die diversen Bergrennen erfreuten sich steigender Beliebtheit. Auch die kurvenreiche Strecke von Bendorf-Sayn zum Bergstadtteil nach Stromberg war zeitweise ein interessanter Austragungsort für diese Art Spektakel der spannenden Fahrtechnik im Kampf um die Bestzeit.
Die Sicherheitsleitplanken dieser Bergstrecke wurden verdoppelt, um die Zwischenräume der Begrenzungsschienen zu verringern und somit etwaige Gefahrenpunkte zu mindern oder ganz auszumerzen.
Ich erinnere mich gerne an die Ära der wagemutigen Männer in ihren speziellen

Sportwagen, die allesamt hochmotiviert an den Start gingen, wie zum Beispiel mein Schulfreund Alexander Fürst zu Sayn-Wittgenstein-Sayn, der seinen schnellen, weißen Porsche pilotierte. Auch Herbert Herler beteiligte sich am Rallyesport und ließ zum Beispiel in einem Opel-Kadett so manchen PS-starken Konkurrenten hinter sich, denn der Kampf um die am Zielpunkt gestoppten Zeiten war immer spektakulär.

Im Blick zurück zu den vielen unterschiedlichen Rundstreckenrennen, die das aufstrebende Gilden-Kölsch-Racing-Team europaweit äußerst spannend und erfolgreich von Sieg zu Sieg rasen ließ, überraschte die Rennszene enorm und versetzte sie oftmals in ungläubiges Staunen.

Die Racer um den Siegertypen Herbert Herler waren stolz, in jener Crew dabei sein zu können und auf diese Art selbst Runde um Runde ihre eigenen Erfahrungen sammeln zu können, denn zu jedem Langstreckenrennen gehören auch Ersatzfahrerkollegen, denn die Cockpitzeit eines Rennfahrers ist jeweils vom Veranstalter reglementiert und beinhaltet auch immer einen Fahrerwechsel.

Gerade der enge und kameradschaftliche Zusammenhalt der Mannschaft begeisterte nicht nur die direkt beteiligten Freunde der Renngemeinschaft, diese Erfolgsgeschichte überzeugte ebenso die stets wachsende Schar der Gilden-Kölsch-Fans, die oft auch die weitesten Wege nicht scheuen, um die spannenden Austragungsorte zu besuchen, um hautnah die Siege und auch Niederlagen, die auch zum internationalen Wettbewerb gehören, mitzuerleben.

Die große Anziehungskraft des breitgefächerten, interessanten und spannungsgeladenen Langstreckenrennsports erfreute sich europaweit steigender Beliebtheit, gerade wegen der anspruchsvollen Qualität der beteiligten Racing-Teams, die dem sportlichen Kampf um gefahrene Zeiten und Positionen permanent den Stempel der individuellen Einmaligkeit aufdrückten.

Jedes Rennen hatte seine eigene Dynamik, denn die Wettkämpfe hatten nicht nur auf dem nahen Nürburgring den Status des Außergewöhnlichen, auch die anderen Rundkurse, wie zum Beispiel die wagemutige Herausforderung der Rennpiste im belgischen Spa-Francorchamps, verlangten immer abenteuerlichen Mut und vor allem fahrerisches Spitzenkönnen aller Kontrahenten.

Leistung entsteht auch durch eine gesunde, kreative Motivation. Und hochmotiviert waren sie alle, die Frauen und Männer rund um den Spitzenrennfahrer Herbert Herler aus Bendorf, in jenen Jahren rund um die verdient gewonnene Langstrecken-Europameisterschaft des verrückten Jahres 1980. Dieser Titel war enorm wertvoll, denn er wurde exakt in der hartumkämpften ‚Drei-Liter-Klasse' errungen, und exakt auf dem legendären, bärenstarken und pfeilschnellen ‚Opel-Monza', jenes Rennwagens, der unseren ‚Kampftitanen' in ihrem Willen zum Sieg, mächtige Flügel verlieh.

Als amtierender ‚Europameister der Langstrecke des Jahres 1980' wurde der stolze Sieger Herbert Herler in unserer Heimatregion Bendorf einstimmig zum Sportler des Jahres gewählt.

Es war ein faszinierendes, spannendes und glanzvolles Jahr, eingebettet in eine Gemeinschaft, die in ihrer Zeit ganz sicher nicht nur die empfundene rennsportbezogene Lebensqualität schätzte, sondern sie hautnah erlebte und dieses schöne Gefühl anhaltend in sich bewahrte.

Der Zeitgeist jener Epoche im legendären Rennsport hat sich in der Erinnerung der einstigen Akteure so nachhaltig in ihren Köpfen verankert, dass alle abenteuerlichen Erlebnisse eine eigenständige Dynamik entwickelten und über die vergangenen Jahrzehnte hinweg noch im ‚Heute' so farbig präsent erscheinen, dass sich die oftmals gestellte Frage: ‚Weißt Du noch damals?', mit schöner Regelmäßigkeit wiederholt.

So beginnen die Erinnerungen vor unserem geistigen Auge neu aufzuleben und gewinnen, fast wie von Geisterhand geführt, ihre alte mystische Faszination noch markanter wieder zurück.

Auch erscheinen die realitätsbezogenen Erinnerungsbilder von einst heute in leicht verklärter Betrachtungsweise, und sie verleihen somit dem Geschehen von damals noch mehr Intensität und historischen Glanz.

All das Erlebte, Gedachte, Gesprochene und Zelebrierte dieser Ära wurde so klar und nachhaltig im Paradies der schönen Erinnerungen bei allen Beteiligten gespeichert, dass die heutigen Gesprächsrunden ein unerschöpfliches Reservoir an Erzählenswertem zur Verfügung haben.

Und immer dann, wenn man in geselliger Runde der Ehemaligen, eben unter Gleichgesinnten, die alten Zeiten im Geiste zurückholt, leben sie überdeutlich auf und schenken auf überaus angenehme Weise Momente der menschlichen Empfindungen in andauernder, ehrlicher Freundschaft.

Mein Credo zu dieser ereignisreichen Zeit lautet: ‚Reich, – wirklich reich ist der Mensch, der Freunde an seiner Seite weiß und mit ihnen die Kameradschaft zu leben versteht'.

‚Es eilt die Zeit im Sauseschritt – und eins, zwei, drei – wir eilen mit!'

So floss die Zeit unaufhaltsam weiter, sie suchte sich, wie einem unvorhersehbaren, verschlungenen Bachbett gleich, ihre Richtung aus und spülte Ereignisse frei, die dann aber deutlich die Linie des neuen Geschehens bestimmen sollten. Mit jedem unabänderlichen Abschnitt, den das Schicksal präsentiert, nimmt man zwangsläufig Neues auf und bewertet es, wägt es ab und beurteilt das Erfahrene nach bestem Wissen und Gewissen, um im Idealfall eine geistreiche weitere Lehre der Erkenntnisse seinem eigenen vorhandenen Wissen auch hinzufügen zu können.

CARPE DIEM! – lebe und nutze die Zeit …

„Bist Du mit Ereignissen in Deinem Leben nicht zufrieden, dann ändere das. Nur Du kannst das tun, ich präzisiere das, willst Du die Welt verändern, mein Sohn, dann beginne bei dir selbst und verändere Du Dich!"

Ja, ich habe schon des Öfteren festgestellt, dass immer dann, wenn ich mit mir selbst nicht im seelischen Einklang lebte, mein über alles geschätzter ‚Alter Herr', mein Vater, aus dem Schattenreich in optisch klarer Gestalt vor meinem geistigen Auge auftauchte, mit mir sprach und die eine oder auch mehrere seiner väterlichen ‚Weisheiten' in meine reale Welt transferierte, um sich sodann wieder mit seinem typischen und stets wohlmeinenden Lächeln für eine Weile in jenen Sternenstaub zu verabschieden, in unser Universum, in dem alles Leben entstand und immerwährend neu entsteht.

Ja, ich war unzufrieden mit mir, auch fühlte ich eine Art Grundtraurigkeit in mir ... und in der Analyse dieser tristen Gedankenspiele kristallisierte sich als Grund dieses Zustandes die mir fehlende Liebe heraus. Mir fehlte die Liebe einer Frau, einer Frau, der ich wirklich vertrauen konnte, denn meine vielen Jahre der andauernden Abstinenz der guten Gefühle hatten mich weit mehr beeinflusst, als ich mir eingestehen wollte. Doch im ‚Auf und Ab' der irdischen Existenz geben sich Erfolg und Nichterfolg in schöner Regelmäßigkeit die Klinke zum gefühlten Raum der Zufriedenheit in die Hand, diese Metapher sei mir ein weiteres Mal erlaubt, um der Hoffnung auf bessere Zeiten den Weg zu ebnen.

Bessere Zeiten für mich, für Claudia, für mein weiteres Schicksal? Die Zeit dazu wäre reif.

‚Schlägt Dir die Hoffnung fehl, nie fehle Dir das Hoffen, ein Tor ist zugetan, doch tausend stehen Dir offen'

Diesem wohlklingenden Weisheitsreim von ‚Friedrich Rückert', dem deutschen Schriftsteller der Romantik und der Lyrik 1788-1866, habe ich nichts hinzuzufügen, aber meine weiteren Erzählungen werden auf angenehme Weise dessen Richtigkeit dokumentieren.

Wie das Leben so spielt und immerwährend der Menschen Schicksale beeinflusst, die sie hinnehmen müssen, eben wie das große Lebensspiel einem Zahnradgetriebe gleicht, dynamisch und fest ineinandergreifend, teils wohltuend verbindend und vorwärtsdrängend, teils aber auch schmerzlich das Getriebe auskuppelnd, um die passenden Räder zu trennen und anzuhalten. Stillstand darf nicht sein, denn er bedeutet immer das Innehalten, oft auch Rückschritt.

Das ‚Verbindende' und das ‚Vorwärtsbewegende' will ich weitersuchen, um zur wirklichen Lebensqualität, meinem gesteckten Sehnsuchtsziel, zu gelangen. Doch ich weiß, der weite Weg dorthin, genau der ist der paradiesische Treffpunkt all meiner hoffnungsvollen Zukunftsträume!

‚Träume nicht Dein Leben – lebe Deine Träume'.

Ein schöneres Lebensmotto kann ich mir beim besten Willen für mein Gefühl nicht denken, denn ein Dasein ohne gelebte Emotionen wäre sehr inhaltsarm und nur ins graue und neblige Einerlei der täglichen Zwänge getaucht.

Ich aber liebe die vollen und starken Farbtöne des bogenförmigen, hell-leuchtenden und schillernden Spektrums, die ineinanderfließende und stets beeindruckende Strahlkraft des faszinierenden Regenbogens. Sein Zauber berührt uns Menschen, wärmt wohltuend unsere Herzen und beglückt unsere Seele.
Diese Erzählung widmete ich dem Freundeskreis des ehemaligen

GILDEN KÖLSCH-RACING-TEAMS ...
KÖLN-BENDORF ...
und dessen Rennfahrer und Sieger der Europameisterschaft 1980
H E R B E R T H E R L E R, Bendorf
sowie dem verantwortlichen Teamchef
W I L H E L M K R Ä M E R, Bendorf

Mit beiden Männern verbindet mich seit mehr als vier Jahrzehnten eine unverbrüchliche Kameradschaft. Sie sind meine besten Freunde.

Fließende Gedanken im Strom meines Daseins ...

‚Das Älterwerden ist nichts für Feiglinge, dazu gehört nur Mut!'
Ja, denn im Zurückschauen betrachtet kann ich dieser Aussage des großen Schauspielers und beliebten Entertainers Joachim Fuchsberger nur zustimmen, denn all die Träume, die in meiner Jugendzeit das gefühlte Leben berührten, die mir Visionen des empfundenen Glücks vorgaukelten, all jene rosaroten Blickwinkel entschwanden im Wandel der folgenden Zeiten. Dadurch blieb erlebtes Geschehen nur schwach in meinem Gedankenkosmos fixiert. Nichts von Erwünschtem, hofftem und herbeigesehntem Glückseligkeitsgefühl erfüllte sich in nachfolgenden Lebensphasen. Diese Sehnsucht tauchte in meine selbstgeschaffene, imaginäre Nebelwand der Gedankenspiele ein, um sich für eine geraume Weile in ihr zu verbergen. Im Unterbewusstsein schuf ich mir wohl den Denkfreiraum, den ich in jener Zeit zu brauchen glaubte, den mein innerstes Gefühl begehrte.
Dieses geistige, nebulöse Versteckspiel der erlebten Szenen sollte aber, viel später, dann aber doch zum gewünschten Zeitpunkt, wieder klar und konturiert sowie voller lebendiger Farbigkeit, in die Wirklichkeit des Seins zurückkehren. Die unbekümmerte Leichtigkeit der zurückkehrenden Erinnerungen von ehemals Erlebtem, sie tanzten, um es schwungvoll zu sagen, sie tanzten sich, beschwingten Elfen gleich, zurück in die Zauberwelt meiner realen Existenz.
Gleichwohl hatte ich, trotz aller objektiven Empfindungen und deren Deutungen, die vollkommene Zufriedenheit weiter gesucht.
Ich war damals von der Richtigkeit meiner Lebensphilosophie fest überzeugt. Mein Denken war ja von dem Wunschtraum besessen, eine sich gesund und lebenswert anfühlende Zukunft zu gewinnen. Hineinwachsend in die ‚Neue Ära

der Freiheit' war unser Deutschland als Hoffnungsträger von größter Bedeutung geworden.

Der entbehrungsreichen Nachkriegszeit geschuldet war ich leider ein Einzelkind geblieben. Im Jahre 1948, also noch vor der Gründung unserer Bundesrepublik, hatte meine geliebte Mutter eine Fehlgeburt zu ertragen.
Ein Geschwisterchen wäre die Erfüllung meiner hoffnungsfrohen Eltern gewesen. Doch die arme, von permanentem und quälendem Hunger geprägte Zeit und deren weitere Versorgungsmängel, eben genau diese Umstände ließen Karin, so hätten meine Eltern die ersehnte, neue Erdenbürgerin gerne getauft, keine Überlebenschance. Karins Leben sollte nicht beginnen.
Die Welt, die Mutti und Vati als innigsten Wunschtraum vor Augen hatte, diese Welt wurde vom Schicksal grausam zerstört. Ich war damals sechs Jahre alt.
In diese, für uns von Schmerz und Traurigkeit geprägte Zeit, fiel auch die lebensbedrohliche Struma-Notoperation meines Vaters sowie der äußerst labile Gesundheitszustand meiner Mutter, sodass diese Umstände zusammengenommen eine weitere hoffnungsvolle Zukunft auf erweiterten Kindersegen in unerreichbare Ferne schwinden ließ. Ich wuchs, trotz der bestehenden Versorgungsprobleme, gesund und widerstandsfähig heran.
Die wichtigste Entscheidung, die die verantwortlichen Siegermächte, allen voran die Administration der Vereinigten Staaten Amerikas, in Zusammenarbeit mit dem Deutschen Parlamentarischen Rat, war die Währungsreform mit gleichzeitiger Einführung der ‚Deutschen Mark'.
Jeder deutsche Westbürger erhielt zum einheitlichen Start in die neue Zeit vierzig Deutsche Mark als Grundbetrag. Ich erinnere mich noch sehr gut an die Freude der Menschen über diesen Umtausch der Währung, von der wertlos gewordenen Reichs-Mark in die D-Mark, auch an den aufkommenden Mut und an die große Hoffnung aller Menschen, auf endlich bessere Lebensbedingungen in friedlichem Miteinander der neuen Bundesrepublik Deutschland.

Ich kam 1948 zu Ostern in die Schule, wie man die Eingliederung ins Volksschulwesen damals nannte.
‚I-Dötzchen', so rief man uns liebevoll.
Wir ‚I-Dötzchen', Mädchen und Jungen in einer Klasse der evangelischen Volksschule zusammengewürfelt, wir alle zusammen lernten das ‚Ein mal Eins'. Wir übten mit Feuereifer, als Vorstufe zur Schreibschrift gedacht und in Linien eingeteilt, nach oben und unten begrenzt, zunächst Spazierstöcke zu kritzeln. Danach versuchten wir uns im Malen der Buchstaben, aus denen dann die geschriebenen Worte und Sätze wurden. Und diese Lernmethode hatte Sinn, denn jeder versuchte so schön zu schreiben, wie es eben ging ... dieses Schreiben hatte einen eigenen Titel ... ‚Schönschrift'.
Die Schulnote der ‚Schönschrift' hatte im Kreise der Familien damals einen hohen Stellenwert. Jede charaktervolle und ausgeprägte Erwachsenenhandschrift im

Heute basiert nach meinem Wissen und Empfinden auf der intensiven Grundschulausbildung der damaligen ‚Schönschreibgeneration'.
Gute Schönschreibnoten waren für uns eine reine Ehrensache und sie unterlagen der gegenseitigen Begutachtung durch die Mitschüler und natürlich deren Kommentare, wobei die Mädchen dabei ihre Näschen meistens vorne hatten.
Wir lernten zu rechnen, wir lernten all die vielen interessanten Kenntnisse der Heimatgeschichte zu verstehen, und im Laufe der inhaltsreichen weiteren schulischen Lernjahre wuchs unser Wissensdurst auf alles ‚Lebendige' enorm.
Wegweisend für mein damaliges Gefühl war wohl die menschliche und verständnisvolle Unterrichtsart der verschiedenen Lehrkräfte gewesen. Ich konnte meine Lehrerinnen und Lehrer von Anfang an gut leiden und ich vertraute ihnen blind.
Das ‚Fordern' in Verbindung mit ‚Fördern' war schon zu jener Zeit das Wesen der vernünftigen und ganzheitlichen Wissensvermittlung.
Strenge, Zucht, Gehorsam, Ordnung, diese Tugenden waren natürlich die Voraussetzungen des Lernprogrammes, denn die Volksschulklassen waren allesamt überbelegt. Wegen des Lehrkräftemangels unterrichtete so manche Lehrkraft zwei Schulklassen gleichzeitig.
Die Qualität und die pädagogische Begeisterung der damaligen Lehrergeneration waren für viele meiner Mitschüler ein großer Glücksfall für den weiteren Weg ins Leben. Doch dies haben wir erst viele Jahre später so richtig wahrgenommen.
Ich erinnere mich immer wieder gerne an jene ersten Schuljahre der Volksschule, denn sie weckten in mir die Lernbegeisterung, die die Wege zur guten Allgemeinbildung ebneten. Der positive Notendurchschnitt und die fachliche Beurteilung ermöglichten auch mir, den Besuch des Städtischen Realgymnasiums in Koblenz.
„Geschafft, ich bin Pennäler." Diesen Ausdruck meiner Freude hatte ich im Herzen, als ich zunächst in der Frühe um sieben Uhr mit der Straßenbahn von Bendorf nach Koblenz, meinen täglichen Schulweg begann, der jedoch zwangsläufig an der oberen Rampe, so hieß die Endstation der Tram in Koblenz-Pfaffendorf, endete.
Von dort aus ging es zu Fuß über die alte Behelfsrheinbrücke in Richtung Real-Gymnasium am Friedrich-Ebert-Ring in Koblenz.
„Na ja, das Ganze ist doch etwas komplizierter als ich dachte." So oder so ähnlich ordnete ich wohl die neuen schulischen Herausforderungen in meinen Gedanken ein. Die folgenden Jahre brachten viele neue Blickwinkel und Erkenntnisse meiner Lernfähigkeiten und meiner Möglichkeiten, aber auch meiner deutlichen Schwächen im Bereich der Naturwissenschaften.
Die Kraft der Sprache faszinierte mich in ganz besonderer Weise. Im Verlauf der schulischen Bildung trat ich der Theatergemeinschaft des Gymnasiums bei und spielte in Schillers Bürgschaftsaufführung den ‚Damon' so überzeugend, sodass ich bei der folgenden Inszenierung des Stückes ‚Das Wirtshaus im Spessart' ebenfalls die Hauptrolle spielen durfte. Als verantwortlicher Regisseur der The-

atergruppe leitete unser Biologiepauker, Studienreferendar Hermann Dany, aus Mayen stammend, die jeweiligen Einstudierungen der für unser Ego so bedeutenden Stücke.

Erlebte Dichtkunst zu erfahren und mit Herzblut umzusetzen war für uns Akteure von enormer Bedeutung. Das Schnuppern der ‚Theaterluft' sowie die ‚Freundschaft' zu Hermann Dany, beide Faktoren zusammengenommen, sie lösten bei mir eine Initialzündung in Bezug auf unsere herrliche deutsche Sprache aus.

„Gotthold, schreib einfach so wie Dir der Schnabel gewachsen ist." Dieser gutgemeinte Rat, den mir mein Deutschlehrer Schroeder schon zu Volksschulzeiten ans Herz legte, diesen Tipp untermauerte auf sehr angenehme Art, der von mir hochverehrte Pädagoge Hermann Dany.

Als junger Referendar hatte er ein fast jungenhaftes Auftreten und eine überzeugend frische Motivationsstärke, die einfach seine Schüler individuell fesselte und zu besonderen Leistungen trieb. Trotz seiner großartigen Eloquenz im Unterricht behielt Hermann Dany seinen leicht erkennbaren ‚Eifel-Dialekt' zu seinen Lebzeiten bei, quasi als wohlklingendes Merkmal seiner Heimatverbundenheit.

Unsere beiden Lebenswege sollten sich noch in den weiteren Lebensphasen auf wundersame Weise begegnen. Doch davon erzähle ich an anderer Stelle mehr …

Zurück in meine weniger ruhmreiche Gymnasiumzeit. Von Stufe zu Stufe erfuhr ich meine naturwissenschaftlichen Schwächen auf reale Weise. Schlechte Noten in Mathematik, in Physik und Chemie!

Ich begriff nur noch herzlich wenig von den Zusammenhängen des zu erarbeitenden Pensums der ungeliebten Fächer, die allesamt ‚logisches Denken' erforderten. Dieses Denken fehlte mir zu diesem Zeitpunkt völlig. Natürlich hatte ich auch gute Zensuren erreicht, aber nur in den von mir geliebten Unterrichtsfächern.

‚Mathematik fünf, Religion sehr gut' – damals wie auch heute eine äußerst ironische Redewendung, die aber auf meine Person angewandt, mehr als die Wahrheit war.

Gedanklich lange Ausflüge in meine Sorgen und Negativerlebnisse verdrängte ich geflissentlich, denn mit vollendetem sechzehnten Lebensjahr quittierte ich, im Einklang mit Muttis Liebe zu mir und mit ihrem wohlwollenden Verständnis meiner Schwächen, die ‚Höhere Schule' und somit deren naturwissenschaftliches Lehrprogramm des Städtischen Realgymnasiums zu Koblenz.

‚Hans im Glück', das ist ein wunderschönes und bekanntes, altes Märchen der Gebrüder Grimm. Dieses Beispiel aus vergangenen Tagen sollte aber für mich nur bedingt zutreffen. Vatis Verzweiflung über den Schulabbruch nahm dramatische Formen an. Er machte seiner Verzweiflung Luft und polterte los: „Das Gymnasium geschmissen, kein Abitur-Abschluss, also die Penne verlassen, Bildungsende auf der ganzen Linie, liebste Grete, das ist ein einziges Trauerspiel!"

So drastisch bezeichnete mein geschätzter Vater meine Resignation vor den Anforderungen der gymnasialen Oberstufe.
‚Verdammt gut, dass wenigstens Mutti zu mir hält!' Diesen tröstenden Gedanken verbuchte ich innerlich als Rettungsanker meiner in Not geratenen Seele. Trost ist ja immer Balsam für schmerzende Qualen. In der Sorge um die Zukunft sollte man nicht alleingelassen werden.
Das wusste Mutti, und sie übernahm souverän die Rolle der engagierten, charmanten ‚Macherin'. Mit ihr an meiner Seite und mit ihrem festen Glauben an meine durchaus erkennbaren künstlerischen Fähigkeiten suchten wir gemeinsam nach einer hoffnungsvollen Alternative.
Mein Vater, dieser sensible, teils auch pessimistisch denkende Künstler, hatte den Glauben an die Fähigkeiten seines Stammhalters, wie er mich in guten Zeiten voller Stolz zu nennen pflegte, wohl total verloren.
„Ein abgebrochener Gymnasiast, ein verkrachter Pennäler, liebste Grete, was soll denn nur aus unserem Herrn Sohn werden?"
Völlig verzweifelt sinnierte mein ‚Alter Herr' über etwaige Möglichkeiten meiner, in seinen Augen, total verspielten Existenz.
„Grete, liebste Grete, was soll denn aus unserem Taugenichts werden? Kannst Du mir darauf eine ehrliche Antwort geben?" Fast weinerlich fuhr er in seinem miesepetrigen Jammern fort: „Bitte liebste Grete, in der heutigen total schwierigen und unruhigen Zeit, ohne Abitur zu bestehen, wie soll das denn nur gehen?"
„Gotthold, mein geliebter Mann", mit ansteigender Betonung und mit einem unüberhörbaren, aber dennoch nur leichten Vorwurf in der Stimme, wandte sich mein Mutterherz an ihren geliebten Gemahl, „noch ist Polen nicht verloren, wie man so zu sagen pflegt, unser Sohn sollte irgendwie, in gewissem Sinne …, er sollte einen praktischen Beruf mit durchaus künstlerischem Hintergrund erlernen. Ich denke da an Schriftsetzer, Buchdrucker, Grafiker, an sowas denke ich, ja in diese Richtung sollten unsere Bemühungen um eine Lehrstelle gehen."
Er entgegnete mit seiner ihm eigenen theatralischen, aber unverwechselbaren Art voller Sorge: „Wer nimmt schon einen verkrachten Pennäler, wer bitteschön tut denn das? Wer nimmt so einen unvollkommenen Menschen?"
Die beiden gefurchten, steilen, aber durchaus markant, männlichen Falten entlang der Nasenflügel wurden, rein optisch betrachtet, noch markanter, sie gruben sich noch tiefer in sein asketisches Gesicht ein, ja, seine ureigenen, berechtigten Sorgen und sein Zweifeln sprachen ihre eindeutige, negative Sprache.
„Welche Chancen hat denn noch unser Herr Sohn?"
Dieses ‚Herr Sohn', es war damals, in der schwierigen Zeit der Findung meiner Zukunft, dieses ‚Unser Herr Sohn', – es war die Bezeichnung für mich, es war die Bezeichnung für einen ‚Tunichtgut'.
Zu diesem Ausdruck der Minderwertigkeit fiel mir, dem abgebrochenen Pennäler, der Titel einer Novelle ein: „Aus dem Leben eines Taugenichts."
Sofort verspürte ich Trotz in mir aufsteigen. Ich erinnerte mich an den Inhalt

dieser wunderbaren Erzählung, in stummem Selbstgespräch fand ich für mein Gefühl die passenden Worte: ‚Hallo Alter Herr, ich mag ja in Deinen Augen ein Versager sein, nein und nochmals nein! Ich weiß, ich geh meinen Weg. Ich bin kein Versager. Ich habe Ideen, ich habe meine Sprache, mit der ich umgehen kann, ich habe zwei geschickte Hände, ich habe einen starken Willen und ich will und ich werde mit Elan mein Leben in beide Hände nehmen!'

Während ich diese stummen Antworten an meinen Vater in die ‚Jetzt-erst-Recht-Phase' bewegte, besann ich mich fast zeitgleich auf die Zuversicht meiner geliebten Mutter, die sich in folgenden Sätzen manifestierte: „Mein liebes Peterle …", warum mich Mutti ab und zu Peterle nannte, vor allem in gefühlvollen Gesprächen war das so, das weiß ich bis heute noch nicht, „… mein liebes Peterle, Du wirst Deinen Weg erfolgreich gehen. Du gewinnst Dein Leben. Du wirst halt mit Deinen gesunden und geschickten Händen und Deinem Denken sowie Deinem Talent die richtige Berufswahl treffen! Da bin ich mir ganz sicher!"

Es verging nur eine kurze Zeit der quälenden Fragen und der Unschlüssigkeit. Meine Mutter gestaltete mit mir zusammen verschiedene Bewerbungen, allerdings ohne Beteiligung meines Vaters, der noch immer seine Unzufriedenheit mit mir und meinem selbstgewählten Schulabbruch nicht beenden wollte.

Wir verschickten verschiedene, aussagestarke Bewerbungsbriefe an mehrere passende Unternehmen.

Die Wartezeit auf erhoffte Rückmeldungen vertrieb ich mir, indem ich versuchte, meinen eigenen Standort in meinem Inneren zu bestimmen. Die lange Durststrecke der Entbehrungen der Nachkriegsjahre hatte ich ja noch in meinem Empfinden gespeichert. So kreisten all meine Gedankenspiele vornehmlich um die kommende Zeit meines Lebens, da ja sicherlich das Schulbankdrücken ab sofort beendet war.

„Das ist auch gut so!" Das sagte ich immer wieder zu mir selbst, denn das Verlassen des Gymnasiums quälte mich doch weit mehr, als ich vor mir selbst zuzugeben bereit war, aber diese Qualen hatten mit der Häme meiner sogenannten Freunde nur beiläufig zu tun, und diese Häme hatte auch nur eine schwache Nebenrolle auf meiner imaginären Gedankenbühne gespielt.

Vielmehr beschäftigte mich in meinem gedanklichen Grübeln der zukunftsweisende positive sowie visionäre Text unserer neuen deutschen Nationalhymne.

Den Text hatte ich im eigenen Interesse freiwillig auswendig gelernt. Die Melodie, vor allem der gewaltige Orchesterklang, löste in mir Emotionen aus, die mich fortan stets aufs Neue begleiten sollten. In meinem Denken und Fühlen geschah mit diesem ‚Lied der Deutschen' ein neues, unbekanntes, aber gutes Erkennen des Wertes unseres eigenen Volkes.

Auch für mein kindliches Verständnis konnte mich aber nur der packende Text der dritten Strophe emotional erreichen. Vom ersten Hören an erkannte mein Gefühl in dieser Hymne etwas ganz Außergewöhnliches und ein wundervolles Empfinden ergreift mich noch heute, wenn ich sie höre und … mitsinge.

Gemeinschaftsdenken und Zusammenhalt in der Verbindung mit Kameradschaft …, das war etwas, was mein jugendliches Leben aufs Angenehmste berührte.
Dieses Fühlen der neuen Zeit, es sollte meinem weiteren Handeln in allen Lebensbereichen, als deutlicher Wegweiser, Orientierung geben und richtungsweisend sein.
Ja, es sollte zielführend meine demokratische Bildung stärken. Dieses gute Gefühl zu unserer neuen Gesellschaftsordnung konnte auch deshalb in meinem Denken wachsen, weil ja im Fortschreiten der schulischen Unterrichtsthemen, zwar nach anfänglichem Zögern, dann aber vermehrt, die jüngste Vergangenheitsbewältigung durch die Pädagogen in Verbindung mit der elterlichen Erziehung, begonnen wurde.
Die anfängliche Zurückhaltung der Lehrkräfte, die jüngste Geschichte des verbrecherischen Hitler-Regimes im wichtigen Geschichtsunterricht zu behandeln, wurde nach und nach löblicherweise aufgegeben. Zur politischen Bildung gehörte die Kenntnis der Vergangenheit unseres Volkes zwingend dazu.
Mein verehrter Vater hatte zu allen Zeiten zu mir immer klare Worte gefunden und sie mir ins Gewissen gesenkt: „Du musst Deine Vergangenheit kennen und verstehen, Deine Gegenwart ordentlich leben, denn nur so kannst Du eine gute Zukunft gestalten."
„Nie wieder Krieg!" Das war ein Ruf, das war ein Aufschrei, der als deutliches Signal im Nachkriegsdeutschland zu jener Zeit eine übergroße Bedeutung hatte und über alle Grenzen hinweg mit Aufmerksamkeit vernommen wurde.
Die sich entwickelnde christliche, demokratische und soziale Grundordnung der noch jungen Bundesrepublik, diese neue Ausrichtung diente auch für mich als die Leitlinie, die ich mir als friedliche Vision im Zusammenleben der Völker vorstellte.

Diesen Weckruf meines veränderten Denkens bewirkte im Schulfach Politische Gemeinschaftskunde eben der inhaltsreiche Text unserer neuen deutschen Nationalhymne. Ich konnte mich damals schon der von mir gespürten großen Heimatliebe des Verfassers mit guten Gefühlen anschließen, wobei auch mein Großvater mich darin bestärkte.
In der geistigen Verarbeitung dieses prägnanten Hymnen-Inhalts entdeckte ich damals schon die große Chance unserer Zukunft im Wertesystem der westlichen Weltgemeinschaft.
Einigkeit, Recht, Freiheit … immer wieder rief ich mir diese Grundwerte ins Gedächtnis zurück. Sie sollten die Grundlage meines Handelns sein und bleiben.
‚Einigkeit und Recht und Freiheit für das deutsche Vaterland.'
Diese angestrebte Hoffnung auf eine bessere und glücklichere Zukunft, eben auf ein Gemeinschaftsgefühl in Verbundenheit, genau dies vermittelte mir persönlich der Inhalt dieser Strophe. Diese klaren Werte beinhalteten für mich das Prinzip der gelebten Freude und schufen gleichzeitig in meinem inneren Fühlen und Denken große Dankbarkeit und stärkten mein Vertrauen in die Zukunft.

Der große Dichter August Heinrich Hoffmann von Fallersleben, schrieb dieses wunderbare ‚Lied der Deutschen' im Jahre 1841 auf der Insel Helgoland. Josef Haydn komponierte die volumenreiche Melodie dazu.

Mit der Entscheidung ‚nur die dritte Strophe' des insgesamt aus vier Strophen bestehenden Inhalts der Dichtung, als Nationalhymne aufzunehmen, hatte unser erster Bundeskanzler, Dr. Konrad Adenauer, noch diverse Stolpersteine Andersdenkender aus dem Weg zu räumen.

‚Schwarz-Rot-Gold', das sind die Farben der neuen Nationalflagge, sie sind in Verbindung mit der Hymne für mein Gefühl ein starkes Symbol den Frieden in Freiheit über Ländergrenzen hinaus zu gewinnen.

„Mit der Aufgabe wächst der Mensch", so sagt ein Sprichwort.

Ich füge hinzu: „Mit der Ausbildung und der daraus entstehenden Bildung wächst auch das Verständnis im Zusammenleben der Menschen im Kleinen wie auch im Großen."

„Weisheit mein Sohn, Weisheit kommt nicht von allein, sie setzt sich aus den vielen Erfahrungen des gelebten Daseins zusammen. Vor allen Dingen aber sollte man aus Erfahrung klug werden."

Heute noch schätze ich diesen gut gemeinten Ratschlag meiner Mutter, die so oft mit den einfachen, aber immer treffenden Sprüchen der Volksweisheiten zu punkten verstand. Das Schöne daran ist ja, dass diese simpel verpackten Ratschläge für alle Zeiten im Kopf verankert bleiben. In so manch' kniffliger Situation tauchen sie auf und sind als gute Ratschläge von großem Nutzen, auch wenn diese weisen Ratgeber leider schon von uns gegangen sind.

Sie alle aber verweilen in uns als starke und immerwährende Energie in unseren Herzen, denn diese Energie treibt uns aktiv an und schenkt uns gute Gefühle auf Dauer. Dieses Andenken an die Vorausgegangenen sollten wir alle gut bewahren, denn das ‚Vergessen ist der zweite Tod'.

Der virtuelle Ausflug in meine damalige Zukunftswelt fand von jetzt auf gleich ein schnelles Ende, denn die gute Nachricht bezüglich unserer Lehrstellensuche zeigte hoffnungsvolle Wege auf.

‚Druckerei Harry Boldt', las ich auf dem Umschlag des Briefes.

Das Unternehmen Harry Boldt war eine unserer ausgesuchten Zieladressen, denn der Lehrberuf ‚Buchdrucker' oder auch ‚Schriftsetzer', die dort zur Wahl standen, beide Handwerksberufe der schwarzen Zunft, galten bei unserer Lehrstellensuche als erstrebenswert.

Kurze Zeit später saßen Mutti und ich, adrett gekleidet und pünktlich zum Vorstellungsgespräch bei Herrn Boldt im geschmackvoll eingerichteten Chefbüro. Ich hatte von Onkel Karl, meinem Großonkel, der in seinen aktiven Jahren in Berlin eine eigene Druckerei besaß, ein altes und wertvolles Fachbuch geschenkt bekommen.

‚In der Schmiede der Schrift' lautete der interessante Titel. Dieses, in Leinen

gebundene Prachtwerk, es schilderte die gesamte Buchdruckgeschichte bis ins kleinste Detail hinein. Natürlich hatte ich mit großem Eifer das Werk studiert, denn mit dieser Kenntnis als Grundlage der ‚schwarzen Kunst', wie man Druckerzeugnisse damals auch gerne nannte, konnte ich das entstandene Frage-Antwortspiel mit dem weltgewandten Firmeninhaber bestens bestreiten.
Muttis charmante und herzliche Eloquenz und meine offene sowie unkomplizierte Wesensart beeindruckten Herrn Boldt sehr, sodass wir seine mündliche Zusage mit Freude zur Kenntnis nahmen.
Ich hätte also ... hätte ich dem zugestimmt ... ich hätte wohl auch Buchdrucker, Schriftsetzer oder auch beides werden können. Allein der Gedanke an den langen Fahrweg, dieser Gedanke der Bus- und Zugnutzung und der Zeitaufwand dessen, ließen uns an der ausstehenden Unterschrift des Lehrvertrages zunächst noch zögern, doch nach geraumer Bedenkzeit verzichteten wir der Not gezwungenermaßen gehorchend, auf dieses interessante Lehrstellenangebot.

‚Verbindungen schaden dem, der keine hat!' So sagt der Volksmund. Verbindungen, auch verknüpfte, lockere Querverbindungen können durchaus dem Schicksal und dem Leben eines Menschen eine andere, noch bessere Zukunft aufzeigen.
Die sympathische Familie von Bülow wohnte, neu eingezogen, jetzt auch in den ehrwürdigen, alten Räumen des sogenannten Goethe-Hauses, im ehemaligen evangelischen Pfarrhaus von Pfarrer Ernst von Claer, im Herzen Bendorfs.
Das häufige Schachspiel, zwischen Wolf-Dietrich von Bülow und meinem alten Herrn, dieses ‚königliche Spiel' war der Grundstein einer freundschaftlichen, dauerhaften Verbundenheit der beiden Familien geworden.
Als junges Mädchen hatte meine Mutter in Essen an der Ruhr mit Freude Tennis gespielt. Durch Herrn von Bülow beeinflusst, wendete sie sich wieder mit Begeisterung erneut dem weißen Sport zu, denn von Bülow hatte den Tennisclub Bendorf, mit gleichgesinnten Freunden, zu neuem Leben erweckt.
Auch aus diesem Grunde wuchs diese Freundschaft stetig weiter und Anfang der fünfziger Jahre engagierte von Bülow Mutti als Sekretärin in die Notariatskanzlei Mommer und von Bülow in Koblenz.
„Endlich wieder Arbeit, Gotthold, mein geliebter Gatte, ist das nicht wunderbar? Ja, und das Geld, das ich in Zukunft verdienen werde, das können wir alle gut gebrauchen. Dann können wir uns auch eine Waschmaschine leisten! Ich kann ab sofort auch zu unserem Leben helfend beitragen und mein künftiges Gehalt ist ein Gewinn. Alles wird gut!"
Mit diesen Worten des Jubels fiel sie Vati um den Hals und beide tanzten fröhlich durch unsere kleine, urgemütliche, teils auch mit schrägen Wänden versehene Mansardenwohnung im obersten Stock des ‚Goethe-Hauses', wie man das mächtige, im Spät-Barockstil 1747 von Wilhelm Remy erbaute Stammhaus auch gerne nannte.
Diese Ereignisse und das hautnah Erlebte erfüllte auch mich mit großer Freude,

denn all die finanziellen Schwierigkeiten meiner Eltern waren mir nicht verborgen geblieben.

Nach ganz kurzer Zeit hatte Mutti sich in die neue Berufstätigkeit aufs Beste eingearbeitet und sie wurde von ihren Kolleginnen und Kollegen geachtet und wegen ihrer fehlerlosen Arbeit mehr als geschätzt.

Die Notarkammer Rheinland-Pfalz wurde etwa zu dieser Zeit neu gegründet. Dr. Mommer wurde als erster Kammergeschäftsführer berufen.

„Frau Borchert, möchten Sie nicht zur Notarkammer wechseln, quasi als Chefsekretärin, Sie wissen ja, von Bülow wechselt als Notar nach Saarburg, ich hätte Sie liebend gern an meiner Seite."

Verbindungen … da waren sie wieder, diese Verbindungen als willkommene Zufälle, diesmal durch Muttis Leistung beflügelt. Den Notaren Mommer, Westenburger und Massing, – diesen jeweiligen Chefs diente Mutti mit Umsicht und Können in den Anfangsjahren ihrer Notarkammerzeit. Vornehmlich die Koblenzer Notare hatten enge Kontakte zu den jeweiligen Geschäftsführern der Notar-Kammer und erfreulicherweise auch zu meiner Mutter.

Der mit der Kammer eng verbundene und mit den Mitarbeitern der ‚ersten Stunde' befreundete Justizrat und Notar Dr. Wehrens erfuhr per lockerem Gespräch mit Mutti von meinem Schicksal als ehemaligem Gymnasiasten und ‚abgebrochenem Pennäler'. Auch kannte er meinen Vater den Kunstmaler, denn die Bildende Kunst hatte als Kulturgut zu jener Zeit einen hohen Stellenwert, und dies zusammengenommen, es sollte sich für mich äußerst positiv entwickeln.

Justizrat Dr. Wehrens, dieser weltgewandte, noble und vornehme Herr, so sah ich ihn voller Bewunderung, er kannte, um es etwas flapsig zu formulieren ‚Gott und die Welt' und natürlich auch seinen Kollegen, den Rechtsanwalt Dr. Dondelinger. Dieser war der zweite Ehemann der verwitweten Ehefrau des Textilgroßunternehmers Franz Lütke. Diese einflussreiche und äußerst charmante Lucie Lütke, eine einstmals beliebte Ballerina, jetzt Lucie Dondelinger, sie war die Gesamtchefin des ererbten Textilimperiums mit allen dazugehörenden Teilunternehmen. Auch das größte Textilhaus am Mittelrhein, das Mode- und Textilhaus Albert Lütke GmbH, gehörte zu diesem Verbund dazu.

Die verbindliche Empfehlung meiner Person an die Textilmagnatin Lucie Dondelinger durch Herrn Dr. Wehrens, diese schicksalshafte Querstruktur, war der Schlüssel zu meinem künftigen, faszinierenden und hoffnungsvollen beruflichen Lebensweg.

‚Beziehungen schaden dem, der keine hat!'

Durch Muttis Persönlichkeit hatte ich glücklicherweise diese gute Beziehung. Dieses Mode- und Textilhaus Lütke in der Löhrstraße, Ecke Pfuhlgasse gelegen, also im Herzen der Rhein-Mosel-Stadt eingebettet, dieses moderne Kaufhaus war eingerahmt von insgesamt sechsundzwanzig großen Schaufenstern. Diese wurden turnusmäßig mit stets wechselnden Gestaltungen werbewirksam dekoriert.

In meinen damaligen beruflichen Ambitionen flossen auch die Kenntnisse der

Dekorationen als Quell immer sprudelnder Kreativität mit ein, jedoch war ein Ausbildungsplatz nur allzu schwer zu ergattern, denn auch in diesem Metier zählten Lehrstellen als extreme ‚Mangelware'.

Außerdem wurden meist weibliche Bewerber bevorzugt, weil feminines Feeling zur Modebranche besser zu passen schien.

Die fünfziger Jahre waren der Beginn der großen Kreativ-Szene im gesamten Gestaltungsbereich, denn das sich entwickelnde ‚Deutsche Wirtschaftswunder' zauberte durch seine Kraft eine bislang nicht gekannte Nachfrage an allen Wirtschaftsgütern.

Der noch sehr junge Beruf des Schauwerbegestalters war zwar sehr beliebt, aber man kannte landauf und landab weder das genaue Berufsbild desselben, noch die zu erwartenden Zukunftschancen.

Lütke bildet gezielt Lehrlinge aus! Das wusste ich schon, doch ich glaubte nicht, dass ich jemals zu dem Kreis der Ausbildungsaspiranten vorstoßen könnte. Doch wie war das mit den Verbindungen und deren Beziehungen?

Ein gut gemeintes Wort von Justizrat Dr. Wehrens an die befreundete Frau Dondelinger bezüglich einer Lehrstelle im Dekorationsteam des Hauses Lütke, ihre Empfehlung meiner Person an den Chefdekorateur Hans Heuchemer und die Tür zu meinem künftigen Beruf war ein wenig geöffnet. Ich brauchte sie nur noch aufzustoßen, um den vorgezeigten Weg zu wählen.

Mit meiner Mutter im Bunde erschienen wir pünktlich zum vereinbarten Termin unseres Vorstellungsgesprächs. Im kleinen Büro des respekteinflößenden Chefdekorateurs, welches über und über mit Skizzen und bunten Plänen an den Wänden übersät war, saßen wir auf zwei eilig herbeigeholten Holzstühlen, ziemlich beengt aber hoffnungsvoll, in der beginnenden Gesprächsrunde.

„So, so, Frau Borchert, Schule abgebrochen, das las ich ja in der Bewerbung." Der Chefdekorateur machte eine kurze Pause und wir bemerkten seinen fragenden Blick, der aber von einem freundlichen Lächeln begleitet war, um alsdann, meine Mutter weiter blickmäßig zu fixieren und fortzufahren: „Und Sie Frau Borchert, Sie meinen wirklich zum Dekorateur-Beruf wird es für Ihren Sohn gerade noch ausreichen?"

Die unverkennbare Ironie dieses Mannes erschien mir in diesem Moment fast unerträglich, doch Mutti reagierte prompt und sehr charmant auf seine Provokation. Zurückhaltend aber bestimmend im Tonfall entgegnete sie, ohne mir auch nur den Hauch einer eigenen Antwort zu erlauben: „Sicherlich ist das nicht der Grund unserer Bewerbung bei Ihnen, verehrter Herr Heuchemer, ganz sicher ist der Grund der, dass mein Mann ein anerkannter Kunstmaler in Rheinland-Pfalz ist und unser Sohn über eine gehörige Portion vererbten Talentes verfügt und seine Begabung ein nicht zu unterschätzender Faktor Ihres, von uns sehr geschätzten Berufsstandes bedeutet." Diese feine und geschliffen vorgetragene Erwiderung verfehlte ihre Wirkung nicht. Diese Feststellung hatte eine frappierende Wendung unseres Gesprächs zur Folge.

Hans Heuchemer, diesem anerkannten Chefdekorateur, wurde schlagartig bewusst, wer mein alter Herr war, denn er kannte viele Bilder Vatis, denn genau gegenüber des Textilhauses Lütke, in der Koblenzer Löhrstraße, befand sich die renommierte Kunsthandlung Ferdinand Vollmüller.
Im Wochenrhythmus konnte man die neuesten Werke der bekannten heimischen Kunstschaffenden im großen Schaufenster bewundern. Diese Galerie und beliebte Kunsthandlung war zu jener Zeit das ‚Mekka' aller Freunde der malenden Zunft.
So gehörten auch die Ölgemälde meines Vaters in diesen Rhythmus der wechselnden Exponate dazu. Die Vielseitigkeit der Maltechniken und der stete Austausch brachten den verschiedensten Motiven den verdienten Bekanntheitsgrad. Die ausgestellten Werke der Künstler, die mit ihrem speziellen und kreativen Können den einzigartigen Landschaften unserer Mittelrheinheimat jeweils ein gemaltes Denkmal errichteten, sie alle bereicherten durch ihre Exponate die Kunstszene an Rhein und Mosel.
„Nächsten Mittwoch um zehn Uhr ist der praktische Test für unsere neuen Lehrlingsbewerberinnen und Bewerber. Da geht's um Farbhandhabung und Formempfinden und um weitere Fachfragen zur Allgemeinbildung."
Des Chefdekorateurs Information wurde von einem angenehmen Tonfall begleitet und auch die Verabschiedung war von einer nicht zu erwartenden Freundlichkeit geprägt, denn der Anfang unseres Kennenlernens basierte ja auf deutlicher Ironie.
Seine eindeutige Sinneswandlung, die Mutti und ich als sehr angenehm empfanden, war wohl damit zu begründen, dass mein Alter Herr als Kunstmaler einen gewissen Bekanntheitsgrad erreicht hatte.
Also die Verabschiedung, Händeschütteln inbegriffen, geschah spontan auf fast jovial-herzlicher Basis. In diesem Moment war ich voller guter Gefühle, denn das Zeichnen und Malen und der Umgang mit Pinsel und Farben war ja schon von Kindesbeinen an mein geliebtes Steckenpferd gewesen.
Ja, und beim Thema ‚Allgemeinbildung' vertraute ich auf mein schulisches Wissen, auf meine Leselust und natürlich die vielen inhaltsreichen Gespräche zu allen möglichen Themen, die ich so oft und gerne mit Mutti und Vati geführt hatte. Beide machten mir Mut und ihre aufmunternden Worte prägten meine Wartezeit bis zum Prüfungstag.
In der großen Kantine des Hauses Lütke waren mehrere Einzeltische für die Lehrlingsaspiranten mit Plakatkarton, Pinsel und Farben sowie einem Zeichenstift vorbereitet worden. Wechselnde ‚Schmücker' in blütenweißen Kurzkitteln begleiteten unsere diversen Malereien. Die Aufgabe bestand aus einer geometrischen Konfiguration und deren Ausmalen in selbstgewählter Farbkomposition. Exakt acht Bewerber kämpften mit ihren Intuitionen um den einzigen, begehrten Ausbildungsplatz. In diesem Prüfungsstress besann ich mich auf die Farbpaletten meines Vaters und mischte geschickt meine angestrebten Farbnuancen, die ich nach

meinem Gefühl in die vorgegebenen Quadrate, Rechtecke, Dreiecke sowie Kreise einarbeitete, um eine visuelle Spannung zu erzeugen. Die geometrischen Felder erhielten durch meine Farbkompositionen eine faszinierende Aussagekraft.
Meine ausgewogene Zuordnung von warmen und kalten Farbtönen, sie schufen ein in sich harmonisches Bild. Zufrieden führte ich wieder eines meiner stummen Selbstgespräche: ‚Habe viel gelernt von Vati, – auch das Stehlen mit den Augen in seinem Atelier hat sich heute ganz bestimmt ausgezahlt. Schauwerbegestalter sind alle ein bisschen verrückt, aber verdammt locker drauf.'
Ich war in meiner Gedankenwelt positiv gefangen und daher gut gelaunt, denn die aufmunternden und anerkennenden Blicke, verbunden mit bejahendem Kopfnicken der ‚Weißkittel' signalisierten mir eine ihrerseits positive Beurteilung meiner ‚Kunstwerke'. Die folgenden Fachfragen beantwortete ich leichten Sinnes und von innerer Sicherheit getragen, allesamt punktgenau. ‚Bestanden oder nicht bestanden, das war die Frage. Shakespeare lässt grüßen', sinnierte ich im Stillen.
Zu unser aller Bedauern wurde die Antwort darauf, eben das ‚Sein oder Nichtsein' an diesem großen Prüfungstag offengelassen. Ich hatte aber ein gutes Gefühl in mir, doch ganz sicher war ich mir dennoch nicht.

Zur hellen Freude auch meiner Eltern hielt ich ein paar Tage später den ersehnten Lehrvertrag in meinen Händen. Ab dem 1. August 1958 war ich ein angehender Schmücker in Ausbildung. Meine Lehre im ‚Zirkus Lütke', wie wir alle im Kollegenkreis unseren Arbeitsplatz liebevoll nannten, hatte begonnen.
In all seinen faszinierenden Facetten fand mein beruflicher Lebensweg seinen schillernden und erfüllenden Anfang. Beruf kommt von Berufung! Wie wahr, wie wahr.
„Na ja, mein lieber Sohnemann, auch mit dieser, doch etwas gewöhnungsbedürftigen, für manche Zeitgenossen auch zweifelhaften Lehre, mit ihr kannst Du wohl auch Dein Leben meistern. Aber bedenke, Kreativität und Esprit bedingt dieser neue Beruf, gleich in welcher Branche Du auch landest. Und dieses fantastische Duo des Geistes entsteht immer nur aus vorhandenem Wissen heraus."
Mein Vater war so sehr in seiner eigenen Künstlerwelt eingebunden, sodass er mit dem realen, modernen Wirtschaftsgeschehen nicht so recht vertraut war. Seine Zweifel in seiner Aussage bezogen sich damals sicherlich auf meinen gewählten Traumberuf eines wendigen Schaufenstergestalters, der ja in der Allgemeinheit zu jener Zeit nur wenig Akzeptanz in der damaligen Berufswelt besaß.
Aus diesem ‚exotischen' Betätigungsfeld der praktizierten Schaufenstergestaltung entwickelte sich in der Folgezeit das ‚Medium der visuellen Kommunikation' für alle Einzelhandelsunternehmen der verschiedensten Branchen. Im Laufe der dynamischen Nachfrage und deren enormer Steigerung im Gebrauchsgüterbereich wurde folglich auch eine Vielzahl neuer Einzelhandelsfirmen gegründet. Textilien, Mode, Schuhe sowie alle anderen Sparten benötigten in steigendem Maße eine zielorientierte Werbung, die am Punkt des Verkaufes an vorderster Stelle nach

einer optimalen Präsentation verlangte.

‚Das Schaufenster' wurde im Laufe weniger Jahre des Einzelhandels Visitenkarte und gleichzeitig sein ‚Erster Verkäufer!'

Geschäftseinrichtungen und deren werbewirksame Dekorationen gehörten unisono zur grenzenlosen Kreativität der Schauwerbegestaltung. Im Zusammenwirken dieser Entwicklungen steigerte sich die Wertschätzung der Dekorateure, auch gerne mal ‚Schmücker' genannt, in rasantem Tempo.

Kreativität setzt sich aus Ideen und machbaren Visionen zusammen. Je zündender eine Verkaufsstrategie zielgerichtet und treffend den Betrachter erreicht, ihn auf visuelle Verführung einstimmt, umso besser also der Verkauf vorbereitet wird, umso mehr fühlt sich die Gestaltungswelt bestätigt.

All die Kolleginnen und Kollegen in ihren weißen Kurzkitteln, sie alle waren eine kleine Schar von außergewöhnlichen Zeitgenossen, die in der Welt der farbigen Visionen zu Hause waren. Diese ‚Traumwelt' hatte überall ihren ganz speziellen Charme. Das Unverkennbare an diesem noch jungen Berufsstand war eben das „gewisse Anderssein', denn kein Schmücker glich vom äußeren Erscheinungsbild her betrachtet, dem Kollegen. Jede Persönlichkeit hatte ihren eigenen Tick, vielleicht auch ihr eigenes, leicht verrücktes, aber meist auch liebenswertes Flair.

Ich fand in dem Schaufensterdekorationsteam im Hause Lütke zu Koblenz, nicht nur einen wahren Könner in Chefdekorateur Hans Heuchemer, ich hatte in ihm einen sehr guten Lehrherrn und Ausbilder, der seine fähigen Gestalter und Fachausbilder bestens zu motivieren und zu führen verstand.

Unser Plakat- und Szenenmaler hieß Ernst Baumgärtl, von allen Kollegen aber nur ‚Maestro Ernesto' genannt, was aber auf seinen eigenen Wunsch hin geschah, denn seine Traumwelt war stets das Theater gewesen, und ‚Maestro Ernesto' klang halt in seinen Ohren stärker nach dem Fluidum seiner geliebten Scheinwelt.

Er kam vom Koblenzer Stadttheater und war ein hagerer, schlanker Mann im reifen Alter. Ihn zierte seine interessante Stirnglatze, denn sein überlanges weißgraues Haar fiel in wallendem Schwung hinab auf seine Schultern. Seine buschigen Augenbrauen gaben seinem Aussehen eine fast mystische Aura, welche seine Künstlernatur markant betonte.

Seine Malkunst beeindruckte durch die punktuelle Genauigkeit der dargestellten Motive, deren Charakter und ihrer intensiven Farbgebung. Seine großartige, dekorative Malerei hatte jedoch immer nur eine kurze Verweildauer im Schaufenster, weil ja bei jedem Auslagenwechsel immer eine völlig neue Werbewirkung die jeweilige Verkaufsstrategie unterstützen musste.

Aber auch seine wirkungsvollen Kulissen, die ‚Ernesto' in seiner ehemaligen Theaterwelt schuf, auch diese kunstvollen Scheinwelten waren immer den Spielplänen und deren Themen unterworfen.

‚Mach' dir ein paar schöne Stunden, geh' ins Kino!' So lautete der gängige Werbespruch damals, denn Filme sah man ja zu dieser Zeit fast ausschließlich nur in Filmtheatern, denn Fernsehen zu Hause war kaum möglich, da die Fernsehgeräte für Normalverdiener fast unerschwinglich teuer waren. Nur wenige Wohlhabende besaßen dieses neue ‚Heimkino' – so nannte man im Volksmund die ersten Fernsehempfänger.

Wirkungsvolle Werbemittel dieser Kinopaläste waren die übergroßen und auf Weitwirkung gearbeiteten bunten Szenenbilder der jeweils gezeigten Filme, die verführerisch die potentiellen Besucher anlocken sollten.

Auch auf dieser malerischen Ebene war Baumgärtl ein wahrer Meister seines Faches. Die Kurzlebigkeit gerade dieser tollen Darstellungskunst war Programm. Seine dekorative Malerei bei uns im Dekorationsteam und der kraftvolle Ausdruck all seiner Malereien prägten zu jener Zeit die Präsentationen des Kauf- und Modehauses Lütke, als willkommene, visuelle Bereicherung des Mediums Schaufensterwerbung!

Wir Lehrlinge profitierten im Gesamtprogramm der Ausbildung natürlich vom künstlerischen Können dieses ‚alten Meisters'.

Ich erinnere mich gerne an die aufsehenerregende und einmalige Aktion für die Weihnachtszeit 1959.

Alle sechsundzwanzig Schaufenster, die den Lütke-Textilhauskomplex optisch einrahmten, sollten eine Dekoration zeigen, die mit heimatbezogenen, farbigen und beleuchteten Blickfängen jedem einzelnen der Schaufenster den Status der Einmaligkeit verleihen sollte, wobei die weitläufigen Verkaufsräume ebenfalls in die Planungen integriert wurden.

Des Chefdekorateurs zündende Idee und seine exakte Planung beschrieb maßstabsgetreu das aufwendige Vorhaben.

Halbplastisch gestaltete Schaufensterbilder in Rückwandgrößen sollten es sein, die als beleuchtete Einbauten vor die Rückwände platziert werden sollten, wobei der naturgetreuen und romantischen Malerei die perspektivische Tiefenwirkung nicht fehlen durfte.

Unser Künstler Ernst Baumgärtel, spaßhaft im Team ‚Maestro Ernesto' genannt, er hatte die ehrenvolle Aufgabe, den ausgewählten Heimatmotiven seinen künstlerischen Stil zu schenken, denn als ehemaliger Bühnenmaler war Ernesto prädestiniert für die Umsetzung Heuchemers Vorhaben: ‚Stimmungsvolle Winterweihnachtsszenen aus einer vergangenen Zeit' …

Es sollten festliche Gefühle angesprochen werden, die die Herzen von ‚Jung und Alt' gleichermaßen berühren sollten.

Koblenz, diese wunderschöne Stadt an Rhein- und Mosel, sie hatte ja auch zu Hauf malerische und romantische Blickwinkel zu bieten. In reicher Auswahl fand man die verträumten alten Hausfassaden und Blickwinkel in den verwinkelten Gassen der historischen Altstadt.

„Motive in Hülle und Fülle, mein Sohn, Du musst sie nur entdecken, denn oftmals sind es die Ausschnitte oder auch nur kleine Teile eines Objektes, die das Bild bestimmen."

Mein alter Herr, der Kunstmaler, er hatte sich in einem unserer abendlichen Tischgespräche in meine Überlegungen eingeklinkt, denn die Idee, die alten Ansichten zur Weihnachtszeit von seinem Kollegen Baumgärtel malen zu lassen, die beurteilte er mit der Note … ausgezeichnet!

Jedes einzelne Motiv musste originalgetreu ausgearbeitet werden, wobei weihnachtlicher Glanz in winterlicher Szene für jedes Schaufenster als Solitärblickfang jeden Betrachter in besinnliche, glückliche sowie auch positive Emotion einstimmen sollte. Von dieser ‚Chef-Idee' waren wir im gesamten Dekorationsteam begeistert. Mit Eifer begannen wir schon im Spätsommer mit den ersten Vorbereitungen zu dieser großen Aktion.

Im Frühherbst begannen wir mit den ersehnten Arbeiten an den filigranen Einzelteilen. Wir bastelten an den verschiedenen Bauten, zunächst haben wir die Rohbauten vorgefertigt, um alsdann, in künstlerischem Empfinden, die alten, historischen Farbtöne stilgerecht auszuarbeiten.

Diese, an längst vergangene Epochen erinnernden Motive, sie hatten ein ganz eigenes Flair, welches ‚Frau und Mann' gleichermaßen ansprach und emotional berührte.

Diese gefühlvoll inszenierte Schau in den Schaufenstern sowie im Verkaufsbereich sollte die kommende Adventszeit und deren hohen Stellenwert würdevoll dokumentieren. Den Maßstabs-Skizzen folgend wurden auf den Pappen und Spanholzplatten die Schneidlinien gezeichnet und ausgeschnitten oder mit der Stichsäge bearbeitet.

So konnten wir schon frühzeitig die gewünschte Ausstrahlung erkennen und die Feinabstimmung zum Gesamtvorhaben vornehmen. Diese Vorauswahl war stets mit einem intensiven Gedankenaustausch verbunden, um dann, beim folgenden Abwägen, also beim ‚Für und Wider' der Argumente, zu mehrheitlicher Festlegung der Modellbauten für die verschiedenen Größenordnungen der Schaufensterrückwände zu gelangen.

Ich hatte das große Glück, von Chefdekorateur Hans Heuchemer, wiederum unserem Atelierleiter Baumgärtel, auch für dieses Projekt zugeteilt zu werden, wohl auch aus dem Grund heraus hatte er so entschieden, weil mein angeborenes, handwerkliches wie auch mein malerisches Talent von den meisten Kolleginnen und Kollegen anerkannt wurde.

Ich war stolz und zufrieden zugleich, auch regte sich eine gewisse Dankbarkeit in mir, speziell für das in mich investierte Vertrauen.

Zum ersten Mal in meinem jungen Leben lernte ich aber auch die unverkennbaren Anzeichen vom oft genannten Leistungsdruck kennen. Noch heute erinnere ich mich an meine damaligen fast endlosen und quälenden Gedankenspiele als Lehrling im Team dieses kreativen sowie äußerst anspruchsvollen Vorhabens.

„Du hast ja mal wieder nichts als Flausen im Kopf", das sagte meine liebe Mutter des Öfteren zu mir, wenn ich ab und an mit meinen verrückten Ideen für familiäre Unruhe sorgen wollte.

Also, ich hatte ab sofort keine ‚Flausen' mehr in meinem pubertären Schädel, nein, ich hatte fortan nach machbaren Möglichkeiten der Gestaltungen zu suchen. Meine Gedanken im Wirrwarr der kreativen Ideen, sie kreisten in und um Koblenz zur Winterzeit …

‚Winterweihnacht in Koblenz'. Dieses Motto forderte mich enorm. Im Geiste führte ich die verschiedensten Selbstgespräche: ‚Koblenz, diese wunderschöne Stadt an Rhein und Mosel … das stimmt, klar doch, … viele tolle Motive, stimmt auch.

„Kowelenz, dä Schängelbrunne, dä es weltbekannt."
Ich ertappte mich dabei, wie ich zusehends in die Koblenzer Mundart verfiel und meine stummen Gespräche mit mir selbst, eben in jenem platten ‚Moselfränkisch' führte, also in dem regionalen, melodisch klingenden Dialekt, der Sprache, die vom hohen Westerwald kommend und in einem schmalen geografischen Streifen über den Rhein an Koblenz vorbeiverläuft, um dem vielfach gewundenen Flusslauf der wunderschönen Mosel zu folgen. Die alte Römerstadt Trier grüßend, erreicht dieses seltsame Platt das kleine, feine Großherzogtum Luxemburg.

In Teilen des Westerwaldes, am silbernen schimmernden Vater Rhein des Koblenz-Neuwieder-Beckens und zu beiden Ufern von Mutter Mosel bedienen sich die Einheimischen mit Freuden ihrer Muttersprache. Auch unsere Luxemburger Freunde sprechen sie in leicht abgewandelter Form, aber ihr Klang ist der Gleiche. Die nationalen Landesgrenzen Luxemburgs zu Frankreich und Belgien ließen diesen Klang verstummen.

Mit Vorliebe, ja auch mit Herzblut, bediente ich mich im Kreise meiner Freunde oft dieser liebenswerten, aber auch gewöhnungsbedürftigen Mundartsprache unserer einzigartigen Heimatregion.

Ich legte im Geiste meinen Sprachschalter wieder um, um im Normaldeutsch wieder weiterzudenken und meine stummen Selbstgespräche zu vervollständigen. Ich nahm meinen Ideenfaden wieder auf und ließ meine Gedanken erneut zu mir selbst sprechen:

‚Besonders sehenswert wäre auch die markante Festung Ehrenbreitstein, natürlich mit von der Partie sollte das Stufenmonument des Deutschen Ecks sein, wo die schwarz-rot-goldene Bundesflagge als Zeichen der Deutschen Einheit weht und in der Mitte des imposanten Denkmalsockels ihren festen Standort gefunden hat. Bis zum Kriegsende dominierte das heroisch anmutende bronzene Reiterstandbild von Kaiser Wilhelm dem Ersten. Dass amerikanischen Soldaten dieses Monument als Zielscheibe diente und sie es im Siegesrausch an einem der letzten Kriegstage zerschossen, das hat mir seinerzeit Vati erzählt.

Der deutsche Kaiser hoch zu Ross, begleitet von seinem geflügelten Genius an seiner linken Seite, das Kaiserstandbild modellieren, klar doch, das kriegen wir hin … ich sehe schon das komplette historische Deutsche Eck mit Kaiser und dem wuchtigen Baumbestand vor meinem geistigen Auge'.

Das Denkmal am Deutschen Eck zeigte sich zur Zeit des Jahres 1969, als mein Vater das Werk schuf, noch als monumentales, halbrundes Treppenensemble mit mächtigem Podest ... denn das ehemals imposante Reiterstandbild Kaiser Wilhelm I. mit dem Genius als Begleitung an seiner linken Seite ... dieses Kunstwerk aus Bronze wurde in den letzten Kriegstagen von amerikanischen Soldaten gezielt vom Sockel geschossen! Anfang der Neunziger Jahre erfolgte die Einweihung der originalgetreuen Nachbildung des Reiterstandbildes. Seitdem gilt das imposante Kaiser-Denkmal als historische Sehenswürdigkeit am Zusammenfluss von Rhein und Mosel. Der Mittelrhein-Verlag Koblenz, exakt deren Gesellschafter, ermöglichten erst den allseits geschätzten neuen Anblick dieses sympathischen Reliktes aus der Kaiserzeit ...
Viele Besucher aus aller Herren Länder bewundern ‚Das Deutsche Eck' als Höhepunkt der Ziele im romantischen Mittelrheintal ... dem UNESCO-WELTKULTURERBE!

Ich gönnte meinen eilenden Gedanken keine Ruhepause, denn ich spürte eine hoffnungsfrohe Freude auf weitere Ideen bei meiner fruchtbaren Motivrecherche. ‚Ein gut darzustellendes Motiv ist auch das imposante kurfürstliche Schloss, natürlich auch die uralte Balduin-Brücke in ihrer massiven Bauweise, die schweren Rundbögen stammen noch aus der Römerzeit ... fast 2000 Jahre hat sie schon auf dem Buckel ..., da wären ja auch noch die historischen Bauten in der Altstadt, die Liebfrauenkirche wäre ideal, allein schon wegen der beiden markanten Zwiebeltürme, ok, wir haben eine reiche Auswahl.'
Irgendwie gefielen mir meine stummen ‚Kopfgespräche' außerordentlich gut,

denn sie stimmten mich aufs Kommende bestens ein, und sie steigerten meinen Tatendrang enorm. Auch meine vielen Besuche in Vatis kleinem Atelier, genau die hatten sich für mich gelohnt, denn durch mein intensives und von Neugier getriebenes Zuschauen, damals noch als Schüler, erlernte ich das Verstehen der verschiedenen Maltechniken und deren manuelle Ausführungen.
Vati war dadurch, sicherlich damals noch unbeabsichtigt, zu meinem Lehrer der darstellenden Kunst geworden, obwohl ich zunächst mein diesbezügliches Wissen inhaltlich nur als rein theoretisch im Kopf behielt. Das Fluidum der malenden Zunft hatte mich von Kindesbeinen an fasziniert.
‚Maestro Ernesto' erkannte mein Maltalent und fühlte eine offen gezeigte Sympathie zu mir. Diese festigte sich im Laufe der gemeinsamen Gestaltungszeit in den bunten Dekorationsateliers im weitläufigen Kellerareal des großen Textilhauses. Das Bauen und Malen, die versteckt eingebaute, indirekte Beleuchtung, die Endgestaltung der mannigfaltigen Einbauten, all diese Arbeiten geschahen im besten Einvernehmen, im wahrsten Sinne des Wortes, Hand in Hand. Und das Schönste beim Gestalten ist ... man kann reden, man kann die tollsten Geschichten erzählen, man kann scherzen und sich auf lockere Art austauschen ...
„Weißt Du, Otto," mit dieser Anrede, eröffnete Ernesto, der Maler, immer seine Gespräche mit mir, denn wegen meines allzu seltenen Vornamens Gotthold, nannten mich alle Dekorateure und er, der Einfachheit halber, eben vom ersten Tage an, nur noch ‚Otto'!
„Weißt Du, Otto, unsere halbplastischen Bilder, das sind ja kleine Kulissen, die aber, im Gegensatz zu meiner Theaterbühnenmalerei, viel filigraner ausgearbeitet werden müssen, denn hier im Dekorationsatelier muss ja alles bis ins kleinste Detail hinein naturgetreu wirken. Der Betrachter sieht ja das Bild im Schaufenster aus ganz geringer Entfernung, im Gegensatz zum Theaterrund, dort muss immer die Weitwirkung den Szenen der Stücke die Atmosphäre schaffen."
Ich fühlte in unseren Fachgesprächen stets seine Liebe zu der Welt der Schauspieler und deren Eigenheiten.
„Otto, weißt Du, wer einmal Theaterluft geatmet hat, der bleibt sein Leben lang der Welt des schönen Scheins verbunden."
Mit dem Brustton der Überzeugung und auch der Begeisterung erzählte Herr Baumgärtel von den ulkigsten Episoden seiner langjährigen Tätigkeit als Kulissenmaler der verschiedenen Spielstätten. So inszenierte er bei unserem kreativen Zeichnen, Schneiden, Kleben, Streichen und Feinmalen, fast ununterbrochen die fantastischsten Geschichten, die aber alle mit dem eigenen Flair des Theaters einhergingen.
Und während er so erzählte, ahmte er die besondere Betonung der sogenannten Bühnensprache nach, sodass die Wirkung seiner diesbezüglichen, sprachlichen Kostproben meine Lachmuskeln arg strapazierte.
Ernesto war er Künstler durch und durch, er war geprägt von den Eigenheiten, die in jener Scheinwelt ein starkes Feuer der positiven Besessenheit zu entfachen

vermögen. Die verrückte Welt des Theaters und deren Besonderheiten weckten mein großes Interesse zu diesem Metier in ganz ausgeprägter Weise.

Diese Faszination sollte mich mein Leben lang auf mannigfaltige Art begleiten und fordern, im besten Sinne des Wortes. Ich merkte mir den ganz speziellen Tonfall und Klang der von Baumgärtel nachgeahmten Theatersprache.

‚Die Bööhnensparache', sie ist eben eine ganz eigene Kunstform der Betonung und leichten Veränderung in der Darstellung, die aber vom Besucher als normal empfunden und gehört werden soll, – aber das ist eben die Kunst der Schauspieler. Die ganze Welt ist eine Bühne, selbst in der Deko-Werkstatt eines Textil- und Modehauses. Das kann man so empfinden und verstehen, denn diese ‚Bühne im Kleinformat' ist ein jedes Schaufenster, so sollte es auch, im entstehenden Einklang mit den zu schaffenden Präsentationen, sympathische und emotionale Gefühle hervorzaubern.

Visuell gut gestaltete Traumwelten schaffen oftmals schon beim Betrachten eine erlebte Zufriedenheit und diese schenkt für kurze Momente vielleicht sogar das Erlebnis des ‚kleinen Glücks'.

In jener Anfangszeit des sich rasant entwickelnden ‚Wirtschaftswunders' hatten die Schaufenster im gesamten Einzelhandel einen hohen Stellenwert im Zusammenwirken der umfassenden Werbestrategien.

Es entwickelte sich ein dynamischer Wettbewerb im äußeren Erscheinungsbild des konkurrierenden Handels. Schaufenster waren die individuelle Visitenkarte der Geschäfte, sie prägten im steten Szenenwechsel den Unterscheidungswettkampf. Warenhäuser mit einem unverwechselbaren Werbecharakter und mit ihrer sich immer erneuernden Präsenz, sie steigern, zielgenau und gewollt, jedes Städtebild und somit die Anziehungskraft einer jeden Stadt.

‚Komm', wir machen einen Schaufensterbummel!'

Diese Aufforderung, die fast zeitgleich von aufgeweckten Menschen in heimischen Landen zu vernehmen war, diese Aufforderung war Motor und Antrieb zu immer neuen Schauwerbegestaltungen einer andauernden, ideenreichen und buntschillernden Welt, gleich den glänzenden, funkelnden und hell leuchtenden Farbsplittern in rotierenden, wechselnden Lichtbildern im Innern eines in sich drehenden Prismen-Kaleidoskops.

Die einfache Sprache, die den Begriff ‚Schaufensterbummel' hervorbrachte, sie gab diesem Begriff eine magische Anziehungskraft, denn er ebnete fortan einer beliebten Freizeitbeschäftigung den bequemen Weg zu Spaß und zu angenehm empfundener Lebensqualität. Die ‚Hohe Zeit' der Dekorateure hatte begonnen!

Die Geschichte der Erlebnis-Gestaltungen, in Wort, Schrift und Bild, erfasste von da ab alle Bereiche der Werbewirtschaft, wobei nicht nur der Einzelhandel die enorm starke Aussagekraft der gekonnten Gestaltung punktgenau einzusetzen wusste.

Diese Initialzündung, die durch den Einzelhandel aller Branchen angefacht wurde, sie sprang als Ideenfunken auf die produzierende Wirtschaft und Industrie über.

Aus diesem Grunde entwickelte sich schnell und in steigendem Maße eine Vielzahl neuer Berufszweige, die einem Netzwerk gleich, miteinander gewinnbringende Verknüpfungen schufen.
Den Aufbruch in die neue Zeit des Konsums konnte man überall in den Schaufenstern sehen. Die dort gestalteten Wunschtraumwelten waren als real aufgenommen worden und sie erzielten die erhofften Zuwächse, die die Kassen klingeln ließen. Von raffinierten Werbeleuten verführt konnte man diese neue Ära hautnah spüren und man genoss sogar den angebotenen Überfluss.
Einem mechanischen Getriebekomplex gleich, indem ein sich drehendes Zahnrad ins andere einfügt, diesem Räderwerk klinkte sich auch unser noch junger, aber attraktiver Berufsstand reibungslos ein, er übernahm ebenfalls den Schwung der rasanten Vorwärtsbewegung, jedoch mit unserer speziellen, visuellen Dynamik aller Produktbereiche.

Im gestalterischen Wirken, im Umgang mit Farben und Formen, im Reich der Fantasie, in diesem Metier war auch immer ein Hauch des ‚Verrücktseins‘ gefordert, denn Kreativität setzt im Allgemeinen das etwas losgelöste, freie und visionäre Denken voraus.
In unserer damaligen Gestaltungswelt waren feines Fingerspitzengefühl sowie auch das handwerkliche Werken ein zwingendes Muss, denn alle Einbauten, Blickfänge und Plakate wurden ausschließlich in manueller Tätigkeit gefertigt.
Die angebotenen Warengruppen wurden in den Schaufenstern zu gestalteten Faszinationen gebündelt. Diese Bilder waren zwar nur zu kurzlebigen, aber äußerst werbewirksamen Szenen der visuellen Verführung präsentiert worden, doch die ‚Schaulustigen‘ vor den Vitrinen und Auslagen waren begeistert.
Doch alle gebauten, gepinselten, geklebten, geformten Schauelemente mussten sich aber zurückhaltend in das Gesamtgebilde einer Werbepräsentation einordnen, denn das angebotene Produkt spielte stets die Hauptrolle. Das begleitende Umfeld, die Szene also, sie durfte nur dezent die ‚Bühne Schaufenster‘ harmonisch begleiten, ohne zu dominieren.
Dekorateure, Schauwerbegestalter, Fachleute für visuelle Kommunikation, … ganz gleich welche Berufsbezeichnung uns ‚Schmückern‘ in jener Vergangenheit verpasst wurde, wir alle verfügten meist über eine umfassende Allgemeinbildung, gepaart mit dem Spürsinn des guten Gefühls, das Trends im erkannte und den jeweiligen Zeitgeschmack voraussah. Kreativität schöpft ihre Effektivität aus dem flexiblen Wissen der Gestaltenden.
Später, als ich längst aus allem Gelernten und aus den erlebten Erfahrungen heraus mein eigenes Werbestudio gegründet hatte, natürlich viele Lehrlinge über Jahre hinweg ausbildete, fasste ich auf meine persönliche Art unser gefestigtes Berufsbild komprimiert zusammen und prägte meine eigene Version des Lehrstoffes auf anschauliche Weise: ‚Werben heißt, jemanden veranlassen etwas zu tun, was er vorher nicht wollte‘… das ist zwar simpel ausgedrückt, aber durchaus treffend

formuliert. Wissen ist nicht nur Macht, Wissen allein ist die Grundlage jeglicher Kreativität. Habe ich einen geistigen Wissensfundus im Hirn, dann habe ich einen wahren Schatz angesammelt, aus dem ich, wann immer ich will, mir die Teile wählen kann, die ich zur Vollendung des zu gestaltenden Warenangebotes brauche.
Dumme Menschen können kaum kreativ denken. Somit ist das Fehlen geistigen Esprits beim Erkennen der geforderten Zusammenhänge real nicht greifbar. Kreativität fügt sich, einem kunstvollen Mosaik gleich, aus unzähligen kleinen Fragmenten zusammen, die dann, teils auch künstlerisch getragen, zu einem positiven und immer überraschenden Gesamtbild führen.
Außerdem waren die vielen Gespräche sowie die gezielten Fachdialoge mit meinen Mitarbeitern und Auszubildenden stets gelungene und lehrreiche Zwischenspiele unter Gleichgesinnten, die in die Welt der ‚Schmücker' mit Leib und Seele eingebunden waren. Komponisten, Dichter, Maler, auch Bildhauer, sie alle schaffen zu ihren Lebzeiten Werke, die für viele Generationen ein bleibendes Erbe darstellt, das über den Tod hinaus, die Menschen weiter zu unterhalten und erfreuen vermag.
Uns aber trifft immer der stete Wechsel in unserer Deko-Kunst, denn Schauwerbegestaltungen haben immer nur ein kurzes Verfallsdatum, und sind der Schmerz der Kreativen in ihrer Welt der visuellen Kommunikation.

‚Gestaltete Kunst auf kurze Zeit, das Los des schönen Scheins!' Diese Formulierung fand ich seinerzeit im intensiven Gespräch mit meinem ‚Alten Herrn' am Beginn meiner beruflichen Laufbahn als Schauwerbegestalter im Textil- und Modehaus Lütke, im Herzen von Koblenz.
Aus all dem Erlebten in der Welt des schönen Scheins, aus der Tiefe der gestaltenden Werbung heraus, gewann ich, im Durcheilen der verschiedenen Ebenen meiner Berufsjahre, auch das fachlich so wichtige Können auf verschiedenen Betätigungsfeldern der gestaltenden Zunft.
Dieses erlangte Wissen und das erarbeitete fachliche Können, in Verbindung mit dem sicheren Sinn für alles Machbare, gab mir das Selbstvertrauen und das geschäftliche Rüstzeug, genau jene Geschäftspartner bestens zu bedienen, die mir faires Vertrauen entgegenbrachten und mir bisweilen lukrative und anspruchsvolle Aufgaben übertrugen.
‚Lotto – ein Sechser im Lotto', das war überall der bekannte Ausruf der Hoffenden im allgemeinen Sprachgebrauch der millionenfachen Lottospieler.
Mit Mutti, Vati und ich, wir spielten allwöchentlich als hoffnungsvolle Tippgemeinschaft unsere vermeintlichen Glückszahlen: 3-15-17-18-32 und die 36. Wir haben aber nie einen Lotto-Sechser erzielt. Und doch …
„Hallo Otto, Du altes Haus, wie geht's Dir so? Was macht die Kunst? Trittst Du noch immer Lehrlinge in den Hintern? Mit diesem Wortschwall im Ohr, stand ich für einen kurzen Moment regungslos und völlig perplex inmitten meiner stets unaufgeräumten Dekorationswerkstatt.

Nach kurzem, gedanklichen Einordnen des soeben Gehörten, ratterten meine Erinnerungen sekundenschnell in meine Zeit bei Lütke hinein und mir fiel sofort der ‚Flitze-Jung' ein, einer meiner kackfrechen aber lockeren Auszubildenden in den sechziger Jahren. Das war kurz nach meiner freiwilligen Dienstzeit bei der damals noch jungen Bundeswehr, als Soldat der Fallschirmjäger-Division.
Die Begriffe ‚Befehl und Gehorsam', hatten zur damaligen Zeit noch einen hohen Stellenwert, den ich schnell verinnerlichte und befolgte.
Als strammer Unteroffizier beendete ich nach Ablauf meiner zweijährigen Verpflichtung und auf eigenen Wunsch mein Kasernenleben, hin, um meiner kreativen Berufung weiter folgen zu können.
Die harte Militärausbildung hatte mich intensiv auf untergeordnete Führungsaufgaben gedrillt, die aber nicht ins Zivilleben übertragbar waren. Mein diesbezüglicher Umschaltmodus hakte wohl noch leicht, sonst hätte mein Führungsstil im Dekorationsbereich den ‚Lehrlingen' gegenüber eine weichere Linie gezeigt.
Ungeduld ist allemal eine negative Eigenschaft, die in der Ausbildung generell nicht vorkommen sollte …
In der Tat, ungeduldig war ich damals, sogar sehr ungeduldig. Der Flitzejung, er hieß eigentlich Joachim Flitz mit korrektem Namen, also, der Besagte wurde mir von Chefdekorateur Heuchemer als Auszubildender zugeteilt. Die Fertigkeiten im Lehrprogramm liefen ihm gut von der Hand, wie man im Volksmund zu sagen pflegt, doch mit der prompten Ausführung der zu befolgenden Aufträge hakte es manchmal … und mir platzte schon manchmal der imaginäre Kragen.
Ich hatte ihn einmal, zwar nur leicht, aber ich hatte ihn in meinem überschwänglichen Eifer in den Allerwertesten getreten. Dieser Johannes war ein waschechter ‚Kowelenzer-Jung' mit viel Talent zum Schmücker.
Er war aber damals noch sehr verspielt, sowohl im Denken, aber auch im Handeln. Mir riss, zwar nur wegen einer Kleinigkeit, wohl der noch etwas dünne Geduldsfaden und deshalb handelte ich völlig unüberlegt. Auf jeden Fall war dieser Tritt in den Allerwertesten erstens verboten, zweitens falsch und sowieso indiskutabel, … doch letztendlich brachte er mir Glück.
Der ‚Flitzejung' erzählte das ihm ‚Angetane' seinen Eltern. Vater Flitz beschwerte sich beim großen Chefdekorateur Heuchemer. Dieser schiss mich nach allen Regeln der Kunst gehörig zusammen, was schließlich mehr als verständlich war.
Hans Harke war unser Gesamtpersonalchef bei Lütke. Vor diesem hohen Herrn stand ich da, wie ein begossener Pudel, um diese prekäre Situation plakativ zu schildern; ich stand da, mit gesenktem Kopf, voller Reue, schuldbewusst und einsichtig, eben um demütig die fällige ‚Gardinenpredigt' über mich ergehen zu lassen.
Selbstverständlich entschuldige ich mich bei den Eltern von Johannes Flitz in aller Form.
„Herr Harke, es tut mir unendlich leid, dass ich mich zu dem Arsch-, Verzeihung, dem Tritt in den Hintern habe hinreißen lassen."

Der strenge Blick des Personalchefs verlor etwas an Kühle und ich glaubte den Anflug eines Lächelns in seinem Gesicht zu entdecken.
„Du Salzknabe, wie konnte Dir denn sowas nur passieren? Du bringst das schleunigst in Ordnung!"
So oder so ähnlich formuliert waren wohl Harkes Worte, die trotz meiner Verfehlung einen leicht freundlichen Tonfall erkennen ließen. Die Anrede ‚Salzknabe' hatte durchaus einen burschikosen Klang, der die peinliche Situation leicht abmilderte.
Das kollegiale Verhältnis im Umgang miteinander war zu jeder Zeit meiner fast zehn Lütke-Jahre von ehrlichen Freundschaften geprägt, denn die menschlichen Werte wurden dortselbst geachtet und mit Leben erfüllt.
„Familie Flitz wohnt auf der Karthause, Du Salzknabe, ... nimm den Zettel mit der Adresse und melde mir umgehend Vollzug, ich meine nach Deinem Gang nach Canossa."
Mit einem leichten, süffisanten Lächeln, welches fast unmerklich seine schmalen Lippen umspielte, reichte mir der ‚Halbgott Personalchef' das Adresspapier und bugsierte mich kopfschüttelnd aus seinem imposanten Personalbüro.
Leicht zittrig begab ich mich, nach telefonischer Bitte um einen genehmen Entschuldigungstermin, in den Koblenzer Höhenstadtteil und besuchte Familie Flitz.
„Das, was passiert ist, verehrter Herr Flitz, das bedaure ich zutiefst, denn das hätte ich nicht machen dürfen, aber mir sind leider die Pferde durchgegangen, aber bitte glauben Sie mir, ich hab's nicht bös gemeint und weh tun wollte ich Ihrem Sohn ganz bestimmt nicht."
Mein Wortschwall endete jäh, denn ich bemerkte den streng musternden Blick des Vaters, weil ich ja vom Beginn unseres Gespräches an den direkten Augenkontakt mit ihm gesucht hatte. Diese Geradlinigkeit des persönlichen Kontakts hatte ich auch in meiner Bundeswehrzeit als Verhaltenskodex gelehrt bekommen, außerdem entsprach der Gedanke des ‚offenen Visiers' meiner ausgeprägten gefühlten Männlichkeit und spiegelte auch mein Selbstbewusstsein wider.
Mein Gegenüber schickte mir spontan in seinem Mienenspiel sowie in seinem sympathischen Blick eine stumme Information seiner Empfindungen, denn die anfängliche Strenge wich einer mir wohltuenden Milde, die er dann mit Worten jovial untermauerte: „Herr Borchert, oder darf ich Sie, wie mein Sohn Joachim mir verriet, mit Ihrem Spitznamen ‚Otto' anreden? Das klingt einfach besser unter Männern."
Meinem leichten Kopfnicken folgend fuhr er fort: „Ok, Otto, der Arschtritt war zwar nicht ganz ausbildungskonform, aber meinerseits will ich Milde walten lassen, deshalb Schwamm drüber, Entschuldigung angenommen!"
Ich fühlte den Hauch von Dankbarkeit in mir aufkommen und Erleichterung vertrieb die vorhandenen Sorgen wegen meines Fehlverhaltens. Die mir angebotene Tasse Kaffee genoss ich ausgiebig, denn der gleichzeitig entstandene Plausch mit ‚Flitze-Jungs'-Eltern verlief in herzlicher und verständnisvoller Atmosphäre.

Während unserer weiteren Unterhaltung lobte ich ehrlicherweise meinen Lehrling: „Er macht sich bei uns in der Deko wirklich gut, wir sind im Kollegenkreis mit ihm sehr zufrieden." Etwa derart waren wohl meine Worte und die Resonanz der Eltern konnte ich getrost als positiv verbuchen. Auf dem kurzen Weg zurück zu Lütke hörte ich, imaginär gefühlt, den Aufprall der zentnerschweren Steine, die mir, wie die bekannte Redewendung treffend beschreibt, buchstäblich von der Seele fielen.
Als ich am darauffolgenden Tag bei der morgendlichen Kollegenbegrüßung in teils verschmitzt lächelnde und hämische Gesichter schaute, wusste ich sofort, dass dieser Tritt in den Allerwertesten auch seine ganz eigene, aber durchaus auch spaßige Seite hatte. Ich hatte von niemanden mehr negative berufsbezügliche Auswirkungen zu befürchten. Von dieser Episode an hatte ich mit ‚unserem Flitze-Jung' in der weiteren Ausbildung keinerlei Probleme mehr.
Fortan war unsere Zeit im Zirkus Lütke, wie wir unsere angenehme Arbeitsstätte auch des Öfteren humorvoll nannten, von gegenseitiger Achtung und fast fröhlichem Miteinander geprägt. Auch brauchte ich meinen kurzsichtigen Lehrling Johannes nicht mehr an das Tragen seiner Brille zu erinnern, denn er wurde plötzlich umsichtiger und gewissenhafter. So erübrigte sich auch meine allmorgendliche, obligatorische Frage: „Flitze-Jung, wo ist die Brille?"
Seine postwendende Antwort, in unverwechselbarer Koblenzer Mundart, „en meinem Jacken", fehlte mir ebenso, wie sein etwas linkisches Aufsetzen seiner zinnoberroten Sehhilfe.
Nach diesem ‚Tritt' und der sich daraus entwickelten Entschuldigungsepisode durfte mich mein bebrillter Lehrling ebenfalls duzen und mich ‚Otto' nennen. ‚Otto' war, wie schon erwähnt, mein bequemerer Spitzname im gesamten Lütke-Ensemble.
„Kein Mensch bei uns spricht so komplizierte Namen wie den Deinen ... Gotthold ... aus, deswegen haben alle bei uns Spitznamen, das nur als Erklärung, Otto!"
So waren sinngemäß wohl die Anmerkungen unseres ersten Dekorateurs, des Moselaners Dieter Koch aus Winningen, dem historischen Weinörtchen an der Untermosel, an dessen Steilhängen die bekanntesten Riesling-Rebsorten des allseits beliebten Rebensaftes mit großem Erfolg angebaut wurden.
Und dann folgte Kochs Aufzählung der Pseudonyme, respektive weiterer Kolleginnen und Kollegen, eben die lockerer zu rufenden Spitznamen der anderen ‚Weißkittelträger'. Eva, Ernesto, (der Maler), Sallo, Oskar und beispielsweise Emmerich.
Unser weiblicher Lehrling wurde ‚Eva' getauft, weil sie eine grazile und bildhübsche Person war und sehr vorteilhafte, feminine Rundungen vorzuweisen hatte, die uns gestandene Männer zweifelsfrei an die erste Frau im Paradies denken ließ.
‚Sallo' hieß von Haus aus Salomon Grabichler und nach Kochs Meinung war auch

dieser Name viel zu kompliziert, um ihn auszusprechen, also klare Sache, ‚Sallo'.
Zu ‚Emmerich' als Spitznamen kam Peter Groß, aus dem wunderschönen Westerwald, der ‚Stift', wie man zu jener Zeit die Auszubildenden des ersten Lehrjahres auch gerne bezeichnete aus folgendem Grund: Emmerich, das war der Name unseres sehenswerten Schau-Clowns, der in unserem Figurenlager, auch Schatzkammer oder Fundus genannt, in ständiger Warteposition verbrachte, bis er erneut zum Einsatz kam. Dieser große, fette, bunte und aufblasbare ‚dumme August', diese voluminöse Spaßfigur findet man als liebenswerten Akteur in jedem Zirkus, unser Clown war ein elektrisch angetriebenes Schaustück von stattlichen Ausmaßen.

Er wurde von Zeit zu Zeit im Kindermodenbereich, mal im Schaufenster, mal in der Kindermodenabteilung, platziert, um die Blicke der Eltern und Kinder auf sich zu lenken.

Emmerichs lautstark brummende Pumpe, die per Druckluftkompressor seine pompöse Gestalt aus seiner Sitzposition, mittels seiner inneren elektrischen Mechanik, ganz langsam, gewissermaßen in Zeitlupe, werbewirksam bis zur vollen Größe aufpumpte, eben anhob, und … effektvoll nach kurzer Verweildauer in dieser Pose wieder langsam in die Sitzhaltung zurückschrumpfen ließ.

Dieses ‚Auf und Ab' des bunten Kinderfreundes Emmerich, als unermüdlich blickfangender Effekt, er begeisterte alle Kinder und Eltern zugleich.

Unser Stift Peter Groß war beim Gehen so enorm langsam und bediente vom Kopf her seinen eigenen, schlaksigen ‚Bewegungsapparat' äußerst langsam und ungewollt provozierend, eben alles andere als flott, sodass seine ganze Erscheinung die Assoziation zu besagtem Schaustück fast zwingend hervorrief. So hallte der Ruf ‚Emmerich' durch die verzweigten Gänge der Lütke-Katakomben, so nannten wir die Kellerräume, in denen sich unsere Dekorationsateliers befanden.

Bei all meinen ‚Zirkus-Lütke-Gedankenspielen' waren sicherlich nur Sekundenbruchteile vergangen, denn überfallartig sprudelte es förmlich aus meinem Inneren heraus, um meinem Gesprächspartner keine Unhöflichkeit zu zeigen:

„Mensch Flitze-Jung, ich meine Johannes, wie geht's, wie steht's? Das sind ja Ewigkeiten her! Wie lange haben wir uns nicht mehr gesehen? Da müssen ja fast zwanzig Jahre ins Land gegangen sein? Mensch, wie geht's Dir? Komm' erzähl', kann ich was für Dich tun? Brauchst Du einen Job? Ich kann immer gute Schmücker gebrauchen."

Meine ehrliche Freude, seine Stimme zu hören fügte sich in meine auftretende, spontane Neugier ein.

„Otto, altes Haus, mach' mal langsam, – nein ich brauche keinen Job, ich bin Chef der Presse- und Öffentlichkeits-Abteilung bei Toto-Lotto-Rheinland-Pfalz in Koblenz, Du weißt doch, am Bahnhof im Lotto-Hochhaus."

„Presse und Öffentlichkeitsmanager bei Lotto?"

Diese erstaunte Äußerung hatte ich fast unhörbar für den Mann am anderen Ende der Leitung nur geflüstert, denn diese erste Frage setzte ich, voller Neugier und glücklicherweise kaum hörbar, an den Anfang meines ganzen Fragenkomplexes.

Schon während der Dauer unseres Gesprächs wuchs meine mir angeborene Neugier so enorm an, dass ich alle Details seines Werdeganges hinterfragte, denn der steile Aufstieg vom Schaufenstergestalter in der Textil- und Modebranche, hinauf zum verantwortungsvollen Manager in die Geschäftsleitung der mächtigen Toto-Lotto-Gesellschaft?

Also, diesen Karrieresprung konnte ich gedanklich nicht einordnen und deswegen begann ich meine investigative Fragerei. „Hey Herr Pressechef, lieber Flitze-Jung, kannst Du mir erklären wie ein gelernter ‚Schmücker' zu so einer abgehobenen Managerposition kommt?"

Diese gezielte Frage sollte mir erlaubt sein, sie ist auch durchaus begründet, denn der berufliche Werdegang zur Presse- und Öffentlichkeitsarbeit hat generell auch mit den verschiedensten Marketingstrategien zu tun. Ja, und derartige Aktivitäten erfordern, allein vom einschlägigen Berufsbild aus gesehen, zumindest das Abitur, besser noch eine gezielte journalistische Ausbildung. In den meisten Fällen wird sogar ein Fachstudium gewünscht.

„Butter bei die Fische und Hand aufs Herz Johannes, wie hast Du dieses Riesending geschaukelt?"

Natürlich waren viele Jahre vergangen, wir hatten uns weder gesehen noch miteinander gesprochen, deshalb war meine Neugier die wirkliche Triebfeder meiner etwas burschikosen Frage.

„Mensch Otto, ich habe meine Traumfrau geheiratet, sie hat Germanistik studiert. Sie überredete mich, das Abitur auf dem zweiten Bildungsweg nachzuholen und wie sie, zu studieren."

„Und das hast Du ehemaliger Dekofuzzi tatsächlich auf Dich genommen und auch geschafft?" So, oder mit ähnlicher Formulierung, unterbrach ich jäh seinen geplanten Redefluss und fuhr voller Bewunderung fort: „Ich kann's kaum fassen, hey Johannes, Flitzejung, Du bist ja klasse, richtig dynamisch und enorm willensstark, alle Achtung, herzlichen Glückwunsch, tolle Leistung!"

Ja, meine Bewunderung war ehrlich gemeint, und die Freude über das Gehörte zeigte sich sowohl in meiner spontanen Wortwahl, mehr aber noch in dem anerkennenden Tonfall und der Modulation meiner sich fast überschlagenden Stimme.

„Otto, mein Freund, der Weg war sehr schwer und ich musste mich über viele Jahre hinweg stark ins Zeug legen, um die jeweiligen Prüfungen und Abschlüsse zu erreichen. Meine Frau glücklich, ich glücklich, Pressechef bei Lotto-Rheinland-Pfalz, Herz, was willst du mehr? Bei Lotto bin ich in meiner Funktion auch als Glücksbote unterwegs und überbringe des Öfteren den großen Gewinnern als frohe Botschaft den gewonnenen Geldsegen. Du kannst Dir kaum vorstellen wie abenteuerlich und gleichzeitig lehrreich dieser Glücksbotenjob tatsächlich ist. Natürlich berate ich die Gewinner über die Abwicklung der Geldübergabe, gebe

Tipps zum Verhalten, nunmehr den ‚Neureichen' und beantworte auch die kuriosesten Fragen nach bestem Gewissen. Wie man landläufig oftmals glaubt, ich brächte Millionen im Koffer, nee Otto, das ist nur äußerst selten der Fall.
Übrigens, verschiedene Printmedien berichteten schon über meine Tätigkeit, ‚Bild' und andere. Auch der Südwestfunk widmete meinem Lotto-Glücksbotenjob eine kurzweilige Sendung im 3. Fernsehprogramm.
Mein Hauptjob bei Lotto ist jedoch die Öffentlichkeitsarbeit, ich bediene die Medien und leite den Bereich Marketing. So, Otto, das war's im Überblick, jetzt weißt Du das Wesentliche."
Diese interessanten Informationen meines ehemaligen Lehrlings, meines ‚Flitze-Jungs', waren für mich sehr beeindruckend, und eine neidlose Freude bereitete mir ein ehrliches Vergnügen. Alles Vernommene fügte sich fast deckungsgleich in meine Erfolgsphilosophie als ‚selbstständiger Unternehmer' ein. Ich musste unbedingt meine nächsten Gedanken loswerden: „Ja, mein Lieber, Willensstärke und Energie ergänzen sich und bilden so die Triebfeder, die dynamische Menschen zum Erreichen von außergewöhnlichen Leistungen vorantreibt und gesteckte Ziele erreichen lässt."
„Otto, da hast Du Recht, und ich bestätige das. Die Allgemeine Hochschulreife, das Abitur auf dem zweiten Bildungsweg zu schaffen, das ist zweifellos eine solche Leistung. Motivierte und fleißige, junge Menschen sollten aber diese Chance nutzen und ebenfalls diesen Weg gehen, denn mit dem ‚Abi' in der Tasche lässt sich's auch studieren."
Würde ich einen Hut tragen, vor Johannes Flitz würde ich denselben voller Hochachtung ziehen.
Auch meiner ehrlichen Bewunderung gab ich gerne den Freiraum in meinem Kopf, denn ich erkannte, dass ja nur durch diese Qualifikationen sich sein Werdegang ebnete und ihm als Folge der Führungsjob bei Lotto-Rheinland-Pfalz angeboten wurde.
„Otto, Du alter Haudegen, ich habe eventuell einen lukrativen Tipp für Dich, wir sollten uns dringend zeitnah treffen. Ich weiß ja, dass Du Dich vor einigen Jahren als selbstständiger Werbefachmann und ‚Schmücker' in Bendorf etabliert hast, Hans Heuchemer und auch die anderen Kolleginnen und Kollegen berichteten mir davon. Mein Tipp hat genau damit zu tun. Morgen hätte ich Zeit, wie wäre es mit einem Drink im Allianz-Café am Friedrich-Ebert-Ring?"
Johannes, alias ‚Flitze-Jung' hatte mir diese Information fast nüchtern und geschäftlich mitgeteilt. Ohne lange zu überlegen und voller spannender Erwartung über den vermeintlichen Inhalt dieses Tipps, sagte ich spontan zu.
„Wie wäre es mit 12.30 Uhr?" Meine Frage hatte einen fröhlichen Klang, das schien unüberhörbar gewesen zu sein, denn in ebensolch fröhlicher Betonung kam seine schnelle Antwort:
„Ok Otto, ich freu' mich, Dich altes Haus nach so vielen Jahren endlich wiederzusehen. Mach's gut, dann bis morgen."

Der leicht knackende Ton in der Leitung beendete unser inhaltsreiches Kollegengespräch. Postwendend sagte ich meine anstehenden Termine für den folgenden Tag ab, denn der ‚Lotto-Glücks-Bote', der Flitze-Jung, er hatte durch seinen Anruf mein uneingeschränktes Interesse geweckt. Ich starrte noch eine Weile auf den vor mir stehenden Telefonapparat.

Ich blickte stumm und gedankenverloren auf die Ziffern der kreisrunden Wählscheibe meines graugrünen Telefons und ließ meinen beruflichen Traumvisionen ungehindert freien Lauf.

Diese Visionen zauberten mir, in meiner Gedankenwelt, einfachen Piktogrammen gleich, die verschiedensten Dekorationstätigkeiten in bunten Strich-Bildchen vor Augen, die ich im Moment meiner Denkspiele, fast als Realität empfunden hatte. Allein schon die Thematik ‚Lottowerbung' löste in meinem ‚Kreuz- und Querdenken' eine äußerst positive, ja auch herausfordernde Faszination aus. Während ich mich in meinem bequemen Schreibtischsessel dehnte und streckte, beide Hände hinterm Kopf wie zum Gebet faltete und dabei auf die weiße Bürodecke mit den silbernen Chromleuchten starrte, führte ich laute Selbstgespräche, die allesamt von zufriedener Fröhlichkeit geprägt waren.

„Joachim Flitz, Marketing-Chef bei Lotto, guter ehemaliger Kollege, Telefonanruf bei mir, das heißt für mich, für mein Borchert-Dekorationsteam, ja, was heißt das, was kann das alles bedeuten?"

Wie viel Zeit ich so mit meinen lauten Selbstgesprächen verbracht hatte, das kann ich beim besten Willen nicht mehr nachvollziehen, aber eine guttuende innere Zufriedenheit begleitete mich durch die Wartezeit bis zum Wiedersehen mit meinem geschätzten Kollegen, wobei ich mich unweigerlich an die Episode meines unpassenden Tritts in seinen Allerwertesten schmunzelnd erinnerte.

„Auf, du alter Knochen, frisch gewagt ist halb gewonnen." Mit diesem und ähnlichen, wieder laut zu mir selbst gesprochenen Aufmunterungen begann ich den neuen Tag.

Diese Selbstgespräche sind eine Marotte von mir, denn immer, wenn ich im Büro oder im Atelier alleine war, ertappte ich mich bei dieser Art der positiven Motivation, eben bei meinen aufmunternden Selbstgesprächen. Und immer konnte ich mir anschließend ein fast süffisantes Lächeln nicht verkneifen. Selbstironie sollte man allenthalben ruhig zulassen, denn wie sagt ein altes Dichterwort?

‚Wer sich nicht selbst zum Besten haben kann, der ist gewiss nicht von den Besten!'

Ich fand einen freien Parkplatz vor meinem ehemaligen Gymnasium am Friedrich-Ebert-Ring.

In wenigen eiligen Schritten hatte ich das Allianz-Café erreicht und gutgelaunt betrat ich den großen, lichtdurchfluteten Gastraum mit den dekorativen Grün-Pflanzen auf den breiten Fensterbänken vor den Panoramaglasscheiben, die den Blick zum Friedrich-Ebert-Ring großzügig freigaben.

Das quirlige Außengeschehen wurde durch die natürliche, großblättrige Pflanzen-

kulisse wohltuend in die gemütliche Kaffeehaus-Atmosphäre integriert.
Die luxuriöse Samtpolsterung der Kaffeehausstühle, die in kraftvollen Rottönen sehr repräsentativ eine angenehme Gediegenheit ausstrahlte, erreichte in Verbindung mit der geschmackvollen und dezenten Tischdekoration das ganz individuelle Flair, welche dem beliebten Treffpunkt ‚Allianz-Café' den guten Namen bescherte. Unter den zahlreichen Gästen suchte ich nach meinem Gesprächspartner. Der ‚Flitze-Jung' hatte einen der begehrten Fensterplätze ergattert. Ich entdeckte ihn und winkte ihm mit flüchtiger Handbewegung zu.

„Hat sich kaum verändert, gekleidet wie ein Werbeagentur-Kreativer, betont modisch in total schwarzem Outfit, Topbrille mit rotem Gestell, Junge, Junge, der stellt was vor!"
Exakt in dieser Wortwahl schossen mir die erspähten Wahrnehmungen in Sekundenbruchteilen durch den Kopf und dieser erste Eindruck verankerte sich augenblicklich in meiner beruflichen Gedankenwelt.
‚Für den ersten Eindruck gibt es keine zweite Chance!' Diesen zweifelhaften, aber durchaus gängigen Spruch hatte ich schon bei verschiedenen Gelegenheiten vernommen, doch just in dieser Situation tangierte mich dessen eigentlich zweifelhafter Inhalt, diesmal aber äußerst angenehm. Es folgte eine freundschaftliche Begrüßung, kraftvoll-männlicher Handschlag inbegriffen, eine Begrüßung also, welche von grundehrlicher Wiedersehensfreude geprägt war.
„Setz' Dich, Kaffee, oder etwa ein Bier, Otto?"
Leicht ironisch kamen die Worte über seine Lippen und sein verschmitztes Lächeln, dieses kannte ich nur zu gut noch aus seiner Lehrzeit, dieses verschmitzte Lächeln war ihm als markant-positives Merkmal geblieben, und es wirkte einfach menschlich und gut.
Während wir die ersten Minuten mit dem üblichen Smalltalk verbrachten, musterte ich mein sympathisches Gegenüber so unauffällig wie nur möglich und suchte im Betrachten nach altersbedingten, leichten Veränderungen in seinen, mir immer noch vertrauten, Gesichtszügen.
Er trug, wie ich schon erwähnte, immer noch Brille, doch im Modestil derselben hatte sich ein zeitgemäßer Wandel vollzogen.
Trug er damals bei Lütke ein schlichtes, rot-gelbliches Horngestell, die dicken Gläser bedingten dieses sicherlich, so konnte ich hier den gravierenden Unterschied sofort erkennen. Managerhaft und schick betonte diese modernrote Designerbrille seine mittlerweile männlich geschnittenen Gesichtszüge auf recht vorteilhafte Weise.
Es waren schließlich viele Jahre ins Land gegangen, wir schrieben damals das Jahr 1983 und nicht mehr 1965.
Wie schon erwähnt, auch sein modisches Outfit passte sich seinem erreichten Lotto-Managerjob adäquat an, denn er trug ein edles schwarzes Hemd mit offenem Kragen, ein fesches, aber doch zurückhaltendes Streifenmuster gab seinem schlanken Sakko den gewollten Pep, wobei das knallrote Seideneinstecktuch in

dem schmalen Schlitz der Brusttasche als Hingucker das Pünktchen auf dem ‚I' darstellte.

Sein Gesamterscheinungsbild hatte Stil und sein noch etwas jungenhafter, maskuliner Charme strahlte eine Gelassenheit aus, die gleichsam Abstand und Vertrauen beinhaltete, so paradox dies auch klingen mag.

Seine akzentuierte Sprache zeichnete sich durch den als angenehm empfundenen Tonfall in besonderer Weise aus, denn auch die Lautstärke, derer er sich bediente, rundete die wohlklingende, stimmliche Akustik unseres intensiven Zweiergesprächs ab.

„Also, Otto mein Freund, unsere Vertriebsabteilung sucht, so habe ich intern läuten gehört, also, wir suchen einen Werbegestalter, ein selbstständiges, potentes, kreatives Dekorationsunternehmen sozusagen, also Fachleute, die unsere Lotto-Annahmestellen in Rheinland-Pfalz und in Luxemburg besser und professioneller präsentieren sollen. Praktisch eine gekonnte Lotto-Darstellung, die eine einheitliche und klare Linie zeigt und eine Signalwirkung beinhaltet. Hier also mein Tipp für Dich: Ruf doch mal einen von unseren Produktmanagern an, denn diese Abteilung ist dafür verantwortlich."

Das soeben Gehörte brachte augenblicklich das Denkräderwerk meiner kleinen, grauen Zellen gehörig in Schwung, in Bruchteilen von Sekunden überstürzten sich die etwaigen, lukrativen Möglichkeiten.

Das abwägende ‚Für und Wider' purzelte hin und her, kurz gesagt, für einige Momente war ich konsterniert und in mir selbst auch leicht überfragt.

Doch nach kurzem Innehalten löste ich mich aus der gefühlten Starre und meine Gedanken kreisten um die neuen Möglichkeiten. Ich sezierte beim Denken die Gesamtaufgaben und deren Anforderungen, und ich hatte augenblicklich alle Lösungen parat, – rein theoretisch zumindest!

Größenordnung … Zeitaufwand … Personalbedarf … Fuhrpark … Logistik … ich jubelte.

„Alles im Griff!", rief ich mir zu, doch von jetzt auf gleich war ich in die Wirklichkeit zurückgekehrt, gezwungenermaßen, eben durch die Existenz meines Gegenübers, durch den Tipp-Geber, den Lotto-Glücksboten … welch ein Glück für mich, im wahrsten Sinne des Wortes.

„Mann oh Mann, Johannes, das ist ja wirklich ein Klasse-Tipp, toll und äußerst interessant. Ok, ich ruf schnellstens bei Euch an. Dann kann ich mich informieren und die offenen Fragen besprechen. Also, mein lieber Joachim, ich finde es einfach wunderbar, dass Du in dieser Chose an mich gedacht hast. Fürs Erste bedanke ich mich bei Dir von ganzem Herzen."

„Mensch Otto, ist doch Ehrensache für mich, denn Deinen Schritt in die Selbstständigkeit, sozusagen als freischaffender Dekorationsartist, also, Deinen Mut, den hatte ich damals schon sehr bewundert. Den Schneid hatte vor Dir kein anderer der Kollegen, diese wechselten lediglich die Arbeitgeber um neue Betätigungsfelder in Kaufhäusern zu suchen.

Jonny Schröder ging zum Kaufhof nach Remscheid, Andreas Kunz ging ins Architekturbüro zu seinem Vater nach Arenberg, der verrückte Oskar suchte in Hamburg seine neue kreative Spielwiese, Horst Eltgen avancierte zum Chefdekorateur beim Mode-Unternehmen Leininger in Neuwied und Wiesbaden, also diese Liste ließe sich beliebig fortsetzen.
Du, als Wanderdekorateur auf eigene Rechnung, Du hast uns allen gezeigt was noch so geht. Mein Freund Gotthold, ich wünsche Dir Glück, denn sicherlich werden auch weitere Werbeunternehmen ihre Angebote abgeben. Aber egal was kommt, wir sollten uns in Zukunft wirklich ab und an mal wiedersehen, so bei einem Feierabendbierchen."
Er griff mit schwungvoll lässiger Handbewegung in die Brusttasche seines Sakkos und reichte mir seine Visitenkarte von Lotto, ich überflog den kleingedruckten Text derselben, Öffentlichkeitsarbeit, Presse, Marketing, diese Begriffe hielt ich als markante Gedächtnisstützen in Gedanken fest. Welch' grandioser Aufstieg, das dachte ich in Sekundenbruchteilen, der war nur möglich durch seine konsequente Weiterbildung, Abi, Studium, alle Achtung.

Wir verabschiedeten uns per Handschlag und verließen beide die gediegenen und elegant gestalteten Räume des Kaffeehauses Allianz im Herzen der Rhein-Mosel-Stadt.
Natürlich blieb ich ‚am Ball', wie es im Umgangsdeutsch so schön heißt. Die vorbereitenden Telefongespräche verliefen allesamt in gegenseitiger Höflichkeit, und ein Treffen im Lottozentrum am Hauptbahnhof war schnell vereinbart.
‚Produktmanagement und Vertrieb', dies war eine der vielen Verwaltungsabteilungen des Toto-Lotto-Managements im Lotto-Hochhaus am Hauptbahnhof, wie man das Bürogebäude im Koblenzer Volksmund auch zu nennen pflegte.
Der Empfang bei den Herren der besagten Organisations-Leitung war von gegenseitiger Offenheit und Vertrauen geprägt und verlief in sehr angenehmer Atmosphäre, wobei die fachlichen Informationen als äußerst wichtige Faktoren eine große Bedeutung für beide Seiten hatten.
Ich erhielt sämtliche speziellen Betriebsunterlagen, anhand derer ich meine Lotto-Kommunikationsstrategie bezüglich der visuellen Gestaltung, zunächst gedanklich vorbereiten konnte.
„Wir bleiben in Verbindung, denken Sie ans detaillierte Angebot, Herr Borchert, es war interessant unser Gespräch, alles Gute, bis bald."
Die Herren reichten mir freundlich und nacheinander die Hände und sie begleiteten mich zum Fahrstuhl. Ich empfand den Ausklang unserer Zusammenkunft zwar etwas holprig, doch die allgemein joviale, überaus freundliche Mimik und auch die Gestik der Lotto-Mitarbeiter, diese Anzeichen ließen bei mir in keiner Weise einen Negativgedanken aufkommen.
Ich reichte mein umfassendes Lotto-Gestaltungsangebot mit Plänen, Skizzen, Objektfotos und meiner aussagekräftigen Marketingstrategie zeitnah ein … und

erhielt prompt die positive Aufforderung, in Begleitung wichtiger Ansprechpartner vor Ort, also bei einigen Lotto-Annahmestellen in unserer näheren Westerwaldregion, einige kreative Musterdekorationen zu präsentieren.
Hochmotiviert bereitete ich mich mit meinem jungen Dekorationsteam akribisch vor, indem wir Glücksmotive gekonnt zu werbewirksamen Blickfängen gestalteten und arbeitstechnisch im Atelier so vorbereiteten, damit mein benötigter Arbeitsaufwand in jeder Lottoannahmestelle reibungslos und flott in die Tat umgesetzt werden konnte.
Zirka eintausenddreihundert … Toto-Lotto-Partner-Geschäfte der verschiedensten Branchen, galt es, bei eventueller Auftragserteilung, zu gestalten.
Dementsprechend musste auch mein Arbeitsrhythmus schon bei dieser Erstpräsentation dynamisch und in vollem Umfang überzeugen.
Flink, gekonnt und locker dekorierte ich mit Uwe Dubian, einem meiner Auszubildenden, die gewünschten Schaufenster in verschiedenen Orten, wobei ich der Kreativität der Lotto-Toto und Glücksspiralen-Produkte jeweils einen besonderen Rahmen schuf, der im weitesten Sinn auch als passende Bühne des Glücksspiels verstanden werden konnte.
„Sie haben sich mächtig ins Zeug gelegt und mir neue Wege, bezüglich unserer Glücksspielprodukte, so ansprechend präsentiert, sodass ich den heutigen Tag als persönliche Bereicherung des Lotto-Marketings verbuche."
Also, diese positive Aussage von dem Prokuristen und Vertriebs-Chef von Toto Lotto-Rheinland-Pfalz, dieses von ihm ehrlich ausgesprochene Lob, es bescherte mir ein rundum wohliges Zufriedenheitsgefühl sowie eine fast überschäumende, innere Freude.
‚Wenn das mit Lotto klappen würde … das wäre ja fantastisch'. Dieser, oder so ein ähnlicher, Blitzgedanke durchzuckte mein Hirn, und die weitere Ansprache des Lottomanagers riss mich aus meinem inneren Freudentaumel. „Alles in allem, Herr Borchert, Ihre Dekorationen sind effektiv gestaltet und sprechen eine zwar stumme, aber visuell-kommunikativ überzeugende Sprache. Sie ist zielführend und ansprechend und sie erreicht die volle Aufmerksamkeit der Betrachter."
Ich hatte in meiner Selbstständigkeit als individueller Schauwerbegestalter schon so manchen tollen Dekorationsauftrag erhalten und viele namhafte Einzelhandelsunternehmen gehörten zu meinem Kundenkreis, aber diese Größenordnung von Toto-Lotto, sie sprengte nun doch meine Vorstellungsgabe.
Allein schon die Vielzahl der zu bearbeitenden Annahmestellen sprach in meinen Gedanken eine Größenordnung an, die ich mir erst einmal bildlich vor Augen führen musste. Viele weitere Gedanken purzelten durcheinander, den Lotto-Glückskugeln der TV-Ziehungen gleich, sie durcheilten die Windungen meines Hirns und schufen in mir ein fast unbeschreibliches schönes Gefühl.
‚Wenn ich mit Lotto ins Geschäft käme …', diesen Gedankengang konnte ich nicht weiterspinnen, denn des Prokuristen Stimme riss mich jäh aus meinem Wachtraum.

„Herr Borchert, ich würde jetzt gerne bei Ihnen im Auto mitfahren, denn wir könnten während der Fahrt nach Koblenz weitere Fragen besprechen. Das spart Zeit, und ich kann mein Bild, was ich mir bis jetzt von Ihnen gemacht habe, abrunden."
Er sagte dies und sein freundliches Lächeln, das seine Mundwinkel umspielte, zeigte mir deutlich sein Vertrauen.
„Herzlich gerne!" Ich öffnete die Beifahrertür und der Prokurist nahm Platz. Trotz meiner inneren Freude erfüllte mich eine nicht zu unterdrückende Nervosität, die ich aber zu überspielen verstand.
Souverän steuerte ich den mit diversen Schaustücken fast überladenen Kombi sicher durch die westerwaldtypischen, kurvigen und teils engen Straßen.
Seine gezielten Fragen während unserer Rückreise nach Koblenz beantwortete ich klar, flott und kompetent.
„Dass Sie die Fragen meinerseits äußerst eloquent beantworten finde ich gut, Herr Borchert. Dass Sie Lehrlinge ausbilden, das finde ich ebenfalls gut, das zeigt Ihre soziale Verantwortung und Ihr Engagement im Umgang mit ihnen. Sie sagten, dass Sie drei Mitarbeiter und drei Lehrlinge im Team haben, ok, das passt fürs Erste.
Rheinland-Pfalz und Luxemburg, das sind die Länder, die Sie gegebenenfalls zu bearbeiten haben, ich meine, wenn wir ins Geschäft kommen, wie man so schön zu sagen pflegt. Ach, noch etwas, Herr Borchert, sprechen Sie die französische Sprache?"
„Ich hatte sechs Jahre Französisch auf der Penne, ich denke, dass ich in Luxemburg damit gut klarkomme, außerdem sprechen die Menschen dort ja auch das moselfränkische Spezialdeutsch. Wenn wir Partner werden und zusammenkommen, werde ich die Dekos im Großherzogtum Luxemburg zur Chefsache machen. Sie können sich auf mich zu hundert Prozent verlassen."
Diesen Wortschwall ließ ich, so unendlich gutgelaunt, vom Stapel, sodass der Lottomanager ein lautes Lachen kaum unterdrücken wollte.
Im Toto-Lotto-Hochhaus setzten wir das angenehme Gespräch fort und tranken noch genüsslich den von einer charmanten Sekretärin servierten Kaffee.
Wir verabschiedeten uns mit dem beiderseitigen Wunsch einer vertrauensvollen Zusammenarbeit.
Nach einigen Tagen hielt ich den inhaltsreichen Geschäftsvertrag in Händen. Dieser Dekorationsauftrag war ein gefühlter ‚Meilenstein' auf der schnurgeraden und breiten Straße des Erfolges, außerdem fühlte es sich fast schon wie ‚ein Sechser im Lotto' an und sorgte gleichzeitig für eine sichere Zukunft meines Werbeunternehmens.
Außerdem garantierte uns dieser Vertrag sichere Arbeitsplätze, sicherlich für eine längere Zeit. Meine Existenzsorgen wurden schlagartig kleiner und mein Blick schaute nun noch klarer in Richtung Zukunft.

Gute Zeit ... gewonnene Zeit

Bestens gelaunt feierten wir alle zusammen diese glücklichen Momente bei einem feudalen Abendessen in den eleganten Räumen des Berghotels Rheinblicks in Bendorf, hoch über dem silbernen Strom des alten Vater Rheins gelegen.
Der Lotto-Auftrag stimmte uns fröhlich, und ein wenig stolz waren wir als Borchert-Deko-Team auch. Die fälligen Runden schäumenden Bieres und edler Weine sorgten neben den euphorischen Gesprächen für einen unvergessenen Abend, zumal auch das äußerst geschmackvolle Ambiente der noblen Galerie unsere Feierlaune enorm steigerte.
Die stilvolle Frischblumen-Tischgestaltung spiegelte auf harmonische Wiese die Natürlichkeit der dekorativen Grünpflanzenarrangements vor den großen Panorama-Glasfenstern so gekonnt wider, dass man das Geschaute als eine Augenweide erleben musste. Das harmonische Gesamtbild erreichte seine Qualität aber vor allem durch die geschmackvolle, ansprechende Zusammenstellung der Objekte in allen Galerien. Das ausgeprägte und individuelle Kunstverständnis der Familie Elfriede und Herman Helling manifestiert sich wohltuend im steten Wechsel der Exponate und schafft immer wieder unverkennbare Schwerpunkte für heimische Kunstschaffende, die im Hause Rheinblick ein würdevolles Präsentations-Forum zu schätzen wissen.
Die charakteristischen Landschafts-Bilder meines Vaters, aber auch die außergewöhnlichen, teils surrealistischen Skulpturen des heimischen Kunstschaffenden Clemens Pompetzki, der die fantasievollen und unverkennbaren Solitär-Geschöpfe aus Blech- und Eisenteilen schuf, repräsentierten einen gelungenen Teil des Bendorfer Kulturgeschehens.
Die menschlichen Züge, die Clemens Pompetzki seinen Objekten verlieh, zeigten teils ein humorvolles Lächeln. Mit einem Augenzwinkern erlebte jeder wirklich richtig sehen könnende Betrachter, wie Vati es ausdrücken würde, er erfuhr mit einem Schmunzeln im Gesicht, dieses einmaligen Künstlers Feinsinn.
Dem gepflegten Außenbereich des renommierten Berghotels schenkten einige von Pompetzkis Solitär-Skulpturen eine von der Familie Helling angestrebte ganz eigene Charakteristik.
Die kraftvollen Ölgemälde und die weichen, zartfarbigen Nass-in-Nass-Aquarelle meines ‚Alten Herrn', sie hatten den Zauber, der den freien Wänden in den edlen Galerien ihre stumme Sprache schenkte. Es waren allesamt bekannte Motive der Heimatregion, wie zum Beispiel die wuchtige und pastos mit der Spachtel geschaffene, voller harmonischer Farbenkraft vollendete Darstellung des Ensembles der Klosterkirche der Insel Niederwerth.

‚Kloster der Rheininsel Niederwerth',
Niederwerth, als einzige bewohnte Insel …
Sie ist weltbekannt als Spargel-Paradies
Ölbild 60 – 70 cm
Sammlung Mündemann, Hofheim am Taunus

Dieses historische, ehemalige Kloster schmiegt sich harmonisch in die Silhouette der einzigen, seit vielen Jahrhunderten bewohnten Rheininsel ein. Diese romantische Inselgemarkung liegt inmitten des breiten Rheinstromes, und mit ein wenig Glück verzaubert ihr Spiegelbild die Betrachter an Vallendars Ufer.
Meines Vaters Bilder lenkten, jedes an seinem jeweiligen Platz, oftmals die Blicke der Gäste auf sich und gaben dem Interieur des international renommierten Berghotels den künstlerischen Nimbus.
In seinen weitläufigen, lichtdurchfluteten Räumen zeigten Vaters Werke ihre farbige, unverwechselbare Charakteristik. Ob mit Ölfarben kraftvoll auf Leinwand komponiert, oder mit weichem Marderhaarpinsel in fließenden Aquarellpigmenten zum Langzeit-Bilderleben geschaffen – all diese Bilder können sprechen, sie können erzählen!

Glücklich sind die Menschen, die sich ihre Freude an Schönem bewahren und mit ihren Augen beim Schauen auch zuhören können, denn ein jedes Bild, von Künstlerhand geschaffen, es hat seine eigene Sprache.
Im Genießen des zufriedenen Erfolgsgefühls ertappte ich mich dabei, dass sich in meinem Denken ein gewisser Stolz einnistete, ein Stolz, der aber zurückreichte in die Zeit, in der ich als Junge und auch als ‚Halbwüchsiger', meinem Vater in sei-

nem Atelier beim Malen über die Schulter schauen durfte. Die Bewunderung, die ich einstmals so stark verspürte, diese Bewunderung war urplötzlich wieder vehement in mein Inneres zurückgekehrt, denn in unserer illustren Feierrunde fixierten meine Blicke immer wieder jene vertrauten Bilder an den Wänden.

Ein kraftvolles Hochgefühl durchströmte meinen ganzen Körper, es ergriff von mir Besitz, mein Herz pochte stärker und das glückliche Schmunzeln in meinem Gesicht verriet sicherlich meinen ausgeglichenen Seelenzustand.

Alle Bilder waren an der unteren, rechten oder linken Ecke signiert und mit der Jahreszahl des Entstehens versehen.

Der Schöpfer der Werke unterzeichnete meist mit: Borchert Bendorf ... oder mit G. Borchert ...

„Ja, mein lieber ‚Alter Herr', lieber Vati, ich bin verdammt stolz auf Dich und Deine Kunst ..."

Dieser stumme Ausruf hallte noch für eine lange Zeit in meinem Herzen nach, denn Liebe und Verbundenheit spürt man dort gänzlich unverfälscht.

In meinem stillen Denken sah ich ihn zufrieden und gleichzeitig wiederum verschmitzt lächeln. Imaginär nahm ich mein Weinglas zur Hand und prostete ihm liebevoll zu. Ich bin mir gewiss, mein Prosit erreichte ihn, im Sternenstaub, jenseits von Zeit und Raum, dort, wo alle schon vorangegangenen Seelen ihr ewiges Zuhause gefunden haben.

Das in ‚Freude Erinnern' ist das Paradies, aus dem wir Lebenden nicht vertrieben werden können, denn jedermann kann sich ja in seinen Gedanken und im Herzen sein eigenes Paradies der guten Erinnerungen verwirklichen.

‚Tagesarbeit, abends Gäste, saure Wochen, frohe Feste', sei Dein künftig Zauberwort!' Friedrich von Schillers Weisheit und deren tieferer Sinn war bei mir und in meinem Hirn angekommen. Unser Jubelfest auf der Schützenhöhe, wie man das ‚Hotel-Restaurant Rheinblick' auch gerne nannte, dieses frohe Lotto-Dankesfest war vorbei und die Tagesarbeit hatte erfreulicherweise ja auch ihren ganz besonderen Zauber, denn das riesengroße Auftragsvolumen musste mit Fleiß und Dynamik professionell umgesetzt werden.

‚Frisch Gesellen, seid zur Hand'. Auch dieses aufmunternde Losungswort traf auf alle meine Kolleginnen und Kollegen punktgenau zu, denn nichts schweißt so fest zusammen, wie Anerkennung und Erfolg.

In Teams eingeteilt bearbeiteten wir mit Können und Eifer die zahlreichen Lottopartner-Annahmestellen. Wir gestalteten die neuen Lotto-Präsentationen zur hellen Freude der Geschäftsinhaber so außerordentlich werbewirksam, dass ihr Lob erfreulicherweise bis zum obersten Management der staatlichen Gesellschaft durchdrang.

In einer turnusgemäßen Besprechungsrunde im Toto-Lotto-Hochhaus erhielt ich, wohl aufgrund der allgemeinen Zufriedenheit mit unserem Tun, einen weiteren, anspruchsvollen Folgeauftrag.

„Herr Borchert, wir schätzen Sie und Ihre zielorientierte Kreativität. Bitte entwickeln Sie doch für unsere Annahmestellen ein noch dynamischeres Outfit, ein vollkommen neues Erscheinungsbild mit gezielter Aussagekraft, bezüglich der stets wechselnden Werbethemen. Wenn Sie uns und möglichst zeitnah, diverse Vorschläge machen würden?" Mit diesen Worten umriss der fast allmächtige Prokurist seine Vorstellungen, ohne weitere Zusatzinformationen anzufügen.

‚Vogel friss oder stirb!' An diesen Ausspruch meines alten Herrn erinnerte ich mich sofort wieder, und ohne lange nachdenken zu können, riss mich des Prokuristen Schlussbemerkung abrupt aus dem gedanklichen Verarbeiten des Gehörten.

„Ich wünsche, dass Sie sich mit unseren Herren des Produkt-Managements sowie unseren Bezirksleitern kurzschließen. Von ihnen erhalten Sie alle Details."

Da war es wieder, dieses ominöse ‚Ich wünsche!' Genau dieses ‚Ich wünsche' …
Das kannte ich ja aus der französischen Geschichte, von Napoleon Bonaparte, der dieses ‚je desire' als unumstößliche Befehlsform für alle Zeiten hinterlassen hatte. Ich ließ mir in der weiteren Besprechungsrunde nichts anmerken, obwohl ich innerlich lachen musste.

Was soll's? Als ehemaliger Fallschirmjäger in der Luftlandetruppe unserer Bundeswehr kannte ich ja das System von Befehl und Gehorsam zur Genüge.

Und diesem ‚Ich Wünsch-Befehl' des von mir sehr geschätzten Prokuristen folgte ich ehrlicherweise nur allzu gern, denn den allgemein bekannten Leitsatz ‚Frisch gewagt, ist halb gewonnen', auch den Inhalt dieser Weisheit hatte ich mir schon seit langem auf meine Fahnen geschrieben, – aber als berufener ‚Schmücker' müsste ich wohl besser sagen, – gemalt.

Entwurfstätigkeiten werden nicht gemalt, sie werden gezeichnet. So saß ich also des Abends an meinem pompösen Schreibtisch und brachte erste Ideen als Entwurfsskizzen zu Papier. Plakate als Werbeträger, diese für den Außenbereich zu dominieren, das war in meinem Ideensuchspiel schon fest eingeplant.

„Als visueller Schwerpunkt, quasi als Blickfangeinheit, muss das Lotto-Logo und das Plakat zusammen präsentiert werden. Der Schriftzug und die Werbebotschaft müssen als eine Einheit verschmelzen", erzählte ich mir im geflüsterten Selbstgespräch und sinnierte weiter. Ich brachte das Gedachte zu Papier … mein Zeichnen mehrere Faustskizzen folgten im Stillen meinen geistigen Rohentwürfen, wobei sich ein Rahmen als optische Fessel der Plakatwirkung herauskristallisierte. Ich ertappte mich zum wiederholten Mal beim Selbstgespräch, was mich nun aber freute, denn meine Ideen eilten mir voraus und nahmen konstruktive Formen an: ‚Ein Rahmen im Rechteckformat, natürlich nicht zu schmal gehalten und hochkant positioniert, das könnte wirken … dazu eine Lotto-Fahne als Querblickfang, wahlweise an der oberen Rahmenecke rechts oder links montiert'?

Mein kreatives Denken der fragenden Art beendete ich schlagartig, denn ich ertappte mich wiederholt, diesmal aber im überlaut geführten Selbstgespräch, und war sichtlich überrascht mir in dieser Lautstärke zuzuhören. Augenblicklich schmunzelte ich zufrieden und bemerkte, dass ein leichtes, bejahendes Kopf-

nicken meine gute Laune begleitete. Ich war in diesem Moment von mir selbst so beeindruckt, dass ich mich in meinem Schreibtischsessel bequem zurücklehnte und genüsslich den Rauch meiner starken, filterlosen Camel tief einzog.
In dieser Zufriedenheitspose ließ ich den Inhalt meines soeben beendeten Selbstgespräches noch einmal bildhaft vor meinem geistigen Auge ablaufen.
Nikotingestärkt begann ich zu zeichnen, ich fertigte nun exakte Skizzen an, in diese Skizzen arbeitete ich nun zusätzlich die erforderlichen Farbplanungen ein, um deren Wirkung fast praxisnah begutachten zu können. Meine aufkommende Müdigkeit bekämpfte ich mit weiteren Tassen starken Kaffees und auch der ‚Blaue Dunst', also beide Rauschgifte hielten meine Energie Akkus auf hohem Leistungsniveau.
Weit nach mitternächtlicher Stunde lagen sie fix und fertig vor mir auf dem großen Zeichentisch, die Entwürfe für die neue Lotto-Werbelinie, speziell für die Außengestaltung der ca. 1300 Annahmestellen für Rheinland-Pfalz und Luxemburg, koloriert und exakt im Maßstab 1: 20 gestaltet.
„Wenn man einmal so richtig drin ist, im Metier, dann läuft alles völlig locker, dann flutschen die Ideen nur so auf das Papier."
Auch diesen Satz führte ich wiederum mit mir selbst, auch wieder laut.
Die verantwortlichen Manager baten mich, in der bevorstehenden Sitzung der Bezirksleiter von Toto-Lotto-Rheinland-Pfalz meine Ideen in überzeugender Form zu präsentieren.
Mein direkter Ansprechpartner war natürlich der Produktmanager der Lottogesellschaft. Mit ihm besprach ich die weiteren wesentlichen Aspekte und das Prozedere des Meetings. Er erklärte mir die Funktion des Findungsgremiums und beschrieb meine Aufgabe:
„Herr Borchert, bitte stellen Sie die diversen Möglichkeiten der neuen Werbelinie in optisch überzeugender Form vor. Der Besprechungsraum des Hotel-Diehls-Rheinterrasse ist sicherlich der adäquate Ort für die Auswahl ihrer Musterkombinationen. Sie wissen ja, die verantwortlichen Bezirksleiter unserer Gesellschaft sind ebenfalls in den Auswahlprozess integriert."
Zu diesem wichtigen Datum hatten wir im Team die Mustergestaltungen 1:1, in Originalgröße gefertigt. Die Lotto-Schrift und der Rahmen bildeten eine kompakte Einheit, die in verschiedenen Abständen harmonisch zueinander gestaltet werden konnten. Eine helle, neutrale Wandfläche aus Leichtkarton hatten wir als Bühne locker aufgebaut, um die jeweilige Lotto-Version optimal präsentieren zu können.
In der internen Diskussionsrunde legten sich die Lotto-Verantwortlichen auf eine der Kombinationen fest und man beschloss, die neuen Klebefolien zunächst nur in kleiner Stückzahl zu bestellen.
Die ‚visuelle Kommunikation', wie man die stummen Werbeaussagen neudeutsch gerne nennt, also, unisono war die Stimmung der verantwortlichen Begutachter äußerst positiv.

„Wir danken Ihnen und Ihrem Team für die völlig neue Lotto-Werbelinie und freuen uns auf eine weitere gute Zusammenarbeit. Könnten Sie zu gegebener Zeit noch eine Komplettpräsentation für alle selbstständigen Bezirksleiter sowie für unsere Außendienstler des Hauses einplanen? Das Einbeziehen aller weiteren Vertriebsmitarbeiter ist mir enorm wichtig."

Ich bemerkte das wohlwollende Lächeln des Prokuristen, welches seine kurze Rede an mich und mein Team begleitete.

Die umfassende Präsentation im Konferenzraum des noblen ‚Hotel-Diehls-Rheinterrassen' in Koblenz-Ehrenbreitstein war ein voller Erfolg.

Er bedeutete für uns so etwas Ähnliches wie ein weiterer stattlicher ‚Lottogewinn'. Meine diesbezügliche füllige Glückssträhne war aber beileibe noch nicht abgeschnitten, – nein, diese Strähne sollte noch etwas länger werden, sie sollte noch wachsen.

Wunderschönes Hessenland

„Wolf Hoppe hier, spreche ich mit Herrn Borchert vom Werbestudio Borchert in Bendorf?"

Verdattert stand ich noch im Schlafanzug am Telefon in meinem neuen Zuhause in Bendorf-Stromberg. Es war kurz nach sieben Uhr, und ich dachte, der Anruf sei ein Scherz.

Wolf Hoppe? Ich kannte keinen Mann mit diesem Namen. Die Stimme am anderen Ende der Leitung klang wach und hatte einen sehr angenehmen Klang, der mich augenblicklich gefangen nahm und ich ihm freundlich antwortete: „Ich wünsche Ihnen einen guten Morgen, Herr Hoppe, was führt sie in aller Herrgottsfrüh zu mir?"

„Hoppe, von Lotto-Hessen, ich rufe aus Wiesbaden an, Herr Borchert. Ich bin Vertriebs- und Marketingleiter und habe Ihre Adresse von meinen Kollegen aus Koblenz erhalten. Wann haben Sie für mich Zeit?"

‚Morgenstunde hat Gold im Munde' ..., ja, dieses Sprichwort purzelte in mein Hirn, ohne dass ich es überhaupt gesucht hatte. Der freundliche Marketingchef und ich wechselten noch einige nette Worte und vereinbarten einen zeitnahen Besprechungstermin in der Zentrale von Lotto Hessen in der schönen Bäderstadt Wiesbaden.

Sattes, kräftiges Grün umhüllte die mächtigen Laubbäume des Areals, in die sich die stattlichen Gebäude der hessischen Lottogesellschaft harmonisch einfügten.

Die kurze Fahrt über die Autobahn A 3 zum Treffen mit Herrn Hoppe, diese wenigen Kilometer der Fahrt, waren von meiner Adresssuche im Wiesbadener Zentrum bestimmt und zeitraubend in die Länge getrieben worden. Die Rosenstraße 25 war durch mehrere verwirrende Einbahnstraßenvorschriften kaum zu finden gewesen.

Nach mehrfachem ‚Fragespiel' und den ungenau formulierten Hinweisen einiger der befragten Einheimischen stand ich endlich vor dem ‚rot-weißen Schlagbaum' des beeindruckenden Lottokomplexes.

Dieses ‚Sie wünschen bitte', welches mir seltsam metallisch klingend aus dem geschlitzten Blechgehäuse entgegen schnarrte, beantwortete ich mit dem Besprechungsterminwunsch der Vertriebsabteilung.

„Herr Borchert, Sie werden erwartet, Sie können einfahren, bitte parken Sie Ihr Fahrzeug vor dem linken Haus", tönte es charmant aus den schmalen Schlitzen des unscheinbaren Lautsprecherkästchens. Der sperrende rot-weiße Schlagbaum schwenkte zur Seite und behutsam steuernd suchte ich mir einen freien Parkplatz. Vor dem Eichenportal stand eine sympathisch wirkende schlanke und hübsche Dame, deren sportliche Gestalt mich durchaus beeindruckte. Irgendwie erinnerte sie mich an die Tennisköniginin Steffi Graf.

„Mein Name ist Brigitte Blank, ich bin die Sekretärin von Herrn Hoppe, er freut sich schon auf Ihre Vorschläge und Ideen. Bitte folgen Sie mir!"

Wie von Geisterhand getrieben schwenkte der rechte Flügel des doppelseitigen Eingangsportals leicht summend zur Seite und beim Eintreten empfing mich die edle, weiße Eleganz des Hauses, wobei der weich-geschwungene, überbreite Treppenaufgang die imposante Ausstrahlung noch betonte und sogleich eine unterschwellige Begeisterung meine Gedanken beflügelte und meine ohnehin schon vorhandene, positive Energie enorm steigerte.

„Schön, dass wir uns persönlich kennenlernen, Herr Borchert, bitte nehmen Sie doch dort Platz."

Der Vertriebs- und Marketingchef wies mir einen bequemen Lederstuhl an seinem übergroßen Schreibtisch zu, indem er sich bewusst so postierte, dass wir uns exakt gegenübersaßen. Die große Tischplatte war mit vielen roten Klebefolienstreifen der verschiedensten Formate übersät und auch Winkel-Eckstücke bereicherten die Lotto ‚Puzzleteile', die in Form und Farbe einen interessanten Eindruck auf mich machten. Ohne auf diese Klebefolien einzugehen, – er schien sie sozusagen zu ignorieren –, begann Wolf Hoppe, ohne große Umschweife zu machen, unsere lockere Unterhaltung.

Die vielen Pokale und die gravierten Silberteller, die aneinandergereiht in den dominierenden Palisander-Regalen ihren wohl angestammten Platz gefunden hatten, zogen magisch meine Blicke an. Ich unterdrückte meine Neugier aber nur schwach, denn mein Interesse an den auffälligen Trophäen war so stark, dass ich deren Glanz stillschweigend bewunderte und sicherlich ein positives Mienenspiel zeigte.

„Wir sind ja eigentlich Kollegen, Herr Borchert, ich bin, besser gesagt, ich war auch ‚Schmücker', ja, ich war früher Werbeleiter und Chef-Dekorateur in verschiedenen Karstadt-Warenhäusern in Nordrhein-Westfalen. Ein toller Beruf, aber mich hat die Liebe nach Hessen verschlagen, – wie das Leben eben so spielt –, und hier in Wiesbaden bei Lotto-Hessen habe ich meinen Traumjob gefunden und ich fühle mich sauwohl!"

Seine lockere Wesensart, die mich schon bei unserem morgendlichen Telefonkontakt faszinierte und positiv stimmte, aber auch der angenehme Klang seiner Stimme gefiel mir auf Anhieb und all jene Eindrücke fanden in seinem geräumigen Chefbüro die Bestätigung meines guten Gefühls. Unser Gespräch tangierte die verschiedensten Highlights unserer kreativen Berufswelt.

Er verwies fast beiläufig auf seine Erfolge in der Werbewelt und auf seine sichtbaren Auszeichnungen diverser Events und deutete mit einer beiläufigen Handbewegung auf die gewonnenen Werbeawards.

„Ihre Ausbeute an Edelmetallen in Form von Pokalen ist bemerkenswert, Herr Hoppe, deren Glanz ist schwerlich zu übersehen." Während ich mit ihm sprach, schaute ich demonstrativ in die Richtung der metallenen Auszeichnungen.

„Hut ab, Gratulation Herr Hoppe"…, ich wollte meine lobenden Worte fortsetzen, doch er unterbrach mich abrupt, indem er selbst das Gespräch weiterführte: „Lieber Herr Kollege, die Awards sind eine Sache, ok. Man freut sich über das Gewinnen derselben, doch Ihnen, Herr Borchert, Ihnen geht der gute Ruf der Fachwelt voraus, ich habe nämlich von meinen Kollegen aus Koblenz nur Gutes über Ihre Lottoarbeit gehört.

Wir hier in Hessen stehen vor der gleichen Aufgabe, die anderen Bundesländer übrigens auch. In Rheinland-Pfalz haben Sie eine neue Werbe-Linie mit Rechteck-Rahmen und Fahnenwinker entwickelt. Könnten Sie auch für Hessen arbeiten?"

Ohne auch nur eine Sekunde nachzudenken, sprudelte es aus mir raus: „Gerne, denn mein Deko-Team und ich, wir sind Gestalter mit Leib und Seele, für unsere Auftraggeber, für unsere Kunden, reißen wir uns sechs Beine aus." Die ‚sechs Beine' fielen mir deshalb so spontan ein, weil ich mich an das Logo der Benzinmarke ‚Super-Cortemaggiore' erinnerte, denn der zum Logo gehörende Löwe hat tatsächlich die sechs Beine.

Hoppe schmunzelte verschmitzt und bemerkte lakonisch: „Sie sehen hier die verschiedenen Klebestreifen, jetzt teste ich Sie ein wenig, machen Sie was draus, eine Vorgabe gibst nicht bei dem Spiel."

Bei dieser Ansage deutete er auf die vor uns liegenden Kleber. Die Steifen waren in leuchtendem Rot gehalten, sie waren zirka 13 cm breit, hatten oben und unten einen schmalen weißen Rand, und ebenfalls in strahlendem Weiß prangte der Schriftzug ‚Lotto' auf denselben. Als Ergänzung gesellten sich neutrale Steifen und Ecken dazu.

„Also, wenn der nette Kollege Wolf Hoppe, wenn er ein Spiel mit mir machen will, dann soll er es haben", … indem ich diesen Satz vor mich hinmurmelte, begannen meine Hände geschickt und flink die ‚Spielstreifen' zunächst zu sortieren, um sie alsdann zu ordnen und sie grafisch so geschickt zusammenzufügen, sodass sich die Lotto-Schriftzüge der verschiedensten Formen ergaben.

Um deren Werbewirkung zu erhöhen, hatte ich einige der schmalen Streifen als Doppelgestaltung präsentiert, wobei meine Übereck-Gestaltungen eine weitere interessante Variante darstellten. Diese direkte Herausforderung machte mir großen

Spaß und ich demonstrierte mit meinen geübten Händen die Vielzahl der ‚Spielarten', die allein schon mit den vorhandenen Lotto-Klebestreifen möglich waren.
„Verehrter Herr Hoppe, wenn ich dazu eine neutral weiße Flächengrafik integrieren würde, dann hätte das intensive Rot einen immens gesteigerten Aufmerksamkeitswert."
Genau an dieser Stelle unterbrach mich der sympathische Lotto-Manager: „Stopp, verehrter Herr Borchert, es reicht, Sie haben mich überzeugt. Wir sind ab sofort Partner. Können Sie die gleichen preislichen Konditionen halten wie in Koblenz?"
Fast wäre ich vor Freude ins Stottern gekommen, doch ich konzentrierte mich und antwortete wie aus der Pistole geschossen: „Kann ich Ihnen sofort zusagen, denn der gestalterische Zeitaufwand deckt sich mit dem der Kollegen in Koblenz. Natürlich fixiere ich für Sie alle Details, und alle weiteren Fragen klären wir in weiteren Besprechungen."
In bester Atmosphäre unterhielten wir uns bei Kaffeegenuss und Süßgebäck noch eine geraume Weile weiter. Um vertrauensvoll miteinander arbeiten zu können, muss man sich kennenlernen und gut verstehen, denn beide Seiten sollten sich auf Augenhöhe begegnen können.
Wir begutachteten uns wohl gegenseitig, weil unsere Blicke hin und her wanderten und sich ab und an auch begegneten.
‚Eine interessante Persönlichkeit, leicht extravagant, insgesamt ein äußerst fähiger Mann' …, etwa in der Art werden wohl meine Gedanken im wiederum stillen Selbstgespräch in mir geklungen haben.
Seinem Alter und Typus entsprechend, er mochte die ‚fünfzig' wohl leicht überschritten haben, umrahmte Wolf Hoppes männlich markantes Gesicht eine weiße, gepflegte und üppig wallende Haarpracht, die seinem Charisma und seinem offenen Gesamterscheinungsbild eine gewisse Würde verlieh. Diese wurde durch sein modisches Outfit dezent betont, denn sein edler, anthrazitfarbener Anzug unterstrich seinen guten, modischen Geschmack, und dieser betonte sein Image als einflussreicher und weltgewandter Vertriebs- und Marketing-Geschäftsführer des hessischen Lotto-Unternehmens.
In Vorzimmerbüro tauschten wir weitere fachliche Fakten aus, legten erste Richtlinien der Zusammenarbeit fest und besiegelten mit einem kurzgefassten Vorvertrag unsere ausgewogene und faire Übereinkunft zur Ausgestaltung der zirka zweitausenddreihundert Lotto-Annahmestellen in allen Lotto-Bezirken des wunderschönen Hessenlandes.

Mit mir und der Welt zufrieden eilten meine guten Gedanken in die Zeit zurück und zugleich voraus: ‚Leistung muss sich wieder lohnen'… So hieß in den 1980-er Jahren, und diese Aussage war eine der Leitlinien der ‚Mittelstands-Vereinigung der CDU Deutschlands', deren aktives Mitglied ich zu dieser Zeit war. Ich wollte damals, im Verbund mit meinen selbstständigen Freunden, mit Günter Schöneberg, mit Wilhelm Krämer und Dr. Dietrich Goerke, den politischen Einfluss des

Arbeitgebergedankens in der Bundes-CDU, stärken.
Deshalb investierte ich eine etliche Anzahl an Freizeitstunden in meist abendlichen Meetings bei der Vorstandsarbeit im Bezirk ‚nördliches Rheinland-Pfalz'.
Während einer der Heimfahrten dieser Treffen erinnerte ich mich unwillkürlich an diesen Leistungsgedanken und verband ihn mit dem Zauber meines kreativen Berufes. Ich steigerte mich weiter in meine Gefühle hinein und verknüpfte mein gestalterisches Tun sogleich mit der bunten Welt meiner schillernden Illusionen, die auf ihrem Höhenflug mit der Magie des schönen Scheins in so manchen meiner Wachträume die Faszination des wirklichen Lebens vor Augen führte.
Mein stummes Selbstgespräch vermischte auf angenehmste Weise die Geschehnisse in der jüngeren Vergangenheit mit meiner dynamischen Gegenwart.
Ich klinkte in diesen Phasen des Träumens auch realistische ‚Zukunftsvisionen' ins farbige Spiel meiner Gedanken ein ... und in den Momenten des Glücks ... enteilten meine Gedanken vom Kopf in mein Herz!

Ich erlebte urplötzlich und mit erfrischender Freude das sympathische Bild meiner geliebten Mutter, das sich aus dem gefühlten Sternenstaub der anderen, uns unbekannten Seite, und nun zum wiederholten Mal in meine zarte Seelenwelt gesellte und mich in ihren Bann zog:
‚Du mein lieber Sohn, Du bist ein Schoßkind des Glücks, Du hast so geschickte Hände, Du hast immer wieder neue Ideen im Kopf, ich bin so stolz auf Dich!'
Diese wohlklingenden Sätze verbuchte ich mit einer inneren Genugtuung, die mich augenblicklich heiter stimmte und meinen Schaffensdrang enorm beflügelte.
Meine Werkstatt zeigte sich zu jeder Zeit von ihrer unaufgeräumten Seite. Meine geliebte Mutter schien der unordentliche Eindruck nicht zu stören, denn sie besuchte mich trotzdem des Öfteren im Atelier und schaute mir bei meinen obligatorischen handwerklichen wie auch gestalterischen Vorbereitungsarbeiten mit regem Interesse zu ...
Wir standen eng nebeneinander und leicht vorgebeugt an einem der breiten Arbeitstische in der gemieteten alten Lagerhalle. Alle Wände des großen zweigeteilten Raums waren nur dünn verputzt und die sichtbaren Risse und Löcher sorgten für einen hässlichen Anblick.
Mit raumhohen Regalen verdeckte ich, bis auf die Eingangsseite, alle unschönen Wände. Diese Aufbauten mit ihren großvolumigen Ablagen waren ideal geeignet zum Verstauen der zahlreichen sperrigen Blickfänge sowie aller großformatigen Plakate. Auch die diversen ausladenden Verbrauchsmaterialien, wie die dicken Pappen, Bretter und Dachlatten sowie alle anderen Dekorations-Utensilien bildeten in ihrer bunten Gesamtheit eine ‚Bühnenkulisse', die ungewollt die zünftige Atelieratmosphäre zauberte und den Anschein einer bunten Zirkuswelt erweckte.
Dieses Erlebte geschah, ich erinnere mich genau, in der ersten Phase meiner Selbstständigkeit, denn die Anforderungen an die Qualität der stets variierenden Blickfänge wuchsen kontinuierlich und bedingten diese Lagerkapazität.

Einer der Gründe zu diesem Tun war die gesunde Auftragslage.
So hatte ich mir, als Einstieg in eine höhere, eben anspruchsvollere Deko-Liga als Ziel gesetzt, eine zeitgemäße Siebdruckanlage und deren technischen Ausbau konsequent durchzuziehen. Gleichzeitig baute ich zusätzlich auf das versierte Können und die enorme Kreativität eines fähigen Siebdruckers, der mir in Teilzeitarbeit zur Verfügung stand.
Der chancenreiche, künstlerische Siebdruck als sinnvolle Bereicherung der Werbegestaltung eröffnete mir neue Möglichkeiten des visuellen Marketings. Ein Kollege aus meiner Koblenzer Zeit war als Chefdekorateur der damals bekannten Koblenzer Firma Lederwaren Langhardt in der Löhrstraße verantwortlich für die Schaufenster- und Ladenwerbegestaltung.
Seinen Entwürfen folgend arbeitete ich mit Feuereifer an den bestellten, außergewöhnlichen und auffallenden Jugendstil-Großblickfängen.

Mutti sah mir bei der Malerei zu und verfolgte meine Pinselstriche, die dem Motiv mit seinen ineinander kunstvoll und mystisch-verschlungenen Blütenvariationen das exotische ‚Kunstwerk' schufen. Ihr Blick wanderte zu dem vor mir liegenden Stapel der mannshohen, ausgeschnittenen Pappen, die allesamt noch auf meine Malerei warteten. Sie lächelte bewundernd und bemerkte fast beiläufig: „Du bist zwar kein Kunstmaler wie dein Vater, doch Deine dekorative Malweise, vor allem wie Du den Pinsel führst, das kommt mir sehr bekannt vor und kann sich auch sehen lassen. Ja, ja, der Apfel fällt nicht weit vom Baum."
Während sie liebevoll zu mir sprach, strich sie mir gefühlvoll über mein fülliges blondes Haar und zufrieden lächelnd überließ sie mich wieder meiner filigranen und ebenso faszinierenden Tätigkeit der ‚dekorativen Malerei'. Ich war wieder allein im kühlen Großatelier, aber ich war unendlich glücklich.
Dieses Glücksgefühl führte mich zeitweise auf ‚Wolke sieben', wo ich weiterträumte. Und dazu hatte ich ja auch allen Grund, … Lotto-Hessen nun auch als Auftraggeber …

Die guten Gedanken an Frau Blank, an Herrn Hoppe und an Hessens Landeshauptstadt Wiesbaden hatte ich noch vor Augen, als ich mit zurückhaltendem Tempo im Auto saß, mein Diesel schnurrte ruhig und beförderte mich stressfrei in Richtung Heimat. Meine Gedanken spielten verrückt, während die Landschaften des Taunus und die des Westerwaldes an mir vorüberglitten, was von mir jedoch nicht wirklich wahrgenommen wurde und deshalb für mich auch nur schemenhaft existierte.
„Lotto, Lotto, und nochmal Lotto …. Schoßkind des Glücks … Luxemburg – Rheinland-Pfalz … und jetzt noch Lotto Hessen … Hurra, Jubel, Klasse – große Klasse!!!" Lautstark übertönte mein eigener euphorischer Lobgesang die weichen Melodien meines ‚Lieblingssenders Hessen vier'. An diesem Freudentag dauerte mein obligatorisches, wohlverdientes Feierabendbierchen bis weit nach Mitternacht. Und alle Freunde waren dabei, in unserer Stammkneipe im Bergstadtteil

Stromberg, gegenüber der Kirche, sie waren dabei, eben die, die immer dabei waren … Günter Schöneberg, Dietrich Goerke, Wilhelm Krämer und … und …
Leicht schwankend und beseelt schlenderte ich, wahrscheinlich auch leichte Schlangenlinien zeichnend, über die Dorfstraße in Richtung Saynerhahn-Straße, meinem neuen Zuhause, entgegen. Ich glaube, dass ich noch lange in meinem gemütlichen Wohnzimmer saß und alleine und grübelnd dem schottischen Whisky zusprach, aber ehrlich gesagt … ich kann mich daran beim besten Willen kaum erinnern. Und gestört hat das auch keine Menschenseele, denn ich war allein, aber wie gesagt, ich war auch ein wenig glücklich.
Glücklich? – Na ja, sagen wir mal so …
Ich war rundherum zufrieden! Zum ‚glücklich sein‘, zum richtigen ‚glücklich sein‘ gehört weit mehr als geschäftlicher Erfolg.
Während ich in dieser Stimmung der nächtlichen Stunden den Zustand meiner Psyche zu ergründen versuchte und im Kopf, sicherlich zustandsbedingt und leicht gedankenverloren, in meiner inhaltvollen Vergangenheit wühlte, erinnerte ich mich unwillkürlich an das von mir damals, mit großer Wissbegier, gelesene Jugendbuch
‚Die schönsten Sagen des klassischen Altertums‘, nacherzählt von Gustav Schwab. Ja, dieses literarische Werk war für mich auch eine der willkommenen Fundgruben gewesen, die mir den Mythos der ‚alten Griechen‘ fast zwanghaft näherbrachten. Odysseus und seine abenteuerlichen Irrfahrten fielen mir wieder ein,- Homer lässt grüßen. So segelte Ithakas sagenumwobener König im Meer meiner unruhigen Gedanken umher, die sturmgepeitschten, wilden und tosenden Wasser türmten Wellenberge auf, um sie sogleich wieder in abgrundtiefe Täler stürzen zu lassen. Mit diesen Bildern vergleiche ich einen Teil aus meiner jüngeren Vergangenheit.
‚Himmelhoch jauchzend, zu Tode betrübt, glücklich allein ist die Seele, die liebt‘. Auch dieses große Dichterwort beschrieb meinen damaligen Gemütszustand sehr treffend, denn eine glücklich machende Liebe hatte ich in jener Zeit erst einmal verloren, denn eine Scheidung hinterlässt auch bei gestandenen Männern Spuren. Meine, mit Energie und enormen Fleiß sowie mit großem finanziellen Einsatz geschaffene ‚heile Welt des Goethe-Hauses‘, hatte ich an meine erste Ehefrau und meine Schwiegereltern abtreten müssen, weil mein Einkommen die Auszahlung der Geldforderung meiner ‚Geschiedenen‘ nicht zuließ.
Der Lichtblick in jener Zeit hatte einen Namen: Claudia, unsere gemeinsame Tochter. Claudia und ihre Liebe zu mir, sie bedeutete mir unendlich viel und sie ist bis heute von herzlicher Innigkeit geprägt geblieben.
Unsere Ehe war in gemeinsamer Erkenntnis von uns als beendet erkannt worden. Was ich als Liebe zu spüren glaubte, war eine durchlebte Scheinwelt, eine Fata Morgana, deren flimmernde Scheinwelt ich aber viel zu spät erst als solche erkannte. Das Glück hatte sich von mir abgewandt, denn Gaby verließ unsere Gemeinschaft und … zog mit ihrem neuen Lebenspartner in die Nachbargemeinde Heimbach-Weis … und reichte konsequenterweise 1979 die überfällige Scheidung

ein.

So übergab ich, der Not gehorchend, Gaby unsere Geschäfte in Bendorf und Koblenz, das waren die zwei ‚Schatzkisten', – so tauften wir diese Mode- und Geschenk-Boutiquen, welche ich zuvor mit viel Kreativität und Herzblut für sie gebaut hatte und für etliche Jahre dekorierend betreute.

Außerdem hatte ich das große, aber arg ramponierte Barock-Haus, im Jahr 1970, mutigerweise von der Erbengemeinschaft der Familien von Claer gekauft.

Dieses Remyhaus, es war als unsere gemeinsame Lebensgrundlage geplant gewesen und sollte zukunftsorientiert, eben als familiäre Absicherung dienen.

Dieser ‚alte Kasten', wie der Bendorfer Volksmund das historische Anwesen in verächtlicher Form herabwürdigte, dieses, von meinem Empfinden her, ehrwürdige Ensemble, es wurde mit meinem Kauf zu unserem ‚Goethe-Haus'.

Der bauliche Zustand unseres Neubesitzes war mehr als renovierungsbedürftig, denn der bröckelnde Putz zeigte hässliche Untergründe, aber auch der uralte Farbanstrich an den noch haftenden Außenwandflächen des Bruchsteinmauerwerks war kaum noch zu erahnen. Etliche Feuchtigkeitsbereiche im Fundament zeigten sich an allen unteren Sockelabsätzen. Auch die sieben vermieteten Wohnungen entsprachen in ihrem baulichen Zustand in keiner Weise denen eines gepflegten und zeitgemäßen Zuhauses.

Aber ich hatte, schon seit meiner Kindheit, einen immerwährenden und von meinem Willen beseelten und stets realistischen Wunschtraum: Es war dieser historische, ehemalige Familienbesitz der ‚Remy-Dynastie', denn zeit meines Lebens lebte ich in diesem alten, unansehnlich anzuschauenden ‚Barock-Palast', in dem ja auch der Dichterfürst Johann Wolfgang von Goethe einstmals zu Gast war. Schon als Junge faszinierte mich die alte Marmortafel mit der verwitterten Inschrift, die kunstvoll gestaltet war und dominierend über der Freitreppe mit dem verzierten Eisengitter seit nunmehr über zwei Jahrhunderten ihren angestammten Platz innehatte. In altrömischer Antiquaschrift, gekonnt aus der Steintafel gehauen, erreichte den jeweiligen Betrachter diese sibyllinische Botschaft:

IN DIESEM HAUSE WEILTE GOETHE
MIT LAVATER – AM 18. JULI 1774

Anfangs, als ich über die Inschrift der verwitterten Marmortafel nachdachte, wusste ich noch nicht Goethes Begleiter einzuordnen. „Vati, weißt Du, wer dieser Lavater war?"

„Ja, mein Sohn, Goethe war bei seinem Kurzbesuch bei den Remys zu Gast, er war damals fünfundzwanzig Jahre alt und wurde von seinem schweizerischen, frommen Freund, dem Geistlichen Lavater begleitet. Dieser wohnte in Zürich und war ein reformierter Prediger. Übrigens, Goethe hatte gerade seinen ‚Werther' vollendet." (Die Leiden des jungen Werther)

Vati hatte, wie meist in seinen Erklärungen, wieder den leicht ironisch klingenden

Tonfall gewählt, der mir meine jugendliche Unwissenheit unmissverständlich aufzeigen sollte.
Ich unterdrückte meinen aufkeimenden Ärger darüber und freute mich trotzdem über die von ihm erhaltene Wissensbereicherung.
In meinem Gefühl zu diesem spätbarocken Anwesen, dem sogenannten Goethe-Haus, entwickelte sich in meinem Denken so eine Art Seele, eine tiefgreifende und enge Verbundenheit, die mich magisch anzog, und je mehr ich mich mit der Historie des ehemaligen Prachtbaues auseinandersetzte, umso mehr spürte ich eine Resonanz und eine Ausstrahlung desselben. Auch vernahm wohl nur ich allein den historisch anmutenden Atem dieses erdverbundenen Remy-Bauwerkes in seiner wechselvollen Vergangenheit.
Tief in meinem inneren Empfinden entdeckte, erkannte und übernahm ich diese imaginäre, ja, die sich auch mystisch darstellende Aura, welche die ‚Remys' umgab. Diese, in damaliger Zeit und weit über Ländergrenzen hinweg weitbekannten und äußerst geschätzten, vorbildlichen ‚Eisenhüttenleute mit Herz und Seele', sie prägten vorbildlich den Beginn der Ära der weltweiten Industrialisierung.
Zunächst unmerklich, dann aber, in den folgenden Jahren stärker werdend, ergriff ich einen Teil dieser Aura und fügte ihn in meine eigene Gedankenwelt ein. Diese Gedankenwelt projizierte mir alsdann die klassischen Detailansichten des Remy-Anwesens in ihrer stilgerechten Farbgebung, – etwa aus der Zeit kurz nach der Errichtung dieses prachtvollen Barockhauses.
Es waren diese Visionen, die mich fühlen ließen, dass die optische Wirkung des Bauwerks über zwei Jahrhunderte mit der Geschichte der Familien Remy eng verbunden war. Aus dieser gewachsenen Einheit entwickelte sich, in meinem Denken zumindest, eine verzaubernde Faszination der positiven Ausstrahlung, die mich damals beherrschte und bis ins Heute hinein meine guten Gefühle bewahrt. Ich betrachte es als meinen persönlichen Glücksfall, dass ich in diesen Mauern fast vier Jahrzehnte leben durfte.
Schon von Kindesbeinen an erlebte ich im Kreise der vielen Nachbarkinder die schönsten Spielabenteuer in den beiden Innenhöfen des Hauses und vor allem auch immer wieder in der urigen Wildnis des dazugehörigen Parks, der von den meisten Einheimischen auch gerne ‚Pfarrers Garten' genannt wurde. Diese geliebte Spielfreiheit, die sich als unvergessene, kleine Episoden in schillernd bunten Erinnerungsbildern auf wundersame Weise in meinem Kopf zeitlebens verewigte … und mich dadurch in die glückliche Lage versetzte und wann immer ich es wünschte, jene abenteuerlichen Erlebnisse aufs Trefflichste erneut zu erleben …
Und genau dieses Haus wollte ich besitzen!
Dieses Haus wollte ich vor dem Verfall retten!
Dieses Haus wurde zu meinen ‚Lebenswohnraumtraum'!

Es entstand eine wundervolle Art von übergroßer Liebe zu diesem alten Gemäuer. Und diese Liebe wuchs, denn voller Energie ebnete ich dieser großen Liebe ihren

Weg, denn ich hatte eine Vision …

‚Keine Chance dem Zahn der Zeit'. Dieses geflügelte Wort war fortan mein Credo, quasi als Energiespender meines künftigen Wirkens.

Im Zusammenwirken mit meinen Dekorateuren sowie mit fachkundiger Unterstützung etlicher externer Handwerker renovierte ich das immense Anwesen, sowohl im Innen- als auch im Außenbereich, wobei, auf meine Anfrage hin, das Mainzer Landesamt für Denkmalpflege, die strengen Bedingungen der Ausführungen der umfangreichen Fassadengestaltung exakt vorschrieb, wobei der Leiter des Amtes, Dr. Custodis, mich außerordentlich gut und detailgenau beriet und für meine vielen Fragen stets ein offenes Ohr hatte.

Die von ihm und seiner Behörde mir versprochene finanzielle Hilfe in Höhe von 10.000 DM aus dem Fond des Denkmalschutzamtes, des zum Erhalt älterer, denkmalgeschützter Objekte eingerichtet worden war, diese Zuwendung unserer Landesregierung zeigte mir die Richtigkeit meines mutigen Handelns.

Über zehn Jahre mühevoller und akribischer Erneuerung in allen Baudetails, sowohl im Außen- wie auch im Innenbereich waren erforderlich, um diesem würdevollen, historischen Anwesen seinen einstmals vorhandenen barocken Glanz erneut zu schenken.

Lob und Anerkennung vieler meiner mir gewogenen Nachbarn und weiterer Bendorfer Mitbürger waren damals die Bausteine, mit denen ich das imaginäre Gebilde meines inneren Stolzes schuf …, doch von Caesar stammt wohl die warnende Weisheit … ‚SIC TRANSIT GLORIA' – siehe schnell vergeht der Ruhm – ich füge lapidar hinzu …

‚Es ist nun mal im Leben so und anderen geht es ebenso!'

Weitere negative Gedankenspiele reihten sich nahtlos und unwillkommen aneinander … ‚gut gedacht, ist noch lange nicht gut gemacht!'

Auch diese Feststellung durchzuckte blitzartig mein Hirn und quälte meine Gedanken.

‚Ich bin hundemüde, ich will schlafen verdammt noch mal'.

Dieser, von mir selbst an mich gerichtete laute Befehl, er wurde durch den Wust meiner wirren und doch auch irgendwie geordneten Gedankensprünge, total ignoriert. So schwirrten sie weiter, meine erinnerungsgeladenen und eindringlich ärgernden Gedanken …

‚Mein kleines, feines Werbestudio muss Bestand haben, denn mit ihm lässt sich weiterhin das Leben gewinnen und sinnvoll gestalten! Du musst Deine Selbstständigkeit behalten, denn nur mit ihr kannst Du Deine weitere Zukunft positiv fortentwickeln. Vergiss Deinen Stolz, auch wenn Du Dein geträumtes Lebenswerk, das Goethe-Haus, nicht mehr Dein Eigen nennen kannst, Du allein weißt, was du geleistet hast!' So ähnlich waren diese aufmunternden Worte wohl tausendfach durch meine stummen Selbstgespräche gewandert, und mit sprichwörtlicher Standhaftigkeit und einer gehörigen Portion Mut nahm ich mein gestalterisches

Tun wieder fest in den Griff und steuerte mein Lebensschiff mit vollen Segeln hin zu neuen Ufern.
Die Nachwirkungen meines Rausches waren durch die im Whisky-Nebel entstandenen Gefühlsbilder nur von geringem Schaden, denn ich hatte gewonnen, gewonnen auf ganzer Linie.
Mein Lotto-Jubel hatte meine innere Dynamik erneut gestärkt. Ich war mit Leib und Seele Schmücker, Schauwerbegestalter, Dekorateur, meinetwegen auch Gestalter für visuelle Kommunikation.
Beruf … kommt von Berufung … das trifft auf mich exakt zu, wie das Schlagwort: ‚Der hat den Nagel auf den Kopf getroffen'.

Einhergehend mit den Lotto-Verträgen wuchs natürlich auch der Bekanntheitsgrad meines Werbestudios enorm an und im damaligen Gefüge der wirtschaftlichen Entwicklungen gelang es mir, den interessantesten Sparten des Handels und der Industrie, meine Ideen zu präsentieren und durch überzeugende, detaillierte Dekorationsplanungen, auch die angestrebten und willkommenen Aufträge zu generieren. Durch die stets von mir gepflegten ehrlichen Freundschaften entstanden natürlicherweise auch Querverbindungen, die sich durch Empfehlungen oft als Gewinnbringer entwickelten.
Die in die Zukunft gerichtete Deutsche Kernenergie, als Großindustrieverbund, auch sie gehörte als weltweit anerkannter Partner zu meinem gestalterischen Renommee dazu, denn die Atomwirtschaft hatte Anfang der achtziger Jahre noch einen guten Klang in der Gesellschaft.

Die Kernforschungsanlage in Jülich, die Uran-Anreicherungsanlage in Gronau im Westmünsterland, die Firma ‚Brennelemente – Nukem' im hessischen Hanau, sie alle versetzten wir vor Ort in beschwingte Feierlaune und begleiteten Mitarbeiter und Gäste mit unseren kreativen Komplett-Gestaltungen in ihren themenbezogenen Großevents. Wir planten, entwarfen und wir zauberte … ‚Visionen des schönen Scheins'.

Ob eine Grundsteinlegung, eine Richtfest- oder Eröffnungsfeier, oder ein Jubiläumsevent unser fachliches Knowhow benötigten, wir überzeugten alle speziellen Auftraggeber mit individuellen und stets außergewöhnlichen Allrounddekorationen.
Die gewünschte, positive Resonanz der jeweils eingeladenen Presseorgane aller relevanten Medien wurde stets erzielt, denn ihre informierende Wirkung in der Öffentlichkeit spielte sich fast immer im optimistischen Darstellungsbereich ab, wobei in geringerem Maße auch ab und an kritische Anmerkungen zu diesem oder jenem brisanten Thema durchaus ihren kritischen, aber immer objektiv betrachteten Widerpart fanden.
Presse, Funk- und Fernsehen sind allesamt ein demokratisches Korrektiv von unschätzbarem und freiheitlichem Wert, denn jede gute Information, die der Wahr-

heitsfindung und der Wissensbildung mit Respekt dient, dient immer auch unserer Menschenwürde.

Jeder Art von Werbung und deren Gestaltung geht immer eine gut durchdachte Vorbereitung voraus, denn eine erfolgreiche Aktion basiert zwangsläufig auf einer gezielten Marketing-Strategie.
Mit intelligenten Planungen und menschlich gutem Einfühlungsvermögen lassen sich etwaige Stolpersteine zeitnah erkennen, und mit werbender Ehrlichkeit im großen Bereich der breiten Öffentlichkeitsarbeit lassen sich alle Wege ebnen.
Ein großer Virtuose dieses Metiers war mein Freund Dr. Dietrich Goerke, ein studierter Kopf, der eine eigene Consulting-Agentur von Rang und Namen besaß. Politik und Menschlichkeit können ganz eng miteinander verbunden sein. Die CDU-Mittelstandsvereinigung brachte uns seinerzeit zusammen und wir schlossen sofort eine herzliche Freundschaft, die die ganze Bandbreite der privaten Begegnungen umfasste.
Sein Charisma, sein großes Wissen auf allen Geistesebenen, seine Eloquenz und seine herzliche Natürlichkeit schufen unisono und in jeder Gesprächsrunde eine Atmosphäre des guten Gefühls. Ich erinnere mich immer wieder gerne an unsere langjährige und überaus erfolgreiche Zusammenarbeit, vor allem im interessanten Bereich der Deutschen Kernindustrie.
Ohne seine Protektion dortselbst hätte ich zu keiner Zeit eine Technik dieses Kalibers kennen und schätzen gelernt. Ihm habe ich ‚Danke' zu sagen. „Ich danke Dir über die Zeiten hinweg, mein lieber Dietrich!"

Unsere diversen Aufgabengebiete im Bereich ideenreicher Werbegestaltungen beinhalteten die meisten Branchen des Einzelhandels. Viele Kaufhäuser mit interessantem Warenangebot gehörten ebenso zu unseren Partnern, wie auch Mode- und Pelzhäuser des gehobenen Genres. Der rhythmische Szenenwechsel der zu dekorierenden Schaufenster garantierte uns immer wiederkehrende und willkommene Einnahmen, die die gesunde Existenz meines Werbestudios auf Dauer sicherstellten.
Jede Mitarbeiterin und jeder Mitarbeiter im Borchert-Dekorationsteam trug auch durch sein gepflegtes Outfit zum sympathischen Gesamterscheinungsbild bei, denn unsere Berufskleidung bestand aus blütenweißen Kurzkitteln mit Rückenverschluss. Die rechte Brustseite zierte das regenbogenfarbige, gestickte Firmenlogo in schmaler Ausführung. Die schicke Optik der jeweiligen ‚Künstler' verfehlte selten den von mir gewollten positiven Effekt, denn wie heißt der freche, aber der Wahrheit entsprechende Spruch?
‚Für den ersten Eindruck gibt es kaum eine zweite Chance'.
Im Verbund mit meinen Kolleginnen, Kollegen und mehreren Auszubildenden konnten wir jeden Auftrag im In- und Ausland stets fristgerecht und kreativ ausführen. Messegestaltungen, Großraumdekorationen oder Saal- und Bühnenevents

zeigten allemal meine individuellen Vorstellungen der Traumwelten in allen fantasievollen Spielarten, gleich welcher Stil auch immer gewünscht war.

Im steten Wandel, im ‚Kommen und Gehen' von Zeittrends, nicht nur im ‚großen Modebereich' gewinnt man Anerkennung, eben dann, wenn man flexibel agiert und das ‚Reagieren' anderen Mitbewerbern überlässt.
Tempogeladene und brandneue Herausforderungen im innovativen Wirtschaftskreislauf schaffen stetig rasante Herausforderungen, die schnelles Handeln erzwingen.
‚Wer nicht mit der Zeit geht, der geht mit der Zeit'.
Diese einfach gestrickte Floskel ist fast überall anwendbar.
Eine schnelle Auffassungsgabe, ein sofortiges Erkennen der aktuellen Situation, gepaart mit zügigem Handeln, diese Eigenschaften zusammengenommen, sie sind oftmals der einzige Rettungsanker im quirligen ‚Auf und Ab' des unaufhaltsamen Fortschritts auf allen Gebieten.
Allein die Ideen zu diesem ‚Auf und Ab' des unaufhaltsamen Fortschritts sind überall zu finden. Es gilt ‚Neues' zu wagen, es gilt positive Energie zu entwickeln, denn mit neuer positiver Energie blüht der Kreative auf und sucht nach neuen Wegen, um etwaige Rückschläge zu kompensieren.
Eine kämpferische Haltung kann oft den Sand aus dem wirtschaftlichen Getriebe fegen und somit die Negativentwicklungen verhindern. Es entstehen sogar neue Betätigungsfelder und bei intelligenter Handhabung derselben entsteht eine gewinnbringende aktive Flexibilität.
Diese neue Flexibilität prägte in den achtziger und neunziger Jahren den rasanten Umschwung in eine noch schnellere, revolutionärere Zeit. Ins Zeitalter des Internets und in dessen, mit atemberaubendem Tempo rasenden Fortschritts. Hinein ins ‚einundzwanzigste Jahrhundert'.
‚Millennium', es war das Wort und zugleich auch der allgemeine Begriff des Jahrtausendwechsels, dieses Wort faszinierte und es ängstigte zugleich, und es zeigte den zwangsläufigen Wandel auf allen Gebieten unserer menschlichen Existenz auf. Doch nichts auf der Welt ist so beständig, wie eben der stete Wandel. Diese Erkenntnis ist so alt wie die Menschheit selbst.
‚Energie, Ideenreichtum, Fleiß und Optimismus, diese inhaltsreichen Begriffe als Zielsetzungen angewandt, sie werden den steten Wandel zukunftsorientiert gestalten'. Diesem, meinem mutmachenden Selbstgespräch setzte ich folgendes Gedankenspiel hinzu: ‚Mensch Gotthold, Du alter Haudegen, Du hast bis jetzt allen Widrigkeiten Paroli geboten, Du schaffst auch das ‚Neue' des so verdammt schnellen Zeitenwandels!"
So mögen sie wohl in meinen Ohren geklungen haben, meine fast hörbar an mich selbst gerichteten Worte. An eventuell ‚in spe' auftretende Schwierigkeiten wollte ich einfach keinen Gedanken verschwenden.
Es sollte aber ganz anders kommen! Doch das ist wieder eine eigene, persönliche

Geschichte, aber dieser widme ich gesondert meine Aufmerksamkeit.
Erst gegen Ende des Jahres 2014 beendete ich die Existenz meines verrückten und geliebten Werbestudios, also nach exakt achtundvierzig Jahren aktiven ‚Schmückens'. Mein Herz als Gestalter aber schlägt weiter, langsamer zwar, doch immer noch aktiv, obwohl ich das ‚Deko-Hämmerchen' und die herrlich farbige Palette der zauberhaften Dekorationen in die mystische Welt der ‚erzählenden Feder' ausgetauscht habe.
Ich wünsche mir fortan die Gabe, meine Gedanken, ausdrucksstarken Farbtupfern gleich, aufs Papier bringen zu können, um deren entstehende Harmonie des bildhaften Schilderns zu erlernen und auch zu beherrschen.
Um es bildhaft darzustellen: Es soll eine lebendige Faszination entstehen, eben wie die, des gewünscht, ja gewollten Farbenflusses auf dem Papieruntergrund aller ‚Nass-in-Nass-Aquarelle' meines Vaters.
Durch das flüssige Ineinanderfließen der gesuchten, weichen ‚Schreibnuancen' soll, wie bei den gemalten Bildern meines ‚Alten Herrn', nun aber eben mit meiner ‚Feder', die Faszination des ‚farbigen Schreibens', entstehen können.
Möge uns, meinem geliebten Lebensmenschen Gaby und mir, die göttliche, ewige und allgegenwärtige Energie, jetzt im Spätherbst unseres Seins, die Zeit, die uns noch bleibt, weiterhin vergolden und verzaubern.
Wir sind durch unsere gemeinsame Lebensphilosophie unendlich reich geworden, denn unser wahrer Reichtum gedeiht in uns selbst … und er gleicht, auf wundervolle Weise ‚Philemon und Baucis', jenem miteinander alt gewordenen Paar, aus der griechischen Sage, welches durch der Götter Gunst, in hohem Alter und in Würde das wahre Glück ihres gemeinsamen Endes leben und erfahren durften.
Und wir, meine Gaby und ich, wir genießen lebendig unsere vielen goldenen Tage des gemeinsamen Lebensherbstes in Harmonie, und wir freuen uns über diese vom Schicksal geschenkte Gnade, in Demut und voller Dankbarkeit.
Wir erfühlen und wir schätzen, mit großer Sensibilität, unseren gewonnenen, inneren und wirklichen Reichtum, denn auch wir haben unser beider Herzen in inniger, glücklicher Liebe verbunden, eben wie der griechischen Sage folgend, das ergraute, alte, und würdevolle Paar … ‚Philemon und Baucis'.

Europa …
… ein virtuelles Wiedersehen mit meinem Vater:
‚Meine Passion und meine Leidenschaft im Wandel der Zeiten'

Ein virtuelles Wiedersehen mit meinem Vater, und ein aufwühlendes Erkennen seiner einst weitsichtigen Vision zu einem vereinten Europa in Frieden und Freiheit. Ich habe seine Vision in meinen Gedanken gespeichert, ich habe ihren Sinn erkannt und aufgenommen, denn ich habe meinen alten Herrn hautnah erlebt, einstmals in den sechziger und siebziger Jahren des vergangenen Jahrhunderts.
Im Rückblick auf die erlebte jüngere Geschichte im persönlichen Bereich tritt in

meiner Erinnerung so manche interessante Episode mit der Kraft der aufgewühlten Gedanken hervor, die ich zunächst ins Gedächtnis rief und positiv analysierte. Alsdann aber, beim neuerlichen geistigen Verarbeiten des wiedergekehrten ‚Europazaubers' von einst, zu dem Zeitpunkt habe ich gefühlsmäßig, fast schon unter wohltuendem Zwang, die geistige Nähe der einstmals visionären Protagonisten dieser Bewegung gesucht.

Denn diese weitsichtigen Denker, sie prägten in der vergangenen Epoche des zusammenfindenden Europas die Ideale einer neuen, völkerverbindenden Staatengemeinschaft, die in demokratischer Ausrichtung das Zusammenwachsen ohne trennende Grenzen als das oberste Gebot erkannt hatten.

So ziehen die ehemaligen, spannenden, auch teils kontroversen, Vater-Sohn-Dialoge des damaligen Geschehens in mein heutiges ‚Europa-Gegenwartsdenken' ein, bewegen meine starken Erinnerungen an jene Zeit und sie bereichern auf magische Weise meine hoffnungsvollen Zukunftsträume.

Aber genau in dieser Phase des Nachdenkens überstürzen sich die Ereignisse und längst vergessen geglaubte Erlebnisse treten überdeutlich in den Vordergrund. Sie bewegen unmerklich Gefühle, die aber nur verstanden werden können, wenn sie aufgearbeitet und von mir auch niedergeschrieben und erzählt werden.

An diesem Punkt angekommen, beginne ich, von einem inneren Drang beherrscht, aufzuzeichnen, was zum kleinen, aber auch zum großen, umfassenden Weltgeschehen wesentlich erscheint und aus persönlicher Sicht so bemerkenswert war, dass es sich lohnt, festgehalten und überliefert zu werden.

Und weil mein Vater ein Maler war, und weil er sein Leben seiner geliebten Kunst widmete, und weil ich sein Lebenswerk über alle Maßen schätze … möchte ich den erlebbaren Zauber seiner virtuosen Farben und Formen unkonventionell, eben in Anlehnung seiner künstlerischen Kompositionen, in meine nächste Betrachtung einfließen lassen: „Ein buntes Leben, voller farbiger Tupfer, wie sie sich auf der Farbpalette eines Malers zeigen, wie sie pastos und dicht nebeneinander gesetzt beginnen, Ordnung im Farbenspiel zu schaffen, und wie diese Tupfer beginnen, sich unmerklich im entstehenden Bild gestalterisch zu vermischen, wie sie zunächst mit harmonischen Tönen flächige Darstellungen andeuten und im Vollenden des Werkes Unsichtbares erahnen lassen. In weiterer Folge entsteht im inneren Gefühl eine Eigendynamik, noch unbemerkt und kaum erkennbar, dann aber erscheinen beim näheren Betrachten die feinen Nuancen der gebrochenen Farben und weiche, sich ergänzende Klänge bilden eine malerische Symphonie der wunderbaren Art, jeweils im Augenschein des Betrachters und in seiner aktuellen Zeit. Mit weichem Pinsel, aber auch mal mit kräftiger Spachtel möchte ich, in Anlehnung an die malende Zunft, so manche der vielfarbigen, erlebten Episoden in Bildausschnitten schildern und auch detailliert darstellen, um sie vor dem ‚Vergessen und Verlorengehen' zu retten, quasi als authentischer Zeitzeuge einer leider zu schnell vorbeigerauschten, schönen Epoche voller geistiger Strahlkraft und Brillanz der Menschen, die mit innerer Würde ihre Ära prägten und dem Weltfrieden als einzigem Ziel dienten. Mein Pinsel jedoch ist die Feder und meine Farben sind die Worte."

Mein Herzenswunsch ist der immerwährende Friede, denn er wohnt wohl tief im Innern eines jeden Menschen von Anbeginn an, und er ist in seinem Denken fest verwurzelt. Dieser Friedenstraum aller wird wohl auch in zukünftigen Zeiten als berechtigter Wunsch in unseren Herzen dauerhaft beheimatet sein und bleiben.

Aber die raue Wirklichkeit sieht, wie wir aus der realen Menschheitsgeschichte lernen konnten, leider gänzlich anders aus.

Meist brennen heute Brutalität, Terror, Folter, Vergewaltigung und millionenfaches Morden in fanatisch geführten Kriegen fürchterliche Bilder in unser Denken. Nichts aus allem Wissen dieses unendlich grausamen Geschehens heraus haben die verantwortlichen Machthaber und Diktatoren verstanden und gelernt.

Mag unsere Vorstellungskraft und unsere Kenntnis über all das zerstörerische Unheil in der Vergangenheit oftmals nur abstrakt erschienen sein, so sind die täglichen Gräueltaten, die über die Fernsehschirme weltweit flimmern und erlebt werden müssen, von einer unglaublich direkten und harten Realität gezeichnet, dass jeder mitfühlende Mensch sich total hilf- und machtlos vorkommen muss.

Auch ich erlebte stets aufs Neue dieses Anschauen der Schrecken mit wachsender Abscheu über den Zustand unserer Welt. Auch stellte ich mir immer wieder die Frage, was kann ich tun? Mit der Häufigkeit der wechselnden schlimmen Bilder aus den Brennpunkten der Kriege kommt unwillkürlich die Frage auf, ‚stumpfe ich ab, will ich diese Tatsachen überhaupt noch sehen?'

Innerlich schreit mein Denken „Nein". Doch wenn es vielen Mitmenschen, egal in welchem Land sie leben, wenn es ihnen ebenso im Herzen brennt, dann kann die Vielzahl der gleichdenkenden Mitbürger wohl etwas bewegen!

Mag der Einfluss auf einen Ausweg aus diesem Weltdilemma noch so gering erscheinen, so können wir unsere friedlichen Gedanken, quasi als Energiebündel unseres Friedenswillens, in die Welt schicken, wir können dieser Energie folgen und unser tägliches Leben danach gestalten.

Jeder Gleichgesinnte sollte an seinem Ort aktiv werden, mit gezielten Gesprächen, mit sachlich geführten Diskussionen, eben mit geistigem Austausch und mit dem Kundtun unserer Meinung. Gelebte Menschlichkeit ist ein beredtes Bekenntnis zum persönlichen Mut.

Ja, wir können auch schreiben und so aufzeigen, was uns im Innersten bewegt. Wir können unseren Einfluss geltend machen, indem wir die Menschen unterstützen, die im Gleichklang mit unserem Denken Menschlichkeit und Würde aktiv gestalten und politisch durchsetzen können. Es gibt viele Möglichkeiten Frieden zu fordern und Frieden zu leben. Europa, ein vereintes Europa, das ist mein Credo.

Ein glücklicher Moment ...

Aus welchem Grund auch immer, vielleicht auch aus purem Zufall, fiel mir beim Durchstöbern meiner, von meinem Vater geerbten, gutbestückten Bibliothek, ein Buch aus dem Jahr 1928 in die Hände.
Ja, und weil mich allein schon sein Titel neugierig machte, schlug ich das leinengebundene Buch auf und entdeckte gleich auf den unbedruckten ersten beiden Seiten unverkennbar die markante Handschrift meines ‚alten Herrn'. Ich war berührt und fasziniert zugleich.

Amerika – Vorbild und Warnung!

Dieser rot-schwarz gehaltene Titel auf dem graugrünen Leinendeckel des Buches sprang mir förmlich ins Auge. Auch der Verfasser ‚Edgar Ansel Mowrer' war in fetten Buchstaben gesetzt und verlieh durch die kraftvolle Optik des Schrifttyps eine fesselnde Eigendynamik. Dieses politisch brisante Buch war im Jahre 1928 im Ernst Rowohlt Verlag zu Berlin erschienen.
Mit der Übertragung von Mowrers zeitkritischem und auch umstrittenen Werk vom ‚Amerikanischen' ins ‚Deutsche' wurde die Übersetzerin Frau ‚Annemarie Horschitz' beauftragt.
Ich hatte gleich drei Informationen zur Hand! Auf den ersten zwei Seiten, handgeschrieben von meinem Großvater, die erste Besitzanzeige ‚Gotthold Borchert, zu Weihnachten 1928', darunter, ebenfalls mit Tinte und handgeschrieben, unverkennbar die Schrift meines Vaters mit folgendem Text:
‚Nach 37 Jahren ist dieses Thema noch komplexer geworden – noch intensivierter! Vieles ist realisiert worden von dieser Prognose. Der weitere Weg Europas allerdings erscheint nunmehr fragwürdiger denn je, die Spaltung der Welt in zwei Lager wahrscheinlicher, wobei Europa vorübergehend als dritte Macht sich entwickeln könnte, um an der Wendemarke endgültig der östlichen Ideologie zu erliegen, bzw. in sie aufzugehen.
Kassandraruf? Kaum! Ich werde es nach den nächsten 30 Jahren nicht mehr lesen können, um den Weg Europas zu erfahren.
Schade – Borchert sen. 1965'

In spontanen Gedanken sagte ich zu meinem ‚Alten Herrn': „Ja, schade, dass Du, mein lieber Vater, die weitere Entwicklung Europas gerade in den letzten vier Jahrzehnten nicht mehr erleben konntest."
Ich habe also den zweiten Text aufgenommen, mit dem Ziel meine Gedanken zum Weltfrieden weiterzuverfolgen, der ‚Spleen' meines Vaters, mit handschriftlichen Randbemerkungen die Buchseiten seiner ‚Lesewut' mit ‚seinen' Ideen oder auch ‚Korrekturen' zu versehen, hat mich ja zu früherer Zeit schon des Öfteren zum Schmunzeln, ja aber auch zum intensiven Nachdenken gebracht. ‚Freigeister' tun sowas, sagte ich zu mir.

Hier, der dritte handschriftliche Text, geschrieben wiederum zeitversetzt, nun im Jahr 1970, auf der festeren ersten Innenseite:
‚Wer dieses Buch zur Hand nimmt, muss bei jeder Seite ständig daran denken, dass seine Gedanken (Mowrer's) vor 42 Jahren geschrieben wurden, denn allzu oft glaubt man sich in die Gegenwart versetzt', –
Zitat Ende.

Auf zwei Seiten gleich zwei geschichtlich interessante Informationen meines geschätzten Vaters zu erhalten, das war für mich wie ein Wink des Schicksals, obwohl ich es auch nur als ‚Zufall' oder ‚Fügung im guten Sinne' bezeichnen könnte.
Die verblasste ‚Besitzanzeige' der tintengeschriebenen Datierung von 1928 in meines Großvaters Handschrift bewegt mich ebenso intensiv und gibt mir ein gutes Gefühl, eben dann, wenn ich meiner ‚Väter' Philosophien folge und meine eigenen Gedanken zum Thema Europa erforschen will. Mein gutes inneres Gefühl begründet sich allein schon aus der Gegebenheit heraus, dass ich damals, also in den 60er und 70er Jahren in den vielen Vater-Sohn-Gesprächen oftmals eine andere Auffassung des ehemals gelebten ‚Status quo'-Standpunktes in Deutschland und Europa vertrat.
Das sehe ich aber heute, im Spätherbst meines Lebens, anders, eben weil mir nun die gesamte Ost-West-Entwicklung, die sich zum großen Teil als äußerst positiv darstellt, bestens gegenwärtig ist. Der Zeitenwandel, ausgehend allein schon von Russlands neuester Geschichte, vom Niedergang der ehemaligen UdSSR zum Ende der Amtszeit von Michail Gorbatschow, bis hin zu Russlands Neuexistenz als wiedererstarkter Großmacht unter dem russischen Präsidenten Wladimir Putin.
Dieser Machtmensch will sein Regierungsamt, quasi als Alleinherrscher, möglichst auf lange Zeit erhalten, weshalb er alle freien, demokratischen Bewegungen des russischen Volkes nicht nur unterdrückt, sondern gezielt verfolgt. Die freidenkenden Menschen und einer Demokratie zugetanen Mitbürger werden mit Polizeikräften und Militärkommandos rigoros bekämpft und mit einer unterwürfigen und gleichgeschalteten Justiz mit harten Strafen belegt.

Trotzdem muss die freie Welt, müssen alle Länder Europas mit ihm und allen anderen Regierungschefs, die als ebenfalls als unbequem und schwierig gelten, im steten Dialog agieren. Denn solange man miteinander redet, schießt man nicht aufeinander. Das ist eine einfache aber richtige Weisheit.
Gegen Ende der ‚achtziger Jahre' zeigte sich ein Wertewandel im Machtbereich der UdSSR …
Das anhaltende Aufrüsten der beiden Militärbündnisse, die als Schutzmächte im geteilten Europa in Zeiten des ‚Kalten Krieges' ein Gleichgewicht der Kräfte garantieren sollten, zeigte sich aber in den achtziger Jahren des letzten Jahrhun-

derts, speziell für die UdSSR, als nicht mehr finanzierbar.
Vor allem die Aufstellung der Atomraketen ‚SS 20' auf russischer Seite, die Europa und weite Gebiete der freien Welt bedrohten, wurde von der Nato mit dem ‚Nachrüstungsbeschluss' beantwortet.
Dieser Beschluss wurde seinerzeit bei uns in Deutschland von der Friedensbewegung und linken Gruppierungen massiv bekämpft. Doch allem politischen Gegenwind zum Trotz begrüßte der damalige Bundeskanzler der SPD, der angesehene Helmut Schmidt, diesen Nato- Doppelbeschluss.
Der Präsident der Vereinigten Staaten von Amerika, Ronald Reagan, und sein russischer Partner Michail Gorbatschow, allmächtiger Staatssekretär der kommunistischen Partei der Sowjet-Union, kurz als KPDSU bezeichnet, erreichten eine Einigung. Beide Staatsmänner beendeten das von Russland begonnene Wettrüsten. Vernunft siegte vor Sturheit.
Denn genau dieser sogenannte Nato-Doppelbeschluss des Westens, der ein Aufrüsten der Pershing-Raketen bedeutete, aber gleichzeitig bilaterale Abrüstungsgespräche anbot, war in jener Zeit eine so deutliche ‚Sprache', die von der UdSSR, der Union der sozialistischen Sowjet- Republiken als der Gegenseite, also von Gorbatschow, schnell verstanden wurde und glücklicherweise zum vernünftigen Umdenken mit politischer Weitsicht führte. Der ‚Kalte Krieg' hatte sich als beendet erwiesen.

In der Zeit vor diesem Wandel sah es zu jener Zeit, vereinfacht ausgedrückt, sehr bedrohlich aus, denn die militärische Lage in unserem Europa war äußerst instabil. Jeder logisch denkende Mensch spürte ja die permanente Kriegsgefahr, die unterschwellig vom politischen Handeln der verantwortlichen Staatschefs in West wie Ost, permanent ausging.
Es war der damalige, fast allmächtige Parteichef der KPDSU, der alles beherrschenden kommunistischen Partei der Sowjet Union, der als gleichzeitiger Regierungschef und oberster Befehlshaber aller Ostarmeen, eine Machtfülle in Händen hielt, die es in diesem Umfang zuvor noch nie gegeben hatte. Dieser Mann hatte einen Namen:

‚Michail Gorbatschow'…

Ich betrachte diesen äußerst intelligenten und mit messerscharfem Verstand gesegneten, großen, russischen Menschen als einen Glücksfall in der Menschheitsgeschichte. Sein Einschätzen der Weltlage, sein Umdenken und seine, mit diesem Wandel verbundene Kehrtwende zur bisher gültigen Doktrin der beiden Militärblöcke, brachte nicht nur seinem eigenen Volk ein gewisses Quantum kaum gekannter Freiheit und demokratischer Transparenz in vielen Bereichen des täglichen Lebens, sondern den Völkern der Welt auch einen Hauch der Hoffnung auf anhaltenden Frieden.
‚Glasnost und Perestroika', diese beiden Philosophien der neuen Kreml-Politik

leiteten den generellen Wandel des Handelns ein und sie waren als das Fundament und somit der Ausgangspunkt des neuen Weges von Michail Gorbatschow propagiert worden.

Sein Weitblick und seine menschlichen und demokratischen Visionen, die ein Ende des ‚Ost-West-Konfliktes' zum Ziel hatten, ließen weltweit Friedenshoffnungen aufkommen. All diese Fakten zusammen genommen bedeuteten die globale Zeitenwende und waren von unschätzbarem Wert. Denn sie brachten das Denken in den Köpfen der friedliebenden Völker auf einen gemeinsamen Nenner. Und genau diese Fakten erzeugten weltweit eine ehrliche Sympathie zu diesem Protagonisten einer vernünftigen, einer friedlichen und vor allem neuen Ära des Miteinanders der Völker in Ost wie West.

Natürlich spielte auch die anfangs bei uns noch sehr umstrittene neue Ost-Politik der ‚Ära Brandt-Scheel' im Vorhinein eine nicht zu unterschätzende Rolle. Sie verstand ich als Wegbereiter einer zukünftigen, friedlichen Lösung des ‚Kalten Krieges' und einer Auflösung des ‚Ost-West-Problems'.

Michail Gorbatschows Kehrtwende, die er im diplomatischen Miteinander der damals verantwortlichen Ostblock-Staatschefs geschickt verhandelte und in Folge auch umsetzte, er beschritt Neuland, indem er gleichzeitig auch das ausgewogene ‚Kräftespiel zur Abschaffung des Status quo' mit dem Westbündnis eröffnete. Dieses staatsmännische Können und das feinsinnige Fingerspitzengefühl Gorbatschows, es zeigte den richtigen Weg zur erhofften Völkerverständigung auf.

Die bis dato verfeindeten Militär-Blöcke im sogenannten ‚Kalten Krieg', wurden auf ein vernünftiges Maß reduziert, und gerade diese Entwicklung zählte für mich als ein weiterer historischer Meilenstein auf dem einzig richtigen Weg zu unserem gemeinsamen, großen und friedliebenden Europa.

Das menschliche und durchaus gute Verstehen, welches sich durch die entstehenden, zahlreichen und persönlichen Gespräche der jeweiligen Machthaber in steigendem Maße einstellte, zum Beispiel das freundschaftliche Verhältnis von Breschnew-Brandt, später auch Kohl-Gorbatschow, um diese Protagonisten der Machthaber auf beiden Seiten zu nennen, dieses gegenseitige Verstehen war ebenfalls von entscheidender Bedeutung für die friedliche Koexistenz und im weiteren Verlauf für die weitreichende Aussöhnung der damaligen Gegner.

In diesem Zusammenhang erinnere ich mich auch gerne an den ‚schlauen Fuchs', den ehemaligen Vordenker und geschickt taktierenden Kanzleramtsminister, den umtriebigen Egon Bahr. Er galt als engster Vertrauter Willy Brandts und Mitstratege der neuen ‚Deutschen Ostpolitik der frühen siebziger Jahre', die er durch seinen Weitblick bereicherte. Der spätere Friedensnobelpreisträger Willy Brandt öffnete die Tür zum Ostblock, und Egon Bahr war der geistige Vater des inhalts-

schweren und zielführenden Leitsatzes: ‚Wandel durch Annäherung'!
Ja natürlich, heute weiß jeder Interessierte, dass diese ‚Vision' den einzigen und richtigen Weg zum friedlichen Miteinander bedeutete.
Die Teilung Deutschlands und später auch Europas war das Ergebnis des mörderischen Zweiten Weltkriegs der verbrecherischen Hitler-Diktatur. Da sich die Siegermächte im gegenseitigen Machtstreben nicht einigen konnten, Stalin, als unversöhnlicher Machtmensch und Diktator zu hohe Forderungen bezüglich der Aufteilung des ehemaligen Deutschen Reiches in Besitz nehmen wollte, war die Teilung des europäischen Kontinents eine unausweichliche Konsequenz.

Die vier Siegermächte dieses Weltenbrandes waren über das Ziel eines Zusammenlebens im ‚Nachkriegsdeutschland' völlig zerstritten und auch im ‚Nachkriegseuropa' war keine politische Einigung zu erreichen.
Zum einen stand da das Riesenreich der UdSSR, diktatorisch-kommunistisch von Josef Stalin mit äußerst harter Knute menschenverachtend geführt, zum anderen standen die Interessen der drei westlichen Siegermächte dagegen. Der Westen lebte die freiheitliche Demokratie im Selbstbestimmungsrecht aller Partnerländer. Unter Stalins Führung vollzog sich die Entstehung des Ostblocks unter kommunistisch, sozialistischer Herrschaft unter totaler Abschottung dieser Länder auf schnelle und rigorose Weise.

Dieses Auseinanderdriften der Siegermächte hatte verschiedene Gründe. Der Nichtangriffspakt, den Hitler und Stalin 1939 vereinbart hatten, wurde durch den deutschen Angriff 1941 brutal missbraucht.
Die verantwortlichen Strategen der USA-Regierung erkannten die ungeheure Gefahr, die von einem siegreichen Deutschland für die freie Welt ausgegangen wäre und stemmten sich mit allen Kräften gegen die millionenfachen Kriegsverbrechen der Nazi-Diktatur und gegen die an allen Fronten kämpfende deutsche Wehrmacht.
Das große Aufrüsten der Sowjet-Militärmacht vollzog sich in den Kriegsjahren von 1941-45 vornehmlich mit den immensen Waffenlieferungen der nunmehr verbündeten Vereinigten Staaten von Amerika an die UdSSR und der eigenen, enorm verstärkten russischen Rüstungsindustrie in allen militärischen Waffenbereichen der Sowjet-Armeen.
‚Der große vaterländische Krieg' zur Befreiung von ‚Mütterchen Russland', diese beiden heroischen Losungen setzten auch dadurch immens starke Kräfte in der Bevölkerung frei, die letztendlich zum historischen Sieg über das verhasste faschistische Hitler-Regime führte.

Bei den Potsdamer Konferenzen der Siegermächte wurden ihre Einflussgrenzen neu festgeschrieben und besiegelt.
Das ehemals ‚Deutsche Reich' existierte nicht mehr, es wurde regelrecht aufgeteilt. Auf der einen Seite entstand die DDR, integriert in den Ostblock, aber unter der

strengen Führung von Stalin und der Diktatur des allmächtigen Apparates der kommunistischen Partei der UdSSR.
Auf der anderen Seite hatte der, in drei Sektoren geteilte Reststaat Deutschlands, die BRD, wie man das neue Gebilde als Kürzel auch nannte, eine amerikanische, eine englische und eine französische Zone. Die Hoheit über diese Restgebiete hatten jeweils die West-Alliierten, eben die USA, Großbritannien und Frankreich. Die Gründung beider deutscher Staaten wurde, etwas zeitversetzt, 1949 vollzogen. Nicht erst seit diesem Datum entwickelten sich die beiden deutschen Staaten in völlig unterschiedlicher Struktur. Diktatur auf der östlichen Seite, Demokratie auf westlicher Seite. Das bedeutete aber auch die Teilung Europas. Zwei politisch total unterschiedliche Einflussgebilde entstanden, der ‚Freie Westen' hier, der ‚Ostblock' da.
Getrennt von dem nahezu unüberwindlichen ‚Eisernen Vorhang', wie man damals so treffend die ‚Demarkationslinie', also die Trennung von Ost und West, nannte, lebten die Menschen jeweils in ihren engen Grenzen.
Es war eine sehr anstrengende und schwierige Zeit, da sich das Lagerdenken, eben das Denken in den zwei Blöcken, auch in den Köpfen und in den Herzen der Menschen festsetzte.
Auf westliches Denken, vorgelebt von der Führungsmacht USA, baute sich schnell das westliche ‚demokratische System' mit all seinen Stärken aber auch Schwächen auf. In all den Aufbaujahren wurde, teils auch rücksichtslos, Schritt für Schritt, das deutsche ‚Wirtschaftswunder' zielstrebig aufgebaut.
Den allermeisten Westbürgern gelang es schon nach kurzer Zeit, die Annehmlichkeiten, die der stete Aufbau mit sich brachte, zu schätzen und auch zu genießen. Ein Gefühl des Stolzes stellte sich damals ein, zumal auch die Fußball-Weltmeisterschaft 1954 gewonnen wurde.
Dieses Datum galt als gefühlter Wendepunkt hin zum ‚Besseren' in unserem Land. Fühlten sich viele Menschen wegen der großen Schuld an der verbrecherischen ‚Hitler-Diktatur' und dem damit verbundenen Völkermord an den Juden, Sinti und Roma, den Abermillionen an Opfern des unsäglichen Krieges, noch mitschuldig, so sagte der Volksmund nach dem Sieg und der errungenen Fußball-Weltmeistertitel der deutschen Elf im schweizerischen Bern 1954: ‚Deutschland ist wieder wer'.

Nun, das kann man so sehen. Ich hatte aber schon damals eine andere, meine jugendliche Vision …
Europa – so wie die Vereinigten Staaten von Amerika, so stellte ich mir unsere Zukunft vor. Ja natürlich!
‚Amerika, das Land der unbegrenzten Möglichkeiten'. Diesen Satz habe ich heute noch im Ohr. Unbegrenzte Möglichkeiten! Allein in dieser Wortwahl sah ich eine große Chance.
Mein Denken diesbezüglich ließ mich weiter träumen. Auch in meinem jungen

Leben spürte ich den Fortschritt, vornehmlich meine ich aber den Konsum und die Annehmlichkeiten für den einzelnen Bürger. Ich hatte ja die ersten Lebensjahre meiner jungen Existenz noch vor Augen, die ersten Nachkriegsjahre, voller Entbehrungen, auch voller Existenzangst meiner Eltern.

Ich erinnerte mich an die ‚Hamster-Touren' der Nachkriegszeit in benachbarte kleine, ländliche Orte, um Lebensmittel zu erbetteln. Ich erinnerte mich auch daran, wie mein Vater weite, beschwerliche Zugreisen mit mir unternahm, um einige wenige Habseligkeiten auf dem schwarzen Markt in Frankfurt am Main zu ergattern.

„Pferdefuhrwerk zum Hauptbahnhof", – ja, diesen Ausruf eines Mannes mit großem Holzleiterwagen, irgendwo in Frankfurts teils zerstörter Innenstadt, ihn habe ich noch im Ohr, denn dieses Vehikel diente als einzige Fahrgelegenheit. Exakt diese ungewöhnliche Situation ist unauslöschlich in meiner Erinnerung haften geblieben.

Im geschulterten Rucksack hatte mein Vater die ergatterten wertvollen Lebensmittel freudig verstaut. Ja, wenn man diese und ähnliche kleine Hamster-Abenteuer erfahren durfte, dann konnte man auch das bescheidene Erleben des beginnenden Wirtschaftswunders genießen. Es ging spürbar aufwärts in unserer noch jungen Bundesrepublik Deutschland und in Europa!

Ich empfand ja damals, wohl aus der elterlichen Erziehung heraus, die jüngste deutsche Vergangenheit als absolut schlecht. „Dieser verheerende Zweite Weltkrieg, dieses millionenfache Völkermorden, so etwas darf nie wieder geschehen", genau diese Wortwahl schnappte ich des Öfteren bei den Gesprächen der erwachsenen Menschen auf.

‚Aus Schaden wird man klug', – dieser einfache Spruch passte auch in die aufkommende Diskussion der Vergangenheitsbewältigung in damaliger Zeit. Er schwächte aber nur spärlich das teils vorhandene Schuldgefühl der älteren Generation ab.

Europa – die Vereinigten Staaten von Europa – also dieser Gedanke passte genau in meine Vision. Aber noch war ja in den Köpfen vieler Menschen die unsägliche Zeit des NS-Regimes mit all ihren Folgen verankert.

Der demokratische Weg, den die Länder der westlichen Welt gewählt hatten, dieser Weg gefiel mir so gut, dass ich auch meinem Vater meine Visionen offenbarte.

Damals schon, Ende der fünfziger Jahre stellte ich schnell fest, dass mein ‚Alter Herr' Verständnis für mein Denken zwar zurückhaltend zeigte, doch in seiner ureigenen, belehrenden Art schilderte er mir und meiner Mutter, die durch die Enge unserer kleinen Mansardenwohnung im Goethe-Haus zu Bendorf bei den Gesprächen zumeist zugegen war, eben seine eigene Vision bezüglich der Zukunft aller Völker in Europa.

„Europa hört nicht am Eisernen Vorhang auf" – diese Aussage stand für ihn fest. „Ein großer Teil Europas liegt im Herrschaftsgebiet der UdSSR – dem Riesenreich Russland, ja mein Sohn, auch dieser Teil gehört zu Europa."
Sicher war ich zu dieser Zeit ganz anderer Meinung, eben weil ja schon die Metapher ‚Eiserner Vorhang' eine gewisse Denk-Übelkeit in mir auslöste, gleichwohl hielt ich seine andere, aber klar formulierte, geografische Darstellung Europas fortan in meinen Gedanken fest.
Erst der Ural ist die Grenze Europas!

Dr. Konrad Adenauer, unser erster demokratisch, mit einer Stimme Mehrheit gewählter Bundeskanzler, hatte ja glücklicherweise rein gar nichts mit der NS-Zeit zu tun. Er war es, der die Aussöhnung mit Frankreich zielstrebig verfolgte. In General Charles de Gaulle, dem damaligen französischen Staatspräsidenten, hatte er eine willensstarke, führende Persönlichkeit des gleichen völkerverbindenden Willens gefunden.
Unter den beiden großen Politikern manifestierte sich die Aussöhnung der lange Zeit verfeindeten Länder Frankreich und Deutschland.
Unauslöschlich ist mir die Umarmung in Freundschaft der beiden alten Staatsmänner vor Augen fixiert. Das war, von meinem Empfinden heraus erlebt, der erste richtige Schritt auf dem Weg zu unserem Wunschtraum eines vereinigten Europas.
Durch diesen deutsch-französischen Freundschaftsvertrag, der das wechselseitige Verstehen und Verzeihen zukunftsorientiert beginnen ließ, entwickelte sich die Phase der regelmäßigen, gegenseitigen Staatsbesuche, die übrigens bis ins Heute hinein zu einer freundschaftlichen, ständigen und guten Gewohnheit geworden sind.

Ich besuchte das städtische Realgymnasium in Koblenz und anschließend absolvierte ich auch meine Lehrzeit in der schönen Mittelrheinmetropole. Zu dieser Zeit war Koblenz, auch durch die französischen Truppen, die als Besatzungs- und Ordnungsmacht fungierten, die größte Garnisonsstadt in Europa.
Koblenz an Rhein und Mosel war und ist bis heute ein sympathischer Schmelztiegel der verschiedensten Völker und Kulturen.

Die Welt der Dekorationen war mein Metier. Mit Feuereifer lernte ich alle Fähigkeiten, welche ein Dekorateur, man nannte uns auch umgangssprachlich humorvoll ‚Schmücker', brauchte.
Alles, was die schöpferischen Ideen der klugen Köpfe kreierten, alles musste eben auch manuell in Form gebracht werden. Allein die Farben, welch eine Fülle der Möglichkeiten!
Diese, im Verbund mit handwerklichem Können, eingebunden in die verschiedensten Materialien,- auch hier waren sie gegeben, die gestalterischen, unbegrenzten Möglichkeiten; siehe den Spruch zu den Vereinigten Staaten –, da waren sie

wieder, die Gedanken der unbegrenzten Möglichkeiten.
Das war meine Welt, das wusste ich, das spürte ich. Ich hatte ja die ganze Bandbreite der Farben in so unterschiedlicher, meisterhafter Weise durch das künstlerische Schaffen meines Vaters von Kleinkindesbeinen an kennengelernt. Mein alter Herr war, auch damals schon, ein anerkannter Kunstmaler. Also, was zusammenpasst, das sollte man tun. Ideen hat man zu haben!

Zu dieser Zeit gab es in Koblenz eine Anzahl angesehener Bürger, die dem Gedanken an ein Europa der Völker sehr nahe standen, die diesen wunderbaren Gedanken zusammenfassten und in der Gemeinschaft der damaligen ‚Europa-Union' als Verein, aktiv verfolgten.
Eine bekannte Persönlichkeit in Koblenzer Gesellschaftskreisen war ein Dr. Martini. Ein Gentleman vom Scheitel bis zur Sohle, ein Mann, der mich beeindruckte.

In dem großen Textil- und Modehaus Lütke lernte ich also meinen Beruf des Schauwerbegestalters, wie man so sagt, von der Pike auf.
Die ausbildenden Kollegen waren allesamt verrückte Typen, – das meine ich äußerst positiv, denn Kreativität im Bunde mit gestalterischen Fähigkeiten aus vielen Berufen vereint, wer so begabt ist, der präsentiert gerne seine Persönlichkeit auch nach außen hin, eben durch ein gewisses, optisches ‚Anderssein'.
Ob lange Haare als Markenzeichen ‚up to date' waren, ob man in der Mode mit überlangem Buntschal auffiel, all dies war stets individuell ein unübersehbares, persönlich gehaltenes äußeres Zeichen.
Dekorateur – eine Menschengattung der etwas anderen Art. Als angehender ‚Schmücker' wurde auch ich von der Lütke-Geschäftsleitung zu einer wichtigen Besprechung in den leerstehenden großen, hellen Saal im Innenbereich des Kaufhausgebäudes gerufen. Voller Anspannung folgte ich dem Ruf.
Im Kreise der Geschäftsführer des Modehauses Lütke stand der Mann, im eleganten dunklen Anzug, mit edler Krawatte und passendem Einstecktuch, vor dem schmalen Rednerpult.
Das war also Dr. Martini, ein, wie schon gesagt, stattlicher, eleganter Herr, der mit seiner, für mich mitreißenden Ansprache begann.
Markante Wortfetzen behielt ich aus dem inhaltsreichen Vortrag und speicherte sie im Positivteil meines Denkens.

Europa – dieses magische Gebilde hatte ich bildlich verankert und festgezurrt in meinem geistigen aber wohl noch begrenzten geistigen Horizont. Dieses Wort in seiner ganzen Bedeutung sprengte aber die Enge meines Denkens.
Europa, über Grenzen hinweg, Freundschaft der Völker, Werte des Abendlandes, ja – diese Wortfetzen habe ich damals verinnerlicht, aufgesogen und wie gesagt, gespeichert. Also, eine große und inhaltsreiche Ausstellung stand als bedeutendes Werbeobjekt und Ziel im Raum.

Der Raum –, die helle, leerstehende Lütke-Halle im Innern des großen Warenhauses. Im Herzen der Rhein-Mosel-Stadt. Im Kreise meiner Kollegen verspürte ich den Anflug von ansteckender Begeisterung.
Wir alle im Team, wir gestalteten Textil- und Modeschaufenster, mal statteten wir auch die Lütke-Modeschauen in der Deinhard-Kongresshalle in festlichem Flair aus, mal waren es andere kleine und große Events, die unsere Dekorationskunst forderten. Aber so eine große Ausstellung zum Thema Europa, diese Aufgabe war neu, vollkommen neu!
Dr. Martinis Europa-Ansprache hatte bei allen Anwesenden große Begeisterung hervorgerufen. Sicher, es gab ja die vielversprechenden Anfänge eines gemeinsamen Marktes, z. B. hatte sich die länderverbindende Montan-Union gefestigt, die Europäische Wirtschaftsgemeinschaft war auf dem Weg gebracht worden und viele Verbindungen auf sportlicher und kultureller Art wurden gepflegt. Europa war auf gutem Weg.
Im Kreise der verantwortlichen Gestalter des Hauses Lütke zu Koblenz rauchten die kreativen Köpfe, um es bildlich auszudrücken. Eine Ausstellung, gleich welcher Art, lebt von Bildern, so die Feststellung von uns. Wir suchten nach Bildern! Grenzen engten ja damals die Länder Europas ein. Mit dem Personalausweis, meist aber nur mit gültigem Pass, war es möglich gewesen, von einem Land ins gewählte Nachbarland zu reisen.
An der Tatsache ging kein Weg vorbei.

Aber von offenen Grenzen konnte man damals nur träumen. Wie sagt man so schön, wer zu träumen wagt, lässt seinen Wünschen Flügel wachsen.
Im Lütke Dekorationsteam eingebunden ließ ich also meinen gestalterischen Ideen freien Lauf und skizzierte verschiedene Ideen. Ich brachte zu Papier, wie ich mir Europa vorstellte und sicherlich auch wünschte.
Eine dieser Skizzen zeigte eine grenzüberschreitende Straße und das damals an den Grenzen übliche Zollgebäude sowie das Schild ‚Zoll-Douane'. Meine Skizze zeigte den obligatorischen Schlagbaum, rot-weiß gehalten. Doch ich zeigte ihn in der Mitte gebrochen, geborsten und mit Wucht geknickt. Dieser Effekt fand Anklang und der Gedanke der Grenzenlosigkeit war optisch gut ins Blickfeld der Betrachter gerückt. Europa ohne Grenzen. Ich hatte meinen Traum maßstabsgerecht zu Papier gebracht.

In der angeregten Diskussion der Gestalterrunde wurden die einzelnen Schauobjekte eingehend erörtert. Für und Wider wurden beleuchtet und Schritt für Schritt nahm die geplante Europa-Ausstellung Formen an.
Mein Vorschlag, untermauert durch die wirksame Zeichnung der Szene mit gebrochener Schranke, wurde akzeptiert und in das Gesamtbild der vielen Schautafeln und plastischen Bildnisse integriert. Durch diese Akzeptanz meiner Idee wuchsen mir in Gedanken diese imaginären Flügel.

Außerdem fand ich es ungewöhnlich aber auch fantastisch, dass wir Gestalter von Textilien und Mode eine solche Ausstellung aufbauen sollten. Aber ich war auch begeistert von der Vielfalt der Tätigkeiten, die mein gewählter Lehrberuf mir in diesem Haus bot.

Die Geschäftsleitung der Unternehmensgruppe Lütke engagierte sich vorbildlich für das Vorhaben der Koblenzer Europa-Union, und ihre Unterstützung in jeglicher Art war die Grundlage des großen Ausstellungserfolges. Unsere Chefs, Dr. Fuchs und Gerhard Lütke, aber auch die ‚Grande Dame' der Unternehmensleitung, die charmante Lucie Dondelinger, sie zusammen zeigten auch reges Interesse an unseren Aufbauarbeiten und besuchten uns sporadisch.

Mit Begeisterung vollendeten wir die Gesamtausstellung, der eine große Motiv-Such-Arbeit vorausging, denn es galt viele Bilder, Fotos, Texte und Objekte zu finden, um das große Ziel ‚Europa' in Frieden und Freiheit optimal ins rechte Licht zu rücken.

Die damalige Europa-Union in Koblenz hatte auch durch diese gelungene Präsentation spürbaren Erfolg verbuchen können, denn durch die hohe Besucherfrequenz der interessierten Öffentlichkeit und die begeisterte Berichterstattung, die die Regionalpresse der Rhein-Zeitung und der damals noch existierenden Tageszeitung der Rhein-Post wohlwollend verbreitete, wurde der gemeinsame Traum eines vereinten Europas enorm gestärkt.

Europa, so sah ich es damals, dieses herbeigesehnte Europa ist ein kleines Stückchen mehr Wirklichkeit geworden. Diese Sequenz von bildhaft dargestelltem Zusammenwachsen der Länder ohne Grenzen passte aber auch gut in den Zeitabschnitt der frühen Jahre unserer Bundesrepublik.

Edgar Ansel Mowrer schrieb, wie gesagt, in den Endzwanziger Jahren des letzten Jahrhunderts in seinem Werk ‚Amerika – Vorbild und Warnung', über die Entwicklungsmöglichkeiten unseres Kontinents.

Zitat: ‚Die Völker Europas sind weder Heilige noch Genies, und ihr Edelsinn ist, zart ausgedrückt, sporadisch. Deshalb erscheint es mir ein gerechter Schluss, dass die europäischen Sozialisten, die wahrscheinlich an Zahl zunehmen werden, dem Geist des erfolgreichen Abenteuers so erfolgreich Widerstand leisten, dass sie ihre Völker davor bewahren. Die vereinigten Staaten sind nicht heiliger oder hochmütiger oder begabter als Europa – sie sind einfach anders'.

Ende des Zitats.

Dazu die Randbemerkung meines Vaters im Jahre 1965:

‚Die Praxis des angewandten Sozialismus hat sich in fünfzig Jahren radikal verändert. = ‚veränderte Radikalität' – ein Sieg im Westen wäre eines Tages in Italien und Frankreich möglich?'

Hier eine weitere treffende These von Mowrer 1928:
‚Ein politisch und wirtschaftlich zusammengeschlossenes Europa könnte für die Vereinigten Staaten Schrittmacher werden und eine Riesenrolle in der Verbreitung der neuen Technik in Asien und Afrika spielen oder selbst sich mit Nordamerika zur Verteidigung gegen diese Erdteile verbinden'.
Zitat Ende.

Eine weitere Spielart Mowrers Denken ist auch folgendes Zitat:
‚Noch wahrscheinlicher wäre das Auftauchen von etwas ganz Neuem aus Russland, wie z. B. der Errichtung eines riesigen eurasischen Imperiums, das, an der Oberfläche zeitweilig amerikanisiert, die asiatischen und slawischen Rassen in eine einzige Rasse zusammenschmelzen könnte. Ein kommunistischer Block, der sich von Bristol bis Wladiwostok erstreckte, würde zwar ein amerikanisches Aussehen tragen, könnte aber den Vereinigten Staaten zum Verhängnis werden'.
Zitat Ende.

Es folgt dann eine Darstellung, die die Weltanschauung meines Vaters bestens charakterisiert. Ich selbst kannte damals schon seine Sicht der Dinge, eben durch unsere häufigen Vater-Sohn-Gespräche. Und seine Sicht auf das uns in Deutschland und Europa betreffende politische Gesamtbild. Ich nahm diese Tatsache auf, ohne aber deren Inhalt damals zu teilen.

Ich dachte seinerzeit, eben eingeengt durch meine Einstellung zur Bundeswehr und zur Verteidigung unserer Demokratie, auch durch meinen freiwilligen Militärdienst bei der Fallschirmtruppe eben anders als mein alter Herr.
Die ‚Innere Führung', also der politische Unterricht in der Bundeswehr, hatte mich und mein Empfinden noch etwas engstirnig geprägt, denn mein Denken war eben noch in den Grenzen der zwei verfeindeten Ost-West-Lager gefangen.
Hier die Nato – dort der Warschauer Pakt. So war eben die Vorstellung noch völlig verschlossen für Veränderung und total geistig eingebunden in unsere junge, gelebte West-Demokratie.
Hier war die Freiheit und ‚Drüben' – wie man die Welt hinter dem Eisernen Vorhang zu nennen pflegte – drüben gab es die totale Unfreiheit – eben die Diktatur des Kommunismus, des Sozialismus, die Diktatur des Proletariats.

Meines Vaters Antwort als exaktes Zitat:
‚1965 – Eben diese Gefahr (?) diese eurasische Entwicklung wäre nicht ausgeschlossen. Die Massen des eurasischen Kontinents befinden sich (1965) in dieser Evolution, die zwar noch als Schreckgespenst zurückgewiesen wird, sich aber als Endziel vollziehen könnte. Und diese Integration (vorläufige Koexistenz) brauchte kein Nachteil für Europa zu sein'.
Ende dieses Zitats.

Gleich im Anschluss geht es aber mit seiner diesbezüglichen Philosophie fünf Jahre später (1970) wieder weiter im Zitat, diesmal zur klaren Unterscheidung, nicht mit rotem Stift markiert, nein – ein blauer Kugelschreiber zeigt uns weiter seine vorausschauenden Gedanken:
‚Nun: 1970 Vertrag Bonn – Moskau!!!
Es könnte bahnbrechend für das kommende Jahrtausend sein – die Zusammenarbeit der Völker dieses Paktes stehen vor gigantischen Aufgaben auf allen Gebieten, da jeder auf jeden angewiesen ist und hegemoniale Bestrebungen auf Jahrzehnte nicht zu befürchten sind. Allein die Erschließung Sibiriens mit seiner unvorstellbaren Ausdehnung – seinen unermesslichen Reichtümern an Bodenschätzen – würde eine Zeitspanne erfordern, die ein Jahrhundert weit überschreiten dürfte!
Unerklärlich bleibt die westliche emotionale Furcht vor der Sowjetunion!
M. E. nach fordert sie aus innerer Überzeugung fanatisch Frieden und Zusammenarbeit, da ohne diese Voraussetzung die auf uns alle zukommenden Menschheitsprobleme nicht bewältigt werden können. Was die USA erreicht haben, das liegt noch vor der UdSSR!
Der westliche Politiker, der dies erkennt, sichert seinem Land ‚Prosperity' und der Welt den Frieden!
Die UdSSR kann und will es sich nicht weiterhin leisten aus seinem Budget jährlich mehr als 70 Milliarden D-Mark für Rüstungs- und Verteidigungszwecke sinnlos zu vergeuden.
Diese Worte sind nicht leichtfertige Vertrauensseligkeit – sie basieren auf einer klaren <u>Einsicht in die Realität</u>.
Außerdem: Ich bin Russe – ich bin Leninist mit Leib und Seele. Ich bin stolz auf mein Land und auf meine 50-jährigen gigantischen Erfolge auf allen Gebieten des modernen Lebens – aber ich weiß, dass alles Bisherige nur der Anfang war, dass ungeahnte Kräfte in meinem riesigen Reiche der Nutzbarmachung harren und das ist mein Ziel: Mütterchen Russland muss mit allen Mitteln zu ungeahnter Größe erwachen!
Jeder Leser denkt genau so, wenn er sich in einen Russen hineinversetzt. Diese Zukunft der Sowjet-Union mit ihren gigantischen Projekten braucht aber die Zusammenarbeit mit den westlichen Völkern – auch und vor allem dem deutschen Volke – auf jedem Gebiete!
Der Vertrag Bonn-Moskau gibt deshalb keine Positionen auf, sondern öffnet endlich die Tür der Zukunft für eine gleichberechtigte Zusammenarbeit, an der die UdSSR vielleicht noch stärker interessiert ist, als die Bundesrepublik! Carpe diem'.
Ende des Zitats.

Ja, mein Alter Herr, dieser wahre Meister der Farben als bildender Künstler, er hatte seine ganz eigene Charakteristik im Schaffen seiner außergewöhnlichen

Werke, ob in Aquarell-Technik, ob in pastoser Spachtelführung geschaffen, – er war ein begnadeter Maler und Denker! Ein Mann mit weit vorausschauendem Blick auf das Ganze, was unsere Welt im Innersten zusammenhält. Goethe lässt grüßen. Der Frieden der Völker, dieser Traum, war ganz tief in seinem Innersten verankert. Aus diesem Grunde haderte er auch des Öfteren mit meiner Denkweise zu dieser Zeit.
Wenn er noch leben würde, (er starb 1976 am 1. Mai) dann könnte sich meine heutige Sicht auf viele Probleme unserer Zeit, seine Zweifel an meiner Person wohl ausgeräumt haben. Wer lesen kann, ist klar im Vorteil – ich beziehe diese Aussage sofort auf mich, denn – hätte ich nicht in meiner von ihm geerbten Bücherflut gestöbert –, mir wäre ja das Buch von Edgar Ansel Mowrer nicht in die Hände gefallen … und ich wäre um eine tiefgreifende Erkenntnis ärmer geblieben, aber das hätte ich dann ja nicht gewusst.
Am Rande bemerkt.
Danke Vati – für Deine wunderbaren handgeschriebenen Randbemerkungen und Kommentare auf den nicht bedruckten, meist schmalen Seitenstreifen in so manchen Deiner vielen Bücher.

Seine letzten Mahnungen und seine Visionen möchte ich authentisch festhalten:
1965 gibt es nur noch eine Alternative: absoluten Frieden oder totalen Untergang. In wenigen Jahren ist ein astro-physikalisches Wettrüsten entstanden, in dessen Brennpunkt die nukleare Waffe steht. Eine Weltkoexistenz allein vermag jetzt und für alle Zeiten jeglichen Krieg auszuschalten.
Wir stehen an einer Weltenwende, die die Vergangenheit abstreift. Die Welt ist mit den bisherigen Maßstäben nicht mehr zu messen, aber die neue Ära muss verstanden werden – von allen Völkern. ‚To be or not to be, that is the question'. Diese Gedanken – Vati schrieb sie anno 1965!

Auf der letzten Seite des Mowrer Werkes fand ich, in mahnender roter Schrift festgehalten, eine weitere Vision von hohem Wert, deshalb möchte ich seine mahnenden Gedanken gerne als sein Vermächtnis werten:
‚Über die Jahrzehnte hinweg, in denen wir Lebenden unsere Welt-Erfahrungen sammeln konnten, in denen wir so unendlich viele Entwicklungen zu verstehen hatten, in dieser Zeit des Wandels haben wohl viele von uns gelernt, dass es sich lohnt über das ‚Innerste im Menschen' ebenfalls nachzudenken und – aus dem Herzen heraus – friedfertig zu werden und mit all unseren Kräften danach zu handeln, die Demokratie in Freiheit aktiv zu leben.'
Meines Vaters Weitsicht bereitete mir ein neues, ein verändertes Denken und eine differenzierte Sicht auf unsere menschliche Gemeinschaft.

Was können wir als Gemeinschaft zur vernünftigen Zukunftsgestaltung tun? Das ist die Frage, die mich umtreibt, auf die ich Antworten finden will.
Wir alle können denken, aus dem Denken heraus wächst Interesse an jeglicher

Entwicklung, gerade auf politischer Ebene. Wenn ich die Ereignisse der vergangenen Jahrzehnte Revue passieren lasse, dann kristallisieren sich Missverständnisse in mannigfaltiger Form heraus, – fast dreißig Jahre Mauerfall!

In der Nacht zum 9. November 1989 öffneten sich die trennenden Schlagbäume und die schweren Tore der Grenzübergänge an der Berliner Mauer. Als Folge davon erreichten wir Deutschen kurze Zeit später die langersehnte Wiedervereinigung unserer beiden Vaterländer.

In Berlin feierten hunderttausende Menschen die gewonnene Freiheit, sie erlebten hautnah den historischen Fall der Berliner Schandmauer, sie erlebten den Anfang des Untergangs der DDR, in jener Nacht des 9. Novembers, anno 1989. Willy Brandt fasste seine Gefühle zu diesem schicksalshaften, denkwürdigen Ereignis von weltpolitischer Bedeutung auf seine visionäre und unnachahmliche Art zusammen und kleidete dieses Wunder in die Worte, die jeder glückliche Zeitzeuge wohl nie mehr aus seinem Gedächtnis wird streichen können:
„Jetzt wächst zusammen, was zusammengehört!"
Helmut Kohl wird als Kanzler der historischen Wiedervereinigung der beiden deutschen Staaten seinen Platz in unserer jüngeren Geschichte finden, und Willy Brand trägt mit vollster Berechtigung den ehrenvollen Titel des Friedenskanzlers.

Einige Jahre waren seitdem an uns vorübergerauscht, und der Mann, durch den das glücklichste und wundervollste Ereignis erst möglich werden konnte, der große Russe Michail Gorbatschow war vor geraumer Zeit bei uns in Deutschland ein weiteres Mal als Ehrengast eingeladen, und wie stets zu jedem Deutschland-Besuchs seinerseits wurde er umjubelt und als einer der ‚Väter der Deutschen Einheit' gebührend gefeiert.
Im engen Schulterschluss und im gegenseitigen Verstehen mit unserem damaligen Bundeskanzler Helmut Kohl schuf er die politischen Grundvoraussetzungen zur Deutschen Einheit, speziell in seinem Herrschaftsbereich, wie auch in den verbündeten Staaten des Warschauer Paktes.

Die großen Finanzhilfen, die von der CDU-FDP-Regierungskoalition geleistet wurden, dienten zur Abfederung der enormen Belastungen, die auch durch die Rückführung der Sowjet-Armee aus der DDR in die russische Heimat entstanden waren.
Diese und viele weitere kluge Entscheidungen der beteiligten Verhandlungspartner führten schlussendlich zur geglückten und dauerhaften Wiedervereinigung der beiden deutschen Staaten und zur Festigung der bis dahin noch vorläufigen Beendigung des ‚Kalten Krieges'. Das sehe ich so und ich bin davon auch überzeugt.

Der fair ausgehandelte Einigungsvertrag wurde am 3. Oktober 1990 feierlich unterzeichnet und dieser ‚Schicksals-Tag' wurde zur Freude der Menschen in den

‚alten' und nunmehr auch in den ‚neuen' deutschen Bundesländern, als unser neuer Nationalfeiertag, als Tag der Deutschen Einheit manifestiert.
Doch anlässlich dieses erneuten Besuchs sprach der beliebte und hochgeschätzte russische Ehrengast Klartext und richtete starke Vorwürfe gegen das seiner Ansicht nach unfaire Agieren einiger NATO-Staaten.
Vor allem waren seine kritischen Anmerkungen gegen die USA gerichtet.
Dieser ehemalige große Politiker, der nicht mehr im alten Gefüge existierenden Sowjet-Union agierte, er zeigte in seiner Betrachtungsweise gegenüber der USA klar und markant auf, dass so manche ihrer Handlungsweisen zu egoistisch von ihnen gehandhabt wurden und sie sich nicht an die getroffenen Abmachungen hielten.
Diese klaren Worte seiner aufsehenerregenden Ansprache und seine eingebundene Mahnung an die ‚Nato-Verbündeten' wurden auch von den verantwortlichen Staatschefs im Westen mit Verständnis aufgenommen und bei so manchem von ihnen auch bedauert.

So erhob der frühere sowjetische Staats- und Parteichef Michail Gorbatschow bei der Veranstaltung der ‚Cinema for Peace Foundation' in Berlin seine schweren Vorwürfe gegen die westliche Allianz in ihrer Gesamtheit.
Mit Blick auf den damaligen, und auch heute noch gegenwärtigen Ukraine-Russland-Konflikt sagte er: „Die Welt steht an der Schwelle zu einem neuen Kalten Krieg. Manche sagen, er hat schon begonnen!"
In den letzten Monaten habe sich ein ‚Zusammenbruch des Vertrauens' vollzogen.
Der verdiente Friedensnobelpreisträger, der bei unseren Landsleuten als einer der ‚Väter der deutschen Einheit' gilt, er warf dem Westen und insbesondere der USA vor, ihre Versprechen nach der Wende 1989 nicht gehalten zu haben. Stattdessen habe man sich zum Sieger im Kalten Krieg erklärt und Vorteile aus Russlands Schwäche gezogen.
Die Vertrauenskrise belaste auch die Beziehung zu Deutschland.
„Lasst uns daran erinnern, dass es ohne deutsch-russische Partnerschaft keine Sicherheit in Europa geben kann", sagte Gorbatschow.

Soweit seine klaren Worte als weitere Bausteine für ein starkes Fundament und als Grundlage einer vernünftigen Europa-Politik.
Diese Worte trafen punktgenau die Wahrnehmung vieler Mitbürger in unserem Land, die ja als politisch interessierte Zeitzeugen das Geschehen beobachteten und verinnerlichten.
  Auch große Teile der unabhängigen Presseorgane in Europa veröffentlichten die kritischen Passagen der denkwürdigen und warnenden Rede von Michail Gorbatschow in Berlin, deren Inhalt geradezu ein weltweites Echo der Nachdenklichkeit auslöste.

Wenn ich dem Gedanken an einen europäischen, sogar an einen weltweiten Frieden folge, dann stelle ich fest, dass es in jedem Zeitzyklus immer kluge Köpfe gab, die über den Tellerrand der eigenen kleinen Bereiche hinausblickten.
Jeder Konflikt ist friedlich lösbar, jedoch sollte die Vernunft auf jeder der Seiten die Regie führen, die Hauptrolle auf der jeweils politischen Bühne übernehmen und multilaterale, friedliche Verhandlungen anstreben.
Als zielführendes Beispiel sehe ich Willy Brandts Vision vor Augen, die er uns projizierte, als er unser Bundeskanzler war und seinen zukunftsorientierten Weg des ‚völkerverbindenden Friedens' aufzeigte. Genau diesen Weg fixierte und die Richtung vorgab, sie in seine Friedenspolitik einbrachte, erfolgreich umsetzte und auf dieser, teils auch steinigen Strecke seine festen Schritte setzte und aller Welt deutlich machte, dass es zur europäischen Friedenspolitik keine Alternative geben kann.
Die Mehrheit der Bundesbürger teilten erfreulicherweise seine Ideen und Vorstellungen der neuen deutschen Ostpolitik.

Ich stelle mir immer wieder die wichtigste Frage: ‚Was können wir, was kann ich tun?' Meine persönliche Antwort ist diese: „Nicht schweigen, sondern reden. Reden mit jedem, der zuhören will."
Das setzt sich dann, so wie das bekannte Schneeball-System, immer weiter fort. Dieses Miteinandersprechen zieht weitere Kreise und dringt allmählich auch in die Höhen der gestaltenden Politik vor, so wie vor mehr als drei Jahrzehnten der millionenfache, mutige Ruf der friedlichen ‚DDR-Revolutionäre': „Wir sind das Volk!"

Den Mut, den diese vielen unterdrückten Menschen auf friedliche Art so deutlich zeigten, diesen Mut und diese Zivilcourage gilt es immerzu zu verinnerlichen und stets erneut zu wagen und zu zeitgemäßen, brennend-wichtigen Themen, auch mit Überzeugung, laut und klar zu formulieren: „Wir sind das Volk!"

Aus diesem Ruf wurde für uns Deutsche, zugegebenermaßen etwas zeitversetzt, der verbindende, unüberhörbare Ruf: „Wir sind ein Volk!"

Dieses Wunder der vollendeten Vereinigung beider deutscher Staaten, in engem Schulterschluss mit den Staaten Europas, dieses, von uns erlebte historische Wunder, es sollte der künftige Samen sein, aus dem heraus der weltumspannende ‚Frieden in Freiheit' wachsen kann.

Wir alle dürfen es nicht zulassen, dass ein kleiner Teil unserer Landsleute vom rechten Rand das friedliche Miteinander zerstören wollen und unsere in über sieben Jahrzehnten gewachsene demokratische Grundordnung in Frage stellen.
Bei allen Überlegungen, die wir als Bürger des einen Volkes auch anstellen, für uns sollte sich die Toleranz zu diesen Randgruppen in engen Grenzen halten.
Aber der Toleranzgedanke kann ein mitreißender Zündfunke sein, denn er lebt

nach wie vor in vielen klugen Köpfen und in den Herzen mitfühlender Menschen. Sorgen wir alle dafür, dass Toleranz nicht nur ein wohlklingendes Wort bleibt, sorgen wir dafür, dass diese gute menschliche Tugend von Generation zu Generation weitergegeben wird.

Das gemeinsame Zusammenleben unserer Volksgemeinschaft ist in meinen Augen eine wunderbare Lebensart, die von der Würde des Menschen bestimmt wird und die zur internationalen, ja weltweiten Völkerverständigung führt. Sie ist der einzige und richtige Weg zum wirklich friedfertigen Miteinander aller Menschen auf unserem wundervollen, blauen Planeten.

Toleranz und Menschenwürde sind die unentbehrlichen, fruchtbaren Samenkörner, die das erträumte Paradies auf Erden aufblühen lassen, und dieses Paradies könnte so zur gelebten Wirklichkeit werden.

Machen wir es alle zusammen doch so wie es uns der friedfertige, große Freidenker und selbsternannte sozialistische Buddhist, der Dalai Lama aus dem fernen Tibet es uns immer so freundlich und menschlich demonstriert: „Zeigen wir der Welt unser Lächeln."

Ich begrüße die internationale, überparteiliche und starke Bewegung ‚Pulse of Europe'.

Ich teile ihre klare Abgrenzung zu allen ‚Europa-Gegnern'.

Ihr Kampf für ein Europa der Menschenwürde, der gelebten Rechtsstaatlichkeit, des freiheitlichen Denkens und Handelns, ihr friedfertiger Kampf, er sollte für alle Menschen, denen die Freiheit aller Nationen von höchster Wichtigkeit geworden ist, das oberste Gebot sein.

In unserer Zeit, in der die starken Tugenden, wie Respekt, Toleranz und auch Nächstenliebe zwingend zur europäischen Völkergemeinschaft dazugehören, sollte jeder freie Geist in ihrem Sinn ein Vorbild sein und der Menschenwürde dienen. Ich werde für diese Ziele immer eintreten und für sie vehement werben.

Ich bin mit Leib und Seele Europäer und mein Vaterland ist Deutschland, – so ähnlich sagte es einst unser Kanzler der Deutschen Einheit, der große Europäer Dr. Helmut Kohl.

Seinem Bekenntnis schließe ich mich mit voller Überzeugung an!

Gotthold Borchert, im Juni 2017

Gedankensprünge ...

Und weil so manches aktuelle und wichtige Thema oftmals wenig Beachtung findet oder weil das Interesse zu ihm zu erlahmen droht, füge ich noch einige meiner persönlichen Sichtweisen auf Europa und seine Entwicklung als Anhang meiner vorangegangenen Erzählung hinzu.

ANHANG:

In der Zuspitzung der Ukraine-Krise und der fragwürdigen Rolle, die Russlands Präsident Wladimir Putin auf der Weltbühne spielt und sich und seine Interessen machtvoll inszeniert, sollte ein besonnenes Denken und kluges Handeln im diplomatischen Umgang mit ihm für alle europäischen Regierungschefs oberste Prämisse sein.

Der weltweit umstrittene, unberechenbar agierende Präsident der USA, Donald Trump, hat die globale Politszene in allen Problemszenarien in eine äußerst schwierige Schieflage gebracht, die es mit Vernunft und Weitsicht zu korrigieren gilt. Vernunft und Diplomatie, diese Fähigkeiten müssen als Richtschnur gelten, um diesen Irrläufer auf politischer Bühne zu bremsen. Dies ist vornehmlich die Aufgabe unserer Europa-Politiker, denn deren Stimmen werden auch im Kreml vernommen. Russland, China und Japan sind ebenfalls kraftvolle Partner der Weltdiplomatie. Weitsicht und deren vermittelnde Funktion sind das Gebot der Zeit. Im europäischen Gemeinsinn zu handeln ist unserer stets besonnen agierenden Kanzlerin Dr. Angela Merkel äußerst wichtig.

Im engen Schulterschluss mit unseren französischen Freunden politisch zusammenzuarbeiten, war bei allen deutschen Kanzlern stets das Gebot der Freundschaft und Verbundenheit.

In respektvoller, politisch korrekter Zusammenarbeit zu handeln, auch Kompromisse zu suchen, dies zusammengenommen gehört zum politischen Tagesgeschäft. Im Focus stand aber immer Europas Zukunft. Alle ehemaligen französischen und deutschen Regierungschefs waren Männer, die den Aufbau eines geeinten Europas vehement forcierten.

Übrigens ...

Die ‚französische Zusammenarbeit' bedarf ständig neuer Impulse und Ideen, denn alle anderen europäischen Staatschefs beobachten immer mit wohlwollendem Interesse die Impulse, die von Paris und Berlin ausgesendet werden.
Unsere Kanzlerin arbeitete vertrauensvoll sowohl mit Frankreichs ehemaligem Staatspräsidenten Francois Hollande zusammen, als auch, und das zeigten die ers-

ten Besuchskontakte in Berlin, mit Hollandes jungem Nachfolger im Amt, mit dem charismatischen Emmanuelle Macron.
Dieser neue Hoffnungsträger der französischen Nation hatte löblicherweise nicht nur die europafeindliche Marine le Pen und ihre Partei, die rechte Front Nationale, ins Abseits zu stellen vermocht; dieser neue Staatspräsident wurde nunmehr sogar mit der absoluten Mehrheit vom intelligenten Wähler ausgestattet. Auch im französischen Parlament, der Nationalversammlung, verfügt Macron nun per Mehrheitswillen, über die absolute Mehrheit.
Der dynamische Visionär, Emmanuelle Macron, er hat nicht nur als überzeugter Europäer die Zukunft unseres Kontinents fest im Blick, er hält darüber hinaus Frankreichs Machtfülle in seinen präsidialen Händen, und er kann nun fünf Jahre durchregieren und seiner Nation die vermisste Stärke zurückgeben.
Frankreich und Deutschland sind enge Partner und gelten seit jeher als die starken ‚Baumeister' bei der angestrebten Errichtung unseres gesamteuropäischen Hauses. Ein starkes und ein einiges Europa wird der Welt mit Vernunft, innerem Zusammenhalt und mit gelebter solidarischer Menschlichkeit immer ein zukunftsorientiertes Signal der Hoffnung senden.
Mit neuen, kreativen und friedfertigen Visionen erreicht dieses zusammenwachsende Europa seinen inneren Frieden, der unserem liebenswerten ‚Blauen Planeten' als ein erstrebenswertes Vorbild dienen könnte. Nur mit Gesprächen unter allen Beteiligten ist ein erneuter Weltenbrand zu verhindern. Gorbatschows Erkenntnis ist in den klugen Köpfen der verantwortlichen Europa-Politiker fest verankert. Aus der Geschichte der jüngsten Vergangenheit zu lernen ist oberstes Gebot der Vernunft, und Kompromisse verhindern Schlimmes.

Die Seele der russischen Menschen ist eben eine andere, als unsere.
Im Machtvergleich der wirtschaftlichen Stärke sollten vor allem die diversen Politiker der USA, allen voran aber Präsident Donald Trump, eine bessere Wortwahl in Bezug auf Russland und Wladimir Putin anwenden. Schmähungen und Lügen sind äußerst negativ und kontraproduktiv.
Putins Befehl zur militärischen Einverleibung der Krim und die Unterdrückung der Menschen dort war ein kriegerischer Akt und verstößt eklatant gegen das Völkerrecht der UNO. Die russische Waffenunterstützung der ost-ukrainischen Kämpfer geschah zeitgleich auch auf Putins Veranlassung. Auch dieses Vorgehen war und ist ein klarer Bruch des internationalen Völkerrechts. Dafür ist ‚Putins Russland' allein verantwortlich. Trotzdem ist der Verhandlungsweg von unserer Kanzlerin Angela Merkel, in Verbindung mit ihren europäischen Partnerregierungen der einzig mögliche und zielführende Weg zur erneuten Normalisierung im Miteinander der Völker im Osten wie im Westen.

Die Repressalien, die der Westen beschloss und gegen Russland in Kraft setzte, sie sollten auf wirtschaftlichem Sektor Wirkung zeigen und Putin zur Änderung

seiner Politik bewegen. Doch diese Maßnahmen verfehlten ihr Ziel und zeigten, wenn überhaupt, nur bedingt die gewünschte Wirkung.
Die beabsichtigte Schwächung Russlands durch diesen Boykott trifft viele Staaten der EU ebenso hart, und diese Sanktionen quälen meist die ärmeren Menschen in den beteiligten EU-Staaten und nur in geringem Maße die Bürger in Putins Reich.

Zu Beginn des neuen Jahrtausends stellte sich die politische Lage auf unserem Kontinent noch viel positiver dar, denn die Gespräche der Verantwortlichen in Ost und West verliefen oft in einem ‚guten Verhandlungsklima'. Es waren unisono Putins innenpolitische Ziele, die ihn in die aggressive Phase der reinen Machterhaltung bewegte.
Putins Gedanke, einer freien, länderübergreifenden sowie Nationen verbindenden und partnerschaftlich geführten Handelszone, die sich beispielsweise von Lissabon bis nach Wladiwostok erstrecken könnte, diese neue Vision war es, die alle Anwesenden im Plenarsaal des Deutschen Bundestages einstmals überraschte und teils auch faszinierte.
Diese Idee hatte vor ihm schon Michail Gorbatschow angedacht und auch Putins Schilderung vom ‚gemeinsamen Haus Europas', welches er während seiner Berliner Rede so überzeugend zu schildern verstand, auch diese Vision ging in ihrem Ursprung auf das geniale Denken des Glasnost- und Perestroika-Urhebers zurück.

Unsere besonnen und stets rational agierende Kanzlerin Angela Merkel griff, ihrer klugen und ausgewogenen Taktik folgend, die markanten Eckpfeiler seiner geschickten Berliner Politofferte professionell auf und flocht, seine genannten, friedfertigen und weitreichenden Angebote sicherlich in ihre späteren Gespräche mit ihm, anlässlich ihrer bilateralen Moskaubesuche, europadienlich mit ein.
Putins Berliner Angebot war nicht nur eine verblüffende, nachhaltige Überraschung für alle Abgeordneten im Hohen Haus zu Berlin, seine Vision zog auch als Plagiat Gorbatschows weitere Diskussionskreise weltweit ihren Bann.
Diese großartige Vision war zu keinem Zeitpunkt eine unerreichbare Utopie, und es würde sich lohnen, diese Vision umzusetzen, denn ein freier Handel unter den Völkern fördert immer auch das gute Verstehen untereinander!
Glückliche, ordnende und völkerverbindende Administrationen sind beim Bewältigen der derzeitigen Weltprobleme dringend geboten, denn hegemoniale Besitzansprüche müssen zwingend gegen ehrliche und freie Partnerschaften umgewandelt und wenn möglich, gewinnbringend ausgetauscht werden.

Der Politiker, der in diese Richtung zu handeln versteht, der zu diesem friedlichen Miteinander auch Verbündete zu gewinnen als Ziel erkennt, der könnte Wohlstand und Zufriedenheit für seine Bürger generieren und im Idealfall, allen Menschen, nicht nur in seinem Machtbereich, den ersehnten und wertvollen Frieden in Würde schenken.

Mein persönlicher, tief empfundener Draht zur russischen Seele …

Die folgenden Zeilen erzählen das Wesentliche einer glücklichen Begegnung zweier Nationen und sie schildern zugleich auch die emotionale, alle politischen Grenzen überwindende und auch gewollt verstehende Verbindung mit dem vermeintlich ‚Fremden'.

Mit großem persönlichem Stolz und gefühlter Freude hatte ich vor einigen Jahren, als engagierter Moderator, die ehrenvolle Aufgabe, ein klassisches Konzert in der Koblenzer Rhein-Mosel-Halle zu begleiten.
Neben bekannten und beliebten Solisten und unter Mitwirkung von verschiedenen, ausgezeichneten Meisterchören hatte die Leitung des angesehenen Koblenzer Polizei-Chores, als verantwortlicher Initiator dieses beliebten Kulturevents, einen, in jeder Hinsicht auch herausragenden und bewunderten Klangkörper von Weltruf engagiert.
Das weltbekannte, zentralrussische Sinfonie-Staatsorchester in seiner Gesamtheit, es glänzte als besonderes, virtuos aufspielendes und verzauberndes Ensemble mit einem berauschenden Klang. Die bestechende Brillanz, die als herausragende Attraktion des wundervollen Abendkonzerts, mit all seinen die russischen Komponisten widerspiegelnden Interpretationen. Diese, die die gefühlsbetonte, hautnah aufwühlende und einzigartige russische Seele so einzigartig verkörperte, sodass jeder Moment ihres orchestralen Spiels jeden Hörenden augenblicklich mitriss und fesselte. Diese, in virtuoser Orchesterkunst intonierten Interpretationen der großen russischen Komponisten, sie alle verzauberten die Konzertbesucher im weiten Rund der vollbesetzten Rhein-Moselhalle in Koblenz. Das gesamte russische Ensemble wurde immer wieder mit frenetischen Beifallsstürmen gefeiert und avancierte gleich zu Anfang des Events zum großartigen ‚High-Light' dieses unvergesslichen Abends.
Vor meinem Auftritt befasste ich mich mit den nötigen Recherchen, eben über das Repertoire und die Zusammensetzung dieses fantastischen russischen Orchesters. Während meiner Begegnungen mit den Solisten lernte ich nicht nur den musikalischen Leiter dieses Ensembles kennen, sondern in den verschiedenen teils schwierigen Unterhaltungen spürte ich bei allen agierenden Interpreten ihre überaus nette und vor allem menschliche Seite ihrer ‚russischen Seele'.
Die von Herzen kommende Sympathie zu den Damen und Herren des imposanten Orchesters, die sich auch auf breiter Front im Publikum widerspiegelte, nahm auch von meinem Gefühl Besitz, sodass ich meine Wortwahl dem verbindenden Völkerfreundschaftsgedanken anpasste. So verpasste ich spontan meiner Stimme die ungebundene Freiheit meiner inneren Freude, um der, von allen Gästen geschenkten Begeisterung für alle Bühnenakteure, in meinen verbindenden An- und Ab-Moderationen, die hochverdiente Ehre zu geben. Tosender Beifall von über zweitausend faszinierten Gästen war der schönste Lohn für die

begnadeten, russischen Orchester-Virtuosen.
Obwohl die wenigsten Ensemblemitglieder meine deutschen Moderationen vom Text her verstanden, so spürten sie aber meine ehrliche und innere Verbundenheit mit ihrer Gefühlswelt, mit ihrer ‚russischen Seele'.
In fröhlicher, entspannter und gemütlicher Runde feierten wir mit unseren neu gewonnenen Freunden aus den Weiten des russischen Reiches den Ausklang des Konzertes, der die engen Verbindungen unserer verwandten Kulturen aufzeigte. Wir genossen das kameradschaftliche Zusammensein bei unserer zwanglosen Abschlussparty im Foyer der Halle bis in die frühen Stunden des Sonntags hinein. Auch noch heute, nach den etlichen und vorbeigerauschten Jahren, halte ich diese schöne Erinnerung in meinen Gedanken lebendig, denn das ereignisreiche Koblenzer Konzert des Jahres 2007 in der Rhein-Moselhalle hatte für mein Empfinden das verbindende Element der Völkerfreundschaft mit unseren russischen Freunden sprichwörtlich aus der Taufe gehoben.
Gerne und mit gefühlt innerer Wärme in meinem Herzen denke ich zurück an die harmonische, dezente, aber durchaus festlich gestaltete Dekoration in der Rhein-Mosel-Halle, die diesem musikalischen Ereignis die würdige Atmosphäre schenkte. Ich bin davon überzeugt, dass wohl so mancher von uns Bühnen-Akteuren, aber sicherlich auch so mancher unserer zahlreichen Gäste, dieses ganz besondere Fluidum verspürte und auch den einzigartigen Zauber hautnah erlebte, der diesem Ereignis innewohnte.
Es war dieser fesselnde, auch mystisch gefühlte Zauber, der den zündenden Funken entfachte, welcher sogleich das feste und ehrliche Band der verbindenden Völkerfreundschaft an diesem Abend und auf Dauer manifestierte.
An jenem Abend der harmonischen Begegnung fehlte mir zu meiner völligen Zufriedenheit nur ein einziger, aber in meinem Innern auch brennender Wunsch: Wie gerne hätte ich Russisch gesprochen!
Und wie gerne hätte ich die begnadeten Künstler in ihrer Sprache auch verstanden.
„Do swidanija, Ihr Lieben, … ich wünsche Euch eine gute Zeit, meine geschätzten Freunde aus einer mir fernen Welt, in der ich mich, durch Eure freundschaftliche Wesensart und durch Eure zelebrierten Sinfonien so unendlich wohlfühlen konnte. Dieser gemeinsame Abend war ein wunderbares Geschenk.
Danke. Auf ein Wiedersehen … wann immer das sein mag."

Raum für alle hat die Erde …

Unter dieser Überschrift verfasste mein geschätzter Großvater, Dr. Gotthold Borchert, kurz nach Kriegsende des verheerenden Zweiten Weltkrieges, viele zeitkritische Leitartikel für verschiedene Tageszeitungen im Nachkriegsdeutschland. Ich werde auf diesen und ähnliche Artikel in meinen weiteren Erzählungen gegen die Verbrechen und das Vergessen mein Auge werfen. Zeit meines Lebens inte-

ressierte mich unsere deutsche Geschichte im Allgemeinen sehr.
Immer wieder stellte ich mir die verschiedensten Fragen: ‚Wer sind wir Deutschen? Woher kommen wir? Wie wollen und werden wir unsere Zukunft gestalten?'
Fragen über Fragen. Natürlich habe ich mich über diese, mich quälenden Gedanken vertrauensvoll an meine Eltern gewandt. Diese Nachforschungen waren allemal eine Grundlage zum geschichtlichen und kulturellen Einordnen meiner ureigenen Gedankenwelt. Die mannigfaltigen Rätsel und Herausforderungen unserer Welt in all ihren komplexen Zusammenhängen, sie allesamt waren meine Triebfeder zur Vervollkommnung meines Wissensdurstes zu jener Zeit.
Ein wahrer Glücksfall auf dem Weg hin zum ‚Erwachsenwerden' waren in meiner Schulzeit die ausgesprochen guten Lehrer, diese in Verbindung zum Elternhaus, ebneten meiner Jugendzeit den Weg, und etwaige Stolpersteine des Denkens wurden so an die Seite geräumt. Dadurch festigte sich mein positives und der Zukunft zugewandtes aktives Einbringen in unsere Gesellschaft. Ich lebte in jugendlicher Freiheit, genoss unsere noch junge demokratische Grundordnung in vollen Zügen und entwickelte dadurch meine Liebe zum Vaterland im Herzen Europas. Dies erklärt auch mein vehementes Interesse am damaligen Zeitgeschehen.
Schule, Lehre, Freundschaften – diese Dinge waren für mich von großer Bedeutung, eben weil es gerade in dieser Zeit sehr viele ‚Flüchtlinge' aus den ehemaligen Ostgebieten des ‚Deutschen Reiches' auch zu uns an den Rhein gespült hatte. Die Kinder der Vertriebenen besuchten natürlich mit uns die jeweiligen Schulen. Viele Töchter und Söhne der bei uns neu angekommenen Mitbürger zählten zu meinen Freundschaften. Diese ‚Neuen' – jeder von ihnen hatte sein eigenes Schicksal ertragen.

Vertreibung, Flucht, Not, Überleben ...

Anfangs waren das alles nur Schlagworte für mich, die ich aufnahm und zu verarbeiten versuchte. Nun, in dieser Zeit gab es ja noch keine kurzweiligen Amüsements, die uns interessante Erlebnisse auf bequeme Art hätte bescheren können. Wir nutzten unsere Freundschaften, indem wir unsere freie Zeit einander schenkten. Wir trafen uns, wir gingen spazieren, wir schätzten ausgedehnte Wanderungen in unsere wunderbaren, abwechslungsreichen heimatlichen Gefilde.
Wir erzählten von uns, wir hörten gespannt auf ‚Neues' und so wuchs eben durch diese freundschaftlichen Kontakte unser Wissen des bislang Fremden. Wir lernten uns besser kennen, und genau dadurch wurden die vorhandenen Unterschiede der Lebensweisen und der anderes klingenden deutschen Sprache schnell ausgeräumt und bald auch überwunden.
Es war eine lehrreiche und intensiv gelebte Zeit der Integration. Unser Heranwachsen in dieser Gemeinschaft prägte uns enorm und die Freundschaften hatten Bestand, vor allem in den Aufbauphasen, Anfang der Fünfziger Jahre.

Für uns im Rheinland war jeder Fremde ja nur am Anfang fremd. Wenn man aber auf den vermeintlich fremden Flüchtling zuging, wenn man verständnisvoll dem ‚Anderen' zuhörte und dessen Schicksal erfuhr, dann verflogen oftmals die vorher vorhandenen Ressentiments, dann erkannte man schnell die Unterschiede.
Und in den meisten Situationen kam man sich freundschaftlich entgegen und man tauschte Meinungen und Gebräuche aus. Im gegenseitigen Kennenlernen lag der Zauber, der auf angenehme Weise unser ‚Menschsein' fast vollkommen erscheinen ließ. Diese Handlungsweisen haben auch in heutiger Zeit volle Geltung!

Ja, aus allen meinen wertvollen Begegnungen mit unterschiedlichsten Menschen und ihren persönlichen Schicksalen, aus alldem lernte ich das Wesentliche zu erkennen und konnte so manche gute, aber auch so manch weniger gute Erfahrung sammeln und im Hirn speichern: Festgestellte Vorurteile muss man überdenken und sie können gegebenenfalls auf ansteckende Art ausgeräumt werden. Dies gilt für beide Seiten, denn Vorurteile sind in der Regel fast immer falsch.
An dieser Stelle greife ich gerne in meinen Gedanken die Philosophie von Egon Bahr und dem ehemaligen Bundeskanzler, dem großen Europäer Willy Brandt auf, die beide als Regierungsstrategie unisono den ‚Wandel durch Annäherung' entwickelten und anwendeten.
Dies war genau der Weg, der einmal konsequent eingeschlagen, in Ost und West das Lagerdenken und somit den ‚Kalten Krieg', – allerdings erst im Jahre 1990, beendete.

Anno 1990 …

Das Jahr der Wende, das Jahr der Wiedervereinigung! Welches Glück für unser Vaterland! Welches Glück aber auch für mich und meine Vision eines geeinten Europas! Dieses Europa zu bauen und zu vollenden war und bleibt das Ziel aller Völker unseres Kontinents. Von diesem verbindenden Gedanken des Wandels ausgehend entwickelte sich zwar langsam, aber unaufhaltsam, ein Um- und Neudenken in den Köpfen der Menschen und auf beiden Seiten des nun nicht mehr geteilten Deutschlands.
Denn diese absolute Trennung war das mörderische Grenzsperrwerk der DDR-Diktatur, das Berlin in zwei Hälften teilte und Menschen, aber rigoros auch ganze Familien, brutal auseinanderriss. Unerbittlich forcierten die SED-Machthaber die bitterböse Vollendung der deutschen Teilung. Den Soldaten der Nationalen Volksarmee der DDR wurde von Walter Ulbricht, dem allmächtigen Staatsratsvorsitzenden, befohlen die unüberwindbare Mauer schnellstens zu errichten.
Der 13. August 1961, dieser Schicksalstag, wurde als der Tag des Baubeginns des Schandmals, für immer in dem Buch der ‚deutschen Geschichte' festgeschrieben. Allein an dieser Berliner Mauer wurden bis zu deren Fall 1979 und 1980, über einhundertvierzig Menschen getötet. Aber auch die gesamte Staatsgrenze, die das kommunistische Europa von unseren demokratisch regierten Ländern trennte,

auch sie war mit unüberwindbaren Sicherheitszäunen, mit mörderischen Selbstschussanlagen und vor allem durch die lückenlose Überwachung und Sicherung der Grenzsoldaten mit Schießbefehl gesichert.

Seit dem Mauerbaubefehl des Staatsratsvorsitzenden Walter Ulbricht am 13. August 1961 in Berlin und dem Totalausbau dieses nicht nur Deutschland trennenden Bollwerks, war, nach der Lesart der SED, die deutsche Trennung in Stein gegossen. Diese brutale Demarkationslinie war in Wirklichkeit eine Todesgrenze und trennte auch Europa in zwei verfeindete Teile. In diesen Jahren des sogenannten ‚Kalten Krieges' starben an der ‚modernen Grenze West', so lautete die zynische menschenverachtende Bezeichnung der DDR-Machthaber viele freiheitssuchende Ostbürger bei ihrem Fluchtversuch. Sie wurden bei ihrem Fluchtversuch entweder von den Grenzern erschossen oder sie ließen im Kugelhagel der menschenverachtenden Selbstschussanlagen ihr Leben. Die überlebenden Republikflüchtlinge wurden gefoltert und für viele lange Jahre in den berüchtigten DDR-Gefängnissen eingekerkert.

Aller Gefahren trotzend gab es eine Vielzahl an todesmutigen Menschen in der DDR, die auf verschiedenste Art die Grenzanlagen und die installierten Tötungsmaschinerien einfallsreich überwanden. Dieses Überlisten der Diktatoren basierte immer auf den abenteuerlichsten und gefährlichen Unternehmungen.

Ich erinnere mich mit Genugtuung an die mutige Familie Strelzyk, die in mühevoller Näharbeit, geheim und meist in den Nachtstunden, einen großen Freiluftballon schufen, um mit ihm, bei günstigen Windverhältnissen und mit viel Glück in luftiger Höhe über alle Gefahren hinwegzuschweben, um bei uns im freien Teil Deutschlands zu landen.

‚Mit dem Wind nach Westen', so hieß der Titel der spannenden Schilderung dieser wagemutigen Flucht. Dieses ergreifende Buch über das Schicksal der Familie Strelzyk wurde auch als Film einem breiten Publikum präsentiert.

Auch unter der Berliner Mauer hindurch wurden Tunnel und Gänge getrieben. Auf diesen unterirdischen, mühevollen Wegen gelang es ebenfalls etlichen mutigen Ostbürgern, sich in die Freiheit zu graben. Leider wurden die meisten Fluchtversuche schon in der Vorbereitungsphase entdeckt.

Die Strafen, die für das Verbrechen ‚Republikflucht' ausgesprochen wurden, waren allesamt von enormer Härte und Unmenschlichkeit geprägt. Folter, Erpressung, Bespitzelung und lange quälende Haftstrafen waren die brutalen Straf-Maßnahmen zum Durchsetzen der Macht des SED-Regimes.

Viele Bundesbürger hatten, eingeleitet von der neuen SPD-Ostpolitik unter Bundeskanzler Willy Brandt und dessen zukunftweisenden Möglichkeiten, den Traum der Wiedervereinigung beider deutscher Staaten, eingebettet in ein Gesamteuropa, wiederentdeckt.

Der Wunsch nach Frieden in Freiheit verstärkte sich zusehends und eine länderübergreifende Völkerverständigung lag von da ab in den Herzen der Hoffnungsvollen beider deutschen Staaten. Von diesem verbindenden Gedanken ausgehend

entwickelte sich zwar langsam, aber unaufhaltsam, ein Umdenken in den Köpfen der Menschen in Ost und West.
Europa, ein gemeinsames Europa nahm Gestalt an, es entwickelte sich und wurde mit bislang achtundzwanzig Nationalstaaten eine demokratische Gemeinschaft, die im Zusammenspiel mit anderen Völkern der Welt als allseits geschätzter Partner Anerkennung fand. Viele erfolgreiche Jahre der globalen Politik Europas setzten Eckpfeiler der verständnisvollen Zusammenarbeit in allen Bereichen des völkerbindenden Miteinanders. Und es traten Probleme auf. Teils unverschuldete Probleme, die aber allesamt gelöst werden mussten. Die Bankenkrise, die totale Überschuldung Griechenlands, die Besetzung der Krim durch Putins Machtanspruch dort und gleichzeitig die militärische Unterstützung des abtrünnigen Ostteils der Ukraine. In diesen Problemen verstrickt sahen so manche Europolitiker den Brennpunkt ‚Naher Osten' sicherlich zu spät.
Im menschlichen und politischen Denken und im Erkennen von etlichen Gefahrenherden dort, wurden gravierende Krisen eben nicht zeitnah gesehen und mit Sicherheit stark unterschätzt.

Der Irakkrieg, der zwar die Beseitigung des äußerst brutalen Diktators Saddam Hussein brachte, stellte sich im Nachhinein als fatal dar, denn die Folge war ein Machtvakuum von verheerendem Ausmaß.
Die USA, in Verbindung mit ihren militärischen Partnern, versäumten es, ein ordnendes und starkes Staatsgebilde im Irak zu installieren.
Die verschiedenen Islamrichtungen, beispielsweise Schiiten und Sunniten bekämpften sich gegenseitig und stürzten so diese ganze Großregion in immerwährende Stammesfehden, die durch Kriegshandlungen und Bombenattentate ihre jeweilige Stärke auf mörderische Weise ausübten.
Unzufriedenheit, Hass und Bürgerkrieg waren die Folge. Syriens Massenmörder am eigenen Volk, Staatsoberhaupt Hafis Al Assad, wütete ohne jegliche Skrupel, alles zerstörend über Jahre hinweg im eigenen Machtbereich. Die schlimmsten Verbrechen der Islamisten, bis hin zum Köpfen unschuldiger Menschen, wurden auf abscheulichste Art per Video-Botschaft weltweit im Internet gezeigt.
Der selbsternannte sogenannte IS-Staat, der sich auf den Territorien des Irak und in Syrien erobernd ausbreitete, beherrschte mit immer perfideren Verbrechen an der Menschlichkeit das politische Geschehen weltweit.
Diese schreckliche Entwicklung dort hätte von Anfang an vorhergesehen werden können, ja müssen! Durch das ‚Wegschauen' und ‚Nichthandeln' wurden Terror und Krieg nicht nachhaltig geortet und bekämpft. In dieser Situation hat vor allem die westliche Staatengemeinschaft auf ganzer Linie versagt. Die Folge davon war und ist die totale Vernichtung des Lebensraumes und der Lebensgrundlage der gesamten Zivilbevölkerung in dieser Großregion.
Millionen Menschen sehen dort, vor allem aber in Syrien, nur einen Ausweg, um ihr Leben retten zu können, die lebensgefährliche Flucht nach Europa! Die aus

dieser Situation eingerichteten Flüchtlingslager, in der Türkei, im Libanon und in Jordanien waren und sind vollkommen überfüllt. Die allergrößte Not in besagten Auffanglagern zwang viele dieser Vertriebenen und Geflüchteten, sich, aller lebensbedrohenden Gefahren bewusst, trotzdem den Weg ins erhoffte Überleben nach Europa zu wagen!

Das Ankommen der vielen Asylsuchenden in Europa, an Griechenlands und Italiens Küstengrenzen, das Weiterschicken dieser ‚Getriebenen' ins Herz von Europa, nach Österreich und vornehmlich zu uns nach Deutschland, bereitet nicht nur den verantwortlichen Regierenden große und berechtigte Sorgen. Beim Anblick dieser Massenflucht und deren Elend entwickelte sich bei uns und in Österreich eine herzliche Willkommenskultur, die für unser Gesamteuropa richtungsweisend hätte sein können, ja müssen. Die Mehrzahl der Staaten von Europa versteht sich von Anbeginn an als eine solidarische Wertegemeinschaft, deren Grundlage der christliche Glaube und die Ethik der Menschlichkeit in Frieden, Freiheit und Würde stets Bestand haben muss.

Die nach der Wende und mit ihr gleichzeitig auch mit der Beendigung des Kalten Krieges neu eingegliederten Oststaaten, allen voran Ungarn, zeigten jedoch eine kalte und abweisende Haltung, die nur schwer zu verstehen war und bis heute ist. Dagegen setzte unsere Bundeskanzlerin, Dr. Angela Merkel, als bekennendes Zeichen den Aufruf: „Wir schaffen das!" Dies waren die inhaltsreichen und richtigen Worte zu diesem Zeitpunkt, gerichtet an die Ärmsten der Armen in ihrer Not. Geschunden an Leib und Seele, des gemeinsamen Familienlebens brutal beraubt, sahen und sehen Hunderttausende ihre einzige Überlebenschance in ihrer Flucht. Sie fliehen vor den gottlosen Terroristen und Mördern in ihrer Heimat, in Syrien, im Irak in Afghanistan und anderswo.
Wir sollten uns an unser eigenes deutsche Schicksal von damals erinnern, denn die erzwungene Flucht von vielen Millionen aus den ehemaligen deutschen Ostgebieten, diese unzähligen Vertriebenen, die Heimat, Hab und Gut fluchtartig verlassen mussten, auch sie waren Opfer der Gewalt.
Sie wurden von den heranstürmenden Soldaten der Roten Armee der UdSSR bedroht und sie mussten um ihr Leben fürchten. Unerträglich waren die Strapazen, die die Vertreibung ihnen allen auferlegte. Dieses fluchtartige Retten in höchster Not geschah gegen Ende des Zweiten Weltkrieges und verstärkt auch in der Nachfolgezeit.
Auch diese vertriebenen und geschundenen Menschen hatten ja keine andere Möglichkeit zur Verfügung, als die, mit wenigen Habseligkeiten, wenn sie diese überhaupt hatten, sich in Richtung Westen zu orientieren und den langen, mühevollen Weg in eine andere, ebenfalls total zerstörte Welt zu wählen.
Und so kamen sie, wenn sie die Entbehrungen, wenn sie Eiseskälte Hunger und Durst überlebt hatten, sie kamen zu uns. Sie kamen in ein ihnen fremdes, völlig zerbombtes Stück Deutschland, das in Schutt und Asche und unübersehbaren

Trümmern lag. Fast kein Stein lag mehr auf dem anderen, – bildhaft ausgedrückt. Unser aller Not war schier unerträglich. Hunger und die Sorge ums tägliche Überleben war landauf und landab in den ersten Nachkriegsjahren unser anhänglicher Begleiter in jener entbehrungsreichen Zeit.
Und doch, – das lehrt uns unsere jüngere Geschichte –, und doch hielt man fest, fest an dem Willen des gemeinsamen Aufbauens.
Jeder, der irgendwie arbeitsfähig war, jeder Überlebende reihte sich in die Notgemeinschaften ein und packte mit an. Überall in den Trümmern regten sich der Fleiß und die Solidarität der vielen helfenden Hände. Hand in Hand wurden die immensen Schuttberge abgetragen und noch verwertbare Baumaterialien wurden zusammengesucht. Die alten Steine wurden vom Mörtel befreit, wobei sich vor allem die Frauen bei dieser Tätigkeit besonders auszeichneten.
‚Trümmerfrauen', ja diesen Titel verstand unsere damalige Gesellschaft als höchstes Lob für das so starke ‚schwache Geschlecht', das aber in Wahrheit die schwerste Last auf ihren Schultern zu tragen hatte.
Dort, wo es möglich war, wurden Dächer notdürftig abgedichtet, um zunächst kälte- und regensichere Unterkünfte zu schaffen.
Oftmals ‚wohnte' man regelrecht in Ruinen. Es war aber das positive Denken und Fühlen, verbunden mit dem eisernen und ungebrochenen Willen, der allmählich überall in deutschen Landen die Schuttberge schrumpfen ließ und die Trümmerwüsten einebnete, bis sie nach den Jahren der Entbehrungen gänzlich aus dem Blickfeld des befreiten Volkes verschwunden waren.

Dieses Aufbaudenken war es, das den guten Weg in unsere heutige, von den meisten Menschen so geschätzte, angenehme und demokratische Welt bereitete. Unzählige Schicksale aus dieser Zeitepoche sprechen ihre eigene unüberhörbare Sprache. Die große Mehrheit der vertriebenen Mitbürger und wir im Westen, wir hatten als starkes Bindeglied unsere gemeinsame Muttersprache. Das Schildern der erlebten Schicksale und der unterschiedlichsten Lebenswege förderte das gegenseitige menschliche Verstehen in vielen Bereichen.
Ihre rettenden Fluchtwege führten sie oft kreuz und quer durch die verschiedenen Bundesländer, bis sie ihre neue Heimat gefunden hatten.
Auch die mühsam eingerichteten Auffanglager für die Geflohenen und Vertriebenen dieser Ostländer boten den Neuankömmlingen zumeist spärliche Notunterkünfte an, die aber ein sicheres Überleben garantierten. Manchmal dauerte das Warten auf neugeschaffene Wohnungen mehrere Jahre, aber durch das fleißige Mitschaffen der in den Lagern lebenden neuen Mitbürger, war die Freude auf eine gute Zukunft in Freiheit allgegenwärtig.
Sie kamen aus dem fernen Ostpreußen zu uns in den Westen, aus Pommern, aus Schlesien und anderswo. Oftmals war ihr ungebrochener Lebenswille und ihre Hoffnung ihre einzige Habe, die sie im Fluchtgepäck hatten.
Diese ‚Habe' hieß Hoffnung, und im Verbund mit unserer gemeinsamen Mutter-

sprache schafften die Überlebenden der entbehrungsreichen Flucht gemeinsam mit den Einheimischen die immensen Kriegsschäden zu beseitigen. Das Aufräumen der gewaltigen Trümmerberge und das Schaffen von zunächst behelfsmäßigen Unterkünften war das oberste Gebot in dieser Zeit.
Ihre ureigenen Dialekte hatten für uns Rheinländer einen durchaus angenehmen Klang, der sich aber, im Laufe der Zeit, mit dem unseren sympathisch vermischte. Manches ihrer Worte, mancher Satz, wurde auch mal als lustig von uns Einheimischen empfunden, und wir Töchter und Söhne zu beiden Ufern des Rheins machten mit unserem Humor wohlgemeinte Witze darüber, die vor allem im wieder erwachenden Karneval für zurückhaltende Heiterkeit sorgten.
Es war die Zeit des ‚Aufeinander-Zugehens' und es waren die Jahre der gelingenden Integration. Überall in heimischen Gefilden besannen sich Menschen auf die historische Tradition, dem Humor eine erneute Chance zur Erbauung zu geben. Gleichgesinnte der rheinischen Leichtigkeit formierten sich rund um die Kunst einer heiteren ‚Fastnacht' neu.
Mit der wiedergewonnenen Freiheit entdeckte so mancher ‚alte Büttenredner' oder Sänger den urigen, teils auch rheinisch-deftigen, aber fast immer stubenreinen und zotenfreien Klamauk aufs Neue.
Durch die Hitler-Diktatur lag ja der allseits beliebte Mutterwitz und das fröhliche, heitere Feiern der ‚Fünften Jahreszeit', wie man den Karneval in rheinischen Landen auch gerne nennt, brach und regte sich nicht mehr. Wie ein Häufchen Elend lag der lebensfrohe, rheinische Humor auf den zerbombten und morsch gewordenen Bühnenbrettern der schlaffen Lethargie. Der Frohsinn vegetierte eingeschüchtert so vor sich hin, und teils verkümmerte er auch, und teils entdeckte man ihn mit Mühe und Not und tief vergraben in den Herzen unzähliger Freunde dieses so illustren Brauchtums.
Und doch, nach einer Besinnungspause der Kriegs- und Nachkriegszeit und des Eingewöhnens in eine neue, freie Humorkultur der bunten Narretei, infizierten sich einige der neuen Mitbürger mit dem Bazillus der fünften Jahreszeit. Vor allem waren es die weiblichen Ideen, die dem Karneval wieder auf die Sprünge halfen, denn landauf und landab entwickelte sich das erfrischende ‚Möhnentreiben' am schweren Donnerstag aufs Neue.
Ihre einschlägigen, närrischen Veranstaltungen nannte man ‚Möhnen-Kaffee', diese rheinische Lebensart blieb aber der holden Weiblichkeit vorbehalten, doch durch ihr Mitwirken wurde die Spielwiese der Narretei bunter, sie wurde frecher und liebenswerter, denn diese positive Bereicherung der Szene erlebte im Laufe der Jahre die närrische Wiedergeburt der ‚Weiberfastnacht', die zum Besten aller Freunde der leichten Muse ihren großen Anteil beitrug.
Es war unsere gemeinsame Sprache, die die unterschiedlichen Bräuche der Landsmannschaften miteinander verband. Diese Sprachkultur der ‚kalten Heimat', so bezeichnete der einheimische Teil der Narrenschar die Zugereisten aus den östlichen Ländern. Diese Gemeinsamkeiten waren und sind bis ins Heute hinein eine

starke Klammer, die die Menschen nicht nur zusammenführt, sondern auch fest zusammenhält. Unser regionaltypischer Dialekt gilt landauf landab als Wohlklang der jeweiligen Heimatregion. Heimat, die wirkliche Heimat ist genau dort, wo die Herzen der Menschen ein Zuhause gefunden haben. Ja, und dieses gefühlte und erlebte Zuhause, es kennt eben keine trennenden Ländergrenzen.

Raum für Herzen hat die Erde!

Das Erinnern an diese selbst erlebte Zeit, ich hatte sie fast schon vergessen. Dieses Erinnern rückte schlagartig und nachhaltig in mein Denken wieder ein, als uns allen die schrecklichen Ereignisse der Massenflucht und der allen Lebensgrundlagen beraubten Syrer, Iraker anderer Bewohner der Nahost-Regionen, per TV-Bildschirm vor Augen geführt wurde. Das Jahr 2015 zeigte den Beginn der unausweichlichen Massenflucht, den Beginn einer neuen, durch die verbrecherischen Kriege im vorderen und mittleren Orient ausgelösten Völkerwanderung.

Humanitas, dieses Lebensgefühl, geprägt und gelebt im antiken Hellas, in Griechenland, – Menschlichkeit und Nächstenliebe –, das sind doch unsere Werte, das ist doch auch unser freies und christliches Denken, unsere Ethik.

Diese Tugenden, werden sie im Verbund zusammengefügt, so wachsen doch erst die starken, festen Mauern, in denen sich unser höchstes Gut, die Menschenwürde, entfalten kann und sie ihren Schutz findet.

Für uns alle, für uns Bürger der westlichen, demokratischen und freien Staaten gilt sinngemäß die Präambel unseres Grundgesetzes, unserer Verfassung, die da verbindlich sagt: ‚Die Würde des Menschen ist unantastbar'!

Bei allen Problemen, die durch die enorme Anzahl der Flüchtlinge zwangsläufig entstehen, gilt eben für die weit überwiegende Mehrzahl unserer Mitbürger, der christliche, menschliche Weg der Hilfsbereitschaft, der Hilfe und der Nächstenliebe. Sehr viele freiwillige Helfer in allen Bundesländern sind leuchtende Beispiele gelebter Solidarität.

Unsere jüngere deutsche Geschichte lehrte mich, mit dem Begriff ‚Stolz' in meiner Ausdrucksweise zurückhaltend zu agieren. Doch wenn man mich heute fragen würde, so würde ich zu all den aktiven Helfern, gleich wo immer sie Herzlichkeit vorleben, wo sie sich mit ihrer persönlichen Fürsorge einsetzen, zurufen: „Auf Euch alle bin ich mit Sicherheit sehr stolz und ich bin mir sicher, dass viele Menschen ebenfalls so empfinden!"

Ich weiß auch aus vielen Gesprächen, dass die Menschen, die bei uns um Schutz und Hilfe baten, dass diese Geflohenen über die gelebte und angewandte Nächstenliebe, die so viele beherzte Mitbürger zeigten und zeigen, dass diese Menschen von Herzen dankbar sind.

Seit 1949, seit dem Gründungsjahr unserer Bundesrepublik, erlebten wir hautnah und mit allen Sinnen eine neue, zuvor nie gekannte persönliche Freiheit. Eine Freiheit in Wort, Schrift und Bild. Genau dadurch erleben wir die allseits ge-

schätzte Vielfalt der Meinung.
Im gegenseitigen Austausch lernten wir uns untereinander zu verstehen. Wir suchten nach den besten Wegen, um Probleme zu lösen, gleich welcher Art sie auch sein mochten. Wir lernten das Abwägen und das Beurteilen von realen Handlungen einzuschätzen, denn das Erreichen von Lösungen setzt ja, bei verschieden bleibenden Standpunkten, immer auch den Kompromiss ein, als wesentliches Instrument der Demokratie.
„Ich gebe ein Stück von mir, du gibst ein Stück von Dir ... treffen wir uns in der Mitte ... so leicht geht das!"
Wir erklären, wir informieren, wir hören zu, wir tauschen gemachte Erfahrungen aus und wir vertreten und sagen unsere Meinung.
Aber nötige Entscheidungen treffen wir im Sinne der demokratischen Regeln. Per Abstimmung suchen wir den richtigen Weg zu jedweden Problemen. In unserer Welt der Freiheit geschieht die Diskussion in jedem Fall auf friedliche Weise!
Hüten wir uns alle gemeinsam vor Hass und Feindschaft. Feindschaft sollte gerade zu Fremden und Andersdenkenden keinen Bestand in unserer Gemeinschaft haben. Wir alle miteinander sollten nach dem verheerenden Zweiten Weltkrieg alle wichtigen und friedenbringenden Lektionen gelernt haben. Schauen wir mit Bedacht auf unser wiedervereinigtes Vaterland. Schauen wir mit Mut auf den weiteren Aufbau unserer vereinten Europäischen Union und dienen wir zusammen mit Eifer diesem großen Ziel!
Über sieben Jahrzehnte hinweg lebten wir lernend die neue Ära der sich immer besser entwickelnden demokratischen Grundordnung kennen. Diese wirkte sich zunehmend und äußerst positiv im Zusammenspiel mit den europäischen Partnerländern aus. Aus dem Feindbild der Vergangenheit wurde aktiv gelebte, aufrichtige und verbindende Völkerfreundschaft. Das waren mehr als sieben Jahrzehnte des Friedens!

In meinem Denkschema stehen das Erforschen und Kennenlernen von allem Unbekannten und Fremden an erster Stelle. Das aufrichtige ‚Aufeinanderzugehen' ist für mein Verständnis der einzige und immer richtige Weg, um eine verbindende, feste Zusammenarbeit zu erreichen, die über alles Trennende hinweg dauerhaft Bestand hat. Einander sich mit Vertrauen und Respekt zu begegnen heißt auch, dass jeder Mensch, gleich welcher Staatsangehörigkeit oder welchem Glauben er angehört, zwingend mit Respekt geachtet und behandelt werden muss.
Alle Menschen dieser Erde sind gleich. Jeder hat seine eigene Würde. Es gibt leider viel zu viele Staaten auf der Erde, die als ruchlose Diktaturen ihre menschenfeindlichen Ziele auf brutalste Weise verfolgen und anwenden. In allerhöchster Not, gequält von Folter, Mord und Vertreibung fliehen diese geschundenen Menschen in großer Zahl. Die Bilder des Schreckens, die uns tagtäglich via Bildschirm erreichen, sollten die Gleichgültigkeit in unseren Herzen verbannen!
All diese schrecklichen Geschehnisse auf den verschiedenen Flüchtlingsrouten

übersteigen bei weitem unsere humane Vorstellungskraft. Es gilt nach europäischen Lösungen zu suchen, Kompromisse zu gestalten und im völkerverbindenden Handeln in Taten umzusetzen, denn das Leben und seine Unversehrtheit ist ein einzigartiges Geschenk einer jeden Spezies und sollte als oberstes Gebot in allen Weltreligionen manifestiert sein. Jede Religion birgt in sich die Liebe zum Leben sowie den persönlichen Schutz des Einzelnen, um in friedlichem Miteinander in seiner angestammten Heimat zu leben.
Allein falsche Propheten, deren Interpretationen und angewandte Machtstrukturen zeigten und zeigen bis heute die brutalen und menschenfeindlichen Irrwege. Diese führen zwangsläufig und ohne Skrupel zum tödlichen Fanatismus.
Unterdrückung, Qual und Folter auf bestialische Art bis hin zu Massenmorden. Sie sind die Folge solchen Denkens. Zahllose Beispiele dazu zeigen uns die Debakel der gesamten Menschheitsgeschichte. Auch ‚im Heute' ist der Fanatismus an vielen Brennpunkten der Welt die schlimmste Art der Unmenschlichkeit.
Im neuen Denken, vor allem aber im Umdenken, beginnt der bessere und richtige Weg, der uns aus diesem Weltdilemma herausführen kann – ja muss!
In Engstirnigkeit, im Verdrängen dieser Problematik, in Mutlosigkeit zu verharren und in Gleichgültigkeit zu versinken, käme einem Schuldeingeständnis gleich und sperrte die gerechtere Zukunft für uns alle von vorneherein aus.
„Willst Du die Welt verändern, so fange damit bei Dir selbst an!"
Diesen starken und ehrlichen Rat hörte ich vor langer Zeit von Professor Dr. Dr. Heinz Haber in der Bar des Münchner Hauptbahnhofs, als wir uns dortselbst per Zufall beim Feierabendbierchen trafen.
Es wurde ein ausgedehntes ‚Feierabendbier', denn wir fanden uns auf Anhieb sympathisch und beim obligatorischen Zuprosten begannen wir unseren intensiven Gedankenaustausch.
Wir streiften zunächst viele äußerst interessante Themen, wobei des Professors naturwissenschaftliches Wissen und sein humanes Weltbild fortan die Regie der Unterhaltung bestimmte, denn diese beiden Eigenschaften im wissenschaftlichen Verbund hatte ich die Ehre hautnah zu erleben, – und ich erlebte das unvergessene Abenteuer aus dem Universum des Wissens.
Und ich lernte die wahre Größe unserer einzigartigen, fantastischen und unter die Haut gehenden Faszination unserer universellen Mutter Natur kennen. Und ich lernte an diesem Abend in München dieser Lichtgestalt der Naturwissenschaften gedanklich zu folgen und seinen Erkenntnissen in allen Bereichen der Naturwissenschaft zu lauschen.
Ich kannte fast alle seine inhaltsreichen und spannenden TV-Sendungen, die wirklich von allerhöchstem Niveau getragen waren. Meine ehrliche Bewunderung seiner Persönlichkeit zeigte ich voller Begeisterung.
Auch konnte und wollte ich meine gefühlte Sympathie nicht verbergen, denn mein ehrliches Interesse an den elementaren Fragen und Rätseln unseres Universums beherrschten mein Denken, einst in der gemütlichen Bar im Hauptbahnhof zu

München, und auch heute noch, sogar in verstärkter Form, denn durch des Professors vermitteltes Wissen sowie dessen Weisheiten erweiterte sich im Vorbeigleiten der Jahre mein geistiger Horizont.

Dieses Empfinden und meine Wertschätzung brachte ich unumwunden auch zum Ausdruck, denn wir dehnten unseren Bierabend bis zum frühen Morgen aus. Der kumpelhafte, aber gleichwohl weltgewandte Barkeeper hinter der Theke gesellte sich schon nach geraumer Zeit zu uns an die Plauderecke, denn auch sein Interesse an unseren Themen war enorm groß.

Wir bildeten, in aufgeräumter und lockerer Atmosphäre, quasi das private, ein fundiertes und gleichwohl äußerst spannendes ‚philosophisches Terzett'.

„Der Allgewalt der Natur, auch der kosmischen Energie ist es völlig egal, ob das eine Lebewesen existiert oder ausstirbt, ob diese oder jene Pflanze untergeht oder nicht, die Natur erneuert sich immer wieder, entweder auf die gleiche oder eben in ganz anderer Weise. Der Zeitfaktor spielt keine Rolle. Dieses Naturgesetz gilt in jeder Beziehung auch für uns Menschen."

Sinngemäß waren dies damals, im Jahre 1988 des Professors weise Erkenntnisse, die ich damals als wissenschaftliche Bereicherung meines eigenen Weltbildes mit Respekt und Dankbarkeit aufnahm und diese als weitere wichtige Bausteine meinem Wissen hinzufügte. Mit einem guten Gefühl und ehrlicher Dankbarkeit denke ich gerne an jenen Münchner Abend unseres ‚philosophischen Terzetts' zurück.

„Willst Du die Welt verändern, so fange bei Dir selbst an!"

Ja, es ist allerhöchste Zeit damit fortzufahren, denn auch die Veränderung hat keine Zeit zu warten.

Anmerkung:
Prof. Dr. Dr. Heinz Haber wurde in Mannheim geboren. Er studierte Physik und Astronomie an den Universitäten in Leipzig, Heidelberg und Berlin.

Viele seiner lehrreichen und kurzweiligen Dokumentationen hatten ein breitgefächertes Publikum zu verzeichnen, denn seine TV-Beiträge und die diversen eigenen Sendungen, beispielsweise ‚Der Blaue Planet' bestachen allesamt durch ihr anspruchsvolles, hohes Niveau und erfreuten sich allgemeiner großer Beliebtheit. Er war Wissenschaftsjournalist für die ARD und er erhielt mehrere Auszeichnungen, so erhielt er im Jahre 1965 den Adolf Grimme Preis und 1966 die Goldene Kamera. Er starb am 13. Februar 1990 in Hamburg.

Alle seine unterhaltsamen Fernseh-Produktionen sowie die vielen Publikationen sind meines Erachtens auch noch im Heute von enorm hohem Wert.

Im Internet findet jeder interessierte Mitbürger all die vielen wertvollen und inhaltsreichen Veröffentlichungen dieses großen Wissenschaftlers.

Professor Dr. Dr. Heinz Haber war der ‚Superstar der anspruchsvollen Fernsehunterhaltung' … so würde man ihn sicherlich auch heute noch sehen!

Ich denke immer wieder gerne an unsere Unterhaltung in der Münchner Bahnhofs-Bar, denn genau diese Unterhaltung verbuchte ich als eines meiner Schlüsselerlebnisse. Alle farbigen Geschichten im wundervollen Wandel der Zeiten, aus der zweiten Hälfte des Zwanzigsten Jahrhunderts, sie habe ich im Zurückschauen mit Freude oft neu erlebt und diese ‚geistigen Filme' meiner persönlichen Retrospektive zogen mich erneut in ihren Bann.

Sie fesselten meine Sinne, indem sie mir die einzigartige, meist schöne Welt der ereignisreichen Erlebnisse so herrlich und lebendig vor Augen führte, sodass ich immer wieder gerne zum Schreibtisch zurückkehrte, um meinem Erzählen und meinen Gedankenspielen freien Lauf zu lassen.

Meine Erkenntnisse des Wesentlichen …

Ich habe in meinem langen Leben sehr viel ‚Gutes' erlebt. Dankbar habe ich das angenehme Erleben angenommen. Aber auch etliche befriedigende Zustände konnte ich verbuchen, doch oftmals war ich alles andere als ein Schoßkind des Glücks und auch erschütternde Ereignisse hatte ich zu überstehen.

Aber zu keiner Zeit haben mich meine starken Gedanken und das Erinnern an meinen großartigen Vater, Kunstmaler und Philosophen alleine gelassen. Diese Geistesverbindung hat mich stets aufs Neue fasziniert, sie hat mich, manchmal wohl auch unbewusst, bestens beraten und trefflich geleitet.

All die wirklich einmaligen Erinnerungen der verschiedensten Zeiten habe ich in meinem Inneren geordnet und festgehalten. Sie spiegeln die Vielzahl der erlebten Ereignisse wider, die ich dankbar registrieren durfte. Die realistischen Szenen zeigen sich wie in einem spannenden Film, bunt, eindrucksvoll und nachhaltig.

Doch erst durch die wundervolle Verbindung mit meinem geliebten und geschätzten Lebensmenschen Gaby fand ich, in meinen späten Jahren, allein durch ihre gezeigte Zuneigung, ihre ehrliche Liebe, gepaart mit ihrer natürlichen Würde, die Kraft der wertvollen Ruhe in mir selbst.

Auch schenkte sie mir das geistige Bewusstsein der menschlichen Reife, die meinen Erzählungen die geschätzte und wohldosierte Würze verlieh, einem überquellenden Füllhorn kreativer Gedanken gleich.

In diesem Wohlfühluniversum erlebte ich in unserem dynamischen Miteinander, eben in Gabys quirligem Dunstkreis die lebendige Dynamik dreier Generationen im festen Familienverbund. Es waren anregende und beflügelnde Inspirationen, die mich immer wieder heiter stimmten und die mir treffsichere, passende und beständige Worte zu Hauf in die Feder diktierten.

Im verständnisvollen Austausch unserer doch verschiedenen Lebensgewohnheiten bereicherten Gabys einfallsreiche und immer heitere Gedankenblitze stets mein Bewusstsein, wobei ihr Landhaus mit üppigem, gepflegtem Gartengrün als eine wahre Augenweide wirkte und außerdem den idealen Familienmittelpunkt darstellte. Ihre Tiroler Heimat in der Marktgemeinde Völs bei Innsbruck, am grünen Inn und zu Füßen der faszinierenden Nordkette gelegen, dieser wunderschönen Alpenbergwelt, die majestätisch und im Wechsel der Jahreszeiten die prächtigsten Naturbilder zeigt. Dieser friedliche Flecken Erde im Tiroler Land schenkte mir die höchste Lebensqualität und war für mich das uneingeschränkte Wohlfühlareal, als Bereicherung und wertvolles Pendant zu meiner romantischen und einmalig schönen Mittelrheinheimat. So wurde dieser Hort der guten Gefühle zeitweise mein Paradies auf Erden und die überaus positive Wirkung, die sich tief in mir eingrub, sie sorgte für meine schönsten Tagträume. Der bodenständige Charakter der sympathischen Bewohner Tirols verzaubert einen jeden gefühlvollen Menschen, und auch ich erlag mit allen Sinnen dieser Tiroler Wunderwelt.

Das Leben als Ganzes geht seinen eigenen Weg und es nimmt jedermann mit, denn das Leben kennzeichnet für jeden Menschen die einzigartige Richtung ... denn im Strom der Zeit fließt das individuelle ‚Sein' des Einzelnen in vom Schicksal vorgegebenen Bahnen, wobei der Zufall aber unverhofft auch das große Glück bereithalten kann: ‚Man muss das Glück nur entdecken, man muss es fühlen und versuchen, das oftmals flüchtige Schicksalsgeschenk festzuhalten, um die ersehnte Zweisamkeit erleben und genießen zu können'.

Unsere beiden Leben, die den Zeitraum von über vier Jahrzehnten umspannten, diese ereignisreichen Jahre beinhalteten naturgemäß die unterschiedlichsten Wege durchs jeweilige Dasein. Wir verzeichneten unabhängig voneinander unsere Höhen und Tiefen, wobei Freude und Schmerz sich abwechselnd die Hände reichten. Vor allem durch die mannigfaltigen Widrigkeiten, die immer mal ihre unnötige Existenz dokumentierten, durch sie wurden wir stärker, und schlussendlich brachten uns diese Erfahrungen der persönlichen Lebenswahrheit ein gutes Stück näher.

Die Wahrheit – sie besitzt eine große Macht ...

... denn wenn wir uns von hehren Ideen angesprochen fühlen, dann sicherlich, weil diese Ideen wahr sind, weil wir so empfinden und weil sie tief in uns verankert sind. Wenn wir die Wahrheit hören, selbst wenn wir sie nicht vollends begreifen, im Unterbewusstsein spüren wir ihre Richtigkeit.

Ich folgte diesem Weg der Wahrheit nach bestem Wissen und Gewissen und handelte auch in den meisten Situationen danach, mit gesunder Genugtuung, bis ins ‚Heute' hinein. Unsere unterschiedlichen Begebenheiten des Lebens fügten sich, einem Puzzlespiel gleich, nahtlos zusammen, und meine Traumfrau Gaby ließ mich spüren, dass auch sie stets in der Ehrlichkeit ihrem Schicksalsweg zu folgen hatte. Vor vielen Jahren fanden unsere einsam gewordenen Herzen zueinander und in unserer ‚Jetztzeit' erleben wir den unvergänglichen Zauber unseres Neuanfangs vor etlichen Jahren ... und wir nutzen in Dankbarkeit unsere verbleibende, glückliche Zeit der geschenkten Erfüllung.

Gotthold Borchert
Bendorf am Rhein